中華民國史檔案資料滙編

第五輯 第三編 政治（四）

中國第二歷史檔案館編

鳳凰出版傳媒集團　鳳凰出版社

目 录

〔九〕工农学各界爱国民主斗争

（一）工农运动

一、防止工农运动措施
1. 社会部关于防止工运第一次会议记录
   （1945 年 7 月 20 日）………………………… 1
2. 重庆卫戍总司令部请速印禁止工人罢工布告代电
   （1945 年 9 月 1 日）…………………………… 2
3. 财政部人事处抄送后方区厂矿停工处理办法会议记录公函
   （1945 年 9 月 28 日）………………………… 3
4. 重庆卫戍总司令部关于再发生工运请予查明处理电
   （1945 年 10 月 30 日）………………………… 5
5. 蒋介石为限期拟订工运学运办法手令
   （1946 年 2 月 8 日）…………………………… 6
6. 司法行政部饬请严予处理鼓动工潮者训令
   （1946 年 2 月 15 日）………………………… 6
7. 谭伯羽检发交通部等会商关于监视各厂矿工人及破坏工运策略会议记录函
   （1947 年 6 月 4 日）…………………………… 7
8. 谷正纲检送上海市失业工人辅导委员会资遣工人回籍

办法及遣散来沪失业工人临时招待办法呈

　　(1947年10月30日)………………………………… 8

9. 内政部颁布"加强全国总工会及各业工会联合会组织办法"

　　(1948年7月26日)………………………………… 11

10. 国民党中央第二十三次民运工作会议修正通过改进海员党务工运工作要点

　　(1949年)…………………………………………… 11

11. 郭忏关于防范各军需工厂工人罢工办法呈

　　(1949年5月14日)………………………………… 13

12. 内政部为破坏中共领导工人运动规定四项办法代电

　　(1949年6月15日)………………………………… 14

13. 内政部拟非常时期全国工运实施方案草稿

　　(1949年7月)……………………………………… 15

14. 内政部拟订加强全国工运实施方案

　　(1949年7月)……………………………………… 18

15. 内政部拟订戡乱时期敌后工运实施办法

　　(1949年7月)……………………………………… 25

二、各地工人运动概况

[1] 初期川滇等地工人运动

1. 豫丰纱厂重庆分厂因工潮请派宪警协助遣散工人代电

　　(1945年8月29日)………………………………… 28

2. 新中公司重庆制造厂关于工人罢工反对无故开除工人及要求增加工资等经过情形呈电

　　(1945年10月)……………………………………… 29

3. 米廷翰关于强制遣散罢工工人函

　　(1945年10月17日)………………………………… 32

4. 巴县政府关于庆华颜料厂工人罢工要求改善待遇等经过代电

(1945年10月17日) …………………………………… 33

5. 周茂柏关于恒顺机器厂工人罢工要求取消包工制等经过呈

(1945年10月25日) …………………………………… 34

6. 军委会政治部关于花纱布管制局重庆工厂藉故开除工人引起罢工情形公函

(1945年10月27日) …………………………………… 40

7. 重庆卫戍总司令部关于三才生煤矿公司运输工人罢工要求发给所欠工资及奖金等情形与战时生产局往来代电

(1945年10—11月) …………………………………… 42

8. 尹致中等关于重庆大川实业公司石棉制针两厂工人罢工要求增加工资等呈

(1945年11月) ……………………………………… 44

9. 战时生产局为防止工人罢工转饬重庆李家沱各工厂自行制订管理规则代电

(1945年11月6日) …………………………………… 47

10. 中国粮食工业公司农化工厂关于全厂员工罢工要求增加工资呈

(1945年11月7日) …………………………………… 48

11. 中央造纸厂请求镇压工人罢工呈

(1945年11月) ……………………………………… 48

12. 中统局关于中共领导自贡市工人进行罢工组织活动情报

(1945年11月27日) …………………………………… 50

13. 中统局关于重庆南岸等地猪鬃工人要求发给遣散费情形情报

(1946年1—2月) ……………………………………… 51

14. 中统局关于重庆华南印刷所工人罢工请愿情形情报

(1946年2月1日) …… 52
15. 中统局关于中共领导昆明中央机器厂工人罢工提出行政公开等四项要求情报
    (1946年2月9日) …… 52
16. 中统局关于中国毛纺织厂工人罢工要求增加工资等情形情报
    (1946年2月27日) …… 53
17. 中统局关于镇压重庆裕华申新两纱厂工人罢工情形情报
    (1946年2月) …… 54
18. 国防部新闻局关于南疆公路局工程处虐待及枪杀民工情形与交通部往来电稿
    (1946年2—3月) …… 55
19. 中统局关于渝蓉昆三地电信局职工罢工要求调整待遇情报
    (1946年3月7日) …… 56
20. 中统局关于西安红兴纱厂工人罢工要求提高待遇情报
    (1946年3月9日) …… 57
21. 中统局关于裕华纱厂工人罢工斗争胜利结束经过情形情报
    (1946年3月9日) …… 57
22. 国民政府主席重庆行辕民事处编印"重庆区一年来的工潮"
    (1946年12月) …… 58

[2] 接收地区的工人运动
1. 朱同康等请求紧急救济失业工人呈
   (1945年10月15日) …… 93
2. 谷正纲关于处理上海工潮情形致蒋介石电
   (1945年10—11月) …… 94

3. 张兹闿为解决沪日资工厂工运拟订四点意见及实施经
   过与社会部往来呈函
   (1945年10—12月) ………………………………………… 95
4. 蒋介石关于迅速制止沪工运电
   (1945年11月15日) ……………………………………… 98
5. 谷正纲关于防止沪工人运动办法密电
   (1945年11月17日) ……………………………………… 99
6. 张兹闿关于处理中华烟草公司及华中矿业公司马鞍山
   等矿区工人要求发给遣散费情形密电
   (1945年12月8日) ……………………………………… 100
7. 张兹闿关于处理沪工潮办法呈
   (1945年12月12日) ……………………………………… 101
8. 钱大钧关于沪法商电车公司工人罢工要求合理待遇情
   形密电
   (1946年1月17日) ……………………………………… 102
9. 张廷谔等关于东亚毛织等公司工人请愿要求改善待遇
   增加物资经过情形代电
   (1946年1月19日) ……………………………………… 103
10. 蒋介石关于沪失业工人游行与美军发生冲突代电
    (1946年2月1日) ………………………………………… 105
11. 张勉之请救济停业行庄遣散员工并条陈三项办法呈
    (1946年2月14日) ……………………………………… 105
12. 吴闻天转报镇压苏州鸿生火柴厂工人罢工要求增加工
    资呈
    (1946年3月3日) ………………………………………… 106
13. 军委会关于上海水木工人罢工要求调整待遇被保卫团
    枪杀情形代电
    (1946年3月) ……………………………………………… 107
14. 参军处抄送上海复员工人请愿要求分发工作情形函

   (1946年4月1日) ……………………………………… 108
15. 姚天祥等要求复厂开工并胪列缘由呈
   (1946年4月8日) ……………………………………… 109
16. 开滦矿务总局关于林西唐家庄煤矿工人罢工要求改善
  待遇经过情形呈
   (1946年4月11日) ……………………………………… 110

[3] 其他地区的工人运动

1. 张廷谔等关于防止工人罢工请饬转令各公私民营工厂
  筹组劳资纠纷处理委员会代电
   (1946年7月) …………………………………………… 114
2. 薛笃弼关于镇压天津海河工程局工人罢工要求改善待
  遇等经过呈函
   (1946年7月) …………………………………………… 115
3. 陕西省政府镇压西安大华纱厂工人要求增加工资罢工
  情形报告
   (1946年8月) …………………………………………… 121
4. 汉口市各染织工厂工人代表不服政府处分评断工资争
  执主张废除不公部分提起诉愿呈
   (1947年12月12日) …………………………………… 123
5. 上海高等特种刑事法庭关于受理王孝和等一案密电
   (1948年6月30日) …………………………………… 127
6. 首都卫戍总司令部等关于南京屠宰工人罢工当局派兵
  干涉并枪伤工人情形电函
   (1948年8—9月) ……………………………………… 132
7. 行政院秘书处转抄津浦路工人抗缴绥靖临时费等情形
  函
   (1948年8月18日) …………………………………… 134
8. 顾毓琇关于镇压中国纺织公司所属各厂工人罢工要求
  改善待遇经过情形呈

(1949年1月) …………………………………… 136
9. 曾启辉关于中华烟草公司被撤换职工抗议公司无理行为情形呈
  (1949年2月3日) …………………………………… 142
10. 黄仲翔关于犍乐盐场盐工反对强迫解雇斗争案经过呈
  (1949年4月) …………………………………… 143

三、农民与市民反抗斗争
1. 第十战区司令长官部关于河南新蔡农民反抗压迫武装围攻国军情形日记
  (1946年9月6日) …………………………………… 145
2. 贾知时关于调查杭州市抢米风潮情况报告
  (1947年5月9日) …………………………………… 145
3. 谢昆清关于镇压南京难民等争扫运漏军粮被诬抢米经过报告
  (1948年10月13日) …………………………………… 147
4. 方超关于粮食恐慌南京发生抢米风潮报告
  (1948年11月11日) …………………………………… 148

(二) 学生运动

一、防止措施
[1] 防止学运法令办法
1. 蒋介石等关于防止四川国立第二华侨中学进步学生活动电函
  (1945年9—11月) …………………………………… 150
2. 教育部关于使用代名迅速传递学运情报密函
  (1946年12月19日) …………………………………… 159
3. 中央党政军联席会议秘书处关于修正学运方案密函
  (1947年2月) …………………………………… 160
4. 李超英关于有关学运文件使用代号密电

　　　　(1947年3月5日)·················· 160
 5. 向大光关于党政军警对付学运方式的几点建议致朱家
　　骅函
　　　　(1947年4月8日)·················· 161
 6. 天津教育局关于防止学运计划密呈
　　　　(1947年4月28日)················· 165
 7. 行政院关于压制学生请愿二项决议函
　　　　(1947年5月16日)················· 165
 8. 内政部关于处理工人罢工学生罢课请愿游行训令稿
　　　　(1947年5月17日)················· 166
 9. 国民政府颁布维持社会秩序临时办法
　　　　(1947年5月18日)················· 167
10. 湖北教育厅关于武汉市以青运小组会议防止学运及附
　　送会议记录呈
　　　　(1947年6月2日)·················· 168
11. 赵静涛关于应严加控制学运笺函
　　　　(1947年12月26日)················ 174
12. 北平教育局王季高关于严厉处置进步学生密电
　　　　(1948年2月14日)················· 175
13. 丁伯诚检送镇压学校中共地下工作人员及宣传如何配
　　合办法密函
　　　　(1948年3月24日)················· 175
14. 詹明远关于上海学生报指责户籍连环保结措施情报
　　　　(1948年3月30日)················· 176
15. 青年部为破坏学运检送配合学校肃奸工作宣传实施谈
　　话会纪录及宣传实施计划密函
　　　　(1948年6月15日)················· 177
16. 教育部通饬全国公私立专科以上学校查明中共及爱国
　　学生立即开除学籍等严惩密代电

(1948年6月26日) ……………………………………… 181
17. 党政军干部联席会议秘书处请饬特刑庭不得保释被捕
    学生代电
    (1948年11月26日) ……………………………………… 182
18. 中央党政军干部联会秘书处等关于增加制止学潮经费
    密电
    (1948年6—7月) ……………………………………… 182
19. 中央大学校长室奉颁国民党镇压学运代电密函
    (1948年8月23日) ……………………………………… 183
20. 首都卫戍司令部关于恢复学运小组联合防止学运函
    (1949年4月9日) ……………………………………… 184
21. 中央宣传委员会修正通过加强学校政治教育办法
    (1949年9月13日) ……………………………………… 186

[2] 党团特务破坏活动
1. 吴绍澍拟请在沪临时大学补习班筹设三青团分团部以
   控制学潮密电
   (1946年2月15日) ……………………………………… 187
2. 国防部等关于复员青年军在海疆学校组织情报组并纠
   众滋事电呈
   (1947年1—3月) ……………………………………… 188
3. 陈长青抄送三青团策动反共反苏游行失败情报函
   (1947年4月2日) ……………………………………… 190
4. 丁伯诚关于三青团特务秘密破坏学运暴露面目者设法
   掩护或转学密函
   (1947年6月9日) ……………………………………… 191
5. 胡云山关于转学离校金陵大学特务学生仍准回校复学
   与赵静涛往来密函
   (1948年1—3月) ……………………………………… 191
6. 北大等校关于严令追究武装特务窜入北平师范学校绑

架及殴伤学生电

  (1948年4月) ………………………………………… 193
7. 詹明远关于林光宇潜入中山中学抄录竞选学生名单被抓获情报

  (1948年4月13日) ……………………………………… 194
8. 胡云山抄送中大等学生要求公费及暨大特务学生纠结校外特务殴打进步学生情报

  (1948年4月15日) ……………………………………… 194
9. 詹明远关于中正大学三青团、青年军学生在校行凶引起学潮情报

  (1948年5月) ……………………………………………… 195
10. 黄国珍关于利用国民党党徒打入唐山工学院以控制学运密函

  (1948年6月19日) ……………………………………… 197
11. 胡云山关于设法将孙经仁转入中大继续破坏学运密函

  (1948年8月10日) ……………………………………… 198
12. 李天民等关于速拨学运费以利控制四川学潮密电

  (1948年12月30日) …………………………………… 198
13. 李天民等关于在川大华大活动情形密电

  (1949年1月4日) ……………………………………… 199

[3] 严防学生自治会活动
1. 教育部关于严防各校学生自治会活动训令

  (1945年9月) ……………………………………………… 199
2. 王志鸽关于防止专科以上学校学潮应严密训导控制学生自治会活动与教育部训委会往来函

  (1945年12月—1946年2月) ………………………… 200
3. 上海市教育局关于三青团控制大同大学学生自治会密呈

  (1946年12月14日) …………………………………… 202

4. 江苏省教育厅关于以三青团组织各种学生研究会以破
   坏学生自治会活动与教育部往来呈令
   （1946年12月—1947年1月）………………………… 202
5. 教育部关于开除上海学联领导人杨榴英学籍代电
   （1947年9月18日）…………………………………… 203
6. 教育部关于颁发学生自治会修正规则训令
   （1947年12月6日）…………………………………… 204
7. 胡云山关于特务学生在中央大学破坏学生自治会改选
   身份暴露设法更名打入其他院校密函
   （1947年12月10日）………………………………… 208
8. 詹明远关于中大进步学生反对教部改订学生自治会组
   织法情报
   （1947年12月16日）………………………………… 208
9. 詹明远关于中大学生选举学生自治会对中外记者发表
   声明情报
   （1948年1月7日）…………………………………… 209
10. 武汉大学学生抗议教育部修改学生自治会规则代电
    （1948年2月4日）…………………………………… 210
11. 朱家骅关于防止北大等院校学生组织七大学联盟反对
    修正自治会章程密电
    （1948年2月13日）………………………………… 211
12. 首都警察厅关于中大学生反对校方一手包办自治会组
    织代电
    （1948年2月26日）………………………………… 212
13. 黄珍吾关于中大学生反对教育部颁布大学自治会组织
    法等运动代电
    （1948年2月29日）………………………………… 213
14. 詹明远关于党团学生破坏华北文法学院自治会选举引
    起学潮密报

  (1948年4月19日) …… 214
15. 詹明远关于华北文法学院进步学生发起成立福利委员会密报
  (1948年5月18日) …… 216
二、对学联活动的破坏
 1. 天津市学生联合会成立宣言
  (1945年12月26日) …… 217
 2. 济民：由抗审请愿胜利谈到目前天津学联的工作及方向
  (1946年1月1日) …… 218
 3. 昆明学联发表对时局宣言
  (1946年7月) …… 222
 4. 易同欧关于中共领导上海学联继续举办助学金劝募运动情报
  (1946年8月20日) …… 222
 5. 顾毓琇等关于破坏学联领导助学金运动呈
  (1946年9月) …… 223
 6. 于鸣皋抄送上海学联被迫转入秘密活动情报密函
  (1947年6月28日) …… 224
 7. 于鸣皋抄送沈钧儒等支持成立上海国立学校学生联合会密函
  (1947年9月10日) …… 224
 8. 教育部等取缔南京区学联组织并对其负责人实行迫害文电
  (1947年8—10月) …… 225
 9. 国民党关于昆明学联发起助学基金运动密报
  (1947年11月16日) …… 229
10. 詹明远关于上海学联领导各校进行救饥救寒运动情报
  (1949年1月8日) …… 232
11. 詹明远关于中国学联对云大自治会之工作指示情报

  （1948年10月6日）…… 233
12. 于鸣皋抄送华北学联活动情报函
  （1948年1月21日）…… 234
13. 詹明远关于华北学联被迫解散后的活动及青年学生纷纷参加情报
  （1948年1月24日）…… 235
14. 商行义关于中大学生否认三青团所圈定学生为学生会中国代表出席亚洲学生会议情报
  （1947年2月）…… 236
15. 詹明远关于上海学生报报导全国学运消息情报
  （1948年4月27日）…… 237
16. 胡云山关于限制全国学联代表在国外活动密函
  （1948年6月10日）…… 238
三、各地要求民主反内战反饥饿斗争
[1] 一二一运动 …… 239
1. 熊庆来报告联大等四校学生开会因有枪声威胁而举行罢课以示抗议电
  （1945年11月26日）…… 239
2. 西南联大关于当地军警放枪断绝交通威胁学生会场而举行罢课抗议电
  （1945年11月26日）…… 239
3. 周鸿经关于一二一惨案经过密电
  （1945年12月1日）…… 240
4. 中统局关于昆明联大云大等校反内战要民主运动活动情报
  （1945年12月7日）…… 241
5. 国民政府参军处抄送中大响应一二一惨案声援受难者情报函
  （1945年12月15日）…… 244

6. 蒋介石关于上海当局密派三青团员会同军警阻挠上海
   圣约翰大学响应一二一学运代电
   （1945年12月18日）·················· 245
7. 郑忠华抄送一二一惨案情报函
   （1945年12月18日）·················· 245
8. 李天民关于成都各大学追悼一二一死难同学游行经过
   情形函
   （1945年12月26日）·················· 248
9. 朱家骅关于派员赴成都视察以阻止各大中学响应一二
   一运动经过签呈
   （1946年1月16日）·················· 252
10. 中统局关于天津学生游行反对甄审及追悼昆明死难学
    生情报
    （1946年1月29日）·················· 253
11. 卢汉关于国民大会开会时要联大迁校分立并企图收买
    一二一死难同学家属电
    （1946年2月4日）·················· 255
12. 陈策关于破坏广州市学生示威游行密电
    （1946年2月13日）·················· 255
13. 中统局关于昆明各学校反对任用李宗黄举行罢课情报
    （1946年3月6日）·················· 256
14. 卢汉关于防止昆明学生为一二一死难学生出殡五项办
    法密电
    （1946年3月16日）·················· 256
15. 卢汉关于破坏一二一死难同学出殡密电
    （1946年3月）·················· 257
16. 中执会秘书处抄送镇压一二一学生运动经过函
    （1946年7月17日）·················· 258

[2] 五二〇运动

1. 中央大学学生对维持社会秩序临时办法抗议书
   （1947年5月20日）………………………… 262
2. 京沪杭苏区十六专科以上学校会议通过联合请愿原则文
   （1947年5月20日）………………………… 263
3. 首都警察厅特别警备大队镇压五二〇示威游行经过检讨报告书
   （1947年5月20日）………………………… 264
4. 顾鸿翔关于遵令镇压五二〇示威游行及逮捕学生情况致首都警察厅函
   （1947年5月20日）………………………… 266
5. 关于军警审讯五二〇示威游行学生的报告
   （1947年5月20日）………………………… 266
6. 首都警察厅特别警备大队镇压五二〇示威游行经过呈
   （1947年5月21日）………………………… 269
7. 中大五二〇血案处理委员会关于五二〇血案纪实报告
   （1947年5月22日）………………………… 270
8. 药专学生为五二〇血案抗议书
   （1947年5月21日）………………………… 276
9. 京沪苏杭十八校学联会为五二〇血案告全国同胞书
   （1947年5月22日）………………………… 277
10. 文汇报关于上海大专四十余校为五二〇惨案举行罢课表示抗议报导
    （1947年5月23日）………………………… 279
11. 《观察》刊登南京五二〇惨案的前因后果通讯文
    （1947年5月24日）………………………… 279
12. 中大教授会对五二〇血案决议案
    （1947年5月24日）………………………… 285
13. 郭沫若声援五二〇运动函

15

  （1947年5月24日）…………………………………… 286
14. 武汉大学学生慰问五二〇惨案受伤被捕同学公开信
  （1947年5月24日）…………………………………… 286
15. 翦伯赞慰问五二〇受伤同学函
  （1947年5月25日）…………………………………… 287
16. 金大自治会为五二〇血案告同胞书
  （1947年5月27日）…………………………………… 288
17. 杜守素声援五二〇运动函
  （1947年5月28日）…………………………………… 289
18. 南京警备中队关于镇压五二〇运动经过检讨报告
  （1947年5月）………………………………………… 290
19. 五二〇惨案珠江路纪实
  （1947年5月）………………………………………… 294
20. 京沪杭等地十八所大专学校为五二〇事件向当局提出抗议要求严惩凶首通牒
  （1947年5月）………………………………………… 296
21. 中大五二〇血案处理委员会告市民书
  （1947年5月）………………………………………… 297
22. 中大学生为五二〇血案告全国同学书
  （1947年5月）………………………………………… 298
23. 金陵女子文理学院为声援五二〇事件宣言
  （1947年5月）………………………………………… 299
24. 叶圣陶声援五二〇运动函
  （1947年5月）………………………………………… 300
25. 周谷城声援五二〇运动函
  （1947年5月）………………………………………… 301
26. 吴练才抄送国民党中政会委员为五二〇运动提出对付办法函
  （1947年6月19日）…………………………………… 301

[3] 六一、六二运动

1. 詹明远关于中大追悼六一死难同学活动情报
   (1947年6月16日) ································· 304
2. 重庆大学六一事件后援会宣言
   (1947年6月) ··································· 305
3. 詹明远关于渝市六一事件后援会活动情报
   (1947年6月17日) ································· 306
4. 陈长青抄送渝市大中学校成立六一事件联合后援会情报函
   (1947年6月24日) ································· 307
5. 丁伯诚关于成都各大专学校进步学生代表在华西大学召开会议以响应六二学运等密电
   (1947年6月30日) ································· 308
6. 甘肃省教育厅等关于阻挠和破坏兰州大专学校发动六二游行活动函电
   (1947年6—7月) ·································· 309
7. 李汝为关于破坏六二学运函
   (1947年6月4日) ·································· 311
8. 国民党甘肃省执委会关于兰州市六二学运情况代电
   (1947年6月11日) ································· 314
9. 辽宁省教育厅关于破坏所属各级学校学生响应六二运动办法代电
   (1947年6月12日) ································· 315
10. 陈长青抄送破坏北平工农学院六二运动等情报函
    (1947年6月18日) ································ 316
11. 丁伯诚关于重庆检扣学生信件及加强控制学生密函
    (1947年7月16日) ································ 317
12. 浙江教育厅关于温州中学响应六二学运下令解散自治会并开除有关师生代电

17

(1947年7月31日) …………………………………… 318
13. 行政院关于压制河南大学六二集会并逮捕学生训令
   (1947年8月8日) …………………………………… 319
14. 刘茂恩关于开封六二学运被捕学生处理情形代电
   (1947年9月15日) ………………………………… 322

[4] 各地争民主反内战反饥饿运动
1. 中央秘书处检送浙大学生自治会为促进民主宪政宣言
   与教育部往来函
   (1945年6—7月) ………………………………… 322
2. 重庆青年界为反对内战要求民主团结紧急宣言
   (1945年7月26日) ………………………………… 326
3. 教育部为严防重庆各校学生反对内战要求民主签名运
   动训令
   (1945年8月25日) ………………………………… 328
4. 有关昆明各大学主办抗战八周年纪念大会通电反对独
   裁专制发动内战函呈
   (1945年8—9月) ………………………………… 329
5. 国民政府参军处抄送圣约翰大学学运活动及开除学生
   情报函
   (1945年10月26日) ……………………………… 333
6. 有关国民党压制成都燕京大学展开反内战撤退美军的
   学生运动函令
   (1945年11—12月) ……………………………… 334
7. 王志远关于广州大学争取民主反对内战示威游行经过
   函
   (1946年2月13日) ………………………………… 335
8. 张发奎等关于广州市学生因物价腾踊贷金不足引起学
   运及处理办法代电
   (1946年5月) …………………………………… 339

9. 丁伯诚抄送中山大学掀起反内战运动情报密函
   (1947年3月7日) ………………………………………… 340
10. 三青团抄送破坏中山大学反内战罢课示威运动经过函
    (1947年3月7日) ………………………………………… 342
11.《华商报》刊载郭沫若声援反饥饿反迫害运动文章
    (1947年4月17日) ……………………………………… 342
12. 留港各爱国党派发表支持反饥饿反迫害斗争号召一致
    奋斗结束暴政声明
    (1947年4月18日) ……………………………………… 345
13. 三青团关于特务学生破坏唐山工学院反内战反饥饿运
    动引起斗争情况代电
    (1947年5月31日) ……………………………………… 346
14. 中山大学关于举行反内战反饥饿示威游行遭到国民党
    特务军警镇压代电
    (1947年6月3日) ………………………………………… 347
15. 新加坡华侨各界声援学生反饥饿反内战爱国运动
    (1947年6月12日) ……………………………………… 348
16. 姚宝猷关于党政军团镇压中山大学反内战反饥饿经过
    报告书
    (1947年6月) …………………………………………… 352
17. 陈介生关于三青团破坏重庆各校反内战反饥饿运动经
    过代电
    (1947年8月1日) ………………………………………… 354
18. 詹明远关于济南省市学校学生反饥饿运动情报
    (1947年8月21日) ……………………………………… 361
四、对反帝抗暴斗争破坏与镇压
[1] 沈崇事件与抗暴运动
  1. 江苏学院学生抗议美军暴行要求痛惩凶犯电
     (1947年1月2日) ……………………………………… 362

2. 中华大学等抗议美军暴行要求惩凶代电
   （1947年1月4日）………………………………………… 362
3. 浙大学生自治会抗议美军暴行要美军撤退停止内战电
   （1947年1月3日）………………………………………… 363
4. 詹明远关于南京各专科以上学校抗议美军暴行举行示威游行情报
   （1947年1月6日）………………………………………… 364
5. 关于浙大等校学生反美暴行举行示威游行情报
   （1947年1月6日）………………………………………… 367
6. 易同欧关于中共领导上海组织学生抗暴联合会情报
   （1947年1月9日）………………………………………… 367
7. 詹明远关于中山大学抗议美军暴行举行示威游行等活动情报
   （1947年1月）……………………………………………… 368
8. 中统局关于昆明各大中学反美暴行活动情报
   （1947年1月10日）………………………………………… 369
9. 南开中学全体师生抗议美军暴行要求美军退出中国函
   （1947年1月10日）………………………………………… 370
10. 王占琪关于昆明学生抗议美军暴行开会游行及致美领事抗议书经过代电
    （1947年1月11日）………………………………………… 370
11. 厦门大学学生抗议美军暴行要求美军撤出中国保证人权代电
    （1947年1月11日）………………………………………… 372
12. 首都警察厅关于破坏南京各院校反美暴行运动情形专报
    （1947年1月12日）………………………………………… 372
13. 重庆市学生抗议美军暴行联合会要求政府负责严惩凶犯呈

(1947年1月15日) …… 374
14. 教育部关于制止中大等校反美暴行运动指示四项办法密电
 (1947年1月18日) …… 375
15. 特务机关关于暨大等校反美暴行经过情形情报
 (1947年1月18日) …… 376
16. 夏益功关于中大、金大特务学生会报反美暴行运动情况及对破坏学运意见情报
 (1947年1月22日) …… 377
17. 胡适等关于法庭审理美军强奸案情形密电
 (1947年1月) …… 379
18. 关于延安报导上海学生反美暴行爱国游行情况情报
 (1947年1月31日) …… 379
19. 中大学生自治会代表抗议美军暴行向当局提出四项要求
 (1947年1月) …… 380
20. 张笃伦关于防止学生反美暴行运动各办法与教育部往来电
 (1947年2月) …… 381
21. 任觉五关于防止重庆市学生反美暴行与朱家骅往来密电
 (1947年2月) …… 382
22. 易同欧关于重庆市军警殴伤反美暴行宣传队学生情报
 (1947年2月13日) …… 382
23. 陈介生关于当局制止学生举行反美暴行活动函
 (1947年2月14日) …… 383
24. 易同欧关于重庆学生抗暴联合会领导各校进行反抗美军暴行情报
 (1947年2月20日) …… 384

21

25. 陈长青抄送北平学生抗暴联合会宣言情报函
    （1947年2月28日）…………………………………… 385
26. 詹明远关于重庆各校学生召开抗暴联合会大会决议扩大和巩固组织等情形密报
    （1947年3月4日）…………………………………… 387
27. 詹明远关于四川大学学生组织抗暴联合会情报
    （1947年3月6日）…………………………………… 388
28. 任觉五关于压制重庆学生抗暴联合会活动函
    （1947年3月7日）…………………………………… 389
29. 于鸣皋抄送四川大学响应抗议美军暴行运动情报函
    （1947年3月9日）…………………………………… 390
30. 于鸣皋关于全国学生抗暴联合会组织和活动情报
    （1947年3月23日）…………………………………… 391
31. 詹明远关于沪抗暴会抗议美军宣判皮尔逊无罪情报
    （1947年7月5日）…………………………………… 393
32. 外交部关于美国故意拖延判决皮尔逊一案并不予回答华北学联会抗议与行政院往来函
    （1947年7—8月）…………………………………… 393
33. 外交部为华北学联会抗议美释放皮尔逊向美交涉情形代电
    （1947年9月8日）…………………………………… 394
34. 外交部对美国释放皮尔逊提出抗议函
    （1947年9月8日）…………………………………… 396
35. 外交部抄送华北学联抗议美海军撤销皮尔逊罪案呼吁维护国家独立尊严代电
    （1947年9月24日）…………………………………… 397

[2] 反美扶日爱国运动
1. 于鸣皋抄送沪学生再度掀起学运反对开放对日贸易情报函

(1947年8月28日) …… 399
2. 詹明远关于金陵大学发动反对开放对日贸易宣传情报
   (1947年8月28日) …… 399
3. 于鸣皋抄送上海学联会领导各校反对开放对日贸易宣传情报函
   (1947年9月15日) …… 400
4. 内政部迫令中大新闻停刊函
   (1947年9月30日) …… 401
5. 上海市学生反对美国扶植日本抢救民族危机联合会成立宣言
   (1948年5月) …… 401
6. 上海市学生反对美国扶植日本抢救民族危机联合会告同胞书
   (1948年) …… 404
7. 上海市各校学生反美扶日游行示威口号
   (1948年5月) …… 406
8. 复旦大学为反对美国扶植日本致全国同胞书
   (1948年5月29日) …… 407
9. 俞叔平关于破坏沪各校学生举行反美扶日爱国运动经过密电
   (1948年6月5日) …… 408
10. 军警破坏上海各大中学校反美扶日爱国运动情报
    (1948年6月5日) …… 409
11. 上海市学生反美扶日联合会关于六五大示威惨遭军警镇压代电
    (1948年6月6日) …… 409
12. 燕大学生为抗议当局镇压反美扶日示威游行继续罢课文
    (1948年6月9日) …… 411

23

13. 昆明师范学院学生为反美扶日罢课一天上师长书
    （1948年6月15日） ………………………………………… 412
14. 昆明学生反对美国扶植日本并抗议京沪暴行罢课宣言
    （1948年6月17日） ………………………………………… 414
15. 昆明学生反扶日反迫害联合会告家长师长三迤父老书
    （1948年6月21日） ………………………………………… 417
16. 詹明远关于昆明反美扶日运动续闻情报
    （1948年6月21日） ………………………………………… 419
17. 宪兵司令部关于联合警察特务镇压沪各校学生反美扶日运动经过代电
    （1948年6月22日） ………………………………………… 419
18. 关于昆明各校反美扶日爱国运动情报
    （1948年6月25日） ………………………………………… 420
19. 外交部驻云南特派员王占琪报告昆明学生反美扶日运动代电
    （1948年6月25日） ………………………………………… 422
20. 外交部抄送天津当局破坏学生反美扶日运动函
    （1948年6月26日） ………………………………………… 422
21. 国民党关于中共领导学生反美扶日爱国运动情报
    （1948年6月29日） ………………………………………… 424
22. 昆明学生为爱国运动续遭迫害继续罢课宣言
    （1948年6月30日） ………………………………………… 426
23. 北洋大学学生反美扶日宣言和告同胞书
    （1948年5—6月） ………………………………………… 428
24. 我们为什么要反美扶日
    （1948年6月） ……………………………………………… 434
25. 中央大学学生驳斥司徒雷登谈话通讯稿
    （1948年6月） ……………………………………………… 435
26. 昆明学生反扶日反迫害联合会控诉警备部暴行文

  （1948年6月）……………………………………………… 437
27. 国民党大肆逮捕昆明反美扶日爱国进步学生情报
  （1948年7月3日）…………………………………………… 441
28. 蒋介石关于卢汉拟处置学潮四项办法与教育部往来电
  呈
  （1948年7月）……………………………………………… 442
29. 昆明学生为反扶日反迫害向全国同学呼吁书
  （1948年7月7日）…………………………………………… 444
30. 王政关于镇压昆明各大中学校反美扶日运动经过情形
  呈
  （1948年7月9日）…………………………………………… 446
31. 昆明学生反扶日反迫害联合会控诉当局非法虐待囚禁
  爱国同学书
  （1948年7月12日）………………………………………… 448
32. 隋星源关于破坏青岛各校员生发动反美扶日运动经过
  密电
  （1948年7月13日）………………………………………… 450
33. 国防部抄送反美扶日运动参考资料电
  （1948年7月14日）………………………………………… 450
34. 华北学联会致魏德迈将军备忘录
  （1948年8月1日）…………………………………………… 461

[3] 反对英法侵犯主权的爱国护权运动
 1. 参军处抄送沙磁区学生抗议英法侵犯主权将举行示威
  游行情报
  （1946年1月22日）………………………………………… 464
 2. 重庆警察局关于中大等校师生抗议英法侵犯主权举行
  示威大游行代电
  （1946年2月4日）…………………………………………… 465
 3. 詹明远关于沪各专科以上学校组织爱国护权运动大会

  及其活动情报

   （1947年6月17日）……466

4. 行政院秘书处抄送重庆等校学生抗议九龙事件游行请
  愿通知单

   （1948年1月28日）……466

5. 重庆市教育局关于拟定对各校学生抗议九龙事件运动
  案阻挠办法代电

   （1948年1月23日）……467

6. 国防部第二厅关于北平各校抗议九龙事件活动等代电

   （1948年2月6日）……469

五、各地反迫害斗争与被镇压

[1] 于子三惨案

1. 沈鸿烈报告逮捕于子三等人经过电

   （1947年10月29日）……470

2. 竺可桢报告于子三在保警处惨死电

   （1947年10月30日）……470

3. 沈鸿烈等关于浙大师生抗议当局惨杀于子三而罢教罢
  课密电

   （1947年10—11月）……471

4. 浙江省教育厅关于制止各校参加于子三治丧密电

   （1947年11月4日）……472

5. 詹明远关于中大学生声援于子三惨案情报

   （1947年11月8日）……472

6. 詹明远关于浙大教授会主席对于子三惨案发表谈话情
  报

   （1947年11月11日）……473

7. 詹明远关于浙大学生自治会决议继续罢课抗议当局迫
  害情报

   （1947年11月11日）……473

8. 詹明远关于党团特务破坏北大、清华等校声援于子三惨案学运情报
    （1947年11月11日）…………………………………… 475
9. 浙大学生自治会关于于子三被惨杀经过函
    （1947年11月12日）…………………………………… 477
10. 詹明远关于浙大于子三惨案运动情报
    （1947年11月13日）…………………………………… 479
11. 詹明远关于大夏大学为响应于子三惨案被特务学生破坏情报
    （1947年11月15日）…………………………………… 480
12. 沈鸿烈关于浙大学运在当局胁迫下已缓和及以军警监视听审等情电
    （1947年11月16日）…………………………………… 481
13. 詹明远关于浙大师生对当局不公正宣判罪状及伪造于子三证件决定罢课以示抗议情报
    （1947年11月22日）…………………………………… 481
14. 胡兆瑛等关于请示防止同济大学及附设高工学校学生响应于子三惨案运动办法密电
    （1947年11月）……………………………………… 483
15. 詹明远关于破坏上海各校响应于子三惨案运动并开除学生情报
    （1947年11月）……………………………………… 484
16. 丁伯诚关于广东省当局破坏各校响应于子三惨案并推行反共宣传密函
    （1947年12月15日）…………………………………… 488
17. 厦门大学学生自治会为于子三惨案罢课三天以示抗议代电
    （1947年11月13日）…………………………………… 489
18. 胡云山请取缔于子三图书室密函

27

（1948年2月7日）……………………………………………… 489
19. 沈鸿烈关于限制于子三移葬活动经过密电
　　　（1948年3月14日）………………………………………… 489
20. 胡云山关于特务学生在浙大破坏于子三事件运动中暴露面目请设法转学密函
　　　（1948年7月13日）………………………………………… 490

[2] 七五血案
1. 王季高关于七五血案经过函
　　　（1948年7月6日）…………………………………………… 491
2. 北平七五血案发生情况情报
　　　（1948年7月）………………………………………………… 492
3. 詹明远关于平津各院校抗议当局对东北同学惨杀情报
　　　（1948年7月）………………………………………………… 494
4. 詹明远关于东北各界声援七五血案情形情报
　　　（1948年7月13日）………………………………………… 496
5. 詹明远关于东北各界响应七五血案成立后援会提出抗议活动情报
　　　（1948年7月27日）………………………………………… 498
6. 詹明远关于沈阳学生举行七五惨案控诉大会暨游行情报
　　　（1948年7月29日）………………………………………… 499
7. 詹明远关于破坏沈阳各界抗议七五血案的五罢运动情报
　　　（1948年8月2日）…………………………………………… 500
8. 詹明远关于东北华北学生组成抗议七五血案联合会南下请愿情报
　　　（1948年8月）………………………………………………… 501
9. 姚彭龄关于破坏沈阳学生抗议七五血案活动密电
　　　（1948年8月9日）…………………………………………… 502

[3] 四一血案
1. 南京大专学校学生联合会在四一血案前夕发表争生存争和平宣言
 (1949年3月31日) ………………………………………… 503
2. 南京四一血案纪实
 (1949年4月1日) …………………………………………… 504
3. 上海国立专科以上学校教授联谊会为四一血案呼吁应迅即惩办凶犯函
 (1949年4月2日) …………………………………………… 507
4. 军官收容总队制造四一血案反诬学生报告
 (1949年4月2日) …………………………………………… 508
5. 首都警察厅报告镇压四一血案经过代电
 (1949年4月2日) …………………………………………… 509
6. 东区警备指挥部关于四一血案经过呈
 (1949年4月2日) …………………………………………… 512
7. 南京区争生存联合会为四一血案成立善后处理委员会决议
 (1949年4月3日) …………………………………………… 515
8. 南京大专学校为四一血案分头请愿并提出五项要求决议
 (1949年4月3日) …………………………………………… 515
9. 行政院歪曲四一血案并佯作调查训令
 (1949年4月3日) …………………………………………… 516
10. 上海专科以上学校讲师助教联谊会慰问四一血案被害同学函
 (1949年4月4日) …………………………………………… 516
11. 上海立信会计专科学校学生声援四一运动和慰问受伤同学函
 (1949年4月4日) …………………………………………… 517

12. 蔡若水关于四一血案受伤学生处理情况签呈
    (1949年4月4日) ………………………………………… 518
13. 中大向教育部留京办事处陈述四一血案学生被殴打伤亡呈
    (1949年4月5日) ………………………………………… 518
14. 戏剧专科学校向教育部留京办事处陈述血案真相呈
    (1949年4月6日) ………………………………………… 519
15. 浙大声援四一血案函
    (1949年4月6日) ………………………………………… 522
16. 山东大学声援四一运动和慰问受伤同学函
    (1949年4月6日) ………………………………………… 522
17. 南京大专学校四一血案善后处理会关于事件真相呈
    (1949年4月9日) ………………………………………… 523
18. 中华全国学联会号召全国同学为四一死难烈士默哀电
    (1949年4月11日) ………………………………………… 524
19. 建国法商学院向教育部留京办事处陈述四一血案经过及善后意见文
    (1949年4月) …………………………………………… 525
20. 教育部留京办事处关于四一血案真相请边疆学校提供材料函
    (1949年4月) …………………………………………… 526
21. 中央大学等校为四一血案呼吁迅速处理及保障师生安全呈
    (1949年4月) …………………………………………… 528
22. 南京专科以上学校学生为四一血案告全国同胞书
    (1949年4月) …………………………………………… 529
23. 南京区大专学校四一血案处理会告全国各学校同学代电
    (1949年4月) …………………………………………… 532

24. 首都卫戍司令部关于四一血案发生经过及其处理情形
呈
(1949年4月) …………………………………… 533

[4] 各地反迫害斗争
(1) 南京
1. 南京临时大学学生遭当局迫害向社会各界呼吁书
(1946年1月) …………………………………… 536
2. 吴昌成关于特宪逮捕学生引起学运被迫释放及被捕人数过多处理看守等情呈
(1948年6月1日) ………………………………… 543
3. 中大被捕同学营救会驳斥中央社诬害同学之言论报告
(1948年7月16日) ……………………………… 545
4. 中大营救被捕同学会报告成立组织情况并要求立即释放被捕同学呈
(1948年7月16日) ……………………………… 546
5. 药专关于开除进步学生与教育部往来密呈
(1948年7月) …………………………………… 547
6. 詹明远关于中大学生营救会营救同学办法情报
(1948年8月) …………………………………… 549
7. 詹明远关于中大学生呼吁营救被捕同学情报
(1948年8月2日) ……………………………… 551
8. 詹明远关于中大教授对被捕学生之反映情报
(1948年8月2日) ……………………………… 552
9. 中大学生刊布政府迫害各校学生统计情报
(1948年8月21日) ……………………………… 553
10. 唐安邦关于金大组织被捕学生营救会代电
(1948年8月31日) ……………………………… 554
11. 内政部警察总署关于取缔中大营救会告同学书及每周新闻刊物代电

31

(1948年10月9日) ·················· 554
12. 孙连仲关于各校抗议特刑庭拖延审理被捕学生并促请
　　处理代电
　　　(1948年10月22日) ················· 557
(2) 上海
1. 詹明远抄送上海教育界人权保障会宣言情报函
　　　(1947年3月24日) ·················· 558
2. 詹明远关于同济等校抗议政府逮捕学生继续罢课情报
　　　(1947年6月11日) ·················· 559
3. 詹明远关于马叙伦在沪组织被捕学生家长后援会情报
　　　(1947年6月12日) ·················· 559
4. 教育部关于交通大学教授抗议军警包围该校伤害学生
　　及非法逮捕函
　　　(1947年6月19日) ·················· 560
5. 孙为慧抄送沪进步学生发动我们要求做人的权利签名
　　运动情报笺函
　　　(1947年6月23日) ·················· 561
6. 行政院秘书处抄送上海学联代表及被捕学生家属代表
　　呼吁保障人权请愿书公函
　　　(1947年6月23日) ·················· 562
7. 于鸣皋抄送大同等五大学因校方非法大量开除学生而
　　组织联合会反对情报函
　　　(1947年8月15日) ·················· 563
8. 于鸣皋关于抄送沪公私立中学四十一校学生家长组织
　　联合会反对校方借故开除学生情报函
　　　(1947年8月17日) ·················· 565
9. 于鸣皋抄送沪各大学学生为反对无理勒令退学组织联
　　合会及其活动情报函
　　　(1947年8月25日) ·················· 566

10. 詹明远关于沪反退学联合会准备赴京请愿情报
    （1947年8月26日） …………………………………… 567
11. 吴国桢关于拟派军警镇压沪各大专学校反对非法开除学生运动电
    （1947年8月27日） …………………………………… 568
12. 同济大学关于奉令开除一批进步学生呈
    （1947年8月29日） …………………………………… 569
13. 于鸣皋抄送暨南大学生自治会抗议解聘教授情报
    （1947年8—9月） …………………………………… 570
14. 三青团中干会关于上海学生保障学业联合会成立并提出减少学杂费等六项要求密函
    （1947年9月24日） …………………………………… 572
15. 有关教育部派员赴沪协助军警机关迫害进步学生令电
    （1947年8月—12月） ………………………………… 573
16. 詹明远关于同济大学争民主反迫害运动情报
    （1948年1月） ………………………………………… 574
17. 圣约翰大学声援同济学运延期开学情报
    （1948年2月19日） …………………………………… 575
18. 詹明远关于同济大学学生集会要求保障学业收回开除学生成命情报
    （1948年2月19日） …………………………………… 576
19. 詹明远关于同济大学学业保障会召开干事会议情报
    （1948年3月30日） …………………………………… 576
20. 复旦大学进步学生反迫害运动提出三项要求情报
    （1948年4月25日） …………………………………… 577
21. 詹明远关于上海法学院学运活动情报
    （1947年5月14日） …………………………………… 577
22. 张镇关于检送沪学生赴杭密商学运方针情报代电
    （1948年5月28日） …………………………………… 578

23. 詹明远关于沪学生抗议同济大学解聘教授发动学潮情报
   （1948年8月4日）·················· 579
24. 教育部关于严办国立幼专育才中学学运密电
   （1948年8月7日）·················· 580
25. 复旦大学关于警察总局非法入校逮捕学生代电
   （1948年8月28日）·················· 580
26. 徐世贤关于特庭将进步学生长期羁押并移送淞沪警备司令部经过密函
   （1948年12月29日）·················· 581
27. 上海被捕学生家长抗议特刑庭妨害人身自由违反宪法将其子弟移押代电
   （1949年1月3日）·················· 582

（3）浙江

1. 中统局关于浙大自治会抗议人身迫害呼吁取消特务政治释放费巩教授告社会人士书情报
   （1946年1月30日）·················· 583
2. 中统局关于浙大师生致蒋介石意见书情报
   （1946年2月28日）·················· 586
3. 沈鸿烈关于英士大学学生要求迁校罢课请愿经过密电
   （1947年5月10日）·················· 586
4. 程其保报告浙江当局计划阻挠浙大学生代表赴各校函
   （1948年1月8日）·················· 587
5. 沈鸿烈报告浙大学生抗议政府逮捕各地同学而举行罢课密电
   （1948年4月14日）·················· 588
6. 王家楣关于浙大学生罢课抗议特刑庭非法逮捕迫害学生代电
   （1948年9月24日）·················· 588

(4) 平津
1. 宪兵司令部抄送北平师大抗议当局制造昆明惨案青岛血案壁报代电
    (1946年1月) ………………………………………… 591
2. 詹明远关于清华大学罢考要求当局释放被捕同学并确保同学安全情报
    (1947年3月6日) ………………………………………… 592
3. 丁伯诚关于清华大学教授参加保障人权宣言情报函
    (1947年4月8日) ………………………………………… 593
4. 北大教授发表控诉政府镇压学运宣言
    (1947年4月14日) ………………………………………… 594
5. 有关开除和解聘进步师生并拨专款镇压清华燕京两大学学运活动函
    (1947年5—6月) ………………………………………… 595
6. 杜建时等关于破坏天津各校学运代电
    (1947年6月3日) ………………………………………… 597
7. 詹明远抄送燕大学生抗议当局非法逮捕同学向社会呼吁保障人权书函
    (1947年10月27日) ……………………………………… 598
8. 詹明远关于北大等六校自治会代表要求广设救济金及保证人身自由等四项向行辕请愿情报
    (1948年4月3日) ………………………………………… 599
9. 何思源报告北平各大学学生反迫害反饥饿罢课运动及特务学生破坏情形密电
    (1948年4月10日) ………………………………………… 600
10. 北平师范学院学生自治会指控特务罪行要求保障学校和师生安全代电
    (1948年4月15日) ………………………………………… 601
11. 行政院关于制止北大等校学生反剿共反惨杀游行示威

训令
　　　　（1948年7月13日） ……………………………………… 602
12. 詹明远抄送清华等三校学生抗议当局到处逮捕学生决
　　定罢课请愿情报
　　　　（1948年8月14日） ……………………………………… 603
13. 詹明远关于北平各学校组织护校运动并抗拒当局传讯
　　进步同学情报
　　　　（1948年8月20日） ……………………………………… 604
14. 张含英关于军警逮捕北洋大学学生情形代电
　　　　（1948年8月22日） ……………………………………… 604
15. 詹明远关于军警迫害学生情报
　　　　（1948年8月25日） ……………………………………… 605

（5）四川
1. 丁伯诚等对渝市进步学生诬为煽动学潮之嫌而加以迫
　　害密函
　　　　（1947年12月—1948年1月） …………………………… 606
2. 丁伯诚关于川大华大反迫害运动情形函
　　　　（1948年1月31日） ……………………………………… 608
3. 詹明远关于重大进步学生呼吁营救被捕同学情报
　　　　（1948年7月31日） ……………………………………… 609
4. 李天民等关于川大学生请愿释放被捕同学被当局镇压
　　电
　　　　（1949年1月1日） ………………………………………… 610
5. 李惟远关于渝市当局镇压各校反迫害争生存运动签呈
　　　　（1949年5月2日） ………………………………………… 610
6. 行政院抄送四川省逮捕学生压制学运通知单
　　　　（1949年5月30日） ……………………………………… 612

（6）云南
1. 于鸣皋关于云南大学学生抗议校方无理迫令学生退学

情报

 （1947年4月5日）······ 613

2. 卢汉陈述云大及其附中抗议当局非法逮捕进步人士电

 （1947年11月9日）······ 615

3. 昆明市学生组织人权保障会学运活动情报

 （1947年11月18日）······ 615

4. 詹明远关于云南大学学生发起一人一信运动呼吁保障人权情报

 （1948年1月22日）······ 616

5. 国防部关于处理云大学运逮捕学生代电

 （1948年7月7日）······ 618

6. 周钟岳关于云南各方人士请求释放被捕师生函

 （1948年7月13日）······ 618

7. 卢汉关于云大南菁两校学生反逮捕斗争及当局镇压结果密电

 （1948年7月17日）······ 619

8. 熊庆来关于昆明军警迫害无故青年学生及学生反逮捕情形函

 （1948年7月24日）······ 620

（7）其他各地

1. 陈景阳等关于当局镇压广西大学学运迫害进步师生呈令稿

 （1946年3月）······ 621

2. 罗广瀛关于开除及逮捕国立西康技艺专科学校学生毛文岳等呈

 （1946年11月18日）······ 623

3. 行政院抄送河南省派军警弹压学运并大批逮捕学生通知单

 （1947年6月6日）······ 624

4. 刘茂恩关于大肆逮捕青年学生电
   (1947年6月14日) ………………………………………… 625
5. 胡云山关于西北农学院教授因待遇过低生活困难而罢教函
   (1948年4月2日) ………………………………………… 626
6. 詹明远关于西北工学院学生抗议军队乱抓学生举行罢课情报
   (1948年4月14日) ………………………………………… 626
7. 詹明远关于西北工学院四七血案后援会要当局惩凶赔偿情报
   (1948年4月15日) ………………………………………… 627
8. 教育部转饬从速审判东北大中学校被捕学生密电稿
   (1948年4月27日) ………………………………………… 627
9. 詹明远关于辽宁省立师专教授罢教抗议王铁汉任意侮辱师生情报
   (1948年6月25日) ………………………………………… 628
10. 詹明远关于沈阳学生抗议非法逮捕大请愿情报
    (1948年8月16日) ………………………………………… 629
11. 詹明远关于沈阳当局镇压学生抗议非法逮捕大请愿运动情报
    (1948年8月18日) ………………………………………… 630
12. 教育部关于开除进步学生学籍密电
    (1948年8月18日) ………………………………………… 631
13. 中联处请饬特刑庭不得保释被捕学生代电
    (1948年11月26日) ………………………………………… 631
14. 行政院转告镇压台湾省立师范学院及国立台大学生运动通知单
    (1949年4月8日) ………………………………………… 632

(三) 爱国人士之民主斗争

一、较场口血案

1. 中统局关于人民周报社对较场口纠纷之态度情报
   （1946年2月14日）················ 633
2. 中统局关于重庆各团体对较场口事件之措施情报
   （1946年2月15日）················ 634
3. 燕大自治会抗议特务政治要求严惩凶犯函
   （1946年2月19日）················ 634
4. 中统局关于中共支持民盟抗议宪警搜查黄炎培住宅情报
   （1946年2月26日）················ 636
5. 纽约华侨青年救国团要求国民党严惩捣乱庆祝政协大会凶犯函
   （1946年3月1日）················ 636
6. 中统局关于各民主党派庆祝政协成功大会缓开原因情报
   （1946年3月9日）················ 637

二、李公朴、闻一多血案

1. 上海清华大学同学会要求严惩杀害闻一多凶犯代电
   （1946年7月20日）················ 638
2. 民盟关于李公朴、闻一多血案真相调查报告书
   （1946年9月30日）················ 638

[十] 台湾光复情况与二二八事件

(一) 台湾光复情况

1. 国民政府公布台湾行政长官公署组织条例令
   （1945年9月19日）················ 667

2. 国民党中执会秘书处抄送《台湾现状报告书》致行政院函

 (1946年1月16日) ………………………………… 668

3. 监察使杨亮功关于台湾省台北市物价高涨及驻台国军纪律腐败情形致监察院电

 (1946年1月25日) ………………………………… 672

4. 台北市主要民生日用品价格飞涨情况表

 (1946年1月—1947年2月) ……………………… 673

5. 高雄市主要民生日用品价格飞涨情况表

 (1946年1月—1947年2月) ……………………… 674

6. 花莲县主要民生日用品价格飞涨情况表

 (1946年1月—1947年2月) ……………………… 676

7. 台中市主要民生日用品价格飞涨情况表

 (1946年1月—1947年2月) ……………………… 678

8. 监察使杨亮功关于台湾人民对国民政府米粮及贸易统制办法等不满情形致监察院电

 (1946年1月21日) ………………………………… 679

9. 监察使杨亮功关于台中台南十一县市因经济统制造成失业及粮价高涨等情电

 (1946年2月6日) ………………………………… 680

10. 台湾省行政长官公署关于台湾行政当局腐败情形狡辩函

 (1946年6月8日) ………………………………… 681

11. 台湾"锄奸团"团长丘侠为水深火热中台湾人民呈蒋介石函

 (1946年7月7日) ………………………………… 683

12. 旅渝福建台湾各团体驳斥陈仪关于台湾现况谈话致各报书

 (1946年8月13日) ………………………………… 689

13. 台湾糖业公司沈镇南等为糖业弊病及物价高涨币值低落引起人民反对情形电
    (1947年3月9日) …………………………………… 693
14. 台湾二二八惨案联合后援会参加团体代表张邦杰等请撤废台湾省行政长官公署及经济统制机构呈
    (1947年3月10日) …………………………………… 694
15. 台湾民权通讯社揭露台湾当局腐败特稿——看今日台湾
    (1947年8月1日) …………………………………… 696

（二）二二八事件

1. 台湾省行政长官公署关于台湾省二二八运动经过报告提要
   (1947年3月) ……………………………………… 700
2. 台湾省行政长官公署编台湾省二二八暴动事件报告
   (1947年3月) ……………………………………… 703
3. 陈仪对台湾省二二八运动广播词及文告
   (1947年3月1—26日) ……………………………… 728
4. 善后救济总署台湾分署署长钱宗起为台北血案经过情形致善后救济总署电
   (1947年3月3日) ………………………………… 737
5. 钱宗起关于军警弹压情形电
   (1947年3月9日) ………………………………… 737
6. 蒋介石关于台湾惨案报告词
   (1947年3月10日) ………………………………… 738
7. 杨亮功对台湾二二八惨案广播词
   (1947年3月11日) ………………………………… 739
8. 善后救济总署台湾分署关于国军镇压台胞情形电
   (1947年3月12日) ………………………………… 740

41

9. 台湾省行政长官公署民政处赖庆荣关于军警制造台北血案经过情形致内政部包惠僧函
   (1947年3月15日) ……………………………………… 741
10. 白崇禧对台湾省二二八惨案广播词及训词
    (1947年3月17—28日) …………………………………… 743
11. 台湾省政府各机关被捣毁情况表
    (1947年3月22日) ………………………………………… 753
12. 台湾省行政长官公署陈仪关于台湾二二八起义情形致张群陈布雷电
    (1947年3月24日) ………………………………………… 767
13. 台中市党部关于台中暴动情形综合报告呈
    (1947年3月28日) ………………………………………… 769
14. 台南市长卓高煊关于二二八事变波及台南市情形报告书
    (1947年3月29日) ………………………………………… 783
15. 台东县长谢兵关于台东事变经过报告
    (1947年3月) ……………………………………………… 796
16. 台湾二二八惨案台中变乱报告书
    (1947年3月) ……………………………………………… 814
17. 台湾二二八运动经过情形日志
    (1947年3月) ……………………………………………… 832
18. 旅沪台湾六团体二二八惨案联合后援会印发关于台湾二二八起义真相告全国同胞书等资料
    (1947年3月) ……………………………………………… 839
19. 台湾省各县市支持和响应台北市人民起义情形简报
    (1947年3月) ……………………………………………… 857
20. 台湾省国大代表等政团为处理二二八运动拟定建议电
    (1947年3月) ……………………………………………… 870
21. 台湾旅宁沪七团体控诉陈仪在二二八后不顾中央威信

大举屠杀五万以上无辜民众恳制止呈

(1947年4月1日) ……………………………………… 873

22. 丘念台对台湾二二八惨案因果观察及防止复发提出报告建议书及意见书三种致于佑任呈

(1947年4月11日) ……………………………………… 875

23. 监察院关于派杨亮功等调查台湾二二八运动经过及国民政府官吏在台情形报告致蒋介石呈

(1947年4月24日) ……………………………………… 881

24. 台湾省国大代表陈绍平等请速行妥处二二八惨案善后意见书呈

(1948年4月) ………………………………………… 908

25. 监察使杨亮功为台湾省贸易局专员兼新台公司经理程毅借二二八运动进行贪污舞弊情形致台湾高等法院检察处纠举书

(1947年7月8日) ……………………………………… 910

26. 台籍监察委员丘念台请勿滥杀无辜并惩治失职违法官吏军警条陈

(1947年) ……………………………………………… 912

27. 鲍良傅等调查台湾二二八惨案报告及笔录

(1947年) ……………………………………………… 914

〔九〕工农学各界爱国民主斗争

（一）工农运动

一、防止工农运动措施

1. 社会部关于防止工运第一次会议记录

(1945年7月20日)

时间：三十四年七月二十日上午九时
地点：社会部会议厅
出席代表

青年团重庆支团部	李云程
军事委员会政治部	魏资重
重庆卫戍总司令部	徐焕文
重庆市党部	王梦杨
重庆市社会局	叶　定
社会部合作事业管理局	王绍林　（朱延年代）
宪兵司令部	徐启杰
社会部劳动局	燕永德
中央组织部	袁其炯　宋嘉贤
社会部	佘长河　凌英贞　王家达
	林　本　李晏平　张铁君
	董焕东　薛　超　王家树
	彭利人

主席：王家树　　　记录：王家新

甲：报告事项（略）

乙：决定事项

一、工运会报由社会部召集，每月举行一次，必要时得召集临时会报。

二、各单位同性质之会报均以合并举行为原则。

三、各机关指定处理工运主管人员，即将姓名、住址、电话号码，详细开列送社会部，汇印转送，以便随时联系。

四、各机关派驻各区工作人员，应每周举行工作会报一次，俾便取得联系，分工合作。

五、工潮事项应互相交换情报或用电话通知，各机关派员出发调查时，应以协同调查为原则，以免厂方应付频繁。

六、检查工厂时，得邀请各有关机关参加。

七、各机关所订有关防止工潮事宜办法，均应互相抄送参考。

八、选定工厂试行工厂会议制度，藉以促进劳资协调。

九、约集各劳资双方，研究工资与工时之调整，请劳动局召集并通知重庆市党部、社会局参加。

十、各机关所派工作人员，应利用一切工人集会时间，用口头讲解劳工法令。

散会。

〔经济部档案〕

2. 重庆卫戍总司令部请速印禁止工人罢工布告代电

（1945年9月1日）

重庆卫戍总司令部代电　　戍秘字第三四六二号
　　　　　　　　　　　　中华民国三十四年九月一日

战时生产局公鉴：查近来渝市及近郊各厂工人，每因请求未遂，酿成工潮，当此胜利复员之时，陪都治安万分重要，对于此类罢工事件,自应力求防止,以维社会秩序,兹经本部集会决定:应请社会部、经济部战时生产局查照以前禁止罢工原案,从速印制布告,发交各工厂张贴,并请函知本部,以凭办理。等语。记录在卷。除分电外,相应录案,电请查照办理见复为荷。重庆卫戍总司令部。申东。戌秘。印。

〔经济部档案〕

3. 财政部人事处抄送后方区厂矿停工处理办法会议记录公函

(1945年9月28日)

财政部人事处公函　渝人三字第二一三八号
中华民国卅四年九月廿八日

奉部长交下社会部劳动局函送后方区厂矿停工、减工处理办法会议记录一份,并嘱就主管部分,迅即实施,将办理情形见复,等由。下处。相应抄送前项记录,函请查照实施,并将办理情形见复,以便转陈为荷。此致

花纱布管制局

附抄送记录一份

处长　奚兴周

后方区厂矿停工、减工处理办法会议记录
时间:三十四年九月十日上午十时
地点:社会部劳动局大礼堂
出席人:李昌烈〈经济部〉　张秉义〈交通部〉
　　　　李文德〈军需署〉　薛　溦〈兵工署〉
　　　　赵尚明　财政部〉　张　善〈行政院善后救济总署〉
　　　　宋则虹〈重庆市社会局〉　张　鹗〈战时生产局〉

　　　　常禾丰〈卫戍总部政治部〉　陈道良〈本部福利司〉
　　　　彭利人〈本部组训司〉　刘晋暄〈劳动局〉
　　　　燕永治〈劳动局〉　陈瑞麟〈劳动局〉
　　　　蒋仲牟〈劳动局〉　俞寿荣〈劳动局〉
　　　　欧阳正宅〈劳动局〉
列席人：李良仪〈劳动局〉　王庆瑞〈劳动局〉
　　　　郭鉴洋〈劳动局〉
主　席：刘代局长
记　录：李良仪
　一、开会如仪
　二、事项
　　今天邀请各位先生到局开会，目的在解决最近后方区厂矿停工、减工而引起之工人失业及社会安全问题。本月四日，本部接到重庆市社会局社字卅五年第〇五九一号呈：为各工厂纷纷藉词解雇工人，请迅筹救济办法，等情。同时就本局调查所得，八月份以来，仅就渝市近郊而言，停工、减工之厂矿即达二十九家之多，情势日趋严重，必须迅谋解决。关于解雇工人及遣散救济等办法，前经行政院颁行厂矿工人受雇解雇限制办法、申请开工停工报告表、战时厂矿失业工人救济办法等项法令，本已详明规定，而各厂矿多未切实遵照实行，致形成种种纠纷及工人失业之严重问题。查目前各厂停工、减工之原因，不外数端，一因抗战胜利，金融市场波动太大，资金周转困难。二因一般物价下跌，影响出品之销路者至巨。三因各工厂多有搬□及变更业务计划，纷纷紧缩，另有他图。因之为针对此种实际情形，迅谋有效补救办法，藉以消极的安顿失业，积极设法维持后方生产、安定社会秩序起见，今天特邀请各有关机关代表到局，会商办法，请发抒高见。
　　乙、各代表报告
　　各机关代表先后相继发言〈略〉

三、决议事项

1. 呈请行政院设法维持各国营、公营厂矿生产,以免动摇人心。

2. 请战时生产局切实扶助各民营厂矿,俾先渡过难关,不致停闭。

3. 各自的事业主管机关负责督饬所属厂矿遵照战时厂矿失业工人救济办法、申请开工停工报告表及有关法令之规定,严格执行,并切实协助地方主管官署办理。

4. 失业技术员工救济金,先呈请行政院指拨专款,以急紧急需要,至于一般工人之救济,由当地主管署商由善后救济总署办理。

5. 厂矿技术员工,除随厂迁移者外,其依法解雇必须回籍者,所需旅用费呈请行政院另发专款补助。

四、散会。

〔经济部档案〕

4. 重庆卫戍总司令部关于再发生工运请予查明处理电

(1945年10月30日)

重庆卫戍总司令部代电　　戍秘字第三六二一号
中华民国三十四年十月三十日

战时生产局公鉴:产(三十四)材字第6487号酉寝代电诵悉。查工人行动越轨,自应依法予以取缔。本部于各厂工潮发生之始,即首先令知宪军警严密防范,现各厂工潮既经解决,以后如再发生工人越轨情事,请饬厂方报经主管机关查明事实,转请本部依法处理。特复。重庆卫戍总司令部。酉〈陷〉。戍秘。印。

〔经济部档案〕

5. 蒋介石为限期拟订工运学运办法手令

(1946年2月8日)

手令　原号机秘甲九二六八

蒋秘书长、朱部长、谷部长、蒋署长：群众运动对学生、工人之组织与领导以及其方针与方法，又各地负责、主持人员，应即拟定具体办法，并以维持工人最低生活与学生出路、工作之介绍与救济，同时并筹，应由行政院从速召集有关各主管官，一面先由社会部与救济署蒋署长切实洽议具体合作办法，限本月内具报为要。

中正

二月八日

〔行政院档案〕

6. 司法行政部饬请严予处理鼓动工潮者训令

(1946年2月15日)

司法行政部训令　训渝刑字第六四〇号
中华民国卅五年二月十五日

准行政院秘书处通知：以主席交办组织部陈部长及社会部谷部长会呈工潮对策。案奉院长谕：交经济、司法行政二部及收复区全国性事业接收委员会，迅速核办具报，等由。附抄主席代电及附件各一件。准此。查所抄附件工潮对策案第五项为严办奸宄鼓动工潮，凡鼓动工潮者，其有妨害治安及刑事情事，应由治安机关或法院严予处理，等语。事关司法，除具报外，合亟令仰遵照并饬属遵照。此令。

司法行政部长谢冠生

〔司法行政部档案〕

7. 谭伯羽检发交通部等会商关于监视各厂矿工人及破坏工运策略会议记录函

(1947年6月4日)

查奸伪用工人回复政策企图破坏生产与建设事业一案，业经有关机关会商对策，议决四项防止办法，记录在卷。兹将该项会议记录随函检发，即希查照，迅饬所属切实遵照办理为盼。此致
重庆材料厂

附会议记录一份

谭伯羽启
六月四日

秘一发字第五四一号

约请有关机关会商奸伪用工人回复政策对策会议记录
时间：三十六年五月十六日午后二时半
地点：丁家桥中央党部第四会议室
讨论事项：

一、关于奸伪用工人回复政策，企图破坏我生产与建设事业，应如何防止，请讨论案。

决议：1. 各工厂、矿场、铁路、公路工会，应清查思想不稳分子及籍隶奸党占领区之有家属财产之工人，用专册记载，指定党员、工人分别注意或监视。2. 其原籍在奸党占领区内之工人分子家属间通讯须保守秘密，信件不可由工厂转递。3. 如(2)所述之工人分子请假回籍，应会同厂方严密考查其回籍缘由，无必要者可劝阻之。4. 吸收如(2)所述之工人分子为本党党员，并加强其组织。除技术工人严格限制其返籍外，普通工人如愿请假返原籍(在奸伪占领区者)，应予特种训练，赋予任务，并订赏罚标准，为返回工作时考核之依据。5. 如(2)所述之工人分子曾请假回籍，但又仍返原厂

矿工作者,应特别注意其言行,发觉有间谍嫌疑者,使感化任反间谍工作,或商请保密局、中统局驻在各地机关协助处理之。如情节重大可能影响生产程序者,会商军宪机关处理之。

二、关于工运统一指导机构,应如何组织案。

决议:在中央就已有之全国总工会策进委员会,再邀请有关之各部、会、局、署参加,省、市各级则设党政军团统一指导机构(如重庆市已设有之工运指导委员会),并恢复加强工矿及交通之防奸组织。

三、关于工厂、矿场工运工作应如何争取积极领导案。

决议:对工人管理人员,应加强党的组讨工作。

四、关于奸伪用经济破坏手段煽动工潮应如何防止案。

决议:由社会部、交通部研究,以公平合理之待遇,福利事项之设施,争取经济措施之主动。

散会。四时四十八分。

〔交通部档案〕

8. 谷正纲检送上海市失业工人辅导委员会资遣工人回籍办法及遣散来沪失业工人临时招待办法呈

(1947年10月30日)

社会部呈　发文京劳字第四六一〇七号
中华民国卅六年十月卅日

案据上海市社会局三十六年十月十三日呈:略称后方来沪失业工人因行总上海分署业经结束,给养来源断绝,爰商得善后救济总署同意,全部予以遣散,前经呈奉核准,兹检同上海市失业工人辅导委员会资遣工人回籍办法与上海市失业工人辅导委员会遣散来沪失业工人临时招待所办法呈请鉴核,等情。据此。查本案前准钧院秘书处本年五月二十九日服(十二)字第三九九六七号通知奉谕交本部核办,遵即电召该市社会局副局长兼失业工人辅导委员会主任委员李剑华来京详加检讨及指示处理原则,饬该员返局后妥拟处理办法凭核,并于本年六月二十一日,以京劳字第三四二零四号函请钧院秘书处将前项经过转陈,各在案。兹据该局呈复前来,理合抄同原办法两种呈请鉴核。谨呈
行政院

抄呈:上海市失业工人辅导委员会资遣工人回籍办法与上海市失业工人辅导委员会遣散后方来沪工人临时招待所办法各乙份。

社会部部长　谷正纲

上海市失业工人辅导委员会资遣工人回籍办法

第一条　本会为协助失业工人自愿还乡起见,特订定本办法。

第二条　凡后方来沪或流落本市之失业工人迄今无法获得工作而日常生活难以维持且无力还乡者,得向本会登记申请资遣回籍。

第三条　凡申请资遣之失业工人,须具有原厂服务证件,始可向本会填具登记表,经调查属实,审核合格后,得发给旅费及救济物资,其标准如下:

甲、旅费:以户为单位,每户暂定贰拾万元;

乙、救济物资:大口每口发给面粉叁袋,小口每口发给壹袋。

第四条　凡本会核准资遣之失业工人及其眷属,一经领得资遣费及救济物资,应即取消本会招待及救济之权利,如资遣以后仍有藉故逗留情事,除驱逐出境外,并得追还其资遣费及救济物资。

第五条　本办法自呈准后施行。

上海市失业工人辅导委员会遣散后方来沪失业工人临时招待所办法

一、凡上海市后方来沪失业工人临时招待所(包括圣心医院,

归国劳工组及隆昌路劳工新村,以下简称招待所)之后方来沪失业工人及其眷属,一律发给遣散费遣散之。

二、遣散费之标准,以户为单位,每户发遣散费叁拾伍万元,另发给眷属每大口国币拾伍万元,每小口(十四岁以下)国币拾万元。

三、失业工人经遣散后,除缴销住所证外,并由本会填发遣散证明书。

四、凡经遣散之失业工人,应于领到遣散费后五日内离招待所,不得藉故逗留。

五、凡原籍系在战区,遣散后无家可归,经查明属实者,移送习艺所,不愿习艺者,得按其年龄、性别、技能、志愿,使转服兵役。

六、凡现住招待所中已有工作之工人,不发遣散费,如一时不能于所外另觅住处者,得仍住所内,至多以三个月为限,在所工人均须出具切结书,满限后应一律迁让。

七、遣散工作结束后,招待所与原有失业工人代表团之组织及本会联络员之名称,应即同时撤销。

八、本会联络员遣散费,除按失业工人遣散费发给外,另发津贴一个月。

九、招待所职员、工役,每人另发给津贴一个月,遣散之。

十、本会在办理遣散期间,得调用招待所职员及联络员会同办理,并得呈请社会局、警察局派员协助之。

十一、本办法施行细则另定之。

十二、本办法自呈准之日施行。

〔行政院档案〕

9. 内政部颁布"加强全国总工会及各业工会联合会组织办法"

(1948年7月26日)

加强全国总工会及各业工会联合会组织办法

一、全国总工会及各业工会联合会,其已迁穗者,应督促其迅速推动会务。

二、各业工会联合会尚未迁穗者,由内政部督促各该会主要负责人员先行设通讯处,设法与散居各地理监事取得联系,迅速恢复组织。

三、各工会理监事,其有甘心附匪者,应即撤销其理监事职务,开除其会籍。如为国民党党员,并应呈报党部开除其党籍。

四、各工会理监事除潜伏匪区工作者外,其有逗留匪区下落不明者,应即解除其理监事职务,由候补理监事递补,并改选常务理监事。

五、各全国性工会,如理监事人数不足三分之一,无法正式集会时,得呈请主管官署派员整理之。

六、各全国性工会,得申请主管官署介绍适当人员充任秘书,协助会务推行。

七、全国总工会及各业工会联合会会址,应设中央政府所在地。

八、全国总工会及各业工会联合会,得在穗设立联合办事处。

〔内政部档案〕

10. 国民党中央第二十三次民运工作会议修正通过改进海员党务工运工作要点

(1949年)

查海员党务工运,向由中委杨虎主持,近年杨氏利禄心炽,暗中早与李济琛等勾结,共谋叛党。自共匪渡江占领京沪,即与其党徒孙履平、王寄一等公开附匪,并接受其领导,共同煽动各地海工干部叛国,幸大多数理监事不为所动,故海员总工会仍能迁穗办公。该会常务委员会并经由内政部指导调整,杨虎、孙履平、王寄一亦经该会决议撤职开除会籍。只以经费无着,工作尚未能积极展开,现共匪占领下各海口已因船只南移,运输停顿,商务瘫痪,打击极深。吾方则船只搜集,业务清淡,维持维难,尤以海员眷属多住匪区,思乡心切,已发生局部罢工要求资遣情事,如再经叛徒或共匪潜入煽动,不特罢工随时可发生,甚且有破坏船只逃往匪区口岸之虞,亟应早为之备,以防患未然。兹拟订工作要项。

甲、统一指导机构

一、设立全国性航运指导机构,由组织、农工、内政、交通、国防、联勤总部各部指派代表一人,组织全国航运指导委员会,指导有关海员航运工作之联系配合事项,由组织、农工两部会同召集之。

二、中华航业海员党部及中华海员总工会、全国轮船业同业公会、招商局总管理处、台湾航业公司、民生公司等各负责人组织航运小组会议,研究指导航运之推进,劳资之协调,员工之福利与一切航运临时问题,小组会议工作情形应报告全国航运指导委员。

三、各重要港口成立航运小组,由各该地海员区党部、海员工会分会、航政局及轮船业公会各推代表一人组织之,小组工作情形应报告上级小组会议。

乙、健全推动机构

一、扶植中华海员总工会,并调整其分会。

二、策动全国轮船业同业公会恢复工作,并健全其组织。

三、督促中华海员党部、海员总工会及护航队成立各轮船之单位组织,并加强其相互间之联系与配合。

丙、设置护航武力

一、各轮设立护航队,并设立护航总队,由交通部令饬交通警察总局组织之。

二、各地船商已设立护航队之海轮,于必要时应由护航总队指挥之。

丁、实施自清肃反

一、由海员党部会同海员总工会、全国轮船同业公会及各地航政局清查各轮船公司职工海员身份、思想行为,如确有叛党附匪者,得通知护航队拘送主管机关依法惩处之。

二、各地海员区党部及海员工会分会于必要时,得派员协同各港检查所登轮检查海员身份。

戊、宽筹经费

一、由主管机关在筹措南下船员奖金中拨出一部份补助海员党部及工会,其分配办法由民运工作会报决定,并请国防部参加。

二、由政府按月补助海员总工会经费,并拨海员失业救济金。

〔内政部档案〕

11. 郭忏关于防范各军需工厂工人罢工办法呈

(1949年5月14日)

一、据报告近以物价狂涨,各军需工厂工人因生活困难,叠有罢工、怠工、请愿暨抢购物品引起纠纷等情,深恐奸匪渗入,鼓动工潮,亟应调处防范,以遏乱萌。兹指示办法于次:

1. 在待遇未合理改善前,对各军需工厂工人福利康乐应特予改善,油、盐、柴、米等生活必需品订价供应款在各该署业务费项下统筹运用。

2. 各主管署对各厂工人应随时严密调查,防范疏导,并一面加强警戒。

3. 各种非急需暨可能并编之工厂,应由各主管署检讨拟具调整裁并办法呈核施行,以资紧缩节约。

二、除呈报国防部核备外,希遵照办理。

三、本件分行本部运输通信工程经理军医兵工署及副官处遵照,抄副本送财务署知照。

总司令 郭忏

〔军令部战史会档案〕

12. 内政部为破坏中共领导工人运动规定四项办法代电

（1949年6月15日）

代电

省（市）政府公鉴：查动员戡乱时期，后方秩序亟待安定，兹为防范共匪渗透潜伏各工矿及各工业区煽惑工人，鼓动工潮，扰乱社会秩序起见，特规定注意事项如次：（一）各级工会应加强组织，并切实施行肃清运动，以防范匪谍活动。（二）各级主管官署应监督辖区各企业及工矿厂商充实员工福利，安定员工生活，并随时考察各企业营业情形与工人生活状况，为适当之待遇调整，以防止工潮之发生。（三）劳资间如发生争议，应由各该主管官署迅速依法处理，其情节重大者，并应将经过情形专案报由本部查核。（四）劳资或劳劳纠纷，在评断仲裁未确定前，双方均不得有停业、关厂、罢工、怠工及聚众游行或请愿情事，以免为奸宄利用。以上四项相应电请查照，并转饬遵照为荷。内政部。穗汉劳司三辰。

〔内政部档案〕

13. 内政部拟非常时期全国工运实施方案草稿

(1949年7月)

查匪党以工人之政党自诩,历年虽经尽全力从事工运,异图引发工潮,破坏社会秩序,以便夺取政权,而其收获极微。足征政府保护劳工政策之措施正确,故能得广大劳工之拥戴。过去指导工人已成立全国各级工会千余,拥有会员达五百余万人,工会组织确已具有相当基础,原不难逐渐繁荣,滋长日臻完密,俾助生产建设。乃以共匪日渐猖獗,近且全国大部份重要都市相继撤守,以致各级工会有停顿或竟由匪党接收改组或另行组设,工会干部亦多流亡隐匿,组织瓦解,力量涣散。为积极增强反共斗争力量,自应加强工会组织,巩固工运基础,并建立战时劳工新团体,以配合军事争取胜利,爰拟订本方案。

甲、方针

一、政府区

1. 组织中国自由劳工联盟,以团结劳工,反共救国。
2. 加强各级工会组织,以巩固工运基础。
3. 组织工人自卫护路、护厂、护工,以保护生产。
4. 调查肃清匪谍,以安定社会秩序。
5. 部署应变及地下工作,以争取劳工减免损害。
6. 组织工人福利社,以改善劳工生活。
7. 促进劳资合作,共渡难关,增加生产。
8. 扶助失业,辅导其转业就业。
9. 发动劳军,以激励士气。

二、匪区

1. 遴派地下工作干部,以从事匪区工运。
2. 建立工运秘密组织,以推行反共救国运动。
3. 搜集匪方工运及军事经济情报,并建立情报机关,以明匪情而资对策。

4. 发动怠工、罢工,破坏匪区生产。

三、国外

1. 联络国际劳工团体,争取同情。

2. 揭穿匪方宣传真相,并宣传政府措施。

3. 阻止外商破坏关闭。

乙、实施办法

一、关于政府区部份

1. 组织中国自由劳工联盟。

(1) 以工运干部及对劳工问题有研究之人士为盟员。

(2) 联盟以反共救国为宗旨。

(3) 在政府区为公开社团,在匪区为秘密组织。

(4) 联盟专责主持匪区工运。

(5) 由政府派高级人员直接领导。

(6) 经费由政府核实补助。

2. 加强工会组织。

(1) 督导并充实全国总工会、海员总工会及工业工会联合会。

(2) 加强若干重要城市区域厂矿铁路海员及邮电等工会组织,并酌派指导人员。

拟选定区域:(一)广汕区,(二)港澳中山区,(三)成渝区,(四)贵州区,(五)昆个区,(六)桂柳区,(七)粤汉路区,(八)湘桂黔路区,(九)西南公路区,(十)海员区,(十一)川盐区。

(3) 调整改组受战事影响各重要工会,其程序以产业工会为先,重要职工会次之,一般工会再次之。

拟整理……工会　改组……工会

3. 分期组织工人自卫护路、护厂、护工队,以接近战区重要产业职业为先,配合地方自卫组织。

4. 举行各级工会自清运动,并具结连保连坐及调查各业潜伏匪谍暨附匪份子,报告治安机关惩办。

5. 接近战区各级工会自行拟订应变措施及遴派地下工作暨反间人员,并密报备案。

6. 先就广州、重庆、成都、自流井、昆明等地组织工人福利社,以资示范。

7. 会同关系机关,拟定各重要企业成立业务部门与工会共同组织管理工厂办法,由该组织决定生产方针、业务计划及处理劳资双方间各问题,并革新工厂管理办法,提倡生产竞赛,培养模范工人,上项办法责成公营事业先行实施。

8. (一)由各级工会调查失业人数,拟定转业就业办法,并与工会以介绍工人之全权。(二)在重庆、广州、基隆等处设立工人招待所,收容失业及来归技工干部。

9. 遇有重大战役时,发动工人劝募,并就地慰劳作战将士。

二、关于匪区部份

1. 训练地下工运干部三十人,遴派京沪、平津、武汉等地工作。

2. 组织中国自由劳工联盟地下支盟,拟先就京沪、平津、武汉等地组织之,侧重个别活动,以免破坏。

3. 打入匪方工会及一切社团帮会以资掩护,并争取其自由份子。

4. 先就平津、京沪搜集匪方工运、军政及经济情报,并建立上海情报电台一所。

5. 创办中国自由劳工刊物一种,密送匪区,以宣传政府政策及反侵略运动。

6. 形势许可时,由地下工作人员策动怠工、罢工,以争取匪区特种技工来归。

三、关于国外部份

1. 由总工会、工会联合会及中国自由劳工联盟经常与国际劳工团体保持联系。

2. 展开国民外交,续派劳工代表出席各种国际劳工会议。

3. 创办英文中国自由劳工刊物一种。

4. 由海员总工会随时监视并策动海员阻止外商船舶航行匪区。

丙、干部

一、罗致工运干部及对劳工问题具有研究之人士参加新工运工作。

二、奖拔优秀工人干部。

三、举办工运讲习会,每期两周,以坚定思想研究工作新技术。

四、订定工运干部联系考核奖惩办法,并切实执行。

丁、法令

一、厘定劳工法令其不合于战时者,由部令暂停适用。

二、搜集国内外劳工研究资料。

戊、经费

一、本方案应用经费由内政部列预算呈行政院专案拨发(预算另附)。

二、各级劳工团体经费仍以自筹为原则,其任务重大成绩卓著者,得呈请内政部补助之。

〔内政部档案〕

14. 内政部拟订加强全国工运实施方案

(1949年7月)

甲、目标

一、严密工会组织,巩固工运基础,以配合当前需要,完成工人自救救国之使命。

二、指导各地工会展开反侵略反共运动,以统一工人意志行动,提高工人政治警觉,为争取真正之民主自由而奋斗。

三、加紧动员全国工人建立战时组织体制,以配合戡乱军事,并协助安定地方秩序。

四、彻底实施劳工政策,完成社会建设,以打击并瓦解共党之工运计划与阴谋。

乙、原则

一、配合当前需要及政府最高决策,确立劳工政策之新方针。

二、本"组织对组织"、"宣传对宣传"、"工作对工作"之原则,以针对共党之工运策略作有效之对策。

三、纠正过去工作缺点,树立劳工运动之新方法、新精神与新作风。

丙、工作要项

一、严密工人组织,肃清匪谍份子。

二、号召工人自卫护路、护厂、护工。

三、动员全国工人参加战时勤务。

四、整饬劳动纪律,促进劳资合作,努力增加生产。

五、渗入匪区发动怠工罢工破坏工作。

六、抢救匪区技工,加强救国力量。

七、加强国际联系,争取同情。

八、救助失业工人,辅导其转业就业。

九、发动工人捐献,扩大征募慰劳。

十、扩大宣传,激发工人爱国情绪。

丁、工作实施

子、指导机构方面

一、加强各级劳工团体

1. 督导并充实全国总工会及各业工会联合会,各会至少经常有常务理事一人主持会务,并与政府保持密切联系。

2. 加强各重要城市、厂矿及铁路、公路、海员、邮电等工会之组织与活动。

3. 普遍完成各地工会组织,并运用表面民主实际强制之方式,策动所有从业人员一律加入各业工会。

4. 受战事影响之各工会就其实际情形分别加以整理改组改选或调整,其程序以产业工会为先,重要职业工会次之,一般工会又次之。

5. 于各级行政主管单位组织劳工指导小组,以研究劳工法规及劳工行政与当前局势相配合之办法。

6. 原定战时工运□□法令凡平时法令与战时法令相抵触者,**暂停适用**,以资应付非常局势。

二、促进生产建设

1. 劳工政策与工业政策应确立共同目标及配合办法,俾促进国家之生产建设,而达成配合经济作战之目标。

2. 各种企业单位应由业务当局、工会及有关方面共同组织管理委员会,决定生产方针、业务计划及处理有关生产、劳工问题,并应划分职责,分工合作。

3. 彻底革新工厂管理办法,打破员司之封建思想、官僚作风,使员工生活打成一片。

4. 实施生产竞赛,培养模范工人,以增加生产、提高品质、节省材料、减低成本、爱护工厂为目标,树立劳工新劳动观念,坚定其为完成三民主义建设之决心。

5. 纠正工人盲动幼稚思想,安定生产秩序,维持劳动纪律,杜绝罢工怠工之行动,以上二、三、四各条公营事业应提前实行,以资提倡。

三、举办劳工福利

1. 从速制定劳工保险法,以确立政府保护劳工之基本法则,其实施地区视实际情形由政府决定之。

2. 各种企业单位应切实依照政府公布之员工福利金条例提

拨福利金,举办各项福利设施。

3. 工人工资应依照习惯或协定及当地生活标准按时发放。

4. 政府举办日用必需品配给应予工人以有优待。

5. 选择工人密集地区,由政府单独或与劳资双方合办工人福利社,以改善工人生活。

四、确立干部政策

1. 罗致从事工运人员及对劳工问题具有研究之社会人士参加工作。

2. 选拔并培育优秀之工人充任各级工运之诸干部,逐渐淘汰工棍工贼。

3. 工运人员由中央或地方分别施以严格训练,俾对劳工政策之基本理论从事工运之工作方法技术及个人之工作态度与作风有共同之认识与基本上一致之行动。

4. 各地成立干部训练小组,其办法将劳工干部分编成组,经常举行会议,而以社会行政主管单位之人员或干部能力之强者,每人担任数组之指导。

5. 订定干部之联系办法,俾各级工运干部与主管单位经常保持密切联系,并指导考核其工作。

五、防止共党活动

1. 严密各业工会之基层组织,实行会员互保连坐办法,彻底肃清匪谍之潜伏份子。

2. 提高会员之政治警觉,揭穿共党之欺骗行为及阴谋,以切实纠正思想动摇意志薄弱之份子。

3. 就各重要城市及厂矿交通事业之工会组织护航、护厂、护矿工作队,协助国军维持生产交通,严防匪谍之破坏。

4. 员工正当要求及合法权益,在不妨碍生产事业发展及应变措施下,应予解决及保障,以免发生纠纷而予匪谍煽动机会。

5. 各地社会行政机关应与军警治安当局经常保持密切联系,如发现匪谍或其他非法越轨行动份子,应即会同采取有效步骤,负责制止。

6. 设专人搜集并研究中共之工运文件,俾资参考运用。

六、建立敌后工作

1. 敌后工运工作应由中央遴派得力干部派往×××实习地下工作技术潜往工作,并指导全国性工会,策动敌后劳工团体配合工作。

2. 敌后工作应组织突击小组担任破坏匪区交通厂矿生产设施,策动怠工罢工及宣传工作,其工作除由中央直接指导外,并得与当地游击部队密切配合。

3. 接近战区之各省市及重要交通事业工会,均应采取应变措施,除平时与共党作剧烈斗争势必随政府撤退者外,其他重要干部应分别指定潜伏或参加共党工运工作,已陷区或因战事转移太速未经布置者,应即迅予从新布置。

4. 在香港、衡阳、仁川(南朝鲜)、新加坡等地分别秘密设立机构,以指挥匪区之工运。

5. 争取有特种技术之人员脱离共区,以破坏其生产建设计划。

七、加强国际联系

1. 派员参加各种国际劳工会议,俾与国际劳工组织发生密切联系,建立合作基础。

2. 揭穿共匪铁幕下迫害劳工事实,以提醒各国劳工对共党之警觉,以打击共党在国际上之一切活动,进而促成国际劳工之反共反侵略运动。

3. 展开国民外交,以透过各国劳工领袖促进各国政府援华。

4. 搜集各国劳工组织及派别之资料,以资参考而使运用。

八、救济失业工人

1. 因受战事影响或由中央区撤退之失业工人,政府应设法救济或另调工作,以资激励。

2. 于重庆、衡阳、广州、台湾成立招待所,招致失业工人及匪区来归技工及干部。

九、宣传服务

1. 创办报纸及刊物一种,以发展劳工文化,提高劳工认识,加强战乱信心。

3. 组织工人巡回服务队二队,巡回工人密集地区,为工人演剧写信等服务,并辅助工会工作。

丑、工会方面

一、一般工会

1. 肃清官僚主义、包办主义、宗派主义、发财主义及尾巴主义等作风,必须以积极为主动的进步的民主的革命的及以群众为本位的精神领导工运。

2. 现有工运机构内之腐化动摇及态度不明之份子,应无情予以清除。

3. 督促工人增加生产,协助完成增产计划。

4. 各工会之理监事应划分领导小组,分区或分业深入下层,直接领导群众。

5. 举行领导小组与领导小组间之任务完成竞赛。

6. 经常定期举行各业工会联谊会,以资联络,并交换经验,且可减少无谓磨擦。

7. 重新登记会员,实行五人联保。

8. 整理工会收入,创办会员福利事业,各项经济项目绝对公开。

9. 响应并完成政府之号召。

二、配合军事

1. 各地工人按其业别、区域分别建立护路、护工、护厂等各种组织,执行自卫任务,其组织另定之。

2. 组织秘密小组从事侦察肃奸工作。

3. 联络现在匪区之忠贞会员,俾明了匪区之工运动态。

4. 接近战区工人应成立救护、运输、担架、消防、警卫、响〔向〕导等组织,积极参加战斗勤务。

5. 各级工会应秘密组织通讯网,直接与内政部及当地高级军事机关发生联系。

戊、指导区域与工作人员

一、指导区域暂定左列各区

子、政府区

（1）广州汕头区　（2）香港澳门中山区　（3）朝鲜仁川区（4）新加坡区　（5）长沙衡阳区　（6）重庆成都区　（7）贵阳昆明区　（8）桂柳南梧区　（9）粤汉铁路区　（10）湘桂黔铁路区（11）海员　（12）台湾福州区　（13）西南公路区　（14）个旧锡矿区　（15）八步矿区　（16）川东盐场区　（17）川北盐场区

丑、敌后区

（1）平津区　（2）象临杭区　（3）山东青岛区　（4）东北区（5）武汉区　（6）中原区

二、工作人员

子、指导人员由内政部罗致富有经验人员施以短期讲习,派往各区工作。

丑、赋以指导人员以依法处理工作之全权,俾能因时因地制宜,发挥工作效能。

寅、各指导员于出发前应拟具工作节略呈报,于到达指定地区五日内,应即呈报详细之工作计划。

卯、指导员除照支薪津准给往返旅费及酌给办公费,但不得支出差旅费。

己、机构与经费

一、机构

子、行政上之各种措施由内政部劳工司主办之。

丑、成立中国自由劳工同盟之社会团体,凡从事于劳工运动或于劳工问题有研究之人士,均得参加,藉以协助推行劳工行政及反共之斗争工作。

二、经费

子、所需各项经费,由本部另列预算呈准行政院专案拨发(预算另附)。

丑、各地劳工团体及各种任务队经费以自筹自给为原则,必要时得呈请本部酌予补助。

〔内政部档案〕

15. 内政部拟订戡乱时期敌后工运实施办法

(1949年7月)

一、本部为团结陷区劳工同志策划反共工作,颠覆共匪统治,加速戡乱胜利起见,特订定本办法。

二、敌后工运之任务。

甲、情报

一、共匪一般经济措施之调查。

二、匪区生产状况之调查。

三、工人待遇及劳工活动情形之调查。

四、共匪工运人员及活动情形之调查。

五、共匪劳工政策之调查。

六、附敌份子及活动情形之调查。

七、政府区匪谍活动情形之侦察。

乙、组训

一、秘密吸收反共同志。

二、逐渐建立"组织细胞"。

三、揭露共匪阴谋,煽动反对统治。

四、利用机会煽动工潮,以扰乱敌后治安及秩序。

五、阐扬本党主义政纲,坚定反共信仰。

丙、行动

一、建立敌后反共武力。

二、实行暴动,配合军事反攻。

三、破坏匪区军事布置及交通工矿。

四、暗杀附敌份子及匪方主要工运人员。

三、中央指挥事宜由本部办理,必要时得提经中央民运会报决定之。

四、中央指挥部下设区指挥部(直属支部)及小组,组织系统如后:

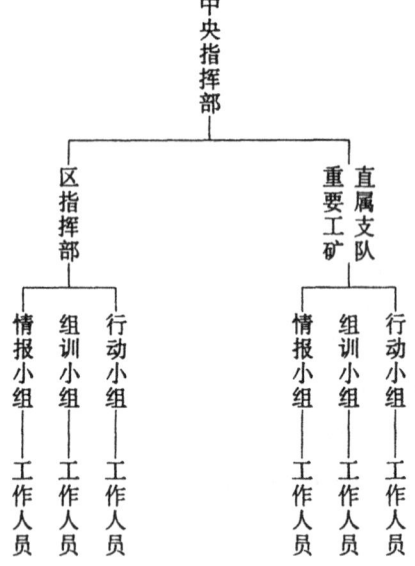

五、中央指挥部设总指挥一人,副总指挥二人,秘书长一人,

秘书若干人。

六、中央指挥部设组训、情报、行动三组及秘书室、会计室等单位,各设主任一人,办事人员若干人。

七、区指挥部设指挥一人,联络员五人—十一人。

八、直属支部设支部长一人,联络员三人—七人。

九、小组设小组长一人。

十、中央指挥部设总指挥,由本部部长兼任,副总指挥由本部调查局局长、劳工司司长分别兼任,秘书长、秘书、各组室主任及办事人员由总指挥就劳工司调查局现有工作人员派兼,必要时得在其他各司署局调用或雇用之。

十一、区指挥直属支部部长及各级联络员由本部遴派之。

十二、各小组组长由区指挥指定之。

十三、敌后工运人员由各区指挥遴保或由本部遴派之。

十四、敌后工运人员之遴选标准如右:

1. 各级工会之理监事及分会支部干事。
2. 各级劳工行政人员。
3. 各级党部党务工作人员。
4. 其他优秀忠实之工人及工运干部。

上项人员以本党忠实党员为限,必要时本部得施以考察及适当训练。

十五、实施地区及程序如左:

1. 第一期成立京沪、平津、武汉、东北、胶济等区指挥部。
2. 第二期成立各重要矿厂、电厂、工厂及铁路、公路等直属支部。
3. 第三期普遍展开各工业区域及劳工人数众多之城镇。

十六、为工作便利计,必要得派工运人员随军进展至指定地区展开工作,至有关各部会及部队联络事宜由中央指挥部办理。

十七、敌后工运经费由本部专案呈请拨发。

十八、本办法呈经行政院核准后施行。

〔内政部档案〕

二、各地工人运动概况

[1] 初期川滇等地工人运动

1. 豫丰纱厂重庆分厂因工潮请派宪警协助遣散工人代电

（1945年8月29日）

豫丰纱厂快邮代电 〈普三四〉字第七八四号

战时生产局钧鉴：窃近一、二年来，本厂工人时有怠工、罢工情事发生。最近一个月，且发生罢工两次，皆属毫无理由，约一个月前曾罢工一次，其起因为要求发给平价布，此项平价布本厂原已允予发给，特以花纱布管制局尚未领到，并曾一再声明领到即发，而工人不予原谅，遂以此为藉口而罢工。第二次发生于八月二十八日上午六时，起因于社会局增加工资通告尚未到达，查增加工资政府与各厂原已洽定，工会代表亦曾列席参加，明了经过情形，唯因社会局命令尚未到达，故未公布，工人方面乃复以此为藉口而停工，经社会局多方劝导，始于下午四时复工，乃至晚间十一时，夜班工人又复罢工，似此以罢工为儿戏，而本厂又以迫于环境，无权处理，鉴于前途黯淡，无法继续办理，不得已拟即停业。谨特呈请钧局，敬祈赐予指派宪警保护产业，并协助遣散工人为祷。豫丰纱厂重庆分厂叩。未。

〔经济部档案〕

2. 新中公司重庆制造厂关于工人罢工反对无故开除工人及要求增加工资等经过情形呈电

(1945年10月)

(1) 新中工程股份有限公司重庆制造厂呈(10月)

(一) 本厂设立经过：本厂原在湖南祁阳，去岁湘桂战争，惨遭全部损失，率领一部份员工辗转来渝，蒙当局不断救济，贷给资金，并得承制战时生产局军用器材，乃得于本年二月二十一日购受花纱布管制局重庆纱厂原址，积极布置，四月间设备粗定，并即着手招考艺徒从事训练，五月间正式开工。

(二) 本厂工作性质：本厂制造工作，系采近代战时大量制造，精密分工方法，普通工人只须经一个月以内之训练，即可担任一小部分工作，无需具备一般技工之技能。故本厂之技工除原有一部份多年有历史经验者外，其余现有艺徒三百余人，均系此种短期训练者，仅能从事于其练习之小部份工作，与一般技工之工作性质不同，其技术水准亦异。

(三) 工人肇事经过：本月七日，临时女工苟玉华，因工作能力太低，不堪造就，当予辞退。乃少数好事工人竟藉口提出要胁条件：〈1〉使其被开除之女工苟玉华复工；〈2〉在厂方出货未结束前，不能任意借故开除工友；〈3〉在厂实在不能支持，必需遣散时，得按政府法令，发给遣散费〈伙食加工资津贴在内〉〈按路远近发给返家费〉；〈4〉改善工人待遇，工资增加100%等四项。当经本厂负责人面予答复：〈1〉该女工既无工作能力，自难再使复工；〈2〉本厂对工友纯以合作态度看待，向无任意开除工友情事；〈3〉遣散等费，政府如有法令规定，本厂当绝对遵守；〈4〉本公司尚有其他分厂工友，待遇均系一律，故增加工资应候本公司统筹办理。去后该工人等以要胁未遂，乃鼓动罢工，于本月八日下午，擅自把守工场大门，威迫其他工人不许上班工作。

（四）各方调解经过：事发后，本厂当即报告李家沱工业区公共事业管理委员会及巴县县政府，经派员会同调处，根据该工厂等所提四项，详加讨论结果决定：〈1〉女工苟玉华，得酌调其他部份试用；〈2〉双方意见原属一致，厂方向无任意开除工友情事；〈3〉不得已而必需遣散工友时，当照政府法令办理；〈4〉每三个月考绩一次，其成绩优良者得增加工资百分之三十至百分之五十。本厂对于上述调解决定事项完全同意，唯该各工人对于第〈4〉项坚持自即日起，普遍增加工资百分之三十至五十，故调解无成。

（五）处理办法：值此战后生产停顿，平时生产不继之时，后方工业正在风雨飘摇、岌岌不可终日之状态中。本厂勉力维持现状，已感困难，如此次工潮稍延不决，则本厂无法维持，只有停业，各工友等亦将发生失业恐慌，结果二败俱伤。且将影响社会秩序，故目下解决办法唯有先行复工，免使生产停顿。日前各方调解所定办法，本厂自觉已到最高负荷，亦为一合理工业之最后生存条件，实则本厂工友待遇，较诸渝市各厂，已在水准之上，若再超过此限度，既非本厂能力所负荷，且此种不讲效率之工业亦不能立足于世界之林，实为国家殷忧。兹经查明，此次事故仅由少数好事之徒，且均来厂不久，原系各厂肇事捣乱而被开除者，藉其肇事惯技威迫鼓动，致大多数工友虽欲复工，亦被阻止，为免被该少数人把持操纵，造成严重事态起见，拟请各主管机关一面会衔布告，劝导各工友复工，以维持生产；一面并请酌派军警暂时来厂监视，使好事之徒无从威胁大部工人并捣乱秩序，使生产不致停顿。若再有不逞之徒从事捣乱，唯有恳请当局予以法律制裁，以保障工业生产之发展，不胜盼祷。

右节略敬陈

战时生产局制造处

吴处长

新中工程股份有限公司重庆制造厂

(2) 巴县县政府代电 （10月12日）

巴县县政府快邮代电　社管〈1〉字第一号

万急。战时生产局钧鉴：查本月八日，新中工程公司李家沱分厂发生罢工风潮，经本府派员会同党团代表、社会部驻巴指导员前往，一再调处，已经劳资双方同意解决，所提条件三项：〈一〉女工苟玉华被解雇后，姑念其离家太远，出厂无依，情殊可悯，厂方准其复工，以示体恤，其在原部份工作不力，另调其他部分工作，严加考核，如仍有工作不力情事，得由厂方再令离厂，劳工不得异议。〈二〉厂方绝对不得藉故开除工友。〈三〉厂方必须遣散工友时，应遵照政府法令，发给遣散费（包括临时工以每月实得薪津计算，有未尽善处得请示政府办理）。其第四项劳方提出增加工资百分之百，经减至百分之四十，资方未予接受，以致调解无效。本晨五时许，劳方技工陈亚平、刘杰等，率领全体工友四百余人步行到社会部请愿，敬恳指示有效办法，并派大员来县处理，不胜屏营待命之至。巴县县长李泽民。酉文辰。印。

中华民国三十四年十月十二日

(3) 新中工程公司代电（10月17日）

新中工程股份有限公司代电　　渝〈34〉处字第五九九号

中华民国三十四年十月十七日

战时生产局钧鉴：窃本公司李家沱分厂女练习工苟玉华一名，因工作能力太低，无堪造就，爰于本月七日予以解雇，乃有少数好事工人，原为由各厂肇事斥革化名来本厂工作者，此次竟施其故技，藉口要挟。于八日下午鼓动罢工，并把守宿舍通工场大门不许其余工人上班工作。经即请由巴县政府及李家沱工业区管委会邀同社会部派驻人员暨当地有关机关团体从事调解，终因该工人等坚持无理要求,致调解无效。以后虽经各机关一再劝导,仍无结果。该工人等复于本月十二日向社会部请愿,十三日由社会部派员临厂再予调解,本公司为顾全后方生产及社会秩序,经勉允自十月一日起,普遍增加生活津贴三千元,唯该各工人等坚持如故,致调解经过自十三日晚六时半开始,至十四日晨五时,迄未解决,各调解人员金以彻夜商谈,需要稍憩乃宣告暂行停止,俟稍憩后再予继续进行调解。讵该各工人竟于此时包围李家沱分厂钱厂长,实行暴力要胁,且把持大门,几酿成严重局势。其时巴县政府社会科管科长尚未离厂,所有工人种种越轨举动,均经目击,唯为免事态再趋恶化致妨碍社会安宁,仍主张尽可能继续调解,当于十四日下午二时,再行分别商谈。本公司为求息事宁人,复作最后让步,允自十月一日起,普遍增加生活津贴三千五百元。经社会部暨各有关机关人员极力劝导,各工人表示同意结果,乃于十四日夜班复工。综查此次工潮,自十月八日下午发生,至十月十四日下午解决,计停工六天,本公司所受损失至巨,惟为维持整个社会秩序,不能不委曲求全。谨摘陈经过情形,呈请鉴核备案,其因停工影响交货期限,并恳准予酌延用示体恤,实感德便。新中工程公司叩。酉筱。渝新中工程股份有限公司重庆制造厂。

〔经济部档案〕

3. 米廷翰关于强制遣散罢工工人函

(1945年10月17日)

经济部中国植物油料厂铁工厂函 渝(三十四)铁字第三〇二号

　　查本厂工友曹坤鸣,平日工作玩忽,屡劝不悛。本月六日下午后,欺诈警卫外出,遭厂方开革,遂有少数工友藉此滋事,聚众要挟。八日起即行怠工,并威胁其他大部安份工友,采取一致行动。本厂遵照卫戍总部规定,与工友采取协商步骤,并劝告各工友在双方未商得协议以前,照常工作,遭其拒绝。本厂复提议双方各派代表二人,偕赴社会局请求依法调处,经其同意。孰意该工友等竟于十五日威胁全体擅自罢工,并挟持厂方代表王、彭二名,径赴中国劳动协会,用意何在不得而知。次日(十六日)劳动协会派彭、陈二君至本厂调处,而各工友复谓其办理不善,拒绝调处,致彭、陈二君退出调处立场,仍不恢复工作。本厂在此复员工作紧张之际,为维持生产计,遂会同当地治安机关,请作证收,于本日(十七日)将滋事工友许锦江、李锡麟、王学忱、徐铭钿、虞积金、陈福生、蔡炳江及何永荣等八人,分别遣散,并遵照行政院三十三年十二月八日建审(五)字节1092号训令核准之战时厂矿失业工人救济办法第二条之规定,酌给遣散费。其余工友立即恢复工作,照常生产。奉命前因,相应检请洽照为荷。此致
战时生产局

经济部中国植物油料厂铁工厂
米廷翰 启

中华民国三十四年十月十七日

〔经济部档案〕

4. 巴县政府关于庆华颜料厂工人罢工要求改善待遇等经过代电

(1945年10月17日)

巴县县政府快邮代电 社管(1)字第八号

战时生产局钧鉴:本月十一日本县李家沱工业区庆华颜料厂发生工潮案,业经本府派员,会同社会部代表张源浩、林本、中国劳动协会代表叶维民与劳资双方代表彭国信、黄华诗等调处,结果业

已完全复工。兹谨将劳资纠纷处理办法，电呈鉴核：〈一〉伙食由厂方移交工友自办，煤水与用具及人工由厂方供给，每人每月发给伙食费洋捌仟伍佰元整。〈二〉厂方遇有必需遣散工友时，应依照政府公布法令，发给遣散费。〈三〉工作时间恢复原定钟点，每日十小时。〈四〉厂方不得藉故开除工人。〈五〉工人宿舍由厂方每日指派专人打扫，以资清洁而重卫生。〈六〉关于增加工资问题，因目前工商业已呈不景气现象，厂方实有困难，为顾及工友实际生活情形起见，由厂方从十月一日起每人每月一律加给生活补助费洋一千元，以资补助。〈七〉工友应得之年终盈余红利，应依照成例发给，遇有怀疑，可公举代表查账。伏乞备查示遵。巴县县长李泽民。酉筱。叩。

中华民国三十四年十月十七日

〔经济部档案〕

5. 周茂柏关于恒顺机器厂工人罢工要求取消包工制等经过呈

（1945年10月25日）

窃自胜利来临，后方工业顿呈不安现象，推其原因，属于工厂者：物价骤落，工价与日常开支并未减低，影响成本至巨，建设多存观望，产品销路停滞，经济来源断绝，致日常开支及薪工极费张罗；属于工友者：深惧不能延续开工，怀疑解散，加以回乡念切，诸如交通问题，以后出路问题，无不终日盘旋脑海，遂致工作不能推进。本厂为克服此种双重困难，一方面，申请政府设法救济，以免工厂停顿，工人失业，演成社会不安。幸政府亦洞悉症结，作紧急工贷，乃得已继续支持。一方面，因本厂已接之定货延期过久，若任其松懈，势必交货无期，且合同规定均系订有罚款，长此延误，尤不堪赔累。同时本厂产品既无出路，一切开支全凭举债，倘漫无预算，将随时有崩溃之虞,为谋迅速完成定货及安定工友此种心理起见,唯有增加其收入,鼓励其生产。乃召集工友磋商,改为分件包工制,此种制度完全视其技能优劣及工作勤惰,以决其收益之多寡,作为奖励性质,其原有薪津仍系照发。施行以来,初尚相安,讵至本月十六日,有少数技能低劣及不甚努力工友,以其收益未能与其他勤劳及技能优良工友平衡,向主管人要求调整,当以距发薪时间尚有数日(本厂发薪为每月四日及十九日),允予充分考虑。不料至十七日上午十时许,竟全体突告停工。据闻此次停工系有人在幕后主使,而鼓动力量最足以耸动众听者,谓政府对本厂紧急工贷六千万元,系作发给全体工友三个月胜利金之用,于是同声响应,致有此举。故工友等已于事前呈请巴县县政府,提出下列四项要求:(一)取消包工制,恢复以前正常工作制度,并提高待遇。(二)依照法令发给遣散费三个月,包括薪津。(三)遵照规定发给胜利奖金三个月。(四)视路程远近发给还乡路费。旋于十七日上午十二时许,即蒙县府派警察局林局长会同劳动协会董干事、稽察所万所长莅临商讨。适茂柏因公在城,致未得结果。至十八日下午六时,工友等又发出快邮代电宣布正式罢工,事态更形扩大。延至十九日,复邀请各有关机关会同调解,本厂在此严重情形之下,无法申辩,遂依照工友要求,忍痛解决。唯事虽告一段落,而本厂经济危机,既如上述。今者内部工作复无法推进,目前如何支持,殊成问题,其结果所届势必同归于尽。本厂如此,其他岂能例外。盖近来罢工已成为风气,即以李家沱一隅而言,先有中国毛纺织厂,继起者有西南金属制造厂、新中工程公司、庆华颜料厂,本厂惕于环境,虽小心翼翼多方避免,而终于不免步西南、新中、庆华之后,相隔不过数日,闻继起者又有数厂,均在酝酿,此实时会使然无可挽回。查工厂罢工政府早有明令禁止,今该工友等竟悍然不顾,违反法令,并公然发出快邮代电倡言罢工,此于本厂牺牲尚无所惜,诚恐蔓延益广,将致举国不安。除分别函呈外,理合沥陈经过,并检具工友快邮代电一

份,及调解记录一份,备文呈请鉴核备查,实为公便。谨呈
战时生产局

恒顺机器厂股份有限公司总经理　周茂柏
中华民国三十四年十月二十五日

钧鉴:窃自抗战军兴,工等不惜颠沛流离之苦,数千里跋涉之劳,辗转来川,投入县属恒顺厂工作。虽每日工作十二小时,紧张时或彻夜不息,咸一致埋头苦干者,为遵照委座前方流血,后方流汗,努力增加生产,支持前方抗战之训示。不问寒暑,群力以赴,如民生公司之山字号船煤船及民运、民协等船之主动引擎;中央造纸厂之打浆机,经济部之清花机、弹花机,炼钢事业之蒸汽压风机,水利农产帮浦吸水机,中国毛纺厂之梳毛机,战时生产局订制八二迫击炮弹等数百种出品,悉皆本厂工友日夜辛勤所造成。虽所得报酬低微,无非以达到努力增加生产为目的。八年来如一日,未敢稍事疏懈,工等之对国家、对厂方实已竭尽棉〔绵〕薄,贡献特大。唯冀早获胜利,俾得苦尽甘来。兹抗战结束,渴望之胜利业已到来,工等方欢欣鼓舞,庆幸工业前途大放光明,提高待遇以偿八年辛苦。乃竟事与愿违,反尝厂方压迫滋味,失业危机急于眉睫。缘胜利后各民营工厂均早在筹划还乡经营之策,近来各厂无理压迫,藉故开除工人之事时有所闻,酿出罢工纠纷,层出不穷。所幸贤明当局爱护一般工人,咸能合理解决达到要求,今本厂行将结束,迁移有期,对于工友应享之权利亦思设法降低,仍步他厂后尘,想尽方法,施以无理压迫。工等过去每月待遇虽薄,然尚可勉维生活,兹则遭受变更花样,施行估价包工制度,其价格及条约概由厂方非理自定,以致多数工友失去本身正常工资,半月辛苦全部所得之代价,尚不敷本半月个人伙食之需。睽〔揆〕其居心,无非使工等不堪压迫之苦,自动离厂减少人数,俾节省将来之工资、遣散费、胜利金等之开支,其理至为显明,且对于工友艺徒加以淘汰,原有艺徒百余名,今则已去

十分之六、七,若有一日之病、事假则概不给与工资、津贴,半月之津贴即完全取消。此种苛刻手段,无异置工等于绝地。忆初过去茅屋开始之恒顺厂,一跃而为陪都民营大工厂之一,内部原有二、三十部机器之设备,今竟增至百多部以上,前仅工厂数处厂房数栋而已,现有辉煌之洋房,住房数百间,设备完善,内部充实。此种惊人发展,咸赖工等血汗日夜拼命苦干所得之结果,工等之丰功伟绩,完全湮没不提,不特不加酬,庸抑且希图煽惑□□,丧心病狂,至于此极。工等本比期以此项措施,大多数工友分文不得,对于老父老母妻室儿女之生活,完全无法维持,生机断绝,危机万分。工等迫不获已,乃于本月十六日,全体请求厂方改善办法,未沐采纳。十七日复蒙县府派员及警局林局长、中国劳动协会董先生等,不辞辛苦,驾临本厂从中调解,而厂方陶协理,藉以周经理未在为词,各种条件毫不接受。工等不得已而暂时怠工,倘厂方再不合理解决,则工等进一步唯有罢工,听候政府之依法处理。然此种现象非出工等本心,纯系厂方剥削工友,压迫而来,所有一切责任应由厂方完全负担,不使工等蒙受损害。至工等依法合理要求之条件,仅录于下:(一)取消包工制,恢复点工制度,在本比期不够正常工资的包工应补给应有之工价,以维生活。(二)本厂工作时间应改为三八制,以符规定。(三)本厂在未正式结束前,不得藉故开除工友、艺徒及小工夫役。(四)本厂艺徒之待遇,应提高百分之百,如厂方结束迁移时,应遵照政府法令,发给三个月工资、伙食津贴等遣散费及三个月胜利金暨发给各工友还乡路费,按实际路程核定(本条包括小工、临时工、夫役等在内,应享同等待遇,不得歧视)。(五)遣散工友时,应由厂方发给工作起讫证明书,以作服务年资证件。以上五项要求,纯系依照政府法令规定之正当要求,不达目的誓不终止。工等处此无理压迫,生活断绝之环境下,实属忍无可忍,为此紧急呼吁,除分电外,伏恳俯赐鉴核,准予迅派高级人员临厂,依法合理解决,并祈各机关、法团、社会贤达、各厂工友,一致声援,主张公道,俾工等早获圆满结果,达到请求目的,庶足以资救济,而免扩大纠纷。临呈不胜迫切待命之至。恒顺机器厂工友代表杨子俊、周远林、何佩民、王友仁、王信和、童允、杨乃孚、王民庆、陈荣森、郑继藩、杨光荣、李克飞、王道银、孙昌运、张华镛、张福铨、张玉山、田鸣□、胡汉成暨全体工友同叩。酉巧。印。

恒顺机器厂劳资纠纷调解会议记录

时间：三十四年十月十九日下午三时

地点：恒顺厂办公室

出席人：

  社会部代表   林 本
  巴县县长   李泽民
  巴县警察局长   林 铠（代）
  中国劳动协会   植恒钦
  工业区公共事业管理委员会 程 城
  战时生产局   张 鹗
  卫戍部特务团三营   刘如铁
  卫戍部稽查处   邓 斌
  巴县警察局   林 铠
  劳方代表：周远林 孙昌运 陈荣森 杨乃孚
       郑继藩 李克飞 杨子俊 詹 伟
       何佩民 王友仁 张华镛 童 允
       王信和 杨光荣 张玉山 陈国林
  资方代表：周茂柏 陶建中 高功懋

主席：李泽民 林 铠（代）

记录：王仲儒

  调解结果

  一、劳方要求取消估价包工制,如该厂尚要继续经营,则应恢复过去正常制度,并提高待遇,以维目前生活。

决议:厂方承认取消包工制,恢复厂方本年九月十六日以前一切制度,其锻工部份亦按照上述十六日以前钳工部份制度办理。

二、劳方要求在本比期不够正常工资的包工,应补给应有之工价,以维生活。

决议:厂方承认,已在会议前照补。

三、劳方要求厂方,在未正式结束前,不得藉故开除工友及小工、夫役。

决议:照办。由厂方拟具厂规呈准县府核定施行,但临时雇请工(即自本日起以前在厂工作,未满一个月者即为临时工),得自由解雇,至其他另有契约行为之包工及未与厂方办理人事登记手续者,亦得自由解雇,其余如砖泥木石工等,亦得自由解雇。

四、劳方要求,如厂方急于还乡,即应依照政府法令发给三个月工资及津贴、伙食等遣散费。

决议:依照政府法令办理。

五、劳方要求,遵照规定发给三个月胜利金。

决议:俟政府法令公布遵照办理。

六、劳方要求,在解散时按工友还乡之实际路程,给予路费。

决议:俟政府规定时,遵照规定办理。

七、劳方要求,工友离厂时应由厂方发给工作起讫证明书,以作服务年资证件。

决议:厂方承认照办。

八、劳方要求,厂方工役之待遇,应予提高。

决议:技工每名每工加工资叁拾元,小工每名每工加工资拾贰元伍角,炮弹间小工每名每工加工资拾伍元。

九、前列第四项、第六项之决议,劳方提出复议,经厂方同意,由劳方提出意见如下：如六个月以内，中央如有遣散工人办法颁布，劳资双方即应依照法令办理，倘六个月以内，中央遣散法令尚未颁布时，厂方遣散工人，应发给每名三个月遣散费（包括津贴）。如工人自动离厂时，厂方不给遣散费，但六个月以后，无论本省、外省工人，如自动请假回籍，厂方应给予三个月解散费（薪津总和）及路费，其路费视路程远近而定。

决议：由厂方提交董事会商讨，再由劳资双方协商，其协商时限不得超过一个月。

十、劳方要求，改为三八制。

决议：厂方承认工作八小时，但得延长，其延长时间以二小时为原则，每加一小时作二小时计算工资，倘有特殊情形，须继续延长时，亦系每一小时作二小时计算工资。

十一、劳方要求，改善病假、事假办法。

决议：病假照原规定，放宽一倍，但须医生证明，事假照扣。

劳工代表　周远林

王友仁

何佩民

恒顺厂代表　周茂柏

主席　林　铠

记录　王仲儒

〔经济部档案〕

6. 军委会政治部关于花纱布管制局重庆工厂藉故开除工人引起罢工情形公函

(1945年10月27日)

兹抄送花纱布管制局重庆工厂停工事件经过情形一则，敬祈查照参考为荷。此致

财政部
　　附抄送花纱布管制局重庆工厂停工事件经过情报一则
　　　　　　　　　　国民政府军事委员会政治部启
中华民国卅四年十月廿七日

　　抄情报一则

　　查花纱布管制局重庆工厂九月二十七、二十八两日停工事件，系前次该厂开革工人张遗庭、刘宝仁复工问题之余波，至前次纠纷经于九月四日，社会局分别函邀有关各机关及工厂主方开会决定：（一）开除张遗庭一节，应由社会部会同有关机关派员调查办理；（二）刘宝仁技术问题应由厂方负责予以合理调整。九月五日，各机关即会同前往实地调查，根据各方调查所得，提出调解意见如下：（一）厂方酌予张遗庭津贴，作为转业期间之救济金；（二）为生产计，刘宝仁应即日复工，藉维生活。乃厂方拒不接受。嗣由市党部、社会局分别转请社会部核办，社会部根据调解意见，正转函花纱布局饬令遵办间，九月二十五日上午七时，该厂工人王坤英二十余人，即至社会部请愿，要求将本案迅速解决，并提出意见三项：（一）张遗庭被厂方解雇，应照发三月遣散费（包括战时一切津贴），另发给旅费四万元。（二）刘宝仁即日恢复工作，并照发停工期间工资及伙食，否则即依解雇张遗庭各项办理。（三）该厂今后对工人不得任意解雇。社会部根据前项要求，即由组训司函请该厂即刻派员到部，洽商办理。乃该厂接通知后竟故延不到，直至工人代表全部返厂后，于下午下班时，始派丁君前来，经交谈后，丁君仅允得工人所提各点回厂请示后，再行答复。次日（九月二十六日）该厂派秘书徐正一君，亦于午后下班时，方行到部。据称厂方对张、刘二工人，所提各点除念其生活无依，姑予各发二万元，作为救济外，余不同意，当经工人刘宝仁复到部请示处理结果，部方即据情转告，厂中工人得知，咸无故开革工人，几经政府依法调处，而厂方竟抗不遵办，不仅视法令如具文，且工人前途不堪设想，因是群起愤慨，人心动摇，遂有二十七、二十八两日停工之举。九月二十七日，该厂即将停工情形呈报社会局与社会部，当经社会部约定各机关代表，会同前往调处，下午根据双方谈话所得，在该厂举行调解会议，并经各代表提出调解意见三项：（一）张遗庭、刘宝仁二人各发给三月遣散费离厂；（二）张、刘二人工资应结算至调解成立之日止；（三）在厂工人二十七、二十八两日停工工资由厂方照发；（四）在厂工人着于九月二十九日起一律复工。至于此次引起停工原因及责任问题由政府另案查照办理，工方均表同意。讵厂除同意第一项外，其余概加拒绝，且当场态度顽强，出言不逊，其藐视功令，并表示不惜有扩大纠纷事态之意向，终至会议下午七时半，无结果而散。根据上述情形，该厂开革工人实为藉故报复，既经政府迭次调处，复始终固执偏见，以致久延不决，甚而引起此次之二度停工。此种意气用事行为于故□法之不是，更复漠视党政机关数度调处之苦心，一方造为异党宣传藉口，一方将促成社会不安。该厂负责之事冥顽不灵熟甚于此，长此以往，前途何堪设想，除该厂工人已于九月二十九日复工外，所有停工工资及张、刘二工友工资均尚未遵办。

〔经济部档案〕

7. 重庆卫戍总司令部关于三才生煤矿公司运输工人罢工要求发给所欠工资及奖金等情形与战时生产局往来代电

（1945年10—11月）

（1）重庆卫戍总司令部代电（10月31日）

重庆卫戍总司令部代电　戍秘字第三六二六号
中华民国三十四年十月三十一日
　　战时生产局公鉴：据报：三才生煤矿公司，近因渝市各工厂销煤减少，该公司生产过剩，致资金周转不灵，欠有运输工人工资一月，致使工人不满，乃于本（十）月二十四日晚，发生局部罢工（查运输分六站，其中一站停工），要求发给工资。当有工人牟海清、李青云二人被公司拘捕押解黄桷镇公所后，有一工人费锡清往镇公所询问详情，又被镇公所逮捕并殴打一顿，至翌晨始行释放。该公司乃于二十五日晚，将所欠工资发清，但运输工人因鉴于工友无辜被捕，复于本月（十）二十六日起，发动全体运输工人罢工（六站均停工）。复查运输工人罢工非因欠发一月工资及工人被捕而起。兹将此次罢工、逮捕详情列于后：一、在三十三年旧历年底该总公司以七十万元为工人年节费，但公司方面只发有二十万元。二、本年二、三、五月间，渝市大闹煤荒，焦煤生产局要求增加运输，并以奖金为鼓励。结果该公司在此三月内，每月由五千余吨增运至七千吨，但工人奖金则分毫未发。三、政府发给工人之胜利奖金，该公司亦未发放，统计该公司积欠工人各项奖金计有七千五百万元之巨。故工人要求发给奖金，而该公司办事人对工人称，奖金尚未领得，因此工人发动罢工，并坚持要公司即将各项奖金发放，否则亦要将该款之处置详情，作一切实之答复，方能复工等情。除饬属防范外，特电请查照核办，并希见复为荷。重庆卫戍总司令部。酉世秘。印。

（2）战时生产局代电（11月23日）

渝材发〈三十四〉四一四九号

战时生产局代电

中华民国三十四年十一月二十三日

重庆卫戍总司令部公鉴：三十四年十月三十一日戍秘字第三六二六号代电奉悉。查本局前为奖励嘉陵江区煤矿春节增产增运起见，曾规定于三十四年二月份，发给增加产运煤斤奖金办法，计三才生煤矿公司应领奖金共陆佰肆拾柒万柒仟捌佰陆拾元，业经如数发放清楚，但仅以二月份为限，其余各月并无此项规定,亦未发给胜利奖金。准电前由。除转饬本局煤焦管理处妥慎办理具报外,相应复请查照为荷。战时生产局。渝材戌梗。印。

〔经济部档案〕

8. 尹致中等关于重庆大川实业公司石棉制钉两厂工人罢工要求增加工资等呈

(1945年11月)

(1) 大川实业公司呈(11月2日)

大川实业股份有限公司呈　大〈卅四〉字第三二二○号

中华民国三十四年十一月二日

窃查商公司机器厂,以工人罢工无法维持,复以经济困难又无工作,不得已呈奉经济部批准停业,并遵钧局调解决议案,将该工人由商公司发资遣散,俟将遣散手续办竣,再行呈报备查。商公司对于所属之石棉厂及制针厂,决定勉为其难,以最大努力维持原有工人以免失业之苦,是对该等之爱护,可谓不遗余力,讵意石棉厂工人陈孝先、王品三、王志远、毋全德、陶荣胜、季云安、李方德等七人,忽于十月三十日倡率并威胁全厂工人罢工,提出要求七项〈照抄附呈〉。查商公司之工资一向优厚,且于抗战胜利后,虽百物下跌,并未与该等裁减工资,从前津贴并无变更,至增加工资一项,政府有令不能随便增加,因其要求无理,当经婉词劝导,并无效果。乃由商公司协理刘朴斋于十月三十一日面陈于社会局叶科长之前,奉谕代为转达,社会局意旨着即复工,以息事端。讵该陈孝先等,不但不遵从,竟当场包围,横加侮辱,幸荷该厂之职员之维护得免殴打。今晨后又联合制针厂小工学徒石国成、龙文彬、戴帮其、何炎林、邹胜林、朱树清、陈光祥、张炳全、萧永吉、陈金声等,亦提出要求条件七项〈照抄附呈〉,并实行罢工。当由管理员善为劝导,乃该等非特不理,乃反目谩骂,并会同石棉厂工人王品三等,手持铁棍木棒,同声呼打,即将管理员殴打成伤,当由工务处长赶往排解,亦被包围痛加殴打,势迫无奈,由窗间逃出,该等犹随踪追打,幸避于张保长家中,得免于难。该等复群集于办公室,遇见职员便打,以致受伤者多人,各自奔逃以避凶焰。商公司分呈报于警察所等治安机关及保甲长等,承蒙先后临厂,复承宪兵队赶到,弹压该等,始稍敛迹。窃以该等如此蛮横,殊属目无法纪,若不按名严加惩罚,则商公司之职员,失去保障,不敢复回办公,管理员亦不敢进厂执行职务,使艰苦缔造之事业,摧毁于彼等之手,殊觉可惜,为此理合呈请钧局鉴核,即刻派员临厂处理,并转请治安机关,将该滋事工人拘究,严加惩治,以保工业而维治安,实不胜感祷之至。谨呈
战时生产局
　　附呈抄件
　　　　　　　大川实业股份有限公司
　　　　　　　总经理　　　尹致中　　谨呈

报告　三十四年十月三十日于本公司石棉厂
　　事由窃工自投贵公司将近数载,诚〔承〕蒙诸位先生指导,本当尽报。实因近来生活高涨,实难度日,故不得已全体向公司要求旧规恢复。请贵公司给我们一点保障,我们诸位工友财〔才〕能安心工作,恳请钧座,体念下情,特准其条件有(7):(1)要求增加本月(十)工资;(2)恢复从前津贴;(3)恢复夜班;(4)每工只作九小时,夜班二小时半,一共十一小时半,作一工半计算;(5)每放大礼拜不开会;(6)不得任意开除工友;(7)不分事、病假,请一日扣一日,不得任意多扣一日。这意见如蒙赏准,不胜沾感,此致谨呈
厂长孙　核转呈
协理刘　鉴核
　　　　　　　石棉厂全体工友同谨呈

报告 三十四年十月三十日于制钉厂

事由窃工等自投贵公司以来将近数载,承蒙诸位钧台指导,本当尽心报效。实因近来生活高涨惊人,难以持久下去,故此敢冒昧,全体向公司要求恢复旧规与给工等,保障一切才能安心工作,恳请钧座体谅下情,予以恩准,则感德深矣,特将所条陈下列:1.要求增加本月份(十月)工资。2.恢复从前津贴。3.仍复夜工。4.请遵照政府,实行三八制,每日连夜班共工作十小时。5.免其例假招〔召〕开纪念周。6.无故不得开除工人。7.凡请病、事假,应照日实数扣薪,不得任意多扣。

以上所求,如蒙恩准,不胜沾惠,特此谨呈
厂长孙　核准转呈
协理刘　鉴准

针钉厂全体工友同启

(2) 张鹗签呈(11月3日)

签呈 三十四年十一月三日

敬签呈者:查大川实业公司前因工人罢工,纪律无法维持,影响生产。经呈奉经济部核准停业,并依法呈请资遣工人,经重庆市社会局调解,按照行政院通过办法,一律发给三个月遣散费外,并将遣散费内所包括之伙食费由每月五千元,提高至九千元,一共发给二万七千元,又复共同发给搬家费一百万元,并允许该工人等在厂继续留住一个月。该厂遵照社会局调解,正办理发给遣散费间,其他石棉厂工人陈孝先、王品三,制钉厂石国成等,又复聚众滋事,殴击职员,威胁全厂罢工,要求增加工资。据该公司总经理尹致中面报来局,当经职会同前往,面竭社会部谷部长,承即以电话通知市政府贺市长与卫戍总部严加取缔。本日复往竭王总司令,蒙允即派队往该厂维持秩序,并将肇事工人法办。除即再往该厂调查并相

机处理外,兹谨拟具致卫戍总部代电文稿,敬祈核赐判行,详情再报。谨呈

处　　长
副处长　　　转呈
局　　长
副局长

职张鹗　谨签
十一、三

〔经济部档案〕

9. 战时生产局为防止工人罢工转饬重庆李家沱各工厂自行制订管理规则代电

(1945年11月6日)

战时生产局代电　　渝材发(三十四)四〇二四号
中华民国三十四年十一月六日

巴县县政府公鉴,社管(1)字第七号、八号、十二号代电均悉,查李家沱各厂,近来陆续发生工潮,不仅影响生产,亦且妨害治安。本局前为防制〔止〕此项情事起,曾于本年七月二日下午三时,邀请经济、社会两部与重庆卫戍总司令部等机关开会,商讨决定:由重庆市社会局令饬各厂自行制订管理规则,呈由社会局召集有关机关开会,审查核定施行等语。记录在卷。兹查李家沱各厂系属贵府管辖范围,应请查照转饬遵办,以期减少纠纷,而安生产。除分电外,相应复请查照办理为荷。战时生产局。渝材戌鱼。印。

〔经济部档案〕

10. 中国粮食工业公司农化工厂关于全厂员工罢工要求增加工资呈

(1945年11月7日)

中国粮食工业公司农化工厂　　三十四年十一月七日
字第一〇四〇号

窃本厂以制造动力酒精为主要业务,供应军需。全厂工友共计壹百贰拾余名,突于本月二日集体具名提请增加工资百分之壹百,并即于四日起全体罢工,当经双方邀请经济部工矿调整处、李家沱工业区公共事业管理委员会调解,本厂已允予增加工资百分之二十。而各工友坚持增加百分之五十,因双方距离太甚,致未克解决。查本厂制品酒精系由液委会统制特价,亦经每月核定,年来受原料、燃料等物价上涨影响,每不能得合法利润。抗战胜利结束后,酒精需要减少,业务日益低落。此次各工友坚持要求增加工资百分之五十,实属不胜负荷,除即呈报本总公司请酌加或径予依法遣散外,谨特呈请钧鉴,赐予备案,实为德便。谨呈
战时生产局

　　　　　　　　中国粮食　　农化工厂呈
　　　　　　　　工业公司

〔经济部档案〕

11. 中央造纸厂请求镇压工人罢工呈

(1945年11月)

(1) 11月13日呈

窃查本厂员工向无制服费之发给,本年度预算中始援中央印制厂三十四年预算例列入制服费,计职员、技工每人发给制服二套,每套以三万五千元计,计月小工每人发给一套,每套以六千五

百元计,呈奉本厂监理委员会通过,转呈中央银行核准在案。本月五日经呈准监理委员会,依照预算核发。乃本厂计月小工及计日工人约一百余人,突于本月十三日下午二时许,藉口制服费数额相差过大,全体拥至厂长室要求与职员、技工同等待遇,本厂尤厂长巽照当答以事关追加预算,请推举代表提出意见,以便转呈监理委员会核示,言尚未毕,该工等即遂行暴动,不问皂白,举手即打,此起彼落,立将办公室全部捣毁,尤厂长面部亦受微伤,该工等凶焰犹不少戢,复将尤厂长架至厂外码头坡道中部凶殴,逼令承认照职员、技工制服费额如数补发。另派一部份小工占领机间、厨房、水灶等,迫逼其他工人开始罢工,继复伙同三百余人挟持尤厂长来城前赴市社会局,临时又提出条件多种,当承社会局胡视察之禄调解未成,定于本月十五日下午二时,邀请各主管部派员在该局会同仲裁。查本厂系属国营事业,一应行政及经费,均经报由监理委员会转奉核准,方可施行,现该工等先则抹杀事实,实行暴力举动迫害办法,似此情形显有奸人从中鼓动,除被毁部份已拍有照片,并报由化龙桥宪兵队及猫儿石警察分驻所,派由宪警实地勘视外,谨将经过情形具文呈报,仰祈鉴核。谨呈
战时生产局

中央造纸厂　谨呈

中华民国三十四年十一月十三日

(2) 11月19日呈

查本厂一部份计月小工,于本月十三日下午暴动滋事,殴打厂长、捣毁公物并用武器迫胁技工及其他小工罢工,违干法令,扰乱治安各情形,曾于本月十四日呈报钧局鉴核在案。现该工等虽于本月十六日遵照十五日社会局先行复工之劝告,暂时复工,惟密查其行动,仍在继续秘密集会,准备再次暴动,并散布即将杀人放火,加强举动之流言,情势严重,未曾稍戢,若不迅将倡

导暴动及迫胁罢工之主犯依法严予究办，诚恐此风日长，暴力举动势必蔓延及于全部工业，不但直接影响政府生产，而社会治安亦不堪问闻矣。特此具呈报请鉴核，俯察事态严重，迅即转请主管治安机关，依法逮捕主犯，并派队常川驻厂保护，以防意外，实为公便。谨呈

生产局

中央造纸厂　呈

中华民国三十四年十一月十九日

〔经济部档案〕

12. 中统局关于中共领导自贡市工人进行罢工组织活动情报

（1945年11月27日）

中央调查统计局情报　自贡十一月二十日电

据报：自贡奸伪机车支部王石琰（凉高山恒海井机车练习生）、伍崇福、宋宗殷（天碱井机车工人）、吴浩然（恒海井机工）等，于九月七日下午六时，在凉高山恒海井召开罢工委员会，决议推宋宗殷为罢工委员会筹备员，吴浩然为总指挥，伍博全（多福井机工）为总联络，初步决定：

一、派重要份子参加盐业公会，监视总工会所派之指导员。

二、分化盐场工管课与盐业公会之联系。

三、总指挥部设龙会镇，分站一设大丈镇多福井，一设凉高山恒海井。

四、以盐工伙食及盐业职员工伙食问题为发动日常生活斗争之导火线，鼓动工潮，其目的在检查本身力量及测验各方反应。

五、指挥方法，完全用口头传递，不用书面。

会议后于九月十一日下午七时,多福井机工以"日行肉"及"牙祭肉"不如盐业职员为藉口,当即罢工,跟即各井机工即予响应。后经场公署调解,每工人每日增加肉二两,始行复工。近又据报王石琰奉上级命令,召集紧急会议,决议如下:

(一)在工人中积极采取个别联系,尽量抓紧全市机车工人,争取其他职业工人之同情。

(二)内战如果公开宣布后,国民党军决不放弃战争,吾人(奸伪自称)准备以不断罢工方式,从事暴动工作。

(三)与邻封各地匪运工作,切取联络云。

〔中统局档案〕

13. 中统局关于重庆南岸等地猪鬃工人要求发给遣散费情形情报

(1946年1—2月)

(1) 1月29日情报

据报南岸猪鬃工人,因争遣【散】费问题,尚未解决,顷悉外县猪鬃工人亦派有代表来渝,现已有□□万县等地代表张泽霖、文德成等,现分居于南岸一带(住址不明),未见有显著活动。彼等系来渝探听渝市猪鬃工人解决办法,以便返县后采取同样要求云云。

〈信申141〉

(2) 2月5日情报

根据南岸猪鬃工人因遣散费问题,经社会局数度调解,迄未得有结果,顷由工会方面出面调解,结果男工除社会局决定每人发四万五千元外,每人另加发二万元;女工原为每人二万二千五百元,现改为每人二万五千元。并定昨(三十)日晨,召集全体会员大会,如能通过,则今(三十一)日,当可由各厂分发,则猪鬃工人一场风潮,当可得告一段落云。

〈信申 141〉

〔中统局档案〕

14. 中统局关于重庆华南印刷所工人罢工请愿情形情报
（1946年2月1日）

据报:南岸野猫溪石溪路华南印刷所工人,因争执年终红利未得如愿,乃与厂方发生纠纷。当有工人一人受伤,故该厂全体工人共一百余人,于三十日清晨,齐集过江至社会部请愿,并将受伤者抬至法院验伤,旋经社会部劝告,工人暂时返厂。饬推派代表数人至社会局调处,刻尚在磋商中云。

〈信申 141〉

〔中统局档案〕

15. 中统局关于中共领导昆明中央机器厂工人罢工提出行政公开等四项要求情报
（1946年2月9日）

中央调查统计局情报

昆明元月三十日讯

据报:自昆市"一二一"学潮发生后,奸党即向各厂工人煽动工潮,而资委会昆明中央机器厂,为规模最大之工厂,久为奸党活动之区。该厂技术职员多为联大毕业生,奸党曾利用各种手段争取管理工人,以图策动罢工之阴谋。"一二一"学潮发生后,联大奸伪曾派宣传队至该厂,将毛泽东相片介绍给工人,作种种宣传活动,同时潜伏该厂之奸党亦从中煽动少数员工,曾有响应罢工之倾向,其时因多数职工及警队出而及时未果。但厂内奸党仍一再挑拨煽动,策动组织"职员联谊会",于元月十五日,在该厂召开会员代表大会,由该厂职员奸伪分子董林肯任主席,报告藉口以请办理职工复员事宜,厂方对此始终未曾答复为词,当经决议全体职工为提出抗议,贯彻要求。决定由十六日起罢工,并发表宣言,向厂方提出四项要求:

(一)厂方行政公开。

(二)厂方勿以分化威胁对付职员之请求。

(三)工厂不要官僚化,厂长不要官僚化。

(四)政府应用青年技术人才,而不依赖外国发展我国工业。

上项要求非得厂方完全履行后,决不复工。查该厂罢工后现已引起一般社会人士之注意与同情,且有责备政府对各工厂职工复员事宜置之不顾之论调,奸党为争取他党之同情,加强力量,并密派奸伪分子到各大工厂联络鼓动,积极筹组联合罢工委员会,企图扩大工潮。

〔中统局档案〕

16. 中统局关于中国毛纺织厂工人罢工要求增加工资等情形情报

(1946年2月27日)

据报:李家沱中国毛纺织厂,二月六日因工人要求厂方发给红利、奖金及增加工资等条件,一度罢工,嗣因该厂厂长离渝赴沪,致延而未决,该厂工人均呈怠工现象。二月二十日晚,又突由女工唐玉芳、刘荣碧等,发动该厂织造间首先罢工,续之梳纺间,然其他各部份则仍开工。事出后,该厂产业工会即召开会议,商讨办法,由工会理事长何根发、理事王森荣及各小组长、支部干事二十余人,县政府社会科长周叔语、警察局长林铠、管理委员会张仁寿等,向工人解释,请先照常工作,由县长李泽民去电该厂长,限期返厂解决。但工人则坚持必须每人得十万元后才允上工,虽经各方再三劝导,但工人仍坚持原议,致无结果。遂于二月二十一日起全部罢工。查此次罢工主要原因为劳动协会所煽动云。

〈土甲191〉

〔中统局档案〕

17. 中统局关于镇压重庆裕华申新两纱厂工人罢工情形情报
(1946年2月)

(1) 情报之一

据报:南岸裕华、申新两纱厂发生工潮,影响渝市工人运动甚巨,故数日来经组织部、社会部、市党部、市政府社会局等机关,派来工作人员十余人,日夜在厂工作。一面组织工人以行动对付行动,另一方面则利用党团关系予以分化。至二十七日,两厂问题均告解决,其解决办法:

一、年终红利仍照政府调处办法,普通工人为全年收入百分之六十,技工为全年收入百分之一百二十。

二、年终红利于元月三十日发给。

三、为防止再度发生事件计,即日开始放工,待春节后正月初三日再行开工。

四、肇事工人仍设法予以逮捕,但为维持治安计,驻厂之武装人员暂不撤退云。

〈信甲141〉

(2) 情报之二

据报:南岸裕华纱厂工潮问题,已志前报,兹悉:1. 此次暴动主要人为李泉华、谭健华、赵浩泉、王正新〈女〉等四人,幕后策动者为翟辉。2. 此次风潮,该厂劳动协会会员多予响应,其领导人为李会长、沈义卿二人,目前该会组织发展已达八百余人。3. 二十五日下午,社会部、组织部、市政府、市党部、青年团、社会局等机关,共同派员来厂调解,仍未得结果,工人方面非百分之百决不复工,故未得结果。4. 现卫戍总部,已派武装一连住厂保护,并有便衣数十人,在厂梭巡。5. 该厂四川籍工人曾于二十四日夜,在南岸孙家花园集议商谈,闻其内容为:(一)坚持年终百分之百红利;(二)加紧团结,严防有人混入破坏;(三)有机会时,可发动工人捣毁窍角沱警察所云。

该厂此次工潮,恐在一、二日内,尚难获得解决云。

〈信甲141〉

〔中统局档案〕

18. 国防部新闻局关于南疆公路局工程处虐待及枪杀民工情形与交通部往来电稿

(1946年2—3月)

(1)国防部新闻局代电(2月19日)

交通部公鉴:据报南疆公路局工程处自南疆公路动工以来,苛征民伕,恣意虐待,所有工人不堪忍受冻饿,逃走者甚多,顷有潘姓(名不详)工人一名,因私逃,为该处捕获,执行枪决,致引起敦煌民众愤恨,等情。特转请参考为荷。国防部新闻局。(卅)(巧)(卅)六秋礼特。印。

(2)交通部公路总局代电稿(3月31日)
代电

国防部新闻局公鉴:案奉交通部交下贵局(卅六)丑皓秋礼字第五四号代电敬悉。本案经饬据第六区公路工程管理局(卅六)寅删工迪第一〇三六二号查复称:(一)民工完全遵照省府核定实施办法征杂粮,到者云云,叙至仅有病故之王民工一人,等情。查所呈各节尚属实情,除饬转令对征工待遇特别注意外,嗣后贵局如有见闻,仍祈随时惠示为荷。公路总局。(寅)(世)警二京。印。

附抄原电

总局:人密。前奉交查南疆处苛虐工民,经报据查复:(1)民工完全遵照省府核定实施办法征杂粮,到者均按日发给面粉二.五市斤,并配备帐篷、皮大衣等,决无虐待冻饿情事;(2)本处及工地人员均无武装,何能执行枪决,敦婼段系由驻军骑兵团护路,安敦段系敦县自卫队护路,谅不致苛待民工,例如旧历年关安敦段民工集体逃亡,曾停工二十日,除请县府重行征雇外,亦未采取任何强制手段;(3)截至目前,向本段请领恤金者仅有病故之王民工一人,总之民工不愿工作,因而逃亡,实非本处所能制止。等情。据此谨电申复,乞鉴核转知为祷。一〇三六二寅删工迪(卅六)(一八三五)。

〔交通部档案〕

19. 中统局关于渝蓉昆三地电信局职工罢工要求调整待遇情报

(1946年3月7日)

重庆三月七日讯

查各地电信局职工怠工要求调整待遇一案,迭经抄送在卷。兹据续报:该职工等所组织之工会于三月六日率领重庆、成都、昆明三地职工三千余人,向交通部请愿,提出要求条件三项:一、膳食津贴每人增至一万二千元。二、年终奖金以三十元为基准,一年以上者一百三十倍,依年资递增。三、一次救济金十万元。当经该部龚次长答复:一、膳食、津贴每人九千元。二、年终奖金以二千元至一万元为限。三、一次救济金每人八万元。延至当日晚十二时始,接受解决,双方签字后,由该工会通知全体即行复工。一场风波可望平息云。

〔中统局档案〕

20. 中统局关于西安红兴纱厂工人罢工要求提高待遇情报

（1946年3月9日）

西安三月九日电

据报:西安红兴纱厂全体工人,于本月七日上午八时开始罢工。其要求条件为:一、工人得自由离厂。二、保障工人职业,提高待遇。三、每日工作八小时,星期日休假。四、发给胜利奖金。现厂方尚未答复云。

〔中统局档案〕

21. 中统局关于裕华纱厂工人罢工斗争胜利结束经过情形情报

（1946年3月9日）

查渝市南岸裕华纱厂,发生工潮一案,曾以中调情字九六零七号文抄送在卷,兹据续报此次工潮经由社会局派员至厂调处,已于本月四日解决,解决办法于后:

1. 增加工资:由社会局调查实际情形及目前物价,再作渝市织布工人之整个工资调整,厂方自愿将工资较其他各厂略为增加。
2. 三十四年度红利:俟股东大会召开后,即行发给。
3. 二月份较其他各月少两天,工人之工资仍按月推算。
4. 工人食宿及病房之福利:由厂方酌予改善。

5. 起工时间：仍以包机布为准则。

6. 工人生病：以医生证明之日起止工。

7. 产业工会：该厂产业工会即行呈报改选。

8. 今后如有违犯厂规者，着即开除或送治安机关惩办。

9. 今后厂内秩序，由工会全体理监事及小组组长负全责，至新选出理监事时为止。

上列办法由劳资双方签字生效，一场风波始告平静云。

〔中统局档案〕

22. 国民政府主席重庆行辕民事处编印"重庆区一年来的工潮"

(1946年12月)

重庆区一年来的工潮

（一）胜利声中的工潮

自三十四年九月九日，政府在京受降后，随抗战胜利的来临，先之以复员问题的发生，继之以物价波动的影响，我国经济界于是引起了一种最大的变动。尤以抗战期中首都所在地的工业最为不幸，昔日以抗战延长而繁荣，今则以抗战结束而痿缩，其本身的命运恰与胜利成反比。在工潮的澎湃之下，重庆区的工厂已如秋风之扫落叶，极大多数皆随胜利而幻灭了。一波未平一波复起，使各主管工潮的机关艰于应付，重庆市长张笃伦在一年来重庆市政之检讨中曾就工潮说道：对于因复员而发生之严重工潮，则本劳资互利原则，以公平态度迅予合理解决，以谋工商事业之安定。由此可见工潮虽属严重，幸能处置得宜，未酿巨变。兹就一年来有关工潮的资料、案例分析略陈梗概，以供今后处理工潮的参考。

在我们着手分析以前，下列三点须首先申明：（甲）我们搜集的资料仅以重庆市社会局及治安机关有案可稽者为限，各业劳资纠纷凡未报请备案的想来不少,但因无法搜集,只得从略。不过在我们已有的资料中,一切较为重要的工潮可以说是均已网罗无遗了。故我们分析的结果,大体上对于重庆区一年来工潮的全貌是具有代表性的。(乙)以时期言,我们的资料始自三十四年十月十五日截至三十五年年终为止。虽涉及两个年度,但自抗战胜利以来这一年多的经过,因为复员关系性质上是一贯的,故可以合并而论。(丙)我们所谓的重庆区,其范围大于重庆市的辖境。重庆为抗战期中的首都,以市区为中心,以江巴及北碚为护卫,形势上成了一种大重庆的局面,故我们对于工潮的分析,除市区外,还包括有江巴及北碚各地的工潮在内。

据我们统计的结果,重庆区一年来的工潮共计发生四百三十二次。兹将有关人数及厂数并列如下:

第一,重庆区工潮件数表

——自三十四年十月至三十五年十二月——

工潮件数	有关人数	有关厂数
432	99,696	457

在重庆劳工运动史上一年来的工潮,竟有这么一个庞大数目,自然算是空前了。即以上海而言,在抗战前工潮超过五百件以上的也只限于十四年、二十二年及其他少数年度而已,其余大多数的年度,工潮均在四百件以下。至于国内其他各埠,更不能相提并论了。在大后方各地中,自抗战告终以来,工潮的发生为什么特别集中于重庆一区呢?我们可以肯定一句,其总原因即在于胜利突然的降临。重庆号称陪都,为抗战期中政治与经济的重心所在,一切变动均得风气之先。故在胜利狂欢之下,各工厂的命运也被复员问题动荡起来了。多数工厂不是为政府订货而生产,即是为军需供应而存在,一旦战事停止,政府既不继续订货,而军用品的需要复大量减

少,此类工厂出产的成品遂无销路可言了,此其一。抗战期中东南各省沦陷殆尽,海上复被敌人封锁,各种民生日用品皆因无法输入,遂不能不在大后方力图自给。及战事结束后,交通的梗阻即将扫除,价廉质美的物品即将源源而来,于是在前途的展望中,各工厂的销场,遂不免有被夺之虞,此其二。中央各级机关陆续移京,各省人民更纷纷离渝还乡,陪都人口逐月减少,市面顿有萧条之感。因此凡百物品的销售均感阻滞,除极少的例外,大多数的工厂似已失去生存的余地,此其三。迁川工厂四百三十余家,完全停业者有之,急图改组者有之,多数均派人至京津沪汉各大埠,积极筹备搬迁。各厂的工人来自省外者颇多,离乡日久,归家心切,皆欲从厂方取得一笔胜利奖金,以充旅费,于是随工厂的复员之后,工人的复员也成为问题了,此其四。抗战期中,政府对工人的管制较严,劳资双方亦愿在国难当前,咬定牙关,埋头苦干。不意战事一旦停止,困难的威胁既去,工人们的心理忽然来了一大转变,对于厂方的待遇及自身的生活,遂不免重新予以评价,而通货的贬值及物价的高涨,又从而刺激之。于是劳资纠纷就不可遏抑了,此其五。基于上列各因,随重庆区的工厂根本动摇之后,重庆区的工潮在这一年多的期间,遂相应而至,层出不穷。或停业,或罢工,或暴动,使主管当局应接不暇。更加以重庆的工厂特别集中之故,一厂肇事于先,多厂效尤于后。野心家又从而乘机利用,于是工潮之多,遂甲于全国了。在大后方的各省中,据经济部的统计,截至三十四年年底为止,各业工厂的分布如下:

第二,西南各省工厂分布表

区　域	厂　数	百分比
重　庆	1,694	51.10
四　川	1,158	34.90

续上表

区　域	厂　数	百分比
云　南	226	6.80
贵　州	224	6.80
西　康	12	0.40
总　计	3,314	100.00

在上表内川、康、滇、黔四省及重庆一区的工厂共计三三一四家,而重庆区的厂数竟在一半以上。占了百分之五十一点一,工厂在陪都及附近地区特别集中的现象,由此可见一斑,工潮是富于传染性的,在工厂林立相互影响之下,工潮之多,遂不可避免了。

(二)工潮中的解雇与工资

在前节内,已经指出重庆区一年来发生的工潮,其总原因在于胜利突然的降临。但就各件工潮本身的直接原因而言,则又可从经济、政治、社会各种观点予以分析的检讨。固然一件工潮的内容,往往不是单纯的,所牵涉的原因也许在一项以上。现在为统计便利起见,特就各种工潮的主要原因列表如下:

第三,重庆区工潮原因分析表

工潮原因	解雇	工资	红奖	福利	其他	总计
工潮件数	299	74	27	21	11	432
百分比	69.2	17.1	6.3	4.9	2.5	100

在全部工潮中,我们把发生的原因分为:解雇、工资、红奖、福利及其他五项。工资与红奖两项是属于经济性的原因,解雇一项以经济为主,其中仍有非经济的条件附属在内。福利一项内容,则较为复杂,约有下列各类:(1)关于日常生活的,如衣、食、住等的卫

生问题及一般伤病的医药问题。(2)关于培养知识的,如工人补习教育、工人子弟学校及图书室。(3)关于工作情况的,如工时的长短、安全设备的有无及工业灾害的防范。(4)关于救济的,如消费合作社及各种社会保险。(5)关于娱乐的,如俱乐部的设立及电影的演放。至于工潮原因不能归纳到上列四项者,则并入最后其他一项。如工人与工人间的冲突即其例也,国内有些统计报告,常将"团体交涉"列为工潮原因之一,然一究其内容,所谓交涉的条件,往往即系对解雇、工资或一般福利设施而言。故为免除观念含混起见,我们在原因的分析中,没有把团体交涉列入作为一项。

(1)解雇纠纷的分析 由第三表看来,在工潮原因的五大项目中,以解雇一项为最多,占了百分之六十九点二,超过全部工潮三分之二以上,这种现象的由来,即在于胜利突然的降临。若专就工潮的观点而言,这一年多的经过,始终与解雇纠纷为缘。直到三十五年告终之际,仍有四件尚待来年解决。故我们无妨把这一年多的期间称为"解雇年"。解雇事件约可分为三类:第一,由厂方主动或因全部停业而遣散工人,或因局部紧缩而减少工人这类的解雇,在二九九件中自然占了极大多数。第二,由工方自请遣散者,亦有之。许多外籍工人即欲借此机会返乡省亲,另谋出路。而川籍工人中仍有少数自愿解雇,以图取得一笔遣散费的巨额收入。第三,关于一般雇用纠纷,如开除工人或停止包工工作之类,在解雇案中,这类的解雇只占极少的比例。我们在此处,应当特别说明的以第一类为主,全部停业的工厂,究有多少,迄今尚无法查明。社会部、劳动局川康调查站现虽着手调查重庆区现存的工厂,但在结果未得到以前,也无从比较。由经济部批准全部停业的工厂,截至三十五年四月为止,已达二百一十四家,如推到是年年底,呈请停业之数,自然还要增多。至于许多小厂完全停闭后,不仅未报经济部备案,甚至市社会局也无案可查。据各报的估计,完全停业的总在百分之四十以上,已陷于半停顿状态中的也在百分之三十五左右。假定以此估计为准则,重庆区的工厂一六九四家中,与解雇纠纷有关的工厂,至少有一千二百余家。不过他们的纠纷并未完全向主管机关报请备案,故我们无法探悉。只就我们搜集的资料汇列分析,已可证明解雇一项为工潮的各项原因中之第一位。重庆区的工业纷纷倒闭,濒于绝境,已被这种解雇现象指示出来了。兹将经济部核准停业的工厂,列出以便比较。

第四,重庆区工厂核准停业表

工厂业别	机器工业	电气工业	建筑材料工业	化学工业	冶炼工业	其他	总计
厂数	181	30	16	8	7	12	254

我们的工潮资料中,关于解雇部份,是否将第四表所属的工厂,完全包括在内,虽无从对照,但就业别的分配状况来看,大体上我们分析的结果是与第四表相差不远的。现在再把重庆区工厂解雇的业别揭载于下,即可证明。

第五,重庆区解雇纠纷业别表

工厂业别	机器工业	服用品工业	饮食品工业	电气工业	建筑材料工业	化学工业	冶炼工业	动力燃料工业	运输工业	文化工业	日用品工业	一般实业	其他	总计
解雇件数	67	65	21	18	8	18	16	7	8	13	16	14	28	299

上表将工厂的业别分为十三类。其中以机器工业的解雇案件最多,在百分比上占了百分之二十二点四,服用品工业的件数与机器业相近,故相差的比例尚未超过百分之一。若将机器与服用品两类合并计算,在全部解雇纠纷中已达百分之四十四点一。换言之,解雇纠纷对于这两类工业给予了最严重的打击。由此已可概见,机器工业中以机器制造厂的厂数占绝大多数,服用品工业包括纺织、针织、被服、皮革、织染、军服及其他有关各厂,其中以布厂的解雇件数占了四十八件之多。机器厂与布厂的成品大都以政府订货为

主要销路,政府一旦停止订货,他们的命运自然就有问题发生了。若以解雇人数而言,除少数解雇案件的人数不明外,其余各件的人数分配状况如下:

第六,重庆区解雇纠纷有关人数表

甲,按人数分组统计

人数组别	1—10	11—30	31—50	51—100	101—500	501—1000	1001—	人数不明	总计
解雇件数	155	57	20	19	27	1	5	15	299

乙,按件数平均统计

全部工潮有关人数	解雇案件有关人数	解雇案件平均人数
99,696	15,300	51

由上列甲、乙两表来看,每件纠纷的解雇人数,以一人至十人为最多,占全部解雇纠纷的百分之五十一点八,超过半数以上。不仅在工潮中,以小厂为多,即此可以证明。纵令就重庆区的全部工业而言,亦以小厂为多,即此也可以证明。解雇人数在一千以上的仅有五件,不过占全体的百分之一点六,其中以中央印制厂的二四九一人,中国兴业公司的一五八二人及渝鑫钢铁厂的一三六六人,位居前列。而且在全部解雇案件中,这三厂的解雇亦最为重要。至于乙表所列的平均人数,每件虽仅五十一人,似乎因此引起的失业问题并不如何严重。但就全体解雇人数而言,则不可忽视了,在解雇纠纷之下,一旦就有一万五千余人失业。若将眷属计算在内,至少总在六万人以上,受到了解雇纠纷的影响。

自抗战胜利后,行政院于三十四年下期,即颁布"复员期间后方区民营工厂被裁工人处理办法",以为各厂解雇工人的准则。该办法共计十二条,为"后方民营工厂在复员期间如确难继续经营或必须缩小规模者"现须先呈准主管机关后,"始得一部或全部停业",对被裁工人处理如下：

〈甲〉由资方按照三十四年八月份之工资及津贴额,发给三个月之遣散费,包括伙食费在内。(见第二条)

〈乙〉社政机关,应对失业工人分别作下列之处理：(1)介绍转业,(2)遣送回籍。(见第四条)

〈丙〉遣送回籍之交通工具,洽请交通机关尽速分配。人数限于工人本身及配偶,或直系亲属。费用限用旅程必经之最低舟车票价。(见第五条)

〈丁〉矿场及公营工厂裁减工人时,应照本办法,由该事业机关负责办理之。(见第十一条)

一般而言,不论民营工厂或公营事业,遣散工人均以行政院的办法为根据。不过关于交通工具及舟车票价两项,公营事业则由各该主管机关自行负责办理而已。中华书局印刷厂解雇工人时间虽在三十五年二月内,然所发的遣散费,仍照行政院的规定,以印刷工会核定的三十四年八月份工资额为标准。分为二万四千元、二万二千元及二万元三级发给三个月。但中央印制厂则不然,去年五月遣散工人,即以是月的工资额计算,遣散费的计算,每月以三十日计者。如渝鑫钢铁厂亦有以三十日计者,如军需署的第二被服厂,有些工厂并非一律发给三个月的遣散费,如大公军装厂则按年资计算,工作五月以上者发一月,工作二月以上者发半月。如恒利布厂完全不提遣散费,只以救济金的名义,对男工工作两月以内者各发二万元；三月以内者各发二万五千元。至于不分年资,暂一律发给三个月遣散费者,则有资委会的石门资渝炼铁厂。遣散费应包伙食费在内,但有些工厂则只发一月的伙食,不与工资同样。以三个月计,临时工人与包工工人,其性质完全异于一般工人。本来与遣散问题无关,但在胜利狂欢声中,他们也被遣散费掀动了,起而作同样的要求。有的工厂,如美艺钢器公司,对于临工、包工仍各发一月工资,以资慰劳。猪鬃工厂的工作,带有间歇性,有原料则开工,无原料则停产。南岸民营四家猪鬃厂的工人一千余名,以贸委会的猪鬃厂遣散工人,也各发十一万元,援例要求厂方发给救济费十万元,厂方既不接受社政机关,亦不合规定加以否决,工方乃聚众滋事,向行政院请愿,最后由社会部以公款发给救济金,男工每人六万五千元,女工每人二万五千元,大体上公营事业的解雇,以资遣条件言,较诸民营工厂,均属优厚。如中央印刷厂在去年五月内,全部解雇时条件如下:

1. 遣散费三个月,包括薪津、奖膳在内,并以五月份为准。
2. 酬劳金三个半月。
3. 本年红奖一个月。
4. 旅费。重庆江巴三万元,四川各县九万元,外省二十五万元,眷属以直系亲属在渝者为限,至多二人。旅费照本人所得半数发给。

由上看来,遣散费中包有奖金,以与行政院的规定相较,自然为惠。于工人多了,再加上红奖酬劳金及旅费,共计在八个月以上。民营工厂绝无如此的优厚,即以中国农民银行而喻,遣散四百多工友,除遣散费三个月外,也不过另发旅费,本省一个月,外省三个月而已。同属公营事业条件,亦有差异。

(2) 工资纠纷的分析　在第三表中,除解雇外,工资纠纷占工潮原因中的第二位。纠纷件数共计七十四件,对于全部工潮的百分比,虽仅有百分之一十七点一。对于解雇纠纷,在比例上虽不过四分之一,但其性质的严重,并不减于第一位的工潮。这一年多来的工潮,虽以解雇纠纷占第一位,但那是一种特殊现象。在平常状态下面,工潮的原因大都以工资一项为主。故我们对于重庆区的工资纠纷也是不容忽视的,尤其在通货膨胀、物价飞涨声中,工资问题更觉重要。在过去一年多的工潮中,据我们的统计,解雇纠纷起初最多,逐月减少。而工资纠纷则不然,各月分配相差不远,似乎与解雇纠纷相反,还有一种逐渐加多的趋势。兹将两种分配的状况列下,其间的差别如何,即可显出了。

第七,重庆区解雇工资两项纠纷按月分配表
——自三十四年十月至三十五年十二月——

月份	10	11	12	1	2	3	4	5	6	7	8	9	10	11	12	总计
解雇纠纷件数		107		46	33	8	19	20	12	14	5	10	9	4	12	299
工资纠纷件数		10			2	3	4	4	7	9	5	10	9	6	5	74

上表是按解雇与工资两项纠纷的发生日期统计的,逐月分配的件数两相对照,迥然不同。解雇纠纷以三十四年十月至十二月那三个月内最多,其次三十五年一、二两月也不少,如将这个新旧年关的三个数目合并计算,共计一八六件,已达全部解雇纠纷的百分之六十二点二,其余十一个月的总计仅占三分之一强。头大尾小的分配状况,由此可见一斑。当抗战告终,复员开始之际,又值年头岁尾,除旧布新。各厂主工双方均有一番新的打算,故工潮如雨后春笋一般,纷起不已,解雇之多即由于此。至于工资纠纷在工潮中,可以说是家常便饭,随时皆可发生。在此物价继续增高的恶化局面之下,不消说工资问题日趋严重,工资纠纷就有加无已了。我们若就三十五年的工资纠纷分为两期,统计前六个月的件数,仅有二十,后六个月的件数,则有四十四,两期相差超过一倍以上。工资纠纷逐月加多的趋势,已被这种情形暗示出来了,工资纠纷中,以各职业工会为最多。有关职业工会的工潮,共计二十余件,其中的最大多数均属于工资纠纷,其次如化学机器、服用品及饮食品等工业,虽各有三、四件,有关工资的工潮但以件数而言,均不及职业工会之多。若以重要的程度言,则以有关交通及运输的民生公司与轮渡公司,两大纠纷颇值得我们检讨。

工资纠纷的内容可分为:要求增资、欠资不发及其他有关工资纠纷三种。要求增加工资一项,在工资纠纷中占最大多数,因为物价的高涨,威胁于前。公务员加薪的运动,刺激于后。各业工人要求提高工资已成了一种普遍的趋势,在三十五年上期内,大体上除了少数的例外。关于工资纠纷的解决及工资调整的标准,似乎还没有一种公认的确定办法,仅由主工双方各以各的立场自由讲价而已。各业工人的要求增资,以原有工资为基数,有高至百分之四百者。然其结果大都不过加到百分之三十至五十而已,至于加到百分之一百以上的,尚不多见。例如:重庆各报印刷工人,于三月十六日起发生怠工情形,要求调整工资,至于十八日调处的结果如下:

(1)中央、大公、时事、新民、和平五报,工资在二万元以上者,加为四万五千元、五万元及五万五千元三等。

(2)新蜀、商务、益世、世界、国民、南京六报,工资在一万六千元以上者,加为四万元、四万五千元及五万元三等。

以中央等五报而言,就最低级工资的增加率计算,不过为百分之四十九。若以新蜀等六报而言,其增加率更少,比较中央等报,少到百分之九。屠宰工会调整工资的结果,因为由实物工资改为货币工资,以与各报的印刷工资相较,自然稍胜一筹。然距离百分之百仍差百分之三十五,该工会于五月十一日停止宰杀,要求增资。兹将调处的结果列下,以便比较:(1)每宰一猪,工资原为猪肉一斤,改以法币计算,依照去年八月内,猪肉一斤五七五元的价格,加为九五○元,其加成数为百分之六十五。(2)猪血仍归宰工所有。

及到三十五年下期,除了民生公司及电力公司等少数的例外,一般而言,各业工资的调整,均以社会局所编的工人生活费指数为标准。例如:木作工会于八月十一日,由社会局调处锯木工资,由十三日起,包线以一六五元计算,嗣后工资的调整归社会局统一办理。十月二十八日,解决的西服工会增资办法,规定自十月份起,遵照工人生活费指数,以九月份原有的工资为基数,逐月调整。以各工厂言,亦有同样的情形。例如:洪发利机器厂,十月五日由社会局调处工资,按照该局公布的生活费指数增加,九月份加百分之十点五,十月份加百分之九,以后类推。在这种标准下面,最值得注意的一例,就是重庆轮渡公司的工潮。该公司的船员,于九月内要求提高工资,比照民生公司待遇。因为该公司张前德经理,于三十四年六月与船员订有合约,其中曾有"将轮渡各工友待遇重新调整,应照民生公司等渡航线各轮待遇相同"的规定。船员遂以此为根据,与公司方面大起交涉。公司主管则以各船员受少数分子利用,不顾公司财政实际情形,坚持该约要求履行,于法于情均不可解。双方相持不下,竟尔演成船员包围总经理住宅,入内搜查,事端及至十月十九日,经社会、公用两局调处后,工资的增加才与民生公司脱离联系,关系另行规定。以九月份薪津总额为底数,依照本市工人生活费指数,按月调整待遇,民生机器厂亦有同样的情形,也要求比照民生公司的待遇。但调整的结果,第一次规定自六月一日起,按照五月份增资百分之六十三;第二次规定自九月份起,以重庆工人生活费指数为标准,按月调整。从此工人生活费指数,遂成为解决工资纠纷唯一的工具了。关于重庆工人生活费指数的编制,原由社会部统计处主办。自去年五月份起,始由市社会局接替其编制,系采用加权综合法,基期分为三种:(一)以二十六年上期平均物价为基价。(二)以三十一年十一月三十日物价为基价。(三)连环基期。关于物价的调查一月分为两次,以两次的平均数为准。兹将三十五年四月以后,各月的生活费指数,列下以供参考。

第八,重庆工人生活费指数表

—— 自三十五年四月至十二月 ——

总指数	月份	4	5	6	7	8	9	10	11	12
	以二十六年上期平均为基数		2338518	235965	246224	260619	284038	309490	350123	376708
	连环基期	111.0	111.3	100.4	104.4	110.5	109.0	109.0	113.1	120.1

上列指数,系就产业工人而言。此外还有职业工人的生活费指数,两种指数相差不远。例如:九、十两月份的环比产业工人为百分之一〇九,职业工人则为百分之一〇九.一。如以轮渡公司的海员中,最高薪额而言,八月份为二七六,二六六元,但到了三十六年一月份,因为应用指数须选推一月的关系,故以前一年十二月份的指数为标准。应得的薪额即加到五四六,一七三元,以与八月份的所得相较,超过了百分之九十七点六〇。仅仅在五个月的期间,薪额增加几乎一倍,因工资纠纷而使每一产业的开支,逐月膨胀,由此已可概见了。本市所有与民生必需有关的纺纱、染织、针织、织布、巾毯、运输、服装、拨船、转江、□量、板车等业的工资,由社会局按照指数逐月调整,分别通知遵照施行。其余各业则自行按照指数逐月计算工资,因为有了此种公认的标准以后,工资纠纷的发生自然于无形中消弥〔弭〕不少。

据调查所得,各业工资除国营事业,如招商局等外,以民生公司及电力公司为最高,去年三月内,民生公司的职工,因受招商局的影响,要求增加工薪一倍半,不分职工一律照加。后经社会局调处,各海员的工资三十五年一、二两月,按照前年十二月工津总额,分别增加百分之七十及百分之一百一十,三月以后则按照上海生活费指数,逐月调整。兹将上海生活费指数列下:

第九,上海生活费指数表

—— 自三十五年一月至十二月——

月份	1	2	3	4	5	6	7	8	9	10	11	12
职员	89555	146403	229806	226320	304624	319517	368327	377408	417748	451229	483158	535039
工友	106245	184572	275432	269430	409578	404065	449420	451774	496940	521855	568464	647032

民生公司自去年三月份起,即采用上列指数计算。职工的薪额分为京沪区、宜汉区及重庆区三区,以各职工的原有薪额为底数。按照各月的指数乘之,结果即为该月应得的薪额。但除京沪区外其

他两区则须分别折扣,自三月份起,宜汉区定为八.一二五折,重庆区定为六.二五折,及至七月又分别改为九折与八折。不过就每区而言,因为职工服务有船上、岸上之别,岸上人员须较船上人员再打折扣。例如:在重庆区内海员中的最高薪额,以底薪言为四百四十元,八折后则为三百五十二元。以十二月的指数六,四七〇.三二乘之,其积为二,〇七七,五五二.六四元,故十二月份的薪额,应得二百零七万多元,至于岸上人员底薪,虽已折为三百五十二元,但第一个百元须再打九折,第二个百元须再打八折,第三个百元以上须再打七折,故只能以二百七十六元四角乘指数,结果自然比较少了。电力公司的工资计算方法则与民生公司不同,去年三月内,该公司比照公务员薪给调整办法规定,自三月份起,加成数定为一百五十倍,生活补助费加为百万元,技术津贴则为百分之四十五至五十。四川水泥厂也采用这个加成办法,于六月二十日调整工资如下:工资底数的加成数增为一倍,改以三百倍计算生活补助费,亦由三万五千元增为六万元,这种办法自然由于三十五年一月以来,公务员调整薪金的标准,所影响而来。兹特将那种标准的变动表列如下,以供比较。

第十,重庆公务员薪金变动表

—— 自三十五年一月至十二月 ——

月　　份	1	2	3～5	6～7	8～11	12
生活补助费基本数	30,000	40,000	45,000	45,000	60,000	90,000
加成倍数	100	130	150	200	360	600

关于工资纠纷,除请求提高工资外,还有少数案件,或系厂方欠资不发,或系工头卷资潜逃。庆新酒精厂因经理避不出面,积欠工资甚多,工人向社会局请愿。拟将机器厂房拍卖,以偿工资,后由

社会局以公款垫发欠资,将工人遣散。及该厂经理出面清理时,发现社会局垫款中有早已离职的职员,九人冒领三百万元以上的薪金。以该局发款时既未通知厂方派人监发,发款名册上又无负责人签章,还请律师代为通知社会局主管科,予以否认后,复向法院起诉。蜀丰酒精厂亦有同样情形,该厂自前年七月后,即未发放工薪及伙食,乃由工人自行向外挪垫,继续维持欠款,已达一百六十多万元。因该厂资方在渝工人代表,乃远自内江来渝交涉,后由第三者李某出面调解,除补发六个月的工资外,垫款以八折偿还,至于卷资逃匿的事件,则有电力公司与交通造船厂两例。电力公司鹅公岩分厂运煤组组长,于三月十一日,将工资四百多万元,一卷逃去。公司方面乃垫发二百多万元,暂予维持。交部造船厂因包工工头将款卷逃,四月二十日遂有工人多名,阻船下水,后由厂方垫发工资,始告平息。此种纠纷之来,或由于社会风气的败坏,或由于资方营业的失败,其件数虽不多,然在工潮中则颇值得吾人玩味。

(三)工潮中的红奖与福利

在工潮原因的分析中,第三表早已指出,计分五项。除解雇与工资两项纠纷外,其次较为重要的,就是有关红奖与福利的纠纷,现就红奖予以检讨:

(1)红奖纠纷的分析 在全部工潮中,红奖纠纷计有二十七件,在比例上虽仅在百分之六点三。但几次大罢工事件,莫不与红奖有关,此种纠纷如一经开例,于先不是一次即了的,每到年头岁尾之际,如疟疾一般必然复发。重庆区的红奖问题,因为随胜利之后而发生,遂与救济金、慰劳金及胜利奖金一类的要求,混成一团,横生枝节,本来有盈余才有红奖,但工潮一起,纵无盈余,工人也要强制要求了,无限纠纷遂由此愈演愈烈。甚至中央医院并非业务机关,职工方面亦有红奖的要求,结果所谓红奖遂与年赏双薪或年终奖金,名异而实同了。不仅在继续开工的工厂中,工人要求红奖,即是已经停业的工厂解雇工人,往往亦有此项要求。因为八年长期抗战,敌人经济封锁之致,大后方的物资缺乏与物价陵涨两种现象,互为循环愈求愈紧。重庆的纱厂应运而生,似乎成为唯一的无工的赚钱事业了。胜利来临后,纱厂工人既未失业,而待遇的良好亦非其他各业的工人所能及,人心岂易知足,纱厂利益优厚,工人年闻月见不免心动,遂不惜以罢工、怠工、暴动各种手段,喊出红奖的呼声。因为纱厂规模较大,而工人亦较多,一厂骚动于前,各厂响应于后,于是就造成了一种严重的局面。当三十四年度告终之际,各纱厂正忙于结帐工作,一月十七日,豫丰纱厂工人发动罢工,要求年终红奖按照全年工津总额四倍发给。后经社会部会同各方仲裁的结果,技工与组长发给红奖百分之一百二十,普通工人发给红奖百分之六十。二月十一日,该厂工人又罢工,以裕华纱厂的红奖较优,要求补发。主工双方乃自行协议,对于技工与组长加发八千元,对于普通工人加发九千元。往年豫丰厂的普通工人只得红奖百分之三十。但就三十四年度而言,他们的红奖则提高至百分之六十,此种实惠自然是由于胜利带来的。裕华纱厂亦随豫丰之后,于一月二十四日发生罢工风潮,工人不仅要求红奖百分之三百,而且还要求每人发给胜利奖金十万元,后经调处如下:

(甲)红奖分为两等,发给一为百分之一百二十,一为百分之六十。

(乙)胜利奖金,政府既未规定,别厂亦无先例,作为罢论,另由厂方加给每人一万元,以表慰劳之意。

申新纱厂、裕华布厂及民治纺织厂,亦有同样情形,后面两厂的工人,除三十四年的红奖外,更进而要求补发三十三年度的红奖。中国毛织厂于二月二十日罢工,要求红奖每人至少五万元,后由该厂提出二千万元作为奖金,平均分配。大明染织厂的红奖也不分职级,一律发给百分之二十五及一万元。小龙坎的渝西自来水厂于一月二十一日罢工,工人所要求的不是胜利奖金,而是完成奖金关系,该厂的工程已建设完工,原有的工程处即将撤消,故工人特提出此种新颖的要求,以与各业红奖要求的呼声相唱和,终以无例可援未得结果而止。中央制药厂及华浣绸织厂,则有年资奖金的要求,后者规定,奖金的发给,以被遣散的工人为限。年资满一年者加发一月,年资满二年者加发二月。新中机器厂及公益铁厂,均以开工未久,无盈余之可言,对于工人红奖的要求不肯接受。至于中央信托局、邮电机关以及中央医院,则以补助费或救济金的名义,各发若干万元,以资慰劳。以上已将三十四年度的红奖纠纷大约叙述了,关于三十五年度的红奖问题,现据报载,业已获得解决。市政府曾准社会部代电,略谓:"上海工人年终奖金规定,以一个月为准,并应视各工厂本身营业盈余而定,无盈余者不发。纺织业因营业情况较佳,工人年终奖金,经决定分为三级:甲级发工资六十天,乙级五十天,丙级四十天,如职工服务时间不满一年者,依其日数为比例核减之,但最少不得低于十二份之一。渝市各业工人年终奖金,务应参照上海市办法办理。"由社会局邀集有关机关及豫丰、裕华、申新三厂主工双方开会商讨,年终红奖问题工方希望按照全年工津总数发给百分之一百五十,因调处未获成立。申新、裕华两厂先后罢工,后经劳资评断委员会开会评断,普通工人发给全年工津,所得百分之六十五相当于全年的二百三十七天,技工则照以前成例办理。至于其他各业须视各该厂过去习惯及契约的规定为转移。天原电化厂各发双薪、酬劳金及补助费,合计三个月。裕华布厂各发奖励金一个月。公益机器厂则按年资办理,工作六月以上者发给三个月,工作三月以上者发给两个月,工作不及三月者酌予发给。关于猪鬃业工人,社会局以其过去既无发放年赏的习惯及契约,工人自不得提出额外要求,后由主工双方代表联席会议决定,每人各发给元旦及庆祝制宪成功休息三日的工资,再由男工每人借支二万元,女工每人借支一万元。由上看来三十五年度的红奖问题,大致已得到解决了。

(2)福利纠纷分析 在第三表中工潮原因的分析,以福利纠纷占第四位,其数计有二十一件,其比例计为百分之四点九。其内容则比较前三项纠纷牵涉甚广。第一以缩短工作时间而言,三八制在欧美各先进国内早已成功了。但我国迄今尚未做到□调查□□,上海各厂的工时,在十九年的期间,长短虽不致,但在八小时以上者则占极大多数。兹特列表于下,以资证明。

第十一,上海各厂工时比较表

——十九年度——

工时	8	9	10	11	12
业别	漂染、制革工业	机器、玻璃、水泥、砖瓦、皂烛、油漆、化装、制蛋、调味、罐头、印刷等十一业	锯木、翻砂、电机、造船、搪瓷、棉织、烟草等七业	电气、自来水、火柴、缫丝、棉纺、丝织、毛织、面粉、冷饮等十业	造纸业

在上表内,可以见出,各业工时每日八时者,只有漂染与制革二业,其他二十九业,均在八时以上,而且长至十一时,竟有十业之多。由此可见,工时问题,在我国内,尚待解决。不过在我国的工潮中,关于工时的纠纷,其情形的严重,并不如别的纠纷之甚。若就重庆区而言,一年多以来,专就工时一项,发生争议者,绝不之见,工人们仅在一般福利的要求中,附带提及而已。豫丰纱厂于去年二月十一日的罢工中,即提出下列要求:

〈甲〉每日工作时间改为十小时

〈乙〉例假期间,星期日在内,工资半数发给。裕丰纱厂的工人,于去年七月六日,要求比照豫丰、军纺两厂的先例,每日工时定为十小时。裕华布厂也一度发生缩短工时的纠纷。重庆市产业工会联谊会,以该厂工时长至十五小时,每月又只休息一日,曾向主管机关呈请,予以制裁。北培大明染织厂的工人,虽有三八制的运动,但未达到目的。福兴面粉厂,八月十一日,要求减少工时,后经调处,面粉工作仍为每日十一小时。民生机器厂于九月十九日,要求七日休息一日,工人如仍工作者,发给双薪,又主张八时为一工,以上各件,均涉及工时问题。第二,以知识的培养及文化生活的提高而言,放演电影的要求有之,设立图书馆室、增订报纸的要求也有之。在轮渡公司的工潮中,调处的结果有一项规定如下:为响应献校运动起见,主工双方同意,由公司提拨二千五百万元,办理中正小学一所,以培植员工十期,限期三十六年上学期开学,主工双方会同组织校董会主持之。第三,以卫生而言,改良伙食及伤病由厂负责医治的要求,几乎各厂皆有。九月十五日,豫丰纱厂工人罢工,在要求中,即有伙食由工人自办或由工人派代表监视的条件。中央制药厂要求增加奖金,裕华布厂的工人,攻击厂方的理由,其中即有一条,是饮水污浊,伙食不良,四日才许沐浴一次。第四,除上列三项外,尚有一些与福利有关的纠纷,亦值得吾人注意,如病伤期中工资照给的办法,多数厂家均不采用,但豫丰纱厂则接受了此项要求,规定工人的疾病,经医生证明后,工资照给,如染有花柳病或因斗殴致伤,或其他病症非关工作所生者,均须除外,如无故不得开除工人。如有关工人事件,厂务会议须请工会代表列席。又如发给寒衣乃至购买平价布,似此一类的要求,均与工人的福利有关。尤其民生公司,在去年三月的工潮中,决定设一员工福利委员会,经费完全由公司拨付,这是颇值得重视的一个先例。吾人若将重庆区的全部福利纠纷而言,结果最为圆满的,以豫丰纱厂为第一,兹将厂方决定的条件列下,即可概见:

(甲)工时规定每日以十小时为限;

(乙)凡执行职务以致伤病者,按照工厂法办理;

(丙)工厂会议,凡有关工人事件,由工会理事长及常务监事参加;

(丁)例假休假期间,凡前一日在厂工作者,均照发半薪;

(戊)女工分娩,如在厂工作一年以上者,停工五周,工资照发;

（己）成立伙食团，由工人代表办理之；

（庚）电影每周放演一次；

（辛）设立托儿所；

（壬）关于教育、体育、图书、收音机各项事宜，由福利委员会积极办理；

（癸）由厂方充实福委会基金。

由上列各条看来，关于福利设施，其中牵涉的范围，可谓广泛极了。

前面已将红奖与福利在工潮中的纠纷，详加分析了。此外，还有一些工潮不能归入上列四项，故另以第五项并入之。由第三表看来，第五项的工潮计有十一件，仅占全部工潮的百分之二点五。故就工潮的检讨而言，其地位的比重甚轻，其中以工人间及工人与外界人士间的冲突，最为重要，去年二月十一日，豫丰纱厂的川籍工人因请求全体遣散，遂与外籍工人冲突，以致相互斗殴，同时，解雇工人又威胁复工工人上工，亦引起斗殴行为。其次海棠溪人力车工会，因路权的争权，与巴县总工会发生纠纷，后经社会局调处，在綦江与南岸这段地区间，双方车辆，均可行驶，但巴县的车，不能由海棠溪拉客回二塘，南岸的车，不能由二塘拉客回海棠溪。上列两例，是就工人与工人间的纠纷而言。去年六月十四日，世界日报社在该报上，揭载新闻一则，在"制止打风声中四德村大斗殴"的标题下，记有"报差、流氓、散兵滋事"等语，派报工会遂于是日晨，派人至该报门前，阻止报贩分发该报，后虽几经交涉，允予更正，而派报工会仍暗中抵制，各报联合会乃向卫戍部请求解散，该会于七月十三日遂被封闭。此外，人力车工会会员二万二千四百五十人，反对租金的提高。民生机器厂的工人乐春生被警备部指挥所军人击毙事件的扩大，以及警官学校学生在弹子石殴伤轮渡职工的冲突。这些例子，均属于工人与外界人士的纠纷，在全部工潮中，这第五项的纠纷，件数虽不多，然其内容则颇为离奇错杂。如能予以详细分析，对于各工潮的处理,定能供给我们极可宝贵的许多教训。

(四)罢工与暴动

一年来的罢工案件、劳资争议,以和平方式处之者固多,但激化而流于罢工与暴动者,亦复不少。现在,就一年来的罢工事件,予以检讨,工人有了组织以后,必有集体行动,发生在劳资争议中最重要的一种集体行动就是罢工,罢工是工人有组织和奋斗力的一种表示,故在工潮的检讨中,罢工问题的研究是最重要的一个部分,我国的罢工事件,早自民国七年即已发生。但罢工在法律上取得合法的地位则自十一年始于广州大理院,鉴于香港海员罢工的胜利,及其意义重大,乃提议取消暂行刑律第二二四条的规定,其理由如下:

近今各国,各种业务工人同盟罢工之事,层见迭〔叠〕出,惟各国刑法,从未有对于罢工之人,并无其他犯罪行为,而规定处刑者,其认为犯罪者,独吾国暂行新刑法律而已。该律一不合刑法主义,二不合犯罪观念,三不合世界刑法通例,四不合时势趋向,应即行修正之。

十三年十一月,广州大元帅府,将国民党制定的工会条例公布后,工人的罢工权,乃取得法律上的承认。从此,在国民党的统治下,罢工再不被认为犯罪行为了。三十二年,政府公布工会法,其第二十九条的规定,虽对于罢工权,未予否认,但对于罢工权的行使则有条例的限制,兹将该条条文列下:

劳资间之争议,非经过调解仲裁程序后,于会员大会,以无记名投票,经全体会员过半数以上之同意,不得宣言罢工。

由上列条文看来,行使罢工权的前提有四:第一,争议事件,须先交主管机关调处。第二,调处无效,再组织仲裁委员会,移请仲裁。第三,仲裁无效,再开会员大会商讨。第四,罢工案,须经会员半数以上投票赞同,方能通过。这种规定,对于罢工事件,限制得如何的严密,吾人自可想象而知。在抗战前,上海因为号称全国工厂集中地,故罢工事件的发生亦最多。自民国七年至十九年,除十六年以政局特殊未予列入外,前后共计十二年,罢工事件的总数超过了八百以上。若就其平均数而言,每年亦有七十一件之多。至于国内其他各埠,罢工次数之多,均不能与上海相提并论。重庆区僻处西南,更无论及。但自抗战胜利以来,这一年多的期间则不然,罢工事件吾人虽不能肯定,只在重庆区发生,不过其次数之多及关系之重而言,则须与重庆区为第一,甚至上海也不能相比,兹特将上海的罢工统计列出,以便我们比较。

第十二,上海历年罢工次数表

——自民国七年至十九年——

年度	7	8	9	10	11	12	13	14	15	16	17	18	19	合计
罢工次数	22	57	35	21	31	16	16	72	264		120	111	87	852

一年多以来,在重庆区四百多件的工潮中,引起罢工事变的,计有五十七件,对于全部工潮,占了百分之十三点二,如就原因的分析而言,其中以红奖纠纷激起罢工的案件为最多,试察下列一表,即可明白了。

第十三,重庆区罢工原因分析表

罢工原因	红奖	工资	解雇	其他	总计
罢工件数	25	22	6	4	57

在上表内,红奖纠纷占了全部罢工案件的百分之四十三点八,几乎达到一半了,由此已可见出,罢工对于红奖纠纷的影响,如何重大。其次,要求增资,亦为罢工的重要原因,在第四项原因中,一为在工工人同情被裁工人的罢工,一为工人反对厂方不履行协约,撤消诉讼的罢工,一为工人反对调走,并入他厂的罢工,一为工人

间发生互殴行为的罢工。如就业别而论,其中以服用品工业的罢工为第一位,计有二十五件。此外,如饮食品、机器、文化、冶炼、化学、电气等业,均不超过二、三件而已。服用品工厂的罢工不仅件数最多,而情形的演变亦较严重。如民营纱厂及军纺厂的罢工,规模之大,数之多,即其例也。在罢工的风潮中,若就民营与公营的性质,分别统计,我们可以发现,公营事业机构的罢工次数,竟多至三十六件,甚至邮电机关的职工及川湘公路的司机,也曾一度罢工,这是值得注意的一点。现在,就各月份罢工的分配情形来看,有如下列一表。

第十四,重庆区罢工事件按月分配表

——自三十五年一月至十二月——

月份	1	2	3	4	5	6	7	8	9	10	11	12	合计
罢工次数	16	16	12	3	6	1		1	1				57

上列的罢工件数,是由治安机关有案可稽者统计而得。此外的罢工,偶然在各报上亦有记载,尤其当三十四年下期胜利方临之际,罢工事件发生不少,但因内容不详,故未记入。由上表看来,罢工集中于三十五年前六个月,仅就一、二月份而言,罢工次数已达百分之五十六。因为复员工作开始,又值年头岁尾之际,工人心理极度不安,野心分子更从而煽动之。于是机会一来,工人们遂藉故罢工,以求达到某种目的。一厂肇事于先,各厂追纵于后,罢工风潮因此扩大。最近,报载民营纱厂为三十五年度的年终奖金,又有罢工事变发生,罢工的季节性,由此更显出来了。

(2) 一年来的暴动案件,上面已经指出,罢工权虽得到法律上的承认,但罢工权的行使是有条件限制的,工人绝不能以罢工为随便的武器,任意运用。对于重庆区一年来的罢工案件,吾人若以法律的观点来加研讨,不仅没有经过调处和仲裁的程序,即行罢工,甚至在罢工发动前,要求的条件,也不正式通知厂方及主管机关派员来厂询问时,工人又不推派代表洽商,往往聚众要挟,气势汹汹,声言皆是代表,以图抵赖。故严格言之,每件罢工都是不合法的。至于说到罢工之外,总以暴动,或虽未罢工,然有暴动行为,则其违法之处,更不待吾人指出了。

工会法第二九条规定:

工会于罢工时不得妨害公共秩序之安宁,及加危害于雇主或他人之生命财产。第三四条又规定:

工会职员或会员,不得有下列各项行为:

一、封锁商品或工厂。

二、擅取或毁损工厂之货物器具。

三、逮捕或殴击工人与雇主。

由上列两条看来,在劳资纠纷中,暴动是绝对禁止的。在重庆区的工潮中,发生暴动的计有十一件,其中情形的演变,大体上还未致于异常的严重。除了少数几件,其余各件都是与罢工同时发生的。工人企图以暴动行为,威胁厂方,使其不能接受他们的要求,这是一种野心分子乘机鼓动风潮,蓄意扰乱安宁,以期事变扩大后,可以达成别的目的,这又是一种。两者的背景虽不同,但往往是混在一起难于分辨的,治安机关为维持治安起见,派兵镇压,自是常事。暴动行为大概不出下列各种:或捣毁房屋、用具;或殴伤职员;或架走厂长;或不许职员自由出入;或包围经理住宅搜索;或挟同厂方人员请愿;或驱走党团及主管机关人员;或与军警宪冲突;更或聚众斗殴,夺枪射击。如情形较为严重的,双方自然就不免有所伤亡了。此外,一件是警官学校学生殴打弹子石轮渡的船员,一件是民生机器厂的工人被向警总队的军人击毙,这两件工潮虽发生暴动行为,但此处所谓的暴动,与上面所说的两种暴动完全不同。这两件纠纷的发生,其原因就在于暴动行为的本身。其他的工潮,则以暴动为手段,以图达到别

的目的。同一暴动,然在观念上及性质上,两者是截然各别的。据报载:去年元月二十四日,裕华纱厂罢工,某人在会议中报告:

昨日因工人代表回厂过迟,未及向工人开会宣布调处情形,今晨复有非裕华厂工人二十余名,闯入该厂,即联合厂中捣乱分子,强迫鸣放汽笛,全厂工人即行停工,有一工人,以石击办公室,于是工人即蜂涌〔拥〕前往,将办公室捣毁。另有工人将菜油倒于地上,似有纵火情态,秩序至为紊乱。此次该厂罢工事件,绝非单纯年奖纠纷,似为政治斗争问题。

由上看来,裕华厂的工人,不管是否单纯为年奖问题,总之不过以罢工和暴动为手段而已。至于警校与民生厂两案,不是主工双方的纠纷,而是工人与外界人士的冲突。现只就后一案来看,此中的区别,就可以明白了。去年十月十七日午后,民生厂的工人,在工人食堂吃饭,数百人拥塞道上,江北地区指挥部第一支队巡察队队员六人,穿进工人之中,发生冲突,工人乐春生当场被击毙,工人又有二名受伤,该厂护厂队长即将凶手扣留三人,未几巡察队士兵即同来六十人,将工人宿舍包围,捉去工人三名毒打致伤,后经调处肇事人犯,由指挥部解送军法处,查明法办,军厂两方共筹五百万元,作为死者的遗族生活费,埋葬费由厂方拨付一百五十万元,工人受伤者,由厂方负责医治,现住警区部队,即日调防,以后出巡时间,须与厂方上下工时间错开,一场风波遂告平息。在这一例中,虽有斗殴、枪击、伤亡各情,但那些暴动行为不是在工人与厂方间发生的。

〈五〉工潮中的几种特征

以上三节,已将工潮中的重要问题讨论过了,在我们的分析中,还可以见出几种特征,虽属次要,然亦是值得注意的。

(1)关于时期区域与人数　由第一表看来,重庆区的工潮,共计四三二件,这些工潮由发生日期到解决日期中间的经过,有长至

一月以上者,试看下列二表,即可证明:

第十五,重庆区工潮按月分配表

——自三十四年十月至三十五年十二月——

甲、按发生日期统计表

月份	10	11	12	1	2	3	4	5	6	7	8	9	10	11	12	合计
工潮件数		140		59	36	16	25	26	19	24	13	21	19	11	23	432

乙、按解决日期统计

月份	10	11	12	1	2	3	4	5	6	7	8	9	10	11	12	合计
工潮件数		104		53	42	29	26	35	28	19	12	14	25	13	17	413

第十六,重庆区工潮经过时间表

——自三十四年十月至三十五年十二月——

经过日数	1—5	6—10	11—20	21—30	31—50	51	不详明	合计
工潮件数	134	158	44	35	10	1	41	423

由上列第十五表看来,不管就发生日期或解决日期而言,可以见出,工潮均有一种逐月减少的趋势,在三十四年最后一季内,当复员开始,年关在□之际,故工潮发生如雨后春笋一般,其件数几达全部工潮的三分之二,及全三十五年一、二两月,又值旧历年关,尤其是工潮发生的季节。故与上年最后一季的工潮,合并计算其件数超过了全部工潮的一半,其余十个月之久,工潮发生的件数仅占百分之四十五,平均每月不到二十件,以与

三十四、五年年度交会之际,比较工潮之逐渐减少,已显然可见了。三十五年发生的工潮,直到十二月底为止,尚有九件未能解决,计有解雇纠纷四件,工资纠纷三件,红奖纠纷及有关休假的纠纷各一件。因此,在第十五表内,甲、乙两组统计的总数相差九件,关于工潮由发生而解决所拖延的时间由第十六表内可以见出。以一日至五日及六日至十一日两组的件数,最多在四二三件,工潮中占了百分之六十九,超过一月以上的只有十一件工潮,解决的迅速由此可见一斑。

其次就工潮的区域性而言,我们所谓的重庆区,前面已经指出系包括渝市及附近一带地区在内。其中仍以市区发生的工潮占极大多数,合川有一件,北碚有二件,涪陵有一件,内江远在数百里以外,因厂方负责人在渝,故亦有一件,其余四二七件皆发生于渝市及附近江巴两县,大体上可以分为沙磁南岸、江北及本城四区。因为南岸工潮较多,约加估计发生工潮亦较多,北碚的工厂本来不少,在我们的资料中只搜集了两件,一为四川丝业公司北碚蚕种场的工潮,一为大明染织厂的工潮。纵令合川卫生署制药厂包括在内,列为北碚区也仅三件,想来该区的工潮绝不止此,不过因为未据该地主管报告,无案可稽,故无从搜集而已。再就工潮的有关人数来说,可以表列如下:

第十七,重庆区工潮有关人数分细表

有关人数组别	1—	10—	50—	100—	500—	1,000—	5,000—	不明	合计
工潮件数	176	102	27	40	10	18	3	56	432

由上表看来,工潮的有关人数,以一人以上及十人以上两组为最多。如将两组的件数合并计算,占全部工潮的百分之六十四点三,几乎达到了三分之二了,人数在一千以上的仅有十八件,至于

最后一组超过五千以上的只有三件。一为民生公司,一为军政部特约厂商,一为人力车工会,后者是一种职业工会,因为反对车主提高租金,故工潮牵涉了该会全体会员二万二千四百五十人之多。根据以上的分析,可以见出重庆区的工厂,极大多数皆是规模甚小,所有工人亦不多。由第一表的统计中,已经知道全部工潮的有关人数,共计九万九千六百九十六人,如将人数不明的五十六件除外,以三百七十六件平均计算,则每件工潮平均有关人数为二百六十五人,以此与第十六表比较,解雇纠纷的平均有关人数仅为五十一人,两者相较,前项人数多至二百以上,这种差额的发生,即可证明解雇以外的其他工潮牵涉的人数颇多。除人数不明的各种不计外,其余的有关人数,平均每件为一百九十六人。由此看来,这一年多的期间,除解雇外,关于工资、红奖、福利及其他纠纷的工潮,以其对社会的影响言,是不容忽视的,如从时间的观点来说,也许比诸解雇案件还要重要。因为解雇纠纷是一时的,一经了结即成过去,主工双方的关系从此就解除了。至于工资、红奖及福利各种案件,其结果的影响所及还要累积到后来的纠纷上面,这绝非仅有一时性的纠纷可比。

(2)关于业务类别 在四百余件的工潮中,如从业务的类别来看,可以见出下列分配的情形。

第十八,重庆区工潮业别分配表

工潮业别	机器工业	服用品工业	饮食品工业	电气工业	建筑材料工业	化学工业	冶炼工业	动力、燃料工业	运输工业	文化工业	日用品工业	一般实业	职业工会	其他	总计
工潮件数	87	90	31	23	13	29	22	8	16	23	24	16	23	27	432

上表包括第十四类,前面十二类是以工业某一部门为标准所列。一般实业一类只就普通混合性的实业单位而言。职业工会一

类包含十五个单位的工潮在内,由下列一表即可见出。

第十九,重庆区职业工会工潮分配表

职业工会	人力车公会	西服工会	药材工会	牙刷工会	拨船工会	旅栈工会	皮革工会	提装工会	木作工会	泥作工会	渡船工会	藤器工会	畜产运输工会	屠宰工会	派报工会	其他	总计
工潮件数	2	3	2	2	1	1	1	1	1	1	1	1	1	1	1	3	23

第十八表中的最后一类,凡不属于工业的工潮,均属之。故银行、医院、日报等工潮,即其例也。在第十四类的业别,分别分析中,服用品工业的工潮占第一位,机器工业次之,其件数各占百分之二十点八及二十点一,其余各类均未超过百分之七点二。如将服用品与机器两业合并计算,工潮的件数已超过了全部工潮的百分之四十以上,与第五表解雇纠纷的业别分配情形相较,完全相同。在第五表内,服用品与机器两业的统计,也占了百分之四十四点一。这就可以证明,解雇纠纷是全部工潮的重心,对于一年来的工潮,具有一种决定性。同时这亦可以证明,机器工业中的机器制造厂及服用品工业中的织布厂,不管就全部工潮,或只就解雇纠纷一项而言,均受到一种严重的打击。文化工业中的中央印制厂,冶炼工业中的中国兴业公司及渝鑫钢铁厂,运输工业中的民生公司及轮渡公司,以及服用品工业中的纱厂,其工潮的规模,均较大数。颇值得吾人检讨,工潮的注意,在那四百多件的工潮中,固然以每件工潮牵涉一厂为最多,但一件工潮牵涉数厂或一厂,发生几次工潮亦有之。故豫丰纱厂的工潮,就发生了几次较早的,一次在去年一月十七日发生,是为红奖问题而引起的,及晚至十一月十三日也发生一次工潮,该厂工人要求厂方发给寒衣,裕华布厂、中央印制厂、中华

书局印刷厂及其他少数工厂。一年来发生的工潮,均不只一次,在第二表内已经见到重庆区的工厂,共计一千六百九十四家,兹就其业别的分配表列如下:

第十九,重庆区工厂业别分配表

——截至三十四年年底为止——

工厂业别	机器工业	服用品工业	饮食品工业	电气工业	建筑材料工业	化学工业	冶炼工业	动力、燃料工业	运输工业	文化工业	日用品工业	一般实业	总计
厂数	468	173	216	88	117	447	26	6	15	49	52	37	1,694

在上表内,机器工业的厂数占全部工厂的百分之二十七点六,居于第一位。以机器工业发生的工潮言之,虽其件数稍逊于服用品工业,但在比例上占了全部工潮的百分之二十一点一,以与上表厂数所占的百分比相较,则相差不远,两者平行的趋势就在此处显示出来了。换言之,厂数多工潮亦多,服用品工业的情形则不然,该业工潮的件数最多,占了百分之二十点八,但就其厂数的百分比而言,仅为百分之一十点二,两者相差一半,工潮的件数。虽居于第一位,然厂数则居于第四位,厂数虽少,工潮则多,这种相反的趋势,可以指出服用品工业,由工潮所受的打击特别比较其他各业严重。我们只消看看,军布业大批大批的倒闭,乃至军纺厂及民营纱厂大规模的罢工,那种打击如何的严重,就可以明白了。化学工业的厂数多至四四七家,不过稍次于机器工业,实际上据各报所载,该业的工厂先后停业颇多,现存者仅五、六十家。然而在我们的资料中,该业的工潮件数,只有二十九家,这就可以指出,该业各厂的停工、解雇,未经陈报主

管机关调处备案者定然不少。

（3）关于解决方法　工潮的解决方法,约可分为下列各种方式：

甲、主工双方自行协解。

乙、由主管机关调处。

丙、由各有关机关会同调处。

丁、由劳资评断委员会评断。

戊、其他人员调处。

主工双方能处于互相谅解的地位,将纠纷自行协议解决,不必经由第三者或主管机关参加,多生枝节。这种解决方法,自然是最理想的途径。例如,去年一月十七日,豫丰纱厂的罢工风潮,虽是由社会部会同各方,以仲裁方式解决的。但二月十一日,要求补发红奖的纠纷,则由该厂主工双方自行协解和平了结,这种自动解决的方式,可以把工潮于无形中消弥〔弭〕下去。依照工会法二十九条规定,劳资间的争议,非经过调解、仲裁程序后,不得宣言罢工。此处所谓的调解,自然以主管机关的调处为主。在重庆市发生的工潮,主管机关为社会局,除社会局外其他有关机关,如警察局、卫戍部或警备部、宪兵团、市党部与青年团支部、总工会以及当地保甲人员,皆可参加调处。若调处无效时,第二步就要采取工会法所规定的仲裁办法。去年四月二十四日,行政院公布复员期间,劳资纠纷评断办法,共计八条,其要点如下：

甲、凡工矿、交通公用事业发达之区,为谋重要劳资问题之迅速处理,以安定生产秩序,均得设置劳资评断委员会。

乙、评断委员会由当地社会、经济、治安、粮食、卫生、行政主管人员以及参议会、商会、总工会、重要同业工会、产职业工会与其他有关机关负责人充任委员,以社会行政主管人员为主任委员,并得指定有关之同业公会及产职业工会负责人充任临时委员。

丙、雇主或工人在未经委员会评断以前,不得因任何争议停业或罢工,评断会之裁决任何一方,有不服从时,得强制执行之。

上列办法中,所谓的评断或裁决与工会法中所谓的仲裁,两者在含义上是相同的,均具有一种强制性。一经裁决双方必须遵办,而且在未经评断以前,主方停业及工方罢工,均在禁止之列。重庆市的劳资评断委员会,以委员十一人组织之,党部、团部、警备部、市府社会局等五局及参议会、商会、总工会的负责人均为委员,下分总务、调查、评断、执行四组。评断时该会规定得临时通知劳资双方,各派代表列席,陈述意见。重庆区一年来的工潮,采用评断或仲裁方式以谋解决者,尚不多见。因为仲裁带有强制性,于不得已时方才采用,以免将纠纷弄成僵局,故主管机关慎重出之,如能以调处方式解决者,即尽量采用调处方式,兹将一年来的解决方法,表列于下,以资比较。

第二十,重庆区工潮解决方法表

解决方法	自行协解	社会局调处	有关机关会同调处	仲裁	其他人员调处	不明	总计
工潮件数	72	197	57	2	6	89	423

在上表内,尚有八十九件工潮其解决方法未经查明,那些工潮大部份发生于三十四年十月至十二月的期间。因资料缺乏,其解决的详情无从明了,其余三百三十四件的解决方法,协助社会局调处为最多,在比例上占百分之五十八点九,已超过了一半以上,其次自行协解计有七十二件。或协解后报请备案;或呈请调处后复自行协解;更或调处无效再自行协解。第三项方式是会同有关机关共同调处,当社会局调解未获成立时,或纠纷扩大发生罢工,及暴动风潮时,社会局常会同市党部、支团部、警察局、卫戍部、总工会及宪兵团共负调处之责,有时中央主管机关亦派员参加。这种有关各方

参加调处的办法,形式上虽与评断委员会的评断不同,但实质上其调处的结果,往往比较硬性的评断成就还大。如工潮严重时,最好采用这种方式调处,以免陷于法律上的僵局,而于事亦无补,有些工潮由其他第四方面调处,获得解决者,亦不乏其人。例如,鉴新承织厂于去年一月十八日解散工人,四十七名工方要求各发遣散费五万元,嗣后由青帮首领某出面调处,仅各发一万三千元即行了结。此外由工人团体或保甲人员调处,得以解决者亦有之,至于采用硬性的评断方法交付仲裁者,一年多以来不过两次而已。一次为屠宰工会要求增资的纠纷,一次为豫丰纱厂要求红奖的纠纷,这种硬性办法自然以少用为宜。

(六) 结论

以上五节,对于重庆区一年来的工潮,已将其中所含的各种重要问题一一研讨过了。我们觉得在社会问题中,劳工问题的□结日趋严重之后,其解决的困难也日见加大了。在劳工问题中,尤以工潮的处理最为棘手,从上面的各节分析中,我们得到了不少的经验,更供我们参考。下列几点更值得有关各方予以切实的注意:(1) 一般社会对于工潮的观念,大都不免流于错误,有关各方只就自己的利害和成见说话,不是歪曲实事就是故意夸大。会后我们应该重新认识工潮的真谛,资方固然不是人人皆以压榨劳工为能事,劳方亦不能说是人人皆带有几分危险性。在工潮中,野心份子乘机利用也是不免的,不过这种故意滋事,别有用心的扰乱,绝不是工潮中普遍的现象,我们如能将工潮于无形中消弥〔弭〕下去,自是最好的办法。但工潮一旦发生,绝不能视同洪水猛兽一般,主管机关须以疏导方法出之,将工潮引入正轨,妥谋解决,主工双方须知,在现代工业化的局面之下,劳资均是生产中的基本要素,合作必须分工,共存方能共荣。在工潮中我们所认为重要而急待解决的问题,不是这方打倒那方,或东风压倒西风,而是劳资如何互助,以求发达社会的生产。主管当局须在公平而合理的观点之下处理工潮,则工潮的解决自可得到一种正当的途径。(2)失业问题牵涉整个社会的各种因素,要谋妥善解决,颇非易事。如就失业本身而言,救济之法最好采用社会保险政策,由政府举办劳工强迫保险,以救济劳工的失业、灾害、疾病或其他意外事变。(3)工厂法的规定,迄今尚未切实推行,日前报载重庆市参议会开会时,曾有人质询工厂法的实施情形如何,可见工厂法的推行,对于工潮的消弥〔弭〕是极有关系的,该法的推行,尤望厂方负责人以开明的态度,竭力赞助□几可收事半功倍之效。(4)关于福利设施,在重庆区的工厂中,甚少注意举办福利事业,而有成绩者,除少数的产业如:豫丰纱厂、民生公司等外,其他尚难发见。福利的设施可以使工人的生活安定,工潮即可于生活安定中消弥〔弭〕无形。此种设施创办之初,固觉负担不免过重,但厂方应抱远大眼光忍耐一时牺牲,则将来自可坐享巨大的收获。主工联席会议如能常常举行,足以打破双方的隔膜,分红制是劳资合作的一座好桥梁,有红才有奖,也才能分等,于有所得才有税,也才能□这种办法可以把工人的利益与厂方冶为一炉,颇值得吾人提倡。(5)工人生活费指数的编制,对于工资纠纷的解决提供了一种最大的帮助,这是不容否认的,不过在指数的编制方面,务须特别注意精确的程度,如疏漏之处一经发生,指数失之过高或过低,均足以失去工资调整标准的价值,在主工双方间平添一种障碍,物价的调查是否精密,加权的标准是否正确,物品的种类和数量是否适当,似此一切均足以影响指数编制的结果,最好由有关各方及学者专家合组一委员会稽核之责,每月先由该会稽核后,主管人员再着手编制,如此疏漏之处或可避免。(6)在工潮的研究中,使吾人最感困难的就是资料问题,报纸既多不可靠,档案有凌乱杂沓颇难整理,或有头无尾,或详此略彼,或要点语焉不详,或费话连篇不断,当吾人着手整理时,往往为一数字徒劳往返,东西翻阅,此中痛苦绝非外人可知,为搜集资料起见,兹特拟定表格两种如下,以供有关各方的采用。

第二十一，工潮登记表

有关各方	地址	发生解决	日期	争议要点	解决结果	备考

第二十二，罢工登记表

有关各方	地址	罢工起迄	日期	罢工原因	参加人数	罢工经过	解决结果	备考

上列两表，如能采用，可以帮助我们不仅搜集资料方便，而且运用资料尤为方便。有的机关虽亦有劳资纠纷的登记，但缺漏殊多，我们参考时颇感困难，在我们所拟的登记表中，第一栏是登记工潮或罢工的有关各方。如民生机器厂，工人与警备指挥部士兵；如豫丰纱厂，川籍工人与外籍工人；又如军纺厂与工人。第二栏是地址。第三栏是日期。有些主管机关只登记申请调处日期，这在他们办公式的眼光看来，固是必要的。但我们需要的资料并不在此，工潮由发生而解决，或罢工起讫所经过的日期，才对于我们的分析有关。第四栏应有详细记载，不能只以笼统的解雇工资，或其他纠纷数字填注，即行了事。在罢工登记表内添加罢工经过与参加人数两栏，如罢工期中发生暴动，即记入经过栏。工潮登记表的备考栏必要时，须将工潮有关各方的业务及参加人数记入之。因为有些工厂或公司只是冠上一种笼统的名称，如实业公司或工矿实业社之类，其经营的业务无从知悉，故非将业别注明，不足以供我们分析的根据。如系公营尤须注明，至于解决方法，亦应在备考栏内说明，上列两表登记的资料，其来源应广泛及□报□记载，及私人调查不能只以主管机关的公文为

限，两表如能登记详明，互相对照。那么我们分析检讨的结果必然比诸一般报告更为精确，亦更为可靠。

〔行政院档案〕

[2] 接收地区的工人运动

1. 朱同康等请求紧急救济失业工人呈

(1945年10月15日)

抗战甫告胜利，经济危机即随之而来，首蒙其害者，则为我数百万之劳工，产业工人或因工厂关闭而大批失业，或受紧缩措施陆续被裁，或因减少产量降低待遇，职业工人如木作、泥水石作、篾作等，亦遭经济影响，无形中陷于失业状态，此种趋势现仍继续发展中。窃思工人在抗战期间虽不能谓有劳绩，亦不能谓无苦绩，忍饥耐寒胼手胝足，或为国家增进生产，或为政府加强国防，未尝有一日之间断，其他如交通工人等，系奉令撤退后方，扶老携幼，颠沛流离，厥状至惨。其因抢运物资，维护军运，或直接从事抗战而牺牲者，不可以数计，然均各无怨言。所以然者，在乎争取最后胜利之到临，整个民族之解放。劳工界在和平时期中仍能参加建国工作，并得提高生活水准。乃事实不如所期，狂欢声浪犹未消逝，复员工作正在开始之际，反被抛弃于街头，投入失业之深渊，而无人顾问。幸而仍能工作，其待遇日益降低之结果，生活亦必濒于绝境。揆诸情理，不平孰甚。本团受全国性劳工社团及重庆市各业工会各厂失业工人之委托，自不应默而不言，经郑重研讨，认为目前工人失业或降低工人待遇等现象，极为严重，倘不设法迅予救济与制止，将如火燎原，不可收拾，其影响社会安全国家建设至深且巨。爰代表劳工界提出下列两项中"四要""三不"之请求，以谋补救。

一、紧急救济失业工人——立即举办分区登记。

1. 要吃。

2. 要住。

3. 要交通工具——所有还乡或应复员之工人予以输送。

4. 要恢复工作——所有失业工人予以适当工作。

二、保障在业工人工作——立即以命令强制执行。

1. 不关厂。

2. 不降低待遇——以本年八月、九月之待遇为标准。

3. 不裁减工人——除违犯重大错误者无论任何理由不得裁成〔减〕工人。

以上所陈均居〔属〕实情,所提请求亦系兼顾情理法三者而成,伏乞体念下情,准予所请,并于最短期内一一实现。工人幸甚,国家幸甚。谨呈

行政院

工人请愿团朱同康等二十八人

〔行政院档案〕

2. 谷正纲关于处理上海工潮情形致蒋介石电

(1945年10—11月)

(1) 10月28日电

即到。渝主席蒋钧鉴:1491密。纲马日抵沪视察,查社政关于党政渐入轨范,人民情绪热烈,惟工潮日多,其原因:(1)日伪工厂多已停工或减工,一部曾发遣散费,一部未发;(2)我方已接收之工厂,一时不能复工;(3)照常开工之工厂,以伪币低落,物价增高,遂纷纷罢工,总工会要求调整待遇;(4)间有奸党暗中煽动。基此数因,事态日趋严重,纲已与各方协商,并订定救济失业工人办法纲要、调整工厂原则,迫于事机,已公布实施。目下失业工人已达

十五万人,至今后根本之图,仍请饬令各主管,对接收工厂设法克服困难,即早复工为要。纲日内布置就绪,即返渝面呈,职谷正纲。申俭护。印。

(2) 11月11日电

即到。重庆国民政府主席蒋钧鉴:密。上海市失业工人救济截至十号止,共救济工人八一六八四人,发救济六亿二千余万元,其中由□社两部发给者约五亿元,余系厂商自付。目下工潮仍时起时伏,尚难遏止,其原因:(一)除纱厂少数十三家工人一万三千人复工外,各厂仍停闭;(二)物价上涨不已;(三)原来职工待遇均薄。基此数因,故有业者则要求改善待遇,无业者则要求生活救济,目下治标办法:(一)依照收复地区调整工资办法,调整各业工资,防患事前;(二)关于劳资调处与仲裁,责成市社会局办理;(三)由军政当局明令禁止罢工、息工;(四)加强党的领导,组织党团配合应用;(五)继续办理失业工人救济三个月,以利冬防。以上五项,党政当局均表同意。总查沪上工潮基于经济因素者多,政治成分者少,职谨竭能力消弥〔弭〕补救,至于根本解决,仍在工厂复工与物价稳定。上列一至四项,已先行办理应急外,关于第五项,另电请示。职明赴平津,余后呈。谷正纲。戌真沪。印。

〔经济部档案〕

3. 张兹闿为解决沪日资工厂工运拟订四点意见及实施经过与社会部往来呈函

(1945年10—12月)

(1) 张兹闿签呈 (10月19日)

查八月十日日本投降证实后,上海日资工厂均于八月十五日停工,当时日方发给工人解散费,有劳资双方成立协议者,有由当时在沪作地下工作之战前总工会调解者,其支付方法,有以现款支付者,亦有一部分以存货支付者,亦有一部分存货尚未交出,因国军到达上海,存货已被接收,无法再交者,故其解决途径及支付情形甚不一致。泊一个月后本处始到上海进行接收,尚未竣事,即行筹划复工,无非为谋解决工人失业起见,但目前发生工潮,即在杨树浦一带筹妥复工之纱厂,故不能认为就业即可解决工潮,仍须针对事实,迅求解决,特据陈意见如左:

一、日资工厂工人解散费宜迅谋解决。查此项解散费情形复杂,其数额定于日人处境困难之下,并已允许支付实物,嗣因接收后,实物无法动用,日人亦因集中他徙,工人遂转向接收人员索讨,而接收人员无权处理实物,不能解决,复经谷部长及汤司令官迭召日方人员查询规定解散费应按停工时之工资发给三个月,及责成日方筹款发放,不足之数,由本部协助筹发。嗣据日方开列清单(约计三万人),其数额与停工日工资三个月颇有出入,日方筹款则均系所存日籍银行不能支取之存款。核计所列沪东日纱厂(已先发一部分)尚需款伪币一百一十余亿元,沪西日纱厂(完全未发)四百二十六亿元,其余工厂规模较小者合计一百二十亿元,总计六百五十六亿元,折成国币三亿二千八百余万元,为数颇巨。为迅速解决,以安社会秩序起见,可否即照日方开列数额发放,不必坚持按停工日工资三个月之规定,并先由中央银行垫款发放,将来即出售所接收之日资工厂存货(即所存布疋)以资归还,因数额甚巨,且事关处分敌产,未敢擅专,尚乞核示。

二、未获就业之工人拟请发给救济费。查关于失业工人救济,早经社会部组设上海失业工人临时救济委员会,由陆司长京士担任主任委员,并拟有救济费,以每人每月六斗米之标准给予代金。查失业工人之解释,亦经定为产业工人,现因原料及动力关系,各厂未能完全复工,所有未能就业之工人据开业已登记达十三万余人,此项救济费似应迅为核定,早日施行。

三、复工各厂工资宜早为规定。查以前日人所办各厂工资均以伪币为标准,而另为配给实物,目前自应改发国币,不拟再配给实物,则工资标准均应重行规定。前于十月五日市府开会时,社会局吴兼局长曾允参照生活指数规定新工资率,现尚未送处。现沪西纱厂业已复工,亟应从速规定,拟约社会部特派员及市政府社会局市党部等会商,以期早有决定。

四、工会组织宜早确定。查战前之总工会据闻早在沪作地下工作,在日本投降后,曾出而主持,现又经市党部派员改组,正在人事更迭之际,而分业之工会,是否亦经改组,能否悉归控制不甚明了,此为极易引起纷议之主因,似应促主管早使就绪,否则在以上各点解决后仍不免发生困难也。

以上诸端是否有当,理合鉴请训示祗遵。谨呈
部、局长翁

职张兹闿谨呈

(2)社会部公函　(12月31日)

社会部公函　劳管字第一一七九八七号
中华民国卅四年十二月卅一日

案准贵部本年十一月十九日(卅四)职字第五四七七一号函:为据苏浙皖区张特派员兹闿呈为上海日资工厂工人解散费宜迅谋解决,未获就业之工人请发给遣散费,复工各厂工资宜早规定,工会组织宜早确定。除已将原意见第一点呈院核示,第三点令饬从速办理具报外,至第二、第四两点应请查照办理见复。等由。准此。查关于上海失业工人救济,前经济部依照本部复员计划紧急措施事项所订安定大都市工人之紧急措施办法,饬本部京沪区特派员会同贵部特派员、上海市政府及各有关机关组织上海市失业工人救济委员会,并依据本部颁行之收复区失业工人临时救济办法纲

要,实施救济,先后拨发八千万元,在最近又决定未获就业工人继续救济三个月。本部已呈请行政院核拨救济费七亿元,并奉院长核准,由善后救济物资拨发矣。至确定工会组织一节,已电请上海市政府,依照收复地区人民团体调整办法从速调整,并电饬本部京沪区特派员协同办理。准函前由,除分行外,相应复请查照为荷。此致
经济部

            部长 谷正纲

〔经济部档案〕

4. 蒋介石关于迅速制止沪工运电

(1945年11月15日)

  行政院宋院长勋鉴:据上海市钱市长戌青亥机电陈沪市工潮处理经过及今后防止方法,请核示,等情。前来。兹将原件随文抄发,即希迅予核办为盼。中正。戌删。府交成。
附抄发原电一件

抄件

  渝主席蒋:旧公共租界电车工人因要求改善待遇未遂,本日全部罢工,邮局员工亦怠工要求,其他新新等六大公司正在酝酿工潮。职本日召集市党部、工会、商会研讨措施办法,决定:(一)劳资纠纷应先呈请调解或仲裁,不得怠工、罢工,由市府警备总部布告周知,违者拘办;(二)成立工资评议会及劳资纠纷仲裁会;(三)党军政对工□□□□□每日集会商讨应付办法;(四)加强党团在工人内之活动力量等四条。至□□工潮已由市府担保贷款,资方先行增加待遇,明日或可复工。邮局员工亦经调停,惟对生活指数须按月调整。窃查近月来工潮此伏彼起,继续不断,实由物价之波动,使不肖份子得藉口煽惑。继涨之原因,因由于交通之未完全恢复,

而接收物资冻结实主因之一,拟请饬令接收之物资全部解冻,平价发售,其价格不得高于九月中旬,或可平抑。该接收物资中如有原料,应全部交由经济部迅交工厂厂方谋工,如此工潮或可息,而治安可无虑,否则物价不断上涨,工资无法抑止,责任谁属,乞钧裁核定。职钱大钧。戌青亥机。印。

〔经济部档案〕

5. 谷正纲关于防止沪工人运动办法密电

(1945年11月17日)

即到。重庆国民政府主席蒋钧鉴:密。上海市失业工人救济截至十号止,共救济工人八一六八四人,发救济六亿二千余万元,其中由□社两部发给者约五亿余元,系厂商自付。目下工潮仍时起时伏,尚难遏止,其原因:(一)除纱厂少数十三家工人一万三千人复工外,各厂仍停闭;(二)物价上涨不已;(三)原来职工待遇均薄。基此数因,故有业者则要求改善待遇,无业者则要求生活救济。目下治标办法:〈一〉依照收复地区调整工资办法,调整各业工资,防患事前。〈二〉关于劳资调处与仲裁,责成市社会局办理。〈三〉由军政当局明令禁止罢工、怠工。〈四〉加强党的领导组织,党团配合应用。〈五〉继续办理失业工人救济三个月,以利冬防。以上五项,党政当局均表同意。总查沪上工潮基于经济因素者多,政治成分者少,职谨竭能力消弥〔弭〕补救,至于根本解决,仍在工厂复工与物价稳定。上列一至四项已先行办理应急外,关于第五项另电请示,职明赴平津。余后呈职告。正纲。戌真。沪。印。

〔内政部档案〕

6. 张兹闿关于处理中华烟草公司及华中矿业公司马鞍山等矿区工人要求发给遣散费情形密电

(1945年12月8日)

经济部
战时生产局　苏浙皖区特派员办公处代电　发字第二三二七号
　　　　　　　　　　　　　　　　　　　中华民国卅四年十二月八日

翁部长钧鉴：日密。上月（十一）二十八日下午，有自称系中华烟草公司第一厂工人二百余人包围本处，据称本年（卅四）十月间曾向日人要索遣散费，经总工会调解，由日人允给每人全禄烟廿五条，要求本处照发，声势汹汹。其代表则始终不肯自述姓氏地址，经军警一再弹压，仍复不散，至晚十时许，经军警拘捕两人，强制驱散。翌晨复来包围，经与各方会商，昨拘两人准由工人代表领释，并由社会局代表负责劝散。该工人等据称早于卅二年十二月解雇，现在工人身份已不能证明，日本投降以后无理要索遣散费，而当时总工会整理委员会竟亦认为调解对象成立笔录，但迄亦未正式提出此项笔录。月来迭来要索，均经切实解释。乃此次竟聚众包围官署，于政府威信地方治安所关甚巨，实可隐虑。本案刻尚由社会局设法处理。同时中华烟厂其八月十日停工时，工人尚在请求复工或予救济，仍待解决。又本月四日复有自称华中矿业公司马鞍山等矿区工人数百人包围本处，立索遣散费，喧哗蛮横，杜绝交通，情势亦极严重。该工人等前曾来处要索，初因名册在矿，嗣经取来，对各工身份亦无确证，上月二十四日社会局遽予调解，每人发遣散费二万八千五百元，实与九月二十九日本市军政长官议决案照原有工资发遣散费三个月规定未符，当时本处并未派员在场，此次乃藉为口实，要求即发。经警局派员到场，再四劝解，亦延至晚九时许始散。现拟照八月份工资各别计算补足三个月遣散费，计须补发七百二十万九千余元，由本处借垫，定八日会同各机关并由工头证明分发所有。近日两次工人包围本处情形,谨电陈察核。职张兹闿叩。亥齐。

〔经济部档案〕

7. 张兹闿关于处理沪工潮办法呈

(1945年12月12日)

经　济　部　　　　　　　　　　　　　　发字第二四八八号
　　　　　　　苏浙皖区特派员办公处呈
战时生产局　　　　　　　　　　　　　　三四年十二月十二日

案奉钧部本年十二月四日卅四职字第五五六九三训令:以准行政院秘书处通知:关于主席交办上海钱市长电陈沪市工潮处理经过及今后防止方法一案,抄发原件,令仰就有关事项迅速核办具报。此令。等因。奉此。遵查……至关于接收工厂之复工问题,如电力之充分供应,原料之继续供给,工资之适合处理,均为先决条件,在目前环境之下,不得不采取逐步复工计划,其中纱厂方面复工者已达十四家,绽〔锭〕数开二十二万余枚,织机四千五百余台,毛织厂五家,绽〔锭〕数三千余枚,织机一百四十余台,又制麻、丝、带厂各一家,共二十一家。化工方面已复工之纸厂四家,冷藏、制革、榨油、酒精厂各两家,淀粉、制药、油漆、酸碱、橡胶、染料、养气厂各一家,共十九家。机械方面已复工之金属制造厂三家,机械厂四家,车辆制造及修理厂一家,共八家。其余各厂,亦在就条件适合之情形逐渐推进。至于工潮问题,在本处接收各厂中,有仅于工厂复工以后始发生工潮者,如内外棉一、二、六、七两厂工人,分于十一日、十三、十七两日要求增加工资,发生怠工罢工,虽经劝解旋告平息,然仍时伏时起,应付不易。是知复工后始有工潮问题其主因实因物价波动,工人生活未能臻于安定,此为社会问题,尚有待于根本解决者。故谓不能复工为工潮之主因,其说殊属费解。大致该市政府所谓工潮乃指国军到达以后各厂旧有工人向日本雇主索取解散费,往往聚众数百人,而办理调解亦不待办,其是否真正工人,一经聚众即予成立调解笔录,即可得费,甚至于复工后仍有索取解散费之举,故此种聚众索取解散费,既不能以复工解决之,实属维持地方秩序之范围。最近华中矿业公司工人及中华烟草公司第一厂东部工人,曾聚众数百余人,迭次包围办公处,要求发给遣散费。迭经呈报钧部在案。鉴此情形,若主管劳工有关及维持治安当局对于此类聚众需索不采取有效措置,亦不辨明身份,均予调解给赀,则此后纠纷尚未能已。奉令前因。谨将物资处理及复厂复工情形备文呈复,敬祈鉴察。谨呈

部长翁

次长谭

次长何

经济部战时生产局苏浙皖区特派员张兹闿

〔经济部档案〕

8. 钱大钧关于沪法商电车公司工人罢工要求合理待遇情形密电

(1946年1月17日)

即到。渝主席蒋、院长宋:密。法商电车公司职工寒日向公司提出要求:(一)复用前被公司开除之工人十七名;(二)对一部待遇较低之职工一律待遇;(三)在公司中设工会会所;(四)要求增发年终加薪一个月;(五)按照职工服务年资,满一年以上者,其年终加薪应按年递加月薪三分之一;(六)卅五年度年终考绩,应规定职工一年内无过失者晋升二级,有功者晋升三级,并由职工推选代表,向公司当局谈判。公司因要求太苛,未予答复。删日职工将车照常行驰,拒绝售票,无形怠工。当由社会局进行调解,因阳历年终已发加薪一个月,其四项要求殊不合理,当予驳斥,致调解未成。铣日公司允予贷金一个月,分十个月归还,职工因须归还,故调

解仍未成立。现工方面检举公司经理通敌罪行,要求政府接办该公司,并仍继续怠工。本日公司因损失太巨,停电停车,情形较为混乱,现仍由社会局继续调解中。谨闻。职钱大钧。子筱。机。印。

〔国民政府档案〕

9. 张廷谔等关于东亚毛织等公司工人请愿要求改善待遇增加物资经过情形代电

(1946年1月19日)

重庆行政院院长宋钧鉴:近来津市工潮潜伏,东亚毛织公司工人已有聚众伤及社会局科长情事,业以子筱社工代电陈报在案。东亚既发其端,各厂相继效尤,近复有仁立毛织公司、电车公司、法国电灯公司、自来水公司等工人纷请资方改善待遇,增发物资,限期答复,情势严重。节经督饬社会局赶速排解,现除自来水公司尚在洽商外,其余各处均已解波〔决〕,惟当此复员伊始,地方治安最关重要,工人结体请愿,此风断不可长。除饬社会局妥为处理并随时续报外,谨特电陈,并将各公司请愿及解波〔决〕情形另行列表检讨,伏乞鉴核。天津市长张廷谔、副市长杜建时叩。子皓工。印。

中华民国三十五年一月十九日

津市各工厂工人请愿及解决情形一览表

厂　名	要求情形	解决办法	附　注
东亚毛织公司	要求与职员待遇不能相差过远,春节前厂方应予特殊救济	厂方认可发给工人每名面粉三袋、棉布一疋、袜子两双	市党部与社会局数度折冲,现已解决

续上表

厂　名	要求情形	解决办法	附　注
仁立毛织公司	同　上	厂方发给每名工人米四十四斤、面四十四斤、呢子一码七五、法币五千元	同　上
电车公司	请求发放十二月份薪金、食粮、冬季用煤、年终双俸	洽商结果：十二月份薪金一月二十日前发给，食粮代金于月薪发后即付，冬季用煤每名七百斤，先发给二百斤，余五百斤按市价折发现款，年终双俸春节前照发	同　上
法国电灯公司	要求发给冬季用煤，并提高待遇	洽商结果：住厂工人每名煤半吨，厂外工人每名一吨，每吨收价伪币一万另五百元；每名面粉一袋，春节前发放；原扣存之工人养老金，按法币付清；未来待遇与经济部接收之发电厂同；电灯匠每名每年发制服两身	同　上
自来水公司	请求每名面粉二袋，春节前发放，改善待遇尚未有具体意见		正在谈判进行中

〔行政院档案〕

10. 蒋介石关于沪失业工人游行与美军发生冲突代电
(1946年2月1日)

国民政府代电　府军(义)字第一九一三号

经济部翁部长勋鉴：据上海钱市长子赓电称，本市在敌伪投降前有制造业三十余工厂之失业工人约五六千人，于本日上午九时在杨树浦集合游行至本府请愿，其条件为复工、救济、组织工会，经何副市长、沈秘书长代表市府向其代表开导三小时后，仍以即日复工为条件，至晚未散，正在调解中。该工人在游行途中，曾与美军冲突，彼此受伤数人，余未发生事故，详情容再呈报。等情。希核办。中正。(卅五)丑先府军义。

中华民国卅五年二月一日发

〔经济部档案〕

11. 张勉之请救济停业行庄遣散员工并条陈三项办法呈
(1946年2月14日)

呈为呈请设法救济停业、行庄遣散同人、并条陈救济办法三项乞予察纳，俾维生活而示激励义民事：窃同人等昔均服务于本市新设行庄，概自去秋抗战胜利奉令停业清理者，共有三百余家，所有各行庄员生司役先后均遭遣散，致本市银钱业失业同人竟有二万余人，情形严重，实为沪市向来所未有。且薪水阶级平日收入既极菲薄，频年在生活高压之下仰事俯蓄已感捉襟见肘，一旦失业，生活尤感艰难。际此百物飞涨之时，强者将铤而走险，误入歧途，弱者将转辗沟壑，流为饿莩，似与政府实行三民主义、安定民生之意不符，此应请救济者一也。况同人等虽厕身市井，然均束发诵书，粗知大义，昔虽无力随政府迁渝，十九均身居魏邦心怀汉阙，故八年沦陷虽备受敌伪压迫，皆宁在正当商营行庄服务，茹苦含辛，以节义自励,人虽诱以高位厚禄不为所动,耿耿寸衷可表天日,为保存人间正气,激励义民起见,此应请救济者二也。第念同人等虽颠沛流离,烽火余生,如现在饿死于青天白日之下,民庆来苏之时,实非众心所愿,伏念钧座爱民如赤,明察秋毫,现蒋主席将还政于民,准许人民伸诉怨苦,用敢冒昧上陈并条陈救济办法三项:(一)请求指令财部,凡属营业正当新设行庄酌予从宽开放,俾同人等复员;(二)请通令全国省市所营银行在扩充或复业各地分支行处尽先设法安插;(三)请照政府救济难胞先例,发给物资及补助金,用资接济。以上所陈两端及救济办法,均系实在情形可行之事。务祈钧座垂念同人等均属国民优秀分子,目下处境困苦,府赐察纳,迅予救济,曷胜衔感惶恐待命之至。谨呈

国民政府行政院院长　宋

上海市银钱业失业同人联合会

主　席　张勉之

通讯处:南京路慈淑大楼七楼七一三室

中华民国卅五年二月十四日

〔行政院档案〕

12. 吴闻天转报镇压苏州鸿生火柴厂工人罢工要求增加工资呈

(1946年3月3日)

查大中华火柴公司苏州鸿生厂接收经过,并该厂复工情形,迭经先后呈报附抄劳资协约送请鉴核,各在案。兹于二月廿八日续据该厂函呈称:敝厂工人最近以要求增加工资,经两度谈判,未能遂其欲望,即放弃正当手续,突然发生暴动,毁坏门窗玻璃,并殴打门警。经当地警所、县保安队派警军弹压,并由县府社会科陆科长亲自到厂调解,兹已完全解决。关于工资部分,系根据民国二十六年

工价依照现在米价计算,如米价壹万元,则工资增加壹千倍,米价壹万伍仟元,则增为壹千伍百倍,米价涨落,工资随之增减(即工人以每日可得米几升为原则)。关于暴动部分为:(一)解雇主动及行凶者二人。(二)被毁玻璃由工会配好。(三)由工会书面道歉,保证以后不再发生同样事件。谨将经过情形具函奉告,至祈鉴赐备案。等情。据此。除批示并另报特派员办公处备查外,理合报请鉴赐备查。谨呈

部长　翁
次长　谭
次长　何

职吴闻天谨呈

〔经济部档案〕

13. 军委会关于上海水木工人罢工要求调整待遇被保卫团枪杀情形代电

(1946年3月)

(1) 3月15日代电

军事委员会代电　(卅五)办密三法字第七〇七四二号
中华民国卅五年三月十五星期五

行政院公鉴:据署名上海水木工职业工人代表陆等元电称:本月十日下午五时一刻,水木职业工人二人为工资纠纷,突被保卫团北区第一大队一中队枪杀身死,激起众愤,如何示遵。等情。前来。除电上海市政府核办外,相应电请查照。军事委员会。办秘三法删。印。

(2) 3月20日代电

军事委员会代电　(卅五)办秘三法字第七一〇〇七号
中华民国卅五年三月二十日

行政院公鉴:查关于上海保卫团杀伤水木工人一案,经于本年

三月十五日以办秘三法字第七〇七四二号电请查照在卷。兹据上海市政府寅删机电称：查保卫团员杀伤水木工人案，系因该业工会于灰日罢工时，对未参加工会之工人，亦强其罢工，致起纠纷，保卫团员前往劝解，反将该团员头部击破，当经新光内衣厂工人调解，本可无事，讵突又有工人千余名包围保卫队部，捣毁门窗，且喝称缴械，当时卫兵韩文成为自卫计，鸣枪示威，不幸伤害工人两名。本府得讯，当令将该肇祸卫兵拘禁，交警备总部依法究办，对劳资纠纷，饬社会局妥为调解。现此事并未酿成严重状态，该陆文元所报过简，未合实在，除严戒军警随时注意外，谨电鉴察。等情。前来。相应电请查照为荷。军事委员会。办秘三法寅哿。印。

〔行政院档案〕

14. 参军处抄送上海复员工人请愿要求分发工作情形函

（1946年4月1日）

府军义字第二七三〇号

敬启者：奉谕抄送上海复员工人因久未分发工作，向社会局请愿情形由情报一件，即请查照参考为荷。此致

经济部翁兼部长。

附抄情报一件

国民政府参军处　谨启

四月一日

情报　四月一日　　府军（义）第二七三〇号

上海格兰路善后救济总署第二招待所所住由重庆复员返沪之机械工人七百余名，以来沪已将四个月，尚未分发工作，乃于三月二十日由谢小康率领，列队赴社会局请愿，并提出下列要求：

一、已经复工及正在复工之工厂，必须容纳后方工人工作，未

复工者请政府限期复工。

二、未得到工作以前,为维持个人及家庭生活计,请政府发给半薪,至开始工作时止。

三、后方陆续回沪工人及将来复工后工人住所问题,请政府保证解决。

〔经济部档案〕

15. 姚天祥等要求复厂开工并胪列缘由呈

(1946年4月8日)

浦东英美老厂失业工人代表呈国民政府行政院长宋

窃维浦东英美老厂即颐中第一厂,为在中国地区内设厂卷烟之最早者,开中国卷烟业之先声,此厂首推鼻祖。工人等在该厂创办伊始,自幼即入厂工作,四十年来从未间断。兹查该厂创办之初,范围极小,卷烟车只有四部,工人不逾三百,每日工作十二小时,男工每月工资平均不满六元,女工锡包工价十枝装每百包仅得二分,彼时工人等虽劳苦如此,而所得工资之菲薄又如此,犹能以鞠躬尽瘁之精神与厂方努力工作,故能出品精良,营业日盛,厂方盈利愈丰,根本愈固,因此规模更大,营业益增。不数年后,又建立第二厂、第三厂,并在各大都市次第设立分厂,以成其在中国独一无二之地位,而所获盈余其数字之庞大更为局外人之所不敢深信者也。饮水思源,我老厂失业工人之赫赫苦劳自谓功难堪矣。讵料非但彼肥我瘦,功未得偿,益且于民国十六年厂方凭藉英帝恶势抗纳国税,我工人等认为藐视政府,辱及国体,本国民爱国之忱,尽匹夫有责之义,在工会领导之下,首先罢工,促其觉悟,牺牲三月,呼号十旬,原为大义而无私仇,孰知厂方曲解公理,误认屈服,从此常怀报复之心,对于工人日事吹毛,一味寻衅,遂于民国二十三年阴历四月初十日突然宣告关厂,而同时又在上海榆林路接办花旗烟厂,移花接木,实为酬其报复私仇之宿愿耳。其无故关厂已事实显然,孰是孰非,天下自有公论。惟工人等因当时鉴于英国海军荷枪登陆,形势急转,环境恶劣,深恐引起意外,遂在武力胁逼之下忍痛暂告解体,实非全体工人之意思表示耳。工人等在此十二年长期失业之过程中,欲耕无田,欲贾无资,株守无力,借贷无门,忍辱苟活,备尝辛酸,痛定思痛,今犹甚昔。此工人等所以仰天权心而泣血者也。及者忻逢抗战胜利,国祚转强,而中英邦交益增亲善,即二国人民间之友好精神更非昔比,且生产建设又为我政府已定之国策。为此我一千余名之失业工人,为求生活计,为伸公理计,誓与厂方据理力争,促其反省,务必达到最后复厂开工之目的,否则一切任何牺牲在所不惜。除已呈请党政机关恳求据理交涉外,为敢被□奉呈伏乞钧座体会下情,令饬厂方迅予复厂开工,以解倒悬而维蚁命,实为德便。谨呈
国民政府行政院长　宋

英美第一厂全体失业工人代表姚天祥
　　姜连弟　尹芝耕　曹家树　陈少卿
　　陈以馨　谢春起　孙庆有　顾月珍
　　凌　英　曹桂英

英美老厂失业工人复厂委员会地址:上海浦东东昌路老浦东里十三号

中华民国三十五年四月八日

〔行政院档案〕

16. 开滦矿务总局关于林西唐家庄煤矿工人罢工要求改善待遇经过情形呈

(1946年4月11日)

开滦矿务总局呈

　　为呈报事:窃查本局林西、唐家庄两矿于上月二十八日发生罢

工情形,业经电陈在案。一面竭力设法与各方取得密切联络,以防事态扩大,一面督饬主管人员多方劝谕,以期早日复工。旬日以来,相机应付,业已渐趋平稳,产量亦日渐恢复,谨先将三月二十八日至四月九日工潮经过及处理情形,缮具报告,检附工人要求条件,一并呈送,伏祈鉴核。又四月九日后情形当再续报。谨呈
经济部

开滦矿务总局谨呈

计呈附件两份
中华民国三十五年四月十一日

开滦矿务总局所属煤矿工潮经过情形

（一）罢工开始情形

三十五年三月二十八日开滦林西矿井下工人早七时班下井时,井下工程师马卫因见工人到班迟缓,设法促其速赴工作地点,遂发生口头冲突。工人一方面将马卫扣留,一方面纷纷上井。至十时许,井下工人除少数仍留照料水泵、绞车外,余均罢工,至下午一时许,林西矿井上工人亦相率罢工,至下午四时许,林西矿罢工工人复拥至附近唐家庄矿,促使该矿工人罢工响应林矿。下午六时半起,唐家庄矿工人亦陆续罢工,至二十八日晚间,林唐两矿生产工作完全停顿。幸赵各庄、唐山两矿距离较远,尚未波及,然亦岌岌可危矣。

（二）罢工八日情形及处理情形

自三十五年三月二十八日至四月四日共计罢工八日,当三月二十八日罢工发生时,林西矿管理人员曾尽力婉劝工人仍回工作,但均无效。是日下午,东三矿经理陈国士曾设法约集工人代表,告以矿方当局素重视工人意见,如有问题,尽可提出,和平商量,请其劝各工友从速复工,以免影响生产,但亦不得要领。总局及矿区主管人员,见工潮已不可即行遏止,乃一方面报告军政当局,一方面

与各方取得密切联络,以防事态之扩大,同时与工人代表不断商洽解决途径。二十八日、二十九日两日毫无进展,工人代表曾口头提出条件,但变化不定,至三十日,除林西、唐家庄两矿仍全部罢工外,赵各庄矿工人情绪似亦不安。至三十一日,工人经三日劝告后,林西、唐家庄两矿井上工人已来复工,但无工作,井下工人则未来。四月一日、二日、三日三天之情形相仿。林西、唐家庄两矿井上工人复工而无工作,井下工人则均到一、二百人,亦无工作。四月四日林唐二矿井下工人来者较多,计林西到约千人,唐家庄到约七百人,情形略好,但仍属怠工状态,而赵各庄矿,下午二时班井下工人因有不良分子煽动,亦发生怠工情形,幸当日夜班情形即见好转。此罢工八日情形及处理情形之大概也。

(三)罢工八日影响生产情形

自三月二十八日林西、唐家庄两矿罢工开始,煤之产量即为大减,幸唐山矿始终未受波及,赵各庄矿虽极不稳,但影响尚不大,为时亦暂。兹将三月二十八日至四月四日各矿合计产量约数列表如左:

三十五年三月二十八日:七千三百吨

二十九日:五千五百吨

三十日: 五千一百吨

三十一日:五千五百吨

四月一日: 五千吨

二日: 五千五百吨

三日: 五千七百吨

四日: 五千吨

以上数字较之前此已达之日产一万二千余吨尚不及半数,损失之大可以想见。

(四)四月四日以后情形

四月五日:是日适逢清明植树节,本局最近定为劳工纪念日之一,并规定凡是日工作者,除给双工外,同时给予特别奖金,每工一千元。罢工八日之工人,于是日几全部到工,虽赵各庄、林西、唐家庄三矿工作效率极低,但复工转机于此开始,工人代表所提出之要求条件逐渐具体化。是日,各矿合计总产量为六千四百吨。

四月六日:到工人数较五日略少,但工作情绪大都有起色,工人代表正式与矿区主管人员洽商要求条件,以工作效率恢复迟缓之故,是日总产量为八千七百吨。

四月七日:情形大致如前,工人要求条件已正式提出,是日总产量为九千三百吨。

四月八日:情形逐渐好转,总局正式研究考虑工人所提出之要求条件十三条(见附件),是日总产量为九千六百吨。

四月九日:情形又见进步,除工作效率尚未恢复外,已进入正常状态,是日总产量约九千九百吨。

局方对于工人要求条件已考虑就绪,只待与工人代表正式洽商:

1. 面粉每十天一袋;
2. 煤票改为廿日发一次,杂工增至五斛;
3. 面票过十天无面时,由矿务局贷给款项,最多不得超过市价百分之八十;
4. 同一种类之工作工资,各矿须为同等之待遇,以不违反劳资协约最低工资之规定为原则;
5. 年终花红按全月所得之待遇利益(包括面)核算发给之;
6. 因公受伤或年老退休时,增加其抚恤金及退休金,如矿务局有地出租时,得有优先租种权;
7. 工人储蓄应按当时生活物价指数增加其倍数;
8. 因公受伤,纪念日须给双工,并谋残废者之安置;
9. 请矿务局于最近期间尽先多建工房及寄宿舍;
10. 增设分校,或扩充班次,以免子弟失学;

11. 学徒满三年升帮工匠,帮工匠满三年升正工匠之协定应履行之,并提高其待遇;

12. 改善医院待遇,纠正一切错误,赵各庄、马家沟、唐家庄设养病所;

13. 十二小时大班工作应改为三班制。

计十三条。

〔经济部档案〕

[3] 其他地区的工人运动

1. 张廷谔等关于防止工人罢工请饬转令各公私民营工厂筹组劳资纠纷处理委员会代电

(1946年7月)

(1) 张廷谔电 (7月1日)

京国民政府主席蒋、行政院院长宋钧鉴:密。查天津工厂众多,现国内物价激增,改善待遇固有必要,而尤贵普遍合理。若某厂职工请求提高待遇,该厂若稍受威胁,即牵就单独解决,他厂工人恒易群起效尤,一波未平,他波继起,今日调整甫竣,明日籍〔藉〕口复生,趁时势者多挟罢工为利器,甘愿作奸党之工具,罔顾厂家之死活,遂致厂方生产所得不敷职工薪资。加以迩来外货源源进口,物美价廉,又为工业增一致命打击。又加奸党之煽惑,设非急图有效对策,紧急实施,则前途不堪设想。兹拟以市府为中心,各公私民营工厂首脑为主干,组一强力之机构,即命名为劳资纠纷处理委员会,期收统一控制之效。遇有职工要求,须交会处理,不得自行单独解决,以期划一步骤,以挽危局,倘蒙采择,敬乞饬各部转令各工厂主管机关遵照洽办,如何之处,伏乞示遵。天津市长张廷谔、副市长杜建时叩。午东秘。印。

(2) 国民政府代电 (7月8日)

国民政府代电　府交字第五六号

行政院宋院长勋鉴：据天津市政府张市长午东秘电：以天津工厂众多，工人辄以罢工为要挟，为解除工业危机，拟组织劳资纠纷处理委员会，等情。分电计达，本案希迅予核定指示办理为盼。中正。午庚府交京。

中华民国二十五年七月八日

〔行政院档案〕

2. 薛笃弼关于镇压天津海河工程局工人罢工要求改善待遇等经过呈函

(1946年7月)

(1) 7月4日呈

水利委员会呈

水新工字第〇二二八号

中华民国廿五年七月四日

案据海河工程局卅五总字第五七三号巳漾代电称：查职局工人要求提高待遇等问题，前于本月十三日由天津市党部执行委员范宝璜、天津市社会局徐科员铭，会同工会代表来局商谈，业已分别折表办理纪录在案。十四日工会代表到社会局提出几点疑问，复经本局派员前往详加解释，代表表示圆满，接受毫无问题。本局并应代表之请，于十六日各发借支二万元，复于十八日补发端午节面粉各半小袋，并订于二十五日发本月面粉半小袋，月终发给工资余额，另公布每月发款日期为十五日、卅日两次。讵料十七日工会代表来呈又提出年终双饷、工服、冬煤、养老金及按月津贴面粉等问题九项，经由本局召集代表十八、十九两日会谈，情绪亦颇融洽。廿日代表复要求借支三万元，本局以借支未及五日，即再行续借并超出本月各人应得范围之外,未予接受。廿一日即接代表来呈声请局方不谅解,工人不信任,退出理监事地位,等语。旋即接社会局电话,请刘科长□前往一谈,所商仍是前提各项问题。十一时据报厂船工人集中工会,并召集本局工役签名盖章,全体出动,赴社会局请愿,要求待遇,并于回程时绕经本局门前叫骂示威。同时本局吉科长承湘、刘科长□再应社会局之请,前往详谈。关于工人所提各项,订于廿二日上午再行会商。不意廿二日上午九时许,突有工人数百名包围局址,强迫一部职员集中,禁止行动,张贴标语,声称打倒某某等语时,职适与俞秘书嘉澄、刘科长□在办公室谈商公务,有工人数十名擅行闯入,以质问所订待遇标准为名强拉俞、刘二人外出,并即开始暴动,在办公室内殴打职,面孔击破,身伤八处,出血甚多,头部晕眩。俞嘉澄亦满面伤痕,并踢伤腰部。刘□后脑被打,脑部震动,左腕并被扭伤。事后彼等复到秘书室找吉科长承湘,抓伤腕部,并以木椅抛打,又到二楼找薛技士观瀛暴殴,将衣扯碎……查明肇事地点及受伤情形,将暴徒包围,带四人赴局研讯。暴徒声称全体均负责任,一同到局受审,至今尚在处理中。同时行政院院长驻平办事处天津分处李处长尔康闻讯赶到,嘱拍照留记,日内即可洗出呈报。职以此种暴行目无法纪,且事态至此,一切工作无法推动,即分令机械修理厂及浚挖队停止工作,局务责成崔总工程师及第一科吉科长、第二科张科长暂为维持。职及俞、刘、薛四人均赴医院检查,遵医嘱住院疗养,渐有起色,请释廑念。查此次工人待遇问题,经磋商半月有余,本已圆满解决,最低待遇每月工资五七〇五〇元,另加面粉半小袋,最高工资已在十一万元以上,较之津市各机关工厂待遇已非过低。不意发生此次不幸事件,显系有人从中主使,蓄意破坏。尤以一切问题正得合理之解决,无隙可乘,不惜胁迫良善出此轨外行动。数月以来,如工厂拒绝职员入厂,阻止点收材料,实因积弊甚深,对于本局一切整理办法阻挠执行,计不得逞,出此下策。工会代表不乏明理之人,但为强梁把持,引入歧路。此次闯进办公室及寻找薛技士殴打之人，多系机厂工徒，其肇事缘由可以相见。又行政机关本无成立工会之明文，而工会名称为海河工程业职业工会，似亦不甚合宜，职员工役均加入工会成为一体，少数不肖份子从中挑拨利用。长此以往，不特积弊难除，且亦效率日低，必致不可收拾。现事态至此，势难再予容忍，不如就此时机解雇全体工人，解散工会，再行全部改组，或可挽救危机。惟兹事体大，亦非本局力量所能单独处理，必需地方军警宪各当局通力支持，方可有济。职未便擅专，除分电北平行营、天津警备司令部、宪兵司令部、天津市政府、警察局、社会局、市党部、行政院办事处，请查照侦查内幕，彻予究办外，至祈钧会当机立断，主持办理，无任迫切待命之至。等情。查此案前据该局巳养电报到会，当经于卅五年六月廿六日以京字第四〇七七号呈请钧院府赐电饬天津张市长严办肇事工人，并予保护在案。兹据前情，除电复外，理合具文呈请鉴核。谨呈

行政院

水利委员会委员长薛笃弼

(2) 7月8日呈

海河工程局工人殴伤局长案节略

查该局工人逞凶殴伤徐局长、俞秘书、刘科长、薛技士等一案，迭据报告甚详。在六月廿二日上午八时，有工人约百余名，先在福建路海河工程业职业工会门前集合，九时许出发，旋抵该局，将局所包围。有一部工人冲入办公室，将部分职员分禁二室，不准活动，另一部工人即冲入局长室。斯时科长刘□及俞秘书嘉澄均在局长室内请示公事，见工人冲入，局长即表示工人如有要求，可推派代表出来说话，以便答复。工人谓全体一致要求，无代表。局长未及答言，工人等即蜂拥上前，后边工人齐声喊打，一时拳足交加，器物乱飞，将局长及俞秘书、刘科长打伤。徐局长面部被拳打鼻孔出血，

身上亦有青紫伤数处,并有一部分工人将薛技士观瀛由后楼找出痛殴。其为有计划之暴行,非一时言语冲突,可见一斑。其余职员均不准行动,直至警局派员赶到,始将工人驱出门外。警局以工人聚众殴打公务人员,事属刑事,当将工人四名捕获带局,其余工人竟尾随至警局,拟冲入。经守卫鸣枪,始行驱退。徐局长及被殴人员由警局保护,分送犹太、恩光两医院医治。工会方面以被捕工人未被释放,次日四出活动,仍有向地方当局要挟之企图。浚挖工作现停顿中。此事发生之前,工人等已屡次藉待遇问题聚众要挟局长。缘六月初间,该局工人待遇标准乞未奉核定,在四、五两月份中,工人屡次要求借支,其借支数目在低级工人则将超出标准,高级者,尚有余。长此借支,不但低级工人超额无法扣还,且亦欠公允。爰经该局定一分级借支办法,自六月起,最低工人每月准借支四万元,最高级工人每月准借支七万元,均另发面粉半袋。经通知工会后,不料该工会竟提出最低工人每月借支须十万元,最高级工人廿五万元之无理要求,并将该局所派往机船工厂工作之职员驱逐回局,并拒绝领受该局所发之面粉及外勤费等。后经市党部社会局出面调解,关于借支问题,因斯时工人待遇标准已奉会令,准照所拟待遇办法宣布实行,故借支问题可以不谈。局方为体恤低级工人生活起见,特准照原规定标准将低级工人工资均暂支廿二级薪。工会请求再将低级工人工资提高为廿级以下各级工人均暂支二十级薪(即月工资五十元照六月份调整标准计算最低工人每月全部所得为五万七千零五十元整),徐局长亦勉为应允。于是主要问题已告解决,其他问题经谈商后亦大体接近,乃复准工会之请求,即日准工人每人借支六月份工资二万元。此为六月十六日之事。徐局长方庆工人待遇问题得告解决,不料于十九日工会负责人来局称待遇问题虽大体解决,但尚有细目仍待续商,当由俞秘书嘉澄、刘科长矴、吉科长承澼暨杜会计臣五与工会负责人韩少普、季德山、张元勋、何庆云、韩庆成、李金洲等进行谈商。工会提出:(一)

二十级以下低级工人暂支二十级薪,"暂"字问题;(二)六月份每人另发面粉半袋,七月份有无问题;(三)五月一日起每日二小时与全月四个星期日加班费问题;(四)工人医药问题;(五)冬煤问题;(六)工服问题;(七)年终双薪问题;(八)养老金问题。以上问题第一项经解释"暂"字是说在交通未恢复物价不稳定时期,暂照此项规定给。第二项七月份面粉局方当尽力设法继续发给。第四项局方正交由福利委员会筹办中。第五、六、七、八项须请示上峰决定。工会方面均未表示异议,惟有第(三)项较难解决,且为该会此次来局谈商之主要问题,其目的系想将五月底所预借之六月份工资二万元即作为五月份加班补助费。所谓五月份加班补助费,系因该局工人工作时间一向为每日十小时,星期不休息,本年五一劳动节开会张市长宣示劳工纲领内有工人工作以八小时为原则之规定,工会乃要求亦将工作时间改为八小时及星期日亦休息。该局以工会坚持要求,乃决定六月一日起改工作时间为每日八小时,星期亦停工休息。而工会坚持称八小时工作制为张市长于五月一日发表,本局应自五月一日改订,已过去之五月份应按每日多作二小时,全月多作四个礼拜日算给加班费。局方以此项请求殊不合理,若照此算法,五月份每人须给加班费四、五万元,全体工人需款数千万元,殊难承认,前次党、社两方调解时亦未同意此项要求,仅将工作时间协议定为六月一日起实行,工会表示请将每人前借二万元缓扣,复又请分期扣还,次日来局听信。翌日工会代表来局,局方已允予分期扣还,一切已告解决,不料工会代表又称此事虽已解决,但工友方面仍有很多意见,不接受局方规定,一切均须重新谈商,请即日先准借支三万元,若局方不准,工会即不负责任。徐局长以此种不合理请求,且以不负责相要挟,殊无解决诚意,未允所请。此六月二十日之事。廿一日该会乃召集工人一百余人齐赴社会局请愿,反谓局方对调解案完全推翻,要求调解。当由该局(海河工程局)刘科长矵、吉科长承湜赴社会局说明经过,社会局以该工会所要求者无法调解，亦未予圆满答复。次日即发生暴动行为。

再言其内在原因。曾据该局报称海河工程在外人及敌伪主持时期，向有一种工人，名义为该局之监工领工之类，在工人中有潜势力，在工厂内无工作时而支薪，厂内如有新工作即霸揽包办工程，即每项工作均由彼辈开一估价单，仅开需料若干，需雇工若干，杂费若干，并无确实估计，而所谓材料实际仍用厂内存料，所谓雇工亦即厂内工人，只要西人在所开估单上签字之后，即领款入其私囊，事后并不报帐。自徐局长到后，一切依中央法令执行，此种包办方式自未便任其存在，以致彼等此项额外收入日渐断绝。此次暴动主要目的，似在将所有政府新派来人员驱逐，以便维持其非法利益。综观以上情形，此次暴动与工人待遇问题关系甚小，其主要原因系有少数不良工人为维护其个人不法利益，从中鼓动，假借全体通过工会冀达到其中央政令不能在此推行之目的。在殴伤局长后，徐局长无法执行职权，明知工人不能真正工作，乃着船厂停工，事实工人已不作工，但市政府一再饬社会局派人来该局嘱迅速复工。徐局长以被殴之余事态并未丝毫解决，职权无法行使，当时未允。该市府即谓如不复工，尤恐工潮扩大。工人既须复工，应因势利导，且船只在市外者如有破坏，难负全责等语。复据徐局长报称，此事发生后经济部资委会各工厂均表不平，曾联名请市府严办，市府反谓工会方面将联合各厂工人对抗，似此情形，市府方面仅图暂时表面复工，实稍嫌姑息。因对徐局长屡次促迫复工，徐局长不得已而下令复工，殊工人转又以释放被捕工人为复工条件，未允复工，至今仍僵持中。谨呈

院长宋

副院长翁

水利委员会委员长薛笃弼谨呈

七月八日

(3) 7月26日公函

水利委员会公函

水新工字第〇六三八号

中华民国卅五年七月廿六日

案准贵处三十五年七月八日A字第36478号通知单：以海河工程局工潮处理情形一案，奉院长谕：交水利委员会核办。等因。抄送原电一件到会。查此次海河工程局工人肇事，业经警察局当场拘捕四名，并经解送法院法办。嗣据报天津市政府表示须该局保释被捕肇事工人之后，方允复工，等语。到会。本会当以该工人等聚众逞凶，殴伤该局人员，业已触犯刑事，既经警察局捕送法院，自应听候法办，为维护法律尊严及维持地方治安计，该局似不能代为保释，经令饬该局遵照在案，拟请钧院准予转饬天津市政府对于肇事工人应予依法严办，如其他工人愿意复工者，应饬备具悔过书，以资保证。除将本案令饬海河工程局知照外，相应复请察照转陈为荷。此致

行政院秘书处

委员长薛笃弼

〔行政院档案〕

3. 陕西省政府镇压西安大华纱厂工人要求增加工资罢工情形报告

（1946年8月）

（1）处理西安市大华纱厂工潮

查本年八月五日夜，西安大华纱厂工人罢工，经本府饬由社会处派员前往该厂，会同有关各机关代表，经一夜之努力调处，翌晨（六日）六时半，该厂工人即行复工。兹将该厂工人罢工情形、原因及调处经过分述于下：

（一）罢工情形：查该厂工人于五日夜班之前，未经选派代表，向资方提出任何要求，亦未宣布罢工时间。甲班工人约有三千余人，突于该晚七时半罢工。当时情形，除一部分工人自动离厂外出活动，其余工人尚留厂内宿舍，并无其他行动发生，惟该厂总经理石凤翔及其各部负责人是时对于工人中之活动情形，消息阻隔，故亦不明工人要求，陷于无从调处之境。

（二）罢工原因：根据该厂区党部书记石凤鸁暨该厂产业工会理事长郝志群、常务理事李颖民等谈述，日前厂方据报工人中有主张增加工资之说，石总经理以目前物价高涨，于八月五日特为布告，给每一工人，每月增加菜资贰百元，是晚工人突然罢工，其中似有其他政治阴谋。复据西京市党部调查统计室获得报告，曾接获该厂调查员报告，该厂甲班工人中有名王清宴者，近来常约厂内工人出外，并侦察有集会结社行为，并闻该王清宴过去曾在延安中共方面担任汽车司机，在厂工作已数年，本年三月间，该厂罢工，该王清宴曾充任代表。根据以上情报推断，该厂工人此次罢工，恐非专以要求增加待遇，可能为奸党有计划之破坏生产秩序。因奸党李先念股匪正在本省陕南秦岭一带滋扰，似有配合扰乱之企图。由此断定该厂此次罢工重要原因，为奸党份子之预计阴谋。次要原因，为该厂管理人员思想隳腐，平素对于工人管训工作，多持敷衍态度，忽略工人训练，致使本党党工以及工会组织，均不能深入工人群众，是以该厂工人无中心组织，对于当前政治情形，多未明白，故易为奸党煽动。同时该厂全部工人三分之二以上，多系童工与女工，而工作时间，竟达十二小时，对于工人健康，颇有影响。关于工人生活方面，每一工人每月应得工资，由国币四万元起，至六万三千元，此外并有色布七尺。以目前西安物价情形，该厂工人待遇，虽不过低，亦欠适当，自应彻底加以调整，使奸党无机可乘。

（三）调处经过：本府社会处派视导主任申道哲于该晚抵达该厂后，当即邀请省党部组织科科长史开明，西京市党部调统室李景彩，省政府调查室王克毅，西安市总工会理事长张佐庭，西安大华纱厂产业工会理事长郝志群，常务理事李颖民，以及省会警察局第八分局长马若飞等，举行临时紧急会议，当即决定调处原则如下：

1. 以全力维持厂内秩序。
2. 以和平方法寻求调处途径。
3. 为防范奸党暴动，厂内外是晚应行戒严。
4. 由总工会张理事长佐庭负责派员深入工人群众，以说明劝导方式，运动复工。
5. 请工人选派合法之真正代表，依照法定手续，向厂方提出要求。
6. 依法严密缉捕阴谋破坏生产秩序扰乱社会之奸党分子。

依据上列原则，当即分工办理，至翌晨六时，全体工人复工。对于奸党嫌疑分子，计捕获张玉琳、赵福海二人，其主要分子王清宴，业已潜逃。于奸党分子王清宴据调查结果，证明过去确由延安派来担任破坏工作，刻正在严密缉捕中。

〔国民政府档案〕

4. 汉口市各染织工厂工人代表不服政府处分评断工资争执主张废除不公部分提起诉愿呈

(1947年12月12日)

缘汉口市政府于本(三十六)年八月二十九日召集所谓第三十六次评断会，决定三项办法：(一)染织业工人工资仍应维持本会三十五年十二月十二日第十七次评断案办理。(二)本年六、七两月工资凡未依照上项决议发足者，应如数补发。(三)自三十六年九月一日起恢复该业原来习惯，工人伙食应自行负担一部，其负担标准每日以八合二道机米之市价计算，由资方于每月清发工资时在工人工资内扣除。除一、二两项系维持民国三十五年十二月十二日第十七次评断原案外,关于第三项显然系变相减低工资,适违背第十七次评断原案。工等因为值此物价不断狂涨之秋,工资不堪减低,经拟具不服之理由,请求染织工会转请废弃不公部分(即取消伙食费),以维第十七次评断原案威信,而免法律破产。经静候接奉汉口市染织业染织工会三十六年十月八日织字第六一号指令开:案查前据该工人代表等呈请转请废弃伙食费以维第十七次评断威信,等情。经据情照转去后,兹奉汉口市政府(卅六)年市社字第二〇八八号指令开:本年九月二十七日呈一件为据工人代表冯汉卿等呈报有少数厂方未遵评断案履行并请取消伙食费转祈核办由,呈悉。所请变更评断案一节未便照准,至资方如有不遵评断案履行者,仰即查明店名所址具报,以凭核办,合行指令转行知照为要。等因。奉此。合亟通知转行知照为要。等因。奉此。核阅之余,不胜骇异。查工等所谓取消伙食费,是请求维持第十七次评断威信,并非请求变更评断。兹谨将所谓伙食费有取消必要,否则即违背第十七次评断原案之理由分述于后:

(一)凡已确定之评断案,依法应维持威信。查第十七次评断会决议之各案已成定案,劳资双方均应遵照履行。月前因厂方违背第十七次评断,妄请核减工资,汉口市政府应当依法驳回厂方之非法请求,不应召开第三十六次评断会。虽然第三十六次评断决议第一、二两项仍照第十七次评断案,惟第三项所谓恢复伙食费即增加工人担负,变相减低工资,显与第十七次评断原案相抵触,实属不法。若谓第十七次评断决议无明文规定有无伙食费一层,以第三十六次评断决议第三项中所载自三十六年九月一日起恢复伙食费一语而论,足证在九月份以前伙食费包括在工价之内,工人系吃厂方的,工等没有担任伙食费之情事昭然若揭,何得谓恢复伙食费而去然,且工等请求取消伙食费,正为维持第十七次评断原案之威信,何得反谓变更评断耶。真是以是作非,反非为是耳。此不服者一也。

（二）设若八月份物价与九月份物价相似,而八月份获五十万元者,九月份扣除伙食费外,工资岂不反降低少吗。如九月份物价较高时,则九月份扣除伙食费外,工资不能提高也。查第十七次评断会原为维持本业工资长期平衡,藉免劳资间时常发生争议起见,遂决议自三十六年元月起按照生活指数调整工资。若不沐主张取消变相减低工资之所谓伙食费,则不足维持第十七次评断原案之威信耳。此不服之理由二也。

（三）查伙食费系过去时之一种不良的恶习惯,恢复伙食费无异开劳资争议之门。查本业过去扣伙食时代并非每日照扣,乃系除去每月间之例假暨国定纪念日及厂方无原料供应工作时,织机损坏不能工作时,经线完等候经线时,均不扣伙食费,系从经线上机织成一整疋布之时,才起算伙食费。凡装挂织机或修理织机均另给工资。因为时常发生争论,厂方亦嫌麻烦,遂将伙食费取消,对于工人装挂织机及修理织机之工资亦同时取消,作为交换。原来所扣之伙食费甚微,并无每日扣八合米之事,且消之年代已久。现今伙食费已包括在工资之内,自不应只恢复伙食,而不增加工资底数,即令不惜破坏第十七次评断原案威信,要开劳资争议之门,恢复所谓伙食费亦应将上述一切原有习惯同时恢复,兹不服恢复早已取消之不良恶习,请求取消伙食费,正为维护第十七次评断原案威信,何得谓变更评断,而云然若调呈请取消第三十六次评断第三项所谓伙食费系变更评断,查第十七次评断系三十五年十二月十二日成立,第三十六次评断会系三十六年八月二十九日召开,第十七次评断在前,第三十六次评断在后,显然第三十六次评断不能违背第十七次评断原案,致法律威信破产,倘不沐取消所谓伙食费而维第十七次评断原案之威信,则第三十六次评断案显无存在之价值也。总之国家立法应兼顾劳资双方利益,难道在此物价不断狂涨之秋,对于资方妄请减低工资应当有求必应而丝毫不保障工人之生活哉。此究应维持第十七次合法评断之威信乎,抑应维持第三十六次评断第三项之违法部分乎。斯不待智者推论可知矣。此不服者三也。

仅上三项在在足证应当取消所谓伙食费,而维第十七次评断原案之威信。伏思工等惨遭无理之剥削,陷于冤沉莫白之□。理合具文检同第十七次评断原案抄件,依法诉愿,伏祈钧院鉴核,恩准主张废弃不公部分(即所谓伙食费),藉维第十七次评断原案威信,以伸冤抑而救群工生活。谨呈
国民政府行政院院长张

    具呈人汉口市各染织工厂工人代表
    冯汉卿年五一岁黄冈人住吴胜昌布厂内
    朱济云年四六岁汉阳人住久新布厂内
    徐业成年三〇岁黄陂人住德记布厂内
    王桢忠年二〇岁汉阳人住协昶布厂内
    朱汉卿年四二岁黄冈人住恒丰布厂内
    邱文乔年二四岁孝感人住华昌祥布厂内
    刘少臣年三六岁武昌人住胜东布厂内
    刘筱惠年二三岁汉阳人住正大布厂内
    易汉臣年二八岁孝感人住合群布厂内
    唐立纪年四九岁汉阳人住鸿兴布厂内
    王炳清年三三岁黄冈人住李万兴布厂内
    胡国卿年四六岁黄冈人住汤协记布厂内
    熊邦才年四六岁黄冈人住仁和祥布厂内
    秦炳南年四三岁黄冈人住童汉记布厂内
    铺保袁金记染厂通讯处汉口长寿桥附一号
中华民国三十六年十二月十二日

〔行政院档案〕

5. 上海高等特种刑事法庭关于受理王孝和等一案密电

(1948年6月30日)

南京司法行政部部长谢钧鉴：密。查本庭受理王孝和等危害国家一案，业经依法判决被告王孝和、吴国桢两名均处死刑。因本庭看守所迄无相当地址，该被告等仍寄押淞沪警备司令部，本案如依法宣判，深恐发生意外，因此暂未宣判。依照特种刑事法庭审判条例第六条之规定，应送复判，惟中央特种刑事法庭尚未成立，且本案有关地方治安，地方当局催结甚急，亟待核准执行。理合检同全案卷判电呈钧长鉴核，迅予核定，或转送核定，并乞电示祗遵。上海高等特种刑事法庭庭长王震南。巳赚。审礼。印。附呈王孝和等危害国家全卷四宗判决正本一件

上海高等特种刑事法庭判决　卅七年度审字第一三号
公诉人：本庭检察官
被告：王孝和　男　年二十五岁　宁波人　业上海电力公司管理员　在押。

吴国桢　男　年二十五岁　盐城人　业同上　工人　同上
张世宝　男　年三十一岁　扬州人　业同上
吴世坤　男　年四十三岁　上海人　业同上
谈阿四　男　年二十九岁　同上
陈龙根　男　年二十九岁　同上
石金根　男　年二十岁　同上
黄洪勋　男　年二十八岁　广东人　同上　职员　同上
沈鸿声　年籍未详　在逃

右列被告等因危害国家案，经检察官提起公诉，本庭审理判决如左：

主文

王孝和连续教唆,意图妨碍戡乱,扰乱治安未遂,处死刑,褫夺公权终身。

吴国桢意图妨碍戡乱,扰乱治安未遂,处死刑,褫夺公权终身。

张世宝帮助意图妨碍戡乱,扰乱治安未遂,处无期徒刑,褫夺公权终身。

吴世坤参加以意图破坏国体窃取国土为目的之团体,处有期徒刑两年,褫夺公权两年。

谈阿四参加以意图破坏国体窃据国土为目的之团体,处有期徒刑一年六月,褫夺公权一年。

陈龙根、石金根参加以意图破坏国体窃据国土为目的之团体,各处有期徒刑一年,褫夺公权一年。

事实

缘被告王孝和、吴国桢、张世宝、吴世坤、谈阿四、陈龙根、石金根、黄洪勋等均服务于上海电力公司,被告沈鸿声亦曾服务于该公司,早已离职,吴世坤并任电力工会理事长,王孝和、黄洪勋任该会常务理事,谈阿四任理事,张世宝任支部长,思想均属左倾,先后参加共产党。吴国桢早年已入新四军,煊〔渲〕染赤化有素,因政府为完成戡乱,严防共匪滋扰,讵知被告等欲图群众斗争反抗政府,乃于本年三月(日期不详)王孝和、沈鸿声、吴世坤、黄洪勋、谈阿四、冯仁忠等,在吴世坤家作首次之集会,同月二十六日仍在吴世坤家(谈阿四未到)继续□□□□□□□□以参加四区开会,四区方面以政府逮捕工人,要求电力公司罢工响应,沈鸿声主张应作准备,必要时加以破坏,王孝和亦主应以破坏方式表示示威,黄洪勋、吴世坤均表示反对,事无结果。会后沈鸿声嘱王孝和设法破坏电厂机器,使电流停止,上海成为黑暗世界,工人离厂实行总罢工,造成恐怖局面。王孝和先嘱棚格部工人蒋杏根放置铁屑,蒋因胆小未允,又饬加油工人吴国桢、铜匠张世宝为之,同月三十日晨张世宝找到铁屑交由吴国桢放入第

二、三两号发电机地轴内,张世宝在外把风。迨四月一日下午十时,该厂实习工程师王裴云检验电机发现变状,报经工程师卞别铁抢救洗净,幸获无恙。同月十五日被告等又在黄洪勋家集议(沈鸿声未到)。吴世坤先问破坏电机事,王孝和表示系沈鸿声叫伊做的,深以功败垂成为憾。案经淞沪警备司令部侦悉前情,将上开被告先后捕获,解经本庭检察官侦查提起公诉。

理由

本案理由应分别说明如下:

(一)王孝和、吴国桢、张世宝部份

查被告等在本庭虽否认有破坏电机情事,但王孝和前在吴世坤、黄洪勋家集会主张以破坏方式表示示威及叫工人破坏电机各情形,业据参与会议之冯仁忠、黄洪勋、吴世坤等一致供述:三月二十六日在吴世坤家开会,王孝和说在四区开会,四区方面以政府逮捕工人,要求电力公司罢工响应,当时沈鸿声主张应准备,必要时加以破坏,王孝和也说应以破坏方式表示示威,因吴世坤、黄洪勋反对没有结果,四月十五日在黄洪勋家开会,吴世坤先问破坏电机是谁做的,王孝和承认是沈鸿声叫他做的,他先叫一个工人去做,不肯,再叫两个工人去做。各等语。被告吴世坤、黄洪勋不利于己之自白既堪采信,且该王孝和在警备大队亦自供承言之弥详具有自白书,警备大队据供后续获吴国桢亦供:张世宝要我把铁屑放进去,我初不愿,后来王孝和对我说,现在政府逮捕很多工人,我们要把点颜色给政府看,我乃接受了他的驱使,由张世宝交给我一袋铁屑,要我放入四部机器内,我只放了两部,放的时候张世宝把风的。迨张世宝获案亦自供承:王孝和对我说找点铁屑放在发电机地轴内,铁屑我交给吴国桢,是他放的,我在外望风。即张世宝于本庭检察官讯问时,亦曾供由王孝和叫其站在门口望风是有的,被告等先后所供既相吻合,复经传到蒋杏根据供:大约三月二十几王孝和在车间与我说,叫我将铁屑放入机器内,我不肯。提同王孝和质讯,蒋杏根当庭指证情形尤历历如绘,即被告石金根之自白亦谓王孝和破坏电机事,丁步云(在逃三共匪)对其说过的,并云自陶云山自首后到处捉工人,电力公司也要来一次,先下手为强。而汤兰生亦供：在事发之前,我骑自行车与王孝和在煤屑间门口相遇,他说预备用炸弹把机器炸了。又供：张世宝在厕所对我讲破坏电厂是王孝和做的,他说政府在捉人,我们要给点颜色他看看。综合各方所供,是王孝和受沈鸿声之指使,转嘱张世宝找到铁屑,交由吴国桢放入发电机地轴内,窥其用意,无非欲使电流停止,上海成为黑暗,地方治安发生混乱,策应共匪意图妨害戡乱已昭然若揭,依此认定沈鸿声嘱王孝和破坏电机,王孝和转嘱吴国桢着手实行,则吴国桢为正犯,沈鸿声应负教唆犯之责,王孝和系教唆犯,教唆犯应依其所教唆之罪处罚之。不过罪系未遂,惟查未遂罪之处罚系采得减主义,被告等计划如果实现,整个上海陷于混乱,影响治安,不堪设想,其心可诛,其情绝无可原,应予不减。至其破坏电机同时,虽又犯有刑法第一百八十八条之罪,但其破坏电机之行为系为达到妨害戡乱扰乱治安之一种方法,依法应从重处断,王孝和、吴国桢各处极刑,以寒匪胆而儆将来,张世宝交待铁屑及在外把风之行为,依照最高法院二十二年上字第八四二暨一七一三号之判例应以帮助论,虽不予减,仍应于法定本刑内酌处无期徒刑。

(二)吴世坤、谈阿四、陈龙根、石金根、黄洪勋部份

查被告等参加共产党,业在警备大队自白不讳,黄洪勋具有自白书,而吴世坤、黄洪勋、谈阿四在本庭均各供认在吴世坤、黄洪勋家与王孝和开过会,对于王孝和破坏电机事虽各表示反对,并未参加实施,关于此部份既无犯意,自难令负刑事责任,陈龙根在本庭虽翻异前供,但讯据证人宋长庚供称：第一次王孝和、张世宝、陈龙根、汤兰生及我五人在陈忠道家聚餐,第二次在张世宝家,第三次张世宝又叫我去,我疑心他们是共产党,所以没有去。质之汤兰生传到陈忠道供均相符,且据汤兰生供指陈

龙根曾在厕所讲过政府在捉人,要给点颜色他看看,是陈龙根前在警备大队之自白,察与事实相符,自堪认定。惟查共产党在国内各地称兵作乱,其目的显系以暴动意图破坏国体,窃据国土,及以非法之方法变更国宪,颠覆政府,而着手实行系犯戡乱时期危害□系犯同条例第三条之罪,自应法办,但黄洪勋在犯罪未发觉前,已向上海市工人福利委员会自首,并由该会具函证明,依法应免除其刑,吴世坤等应于法定本刑内分别衡情酌处,基上□□除沈鸿声在逃,应俟获案另行审判外,合依戡乱时期危害国家紧急治罪条例第三条第一、二两项,第五条第一项第十款第二项,刑法第十一条、第二十五条、第二十九条、第三十条第一项、第三十七条第一、二两项、第五十五条、第六十二条、第一百八十八条、特种刑事法庭审判条例第二条、第三条、刑事诉讼法第二百九十一条各规定,爰为判决如主文。

本案经检察官朱诚莅庭执行职务。

中华民国三十七年六月二十八日判决

      上海高等特种刑事法庭
        审判长 孙体钤(印)
        审判官 陈正受(印)
        审判官 徐乃堃(印)

本件证明与原本无异

            书记官

中华民国三十七年六月二十九日

〔司法行政部档案〕

6. 首都卫戍总司令部等关于南京屠宰工人罢工当局派兵干涉并枪伤工人情形电函

(1948年8—9月)

(1) 首都卫戍总司令部代电(8月17日)

首都卫戍总司令部代电

民国卅七年八月十七日

戍利志字第二二三九号

一、准联合勤务总司令部南京供应(卅七)京局五字三○七九二号代电:(一)查本局配补军肉系特约珠江路同仁街菜场内顺鑫坊肉店办理。(二)兹因日来屠宰工人要求小肠归工人,而屠商认为应归屠商,发生争执,经社会局调解不成,实行罢工,致市面无肉供应给本局补给士兵副食,关于猪肉订有合同,由商供给不能一日间断,而工人约集数百余人包围屠商,禁止屠商宰猪。本局为免误军食,特于八月十一日派魏科员明伦率士兵两名,并会同本京东区警局前往该商老虎桥第三宰猪场维持宰发军肉以备补给。(三)八月十五日上午四时,屠宰工人黑夜集众罢工工人数十人驰往该场阻止宰杀军猪,并将本局派兵吴国珍服装撕破,并抢用枪枝,该兵为自卫计,当以枪枝外向,而工人向前抢枪,致自触刺刀碰伤腿部,伤势很轻,已由东区警局将工人六名士兵一名带往扣押中。(四)在此共匪猖乱之际,本局补给战士势不能因工人罢工而中断,今本局特约商雇工自宰,屠宰工人竟利用罢工大多数人加以阻止。际兹戡乱剿匪严重时期,一日补给中断,遗误军食,其责任实巨且大。相应电请查照,惠将本案解决,并迅予严厉制止工人再生事端,俾免影响社会治安,而误军食。除由本局续派员兵前往维持外,并请派兵惠予协助办理。

二、查本案事关劳资纠纷,应由南京市社会局召集屠宰业公会及联勤总部南京供应局迅予调处。

三、除转请南京市社会局办理外,并由本部城区指挥部及政工处派员协同南京市社会局妥为调处。

四、请查照并将处理经过查明见复。

五、本件副本分送联勤总司令部南京供应局、南京市社会局、本部城区指挥部及政工处。

总司令孙连仲

(2) 联合勤务总司令部代电 (8月24日)

联合勤务总司令部代电　中华民国卅七年八月廿四日
　　　　　　　　　　　字(卅七)仲　幻三四九九六号

1. 据本部南京供应局卅七京局五字第三〇一三五号代电呈报：八月十五日深夜罢工屠宰工人聚众前往猪肉特约商顺鑫妨〔坊〕肉店阻止宰杀军肉，经该局派往维持配补秩序之员兵一再劝止无效，卒蜂涌〔拥〕入店，警卫兵为自卫持枪向外，致工人有自触刺刀而受轻伤，其警卫兵吴国珍与枪枝现已扣押警察厅。

2. 查屠宰工人以劳资纠纷发动罢工，并阻止军猪屠宰，中断副食补给，影响士兵营养非浅。除此次因屠宰工人聚众逞凶而发生轻伤，应请贵厅洽商南京市社会局召集宰业公会并有关治安机关及南京供应局妥为调处外，惟在劳资纠纷未解决前，为免再有同样事件发生而贻误军食计，应请严厉制止罢工工人，对本部特约商宰杀军猪勿再阻挠，并将扣留之警卫兵吴国珍与枪枝先行交南京供应局保释。

3. 即请查照并将办理情形见复。

4. 副本送南京供应局。

总司令郭　忏

(3) 首都警察厅公函　(9月2日)

首都警察厅公函　珍法字第六六三五号
　　　　　　　　中华民国卅七年九月二日

案准贵局(卅七)京局五字第三〇七九二号代电：略以八月十

五日上午四时,本局派兵吴国珍维持顺鑫坊肉店宰发军肉,致发生纠葛一案,嘱饬东区局迅将吴国珍及屠宰工人六名释放,并予派警协同办理见复,等由。查本案经东区局解厅后讯明吴国珍供认以利刀戳伤工人林道理臀部不讳,曹正发经被害人沈伯龙、费胜义当庭指证确有教唆及纠众围殴工人林道理等六人致伤情事,本案因刑事责任成立,本厅未便处理,当于本(八)月十六日以珍法字第八四五号解单将被告吴国珍、曹正发、沈伯龙、费胜义(沈、费为被害工人)等四名连同全案卷证移解首都地院检察处侦办在案,有关嫌疑犯马俊、工人林道理、卢信祥、许光海、陈心言、朱守达、孙机沭等六名当经东区局交保候传。准电前由,相应复请查照为荷。此致
联合勤务总司令部南京供应局

厅长黄珍吾

〔联勤总部档案〕

7. 行政院秘书处转抄津浦铁路工人抗缴绥靖临时费等情形函

(1948年8月18日)

行政院秘书处　公函　(卅七)七法三六九五号
中华民国卅七年八月十八日

安徽省政府卅七年七月十七日民铨字第五九一三号代电:为据蚌埠市政府呈报津浦铁路工人扰乱地方秩序,违抗政令,转请究办,等情。到院。除已由院指令该省政府转饬将滋事人员移送该管法院依法究办外,奉谕抄同原件函请查照为荷。此致
司法行政部

　　计抄送安徽省政府代电一件

秘书长　李惟果

抄件

（衔略）据蚌埠市长李和品本年六月廿四日呈称：查本市行政管辖区内之津浦铁路工人平素藉有铁路工会组织之掩护，常在市区聚众滋生事端，扰乱地方秩序，违抗政府政令之推行。值此动员戡乱期间，地方政府推行政令，维持治安，责无旁贷，倘稍加纠正，该工会动辄以集体罢工及行动相威胁，以致政令受阻，秩序无法维持。迩来更变本加厉，该铁路工会竟于六月十七日鼓动工人二百余人，全部捣毁本市东安区公所及东孚保办公处，殴押区长及区保人员，使东安区行政陷于停顿，秩序混乱，而本市其他行政区域同受影响。缘有安东区东孚保居民王瑞清，恃系铁路工会会员，平日乖张横蛮，违抗政令，此次复抗缴绥靖临时费。据报该民自置有出租房屋四间，田地十余亩，并非仅靠薪饷维持生活者，依照规定应缴绥靖临时费，且行政院早有明令公布，凡法人及自然人均应缴纳绥靖临时费。于六月十五日东孚保办公处为迭奉本府令催清缴绥靖临时费，以应筹办防御工事材料等之急需，经派干员张斌质会同该管甲长携据挨户催收，甫至王瑞清家时适遇该民正与人赌博，对催收人员漠视不理，经催收人员婉言劝导，反遭该民殴打，并追至东孚保办公处，捣毁公物文件。东安区公所据报后，以该民既抗缴绥靖临时费，又复横蛮殴打公务人员，捣毁办公处，殊属不法，乃函由警察第一分局将该民带局讯办。该铁路工会遂于十六日晚十一时许，派该会干事兼股主任张福山前赴东安区公所声称奉会长命前来警告你们，倘不立即将王瑞清交出，将有事情发生。该区公所以王瑞清违法殴人，应由警局依法讯办，对该张福山威胁行为未予置理。翌晨（十七日）六时，东孚保办公处竟被铁路工人廿余人捣毁，户籍事务员刘剑萍当时遭受毒殴，并绑送至车站票房再用旗棍凶打，旋押至铁路工会扣留。同时该工会职员张福山、李长江、罗子潜等率领工人二百余人拥进东安区公所，声言奉会长命要你们到工会去，话犹未了，该区王区长保华遂被毒殴，区员刘炯、王刚峰及寄住区公所之职员友人吴雨泉等被捆绑殴打,沿途拖拉、殴打押至铁路工会,该会理事长孙开敏吩咐将王区长等扣押。当时王区长受伤甚重,流血满襟,几濒于死,直至本府据报后派科长诸葛钧及警察局督察长胡文昭前往交涉,各该员方得释出,送至市立医院急治。查此事件之发生,该铁路工会应负法律之责任。事前该工会曾派干事兼股主任张福山前往区公所威胁,翌日复纠众捣毁区保公所及殴伤全部人员,事后该理事长孙开敏将各员扣押于工会,并拒绝交出凶手。前后事实显系该工会事前有计划,鼓动盲从之工人纠众捣毁基层行政机关,殴押人员,值此戡乱期间,该工会应如何健全组织协助地方政府维持地方秩序,今竟煽动无知工人,集体滋事,是否有奸究从中运用,殊难臆测,除将受伤各员妥为医治并就近报请第八绥靖区司令部法办外,理合呈请钧府鉴核,恳乞转报行政院严予究办,以维政府威信,而保地方治安。等情。谨电鉴核,办理示遵为祷。

〔司法行政部档案〕

8. 顾毓琼关于镇压中国纺织公司所属各厂工人罢工要求改善待遇经过情形呈

(1949年1月)

(1) 1月13日呈

中国纺织建设股份有限公司呈

发文中劳(38)字第00486号

中华民国卅八年十一月十三日发

案查本公司各厂工人前以要求借支发生工潮,曾经将处理情形签报鉴核,奉京资(37)字第八五四六七号指令内开:签呈悉。仍仰妥慎处置结果具报。此令。等因。查此案经往返磋商,由上海市社会局并入棉纺织工人年赏案处理,并数度召集双方协议,终获解决。中间各厂工人至十二月廿一日止,虽逐日仍有聚众公司,包围叫嚣,或要挟本公司单独解决,沪西第一绢纺厂廿处并曾一度停车,沪东各厂亦有驱走职员声称自行管理等越轨行动,惟经督饬有关部门妥慎应付,迄仍维持一贯立场,未为威胁,并商请主管机关分别弭平纷扰,幸免发生事端。其他本公司所属之机械、印染、毛纺等厂仍按向例,原则上均按照棉纺厂办理,惟因分级内容各有不同,经分别召集各厂厂长及工会负责人商定办法予以解决,至工人年终奖金办法:

一、工作满六个月,并自十二月一日起至十八日止在厂工作之工人,每人奖给十二磅士林蓝布一丈五尺,经社会局核定,改发代金金圆券壹百柒拾叁元贰角五分,于十二月二十九日前发放。

二、年奖按上年成例:

甲、分为五级:甲级四十八天,甲下级四十四天,乙级四十天,乙下级三十六天,丙级三十二天。

乙、按十二月份平均指数计算。

丙、于十二月廿四日前一次发清。

丁、分级办法仍照三十六年。

三、全年工作停工不超过三天者,另给特奖十五天,于三十八年一月五日前发给。上项奖金均已按期发放竣事,虽间有少数各厂或以工人仍不满,要求增加,或以细节处理发生争执情形,仍洽商主管方面予以分别劝导。惟此项工潮大体已臻平息,所有以上办理经过情形,理合抄呈同业公会规定奖金发给办法一份,报乞鉴核备查。谨呈

工商部部长兼董事长刘

附抄呈同业公会奖金发给办法一份

中国纺织建设股份有限公司总经理顾毓瑔

上海市会员各厂三十七年度年终工友奖金发给办法

一、奖金共分五级。

甲、四十八天,甲下、四十四天,乙、四十天,乙下、三十六天,

丙、三十二天。

二、各项职务分级办法与三十六年同。

三、奖金之计算按照各工友本年到厂工作日期,依"等级天数"用十二月份上半月生活指数计给之。

四、计算公式:$\frac{\text{进厂时起至年终应到天数}-(\text{停工天数}-15)}{366}$ ×全年应得奖金天数×[(法币基本工资×1.21)×十二月上半年生活指数]=实得奖金

五、发给日期至迟须于十二月二十四日一次发清。

六、论货工平均基本工资以十二月上半月之平均工资为准。

七、工友第一个月在一日到十五日进厂者作全月论,十六日至月底进厂者作半月论。

实计天数:
366 335 306 275 245 214 184 153
351 320 291 260 230 199 169 138
122 92 61 31
107 77 46 16

进厂日期:一月上/下 二月上/下 三月上/下 四月上/下 五月上/下 六月上/下 七月上/下 八月上/下 九月上/下 十月上/下 十一月上/下 十二月上/下

八、自进厂日起(上年度进厂者自本年一月一日起)至本月底止,停工或请假未经厂方核给津贴者,以半个月为限,半个月以内不扣,半个月以外超过每天扣奖$\frac{1}{366}$,伤假病假分娩假婚丧假得厂方核准给予津贴者不扣,不足十小时之请假(即打钟点)亦不扣。

九、全年(自一月一日起至十二月卅一日止)停工不超过三天者,另给特奖十五天,于三十八年十一月五日依照十二月份下半月指数发给(凡伤假、分娩假、病假、婚丧假,经厂方核准给予全日工资者,不作停工论,惟病假因仅给津贴三分之二未给全天工资不作到工论)。

十、养成工自升为正式工起计算,惟养成时期超过三个月时,

其超过时期亦照给。

十一、临时工工作不满三个月者不给，满三个月者照给，但以仍在厂工作者为限。

十二、奖金尾数满五角者给壹元，不满五角者删去。

十三、工友自十二月一日起至十八日止，在厂工作者始得领取奖金。

(2) 1月21日呈

中国纺织建设股份有限公司呈　中劳(38)字第〇〇八八九号

窃查职奉命承乏中纺公司总经理，于去岁十二月十三日到职。于视事之初，适逢本公司一部份工厂工人因职员预借年终奖金，业已发生工潮多日，职受命于厄难之秋，深知此一工潮若不及时善加处理，影响民营纱厂及上海一般经济极为重大，乃多方设法疏通，并蒙吴市长国桢、中央农工部陆副部长京士以及上海市社会局吴、赵两局长多方协助，当于同月中旬商妥并入年终奖金问题会同同业公会予以讨论。仰赖政府德望，得以圆满解决。惟是工潮虽经平息，而工人之动荡情绪迄仍未能完全平复，尤以本公司沪西第六、第七两纺织厂工人半月以来仍不时有纠纷发生。此外本公司第一、第二、第三三个机械工厂，原系配合纺织部分修造本公司各项纺织机器及配制零件，三厂均系男工，在以前日人经营时，曾一度改作修造军用机械及弹药工厂，经本公司接收至三十五年开工以后，奉市政当局指定各该机械工厂应尽量配用后方来沪之工人。讵意年余以来，各该厂内竟有上海工人与后方工人之对立现象，因互争工会之领导权，时起纠纷，纪律之坏，即上海工运领导当局亦认为公开之事实，故在前次工潮解决年终奖金发给以后，沪西之第一、第二两机械厂始终未能恢复正常状态。至今年元月五日新年休假以后，市场红盘暴涨，工人工资如仍根据十二月底一八.三倍计算发给，确有不能维持生活之苦，因之全部棉纺工人(包括民营厂)乃要求社会局及陆副部长京士向棉纺同业公会商洽临时措置办法。旋经陆副部长书面函请棉纺同业公会体谅工人之困难,商请将元月上半月工资按照假定指数卅倍按期计发,并以下不为例为条件。同业公会鉴于物价仍上涨不已,如仍依照一八.三倍计算工资,则工人所得实难维持,乃决议接受并函民营各厂及本公司转知所属各厂,一律依照上项之假定指数办理。不料本公司沪西一部分工厂,包括前次发生工潮之第六、第七两厂及第一纺织厂第一制麻厂等自本月十三日上午二时起,由第一纺织厂先行发动关车罢工,第六、第七纺织厂及第一制麻厂相继一致行动。民营方面,鸿章、新生、新裕等厂,亦于是日先后发生同样情形。当时向厂方所提之要求,有系请发食米两石及面粉两袋者,有系请发工资两月者。窥其动机,不外要求增加收入,但事前均未向厂方请求,亦未依照正式手续,经过各厂工会报告主管当局,即突行罢工、息工。至十四日,因各该罢工工人四出活动,要求响应,故第二机械厂工人亦由半息工状态,而随同罢工,第一机械厂工人则仍旧半停半作,其他第三第四纺织厂第六印染厂十四日起均被波及,各有纷扰。旋经厂方劝导,未数小时即恢复开车。职自十三日据报告后,当即采取下列之步骤:

(一)饬本公司主管部分派员会同各厂分别疏导。

(二)商请社会局及上海市工人福利委员会转饬各工会领导人员,命令各该厂工会负责人劝导复工。

(三)洽请各该厂所在地警察局维持秩序,保护工厂,并保障职员安全。

(四)会同社会局及上海市工人福利委员会商请军警机关协助遏止罢工。

(五)积极安抚未被波动各厂,防止漫延。

迨至十五日,第一、第七两厂始终未能复工,第一制麻厂复而又停,第四纺织厂及第二机械厂亦卷入旋涡,第六纺织厂部分恢复,又复全部停工,工人间接受劝告愿意复工者与坚持顽强者又发生冲突，七厂工人并有包围厂长之行动。此事演变至此，劝导工作只能收到部分效力，警备司令部及警察局准社会局之移请，乃决定作进一部〔步〕之弹压。由警备司令部派遣警备大队一营约五百人，在夏濂大队长率领下，偕同警察局所派之飞行堡垒数十人及社会局与工人福利委员会人员前往各该罢工工厂，会同厂方及工会向各该工人作最后之警告，晓谕违背戒严法令之严重及罢工息工行动不合劳工法令，并示以如不愿复工，即将厂址暂驻军队。当自第六厂起逐厂推进至第七纺织厂、第一制麻厂、第四纺织厂、第一纺织厂、第二机械厂。至十五日下午五时后，各罢工工厂即告全部复工。此次之局部工潮，至此亦告一段落。职自十五日晚起，除一面饬各罢工工厂积极整理，以期恢复原有效率，照常生产，一面并查明罢工时间，扣发工人工资，以示警戒。谨按此次罢工大部工人均系助从参加，适时间凑巧，正值物价暴涨致造成骚动机会，惟实际上仅少数工人，在不同目的下，各趁私愿而已。故市政当局及工人福利会方面亦认为此种行动实已超出合法范围，面临有无办法之考验。警备司令部为维持戒严法令，期以把握辖区治安，仍在彻查为首分子，予以逮捕。截至本日止，据报各厂被捕工人有第六印染厂二人，第七纺织厂四人，第二机械厂三人，据悉民营厂之被捕者为数尤巨。职因此种行动系属地方治安当局之权衡，均在住所逮捕，虽工人方面不无请求，惟暂不拟与闻其事，至此后如何防止及进一步予以安定，业已饬主管人员随时与地方当局洽商。以上发生工潮经过以及处理平息情形，理合报请鉴核备查。谨呈

   部长

工商部 次长

   次长

中国纺织建设股份有限公司总经理顾毓琇

〔经济部档案〕

9. 曾启辉关于中华烟草公司被撤换职工抗议公司无理行为情形呈

(1949年2月3日)

为呈报事：窃职奉命接长〔掌〕中华烟草公司，到职后以各项业务需待改进之处甚多，乃不得不就人事方面先行略加调整，以期员无冗滥，事克推行。除费前总经理任内已行辞职照准职员十四人外，另有二人自行请辞，亦经照准。其余尚有职员二十四人，以所负工作不切实际，当依照业务需要，先后予以更调。计调职者三人，改聘者六人，停薪者十五人，并本诸为事择人之旨，新派得力人员二十三人。盖无非为公司业务前途设想，实无若何成见。不意该改聘及停薪职员二十余人于一月二十七日晨，手持木棍齐赴职寓，不问皂白，将职所用器具任意捣毁，并向公司提出无理要求，请依照一月份下半月上海员工生活指数各发给薪津十个月及旅费十万元。虽经职及公司各同仁多方调解，允照中纺先例，服务一年以上者，发给三个月薪津，服务半年至一年者二个月，服务半年以下者一个月，最后并允照一月份下半月生活指数标准发给。而该方仍坚持所提条件，不肯让步，几致动武。后幸转报治安当局派警前来维持，始暂散去，未致肇祸。迨本月一日正在办公时间，彼等复又聚集公司，占领各办公室，扬言威胁，阻止办公，迄二、三两日问题仍在僵持，未有结果，而彼等复变本加厉，并登报肆意诋毁及要求复职。似此聚众强横妨碍办公，殊属无可理喻。职处此情形之下，一以无例可援，二以所请发给各费数目庞大，为节省公币计，自难满足彼等要求。现除函请上海市社会局派员调解外，理合将经过情形呈报察核，实为公便。谨呈

常务次长刘　　
政务次长简　　转呈
部　　长刘

中华烟草公司总经理曾启辉谨呈

中华民国三十八年二月三日

〔经济部档案〕

10. 黄仲翔关于犍乐盐场盐工反对强迫解雇斗争案经过呈

（1949年4月）

四川省政府社会处呈　社一字第二九〇号
民国三十八年四月

案奉钧部社（37）劳字第四二一三号训令及社（37）劳发字第零零八七六四号代电：以据川康区盐业工会指导委员会及犍乐盐场盐业工会呈请收回取销盐工遣散费命令，等情。饬处理具报。等因。遵经先后转饬本省第五区行政督察专员兼保安司令公署，妥慎处理具报。兹据该署三十八年三月仁三社八号呈称：案查前奉钧府先后以社二字第一六三五号训令暨社二字第二七五七号训令饬查处犍乐盐场与盐工解雇发生纠纷一案，等因。当经令派本署视察聂荣生前往查处去讫，兹据该员签呈称：案奉钧署仁三社字第二七九号及七四一号训令：以奉省令饬查犍乐盐场因奉令停发盐工遣散费之纠纷一案，仰即前往详实查明具报，以凭核办，等因。检发四川省政府社二字第零零二七五七号及社二字第零一六三五号训令二件，原呈四件，奉此。兹将奉查情形签复于后：（一）查犍为盐场劳资双方情感极不融洽，由来已久，自三十三年王村事件发后，资方认为工人气焰嚣张，行为跋扈，深为垢病，劳资间之隔阂愈益加深，互不相谅，而乐场则较和洽，劳资间之问题多用情商方式解决，故甚少纠纷。（二）三十六年十二月社会部以据犍场各区制盐公会请求（代表资方），核准自贡两场以外各场解雇盐工应准免发遣散费，令行以后，犍场各工闻悉系出自场商之请，群情愤慨，尤为不满，竭力向上峰呼吁收回成命（乐场较为和缓），彼时正值盐场场情不景之际，灶方因经济困窘，率多无煤停煎，短期不能恢复，势必裁汰不需要之盐工。而工人复认为场商蓄意解雇，剥夺其利，更加以误会，坚决反对。一时文电纷驰，争持不已。（三）于此争持不已之际，五通桥盐务分局乃召集场商处及灶商代表协商办法，经决议：（一）暂时停煎各井灶必须裁减工人时，应报准场署，并借支半月工津，俟复煎仍由原任盐工优先复工，该项借支分期扣回。（二）牛推改装电车，被裁员工作为永久解雇办理，其工作成绩优良而服务时间在一年以内者，给等于半月工津之奖金，在一年以上者，给等于一月工津之奖金，盐局并令盐场公署严禁场商解雇盐工。上项协商办法，虽未尽善，但自施行以来，尚能勉强维持，而未再启争端亦属不易也。（四）查商场咸以盐工遣散费系一种徒增负累而无所取偿之苛税，今既明令停发，实无保留之可能，而盐工则认为场商主动请求，极尽剥削，且自贡盐场仍保有遣散费之成例，何以犍乐场应予免发，作此不平之鸣，亦所当然。职视此情况，若召集会议协商，双方争执必难避免。此案自经盐局召集场商处及灶商代表协定办法维持迄今已无异议，今如重提旧事，似可不必。故职只将本案情形签报，未遽作处理，免生枝节。（五）该场自经场商一再呼吁救济，盐务当局已于三十八年元月一日起开放，近岸实行散商自由贸易，场情已渐好转。停煎井灶正谋恢复，自是生产增加，用人宽广。过去短产停煎而解雇之盐工，自可优先恢复工作，失业问题当可解决。至工人之待遇，犍场署已于三十七年十二月二十日召集劳资双方开会协商，盐工工津完全以实物计算，作根本解决，并决议自协商之日起，劳资双方绝对遵守此项协约，如有违背，即无条件接受任何仲裁，倘发生事端，应由各该负责人负完全责任。是则劳资纠纷亦已平息。以上各节理合签请钧座鉴核。谨呈。等情。经复核无异，除指令外，理合具文呈请钧府鉴核示遵。谨呈。等

情。前来。除指令外，理合呈请钧部鉴核备查。谨呈
内政部

　　　　　　　四川省社会处处长黄仲翔

〔内政部档案〕

三、农民与市民反抗斗争

1. 第十战区司令长官部关于河南新蔡农民反抗压迫武装围攻国军情形日记①

（1946年9月6日）

据预挺政陈楚翘未感电称：一战区暂五军预八师所部驻临泉新蔡一带，纪律荡然，民怨沸腾，屡请上峰解救无效，以致激起该地民变，集合枪枝二千余，竟攻破团部，团长被戮，师部亦于哿日被围攻破，该部为民众杀伤者达五百余人。谨闻。据电后，经以轨天申鱼三电报中央，并请饬一战区将部调回该战区，以息民怨。另以轨天申鱼焦四电饬何主任查明，派队镇抚，立将民变情形电胡长官。

〔战史编纂委员会档案〕

2. 贾知时关于调查杭州市抢米风潮情况报告

（1947年5月9日）

报告　三十六年五月九日

奉派参加调查本市粮店被捣损失情形，遵于本月八日上午八时前往市府，九时分八组出发，职任第二组调查，参加本组代表为

---

① 此件系选自国民党第十战区司令长官部一九四六年九月份阵中日记。

政府厅市参议会暨本署三人,调查区自闹市口至清波门外三桥址止,粮食店八家,调查所得情形概要,分陈如次:

一、闹市口粮食店共五家,以诚济协被捣损失最巨,计米一〇三石七斗,机器及生财一千三百万元以上,永和二支厂已在事前停息,损失自食米二石,而原有机器生财,亦被毁至惨,其余三家,损失较少,合计米七十余石,四家损失之食粮已在事前集中附近伟大旅馆后进栈房,该栈被捣毁,连同青年军托机米三十石,军区处十石,与小河月记粮号寄存诚济协米三十石,同时抢去。

二、配与该地各粮店平价米,每家仅六石,均于出事前售罄。

三、清波门外及三桥址米铺共三家,均属家养店,存米均不及十石,生财损失亦不大。

四、调查完竣,经综合三人调查意见如下:

(一)各米铺存米已不多,应在五日内,由政府借拨二万石,分配各粮店应市,于半月内仍以米归还,希米商负责采办应市。

(二)承运赋谷米之大兴、德泰恒、聚源新、协泰新、长源、正盛等各粮行与民调会订约情形,只大兴、德泰两家,一约分包内幕,均应彻查。(上列各粮行非本组调查范围)

(三)本组财政厅代表张柏生,市参议会代表任秀清,以本组所查范围内米铺,均系小粮店,市府所拟调查路线之划分,轻重不匀,不无疑义。

除向各粮店调查外,并征询各粮商对此次米潮观感,据谓:此次米潮起因:(一)由于各粮商在米价动荡时,均存观望,不敢进货,致市上粮少供不应求;(二)米价四处均高,来源阻滞;(三)政府配发公教人员食,在定价七万五千元时,迟迟未决,稽延太久,致公务人员应配米粮,积存各大粮行冻结,使市民多滋误会,此次米潮发生后,小粮店均无法复业,应由中国银行从速拨一部,借与粮商复业,以安民心,而使产米区亦得继续源源而来。米商可乐于复业。

综上所查情形,既无公粮赋谷配发至该区各店,而积存粮食又不多,情形至属简单。理合缮具报告,仰祈鉴核。谨呈
监察使朱

调查员　贾知时

〔粮食部档案〕

3. 谢昆清关于镇压南京难民等争扫运漏军粮被诬抢米经过报告

(1948年10月13日)

报告　十月十三日于督二科

奉派调查下关难民抢米情形,遵于十月十一日前往实地调查,谨将经过详情呈报如次:

武汉总仓库因拨交军粮,由海鲁轮装粮二万三千大包糙米,于十月五日运抵下关,十月九日南京粮食总仓库下关分库奉令接收之际,扫米难民妇孺蜂拥而至,其中有少数难民曾有将小刀戳破米袋偷米情事,押运员见此情状持棒驱逐,以致发生斗殴,一时秩序大乱。次日由南京供应局加派枪兵维持秩序,已告平息。至损失之米,固仅系难民妇孺扫米,并非抢米,据下关分库估计损失约四百余十市斤,至该项米粮由武汉起运时,因包装米袋大多破烂,致于四百余包于下船时曾一度放置露天,未曾进仓,已因难民偷米事件,于当日下午(十月九日)一律进仓,此事储运处长沈国瑾亦曾亲往视察指导。奉令前因,理合检同下关分库出具说明书,呈请鉴核。
谨呈
科长王　转呈
处长王
帮办陈
部长俞

次长陈

附呈下关分仓说明书一纸

职　谢昆清　十月十三日

武汉总仓库海鲁轮装粮二三〇〇〇大包,于十月五日奉总库通知提驳七〇〇〇大包运浦口交八支部(#9驳),提驳公粮三千大包(#363#822驳)余粮一三〇〇〇大包交南京供应局二、三粮秣库,同时接收。因该批麻袋破烂特多,且米质参差,致为军粮库剔除米质致差并包装破烂四百五十余包,于九日下午收工之际,方拟将该批米粮装板车进仓之时,此时扫米难民妇孺蜂拥而至,明为扫米,实则抢米,当经属库员二十余人并押运人员五六人持棒驱逐,一方面尽量装车运库,综计属库职员一人,并押运员一人受有浮伤,损失米粮约四百余十市斤,于十月下午商请南京供应局加派枪兵协助,交拨工作得以顺利进行。

南京粮食总仓库下关分库　十、十一

〔粮食部档案〕

4. 方超关于粮食恐慌南京发生抢米风潮报告

(1948年11月11日)

查京市抢米风潮自前(九)日石鼓路裕丰米厂被抢开端后,昨日蔓延全市,除下关区外,抢米饥民二、三百人或数十人一伙不等,见有米店,即将店门冲开,一拥而入,强行取走。抢米群中男女老幼士农工商各色俱全,宪警干涉亦未见效。幸今(十一)晨起,中区各店部份已有每升三元余之平价米出售,抢风稍煞。兹将职等驰赴被抢各厂店实地调查所得列报如下:

一、下关区未抢米。

二、中华门外大成一家四石。

三、三牌楼泰和祥（详情未悉），永盛祥五百石，粹记一石余。

四、珠江路丰余永一百石，公大二十石，复太祥八十石。

五、石鼓路裕丰一千二百余石。

六、白下路高惠兴三十石，益丰永四十石，周丰十石。

七、大行宫申复兴五石。

八、太平路复大八十石。

九、明瓦廊杨聚和四十石。

十、国府路民生一百四十石。

十一、洪武路森森四十石，森泰十石。

十二、中山东路永盛祥未祥。

十三、科巷庆丰九十石，庆成十石，振兴三十五石，永泰五十石。

十四、新街口聚丰三十石。

被抢米共计贰千五百零五石，米店被抢者计二十二家。谨呈
科长转呈
处长

     职　方　超
      周存爱　　十一月
      雷斛龙　呈　十一日
      杨浚寒

〔粮食部档案〕

（二）学生运动

一、防止措施

[1] 防止学运法令办法

1. 蒋介石等关于防止四川国立第二华侨中学进步学生活动电函
（1945年9—11月）

（1）蒋介石代电（9月17日）

国民政府军事委员会代电

第一七六五八号

民国卅四年九月十七日

中央秘书处吴秘书长勋鉴：查前据报国立华侨中学奸伪学生将工作生活读书心得作成报告等情，经将该项报告书交中央团部研究去后，兹据研拟对策前来，除饬切实督导实施外，合将研究报告随文抄送，希参考切实改进为要。中正。（卅四）申删。一侍奉。

附抄件一件

奸伪学生工作生活报告书研究报告

一、资料来源：由原报告书内查出该校设于四川綦水旁鱼梁滩古祠中，青年侨一中即并归该校。由地址上可以证明为现在之华侨第二中学。按该校奸伪学生之活动与北碚复旦奸伪学生有密切联络，互通声气。该校受白沙组织之指挥。原报告书为该校奸伪学生组织之工作生活检讨记录。该组织为一奸伪学生名蘋沙者所策动，初名火炬社，以出版壁报为中心工作，嗣被察觉乃改为读书会，并逐渐扩展其基层组织为小组。每三人为一小组,设组长一人,全体有一领导人。每周开小组会议两次,全体大会一次。如认为环境恶劣时,则只举行各组代表会议。并规定每一分子须负责联络三人,其工作以加强学习及发展组织为中心。一面加强对组织内各分子之训练,一面尽量拉拢同学参加。本报告书共包含记录十六篇,除其中两篇为读书报告外,余均为对组织之批评建议及自我检讨。

二、内容分析:

甲、奸伪学生对环境之认识:

1. 认为环境极恶劣,言论写作不自由。

2. 认为学校对彼等已采用监视方法。如发现有嫌疑时,不问有无证据均予开除。

乙、奸伪分子对团体之检讨:

1. 优点——认为工作日有进步,工作容易进行的原因有三:(一)工作的对象是学生,虽然其中不免有坏的,但大部分都纯洁而倾向真理;(二)学生大部感到孤独与寂寞,需要团体的愉快和温暖;(三)每个人都想前进,因投其所好,以团体学习的方法拉拢结合每一分子。

2. 缺点——(一)组织上之缺点:(1)对团体关心不够;(2)小组不健全,组长未尽到应尽的责任;(3)一人联络三人的计划没有完全进行,有些人把整个时间全放在对象身上,以致与原来同志脱离,开会常常不守时刻。(二)工作上的缺点:(1)工作没有计划,或计划不能配合现实要求;(2)工作的恒心和热情不够;(3)工作不够秘密;(4)交友过于狭隘。(三)学习上的缺点:(1)学习不够紧张;(2)学习成了无政府状态,没有有计划的去学习;(3)理论徒重外表,学习不够深入;(4)书刊传递不敏捷。

丙、奸伪分子之自我检讨:

1. 没有实事求是,把辩证法和唯物论的观点和方法应用到日常生活〔中〕去；

2. 还有英雄主义、风头主义倾向和各种小资产阶级特性；

3. 对朋友态度不够谦和，还有虚荣心；

4. 缺乏经验和理论修养；

5. 对功课看得太重，读书不多。

丁、奸伪分子对团体之改进意见：

1. 组织上：（一）健全小组，加强联系；（二）肃清对团体漠不关心和无所谓的倾向，强调没有组织、蔑视组织就是死亡；（三）与外人联系以不与同志分离为原则；（四）多交朋友，广结同学，发展组织。把同学分为两种，对交情浅的则尽量利用功课上或工作上的共同点去发展感情；对交情深的要先帮助他建立科学的人生观，然后逐步拉入组织。

2. 工作上：（一）要有计划，并要配合现实要求；（二）对决议案，要切实执行；（三）要努力学习秘密工作运用暗号；（四）加强检讨，力求进步；（五）对学校当局要利用种种力量，减少其反动势力，对好教师要拉拢和拥护，对坏教师要排斥和打倒。

3. 学习上：（一）要提高学习精神；（二）学习要实事求是，力求深入；（三）书报要有系统的按组轮流传阅，并在限定时间内看完。除书报外，要多在工作上和生活上学习。

戊、奸伪分子对《中国之命运》之评击，盲从陈伯达所著之《评中国之命运》：

1. 反对民族血统关系，认为系法西斯理论；

2. 诋毁总裁，忽视民族历史是人民历史，并否认满清入关后，汉族民族意识的消失；

3. 颠倒不平等条约与国家衰弱的因果关系；

4. 诬毁本党违背总理遗教，造成十年内争。

三、研究意见：

甲、该校奸伪组织能发展之原因：

1. 该校地处僻乡,宜于秘密活动;
2. 华侨学生因家产丧失转徙后方,生活困难,致情绪恶劣,易受诱惑;
3. 华侨学生对领袖及主义之认识不深,致信仰易于动摇;
4. 抗战进入艰苦阶段各方缺点太多,致青年感觉不满,易受煽惑;
5. 青年感情易于冲动,意志亦未坚定,容易接受反面之刺激;
6. 奸党分子中不乏笃学之士,故易于吸收用功学生。

乙、奸伪分子之缺点:

1. 好高鹜远,开口即辩证法唯物论,以中学生决不易了解,可见系会亦云自欺欺人;
2. 开会太多(报告内每小组每周开会两次,全体开大会或代表会一次,有时开临时会),致往往不能如期开会;
3. 活动方式太单调(报告内奸伪之活动方式为壁报、读书会),纯从读书写作上活动,致不易影响偏重其他方面的兴趣之同学;
4. 工作方式太呆板(报告内每人限拉拢三人,致各分子往往因拉拢新分子而忽略旧分子,遂致组织松解,形成脱离之现象),有时不能达成任务;
5. 禁止看重功课,主张多读课外书刊,遂使原来用功学生之被拉入者失望,而逐渐形成对组织漠不关心之现象;
6. 严斥英雄主义、风头主义,遂使有此倾向之分子失望,对组织不尽责任。

丙、奸伪分子之优点:

1. 自我检讨及批评极为严格,足资工作上改进之借镜;
2. 奸伪分子一部分尚能用功读书,故易拉拢好学青年;
3. 工作秘密迅速(如报告内窃取图书馆内的新华日报以及传递书刊通夜工作均不为人所发觉);

4. 能认识工作环境,了解学生心理,故能灵活运用;
5. 能随时发现工作缺点,加以改进;
6. 对生活行动均极注意,故易吸取朋友,扩大组织。

丁、学校本身之缺点:
1. 完全以消极之制裁代替积极之领导;
2. 对学生管理松懈,图书馆所存之新华日报竟被学生窃走;
3. 学生竟夜写作壁报,学校当局竟无所知;
4. 学校经常往来之处如报告内之磨坊,学校竟不注意;
5. 平时学生传递反动书刊当已多次,学校似发觉很少。

四、今后对策:

(一)奸党利用学生爱好真理追求进步之心理,以追求真理及团体学习为标榜,并利用学生孤独寂寞之感觉,以团体生活之温暖与愉快为诱惑,借以达到其在学校发展之企图,针对此点似宜采取左列对策:

1. 学校当局和学校团部应积极领导学生组织各种学术团体,从事集体学习,并发动优良教师参加领导研究。

2. 学校当局及学校团部对学生康乐活动应特别注意,经常举行各项运动会、旅行及晚会等,造成学校内调和愉快之空气。

3. 对学生课余研究,应积极提倡指导,经常举行各种学术竞赛及演讲会、座谈会等,及设立优良学生奖金、贫苦学生救济金等,以提高学生之研究兴趣,减少其生活之困难。

(二)依据本报告书所述,学校当局对防止奸党仅采用严密监视,禁止阅读奸党报纸,撕毁奸党伪刊物等消极方法,故不独不能收效,反促使奸伪学生之团结,易启发一般学生之好奇心理。今后似宜以积极之领导代消极之防范,以理性之启发代校规之制裁,尤须注意健全学校行政,选择优良师资,充实教育设备,造成良好学风,使学生对学校发生向心作用,奸党自无所施其技。

(三)本报告书为该奸伪团体之检讨记录,其表现之思想,虽甚幼稚,然其对检讨之认真颇为可取。本党本团似宜力加矫正,切实充实各机关小组会议,励行公私生活之检讨,以加强自我教育及健全组织。

(四)陈伯达所著之《评中国之命运》对总裁诬蔑诋毁无所不至,学生无知,易为所惑,似应切实予以驳斥,并令各校切实指导学生研读《中国之命运》,以资阐扬。

(五)加重功课及作业,使学生埋头学习,无心外务,并鼓励团员用功领导同学。

(六)积极吸收优秀学生入团,不暴露其身份。

(七)运用态度灰色团员打入奸伪组织,采取其秘密,以便预谋对策。

(八)随时由上级团部发布政治情报,暴露奸伪之阴谋。

(九)宣扬领袖领导革命成功及抗战胜利之伟绩。

(十)宣扬本党领导革命抗战之实绩,及今后建国之政策。

(十一)奸伪对本党行政官吏常借端攻击诋毁,以图鼓动风潮,党员、团员对此既不能孰视无睹,又不敢挺身而出,以致抑郁愤懑意志消沉,今后本党本团对于揭发贪污打击腐化诸工作,宜积极引导,不宜消极防止。

(十二)查党团同志对过去对上级措施鲜有参加意见机会,致团体与组成分子关系日趋淡薄,形成漠不关心状态。今后党团组织宜加强民主成份,使党员团员有充分表达意见机会,发挥批评检讨作用。

(十三)奸党潜伏各校,多以外表诚谨沉默寡言等姿态掩盖其本质,一般言行激烈者,未必系奸伪真正干部,今后党团工作同志对此宜多加注意。

(十四)本党本团既取得社会上公开合法地位,以与秘密团体斗争较困难。今后学校团队似可酌采秘密方式训练同志,尽量以同情本党本团口吻争取中立分子,增厚党团力量。

(2) 朱家骅致执委会秘书处公函（10月11日）

教育部公函　训字第五一二九五号
中华民国卅四年十月十一日

案准贵处本年九月廿四日特字第七三九三号公函：略以国立华侨中学奸伪学生将工作生活心得作成报告，经中央团部研拟对策嘱参照实际情形拟具改进办法，于一周内见复，以凭汇办，等由。准此。查关于此案本部已遵奉委座电令，拟具改进该校校务防止奸伪活动办法，除密饬该校切实遵照办理并呈复外，相应抄附该项办法复请查照为荷。此致

中国国民党中央执行委员会秘书处

附改进国立第二华侨中学校务防止奸伪活动办法一件

部长　朱家骅

改进国立第二华侨中学校务防止奸伪活动办法

1. 该校校务应力求改进，以增加学生对学校之信仰。
2. 该校训导处应协助团务负责人迅速吸收优秀学生入团，并组织展开各项活动。
3. 该校训导处应切实负责指导原有学生自治会之各项活动。
4. 该校应积极领导学生组织之各种学会、读书会及壁报等，并发动优良教师参加。
5. 该校应特别注意学生之康乐活动，经常举行各项运动会、旅行及晚会等，造成学校内调和愉快之空气。
6. 嗣后公私机关团体有款拨校救济侨生，而款项支配数属于学校时，务须惠及赤贫侨生，使能安心向学。
7. 该校训导人员应与学生多作个别谈话，对于有疾病痛苦及经济困难者，除予以慰问外，并从积极方面设法诊治与救济。
8. 该校对于总理遗教、总裁言论除提要在纪念周作有系统有

计划之讲解外,并应责成学生详加研读,写成读书报告交由导师评阅,择优给予奖励。

(3)侨务委员会致执委会秘书处公函(11月17日)

侨务委员会公函　侨教字第一五三二八号
中华民国卅四年十一月十七日

案查先后准贵处本年九月二十四日特字第七三九三号暨同年十月二十日特字第七四六九号函送国立第二华侨中学奸伪学生活动对策并嘱迅行拟具改进办法等由。准此。查原拟对策十五项确系针对事实,颇有可取,惟其中对于中立学生之领导尚欠注意。对于奸伪学生之攻击,尤应避免正面之冲突,而为侧面之攻击,用真理感使学生去邪归正,庶几不致因施用强硬手段酿成学潮,为海外侨生家长所误会。兹将应行改进诸点分述于后:

(一)提高教师素质,充实教学设备。查侨二学生不乏好学用功之辈,苟无优良教师与良好设备,不足使全体学生对于学校发生信仰而杜绝其为奸党所利用。是以今后该校新聘教师应责成校当局审慎遴选,同时对于在校任职之优良教师应特别奖励,使其安心为校服务。各种教学设备应设法筹款,分别充实,以提高该校学生读书向善之空气。

(二)学校行政之整饬与学生思想之开导。查侨二中校址偏僻,与外界隔绝殊甚。该校一切行政,本会过去虽曾派员前往视察,但多在某一事件发生之后,或徇学生之请求,殊欠机动。此次拟由本会侨民教育处处长亲往视察,俾予学生以精神上之鼓励,以满足一般学生之愿望。再本会所出版之《华侨青年》,主要对象为侨校学生,以后是项刊物拟刷新内容,按期出版,使成为华侨学生中心读物,以收思想指导之效。

(三)奸伪学生组织之扑灭。白沙及复旦方面奸伪学生之活动,应请中央组织部及教育部特别注意,可能应即予整个奸伪学生组织之扑灭,以求根本之解决。

(四)品性顽劣学生之处置。以上各种办法连同原拟对策实施之后,仍有蓄意捣乱不听训管之学生,学校可以其品性顽劣,不堪造就者依校章予以除名之处分,并视案情之清〔轻〕重,将受处分者送特种机关予以感化。

上拟改进办法四项相应函请查照核办为荷。此致
中央执行委员会秘书处

委员长　陈树人

(4)执委会秘书处致蒋介石签呈(11月27日)

中央执行委员会秘书处签呈

案奉钧座(卅四)申删一侍秦字第一七六五八号代电内开:查前据国立华侨中学奸伪学生将工作生活读书心得作成报告等情。经将该项报告书交中央团部研究去后,兹据研拟对策前来,除饬切实督导实施外,合将研究报告随文抄送,希参考,切实改进为要。等因。查原拟对策十五项确系针对事实,颇有可取,惟其中对于学生之领导尚欠注意,对于奸伪学生之攻击尤应避免正面之冲突,而为侧面之攻击,用真理感使学生去邪归正。庶几不致因施用强硬手段而酿成学潮,为海外侨生家长所误会。兹由本处会同中央团部海外部、教育部、侨委会,拟具改进办法四项如下:

(一)改善侨生生活:查中央海外部曾叠据国内各大中学校侨生报告艰苦状况,已感此种事实之重要性,侨生因受生活压迫,每为奸党所乘,若不从事实上之改善,而徒空言宣传与感化,为效恐不大。故为预防奸党潜入侨校活动计,应先谋侨生生活之改善。兹由海外部发动留渝侨领拟具侨生救济办法(该办法经海外部签呈钧座在案),并请主管机关切实办理。

（二）改进侨二中教务：查侨二中过去腐败，实为奸党易于渗入煽动学生之最大原因，故对该校校务之整饬最为切要。关于此点经由教育部拟具改进国立第二华侨中学校务防止奸伪活动办法呈奉核准密饬侨二中切实遵照办理。

（三）加紧派员视察：查侨二中校址偏僻，与外界隔绝殊甚，政府及团部应多派员视察，俾予学生以精神上之鼓励，并提示整饬该校内部行政，使能满足一般学生之愿望，而对于学生之训导及学生自治会与教务之活动，尤应特别注意此点。经由教育部、侨委会、中央团部切实办理，侨委会并拟派侨民教育处处长亲往视察指导一切。

（四）充实《华侨青年》内容：侨委会出版之《华侨青年》主要对象为侨校学生，以后是项刊物，拟刷新内容，按期出版使成为华侨学生之中心读物，以收思想上指导之效。

以上改进办法四项，均经由各部次第实施。理合报请鉴核。谨呈
总裁蒋

职　吴〇〇

〔国民党中执会秘书处档案〕

2. 教育部关于使用代名迅速传递学运情报密函

（1946年12月19日）

密函

查迩来迭据各校报告共党藉端煽惑学生扰乱学风，兹为便利通讯起见，特规定办法如次：（一）共党在各校或教育文化机关非法活动情形，除急要件应电陈外，余可随时函寄南京第五〇八号信箱孙为慧先生收；（二）本部关于此项情报之转知，有时为免除公文形式以资迅捷起见，亦以上项信箱名义行之。并于收到本函后具

复备查,专此函达,即希查照为荷。此致
〇校长〇〇

       教育部启 卅五年十二月

〔教育部档案〕

3. 中央党政军联席会议秘书处关于修正学运方案密函
（1947年2月）

  密启者：前准函送学运方案到处,当经提出二月二十二日第四十五次中央党政军联席会报讨论决议修正通过,修正意见共五点：（一）加强组织 A,改成学运工作由青年团负责主持,党政方面应尽量予以协助,并充其力量。（二）扩大宣传 A,破坏交通下加阻碍民主,妨害建设八字。（三）团部工作加2、争取学业优秀学生之同情。其他2、3、4、5依次改成3、4、5、6。（四）配合3、改成"学校团部与训导处应交换情报,密取联系,必要时并得在校外举行会谈,商决问题"。（五）次序排列不必用 A、B、C、D,改用子丑寅卯。等语。记录在卷。相应复请查照办理为荷。此致
学运小组

       中央党政军联席会议秘书处启
          二月 日

〔教育部档案〕

4. 李超英关于有关学运文件使用代号密电
（1947年3月5日）

浙江省教育厅快邮代电 中华民国卅六年三月五日
          秘字第280号
  孙为慧先生鉴：教部上年十二月间训字第三九九六七号代电

业于上年奉悉。嗣后本厅此项文件为保持机密起见，拟以6027代替署名，谨此复请鉴核。 浙江教育厅厅长李超英。秘。寅微。印。中华民国三十六年三月五日

〔教育部档案〕

5. 向大光关于党政军警对付学运方式的几点建议致朱家骅函
（1947年4月8日）

骝公部长钧鉴：西湖一别，忽忽十年，企仰勋华曷胜榆忱。近由同事处得阅北平清华学生来函，深觉北平党政军特工人员对于如何应付当地大学生问题，似有反省与郑重考虑之必要。大光为参加五四运动与陈荩明先生同时被捕之一人，当时北平政治完全为残暴之军阀势力所左右，然其对赵家楼之恶剧尚能处以宽大。今后为多党政治，民心之向背，关系本党前途之得失利害至为重大。大学生一出校门即为社会上领导中坚人物，其对本党之观感如何，不容忽视，果如附函所云：清华校车上之校名予以更改，游园学生无故受辱，徒足以表现其对方行动之幼稚，招致学生对于本党发生不良之反感，实对本党为反帮忙。大光心所谓危谨就管窥所及，抄附原函，敬为钧座约略陈之，乞赐垂察为祷。

甲、今后对于大学生应注意之点：

1. 大学生均系青年，感情胜过理智。其对国内外政治情形相当明了，政治的自觉心亦渐渐萌发，除极少数误入迷途者应视情形如何妥为处理外，其余自负为爱国家、爱民族之分子实居极大多数，倘因一二不肖分子遽予全体以恶名，不但于事态不能好转，无异为丛驱雀，为渊驱鱼，诚为本党莫大损失。

2. 半载以来，全国人民之普通心理，不问是非曲直，均为内战之可怕而生厌。大学之感觉，自更深刻。由于是非曲直之不明，同时贪污之风尚未消戢，故如何明是非，辨曲直，为本党宣传方面，应

加强努力之对象,严惩贪污,更属急切要图,非此不足以挽回人心,刷新政治,树立信仰。

3. 大凡一种反动势力之发生,必有其内在的背景与外表的原因,在学生运动中尤为显著。如能使学生深切了解,予以自动判断之机会,避免被人利用之顾虑,则彼辈必将乐于听命,表示同情。果如附函所云:爱国护权运动之发起,倘在提议讨论中国问题新闻之后,并使各校学生代表参加筹备,则当时是项运动之收获必更大为圆满。此为技术问题,亦即群众心理问题。

4. 对于青年学子之态度必须宽大诚挚,如父兄之于子弟,师生之于学生,切忌幼稚报复行为,预怀成见。

5. 告诫军人爱护学生,切忌仇视心理之滋长。

6. 对于军人无故侮辱学生,政府应负责追究,并寄于同情。

乙、今后应付北平大学生之管见:

1. 由北平团务负责人李云亭同志会同党部政府妥商发展学校党团组织办法,积极进行。

2. 特工人员务与教育行政机关及党团组织切取联络,遇有偶发事件,商同处理,避免单独行动,以免发生不必要之误会与反感,甚至使教育当局失却自信力与威信。

3. 每一大学似宜指定同志数人予以必要之训练,令其实行汇报,厘定简要之工作纲领,切实监督,暗中实施。

4. 有逮捕学生之必要时,须使学校当局明了被捕原因之概略,并请其转知全校师生,一则表示本党与政府迫不得已之苦衷,推诚相见;二则可免不肖分子乘机鼓动风潮,作反动宣传之口实。

5. 校内教职员、新闻界、社会贤达应有一致主张大学生求学第一,教育行政人员似应阐明此一口号,使各方面一致奉行。

6. 北平会报应有教育机关指派干员参加,以资联络。

7. 对于学生误谬之言行,社会舆论应予以宽大之指导,最忌刺激,而可能发生之不良反应。

8. 定期举行各大学训导谈话会,使意志集中,联合应付。

以上所述,是否有当,敬候钧裁。肃请

钧安

旧属　向大光　　四月八日于长沙
　　　　　救　济　分　署

附抄清华学生来信一份

三十六年三月二十五日清华大学学生给湖南同学一封信

（前略）因为国事的不安,清华园虽然远处城郊,也无法获得一段清静的日子可过,这企待着的和平与清静,不知要那天才会到来？

抗议美军强奸的前后经过,从报上和通讯中你应该知道得很清楚了,如果还嫌不够的话,现在似乎早已过时,没有再加重复的必要,下面要报告你的事情还正多,反正国事如麻的今天,学校里面的悲剧,自然也是层出不穷。

你知道抗议美军的暴行清华是一个主要的角色,这样,清华大学就刺伤了主子的心,多方的想向清华为难,想不到清华同学又是团结那样的紧,以致无机可乘。

前一个多月,特务们本来打算实行恐怖政策,逮捕或暗杀抗议美军暴行的作案者,一切步骤拟定之后,消息突然传到学校里面,阴谋因而粉碎无余,当时同学们不仅设法互相团结,且促请学校加以保障,并联络北大、燕京、中法、北洋等校同至北平行辕及市政府、市党部处抗议,均否认后,此事才算稍微平息。

特务们就这样的甘心罢休吗？在前学期大考的几天,又来了一次试探性的攻击,逮捕了一个清华同学（名王宪铨）,十多天没有下落的结果,就来了个罢考抗议。响应的学校有北大、中法,（燕大在假期中无课可罢,只有寄予同情）大概是因为事前晓得要罢考吧,在决定罢课的头天晚上,被捕的同学就被放了出来,所以弄得第二天的罢考名不正而言不顺，连教授也大加反对，响应的学校因之也就不多，罢考两天后这事也就告结束。

这几天特务们又改变了另外一种方式，想单独的对付清华，想给这最不驯顺的倔强的清华给与严重的打击，现在是向清华下总攻击令的时候。以什么为藉口？以什么为导火线呢？就是以这几天发生的爱国护权运动为题目。

所谓的爱国护权运动的内幕及背景，你应该知道得很详细，就是跟去年在昆明发生的爱国大游行的动机是一样，同时也犯了同一的毛病。你想，学校里面的同学，还会连这一点青红皂白都分不出来吗？哪个会受他们来利用，除非是领到了津贴，具有特殊用心者，当然例外。

在北平十万人大游行的呼声，是在刊登苏联提议讨论中国问题的当天同时登载出来的一条大字新闻，我们不知道人民团体为什么会在报上未曾刊登苏联提议讨论中国问题之先就得到了消息？而且就已经组织好准备游行示威。同时游行的通知是由市政府印发各校，请各校于当日停课一日参加游行。这究竟是什么民意！？虽然如此，听说当天游行的也只不过一两万人。

这卑鄙的手段哪一个还看不出来。尤其是清华的同学。所以游行的那天清早，虽然派了两部公共汽车，迎接清华、燕京同学参加，结果出卖了灵魂的仅只是两人，这样一来，中央社就大尽其卑鄙之能事，污蔑清华同学不爱国……第二天继续有暴徒（报上居然刊登为爱国青年）殴打清华校车，涂改校车上之清华大学字样，为共产党大学等等……第三天又有二〇八师士兵殴打游玩颐和园之清华大学同学等连串事件。这几天校车不敢出驶，同学出校门之后也不敢再高傲的将清华校徽挂出来，我真为中国前途悲，这中间气人的细节很多，越写越令人冒火，只好不再多写……

〔教育部档案〕

6. 天津教育局关于防止学运计划密呈

(1947年4月28日)

天津市政府教育局密呈　发文教二第一三三九号
中华民国三十六年四月二十八日

案奉钧部训字第三零零六号代电,补发渝训字第一九七八八号代电:饬速遵办具报。等因。奉此。遵查关于本市学运会报业经本局于本年元月十五日召开成立,并于是日下午二时在青年团支团部举行第一次会报,参加单位除本局外,计有青年团、市党部、军统局、调统局、社会局等代表。截至本年四月十九日止,已举行会报共十一次,每次会报除交换情报外,并对防止奸党活动及积极领导学生课外活动等问题详加研讨。至学运方案及学运工作联系办法全文,经径向党团部洽抄均未觅到。再关于是项工作方面,市政府已允每月拨给活动费二百元。奉电前因,除对今后进行情形随时呈报,并请将学运方案及学运工作联系办法全文寄下以便遵循外,理合将遵办经过情形,具文呈报,仰祈鉴核。谨呈
部长　朱

天津市政府教育局局长郝任夫　谨呈

〔教育部档案〕

7. 行政院关于压制学生请愿二项决议函

(1947年5月16日)

行政院秘书处公函　京(36)密字第182号
中华民国卅六年五月十六日

行政院五月十六日第一次临时会议讨论学生以请愿为名,聚众盘踞机关,妨碍公务应如何处理案,经决议:(一)由教育部长责成学校当局及训导人员前往切实开导;(二)由内政部长令警察前往维持秩序,并妥为戒备。等因。除分函外,相应录案函达,

即请察照办理为荷。此致

张部长

行政院秘书处

〔内政部档案〕

8. 内政部关于处理工人罢工学生罢课请愿游行训令稿

(1947年5月17日)

训令

　　令首都警察厅

　　各省省政府(山西、宁夏、青海、新疆、台湾、热河及东北九省除外)南京、上海、天津、北平、青岛、重庆市政府:查近来各大都市每有工人罢工,学生罢课,集体请愿,聚众游行等情事,此等情形多藉口于经济问题不能解决,以致出此,其情自属可谅。惟人数既众,即不免有不良分子从中煽动,殴人毁物越轨暴行,地方主管官署对于此等情形处理稍有失当,最易酿成重案,愈引起社会之不安,是在地方主管官署详加开导,妥速设法处理,以为公平合理之解决。倘仍聚众不散,且有强暴胁迫之举,非作有效制止不可之时,亦须依法办理,以昭折服,而免口实。查违警罚法第五十五条第一项第六款:未经官署许可,聚众开会或游行,不遵解散命令者;刑法分则第一百四十九条:公然聚众意图为强暴胁迫,已受该管公务员解散命令三次以上,而不解散者;第一百五十条:公然聚众施强暴胁迫者;均定有应处之罪刑,地方主管官署应即督饬警察人员依法使其解散,不可使用警械(刀枪),致有疏虞。如果于不得已时,依照违警罚法或刑法拘捕首要,亦应由警察机关遵照法条,对于触犯违警罚法者立即裁决,对于触犯刑法者速于二十四小时内移送法院,不得迟延。事关维持公共秩序,务期慎妥处理,以符法治。除分行外,相应电请查照。内政部。合行令仰遵照。此令。辰( )印。

附件

本稿系王参事所拟,自属妥贴。王参事特嘱荣甲代报钧座,请求持以审慎,恐实际不足以息事宁人,转足暗示治安维持人员以滋事之据。荣甲亦曾慎思事体,以为今虽结队滋闹尚未酿出重大事端,则以警察人员随时出之审慎之故,如示以有可逮捕之方,无论群众当前无法逮捕,即或设法予以逮捕,在法律上解释聚众与结队强暴胁迫与请愿均有动机不同,前此处理学潮施用强力屡肇惨案,今更不宜再造口实,俾请愿者移转其集矢之的,似宜严申:维持秩序防止暴动之令不必具体指明适用法条。正具呈间,适接院秘书处公函,此函随呈拟批。乞批交警署密速办理。

职荣甲呈　十七日

默察各方情势,非单独学潮问题,似不能不认真考虑,预有指示,以免临时无所措手,况依法处理自有以立足偾事,固不可怕事,亦易贻误也。原稿已判,但警署如有意见不吝修改。属生王。十七。

〔内政部档案〕

9. 国民政府颁布维持社会秩序临时办法

(1947年5月18日)

维持社会秩序临时办法

一、凡人民团体或学校学生,如向政府有所请求,应向当地主管机关呈请,主管机关不能解决时,应候主管机关向其上级机关呈请核办,不得越级请愿。

二、凡人民团体或学校学生请愿时,应派代表向主管机关陈述意见,其代表人数以十人为限,不得聚众胁迫,违者应依刑法第一百四十九条之规定予以解散。

三、各学校学生如有罢课或其他扰乱公安情事,各该管教育行政机关应采取必要之措置或予以解散。

四、各地人民团体如有罢业、罢工或其他扰乱公安情事,各该管机关应采取必要之措置,或予以解散。

五、凡人民团体或学校学生不遵守以上各条之规定,致妨害公共秩序,阻碍交通,妨碍公务,毁损公共财物,或伤害他人身体者,当地政府应采取紧急措施,为有效之制止,其触犯刑法者,并送由司法机关处理。

六、本办法自公布之日施行。

〔内政部档案〕

10. 湖北教育厅关于武汉市以青运小组会议防止学运及附送会议记录呈

(1947年6月2日)

湖北省政府教育厅呈　中华民国三十六年六月二日于武昌
教宣秘字第1706号

案奉钧部训字17548号代电,补发渝字第19788号代电:以整顿各地学风,饬遵照学运方案及学运工作联系办法,并指定出席人员,于大中学校集中地区,成立教育会报,具报备查,等因。自应遵办。惟查本年元月八日奉武汉行辕召集当地党团军政及学校会议,曾成立青运小组,计先后开会三次,并依照每次决议案分别协同执行实施,颇为顺利,且出席人员工作联系及工作进行均与奉颁方案及办法相吻合,其名称虽然不同,而整顿学风之旨则一。本厅为免进行两歧起见,嗣后关于推进学运,拟请准予以青运小组工作情形会报,是否可行,理合将历次青运座谈会议记录备文呈请鉴核,并请示遵。谨呈

教育部部长朱

附青运小组座谈会会议记录三份

　　　　　　湖北省政府教育厅厅长　王文俊

武汉行辕青运座谈会记录

时间：卅六年元月八日下午三时至五时半

地点：行辕会议厅

出席人：参谋长王行辕　徐会之汉市府　袁雍汉市党部

　　　　吴大宇省党部　廖立勋教育厅　刘先云支团部

　　　　□□□区团部　程发轫汉市府　冯剑飞政治部

　　　　黄藩初视察室　胡孝扬警备部　贾伯涛政务处

　　　　陈　煦政务处

主席：参谋长王　　记录涂翔宇

甲、报告事项（略）

乙、决议事项：

第一案：成立青运小组争取主动统一指挥武汉学运案。（综合提案）

决议：

一、就本辕原有之青运小组加以充实，每二周举行会议一次（遇必要时召集临时会议），自下星期开始由省市团部、党部及省市调统处负责人员参加。

二、今后学校党团工作责任划分，学生之组训由团部负责，教职员之组训由党部负责。

三、奖助优秀贫寒大学生办法，由青运小组研究呈核。

第二案：成立新闻小组建立正确报导案。（综合提案）

决议：

一、就本辕原有之宣传小组加以调整，由政治部拟具计划主持成立。

二、加强对新闻界之联系,使其对学生游行等事不必作过份渲染。

三、以后此类事件应行编印大量刊物分发,揭穿内容,并请各报撰述社论。

四、介绍同志赴新闻界工作,或分别掌握其工作人员。

第三案:如何转移学生歪曲思想案。(综合提案)

决议:

一、由政治部主稿,以主任名义对此次事件发表对新闻记者谈话。

二、由教育厅王厅长对各校学生发表书面谈话。

三、各学校纪念周由党团负责人出席,对时事作正确之讲解。

第四案:加重各校负责人责任案。(综合提案)

决议:

一、由行辕责成教育厅召集各学校负责人会议,加重其责任,以期层层负责。

二、不协调之学校应即调整。

三、各中学训育人员以遴选党团人员充任为主,公民、历史教员资格之甄审办法由教育厅查案重申前令,严格实施。

四、由教育厅定期召集各校国文、历史、公民、地理教员举行座谈,党团派主要人员参加。

五、由教育厅于放寒假前召集各校校长会议一次。

六、建议中央调整武大及医学院负责人员。

第五案:防止事态扩大之技术问题案。(综合提案)

决议:

一、各学校教职员学生激烈分子,由视察室调查后,分送教育厅及党团参考。

二、由教育厅会同区团部分别检查各校自治会,督促成立,切实掌握争取主动。

三、建议中央专科以上学校团部划归地方支团，或由地方支团指挥，以免分歧。

四、以后有类似事件，主席团纠察队应注意掌握运用。

五、以后各校学生举行步骤为通电游行罢课罢市，应由军警宪机关密切注意联系切实防止。

六、学生对商人宣传易为煽动，由经济小组注意。

武汉行辕党政军联席会报青运小组第二次会议记录

时　间：四月十一日上午九时
地　点：湖北省党部大礼堂
出席人：武汉警备司令部　陈　畴　武昌市政府　张天元
　　　　省立武昌中学　高道柯　国立体专　章辑五 周光耀代
　　　　实验中学　杨孝寰　博文中学　胡崇政
　　　　湖北支团部　张魂侠　行辕新闻处　肖照文
　　　　开明中学　夏　铸　大公中学　朱贡西
　　　　湖北支团武昌第二分团部　郑昌镕　一女师　屠博文
　　　　湖北省党部统调处　夏学周　武昌区团部　肖运伟
　　　　省社会处　柏联班　武汉行辕　涂翔宇
　　　　汉口区团部　李明馨　汉口市政府　周芮香
　　　　汉口特别党部　罗　振
　　　　湖北省党部　陈良屏　熊继龙　吴盛之
主　席：陈良屏　　　记录　吴盛之
开会如仪（因出席不足法定人数改座谈会）

甲、报告事项（略）

乙、讨论事项：

一、查武昌市中等以上学校近多有旅省学友励进会之组织，兹以青运小组第一次会议讨论事项第六案决议办【法】第四项各学校学生除校方督导成立自治会或读书团体外,在校内不应有关乡谊之组织,以免离间同学情感滋生事端之规定,另与现在各校学生所有励进会之组织有所冲突,是否准予成立或应如何领导,请讨论案。

决议:

(一)是否准予成立,送请上峰核示。

(二)已成立者,由登记机关通知党团部立即参加活动。

(三)未成立者,策动党团员发启组织。

二、暑假转瞬即届,各校毕业生升学问题极堪注意。去岁暑假招生,若干学校(如中山、英士、厦门、重庆、四川等大学)均未设武汉考区,拟请小组转请行辕省政府教育部及分电全国各大学,于本年秋季招生时,设立武汉考区,俾本省青年学生多得报考机会,减少失学案。

决议:照案通过。

三、请小组会同武汉各大学,仿照重庆沙磁区及北碚区学术讲演会办法,组织武汉区学术讲演会,敦请中外学者按期专题讲演或国内外局势分析,藉以提高社会文化水准,增进学生课外知识并坚定青年学生思想案(武昌第二分团提)。

决议:请提案机关拟定办法,提下次会议决定。

四、武汉市面发现若干青年学生仪容不整,行为浪漫(如当街吸烟、不扣钮口、出言下流及种种迹近市侩流氓相),拟请小组转饬各校注意纠正,以培养青年善良人格,维护武汉优良学风案。

决议:

(一)教育厅转饬各校予以纠正。

(二)宪警机关依新运动精神随时予以纠正。

(三)警备部严厉执行惩治地痞流氓办法。

五、如何加强青运小组工作案。

决议:由各组召集机关(1.大学组—中华大学;2.中学组—武昌区第二分团部;3.技术组—湖北支团部)草拟办法提下次会议决定。

丙、临时动议:请推定第三次会议召集者案。

决议:推定省府教育厅于二周内召集之。

丁、散会。

武汉行辕党政军联席会议会报青运小组第三会议记录

时　间:卅六年五月七日(星期二)上午九时
地　点:省府大礼堂
出席人:国立体专　杨锡祉　市政府　张天元
　　　三民主义青年团武昌第二分团部　郑昌镕　武昌区团部　谢琨
　　　省立武昌初级中学　高道柯　省党部　熊继龙
　　　实验中学　杨孝寰　博文中学　胡崇政
　　　省立一女师　屠博文　社会处　柏联班
　　　汉阳高中　陈绳其　开明中学　夏编文
　　　汉口区团部　李明馨　武汉行辕新闻处　肖昭文
　　　武汉行辕民事处　涂翔宇　大公中学　朱贡西
　　　市党部　杨俊　省党部统计处　夏学周　于学良代
　　　支团部　田乘德　汉口市政府　周方楠
　　　教育厅　王延杰　汉口市党部　罗振
主　席　王延杰　　记录　曾厚之

开会如仪(因不足法定人数改为座谈会)

甲、报告事项(从略)

乙、讨论事项:

一、武汉区学术讲演会组织规程草案请公决案(武昌区二分团部提）。

决议：推定省党部、汉口市党部、汉口直属区团部及湖北支团部、教育厅组织讲演会，聘请学者名流定期公开讲演，并推定武昌第二分团部干事长郑昌镕同志担任讲演会总干事，负责拟定讲演会详细办法呈核施行。

二、技术小组加强工作办法请公决案。

决议：修正通过，其余大学与中学两组应由本会通知负责单位拟就提交下次会议讨论。

丙、临时动议：

一、拟请教育厅通知各机关学校踊跃参加青运组会议，并须指定专人负责出席以资联系案。

决议：通过，请教育厅办理。

二、请推定第四次会议召集人案。

决议：推定警备部于二周内召集。

丁、散会。

〔教育部档案〕

11. 赵静涛关于应严加控制学运笺函

（1947年12月26日）

笺函

十二月十九日联发字第六二六四号大函奉悉。查学校内潜伏共匪分子之清除及学潮之防范，与政治经济及社会之安定关系甚大。兹仅就教育范围言，治本方面，在于提高学术研究风气，选聘优良校长及师资，充实教学设备，安定师生生活，与夫积极提倡正当之课外活动等。至治标方面，学校当应切实注意学生言行，如有越轨情事，当随时迅予纠正，对共匪嫌疑分子，则依法速办。各地治安机关如对校内师生经调查确实有共匪之嫌疑时，可密告学校当局，

或本部，依法办理。相应复请查照为荷。此致
丁伯诚同志

赵静涛启　月　日

〔教育部档案〕

12. 北平教育局王季高关于严厉处置进步学生密电
(1948年2月14日)

教育部朱部长骝公钧鉴：密。现在华北局势严重，各大学潜伏奸党分子甚多，各种学潮可藉任何名义随时发生。为肃清奸匪，计划拟请钧座在中枢提议，由钧部令饬各校，并通知地方当局，凡经地方军政机关查明各大学生确系奸党分子，即报由钧部令饬各有关学校停止其公费待遇，或径行开除，交法院审判。当否，敬祈钧夺。职季高。寒。印。

〔教育部档案〕

13. 丁伯诚检送镇压学校中共地下工作人员及宣传如何配合办法密函
(1948年3月24日)

密启者：顷准宣传小组检送关于肃清学校内潜伏共匪分子与宣传如何配合办法一份到处，其中第三项应请贵部办理，相应抄附。即希查照办理为荷。此致
赵静涛同志

　　附件如文

丁伯诚　启　三月　日

中华民国三十七年三月廿四日

关于肃清学校内潜伏共匪分子与宣传如何配合,兹拟办法如次:

(一)请联秘处电请各地行动机构,对共匪嫌疑分子采取行动时,立即将经过情形及有关证据具报中央。

(二)请青年部与联秘处切取联系,揭发学校潜匪阴谋,依照行动机关之需要,在群众中予以揭露与打击,并将各地职业学生之名单及其活动情形,汇送中宣部及行政院新闻局运用。

(三)请教育部将各地学校所发生之风潮及其详细经过(特别着重其蔑视法规侮蔑师长等之罪行),汇送中宣部及行政院新闻局运用。

(四)揭发罪恶应在逮捕行动之前,逮捕计划,应以奸匪巢穴为对象,宣传应以具体描写为方法,不必多加案语。

〔教育部档案〕

14. 詹明远关于上海学生报指责户籍连环保结措施情报
(1948年3月30日)

密

沪《学生报》破坏户籍联保　　道(37)讯2746
　　　　　　　　　　　　　　中华民国卅七年三月卅日
上海三月廿七日讯

沪市市政当局近为防范阴谋分子及肖小之辈潜伏活动起见,特决定推行户籍连环保结。此种连保不惟限于住户,即各学校亦须奉行,因之引起共匪之戒惧,乃亦印发传单竭力攻击,企图破坏,并于学联主办之学生报上指责当局此种实施,谓为:反动者之又一危害人民身体自由之阴谋,最后并以极端煽动性之口气谓:人民已在不断斗争中长大了,任何阴谋决不能挽救其注定灭亡之命运。

〔教育部档案〕

15. 青年部为破坏学运检送配合学校肃奸工作宣传实施谈话会纪录及宣传实施计划密函

(1948年6月15日)

兹将本月十四日举行之配合学校肃奸工作宣传实施谈话记录随函送上一份,其中商决事项之第九项应请贵局办理,并希察照为荷!此致

行政院新闻局

附记录乙份、宣传实施计划乙份

陈雪屏　敬启　六月十五日

配合学校肃奸工作宣传实施谈话会

时　间:六月十四日下午七时

地　点:中央青年部

出席者:毛人凤　叶秀峰　谷正鼎　洪陆东
　　　　董显光　张彝鼎　陶希圣　陈雪屏
　　　　郑通和

主　席:陈雪屏

甲:报告事项(略)

乙:决议事项:

一、关于执行之时间,由教育部、青年部会同商决。

二、关于执行之地区,由联秘处决定。

三、关于执行时取得法律上之依据,须奉行政院命令行之,由教育部向行政院呈请。

四、关于执行之范围,包括学校及社会奸匪分子,惟本小组商讨者,以学生为主。

五、关于执行之方式:

1. 由特别法庭拘捕;

2. 拘票送达学校,并即公布,如校方不能交人,即以便衣或徒手警察入校予以拘捕;

3. 执行时间以在清晨为原则;

4. 绝对避免流血;

5. 拘捕人数不宜过多,并应力求确实。

六、关于执行时有关技术上之问题(如:如何进入学校,如何拘捕,如何防备反抗等),统由通讯局、保密局商决之。

七、执行后有关审讯收容管训等工作,由司法行政部、内政部会同计划。

八、关于奸匪学生名单,由通讯局、保密局、青年部于本月十六日下午三时,各派高级人员会同审查决定,至会谈地点,由通讯局另行通知。

九、关于宣传工作之发动,依照青年部所拟实施计划,由有关各单位负责办理。

十、关于各地执行工作,应先完成下列准备工作:

1. 行政院之命令须于执行前一星期送达各地,并由中央各派大员前往指导。

2. 遇有必要,可电召各重要地区警备司令来京会商有关执行技术问题。

十一、以上各项决定由联秘处谷秘书长报告总裁,并请示办理。

十二、其他待商问题,在本星期内再定期集会商决之。

配合学校肃奸工作之宣传实施计划

甲、宣传原则

一、尽量揭举事实。

二、多运用民间报刊、民意机关、流亡难民及中立学生发动舆论。

三、采取据点主义,特别着京、平、津、广州、武汉、成、渝等地宣传。

四、强调三民主义革命之前途,坚定一般学生之信念。

乙、宣传实施

五、是项宣传分左列三个阶段实施:

1. 执行前,2. 执行时,3. 执行后。

六、执行前之宣传

1. 主旨:在造成全国人民对奸匪职业学生之厌恶心理,使自发的要求政府采取断然措施,不再姑息宽大。

2. 内容:尽量揭发奸匪职业学生各种阴谋罪行。

3. 实施方法:

子、校内

(一)大量编制壁报漫画,揭发职业学生罪行;

(二)举行保障学业座谈会;

(三)策动中立学生呼吁维护学业,安定学校;

(四)组织保障学业委员会,发动"反罢课""反迫害""抢救教育"等运动,打击职业学生。

丑、校外

(一)发动各地报刊,经常撰文批判职业学生非法活动及有关新闻之报导。

(二)用学生家长名义,要求政府安定学校。

(三)运用新闻政策,暴露奸匪职业学生卖国叛敌及陷害同学阴谋。

(四)策动学术文化界,督促政府整饬学风。

(五)策动民意机关代表,随时发表谈话,指责政府姑息政策,要求整顿学风。

(六)搜集各次学潮资料,编成小册发行。

寅、国际

(一)由有关通讯机构或青年团体,向各国报导职业学生非法活动事实。

（二）翻译记述学潮小册,寄发各国青年团体。

七、执行时之宣传

1. 主旨：在说明政府措施之正确,并努力安定学校人心。

2. 内容：以揭发就捕职业学生平日罪行为主。

3. 实施方法。

子、校内

（一）运用学校报刊,以惋惜口吻记述某等职业学生祸国祸校事实。

（二）策动学校当局及教授同学安定教育,保障青年学业为政府应尽之责任。

（三）忠告同学严守校规,勿受奸匪利用。

丑、校外

（一）在各报刊详载被捕学生,平日阴谋暴行事实。

（二）发动各界人士赞扬政府措施,造成有利舆论。

（三）勖勉勤学守法学生。

寅、国际

（一）必要时,由政府发言人以谈话方式说明政府措施。

（二）各界对政府措施之公正言论尽量向国际报导。

八、执行之后之宣传

1. 主旨：在防止其他职业学生及其同情者,对政府措施之抗议。

2. 内容：视对方行动临时决定之。

丙、分工与配合

九、宣传实施由有关机关照左列规定分别担任

1. 职业学生资料之搜集,由青年部党员通讯局负责。

2. 发动各地报刊,策动教授、学生,由青年部负责。

3. 发动各地学术界民意机关及学生家长等,由中宣部及省党

部负责。

4. 国际宣传由新闻局中宣部分别负责。

十、各级宣传机关应经常举行会报,以求宣传与执行之适切配合。

〔行政院新闻局档案〕

16. 教育部通饬全国公私立专科以上学校查明中共及爱国学生立即开除学籍等严惩密代电

(1948年6月26日)

代电

大学	校长
○○○○ 学院	○ 院长：密。国家抗战八年,继以共匪
专科学校	校长

倡乱,国库空虚,民生凋敝,政府重视教育,爱护青年,不惜于万难之中,全力筹措经费,以维持青年之学业,现由政府支给之学生公费及奖学金,其数目之巨,几占全国教育经费总额之半,此种优遇,并世各国,无与比拟,国家对于青年之培育,可谓已尽最大之努力,青年学生自应仰体时艰,专心向学,以备将来献身社会,报效国家,方不负政府为国育才之意。乃少数共匪职业学生丧失理性,泯灭良知,是非不辨,正义不明,受国殊遇,甘为匪用,竟以学校为传舍,视学业为无足重,利用各种机会,煽动学潮,逾越常规,迭经本部剀切晓谕诰诫,不自省悟,近更公开反对政府,侮辱元首,破坏法纪,妨碍邦交,言行乖强,达于极点。本部为维持学校秩序,爱护多数纯良好学之青年,对于此类职业学生,不能再事姑息宽予优容,上年七月曾电饬各校将校内共产党员与接近共党自私自利危害学校之分子设法肃清,各校仍应严格执行,毋稍宽贷,务仰切实负责查明共匪职业学生及其外围分子,立即开除学籍,专案呈报,以便通饬各

校一律不予收容,其有情节较重之分子,并应由校移送当地执法机关办理,以维法纪,而肃清学风。除分电外,合函电仰遵办具报为要。教育部。

〔教育部档案〕

17. 党政军干部联席会议秘书处请饬特刑庭不得保释被捕学生代电

(1948年11月26日)

代电　联发室第七九一六号　中华民国卅七年十一月廿六日

司法行政部谢部长勋鉴:密。据武昌会议报告,略以此次逮捕武大奸匪嫌疑学生经移武汉高等特种刑庭办理后,并不通知本会议,即径行交保释放,建议转饬特别刑庭,嗣后处理与本会议有关奸匪案件应先征询会议意见,等情。查肃清匪谍学生为各地会议所主持,关于匪谍学生之保释,特别刑庭似应与各地干部会议密取联系。特电请转饬武汉特别刑庭遵办为荷。党政军干部联席会议秘书处。(37)戌寝。印。

〔司法行政部档案〕

18. 中央党政军干部联会秘书处等关于增加制止学潮经费密电

(1948年6—7月)

(1) 中央党政军干部联会秘书处密代电(6月29日)

教育部朱部长勋鉴:密。准首都卫戍总司令部孙总司令本年六月廿四日戌廉字第四七二号代电称:部为制止学潮,曾支出花费三亿二千玖百捌拾壹万元,并为今后临时紧急用款起见,请预发活动金伍亿元,等由。相应电达,即请早日拨发,并见复为荷。中央党政军干部联席会议秘书处。巳艳。导。印。

(2) 教育部代电(7月8日)

代电：

首都卫戍总司令部孙总司令密鉴：案准中央党政军干部联席会议秘书处联发字第七〇九九号代电：略以贵部为制止学潮曾支出花费三亿二千玖佰捌拾壹万元，嘱早日拨发，等由。准照拨，希即备据派员向本部总务司洽领为荷。教育部。印。

〔教育部档案〕

19. 中央大学校长室奉颁国民党镇压学运代电密函
(1948年8月23日)

敬密启者：案奉教育部三十七年八月十七日训字第四五三七五号代电开：密。案奉行政院未筱(37)二栈代电开：密。查共匪肆乱，危害国家，既以武装到处杀劫焚掠，复于我后方潜布间谍，乘机构煽或则发动学潮工潮，预谋暴动，或则散布谣诼破坏治安，各有关或未能严密防范，或未能认真研治，值兹全面戡乱时期，安定秩序，肃清匪谍，实为保护人民安全捍卫国家基础所必需，特就戡乱时期后方应注意事项列举四点如下：(一) 依刑事诉讼法第(3)条规定：司法警察机关依法逮捕被告时，如确有事实足信为有人在内犯罪而情形急迫时，虽无搜索票，亦得径行搜索住宅或其他处所，但军事上应秘密之场所，非得该长官允许不得搜索，亦不得无故滋扰，以维持秩序。(二) 对于匪徒鼓动罢工及其他足以妨害生产之行为，应与主管行政机关切取联系，严予禁止，违背禁止规定者，移送特种刑事法庭依法处理。(三) 对于各学校学生意图妨害戡乱而罢课游行，聚众请愿，扰乱治安，或文字鼓动，或口头煽惑，为匪宣传，破坏秩序者，应切实禁止、制止或解散，其重要之现行犯应并捕送特种刑事法庭依法处理。(四) 各机关团体学校负责人，对其机关团体学校应切实负责维持秩序,如发现内中有策动前二条所列行为者,应向当地治安机关陈报,并尽可能范围协助侦取证据,违者应予惩处。除分行外,特电遵照并密饬所属切实遵照。等因。奉此。除分电外,特电切实遵照。等因。奉此。相应函达,敬希察照为荷。此致
沙学浚先生

校长室　启　卅七年八月廿三日

〔国立中央大学档案〕

20. 首都卫戍司令部关于恢复学运小组联合防止学运函

(1949年4月9日)

一、准贵处四月六日零零一二七号笺函嘱派代表参加京市学运小组见复等由。

二、查四月五日京市党政军干部第二次会议记录第一项第三条记载:恢复学运小组,由教育部、市党部、市政府、京沪杭警备总部、卫戍总部、宪兵司令部、首都警察厅等七单位各派高级人员一员组织之,负责防止学潮,由卫戍总部召集专门研究策划执行有关学潮案件。除已另案分别通知单位派员会同组织外,相应并同记录一份复请查照为荷。

总司令　张耀明

南京市党政军干部联席会议第二次会议记录

时　间：三十八年四月五日上午九时
地　点：卫戍总司令部会议室
出席人：周竞人　　　　　　　　　　　　　　　
　　　　韩世俊　民政局　苏麟阁　中央党员通讯局
　　　　蒋尚为
　　　　徐梓楠　市卫生局　张　民　政工局

易希祺　宪兵部　沈清尘　南京市社会局

沈祖懋　南京市教育局　滕　杰

罗春波　蒋霞邨

刘　恒　李光昌

萧勉恒

主席：覃异之　纪录：段竞成

甲、报告事项：

一、主席报告（略）　二、秘书处报告（略）　各单位报告（略）

乙、讨论决定事项：

一、拟请中央会议发给学运经费，以加强学运工作，并依戒严法严禁游行请愿及加强各校党团小组联系。

决议：

（一）加强学运工作经费由教育部摊拨六百万元；国防部、南京市政府各摊拨伍百万元；卫戍总部、首都警察厅各摊拨二百万元，共计贰仟万元，由联秘处保管使用。

（二）今后对处理学生游行请愿事件，应依照戒严法采取硬性制压，预先制止，必要时并逮捕鼓动学潮首要分子送往共区。

（三）恢复学运小组，由教育部、市党部、市政府、京沪杭警备总部、卫戍总部、宪兵司令部、首都警察厅等七单位各派高级人员一员组织之，负责防止学潮，由卫戍总部召集专门研究策划执行有关学潮案件，并积极重新组织党团学生以达到以组织对组织，以宣传对宣传，以行动对行动之目的。

（四）请教育部将东北及平津南来之学生平均分配各校就读。

二、各种民众任务队在情况紧急集合运用期内所需给养如何解决案。

决议：由南京市政府斟酌准备。

三、拟订首都卫戍总司令部民众组训功过奖惩实施办法一种请决案。

决议：原案通过,奖惩之实施以命令行之。

四、各政府报纸不敢刊载学潮案,对政府有利消息及中央广播电台删除新闻稿应如何纠正案。

决定：

(一)由国防部政工局会同中央宣传部饬令政府所属各机关报及中央广播电台,嗣后对于各治安机关所发有关学运等各项新闻稿,应尽量全部刊登或广播,不得删节,其有不遵规定者,由政工局会同宣传部严正纠正。

(二)对于各校鼓动学潮之首要分子,应发动舆论,暗示其嗣后如再煽动学潮反政府即予送往共区,先施以精神打击。

(三)由党政军各方面随时晓谕所属暨市民,江防巩固,前方士气旺盛,共匪渡江阴谋决难得逞,以稳定其恐惧心理。

丁、散会。

〔教育部档案〕

21. 中央宣传委员会修正通过加强学校政治教育办法

(1949年9月13日)

加强学校政治教育办法

一、为使教育适合国家之需要,应加强政治教育,以增进学生对于政治思想、政治制度、政治现势、政治问题之认识。

二、各级学校对于现有关于政治之课程,如三民主义及公民等,应于加强。专科以上学校,应不分院系,一律增加《各种主义比较》(以三民主义为立场)、《中国革命问题》、《世界政治现势》等课程。

三、各级学校须注重特约讲演,随时延请对政治之思想、制度、现势及问题有研究者来校,举行演讲,并应经常举行时事座谈会。

（四）教育部对于加强政治教育所需书刊应尽量向学校介绍，使图书馆多多购置，并应尽量编辑出版，为大量之供应。

（五）凡在学校内不以教育为事而企图煽动学生走上违反国家利益之途径者，如为教职员应与解聘解职处分，如为学生应开除学籍，并予特别训练。

（六）学校政治教育由各级学校校长负责推行，如有推行不力者，由主管教育当局予以处分。

〔教育部档案〕

〔2〕党团特务破坏活动

1. 吴绍澍拟请在沪临时大学补习班筹设三青团分团部以控制学潮密电

（1946年2月15日）

教育部朱部长骝公钧鉴：0948号。密。窃查上海临时大学补习班成立后，本处鉴衔境势深觉该班有设立分团之必要，曾迭与李主任寿雍洽商，但李主任则以该班成立伊始未便即予进行，尤以法令规定须直属中央为辞，直至今仍未着手组织，致令奸党分子利用机会结合前伪交大等学生，屡次向其□□承认学籍，发给生活津贴，并请取消思想训练等要求，希望圆满答复，但李主任终未妥为置答。该班中奸党代表周寿昌遂邀同前伪交大等校学生二百余人，于昨晚至总裁私邸请愿。虽经多方设法劝阻，卒属无效，直至今晨七时经俞济时局长会同各方再三劝告，始行散去。以此举影响观之，组织该班分团之需要实有急不容缓之处，拟请钧座速令该校会同本处筹组成立。敬请裁示为祷。职吴绍澍叩。删。

〔教育部档案〕

2. 国防部等关于复员青年军在海疆学校组织情报组并纠众滋事电呈

(1947年1—3月)

(1)国防部代电 (1月7日)

教育部朱部长勋鉴：案据本部预备干部管训处转据青年军通讯处国立海疆学校通讯小组本年十二月四日报告内称：窃等于复员时奉教育部分发来此就学，到校时，即遵令联络组织小组，详情经呈报在案。不意于本月二日本校五年制师范科二上学生，所出版之初航壁报中，全系诋毁最高元首污辱党国及政府之言论，尤以新典型御林军一文最为激烈，谓复员青年军为国民党在野军人，军阀之走狗，且强调本校将成军阀之特务机关等……查窃等应元首之号召从军，乃出于爱国忠诚，而元首为全国人民之最高领袖，无论何人均不能有任何毁伤之情事。今初航所以敢如此目无法纪，公然侮辱，据调查所得，彼系受训导处主任陈洪有所煽动。该事发生后，陈氏负责训导职责，竟置之不理，听其所为。窃等一本爱国忠诚，一时气愤填胸，遂责问该初航主编同学。因之彼此发生纠纷，而该陈氏复鼓动该班学生罢课，组有秘密团体，策动一部分学生出面威胁窃等。以窃等此举为破坏学校，声色俱厉，如临大敌。窃等一面为顾全学校名誉不正面冲突，一面感人数不足，力量孤弱，与当地晋江就近之同志联络，并得校中有正义感之教授及同学之支持。为共同防止该陈氏策动学潮之阴谋，并严防校内奸伪分子之活动，与正式合法之手续与校方交涉（陈洪有系广东新会人现年卅七岁劳动大学毕业）。按该陈氏平日在校之一切言论均带有刺激性，极其煽动之能事。而其宣传内容，正与共产一贯政策相同。今该陈氏趁本校校长梁龙光出洋之际，攫取校政大权，更利用其职权积极煽动一部分思想不良之学生，组织此秘密团体。将来星火燎原，势当更难收拾。此次初航事件发生之前因后果，均足以论断该陈氏之一贯作风。如今校内青年团团务不能发展,亦系受该陈氏恶势力包围之结果。似此情形,若不从速作有效之制裁,本校将为西南联大之二,而窃等将来之安全亦堪注意。用特将详情具报,请严加予制裁,窃等今后当随时供给情报,俾奸伪无喘息之机,国家幸甚。等情。除饬该校复员青年军严守校规,维护校誉外,用特抄录该校初航壁报刊载之《新典型》、《御林军》、《漫谈刊物登记》、《我奇怪》等原文三篇及海疆校闻一份,电请查照转饬该校注意勿受不良分子煽惑,影响教育前途,并祈见复为荷。参谋长陈诚。(卅五) 预管(二)讯福(亥)(世)。印。附件如文。

(2)海疆学校密呈(3月10日)

国立海疆学校 寅灰海密字一号
中华民国卅六年三月十日

案奉钧部三十六年一月卅一日训字第零五二一七号训令开:据报该校初航壁报载登诋毁元首及青年军文字,而训导主任陈洪有庇护该报,其平日言论亦多不当,等情。合行电仰切实查明办理,具报为要。等因。奉此。查初航壁报为五年制师范科二年级级会所出版,内容偶有涉及青年军复员学生事。盖因该生等于入学之始即集体要外宿、外膳,抗不检查体格,未经登记擅行在校内出版刊物,其后亦未恪遵校规。后且力争二年制与五年制分设,本校分在新旧校舍上课,编制上则分二年制与五年制,二年制招收高中毕业生入学,五年制招收初中毕业生入学。青年军复员学生概为二年制肄业,程度不同,彼等因对五年级同学颇加卑视,乃提出二年制与五年制分设问题,致引起五年制同学之反感,乃于初航壁报对彼等行动有所评议。大概彼等或以评议其行动,即无异诋毁元首,盖以青年军为元首号召而成者。查该壁报评议同学固有不合当,即予没收,正加议处(是时系当日上午第四堂课时间)。乃该青年军竟敢于是日中午纠众滋事,学校为维持校规,决对滋事青年军严厉处分。大概彼等深恐处分过严,故先密告。窃以青年军复员归来,正应把革命精神发扬蹈厉,为同学表率。乃竟乏军队之优良风气,良可痛惜。至本校训导处主任陈洪有先生,系国民党员,曾在中央训练团党政训练班毕业,历任校长、训导主任及党政军政治工作,为吾党忠实同志,平日以身作教,诲人不倦,深得同学景仰。去年各校学潮风起云涌,本校宁静如恒,陈主任尽瘁训导,厥为主因。理合披情具报。谨呈教育部部长朱

校长梁龙光

〔教育部档案〕

3. 陈长青抄送三青团策动反共反苏游行失败情报函
(1947年4月2日)

兹抄送共党阻挠北平学生爱国大游行情报乙件,即请查照参考为荷。此致
赵静涛同志
　　附件如文

陈长青启　四月二日

三月十四日,北平市爱国大游行。事前北平支团部曾派员赴各大学与党关系同志联络,请其设法运用促成壮举,均为圆满。届时除北京大学有百余人参加外,其余清华、燕大、中法、北洋等各大学均未能参加。考其主因,临时出发时,共党分子先行召集全体同学会议,决定是否参加,应呼什么口号。彼等先派定专行捣乱分子,扰害会场秩序,使时间尽量延长,以致误却游行时间而散会。查此运动,我工作同志不能按预定目的成功,原因有二点:

（一）本党团同志素日以经济困难，对无党无派同学缺乏联络。反之，民盟、共党分子经济充裕，有专款作普遍之活动。至时不易运用。

（二）党团部对各校同学同志素日缺乏普遍联络，更缺乏工作技术之训练，易为奸人所乘。

〔教育部档案〕

4. 丁伯诚关于三青团特务秘密破坏学运暴露面目者设法掩护或转学密函
（1947年6月9日）

密启者：六月五日中央党团军政干部联席会议第五十六次会议决议：交大团部学生二人被捕，开除，可令李熙谋详细报告原因，团部及教部应即设法补救，其他各校同志因此次运动而暴露身份者，应设法掩护，否则应设法使其转学。等语。记录在卷。除分函陈长青同志外，相应函请查照办理为荷。此致
赵静涛同志

丁伯诚启　六月　日

〔教育部档案〕

5. 胡云山关于转学离校金陵大学特务学生仍准回校复学与赵静涛往来密函
（1948年1—3月）

（1）胡云山致赵静涛密函　（1月14日）

中国国民党中央执行委员会青年部：密。案据金陵大学分团部呈称：查团员易志勋等贰拾人，于卅五年秋季自青年军分发入本校肄业，参加本分团工作，该团员等除勤于研读，成绩均在一

般水准之上外，对团内之工作亦甚多努力，尤以上次"五二〇"学潮时为最。学潮后，方期安心求学之际，而本校生活管理组马争存先生于暑假中，宣称教部方面未能将公费悉数拨校，恐注册发生问题，彼等年青，未能将问题慎重考虑，遽尔联名呈请教部设法转学，然迟至十月廿日以后，始获（教育部高字五七二六一号）该项转学通知时，本校已开课月余，而彼等所分发学校亦多已开学，注册截止。有者更因路程太远，交通梗阻，无法前去报到，亦有根本拒绝入学者，况金大为学分制，与别校不同，彼等功课将遭莫大之损失。故均欲仍留校攻读，亦即本分团得多保持一部分之坚强力量，俾更能开展本分团之团务。用特呈请钧座将该团员等苦衷转请教部，准留原校。等情。相应函转贵部，酌情办理，赐复为荷。此致
赵静涛同志

胡云山启　卅七年元月十四日

附名单一份：

易志勋	陈　侨	孟广性	章开沅
罗卓荦	王　俊	冯复初	孔令衡
彭德桓	张保林	章复祥	叶亦青
刘振宣	龚宗俊	周亚平	蔡家滨
崔德平	廖成宗	杜泽民	周湘泉

（2）赵静涛复密笺稿　（3月20日）

教育部笺函
训字第一五一二三号
中华民国卅七年三月廿日

接准元月十四日大函：以据金陵大学分团部团员易志勋等贰拾人前联名呈请设法转学，现又均欲仍留原校攻读，嘱酌情办理，见复，等由。附名单一份。准此。查该生等呈称各节，均与事实不

符,惟另准国防部预备干部局转来该生等呈述苦衷,请查照转知为荷。此致
胡云山同志

赵静涛启　三月　日

〔教育部档案〕

6. 北大等校关于严令追究武装特务窜入北平师范学校绑架及殴伤学生电

（1948年4月）

（1）北平国立师范学校电　（4月9日）

教育部朱部长：今晨一时许,突有不明身份者数十人,携枪棒逾越入,鸣枪用武,绑去姚坰等八人,殴伤谢承先等二人,并捣毁公物若干,迭经向行辕及警备部交涉,姚坰等获释,多受重伤,正在医治。但事态严重,恳即□□□□□□□北平师范学校叩。佳。

（2）北大等校电　（4月10日）

急。教育部朱部长钧鉴：北平师院于九日晨一时许,突有不明身份者数十人,携带枪棒逾墙侵入,鸣枪用武,绑去学生姚坰等八人,殴伤谢承先等二人,并肆意捣毁抢劫公私财物,损失甚巨。事态严重,各校骚动。查近日北平学潮经分别疏导,渐趋平静,今忽发生此违法惨案,群情愤激,惟有恳请大部转呈行政院,严令负责机关追究责任,并制止类似行动以彰国法,而维教育。北大、清华、艺专、燕大、中法同叩。灰。

〔教育部档案〕

7. 詹明远关于林光宇潜入中山中学抄录竞选学生名单被抓获情报

(1948年4月13日)

昆明警备总部林光宇因调查中山
中学奸嫌学生竞选情形被扭捕私行刑讯

昆明四月一日讯

　　据报：三月二十三日昆明警备总部之外围同志林光宇，因进入中山中学调查该校奸匪选举情形，在抄录该校奸匪竞选名单时，被该校自治会主席苏自毅发觉，当聚集学生多人，将林扭捕，并抄出林有昆明模范监狱看守所主任之身份证，认系特务分子，将林经由师范学院转送云南大学，于二十六日在云大泽清堂，由学联奸匪中山中学苏自毅、师院冯育章、云大段奇、唐懋荣等组织临时法庭，公开审讯。林光宇在刑讯下，即自承为特务分子，但系生活所迫。于是由苏自毅等将林之眉毛剃光，头发剪缺，宣布为名誉死刑。刻林光宇仍被扣留在云大待审中。云。

〔教育部档案〕

8. 胡云山抄送中大等学生要求公费及暨大特务学生纠结校外特务殴打进步学生情报

(1948年4月15日)

中国国民党中央执行委员会青年部　　中华民国卅七年
　　　　　　　　　　　　　　　　　　四月十五日

　　密。兹抄送中大、药专、暨大情报一件，即请查照注意为荷。此致
赵静涛同志

　　　　　　　　　　　　　　　　胡云山启　四月十三日

中大

一、今日(十二日)上午八时余,自费生百余名集合礼堂门前,拟向训导处要求公费。以训导长外出,群坐礼堂门前守候,迄近午时犹未散去。刻南京市自费生要求公费有中大、东方语专、金大、药专四校。彼等向本校要求不达目的时,可能联合向教部要求,如向教部要求不达目的时,或即发动向国民大会请愿。

药专

一、自费生请求贷金委员会四月三日成立,负责人为杨玮,中立分子巢明心女接近匪方分子,近拟具呈学校要求贷金。

暨大

一、暨大奸匪分子杭州旅行团在杭期间开会数次,决定回校发动学潮,我通讯员跟踪前往,决议事项,悉为我通讯员探悉,回校后用大字写出布告,予以揭露。奸匪分子恼羞成怒,张贴布告,否认并辱侮我方同志。八日奸匪分子在二院张贴标语之际,为我同志但家端、田干吾瞥见,上前劝阻,言语未合,即起冲突。匪方分子哨聚廿余人,将但、田二人殴打,田受伤轻,事毕逃避一院。下午但家端邀集校外人士入校搜捕凶手,奸匪分子纷纷逃往训导处,双方遭遇发生斗殴,窗上玻璃亦被击碎,混乱声中有人开枪,奸匪分子卧血泊中。

〔教育部档案〕

9. 詹明远关于中正大学三青团、青年军学生在校行凶引起学潮情报

(1948年5月)

(1)詹明远情报 (5月3日)

密:南昌正大学生因诽谤元首引起冲突

南昌四月廿八日电:南昌中正大学学生于四月十九日晚间获

悉主席当选总统后，该校党团及青年军复员学生于当晚集会庆祝，讵该校学生自治会主席李国麟及其私人秘书张英荃等人，公然贴出侮辱元首之标语，经青年团及青年军同学发觉系李所为，乃于廿二日，以维护正义委员会名义，宣告此事，并吁请同学声援。迄午群集教室向李质问，李不但毫无悔悟，反当众声称主席膺选大总统，感召得"鸡犬"鼓舞等语。因此激起众怒，将李殴伤，张英荃亦被波及。出事后，校方除送李、张二人至南昌医院诊治外，并布告表示：一、李国麟诽谤元首勒令退学；二、自治会依照部颁法令一届选举一次，本届应立即停止活动；三、殴打张、李之肇事学生同学自行调查提出姓名，由校方严惩。青年团及青年军学生以此次之发生，系由李某之侮辱元首而起，为求各方面明了真相计，除在校公告声明外，并招待记者报告事态真相，并要求校方开除李国麟。李则利用自治会身份煽动罢课，除一部分同情被打之抗议而罢课外，此事尚在发展中。云。

（2）詹明远情报

正大学潮续志

南昌五月廿五日电：正大自上月廿日发生李国麟以文告侮辱元首形成学潮后，曾罢课五日，旋即平息，因当时校方曾令学生自治会停止活动，并勒令李国麟退学，一部分学生极表反对，且组成系级代表联合会"争自治反迫害委员会"，代替自治会活动。惟以林校长进京，故问题悬而未决。现林校长已于日前陪同教部但参事抵省后，自治会代表张英荃等即于十九日晋诚谒教部但参事及林校长，均表示自治会应立即停止一切活动，否则将作断然处置等语。张等返校后，即晚召集全体同学于大礼堂，报告所谈经过，并谓如全体同学赞同停止活动，自治会当照办，否则仍坚决到底，个人任何牺牲在所不惜，结果经多数同学通过，但林两氏之命令决不接受，并于会后进行各系级同学签名运动，坚决要求：（一）准许学生自治会继续活动;(二)依照校规严惩"四·二二"肇事凶手(即青年军同学);(三)收回勒令李国麟同学退学成命。如获多数同学支持,前此一度间歇之学潮,可能复形扩大。

另悉:同情自治会学生,认处分李国麟系个人问题,无任何不满表示,惟对停止自治会活动,则认与法不合,现校内激烈学生,自身亦稍感恐惧,不敢扩大滋闹,如能依法改选,产生新自治会,用以转变其视线,进而防止将来,或可宁事。云。

〔教育部档案〕

10. 黄国珍关于利用国民党党徒打入唐山工学院以控制学运密函

(1948年6月19日)

径启者:案据河北省青年运动委员会累电略称:国立唐山工学院奸匪分子极为猖獗,累次企图制造学潮,本党在该校之力量,异常薄弱,无法控制,日前该会贺主任委员翊新赴唐兼邀请该校当局及党务负责干部会商,并提建议两项:(一)择本年毕业生优秀党员二三人留校;(二)本届暑期招生由青运会设法保送优秀党员十余人入该校肄业。以上第一点当蒙顾院长表示采纳,第二点尚待考虑,等语。请赐鉴核。前来。查该会建议各节,对于唐山工学院之安定不无关系,相应函达,即请核夺为荷。此致
赵静涛同志

黄国珍① 启 (六月十九日)

〔教育部档案〕

---

① 黄国珍为胡云山对其下级行文之另一代名。

11. 胡云山关于设法将孙经仁转入中大继续破坏学运密函
(1948年8月10日)

密启者：顷据前曾肄业私立齐鲁大学二年级学生孙经仁同志报称：略以窃党员于三十五年度肄业齐鲁大学政经系二年级时，适逢成都发生"二月学潮"，因为与在校同志联合反对共匪分子操纵，展开激烈斗争，遂遭对方嫉恨，不择手段集中打击，自感难以容身，复经师生劝告自动退学。嗣后中央团部虽允设法，终因彼时无此保障，加之还都周折，迄未办妥续学手续。谨将肄业成绩单两份、转学证书相片一份（原证书因服务首都卫戍部呈报国防部核叙，俟发还后补呈）。暨参加消弭成都二月学潮编印之"护权大会"特刊一份随文送请核转教育部，准予援例转学，并因南京各校环境较为熟悉，如蒙分发中央大学肄业，则于课余时间尤能效力于学运工作。等情。经查该孙经仁同志所称确属实情，近年来服务于首都卫戍部政工处，对南京学运工作协助尤多，兹将该员附呈各件一并随文送请贵部，援例核办，相应函达，即请查照办理赐复为荷。此致
赵静涛同志

胡云山启　（八月十日）

〔教育部档案〕

12. 李天民等关于速拨学运费以利控制四川学潮密电
(1948年12月30日)

请译转教育部朱部长骝先：×密。（1）大学分团以受党团统一影响，川大尤其涣散，至望早予指示。（2）大学分团工作现正暂由职等以私人关系联系，无法与党部发生应有关系，急望早定组织，俾便指挥。（3）目前蓉市学潮澎湃，支团已届结束，所有经费仍暂垫代中，至请速发学运费三仟万元，日后报销。（4）本期所垫代

之自治选举费二仟万元,请速汇下归垫。职李天民、许伯超叩。陷。

〔教育部档案〕

13. 李天民等关于在川大华大活动情形密电
(1949年1月4日)

请转教育部朱部长骝先:1629密。(1)川大、华大学生异党学生东冬两日,均全体移去,去向不明,料系在城市秘密集会,正严密监视中。(2)党团同志已全体动员,如彼辈再动,决采主动,予以正面打击,如事态平静,则暂采守势。(3)冬江日,甚平静。(4)民社党已请参加此次学潮,并谋以华大为该党大本营,推翻方叔轩,拥张凌高再长校,敬请注意。(5)各校自治会改选补助费及学运费敬恳补助,以资归垫。余后报。职李天民、许伯超叩。支。

〔教育部档案〕

〔3〕严防学生自治会活动

1. 教育部关于严防各校学生自治会活动训令
(1945年9月)

教育部训令　　训字第四九四四六零号
　　　　　　　中华民国三十四年九月　日发
　　　　　　　令国立边疆学校

查学生自治会之性质,在学生自治会规则中,经明白规定为:学生在校内之课外活动团体,不得干涉学校行政及参加校外各种团体组织或活动。乃半年来,各校学生自治会间有为少数奸伪分子所利用,或希图鼓动学校风潮,或妄发所谓国是宣言,或策动组织所谓学生联合会,其活动均属逾越范围,违犯法纪,而使学校与社会蒙受不良之影响。兹值学期开始之际,各校对于今后各该校学生自治会之指导与监督,务须遵照学生自治会规则缜密规划,切实施行。在积极方面,应经常辅导自治会推进服务、学艺、健康风纪等项中心活动,以达成促进德育、智育、体育、群育之目的;在消极方面,应严密防止奸伪分子违法操纵,滋生事端,期不失培养法治精神之意义。关于此种积极辅导方法及消极防止情形,各校并应随时互相通报,俾能取得一致步调,增加工作之效果。此外须知过去奸伪分子在各校假借学生自治会名义,以事非法活动,大部以学校行政或国家政治问题,为挑拨煽惑之资料。今后各校对于该校行政设施尚须随时检讨,切实改进,以增进学生对学校之信仰。同时,如发现学生对于时局缺点认识应以公正态度向学生分析国内政治之实情及国际形势上趋向,以免受奸伪之蛊惑。除分令外,合行令仰知照。此令。

部长　朱家骅

〔教育部档案〕

2. 王志鹄关于防止专科以上学校学潮应严密训导控制学生自治会活动与教育部训委会往来函

(1945年12月—1946年2月)

(1) 王志鹄函 (1945年12月26日)

骝公部长钧鉴:前上一函计达记室。昆明学潮发生后,鹄无日不注意此间学生动静,并密嘱训导人员暨诸同志慎加防范。数月来,土主庙宿舍时有奸党之宣传品,最近新生院(德文补习班)复贴有关于昆明学潮之煽动性文字,当由训导员撕去,并予彻查。昨晨有穿便衣者往新生院访学生,下午即发现"暴风社"之壁报,语多攻击政府及友邦美国,当经查出,系自流井蜀光中学毕业生主办。今晨复有"宜风社"之壁报(四川宜宾中学毕业生主办),语气虽较暴风社所出者为和缓,但亦持论不正,据述原有三篇比较激烈之文字,以某同志(亦系宜中校友)之阻止,故未写出。除召各该社负责人予以劝导警告外,复嘱训导人员暨诸同志调查其背景,打击其行动。下星期一纪念周,将乘举办新生训练之机,予新生院学生以剀切训示,必要时对首脑学生以校纪制裁,决不使其有具体严重之事件发生。但此间若干负责人,或政见不同,或别有怀抱,是否在幕后操纵,殊未敢必用是不能不有所疑虑耳。一切仍乞详予指示,俾有遵循,公私幸甚。专此顺颂

钧绥

    后学王志鹄 十二、二十六

  专科以上训导工作如何加强,各校训导处如何与教部训育委员会取得密切联系,知早在钧座熟筹考虑之中,亦乞有以指示是祷。又上。

(2) 教育部训导委员会复函稿(1946年2月7日)

会函

  径启者:奉部长交下上年十二月二十六日大函,藉悉贵校亦曾受昆明学潮影响,致发现不正当宣传文字,台端率同各训导工作同志防范周密,处置适宜,良用佩慰。目前大学训导工作着重安定学生情绪,整饬学校风纪及培养学术空气,为达到此目的,除须由各导师体察学生个性,施以严密训导外,训导处并宜积极辅导学生自治会,统筹推进各项课外活动,使学生心力能专注于德业之进修,而免不良分子之操纵诱惑,滋生事端。至各校训导处与本会之联系,以采取直接通讯方式为便,以后关于大学训导问题,仍希时惠高见,俾共研讨是荷。此致

王志鹄先生

      (会戳) 启 月 日

〔教育部档案〕

3. 上海市教育局关于三青团控制大同大学学生自治会密呈

(1946年12月14日)

案奉钧部训字第三一五九一号密代电开：据报该市大同大学奸伪学生企图把持学生自治会情形，兹随电附抄原件一份，希转知该校负责人注意为要。等因。抄附原件一份。奉此。业经密函大同大学暨青年团严密注意，并呈复在案。兹准三民主义青年团上海支团部密函：略以大同大学学生自治会筹组工作，原亦有本团同志参加，所有奸伪活动情形已予注意，现该校自治会业经正式组织成立，奸伪分子虽亦少数当选，然多数已为本团同志设法控制，等由。准此。理合备文再行呈报，仰祈鉴核。谨呈
教育部长朱

上海市教育局局长　顾毓琇
副局长　李熙谋

中华民国三十五年十二月十四日

〔教育部档案〕

4. 江苏省教育厅关于以三青团组织各种学生研究会以破坏学生自治会活动与教育部往来呈令

(1946年12月—1947年1月)

(1) 江苏省教育厅呈文　(1946年12月11日)

江苏省教育厅呈　教二字第八五四一号
中华民国三十五年十二月十一日

案准本省社会处移送三民主义青年团江苏支团部筹备处三十五年十月十八日密函内开：查本处为加强学生青年领导，建立外围关系起见，爰派团员戴树中同志在该肄业学校（省立镇江中学）筹

组学生总会,相应函请贵处予以备案及工作上之便利,以利进行为荷。等由。并附会稿一件。略以:查组织学生总会于法无据,惟该会既由贵处策动,似可命其变更方式,以联络感情或砥砺学行性质活动,其名称可改为学生励志会。否则即应视同一般人民团体而受法律上之限制。等语。会办前来。查学生总会固属于法无据,至学生励志会之组织有无前例,是否合法,本厅亦无案可稽。除复外,理合备文呈请鉴核示遵。谨呈

教育部长朱

江苏省教育厅长　陈石珍

(2) 教育部指令　(1947年1月16日)

教育部指令　　发文训字第二四七五号
　　　　　　　中华民国卅六年正月十六日发
令江苏省教育厅

卅五年十二月十一日教二字第八五四一号呈一件——为准三民主义青年团函请组织学生总会一案呈请核示由:呈悉。查学生总会之组织于法无据,未便照准,惟目前中共多方策动把持各校自治会,可以青年团江苏支团部名义指导团员以学生身份发起组织研究会等,及其他类似之团体,藉收加强领导之效。仰即知照。此令。

〔教育部档案〕

5. 教育部关于开除上海学联领导人杨榴英学籍代电

(1947年9月18日)

教育部代电　　训字第五一〇七五号
　　　　　　　中华民国卅六年九月十八日

私立中华工商专科学校沈校长密鉴:本年八月二十二日代字第二二号密代电悉。兹据有关机关报称:上海学生联合会主席团近经改选,决定该校为主席,而杨榴英为总领导人,且渠将出任共匪

筹设中之文化建设公司总干事。等情。查学联会系非法团体,业经政府取缔在案,而杨榴英忽视法令,依然参加,并领导活动,极应予以开除学籍,以遏乱萌。合亟电仰遵办,并具报为要。教育部。印。

(附抄送情报乙件)

南京第八一一号信箱用笺 (中华民国卅六年九月四日)
　　兹抄送沪学联新主席团产生情报,请希查照参考为荷。此致
赵静涛同志

丁伯诚启

　　沪学联新主席团产生
　　上海未锐讯:沪学生联合会主席团近经改选,决定主席为中华工商学校,交际组为上海法学院,组织组为交通大学,宣传组为复旦大学,联络组为暨南大学,总领导人为共匪杨榴英,各校组负责人俟开学后即推定发表云。
　　附注:杨榴英为中华工商学生,近出任共匪筹设中之文化建设公司总干事云。

〔教育部档案〕

6. 教育部关于颁发学生自治会修正规则训令
(1947年12月6日)

　　发文训字第六六二〇六号
教育部训令　中华民国卅六年十二月六日
　　令国立边疆学校
　　查学生自治会之组织所以培养学生法治精神,依规定应受学校之指导,兹为健全该组织,并适合实际情形起见,经将本部原颁

学生自治会规则加以修正,规定自治会之理事应由会员大会选举,理事名额视各校学生人数多寡加以增减,以期学生意见有普遍表达之机会,对于理事人选并特别注意其操行学业成绩及领导能力,除将该项修正规则公布并分令外,合行检发乙份,令仰该校知照。此令。

附发学生自治会规则乙份

部长朱家骅

学生自治会规则

第一条 中等以上学校学生自治会之组织,应照本规则之规定。

第二条 学生自治会以根据三民主义培养学生法治精神,促进其德育、智育、体育、群育之发展为目的。

第三条 学生自治会由全校学生组织之,其名称上应冠以各校校名。

第四条 学生自治会为学生在校内之课外活动组织,不得参加校外各种团体活动或有校与校间联合组织。

第五条 学生自治会应由学校校长及主管训导人员负责指挥,监督各种会议及活动,应由学校分别选派教职员担任指导。

第六条 学生自治会之组织,应由学校训导处或教导处指定每年级或院系学生二人至三人先成立筹备会,于二星期内登记会员,召开大会,订定办事细则,推选职员,正式成立。

第七条 学生自治会应于成立后两星期内,缮具办事细则及职员履历、会员人数,报由学校备查。

职员履历表应填明左列各项:

一、会员号数;

二、姓名;

三、籍贯;

四、性别；

五、年龄；

六、学历；

七、肄业院系年级；

八、现任职务。

第八条 学生自治会设理事会处理会务,理事人数分别规定如左：

一、学生人数在一千五百人以下者,设理事十一人至十七人,候补理事三人至五人,并由理事互选常务理事一至三人。

二、学生人数在一千五百人以上三千人以下者,设理事二十五人至三十一人,候补理事七人至九人,并由理事互选常务理事三人至五人。

三、学生人数在三千人以上者,设理事三十九人至四十五人,候补理事十一人至十五人,并由理事互选常务理事五人至七人。

第九条 学生自治会之理事,由会员大会选举操行学业成绩确属优良而具有领导能力者充任之,任期定为半年,连选得连任一次。

前项当选之理事,其操行学业成绩及领导能力经学校审核,不合者,应以得票次多数之适合标准者,依次递补。

第十条 学生自治会酌设学艺、健康、服务、风纪、事务五部,各部设总干事一人,干事若干人。总干事由理事会推选理事兼任,干事由理事会指定会员充任,各部之任务如左：

一、学艺部：关于学术研究书刊出版及艺术表演事项；

二、健康部：关于卫生及体育活动事项；

三、服务部：关于互助合作及生产劳动事项；

四、风纪部：关于新生活规律之实践及秩序与纪律之促进事项；

五、事务部:关于文书、庶务、会计及会员之登记事项。

第十一条　学生自治会理事总干事有左例各款情事之一者,应立即解任:

一、有不得已事故,经会员大会议决,准其辞职者;

二、旷废职务,经会员大会议决令其退职者;

三、违背校规,受惩戒处分,经会员大会议决令其退职或由学校令其退职者;

干事之解任,除上列第三第四两款外,由理事会决定之。

第十二条　学生自治会理事及总干事中途解任者,理事以得票较多之候补理事补充,总干事由理事会另行推定,均以补足前任之任期为限,干事有解任者,其缺额由理事会另行指定其他会员充任之。

第十三条　会员大会于每学期之始及每学期之终,各举行一次;遇必要时,经理事会之决议或会员四分之一以上之建议,经学校之允许,得由理事会召开临时大会。

第十四条　理事会每两星期开会一次,必要时得由常务理事召开临时会。

第十五条　学生自治会之决议以在规定之任务范围以内为限,不得干涉学校行政,有违反上项情形者,学校得撤销之。

第十六条　学生自治会会员在会务范围内具有选举、罢免、创制、复决之权。

第十七条　学生自治会之经费,以会员会费充之,必要时得请学校补助。

第十八条　本规则自公布日施行。

〔国立边疆学校档案〕

7. 胡云山关于特务学生在中央大学破坏学生自治会改选身份暴露设法更名打入其他院校密函

(1947年12月10日)

密启者:查此次国立中央大学学生自治会改选理事会时,因系科代表大会常设委员会为奸盟分子所操纵,蓄意偏袒彼方所支持之社团,并图谋舞弊,遂引起纠纷,数度发生冲突。本党朱心一同志,因身份暴露,致遭学校予以退学处分。该员原肄业于该校航空系一年级,兹拟转入北京大学农学院农业系一年级肄业,如用原名有感不便时,即请改名为"朱坚白"。相应函达,敬请速予惠办见复,以免该员失学,而资保障为荷。此致
赵静涛同志

胡云山启 十二月十日

〔教育部档案〕

8. 詹明远① 关于中大进步学生反对教部改订学生自治会组织法情报

(1947年12月16日)

密　　中大奸伪学生反对教部改订之学生自治会组织法

自教育部公布学生会组织法后,中大奸匪学生群起反对,刻下该校工农理师范文五学院各系科联合提出四项要求:

1. 系科代表为合法者,应准许活动;
2. 学生自治会为学生自治团体,应由学生自动决定意见组织,以重自治精神;
3. 墙上布告如系具名者,不应撕去,应遵重学生意见;

---

① 詹明远,国民党中统局化名。

4. "中大新闻"系学生自治会所组成,学校当局不应采取官僚方式对付,勒令休刊日期,如载闻失实可予更正。

并称教部所颁之自治会规则为御定。等语。云。

〔教育部档案〕

9. 詹明远关于中大学生选举学生自治会对中外记者发表声明情报

(1948年1月7日)

密　　　　中大被开除学生仍积极活动要求复学

主持中大学潮之左派学生,于十二月卅日在工学院E字一○四号教室招待记者,到中外记者及旁听者约卅人,发表该会声明,兹补报其要点如下:

十二月八日教部颁行之学生自治会修正规则,原系极其反动,不合学校实情,违背宪法精神,舆论已纷纷加以指质,不料本校当局竟欲首先奉行,不过中大学生决不软弱,学校指定的筹备委员会召开不起,便是一个铁的抗议。从廿日系科代表大会修改章程以后,各学院便纷纷选举理事,虽廿六日晨校方布告勒令七常设委员会及一系科代表停学,不承认此次选举,图以强硬手段威胁同学停止投票,同学仍甚踊跃。截至目前止,除医学院外,各院理事均已选出,投票总数已超过全校同学半数。

二、校方无理措施显系违反同学公意,故有向校方请愿之举,该校左派学生派代表陈显富、郑治国等赴金大、药专两校活动。卅日金大自治会已复电中大反对派学生表示祝贺渠等坚决之行动。

又查中大被开除之系科代表陈企高等八人,日来积极鼓动中立同学及同情分子,并向左派教授申诉说明彼等事前已向系科同学辞去代表任务,惟同学并未转达校方(此点因校方素无成例),遭受冤枉之勒令退学,训导处殊属不明事由,要求寄予同情,促请学校收回成命。

〔教育部档案〕

10. 武汉大学学生抗议教育部修改学生自治会规则代电
(1948年2月4日)

代电

南京教育部朱部长家骅钧鉴：此次同济大学发生一二九不幸事件消息传来,举校震惊。当前法治之呼喝甚炽,宪章之墨犹新,而竟发生此一目无法纪,违反民主之事实,殊令人大惑莫解,不得不对当局之措置失当表示遗憾。若穷源溯本,则去年十二月六日部颁修正学生自治会规则有不能辞其咎者,敢掬衷诚敬为钧座一详陈之。大学生自治会,顾名思义,一如部颁"规则"第三条所称："由全校学生组织之",而其宗旨一如钧部训字第六六二〇六号训令所称："在于助长学生自治精神。但一观四、五、六、九、十五等各条,竟至前后矛盾,与此宗旨大相径庭。论组织,则筹备会之代表由校方指定,论职权,则受校方当局之挟制,决议可以撤消,组织可以解散,而不属于自治会成员之"学校校长"及"主管训导人员"又可"指挥""监督",并得出席各种会议。其超然无上之权力,竟凌驾学生自治会之上。"防闲"（大公报语）之意,盖以昭然若揭,而其限制之苛,则更无微不至。似此自治之精神尽失,民主之意义安在。二十余年前,国父于北上宣言中,曾主张各省学生联合会应参加筹开国会之预备会议,良以学生之主张纯洁正义,独具有其不容漠视之地位。在三十年来,每当国家民族危急存亡之秋,政治腐败之际,辄尔先声夺人,言之所不敢言,盖中华民族之良心,而社会舆论之先导也。

此次同济大学当局本此"规则",贸然宣布违反同学公意,不顾目前事实之意旨，勒令取消代表大会，由校方指定同学筹备改选，致不许组织全校性之自治会，此种越俎代庖之命令，削趾适履之措施，宜乎其招致全校同学之反感，酿成不幸之惨案也。

夫事有必至，理有固然，方当举国弥漫大选之风，政府高唱还政于民之际，奈何对其能发扬民主精神之学生自治会，不许其自治，对请愿集会等法律范围内之自由，不许其自由，岂政府之所谓民主，仅止于口号，而所谓宪法徒为具文耶。今日大学之学生即为明日建国之干材，苟政府有实行民主之真意，则以大学为民主风范之训练所，岂不歟欤。凡在校学生皆徒手斯文，凡有是非一衡于理所活动必自负责，又何必暴力相加，视若大敌哉。

语有之：凡物不得其平则鸣，为学府之尊严计，为国家之未来计，更为所谓社会秩序计，惟期当道诸公，舍弃压制，而行疏导，本乎情理，而重事实，则不求安定，而安定至，不求就范，而翕然就范矣。天下无事，徒因庸人自扰。观此次同济事件之前因后果，足为殷鉴，后之视今，亦犹今之视昔，为远大之图，莫若撤销去年十二月六日所颁修正学生自治会规则，庶免治丝愈纷之源。生等有感于难安缄默，用特沥陈如上，恳祈钧座明察，则教育前途幸甚，国家民族幸甚。

国立武汉大学全体学生敬叩丑支

〔教育部档案〕

11. 朱家骅关于防止北大等院校学生组织七大学联盟反对修正自治会章程密电
（1948年2月13日）

北平。北京大学胡校长适之兄并转梅校长月涵兄：○密。据报北大、清华、燕京、中法、师院、南开、北洋等七院校奸盟分子,刻在密组七大学联盟,宣誓反对部颁修正自治会章程,争取权利,一校受压迫,其他各校一致反对,其意义恐系代替华北学联。等语。查本部修改自治会章程,一为删除原第七条:是否国民党党员或青年团团员一款;二为废除间接选举制,改用直接选举制;三为理事名额特为放宽,俾学生意见得有普遍表达之机会;又为符合民主理想,所以配合行宪,训练学生法治精神。盖原文不合现在情形,经奉主席一再指示修正者。务请密于注意,设法开导防止,并请转达他校为荷。弟朱家〇。丑元里。

〔教育部档案〕

12. 首都警察厅关于中大学生反对校方一手包办自治会组织代电

(1948年2月26日)

首都警察厅代电　　发文珍秘字第73号
　　　　　　　　　中华民国卅七年二月廿六日

教育部勋鉴:据报:1. 中大此次举办助学运动,现虽告一结束,然其活动机构仍决定存在,并以中大为召集人,此实为奸方加强联络本市大中学校及争取领导主动之措施,藉以发展变相之"学联"组织而进行各种阴谋;2. 中大自治会自上年改选发生纠纷后,选潮渐告平息,近该校于昨日召开行政会议,决定在廿四日至二十九日期间,产生一个新自治会组织。规定每一学院选出代表二人,并议定代表产生原则,内容包括原任系代表不得当选,成绩在七十分以下者不得当选。该校此项措施目的在防止不肖分子渗入,现该校反动分子对此项规定表示不满,已发出号外,指出校方一手包办自治会,反对"如此产生自治会"及"代表产生原则",并酝酿在廿四日至二十九日"发动选潮,拒绝投票"举动。等情。相应电请查照。首都警察厅黄珍吾。丑寝。珍。秘。印。

〔教育部档案〕

13. 黄珍吾关于中大学生反对教育部颁布大学自治会组织法等运动代电

（1948年2月29日）

首都警察厅代电　发文珍秘字76号

中华民国卅七年二月廿九日

教育部勋鉴：据报：1. 二月廿五日下午，中大学生廿余人，以学号签署发布文告，反对教育部所颁布之大学自治会组织法，主张普选，显系左派分子所指使。2. 中大左派学生在丁家桥学校内组织异常坚强，日来活动甚为激烈，时将华商报于夜晚贴出，日昨左派学生并贴出号外，内容略称：自校方颁布自治会选举条例，同学均期待该会早日成立，并拟在成立后以便响应同济大学"一二九血案"。等语。查该项号外为共匪分子之阴谋，企图藉同济大学事件有所煽动。3. 金陵大学已于二月廿三日正式上课，现一部分四川、湖南籍学生仍未缴费，该批学生已得悉各地学生代表纷纷来京为公费请愿事，表观望态度，倘有表示时，即参加一致行动。4. 金大学生胡燕章思想极为左倾，前发动学潮有力分子，并著有金陵日记一册，内容多系指责校方独裁，无故开除学生，并有影射政府之文字，现该生已被校方饬令停学，然该金陵日记仍由该校自治会代售。各等情。相应电请查照。首都警察厅厅长黄珍吾。丑豏。珍秘。印。

〔教育部档案〕

14. 詹明远关于党团学生破坏华北文法学院自治会选举引起学潮密报

(1948年4月19日)

私立华北学院因自治会选举纠纷
形成陕籍学生与党团学生对立局面

北平四月八日讯

据报：私立华北学院本学期自治会选举，陕籍同学受院方亢秘书主任（陕籍，代行院长职务）之支持，欲造成陕籍人势力，事先除提出七名候选人外，临时并以金钱贿买，四月三日上午九时召开大会，投票选举，当晚揭晓，陕籍同学获票约二五〇张，党团同学二〇〇张，估计陕籍同学可出十三人，党团同学仅有四人当选。在此情形下，党团同学即决定对策：一、史一学生李文灿为留级察看学生，参加选举为不合理，又筹委会委员并非各级系选出（原有筹委会委员系由学校当局指定成绩在八十分以上者），应向亢秘书主任提出质问。二、必要时破坏选票结果。亢秘书未有圆满答复，该校总务长刘新东即将选举统计单撕去，并由学生孙潭宏、冯华璋（政二）二人将票箱捣毁，焚毁全部选票。

当晚陕籍召集全体会议，决定印发各种传单、标语，并向院方提出请求，开除郭文翰、陈瑞云、邬正楠、孙潭宏、冯华璋等五名学生（均为党团同志）。党团同学闻此消息，甚为愤慨，当于四日召集会议，决请旧自治会暂维会务，并张贴传单标语将陕籍学生原贴各宣传品一律撕毁，同时发动签名，准备罢课。陕籍学生见此情形，又组五十人之敢死队，予以威胁，情势甚为严重。市党部方面获悉上情后，当即指示党团同志：1. 破坏选举目的既达，不必再有其他活动。2. 即举行记者招待会，说明筹委会及选举不合理情形，以示对亢秘书、陕籍同学绝无私见。3. 名虽已签，但不可罢课，并通知行辕传知亢某不得任意开除学生。该校党团同志即遵行。惟至四月五日有清华、北大学生与陕籍同学联络,四月六日晨七时又有一部俄文系陕籍学生集于校门拦截走读同学,并散发传单请其签名,其目的:一、为发动罢课;二、为开除党团负责同学。党团同学见此情形,为自卫计,当日召集纠察队五十余人,欲将彼等驱散。对方亦颇有戒备,于是形成对立形势。陕籍学生由奸党分子刘希钊、王晴、戴孟彬、焦希春、张介侯等负责,并由戴孟彬与清华、北大联络,六日晨于校门内密布打手,并以女生宿舍服从斋九号及男生宿舍勤俭斋三号为联络商讨分配工作据点,分派人员于校内各处张贴标语,唱歌宣传,要求签名,鼓动罢课。十时许,党团同学谋予制止,当即发生冲突,结果党团方面以力量单薄,冯华璋、孙泽宏二同学均遭毒打,被送丰盛胡同卢民医院。

此事发生后,党团同学下午于卢民医院招待中央社记者,请于报端发表真相。七时市党部张副主任明治召开华院党团同志会,各党团同学要求市党部迅即设法解决。如市党部不能解决,则该党团同志即均迁入市党部居住,或采其他团体行动(有集体脱党之意)。当晚十一时,校内党团宿舍又被陕籍学生包围,致党团员学生无法存留,均分别逃至校外借宿。

七日,校内尚称平静,各党团同志均未返校,住于旅馆。经再度与张副主委商讨,结果原则上决定进行反攻,惟技术问题则须研究。而陕籍同学则已开会决定:一、反驳中央社所发电稿;二、加强宣传,否认行凶打人事件;三、印发告同学书,请学校出面。此外并曾召开秘密会议,拟委托刘书铭、成怡(该二人为前自治会负责人,未参加此次活动)出头调停,以缓和目前严重情势。云。

〔教育部档案〕

15. 詹明远关于华北文法学院进步学生发起成立福利委员会密报

(1948年5月18日)

北平五月十五日

华北学院为自治会竞选事四月六日发生冲突后,学校当局为处理此不幸事件,曾布告停课三日,复课后情形尚好。其后党团同志因受市党部之指示,暂停活动,对方亦仅出快报宣传,夜间仍戒备森严,周末之秧歌舞会则照常举行,主持者为沈作武、张嘉秀、张遵萼等。四月廿日并由彼等领导部分同学,至万牲园旅行,藉以联系友情。学校当局则以此事仍未圆满解决,曾于四月廿二日召集双方理事候选人开会,进行调解,当时双方均未提出具体意见,故仍未获结果,至今则一切表面活动均陷于停顿,左派分子则从事暗中发展。五月五日由胡汝珍、白永泉、冯树桐、朱华南等(彼等均为左派之抗暴会分子)发起成立福利委员会,并于是日下午三时召开全体大会,计划举办各种福利事项,争取同学同情,以代替自治会,并开展阴谋活动。再该校政四学生萧朝忠(其父为大同银行董事长)组织之"竞社"(卅五年度末所组,系秘密团体,标榜社会主义,与民盟有关),现有社员二百余名,卅六年秋萧闻当局有将逮捕之意,即匿居上海。自该校学潮发生后,注册组主任卫佐臣(共匪嫌疑分子)已电其返平,现萧已来平。据闻该社亦将参加此次学潮活动。

〔教育部档案〕

二、对学联活动的破坏

1. 天津市学生联合会成立宣言
(1945年12月26日)

亲爱的兄弟姊妹们:日寇投降,普天同庆,世界法西斯业已崩溃,人民力量已经抬头,这是二十世纪最辉煌的史诗!世界千万万人的杰奏,今天的时代是一个人民的世纪,今天的中国是一个民主的国家,那么今后的天津呢?毫无问题的也应当是一个民主的天津。

八年来在敌人魔手的控制下,勒住了我们的喉咙不许我们说出要说的话,缚住了我们的手足不许我们做出我们要做的事,无耻的敌人将我们青年人最低限度的自由都剥夺了去。于是八年来的津市便只有听到歌功颂德的声音,便只能见到御用民意机关的活动,使得自下而上自发的青年团体反而从来没有得到过公开合法的地位。

同学们:现在祖国已经光复,人民已经胜利了,过去的黑暗已经成了历史上的陈迹,民主自由的曙光已照到了我们的头上,这是我们翻身的时候了,这是可以说我们心里要说的话,做我们自己愿意作的事的时候了,亲爱的同学们!我们的学生联合会便是在这样的精神下产生的。

际此学联成立之初,仅以以下数点告我全体同学:

一、学联的产生是在各校同学反对甄审的运动中,大家感觉到有建立经常组织的共同要求下产生的。

二、学联的立场是以津市数万青年学生的立场为立场。

三、学联的性质是津市数万青年学生群众自下而上,自立自主的组织,在原则上他不受任何机关任何党派的操纵与干涉。

四、学联愿意接受政府及各校师长善意的批评与指导,但坚决反对任何违反民主原则或有损本会独立尊严的直接间接的干涉。

五、学联的任务为：

（一）辅助教育行政之机能，推动同学集体活动以锻炼青年为健全的身心。

（二）反对敌人残留下的专制教育政策，拥护民主教育的新作风。

（三）争取讲学、研究、集会结社、言论出版的自由。

（四）拥护循循善诱导人为善的师长，反对穷凶极恶蛮横专制误人子弟的教育破坏者。

六、学联目前紧急工作为要求政府迅速明令收回不合理的甄审成命。

亲爱的同学们：为了青年的切身利益，为了民主教育的前途，为了和平民主新中国的实现，让我们团结在学联鲜明的旗帜下携起手来共同奋斗吧！

天津市学生联合会
三十四年十二月二十六日

〔教育部档案〕

2. 济民：由抗审请愿胜利谈到目前天津学联的工作及方向

（1946年1月1日）

由抗审请愿胜利谈到目前天津学联的工作及方向

济民

同学们！一二·三一的抗审请愿在二十二校两万青年的呼声中终于胜利了。这是天津同学们的胜利，也是收复区千百万青年的胜利。

这胜利不是偶然的，而是天津市同学空前团结的结果，是由于天津学联的正确领导而产生的。为什么天津学联能够领导同学获得这样的胜利？我认为：

第一，学联是以各校同学抗审运动中产生出来的，因此学联中各校代表的目标是一致的。虽然在"反甄审委员会"时期曾有少数妥协分子（即认为抗审是违反政府法令，主张要求甄审延期者），寓意破坏团结，模糊目标，但均在各校团结之下被打击而失败了。直到学联成立，各校代表均已在坚决反抗甄审的原则下铁一般地团结起来了。因此他们能产生一个坚强完善的组织。在这组织中没有个人与团体、部分与全部的矛盾，上至主席团，下至各校五个代表，都能毫无疑义地执行大会决议，如同这次学联发下动员各校同学请愿的命令后，各校均一致发动两万同学之众。各部门都能灵活机动地配合工作如同请愿时联络部和主席的配合，联络部和宣传部的配合，都能使两万青年一致行动。这目标的一致，基本上的团结，组织上的坚强，是这次请愿成功的最大因素。

第二，学联的立场是纯洁的学生立场，它不受任何党派的操纵和限制。因此它是公开合法的，是以千万学生的利益为它的利益，数千万学生的目标为它的目标，因此它能受到广大同学的支持和拥护，能博得广大社会人士的同情。这由请愿各校出动的人数和新闻界公开发表消息即可证明。这不但是这次请愿成功的因素，也是学联光明前途的一个基础。

第三，学联的组织原则是民主的，作风也是民主的，如同各校代表不是各校当局派来的"御用"代表，而是各校同学选举出来的"民意"代表，因此大会的决议也是根据津市全体同学的意见决定的。主席团也是由各校代表中选举出来的领导机关，在这里没有，也不允许有独断独行的"专权者"。而且各部门各代表间无论是传达命令，报告工作，都具有民主作风，而决无"命令式"和"官僚式"的作风。这种民主精神、民主作风不仅是这次请愿成功的因素之一，而且是使学联更加团结，更加巩固的一股力量。

总之，因为我们的目标一致，立场的纯洁，作风上的民主，而产生了组织上的坚固与团结，因而获得抗审请愿的胜利。同时这次胜利复使学联愈加坚固，愈加团结了，使每个参加请愿的同学都深刻地了解了群众的力量，了解了"团结即是力量"这句话。这是这次请愿的一个无形的收获，也是一个莫大的收获。

但是，同学们！不要满足于目前的胜利吧！抗审虽然胜利了，但是摆在学联目前的尚有许多困难与荆棘，我们必须在胜利的旗帜下加强巩固学联的阵容，准备抵挡更残酷的侵袭。学联目前的工作是什么呢！我以为是：

第一，联络津市没有参加学联的学校，使之参加学联。天津学联虽然是由二十二个学校组成，但是还有许多学校没有参加，最严重的是省一中、市二中、商职、市师几校没有参加，要知道他们是津市容有大量同学的学校，他们与我们同样地反对甄审，同样地愿意和我们团结。这次他们所以未自动地参加学联，完全是因为受到学校当局或少数破坏分子束搏〔缚〕与限制。学联应当帮他们解开枷锁，呼唤他们出来。这是学联的责任。在抗审胜利的今天，我们相信学联有这种力量。

第二，加强领导各校自治会。没有自治会的学校，帮助他们组织起来。学联中的各校代表虽然是各校同学由下而上选举出来的，但是大多数学校因为校内自治会不健全或根本没有自治会，而使得代表很难搜集各校同学真正意见，很难使学联彻底清楚了解各校具体情形，如每个同学自己的意见。同时也使得学联分配下来的工作很难在各校有计划有组织地彻底持〔执〕行。因而使得学联和津市同学之间仍有隔离。这是一个大问题，是不可忽视的，如果这个问题不好好解决，将造成学联的孤立和与广大同学脱节，而只剩下一个空架子和几个头目人，不能代表津市同学。因此有自治会的学校，学联必须加强领导，使之成为一个健全的组织。没有自治会的学校，学联应当在最短期内帮助他们组织起来，这是一个坚苦长期的工作,也是一个重要的工作,学联必须用最大耐心和毅力,用各种方法来完成它。

第三,巩固扩大学联在社会上的地位和威信。现在是天津学联初诞生的时期,在社会上的地位是不稳固的。许多社会人士对学联没有认识,是不信任的,这将关乎于学联的前途。所以我们必须在团结各校同学之外,还要联合社会各界人士,我们要在各种具体事情上来表现学联的基本精神是民主的,是为天津青年同学的利益而奋斗的,这里我们要注意我们的态度的真诚与谦逊,一切要为了团结,为了联合,不要因态度的不好而招到反感,破坏了团结与联合。这样的学联在社会上造下自己的地位和威信后,才更能博得广大社会人士的同情与援助,才能保证了学联的前途和发展。

这就是目前学联主要的工作。

我们要巩固学联,要用团结联合,要用坚强的组织来巩固学联。使学联成为一个真正代表天津数万青年同学的团体,使学联成为一个保卫天津数万青年同学利益自由的堡垒,也使学联成为一个新中国争取民主保卫民主的武器。这就是天津学联发展的方向。

同学们！让我们携起手来高呼胜利万岁吧！让我们在胜利的旗帜下更加团结起来吧！让我们在胜利的路途上负起争取民主的担子吧！

天津学联万岁！

抗审胜利万岁！

争取民主团结万岁！

一九四六·元旦

〔教育部档案〕

3. 昆明学联发表对时局宣言

(1946年7月)

(昆明二日电)昆市学生联合会一日发表对目前时局宣言,提出十项要求:

(一)全国立即无条件停战,实现永久和平。
(二)实行政协四项诺言、五项决议,以协商方式,解决内争。
(三)遵照整军方案,缩编军队,减轻人民负担。
(四)撤退美国驻军,反对美国以军事干涉中国内政。
(五)提高教育经费,安定教师生活,救济失学青年。
(六)取消学生军训,废除党化教育,反对教师检定。
(七)救济全国灾荒,停止田赋征实及征购军粮。
(八)保护全国工商业,减轻捐税,反对官僚资本垄断市场。
(九)维护国家关税主权,反对外轮内航。
(十)反对警管区制,反对国民身份证。

〔教育部档案〕

4. 易同欧关于中共领导上海学联继续举办助学金劝募运动情报

(1946年8月20日)

中共上海学联会继续举办助学金募捐运动

胜(35)导 2979　中华民国三十五年八月廿日

上海八月十五日电:中共外围上海市学生联合总会,由圣约翰大学陈震中领导后,即向各校学生发展组织,尤以对清寒学生因过去利用助学名义作为号召,因得有大批学生被其利用,陈现为巩固下学期原有之学运力量及地位起见,仍采取旧调重弹计划,由该学联会再度举办助学金运动,且已通告上学期各有关学校学生会,凡于下学期无力求学,或各种困难者,得向圣约翰大学及大同大学两地该学联会,办理登记手续,俾能从先解决,并议定于八月二十日起将继续举行公开之助学金募捐运动。

〔教育部档案〕

5. 顾毓琇等关于破坏学联领导助学金运动呈

(1946年9月)

案奉钧部训字一六八八一号密令内开:据报:中共外围上海市学生联合会由圣约翰大学陈震中领导后,即向各校学生发展组织,尤以对清寒学生因过去利用助学名义作为号召,因得有大批学生被其利用。陈现为巩固下学期原有之学运力量及地位起见,仍采取旧调重弹计划,由该学联会再度举办助学金运动,且已通告上学期各有关学校学生会,凡于下学期无力求学或有各种困难者,得向圣约翰大学及大同大学两地该学联会办理登记手续,俾能从先解决,并议定于八月二十日起将继续举行公开之助学金募捐运动。等情。查举办助学金运动,对于清寒学生裨益甚大,而目前该市渴望得此助学金之清寒学生为数在不少,该局应指导有关社团平日发动进行,俾防止该外围团体假借名义,煽惑青年为要。等因。奉此。查本市举办助学运动一节,业已指导有关社团举办贷学金运动及国货义卖等项。奉令前因,理合具文呈复,仰祈鉴核。谨呈
教育部部长朱

上海市教育局局长　顾毓琇
副局长　李熙谋

中华民国三十五年九月　日

〔教育部档案〕

6. 于鸣皋抄送上海学联被迫转入秘密活动情报密函

(1947年6月28日)

密。径启者:兹抄送上海学生联合会决定转入秘密活动乙件,即请查照为荷。此致
赵静涛同志
　　附件如文

　　　　　　　　　　　　于鸣皋启　六月廿八日

上海学联会自为教育部认为非法组织,饬令沪市当局限期解散后,该会为应付此项情势,曾于六月二十一日召开干事会议,经商讨决定办法如下:

1. 由半公开之方式,立即转变为秘密活动。
2. 在一切活动中以及各校领导工作之关系人,避免对外使用学联名义。
3. 表面取消学联之组织形式,但仍暗中促进各学校间精神团结,加强实际领导。
4. 原以交大学生自治会转之学联通讯处取消,并停止出版学生报。
5. 坚持学联在各种方式下之存在及巩固学联在全市学生中之最高领导权,为今后工作方针。

〔教育部档案〕

7. 于鸣皋抄送沈钧儒等支持成立上海国立学校学生联合会密函

(1947年9月10日)

密。径启者:兹抄送左倾教授操纵沪市国立学生联合会情形乙

件,即请查照为荷。此致

赵静涛同志

　　附件如文

　　沪市国立交大、复旦、暨大、同济、医专、商专、音专、吴淞商专等八校,前在沪市徐家汇交通大学内成立上海国立学校学生联合会,曾用该会名义,请求学校当局收回开除学生成命。名为援助同学,实则为左倾教授萧子风、魏琦、李立、王以申、吴逸民、洪深、张志让、方令孺、方与严、史良、沈钧儒、傅彬然等暗中主持之大学生集团,其企图计有下列三点:(一)运用该会名义从事保障左倾文化人生活;(二)以该会名义抨击政府分化民主运动团体;(三)策动该会笼络学生界有力学运分子。

〔教育部档案〕

8. 教育部等取缔南京区学联组织并对其负责人实行迫害文电

（1947年8—10月）

（1）情报（8月6日）

　　南京区学联会成立招待本市记者情形:全国学联会京区学联于六日午后七时假四牌楼中大南高院中大新闻编辑室招待本市记者,报告区学联成立经过及区学联宗旨,到本市各报馆记者十余人。首由中大自治会报告京区学联筹备及成立情形后,即由黄鹤桢向记者发表谈话如下:(一)京区学联会在全国学联会指导下,团结京市各大中同学,反对一切被压迫的阴谋政策;(二)全国学联就是全国同学自己的学联,我们同学爱干什么,在全国学联会号召下就干什么;(三)南京各大中学大批被开除学生,希望新闻界予以同情及支持,并请向政府呼吁,立即停止此不合理的错误措置。

(2) 情报（8月　日）

全国学联会京区学联会，由中大自治会梅振乾、王世德、黄鹤桢等发起组织成立。本京参加学校计金大、国立音乐院、国立剧专、东方语专等校，并于本月六日正式成立，由王安民主席，地点于中大自治会，专科以上学校均有代表参加，成立大会中，通过重要决议案如后：

1. 发表南京区学联宣言案（交中大自治会办理起草）。

2. 通过区学联会组织章程案（依据全国学联章程交中大自治会印发）。

3. 通过全国学联为魏德迈特使来华发表声明案（交全国新闻发表），其内容如下：

一、立即制止内战独裁政策，反对为了扩大内战的征兵、征粮、征税的搜刮压迫政策，依照政协路线解决国内问题，反对美国在任何掩盖之下的军事经济扩大延长内战及殖民地化的干涉政策；

二、立即取消总动员令，停止一切对人民及人民运动的压迫，释放五月运动中被捕学生及一切爱国人士，收回解聘开除留级及一切对教授学生不合理处分的成命，切实保障人权，保障人民言论出版结社行动等基本自由权利；

三、立即结束一党独裁及所谓"三党训政"的变相独裁，成立包括各党各派各阶层人士真正的彻底的民主联合政府；

四、反对政府的饥饿政策，反对豪门资本独占市场，窒杀民族工商业，反对丧权辱国中美商约，反对开放对日贸易；

五、保障学校的学术讲学自由，保障学生学业教师生活，提高教育经费，反对党化教育与思想统制。

4. 通过对各校解聘教授开除学生向政府严正提出要求案。

一、保障教授讲学自由及生活安定；

二、保障同学学业安全,不得藉故处分同学;

三、请最高教育当局立即下令解聘教授开除学生各校收回成命;

四、请政府应明令保证,今后不得再有类似事件发生。

5. 通过访问张东荪教授案(由京区学联派代表)。通过慰问国立音乐院被开除同学案(京区学联派代表)。

6. 通过联合学生家长反对无理处分争取读书权利案——其理由如下:

一、反对摧残教育压迫青年的阴谋;

二、反对铲除各校爱国进步教授及爱国优秀学生;

三、反对思想统制的党化教育;

四、反对压迫一切爱国的民主运动;

五、反对扩大内战的总动员令;

六、反对解聘教授开除同学;

七、反对秘密失踪同学的阴谋政策。

(3) 朱家骅批(8月6日)

本件为左派学生所组织全国学联京区学联成立会招待记者情形及其活动计划。该学联以中央大学为据点作非法活动,似宜会同社会部予以取缔。由贺、凌二司长与陈主委会商妥善处置办法,一面派员向社会部接洽,迅予取缔。

朱 八、六

(4) 教育部签稿(8月11日)

全国学联会京区学联招待记者情形及其活动计划一案,经与社会部主管方面接洽,结果以全国学联会业经社、教两部予以取缔,则其所谓"区学联"自亦于法无据,仍应由社教两部会衔咨请南京市政府切实取缔。又查学联会虽经政府取缔,实际上仍大肆活动,而京区学联决议各点尤系行同叛逆,甘为共匪之工具,拟密函首都卫戍司令部将该学联首要分子梅振乾、王世德、黄鹤桢等逮捕,依法惩处,以瓦解其非法组织,而遏乱萌。当否,乞核。

　　　　　　刘舫壮　谨签　八、九

以据报方式饬中大遵照前令,开除学籍,并改组自治会,一面函卫戍部依照戡乱动员纲领办理。

　　　　　　朱　十二

(5)教育部代电(8月18日)

教育部代电　　发文训字第四五六〇三号
　　　　　　八月十八日下午七时

国立中央大学:据报所谓全国学联京区学联,系由该校学生自治会梅振乾、王世德、黄鹤桢等发起,已于本月六日在该校学生自治会举行成立,由王安民主席,通过议案数项,中有所谓:反对扩大内战的总动员令、立即制止内战、反对征兵征粮征税、立即取消总动员令等等,并于会后假新闻编辑室招待本市记者,报告区学联成立经过及其宗旨,并由黄鹤桢发表荒谬谈话。等情。该校学生梅振乾、王世德、王安民、黄鹤桢等四名如确有上述非法活动情形,应予开除学籍,至该校学生自治会,查系共匪有关分子把持,应即予改组,并先停止其活动。仰遵办具报为要。教育部。印。

(6)首都卫戍司令部代电(10月22日)

首都卫戍司令部代电　　戍孝字一〇六三九号
　　　　　　　　　　中华民国卅六年十月廿二日

教育部公鉴:三十六年八月十八日训字第四五六〇四号代电奉悉。除饬属严密防范并随时注意其动态外,兹据报中大学生前发起成立全国学联会京区学联之主要分子王安民已离京赴港,余如梅振乾、王世德、黄鹤桢等,校方并未予以开除,等情。除饬继续注意梅等之活动情形,随时具报外,特电复请查照为荷。首都卫戍司令部。酉(养)戌。孝族云。印。

〔教育部档案〕

9. 国民党关于昆明学联发起助学基金运动密报

(1947年11月16日)

昆明学潮调查专报

查此次昆明学联为辅助清寒学生求学,特发起筹募助学基金运动,于十月三十日由云大学联分会召开会议,计到会学校代表有云大、师范学院、云大附中、师院附中、建民中学、金江中学、长菁中学、中山中学、天祥中学、求实中学及昆华女师等十一学校学生代表。兹将其会议情形及决定筹募事项与目前活动综合查报于后:

(甲)发起募捐助学基金之意义:

(一)公开之号召——为清寒学生能以此次募捐所得,辅助其求学,而达成普及教育之宗旨。

(二)实际之用意——因学生方面奸匪分子活动经济来源缺乏,特假借助学运动为藉口,从事筹募,并藉此组织宣传队,分赴外县及各乡镇学校组织青年作反动宣传。

(乙)会议决定事项:

(一)推选代表四人赴省府请愿,请省府予以协助(代表为朱恂符、潘汝谦等四人)。

(二)所筹募之款项由助学金基金委员会自行处理,不得受任何一方面之干涉。

(三)决定十一月一日至十一月四日止,为募捐宣传日期,各校学生全体出动。

(四)募捐方式——1.家庭优裕之学生向其家长劝捐;2.扮演街头剧向社会人士劝捐;3.接洽各影戏院义卖三天捐助;4.在各街口设立义卖站;5.发动女生在街头擦皮鞋(每双贰元)。

（丙）活动情形——十月卅一日下午三时学联所推出之代表朱恂符等四人,赴省府面谒卢主席,并陈明发起助学金运动之意义与决议进行步骤。卢主席表示对该项运动极表赞助,但为恐学生荒废学业,及免遭社会人士误解计,特请各校将清寒学生开列名单送省府向各方募六亿元,统支统筹,该学生代表对此意见绝不同意,致无结果离去。

但昆明助学运动奸盟分子有意操纵,故仍积极发动,并已于十月卅一日停课(此举系针对政府限令共党分子于卅一日前登记自首而发)。被煽惑参加助学运动者,计有云大、师院、云大附中等卅一单位组成助学委员会,总权力仍在云大自治会中。十一月一日晚,在云大举行晚会,庆祝校内募捐成功,会中由各单位报告募捐工作,计校内募捐数已达三亿元(未除开支)。二日则结队赴街头宣传,三日结队至市区募捐。惟此次助学运动,因有学联之奸盟分子操纵,至此业已变质。三日学生在街头上所贴之标语壁报完全集中在反对警备总部公布黑名单一点。学联则乘此暗中决定停课十天,最少亦到本月七日。加以三日报载浙江大学于子三自杀消息后,学联方面更藉为口实,歪曲事实,扩大宣传,以企图鼓动学潮。赖政府及各学校当局防范有方,奸计未逞。各校学奸见此举无效,故在其所谓助学运动于本月五日甫告终结之时,赓续又发动反抗政府捕奸罢课事件。于五日午后五时,仍由云大及师院之奸盟分子假自治会名义召集紧急会,于云大志公堂抗议政府公布黑名单及捕获师生,并决定组织安全保障委员会,并决于六日晨开始罢课。当晚该奸等即于会后分赴中山、建民、天祥、昆工、昆农等学校联系,其他各校已由该奸等(云大师院自治会人)组织突击队,于六日上午九时分赴各校突击胁迫停课,至六日止,罢课学校已有农校、工校、商校、师院附中、云大附中、天祥、求实、云大、师院、昆女中、女师、中山、建民等校。学校当局对此痛苦万状,应付维艰。昆女师校长王克生劝学生复课无效,已引咎向教厅辞职。师院查院长以该院附中混乱难予维持,暂时宣告放假十天,查氏并于六日下午三时邀集师院各主任教授及附中各课主任共同商讨,于五时接见学生代表,谕知三点:一、学校责任于领导学生读书与学术研究,超出此范围,学校无力负责;二、学生课外行动事前先未得学校同意,事故发生之后,学校无法负责;三、学生如有被捕情事,本人只能就师生友谊关系尽力营救。当由学生代表四人,将以上三点转告各同学,于是奸盟分子一面煽动各校抗议政府捕奸,一面要求政府释放被捕师生,使政府不能接受而造成罢课之机会。现在潜伏昆明市之奸匪重要分子完全藏匿云大校内,一则可借学府之庇护,免遭逮捕,二则可借云大为策划指挥之总机关。首脑分子已决定将昆明学潮事件扩大,刻正煽动学生与政府正面冲突,其目的期在对抗中造成流血惨案,使事件严重化,以便号召全国学校支持,其中主持最力者为云大、云大附中、师院附中及建民中学等校。十二日复结队沿街宣传,标语中有拥护龙主席、打倒中央政府,并口头歪曲中央滇省府之第一次改组,无理调动龙主席,无故杀云南老百姓,"一二·一"杀死学生,以及此次大量逮捕学生种种行为,即是表示中央不要云南人民,怕云南人民,排斥云南人民等荒谬绝伦之论调。连日来更煽动各校无知学生纷纷迁入云大、师院住所,占据教室,扰乱秩序,破坏公物,并出动突击上课学校,并以安全保障委员会利用学生作调查工作,由联络通讯合并统一指挥,定名为调查队,征求标准女生:一、忠实具有民主精神与工作经验者;二、已烫发者;三、能自备太太服装者。组织一个大队,辖四中队。一队调查机关社会动向,二队任同学联系并检查罢课工作,三队任城区各校联络,四队任郊区各校联络。每队分设小组若干组,每组五人。市区化装太太,郊区化装乡村妇女,从事调查工作。该大队由学联所筹训之谍报队杨白云指挥,另由云大附中闻远县人吴宏祥指挥。受训之谍报员九人,男五人,女四人,专刺探失踪者及"国特"行动。经查奸匪操纵昆明此次学潮,乃由其"昆明学生运动指委会"的指示,对外则利用安全保委会公开活动,该会决定工作方针如下:一、罢课期间设法使同学愿意工作;二、罢课经费各方应予有力之支持;三、罢课后即宣布校内戒严;四、罢课期间绝对保障师生安全;五、各校自制通行证;六、昆明师生安全保障委员会下分设秘书处、法律顾问及常设委员会,在常委下又设组织部、宣传部、纠察组、通讯组、联络组、特别联络组,突击队四十余队,每队五人,带土造手枪一支,到处突击,会于六日晚一百余人包围警三分局,故昆市情势混乱,仍在发展中。云。

〔教育部档案〕

10. 詹明远关于上海学联领导各校进行救饥救寒运动情报

(1949年1月8日)

(一)情报

密。 沪学联奸伪分子利用冬令救济劝募工作展开学运

沪市冬令救济展开扩大劝募工作后,学联奸伪分子即藉此机会策动各校分子组织劝募寒衣小组,恢复过去之学生活动,以救济为号召,进而作反政府之宣传,以卅七年元旦日在各娱乐场舞厅酒楼为宣传对象。兹悉业经组成之劝募队并已公开活动者有同济、交大、新专等校,同济负责虹口、沪东一带,交大负责市中区一带,分编各小组划定路线分头活动。查此次奸党策动目的为:一、挽回沉寂已久之学运工作;二、争取社会人士同情;三、乘机大肆作反政府之宣传,扰乱听闻。连日该等已出现于各公共场所及街道活动。云。

沪奸伪学联拟利用清寒学生发动新运动

沪奸伪学联以本学期即将终了,在物价不断高涨局势下,凡清

寒学生对下学期学费等问题日益紧迫,拟借筹集助学金名义发动一新运动,刻闻其初步计划:一、发动清寒学生向政府要书读;二、发动各校职教员向政府要增高待遇。云。

(二)情报

密　　沪奸伪学联利用冬令救济劝募工作展开学运续讯

沪市奸党学联藉举办冬令救济劝募寒衣为名,乘机策动学运,已志中讯(三七)第二〇九〇六号情报在案。兹据报:该项劝募工作,首由同济发起,继而响应者有交大、复旦、幼专、音专、约大、沪江、之江、东吴、震旦、美专、中华工商、大同、上法、光华、上商、麦伦、华实、光华附中、南模、沪新、约中、培明、中德等计二十六校,出动学生五千余人,由各校自治会组织救饥救寒运动委员会,商讨劝募办法,计分总务、募捐、会计、义卖、宣传、联络等组。由三十六年圣诞节起至二十六日止,各校劝募统计已有衣物三万件以上,捐款三亿元。现劝募已告结束,各校小组已分往难区发放衣物。惟奸党学联在劝募中曾策动所谓"反饥""反寒"运动,于街头作政治性之宣传,张贴讽刺标语攻击政府。兹将标语摘抄如下:"大钞满天飞,穷人无寒衣";"钞票圈圈多,穷人受冻饿";"钞票大,物价高";"穷人一天不得温暖,我们一天不得安宁";"穷人们快快团结起来自救自立";"团结起来为穷苦百姓服务"。

〔教育部档案〕

11. 詹明远关于中国学联对云大自治会之工作指示情报

(1948年10月6日)

昆明十月五日讯:上海中国学生联合会总会顷指示云大学生自治会卅七年度下半年工作原则令文一件,系附入香港观察杂志,最近转寄来昆者,其内容要点计:(一)必要时放弃昆明学生会名义之组织,以因地制宜为原则,另组全省性之领导机构,总操学运领导权。(二)在反动势力积极进行转移学生运动环境期间,应放弃一切明显与半公开之活动,而加强秘密之布署,须以保持地下实力与深入反动派(指本党)心脏为工作最高理想方针。(三)昆明区暂以学运以外之社会运动为主,以期分散敌人之注意力。(四)加强昆明区以外之学运及一切需要工作,应点线面同时加强,以逃出敌人之外,得以自由发展全省之普遍工作。(五)既已伸入民间之武装部队(指各地土匪)之政治组训宣传实力,应确实保持,必要时见机隐避,以免为敌方破获而遭意外损失。(六)健全昆明区领导组织,并绝对保持秘密。(七)各点线面之工作组织单位应力求健全与灵活,尤加强交通组织,期予迅速联络。(八)工作布置情形设法秘密报上海总会或香港海外部。等情。现云大匪生正设法邀集昆区及附近之高级干部密筹布置策略中。云。

〔教育部档案〕

12. 于鸣皋抄送华北学联活动情报函

(1948年1月21日)

径启者:兹抄送北平奸伪华北学联展开寒假活动乙件,即请查照为荷。此致

赵静涛同志

附件如文

于鸣皋启 元月廿一日

北平奸党所主持之伪华北学联,近以寒假期届,正秘密策动各校奸党,以自治会或其他外围团体名义,准备展开以下各项活动:

(一)举办寒假学校为各中学生补习功课,其课程有英文、数理、化学、公民、史地、哲学、文学、音乐、舞蹈,现北大、中法、师院、

朝阳已分别组成,正式开课,其上课地点为一、北大沙滩区,二、北大工学院,三、北大四院,四、中法大学,五、师院,六、青年会,七、朝阳学院等七处。清华、燕京则分别于城郊各村举办儿童班及成人班,现成府西柳村、东树村、水磨村、石头厂、西王庄、正兰旂、厢白、小营等八处现已成立授课。

(二)准备策动各校自费生举行第二次助学运动,所募款额即而作为补助自费生之用,其发动日期闻在元月二十日左右。

(三)大规模发动尊师运动,以慰问师长,募捐救济,争取各校教师、中立同学及社会人士同情,发动日期尚未决定。

〔教育部档案〕

13. 詹明远关于华北学联被迫解散后的活动及青年学生纷纷参加情报
(1948年1月24日)

北平奸伪学联展开寒假活动续讯

北平奸伪华北学联展开寒假活动,平市教育当局已下令嘱其解散,惟彼等并未因此稍停活动,近为求得合法掩护起见,已将活动中心移至青年会方面,利用该会向各校进行活动。其活动方法系以各中学原有奸党关系为基干会,尽量于本校鼓动拉拢同学参加。连日来报名者颇多,即慕贞女校一校已有百二十余人报名交费(由高三学生李秀贞、刘文光二人负责拉拢),志成女中高三学生任本则、李玉美亦极力活动,除鼓动本校学生参加外,并向华光、文华、光华中学联络,亦有不少学生被惑报名云。

〔教育部档案〕

14. 商行义关于中大学生否认三青团所圈定学生为学生会中国代表出席亚洲学生会议情报

(1947年2月)

（1）商行义函（2月20日）

径启者：兹抄送中国学生自治会否认梁振昌为出席亚洲学生会中国代表一件，即请查照参考为荷。此致

朱学权同志

附件如文

商行义 启

自报端发表中国出席亚洲学生代表中央大学为梁振昌消息后，该校学生以该梁系青年团所指定，事先并不知悉，乃由经济系左倾分子王竹琴及政治系廖瑄等否认梁振昌为中大代表，并建议学生自治会登报否认，及联合全国各校抗议此种非法代表，且于二月四日举行座谈会，举行否认中国学生代表梁振昌等六人前往印度出席亚洲学生预备会议，议决：（甲）原则：中国出席亚洲学生会议之代表，不能采取包办圈定之不民主作法，应由中国学生推选的代表，否则决不承认。（乙）办法：（一）联名请本校（中大）学生自治会迅即通电全国学校，否认梁振昌、陈贻、曹宽、庄树人、孙启实、陈简等六人盗窃名义出席亚洲学生会议。（二）通告全国学校产生正式代表，参加将于八月中旬在新德里举行亚洲学生会议正式成立大会。（三）联合全国学校一致向亚洲学生会否认梁振昌等是中国学生推选出来的代表。

（2）教育部笺函（2月8日）

教育部笺函　发文训字第七三二四号

中华民国卅六年二月八日

密启者：兹抄送国立中央大学学生反对梁振昌代表出席亚洲学生会情报一件，即希查照参考为荷。此致
张青惠同志
　　附件如文

朱学权　启

国立中央大学学生反对梁振昌代表出席亚洲学生会

据报本月六日早晨，民主墙上发现布告数张，联名学号同学有五十余位，布告内容：（一）建议自治会质问梁振昌出席亚洲学生代表何人选派。（二）联络全国各学校学生反对政府选派行为。（三）发电向亚洲学生代表会议否认中国学生代表之行为。此显明是有计划的与政府作难，此事正在发展中，十二时继续有意见贴出。

〔教育部档案〕

15. 詹明远关于上海学生报报导全国学运消息情报

（1948年4月27日）

密　沪共匪《学生报》宣传全国学潮　　道(37)讯 3109
中华民国卅七年四月廿七日

上海四月廿六日讯：沪共匪学联主办之《学生报》于本期（四月廿日出版）宣布全国各地之学潮如次：

（一）平津一万六千人罢教、罢工、罢课、罢职，结果□捕同学市府当局道歉。

（二）四月一日京中大自费、半自费同学组成"请求贷金联合会"，反饥饿，曾绝食坚持，乃得四牌楼、丁家桥同学同情。

（三）浙大讲师助教要求提高待遇，金华、英大教授要求改善待遇，十五日反迫害、反饥饿罢课一日。

（四）成都四川、华西、成华三大学向当局请愿，被捕一百卅同学，现组"四九"惨案会。

（五）华模中学亦响应捐款四百余万元慰问暨大。

〔教育部档案〕

16. 胡云山关于限制全国学联代表在国外活动密函
(1948年6月10日)

密启者：顷阅上海字林西报载：五月廿四日纽约电称中国学联代表上海沪江大学学生 Alexander Hu 于上月（四月）抵美即将离此赴法，行前于哥伦比亚大学教育教授 Erest Ceslarne 主持之新闻记者招待会中，向记者谈称彼此次旅行目的有三：(一)报告中国反蒋学生被压迫情形；(二)与他国学生取得联系；(三)搜集在精神上援助学联资料。又称四月十一日有暴民五千人袭击北京大学，捣毁校舍，并搜捕学生。北京大学、清华大学、师范学院、燕京大学学生及一部分英美籍教员继即罢课、罢教，现在全国各学院各学校正发生逮捕暗杀及开除学生事件。等情。查该学联代表在国外散播反政府言论，影响国际视听至深且巨，应请撤销其旅行护照，限令该生克日返国，相应函达，密请查照为荷。此致
赵静涛同志

胡云山启　六月八日

〔教育部档案〕

三、各地要求民主反内战反饥饿斗争

[1] 一二一运动

1. 熊庆来报告联大等四校学生开会因有枪声威胁而举行罢课以示抗议电

(1945年11月26日)

昆明熊庆来

　　急。教育部部长朱钧鉴:联大、云大、中法、英专四校学生自治会联合布告,于廿五日举行时事晚会,地点原定为云大至公堂,因本校严予拒绝,改在他处。据报该会场秩序尚好,惟其所在附近时有枪声,本日昆市多校学生以受威胁为词,先后罢课,本校学生于早十时后亦未上课,现正多方劝导复课。谨此电呈。云大校长熊庆来敬叩。戌寝。

〔教育部档案〕

2. 西南联大关于当地军警放枪断绝交通威胁学生会场而举行罢课抗议电

(1945年11月26日)

昆明联大

　　急。教育部朱部长钧鉴:本校学生与云南大学、中法大学及英语专修校学生,于本月二十五日晚在本校举行时事晚会,由本校教授钱端升、伍启元、费孝通及云大教授潘大逵四先生讲演,对于内战问题有所讨论,和平秩序良好。事前地方当局与学校当局商洽不准学生开会,学校以为学生在校内开会事,事属寻常,请勿操之过急,并负责不使学生有轨外行动。乃于甫开会之时,竟有军警在本校四围施放枪炮,断绝交通。学生愤慨,于今日罢课,除已函省府交涉勿再有此项措施,并令学生即日复课外,诚恐傲〔传〕闻失实,谨电请并派员来昆彻查,以明真相。国立西南联合大学叩。寝。印。

〔教育部档案〕

3. 周鸿经关于一二一惨案经过密电

(1945年12月1日)

昆明周鸿经

急。教育部长朱钧鉴:"1651密"。联大教授劝导学生复课无效,昨日午后学生在街头写标语发传单,有呼吁罢工罢市语句,与人互殴情形。卢主席严饬当晚与联大廿余教授晤谈,再商讨劝导学生复课办法,议定步骤并权限驳复孙周拉苏约于今日午后再谈。今日上午学生安静,原希下星期一可复课。不意中时教官总队路过联大,与学生殴打,联大被二十余人闯入,以手榴弹遽伤学生卅余人,内四人重伤,一人死,联大工学院亦被人闯入,稍有损毁。职得知后,即往见关总司令,伊表示焦急,允迅速查获凶手,依军法办理。职旋往联大,复与查良钊至云大医院慰问受伤同学。关总司令亦至慰问,后同至清华办事处,与联大校务会诸先生晤。得关允负责捕凶,以后尽力保护学生安全,并请学校约束学生出校再有以前行动,以免意外,尤希早日复课。学校允尽力劝导约束。职在此竭力妥慎处理,必要时即返渝请示,盼速电请梅校长回昆,余续陈。周鸿经叩。亥东。

〔教育部档案〕

4. 中统局关于昆明联大云大等校
反内战要民主运动活动情报

(1945年12月7日)

中央调查统计局情报
  昆明联大云大等校罢课及情形调查
昆明十二月四日讯
据报:联大、云大等学生自治会,于昨日(二十六)午后二时,在联大南院教育□开代表大会,商讨罢课之善后问题,并组织宣传、联络、交通、生治、纠察、总务等六组,计讨论事项:

一、要求:

(甲)第一类:(1)反对内战,要求和平。(2)要求美军继续撤离中国。(3)要求组织联合政府。

(乙)第二类:(1)要求当局追究二十五日晚发生射击事件责任问题。(2)取消本月二十五日军政联合关于禁止自由集会之禁令。(3)保障人民身体集会集〔结〕社之自由,并保证嗣后不得再有此类武力干涉之事件发生。

二、宣言:

(1)国共双方应迅速的停止军事行动,并不得藉口耽延。

(2)在民主呼声下,应有新闻之自由。

(3)请求各党派及无党无派之公正人士,赴冲突地调查真相。

(4)立即惩办汉奸,并不得借用伪军及日军之武力来对抗内战。

(5)组织联合政府,实行民主制度,筹划建国大计。

(6)请美国迅速撤退在华驻军,及制止用军火援助国民党。

(7)保障人民身体集会结社及行动之自由。

三、对美国政府之呼吁:

(1) 请美国军队撤出中国,并停止运输国民党军队。
(2) 请美国政府停止租借法案及一切援助。
(3) 撤换赫尔利大使及魏特迈亚。
(4) 恢复罗斯福之对华政策。

四、对美国人民之呼吁:

(1) 对美国过去支援中国抗战深表谢意,要求恢复罗斯福对华政策。

(2) 请美国政府撤换赫尔利大使及魏特迈亚,并要求美军退出中国。

(3) 请美国人民督促政府对外采世界和平之政策。

(4) 迅速请求政府停止租借法案、一切援助中国之内战。

上述正用自治会名义起草,由同学乐捐方式捐款印发。云大学生自治会方面亦有同样之行动,正在进行中,并由奸伪化装平民在美军住地领导小孩高呼美国人顶不好,行动鬼祟,出没无常,企图造成反美空气。

又讯:联大奸伪分子所把持的学生自治会主办之联合通讯,报导联大、云大、美专等校自治会,于二十五日联合举办之时事晚会,说明各教授讲演时,被外界用机枪迫击炮射击及手榴弹爆发之情形,与王某自称老百姓率领特务人员一百余人企图倒〔捣〕乱晚会,幸得纠察队同学严密维持,会场秩序免于被害,此种反动分子,利用美国军火来反对民主,企图一党专政来把持中国,用武力统一鱼肉人民,实正痛恨云。据悉该文已由美国昆明新闻处发电美国报导此种事件云。

附抄标语如下:

1. 全国学生联合起来反对内战
2. 响应全国反内战委员会的号令
3. 要求国共双方立刻停止进军开火
4. 叫美军全部立即退出

5. 马上组织联合政府
6. 取消限制人民游行集会言论出版反动法令
7. 内战不停止,我们誓不停止斗争
8. 唤起全国人民罢课罢工罢市
9. 和平建设民主中国
让所有的人
都来加入我们的队伍
让卑怯的灵魂
腐朽的灵魂
发抖在我们火把的前面
让我们的火把的烈焰
把黑夜摇塌下来
把高高的黑夜摇塌下来
把黑夜一块一块的摇塌下来

　　　　——艾青:火把

我们有权利去反对这种自私、卑劣的行动
我们用自己的笔来反对内战制止内战

　　　　——联大女同学会

　　　　　——新诗社——

民主被强奸死了!
自由早已剥削尽了!
同胞们! 是时候了!
你们知道吧!
当刽子手任性宰杀人民的时候
不反对,就是帮凶!

　　　　　——新诗社——

我们唯一的武器
只有宏亮的声音和不曲的笔杆

呼吁是我们自己的声音

呼吁就是我们的力量

　　　　　——联大女同学会

　　　　　　——新诗社——

〔教育部档案〕

5. 国民政府参军处抄送中大响应一二一惨案声援受难者情报函

(1945年12月15日)

敬启者：奉谕抄送中大将响应昆明学潮由情报乙件，即请查照参考为荷。此致

朱部长

附抄情报乙件

　　　　　　　　　　　　国民政府参军处谨启
　　　　　　　　　　　　十二月十五日

情报

中大将响应昆明学潮

自昆明学潮发生后，中大学生态度极为沉静，但至近两日来因受"大公报"刊登之昆明通讯惨案真相一文及该校壁报"雪里红"等之刺激，前(十)日午后中大之"大学新闻"及"中国学生导报社"等联名通告募款慰问，并致书响应，以示援助。昨(十一)晨有大批学生以学号署名贴出巨大壁报，内容略谓：同学们！我们不能太沉默了，昆明的青年同学们的流血惨案还不能刺激我们的心吗？他们在法西斯统治者威力下流了血，牺牲了生命，他们是在统治者手榴弹下死去的，他们是反内战而被暴徒们予以打击。我们不能毫不关心的看着那些热血青年同学们的血白流，我们要以行动援助行动，正

义援助正义,我们要请自治会诸公也站出来说句话,有胆量的站出来领导干一下,同学们应该热烈赞助我们,要争取民主自由,反对以刺刀、手榴弹来摧残为民主自由而奋斗牺牲的昆明同学——等语。最后并提出四项要求:(1)严惩惨案凶手。(2)查明指使者。(3)保障言论集会结社之自由及生命之安全。(4)援助昆明事件死者同学等。并于校内四周张贴标语:反对以手榴弹摧残民主;反内战;我们要起来建立民主的新中国;援助昆明同学;我们不能在刺刀统治下沉默等多种标语。云。

〔教育部档案〕

6. 蒋介石关于上海当局密派三青团员会同军警阻挠上海圣约翰大学响应一二一学运代电

(1945年12月18日)

国民政府代电　府军(信)字第一二〇〇号

教育部朱部长勋鉴:据上海钱市长亥删电称:圣约翰大学学生受奸党鼓动,欲发动学潮,以响应昆明学潮,其条件为:(一)请马歇尔撤退驻华美军。(二)建议成立联合政府。经我军警戒备及青年团员加入,活动未获结果,闻明(铣)日拟再开会。已饬青年团仍秘密派人参加,并命军警戒备。谨闻。等情。希注意。中正。(卅四)亥巧府军信。

中华民国三十四年十二月十八日

〔教育部档案〕

7. 郑忠华抄送一二一惨案情报函

(1945年12月18日)

兹抄送联字第16964号情报乙件,即祈查照参考为荷。此致

教育部

郑忠华敬启

卅四年十二月十八日

抄件

委员长钧鉴：十一月三十日函及卅酉冬情支戌各电计均赐览，谨续呈者：一、昆明联大、云大、中法、英专四大学之少数奸党分子鼓动罢课，因我部队与党团人员以有效方法防范，使该奸党分子无法活动，不能达到游行目的，被引诱罢课之各中学校亦均先后复课。上月三十日起，该奸党分子只有分散街头，粘贴标语，发放传单。我工作人员仍予立即消除，或在其大幅标语上涂以赤匪二字，致奸匪情势大见颓顿。职并曾召集新闻界及地方人士商讨，咸主张一致对奸党以舆论评〔抨〕击。（二）上月三十日下午四时军政部第二军官总队有少数学员在昆市街头被联大等四大学奸党分子殴辱。在本月一日上午十一时许，该军官总队之一大队按规定赴大观楼旅行，经过联大文法学院时，校内学生以瓦石投击该队人员，初依墙相避，而投击愈烈，遂与之殴斗。该队五学员受伤，联大、立法学院学生七人受伤。又另有一部约共三十余人，服装不一，闯至联大师范学院与该院学生殴斗，其中有人投掷手榴弹三枚，该院学生有十三人受伤，内李鲁连（联大生）一名，因伤重送至云大医院即气绝。又潘琰、荀拯中（昆华工校）、于冉（南菁教员）三人亦于二日相继绝命。职于当时闻讯，即亲赴联大各学院及医院分别慰问，并召集学生听取报告，一面令军警速缉肇事主犯，依法办理，且于当晚与联大当局商讨善后。当时该校学生均已满意，并将第二军官总队所有互斗学员均加拘留，同时仍继续缉捕投弹凶犯。于本月二日，又拿获陈奇达、刘友治、陈云楼三人。在本部尽力捕凶期间，奸党分子又暗中嗾使学生以送葬死亡同学为名，意欲举行游行宣传，因我已有防范未逞。十二月三日，该奸党分子仅分散讲演及发传单贴标语而已。(三)十二月四日下午三时,在本部公审投掷手榴弹之凶手及第二军官总队与联大学生互斗学员,由卢主席任审判长,职与李主任委员宗黄为陪审官,同时邀请昆明各界首长与新闻界及联大教授赵凤喈、张清常等百余人观审,先后提到第二军官总队与联大学生殴斗之学员周海泉、李本固、杨茂之、王斌、覃治权、龙玉田、卢岳俊、罗炳炎八名,经讯明或因在昆市受学生殴辱,或徒手列队旅行经过联大文法学院时无故受院内学生投瓦石相击,致起互斗情事,各有受伤者。惟第二军官总队学员王斌称:该大队于十二月一日上午十一时旅行投〔徒〕手列队经过文法学院时,院内除向外投瓦石外,并投出手榴弹一枚未炸,为其拾获,正欲还掷,为队长所阻,反落于本队旁致伤该队学员二人。该员陈词正激昂,队长及同队学员均为之证明。但联大学生称该队学员向该院投手榴弹,经职函达该院作证学生,虽邀而不至。以此情形,该总队学员均多无罪,惟陈奇达、刘友治、陈云楼三人,查均系失业军官。据陈奇达供称,系受共党分子姜凯以金钱与支队司令官职相诱,发给手榴弹二枚,听其指挥。刘友治系受陈奇达之利诱教唆,由陈手得到手榴弹一枚。陈云楼系受另一奸人(不知名)于其愤慨时,乘机予以手榴弹,嗾使行凶。陈奇达、刘友治二人均承认接受之手榴弹于混乱中投入该师范学院不讳。该院所炸死伤共十三人,即此所致,而陈云楼虽承认接受手榴弹,但欲投而止。各犯除由卢审判长依法处理外,谨将十二月一日至四日共党活动状况与公审各情,肃函奉报,敬请鉴核。恭候钧安。

职　关麟征

〔教育部档案〕

8. 李天民关于成都各大学追悼一二一死难同学游行经过情形函

(1945年12月26日)

骝先部长钧鉴：自昆明学潮消息传来成都后，各大学共党分子于本月九日，联络成都区共党分子，以追悼昆明死亡学生号召开会游行，并反对内战经过情形，特附录详情一份，以供察阅，并祈指示为祷。肃此敬请崇绥。

李天民谨上
十二月十日

事由：为缕呈十二月九日成都区各大学共产党分子以追悼昆明死亡学生号召反对内战游行经过情形。

本文：自昆明联大、云大学生为共党投掷手榴弹发生不幸事件消息传来成都后，各大学即利用时机作为号召，将燕大发动反对内战同盟已告失败之企图重新掀起。各大学共产党分子利用壁报及华西晚报大肆宣传，影响逐日扩大。结数日之酝酿结果，八日午后川大举行所谓追悼会。九日午前九时在华西坝教育学院前广场举行追悼会及游行。兹将事前事后情形缕呈于左：

一、事前对我双方准备情形

燕大以时事分析引起反对内战问题，拟由该校学生自治会通过发起号召组织大中学反对内战同盟，因该校同志运用中立同学，在三次全体大会中，以三百六十票对四十票否决发宣言及告美国民众书，暂告安静。但该校共党分子仍利用燕京新闻公布告美国民众书及反对内战言论。数日后，昆明联大、云大因奸徒投掷手榴弹发生不幸事件消息传到成都，各方立即浮动。金大首先揭出布告公开征求同学签名援助，华大、川大、燕大亦有同样情形。各校共产党分子所办壁报及刊物大肆宣传政府屠杀反对内战之知识青年，华西晚报尤为激烈，逐日公布昆明消息，并捏造事实，诬蔑昆明地方当局，公布各大学共产党分子所组织之团体及号召签名慰问死伤学生的电，并刺激情绪，准备行动。各大学我党团同志亦以壁报对壁报，剪报对剪报，针对宣传。斯时已得消息，共产党分子准备在十二月九日在蓉举行大纪念游行及罢课援助，经商同党政各方一致密切注意防范及针对予以纠正。八日（昨日）华西坝各大学公共场所标语传单百出，表面同情声援昆明学生，幕后造成利用反对内战行动，除各大学同志一致彻底以办壁报标语剪报对付外，对各中学，分团亦一再商讨严防牵动。八日午后三时，川大共产党分子曾号召所谓追悼会，企图试探情绪，结果到百余人，尚无过激行动。华西坝各分团本日不断集合，商讨对策，结果以张指导员岳军决定对策，让学生发泄，但不得罢课及游行之原则，努力作主，如游行不可免，当分散其力量或分其人数。八日夜间即照以上对策分别进行，第一使青年党不参加此次行动，第二使中学不受波及，第三使中立分子减少参加，第四我党团同志一律远离观察，以避冲突及共产党分子再造血案，一切准备顺利进行。

二、开会及游行经过情形

（一）追悼会开会情形

今日（九日）晨七时，再与张指导员、黄主任委员及军警、教育各方取得联络，分别布置，以避免冲突及不滋生枝节为目标，分别进行。本会工作同志亦经分配工作，天民负责与各高级人员联络，许书记伯超留守团部，杜组长均衡到华西坝青年馆与各大学分团负责同志切实商讨临场应付。八时半，华大教育学院门前广场共产党壁报集中公布，有学生约百人在场阅览。八日（昨）夜，本团同志所贴揭穿共党阴谋之标语壁报剪报及大幅壁标语，亦与共产党并陈华西坝各大学公共场所教室寝室及过道。其中尤以每一分团负责一幅之大壁标语，内容为揭穿共党以追悼昆明学生发动反对内战掩护其阴谋,及油印传单内容以中立分子请同学们不要受骗参加开会被人投手榴弹制造血案两种最为生效。故中立分子大多离去或避开。九时整,共党分子即以竹杆〔竿〕树起成都市各大中学追悼昆明血案死难同学大会横布标语,在场共党分子以金大后援会为主,集合唱歌,号召群众。赓续川大共党分子约二百人(女生最多)整队来华西坝,在川大二宿舍门前为党团同志阻拦,撕毁旗帜。结果冲散后又集合到场燕大共党分子约八十余人,以追悼昆明血案死难同学横布标语前导,以反对内战居其次,校旗殿后,整队到场。金女大、华西大学及齐大共党分子亦纷纷到场,每一校到场均以热烈掌声及欢呼声、口号声及歌声。另有立达济川建国等十余中学生亦零星到场。十时五分可能号召之人数均到,即由燕大共党首要、平日极激烈分子魏永清主席开会,会场曾由各校共党中坚组织纠察队在四周防范我方加入。继由燕大教授吴耀宗讲演,川大教授李相符讲演,各大学每一学生代表讲演,其中以李相符为最激烈。加拿大人文幼章、华大教授罗忠恕均参加,但未讲话。所有讲演均以"反对内战"、反对"屠杀反对内战"为中心,尽情刺激情绪,每讲到刺激语,即由群众报以掌声及口号。十一时整会毕,即由主席魏永清高呼出发游行,由会场大布标语前导,川大大约二百人走第一列,金女大十余人走第二列,华大约二十余人走第三列,燕大约八十人走第四列,金大约七十余人殿后,齐大约十余人左右混入金大行列,未有单独旗帜。全队约四百人左右,内女生占三分之一。由华大事务所门前出向新南门入城,队首有募捐柜、贴标语队及自行车多辆,队伍两侧均有纠察队,行列中夹有反对内战竹笆上糊纸之漫画作过激之论调。

(二)游行情形

出华西坝后呼"反对内战"、"反对中国人打中国人"、"反对屠杀青年学生"、"壮丁还家乡"、"打倒腐败政府"、"打倒特务"等口号,且有谱成通俗短歌者。沿途军警均甚忍耐,经丝棉街、督院街、走马街、东大街、春熙路均无异状。至东御街，前两小时即有共党前队约三十余人在美国新闻处门前留候，事前因政府有准备已闭门，上三楼附近亦有便衣警士维护。大队到时，此三十余人即以粉笔在墙上壁上书写中英文标语，主要者请美国军队退出中国，反对美国人参加中国内战等。同时各色标语亦遍贴前后左右，且断绝交通，向来往车辆上贴写就之标语及以粉笔书写标语，逗留是处约二十分钟，并以中英语口号向该处呼喊，结果尚无意外。在各标语之中，我同志数人利用粉笔添改彼等所书标语，使其意义相反，或改变内容。大队即向西御街祠堂街前进入少城公园后，由加拿大人文幼章讲演，希学生效法七十二烈士，推翻政府，语极激烈煽惑。又有自称齐大学生讲演二时半散队，各校亦零落分散，仅川大及华西坝有少数集队出东南门返校，沿途唱歌。川大共党分子返校时，我党团及中立分子三百余人组织护校团，反对利用川大名义，并在校内遍贴标语，几至动武，幸经同志以大局为主，未演事件。

三、事后检讨

1. 此次事件本团同志、党部同志及军警均能以最大忍耐应付，结果作到减少共产党分子之群众，亦如预期办到不发生冲突，平安渡过。

2. 此次本团华西大学同志方君璧、陈又诚两同志与华西坝青年党首要彭高万再三商谈，盼勿参加。青年党以怕为共党利用，且对当前局势认为马歇尔来华可以好转，决不参加。结果守约，一人未参加，致使共党孤立，所有主要及外围分子全部暴露，已列名单保存作今后之参考。

3. 一般同志以事前及当时之各种斗争颇为兴奋，寝食俱废，近三日均漏夜工作，各校间各同志间之团结合作及努力大有进步，且对今后一切亦有具体意见，就此加以协助指导，今后大有可为。

4. 各校同志对燕京出燕京新闻，政府不加取缔，华西晚报捏造消息为所欲为，政府不予制裁，颇表失望。请求予以取缔，并对我方同志应有计划在宣传上建立机构，充实宣传，以收宏效。

5. 各大学一致决定请中央团部，对成都各大学同志工作应考虑改变方式，力避以团对外，应以其他方式工作，并望拨经费建立联合机构，加强联系，密切合作，以对今后之事态，因各同志大多均已暴露身份，非如此即将遭打击，不能立脚也。

6. 各大中学因本团同志早有布置，各学校及教育当局亦曾关照尚未受波及，虽有假借大中学名义，结果未被牵涉。

7. 请求中央今后对共产党活动情形及每一事件发生后，有明白详尽之指示，以作宣传材料，尤望经常供给材料，以为平日宣传对付共产党之题材。

〔教育部档案〕

9. 朱家骅关于派员赴成都视察以阻止各大中学响应一二一运动经过签呈

（1946年1月16日）

签呈

案奉钧座（卅四）亥尤府军信字第一〇七五号代电：为据报成都各学校现正酝酿学潮，饬切实注意预防，等因。查本部为预防学潮起见，曾于上月初派钟督学道赞同杭次长前往成都督导，兹据钟督学报称：上月四日到达成都后，即约集各大学负责人会商预防学潮办法，并查询最近学生酝酿学潮情形，知其中有燕京、金陵、川大等三校学生较为活跃，于是面嘱各该校当局特加注意。五、六两日与杭次长分赴各校视察，同时示意各校长以成都各大学校长名义通电对于昆明事件表示同情，对于罢课举动表示牺牲太大，宜以学业为重，静候政府解决，并再三向新闻记者报告昆明事件实情，及政府处理方针，以明真相。七日晨各校学生约四百余人在华西坝华西大学草场开会，追悼昆明死难学生，并举行游行，呼口号贴标语，因事前与省当局接洽，多派便衣警察不带武器沿途预防，维持治安，并绝对避免冲突，故除游行外，未有其他事故发生。惟风闻一部分学生仍有策动罢课之企图，于是鼓励中立学生及无党无派与愿意上课之大多数学生发表文告，反对罢课，尊重学业，以引起全体学生之注意与同情。少数学生见无机可乘，罢课之事遂无形打消。川大学生李富育，系共党分子，于游行后第三天在其寝室中搜出鼓动学潮、工潮及主张新疆、内蒙古及东九省独立等文件，除将此全部文件封存外，正在依法解决中。又该校农学院教授李相符，平时言论激烈，指使一部分学生为不守本分之行动，此次学生开追悼会时，渠登台演说，反对政府，以发动成都学潮为企图，似应加以注意。等情。除关于李相符一节已密令该校校长切实注意外，理合据情呈复鉴核。谨呈
主席蒋

教育部部长朱〇〇

〔教育部档案〕

10. 中统局关于天津学生游行反对甄审及追悼昆明死难学生情报

（1946年1月29日）

中央调查统计局情报　　中华民国卅五年一月廿九日发出
　　　　　　　　　　　中调（35）情字第八五六八号
　天津学生游行反对甄审并追悼昆明死难学生
　天津一月二十八日电：津市学生二万人反对甄审开会后复结队游行，本市学联会元月二十四日策动各校代表分别召开小组会

议,于耀华学校开会,内容:(1)出席代表刘来、刘长源、周荣及李庚钧、刘个端等。(2)请求学生乘坐电车免费,汽车半价,观电影半价。(3)请求减低学费入学。(4)参加元月二十五日庆祝和平协定,追悼昆明死难烈士大会及游行。元月二十五日下午在民园举行大会,到会计有勃海、广东、达仁、耀华、河东、志达、天申男女中、省男中、慈惠男女中、市立第一医院志生助产女二、工商、西开、圣功、市六中、特一区育才、商职、众成、省女中,共二十校一千四五百人(我当局闻讯,警备司令部警察局督察长孙飞、行政科李某、十分局长任东英、本局同志参加大会),主席团为广东秦肯,二中王恩汉、达仁尔木、白耀华、刘长源,省女中潘桂兰,主席秦肯报告十二月一日昆明学潮经过,读追悼文,演讲,致闭会词后游行。经民园、黄家花园、绿牌电车道、旭街东马路、北马路至南门外散会,游行时抬毛泽东及昆明暴动分子等画像,口号二十六条,主要为:(1)政协会只许成功,不许失败。(2)巩固和平,实现民主。(3)立即结束一党专政,成立民主政府。(4)立即实现各种民主权利。(5)撤退驻华美军。(6)严惩残余汉奸特务走狗。(7)释放爱国政治犯。(8)实行真民主,反对假民主。(9)实现国内和平,永远消灭内战。(10)切实保障言论出版集会结社的自由。(11)设法救济天津数十万失业工作人员、工人及难民。(12)严惩营私舞弊、贪污接收员。(13)没收敌伪仓库存粮,应大量廉价售给市民。(14)警察局是人民的公仆,不能打骂主人。(15)取消敌人统治市民的得意工具保甲制度。(16)要求政府以接收敌伪财产之一部补助教育经费,反对增高学费,造成失学危机。(17)要求政府救济失学失业青年。(18)学校当局非得学生自治会同意,不得无理开除任何同学。(19)反对特务分子威胁恐吓热心公务同学的无耻罪行。(20)停战协定的成立,是民主烈士们用鲜血写成的。(21)追悼昆明被难同学,要求政府立即取消特务政策。(22)昆明死难同学是天津数万青年同学的榜样。(23)我们用自己的行动回答死难的烈士。(24)学联万岁。

张市长、杜副市长对方〔学生〕请求数点,甚表同情,愿竭力设法解决学生困难。今各机关军警均奉令卸下枪弹,美军二万余人亦禁令不准外出,免发生意外。云。

〔教育部档案〕

11. 卢汉关于国民大会开会时要联大迁校分立并企图收买一二一死难同学家属电
(1946年2月4日)

昆明卢汉

  教育部朱部长骝先先生勋鉴:5710密。此次政治协商会议期中,汉等对各大学多方防范,幸少喧攘。转瞬国民大会开会,似宜促令联大于四月迁校,限五月间清华、北大、南开分立,则大会期间其人员已不集中,间可减少声援,敬乞婉呈主座定夺。学生停棺义山,正多方努力催促中,已暗令家属出面提出严重交涉,如教部再向梅校长催询,不日当可结束。弟卢汉。丑支真重发。印。

〔教育部档案〕

12. 陈策关于破坏广州市学生示威游行密电
(1946年2月13日)

  中央党部:○密。分送吴秘书长、陈部长、张部长、朱部长勋鉴:子有秘特电敬悉。自当照办。关于一月卅日本市学生游行,事前党政团负责同志曾设法防止劝导,虽未能消弥〔弭〕无形,然附和参加学生仅属少数。巡行时军警力持镇定,避免冲突,事后运用各种关系,避免扩大宣传,本市各报多依中央社稿件刊登,对于反动口号一律不予发表,今后自当与有关各方紧密联络,严予防范,安定局面,以杜乱萌。敬电察照。广州市执行委员会主任委员兼市长陈策谨叩。丑元。印。

〔教育部档案〕

13. 中统局关于昆明各学校反对任用李宗黄举行罢课情报

（1946年3月6日）

中央调查统计局情报

中共煽动昆明各大中学罢课反对任用李宗黄

昆明三月六日电:昆明各学校中共反对任用李宗黄发动罢课,已于本月五日开始,除护国等中学未罢课外,其他大中学已完全罢课。五日清晨云大、联大附中各队并分往各中学召集学生集合,实行扩大宣传,并可能游行示威。云。

〔教育部档案〕

14. 卢汉关于防止昆明学生为一二一死难学生出殡五项办法密电

（1946年3月16日）

国民政府吴文官长达铨兄请转呈主席蒋钧鉴:〇密。查昆市学潮发生后,曾经遵照钧旨努力消弭,对于奸党活动亦尽力防止。最近学生联合会订明日为死难学生大举出殡,自当遵谕严加劝阻,并秘密召集会议,商讨对策。谨将各项办法电呈钧鉴:(一)梅、熊两校长负有督导学生之责,应事前公函请其负责切实劝阻,务令生效。(二)严令教育厅长督饬省立各校学生绝对不许参加。(三)面嘱警务处长认真督同所属,调查奸党活动情形,加以防止,策动党国人员加紧分化工作,策动家长约束子弟,不准参加。(四)运用社团力量加以阻止,倘再无效果,则策动本市商民临时关闭店户,表示抗议,予奸党精神上之打击,以贬损其信誉,同时通告外埠说明真相,防止奸人曲解。(五)出殡时停止供电,以防碍其播音宣传。消极方面,恐奸党制造不幸事件,则饬警尽力防范。上述情形,请兄婉为呈报鉴核。弟卢汉叩。秘寅铣二。印。

〔国民政府档案〕

15. 卢汉关于破坏一二一死难同学出殡密电

(1946年3月)

(1) 3月16日密电

昆明卢汉

限即到。教育部朱部长骝先兄钧鉴：1462密。查昆明中等以上学校罢课一事,曾经职力斡旋复课,并由府筹垫善后用款伍千万元,以本市各团体名义交由梅、熊两校长支配核发,并劝令将已死学生棺木早日瘗葬,以资结束,经过情形谅邀鉴察。殊主持其事之学生联合会善后委员会等却订于寅篠大举出殡,其预计行经路线均为全市通衢,且有各种宣传工具,本市各人民团体以：(一)凶死者照地方旧日习惯,不应出殡。(二)宣传意义各校哀悼不溥出殡方式。(三)多数学生填塞扰攘于通衢,足以影响治安,不宜出殡。(四)棺木与葬地同在联大校内,无出殡必要。依此事讲提出抗议,职已转函两校并分令各校劝阻制止,倘学生罔顾舆情,届时全市商民当相率关闭店户,以示抗议,更当通告外埠说明真相,避免曲解。除一面仍由职会同各有关机关分头多方设法劝阻遏止外,谨先电呈鉴核,余容续呈。卢汉叩。秘寅铣。印。

(2) 3月18日密电

昆明卢汉

教育部朱部长骝先兄勋鉴：1172密。查昆明中等以上学校为

(一二一)已死学生出殡事,弟于事先尽力劝阻,业将详情电呈在案。篠日劝阻无效,举行,惟参加者仅有学生,其人数不及原定三分之一,亦未呼口号及标语,行列所经之处各商店均临时自动闭门,以示抗议。有此一举,学生气已骤杀,市容秩序经督饬竭力维持,尚无意外发生,死者棺木于当日均已下葬。此事自发生至今,迁延三月余,中经无数周折,虽幸告结束者,负咎仍多,谨电奉闻,伏维垂察。弟卢汉叩。秘寅巧。印。

〔教育部档案〕

16. 中执会秘书处抄送镇压一二一学生运动经过函
(1946年7月17日)

关于昆明市联大等四大学奸党分子鼓动学潮及我方防止经过概要暨昆明市奸党分子(各学校学生)活动情形调查表各一份,特随函抄送,即希查照参考为荷。此致
朱部长骝先

中央执行委员会秘书处　七月十七日

[调查表略]

抄昆明市联大云大中法英专四大学奸党分子
鼓动学潮及我方防止经过概要

三十四年十一月廿四日据谍员及党团工作人员报告,联大等四大学校之奸党分子拟于明(廿五)日晚召开时事讨论会,并欢迎各界参加,许自由发言,其目的为举行签字反美游行示威,要求组织联合政府等情。即于廿四日下午六时,召集昆市党政军各界开紧急会议,商讨对策。佥以此种扩大集会,其性质与在各该校内举行座谈会不同,非经请准不能举行。因即与滇省府会衔通知各学校当局制止开会,并察派党团人员参加,操纵会场,使其不能达到目的。

廿五日午后七时,果所报昆明联大、云大、中法、英专四大学校之少数奸党分子利用学生自治会名义,召开时事讨论晚会。由钱端升、伍启元、费孝通、潘大逵四人演讲,并钱、潘、伍、费四人与吴晗、周新民、尚钺、闻一多为领导,在西南联大操场举行并欢迎各界参加。钱端升讲题为内战研究,伍启元讲题为内战与美国,费孝通讲题为如何制止内战,潘大逵讲题为从经济财政观点论内战必须避免,对政府及委员长肆意诽谤。于钱等讲毕时,我党团同志要求发言,经数请始获许可,于是力辟内战二字之谬妄,并称中央狂妄为内战,台下奸党分子即疾呼拿下来打,一时秩序为之紊乱,参加者遂即散离。最后约二三百人于归途中高呼打倒国民政府及第五军等口号。该奸党分子以我党团同志事先已有计划,使其不能达到开会游行目的,于是于廿六日晨即鼓动联大、云大全体学生首先罢课,中法、英专二校继之,并即发出传单,要求集会结社言论身体自由,狂号在华美军立即撤退,停止内战,成立联合政府等口号,同时煽动昆明市各学校一致罢课,并图谋罢工、罢市、罢公、罢役、罢赋、暴动。是日下午五时,本部召集省政府代表及党团工作人员与各学校当局,指示办法如下:(一)以党团同志大量参加各学校集会,使奸党分子不能开会。(二)鼓动学生组织反罢课委员会,要求学校上课。(三)以传单标语压倒奸党宣传。(四)通知市民不许在其住居墙壁上贴标语。(五)奸党分子如游行,我党团同志即以国民身份参加哄散。(六)军警不出面干预,以党团组织与工作压倒奸党分子活动。(七)部队不得与各大学接近,更不准向学校或与学生以武力威胁。

廿六日晚各奸党分子分赴昆明市各中学校鼓动威胁,使之罢课,故自廿七日起联大、云大二附中及昆华、南菁、五华、云瑞、大同、天南、求实等廿余中学受其煽惑开始罢课,惟我党团工作人员同时策动各学校所属党团籍及中立之学生,即组织反罢课委员会及新学生自治会,发出传单标语与之相抗,并要求学校复课。反罢课委员会开会时,奸党分子闯入会场,殴伤数人,我党团工作人员益为努力。

各中学当局均能遵照规定劝导学生,故各中学校于廿八日即有半数复课。惟奸党分子有携带武器暗赴各中学胁迫者,同时反罢课委员会各以壁报传单标语力辟罢课之非,军政当局并予反罢课委员会以有力支持,奸党分子仍发出空气要游行示威,我仍以党团组织与工作暗予打击,使不得逞。

廿九日上午十一时,有奸党分子五、六人执毛泽东画像乘吉普车在巫家坝公路上行驶,向行人发问是否信仰共产党领袖毛泽东先生,如不置答,即鸣枪示威。又奸党分子操纵之罢课委员会,在装置小型播音机向各地广播,并将宣传器送达美国新闻处之负责人戴维德。我党团当局发动党团员及特工人员约六千人准备以行动对付行动,该党分子闻讯未敢游行。本日午后四时,又召集昆市新闻界及地方人士商讨,咸主张一致对奸党以舆论抨击。当晚该奸党分子秘密送标语传单至各商店及工厂,煽动罢市罢工反对内战,要求组织联合政府,我工作人员立即将其标语消除,商店亦不准粘贴,发给商号之传单均不接受,奸党工作不能进展。

昆明市各中学校因受反罢课委员会及学校当局之开导,除联大、云大等四大学外,各中学均于卅日复课,奸党分子则化整为零,以三、五人为一组分散市街及郊外发放传单标语,并演讲宣传,我党工作人员仍予立即消除,奸匪情势大见颓顿。卅日午后四时,军政部第二军官总队学员周海泉等三人在昆市街头遇见奸党分子贴标语,随即有我党团同志撕毁,双方因之口角,并成斗殴,周海泉向前劝解,反被奸党分子所殴辱。十二月一日上午十一时,军政部军官总队之一大队徒手列队赴大观楼旅行,经过联大文法学院时,校内学生以瓦石投击,该队人员依墙相避,而投击愈烈,遂与之斗殴。该队五学员受伤,联大文法学院七人受伤。又另有一部共约卅余人,服装不一,闯至联大师范学院与该院学生殴斗,其中有人投掷手榴弹三枚,该院学生有十三人受伤,内李鲁连(联大生)一名因伤重送至云大医院即气绝,又潘琰、荀拯中(昆华二校)、于冉(南菁教员)三人亦受伤甚重,恐生命不保。关总司令闻讯,当即亲赴联大各学院及云大医院分别慰问,并召集学生听取报告,一面令军警宪速缉肇事主犯,依法办理,且于午后六时参加各大学联合召集之紧急会议,商讨善后,当时该校学生均甚满意,另将第二军官总队所有互斗学员均加扣留,同时仍继续缉捕投弹凶犯。

至二日晨,受伤学生潘琰、荀拯中及教员于冉三人相继绝命。当日晚将投掷手榴弹之正凶陈奇达、刘友治、陈云楼三人捕获。在本部尽力缉凶期间,奸党分子唆使学生以死者作工具,大肆宣传,并计划游行示威,我仍以党团工作人员尽力阻止,并迭次与联大当局商讨善后。

奸党分子因在昆市活动受我党团工作人员之制压,自三日起,派少数学生前往昆明附近各县宣传,本部以死伤学生受奸人利用,深堪恻憾,乃于三日上午十时派副官处长为被伤学生赠送菜食与医药费,再为慰问并为被难学生赠购棺木装殓。不意少数奸党分子欲利用其死尸,以扩大其阴谋,对所赠棺木费及果品医药费等均教唆拒收,忽死者暴尸,伤者忍痛,利用生者作彼等制造叛乱之工具,其蓄意狠毒残酷,各界闻之莫不痛恨刺骨。

十二月四日下午三时,在本部公审投掷手榴弹之凶手及第二军官纵队与联大学生互斗学员,由卢主席任审判长,关总司令与李主任委员宗黄为陪审官,同时邀请昆明各界首长与新闻界及联大教授赵凤喈、张清常等百余人观审,先后将各凶犯分别讯明,由审判长处理经专案呈报在案。

五日至十日期间,奸党分子仍在鼓动各校学生扩大宣传,并希图游行示威。职与卢主席多方调解,至十五、六日各大学始先后复课。

各校学生复课后,仍有少数学生受奸党分子之利用,时在街头张贴壁报、粉涂标语,作各种悖谬宣传活动。十二月廿五日护国纪念日,各大学学生复以三、五人为一组分别在近日楼云瑞公园正义路大东门口南屏街等地竟日演讲宣传。

元、二月间各校除少数学生仍进行宣传活动外,无其他特殊事故发生。二月后以东北问题日趋严重,各地民众激于爱国热忱,群起游行,反共之情绪因之高涨,而奸伪分子为消煞民气,转移民众视线,复煽动西南联大少数反动学生,以反对政府任用李宗黄为党政考核委员会秘书长为藉口,联合中等以上各校罢课一日,分数十组散布各街衢演讲,并到处张贴壁报标语,以东北问题为中心,曲歪事实,荒谬宣传五日复课。三月十七日昆市大中卅余校男女学生约万余人为一二一事件死亡学生发丧,十一时由联大新校舍出发,沿各大街衢作出殡,游行期间仅作简短之宣传及散发传单,游行行列所至,市面铺户自行关闭,以示抗议,观众态度冷淡,予以严重之精神打击,午后五时游行完毕,翌日即行埋葬。

关于奸伪分子之活动,以事先已经饬属注意监视,并针对其弱点,发动各校党团学生及地方党政人员实行防止,致未发生任何意外事件,现虽有少数学生仍作各项宣传活动,但均在我严密监视并策动党团学生发动相对言论以遏制之。

〔教育部档案〕

[2] 五二〇运动

1. 中央大学学生对维持社会秩序临时办法抗议书
(1947年5月20日)

对国府制定所谓"维持社会秩序临时办法"抗议书

任何民主国家的人民,均有享受身体自由、言论出版自由、集会结社自由以及游行请愿自由的权利,任何民主国家的政府,均有保障人民上列诸项基本自由的义务。在宪法颁布、新政府成立的今日,政府竟制定所谓"维持社会秩序临时办法",我们不胜骇异。我们要指出:整个社会秩序已被内战破坏无遗,我们游行请愿的目的是为了争取社会的安定和繁荣!上述法案不但剥夺人民基本自由,违反民主精神,且与蒋主席四项诺言,亦背道而驰,我们对政府此种非法行为除深表遗憾外,特此严正抗议。

国立中央大学全体学生五月廿日

〔总统府档案〕

2. 京沪杭苏区十六专科以上学校会议通过联合请愿原则文

(1947年5月20日)

京沪杭苏区十六专科以上学校挽救教育危机联合会第一次会议,于十九日晚九时四十分于南高院一〇八教室召开第一次会议,到上海区:交通大学、上海医学院、国立幼专、同济大学、暨南大学、复旦大学、上海音专、商船学校、机械学校,杭州区:浙大研究所、英大,苏州区:高建训练班、社教院,南京区:金大、音乐院、中大(药专、语专、剧专中途退出)等十七单位,代表廿四人,由中大主席,决议关于联合请愿原则,除一般性外,可有特殊性之要求,但其要求应由该校负责,并决议联合请愿之共同原则:一、全国教育经费应提高至总预算15%;二、五月份学生们副食费应增至十万元,以后物价指数逐月调整;三、专科以上学校应一律享受公费待遇;四、提高教职员工、研究生待遇,并按物价指数逐月调整;五、请政府直接指拨充足外汇各校订购图书仪器,并简化各种手续。

〔国立中央大学档案〕

3. 首都警察厅特别警备大队镇压五二〇示威游行经过检讨报告书

(1947年5月20日)

首都警察厅特别警备大队取缔学生游行经过情形及得失检讨报告书

一、时间：五月廿日

二、地点：成贤街及珠江路口

三、部队任务及实施经过情形[略]

四、工作检讨

甲、学生优点与缺点

优点：(一)有计划,有组织,行动迅速,变化甚多,且结队游行时尚知化整为零,散而复合；(二)被奸匪利用之学生能以少数不良分子煽动一般认识不清、意志薄弱之学生盲从罢课游行,藉作政治斗争之工具,其阴谋与手段,运用灵活可见一斑。

缺点：(一)游行学生均系受高等教育,不能共体时艰,仰念政府培育之主德,及甘受奸匪煽惑,以不近情理过当之请求作奸匪政治斗争之工具,其麻木不仁令人发指；(二)游行秩序极为紊乱,行动越轨影响社会安宁秩序,妨碍正当商业及交通,故为社会一般人士所共弃,怨言载道；(三)对我负有治安责任之宪警非特不受劝阻,且以其为冲突对象,视如仇敌,打骂交加,不知国家法令为何物；(四)游行前一日,即在各医院预订病人床位廿张,准备流血造成惨案,此种计划与行动惜未用之于真正爱国运动；(五)非法殴伤我员警,不能引以为疚,反诬我宪警用武伤人,藉作攻击之口实,增加政府之困难,其卑劣言行殊为可耻。

乙、警察优点与缺点

优点：(一)能贯彻上级命令,以少数阻止多数,责任心旺盛；(二)均知学生非法游行系经奸匪煽惑所致,以能劝阻解散游行行列为达到任务,以理智控制情感,极具忍耐为本能;(三)视此等曾受高等教育之学生竟如此下愚,被人煽惑利用,均为国家不幸嗟叹,其爱国热忱可以想见。

缺点:(一)政府颁布维持秩序紧急措施,而在迭次会议中,对处置办法及处置程度,均未有明确决定,致执行极感困难;(二)干部(各级指挥官)因未得明确指示,事前相互推诿不肯负责,以致对各种情况之合理布置及处置均无计划,下级干部及长警事急之时张皇失措,任务之执行不分区域,本身已极其混乱,再置之于紧张场面中,指挥联络无法着手;(三)准备应付及布置不够严密,缺乏处理此非法游行经验;(四)驱散与截断游行队伍技术欠佳,且不知控制要口要道;(五)长警受训时间短促,经验缺乏,秩序混乱时,莫知所措;(六)逮捕非法游行之主要分子,不知注意其犯罪证据;(七)警力薄弱,且宪警未能密取联络。

丙、改进意见

一、多派精干便衣人员打入各学校内层,以正义说动纯洁爱国学生,从事分化工作,使事体不致扩大,渐濒于流产。

二、各学校内层及附近外围宜多派精干便衣人员秘密侦探其内情与监视非法行动,以便事先准备对策,并利用有效方法阻止各校取得联系,使事态渐趋冷化。

三、宪警平时应多取联系,并评教以处理此种群众游行之常识,再遇此事故发生,则可患难相顾,处置适当。

四、遇再有此种游行请愿事故发生,事先应于迅速其请愿目的地之通衢要道,设置活动障碍物多层,再以少数宪警从事劝阻时或不能制止,亦可拖延时间,逐步退守,不致骤被冲破,并可疲乏其精神,挫折其意志,免有殴伤或造成惨案之虞。

五、派摄影人员于现场专照其犯罪者,以供执法之根据。

六、负责治安之警宪人员,无论何人,应认识此乃关系整个国家政府问题,而不是警宪任何一方或一单位之责任问题,应打倒争功诿过之卑劣官僚作风与不良心理。

七、以后取缔学潮，负责当局应有整个计划与同一步调，不可有推诿□头之心里。

〔行政院档案〕

4. 顾鸿翔关于遵令镇压五二〇示威游行及逮捕学生情况致首都警察厅函

(1947年5月20日)

查本队于本月二十日奉命：在中山北路及珠江路口劝阻学生游行。上午十一时三十分学生行列经在场宪警依法劝告三次无效，并高呼口号，将旗杆、木棍、油墨、颜料、石块等，向劝阻宪警抛击。当有学生张志乐一名，以木棍击伤保护水龙之警官谭平宣颈部。另有学生娄匡人一名，以反对内战反对征兵征粮为口号在行列一侧宣传，并以石子抛掷。该两名触犯刑法，依法捕送地方法院办理。相应函请贵处查核。

中队长　顾鸿翔

〔行政院档案〕

5. 关于军警审讯五二〇示威游行学生的报告

(1947年5月20日)

报告　　五月二十日于审讯科

窃职等于本月二十日下午五时许奉谕前往协同卫戍部侦讯游行学生妨害秩序案，当经前往协同侦讯，除所有供词证物，经由卫戍部戈军法官剑农汇案核办外，谨将侦讯情形报告如左：

一、逮捕妨害秩序嫌疑犯共十六名，业由刑警队中区局、东区局、卫戍部稽查处等各单位，分别送案侦讯。

二、嫌疑犯十六名其姓名及供述概要如下：

1. 宋尚伦，男，二十四岁，中央大学学生，供承自动参加游行及不听解散命令，否认有受人指示及殴打警员情事。

2. 詹润身，男，二十四岁，宁波人，中大□政系三年级学生，以要求增加副食费及反对内战参加游行，并担任游行快报组记者，传达消息，否认有受人指使及殴打警员情事。

3. 杨诗群，男，二十四岁，汉口人，中大化学系四年级学生，依照学生决议案自动参加游行，以要求增加副食费及反对内战为目的，于游行途中，随同队伍，不听解散命令，冲过封锁线，致被拘案，否认有受人指使及殴打警员情事，并称中大学生代表人为王世德、梅振乾二人。

4. 唐名光，男，二十四岁，湘潭人，中大工学院航空系四年级学生，以要求增加伙食费及反对内战，自动参加游行，并冲过封锁线而不听制止，及认为此次游行系属正当。但否认有受人指使及殴打警员。

5. 陈蔡生，男，二十六岁，山东惠民人，国立药专三年级学生，以本校因政制问题罢课，与此次游行目的不同。本校学生并未参加游行，是日因探亲戚路过该处，适逢其遇，否认有殴打警员情事。

6. 王士弘，男，十八岁，湖北人，中大初中毕业生，并无参加此次游行，因住珠江路，有学生游行，故出来观看，致被牵连，否认有殴打警员情事。

7. 周玉林，男，二十八岁，南京人，系王士弘家中佣人，因王被拘，为其祖母嘱查询，致被一同带案。对于此次游行，否认有在场助势及殴打警员情事。

8. 王君毅，男，三十二岁，贵州威宁人，金大数学系四年级学生，因同情学生游行运动，承认对阻学生游行之人加以暴行，并同意增加伙食费及反对内战。纯系出于自动参加，否认有受人指使情事。

9. 赵宏才,男,二十三岁,浙江宁波人,中大社会学系三年级学生,以要求增加伙食费及反对内战为目的,自动参加游行,并有代表十人向参政会请愿,对于政府取缔游行文告,早已获悉,惟以学生一致行动,故参加行列,并无殴打警员及受人指使情事。

10. 刘纲,男,二十七岁,天津人,中大土木系技士(职员),与同事娄匡人同行,娄以照相机摄取游行照片为人所阻,致被拘案。

11. 娄匡人,男,二十八岁,合肥人,中大工务组职员,以照相机摄取警士以水龙头喷射学生之照片及学生游行照片,共摄七张,为人阻止,不听被拘。此次摄映游行照片,否认系受人指使。

12. 张志乐,男,二十二岁,湖南新化人,中大教育系三年级学生,参加游行担任救护工作,因有同学晕厥,乃往十字会取药致为水喷射,上身被打湿,对于参加游行之目的,系要求增加伙食费及反对内战。因不满现实,自动参加。否认有受人指使及殴打警员情事。

13. 邵家银,四十三岁,泗阳人,住下关蒋家园四十七号,业工人,是日为合记车行雇用,乘汽车搬运香烟,于返下关途经华侨路口时,为学生所挤,不能行车乃拍掌呼唤学生避让,为警疑为在场助势被拘,否认有殴打警士受人指使妨害秩序情事。

此外尚有中大学生胡大维、罗曼仲、冯绥安三名,因以东区局以解送方山卫戍部特务连,此时因未接通知,致未讯问,已由卫戍部直接提讯,移运法院侦办。上开嫌疑犯,除宋尚伦、詹润身、杨诗群、唐名光四名由卫戍部准由中大吕训导长保释外,其余人犯已由卫戍部解法院侦讯。

三、经与法院检察处转主任书记官洽商,为求本案侦讯迅速起见,已定于廿一日下午三时开侦讯庭,转知各逮捕员警依时到案指证,并通知各局队将逮捕经过情形报厅核办。

四、二十一日下午六时许接卫戍部戈军法官电话,谓奉司令官谕,以接中央大学送来被逮捕学生名单中,尚有李乐定、江文通、朱培瑜现无下落,嘱查询见复等由,当经通知督察处副总值日官华督察长饬属查询。

五、受伤员警已由鉴识科摄取照片,并通知督察李科长将受伤员警姓名受伤情形查明,函转检察处并案办理。

右列各项敬请鉴核。谨呈

处长　梁

厅长　韩

副厅长　李

〔行政院档案〕

6. 首都警察厅特别警备大队镇压五二〇示威游行经过呈

(1947年5月21日)

窃职奉命于本月二十日上午七时前,率徒手员警两个中队(外吉普车六辆、自行车三十辆)到达指定保安警察总队空场,听候训话后,即遵命归东区局陈局长善周指挥,担任劝阻学生游行。于八时十分率部赴成贤街教育部附近待命。十时许,中大游行学生由该校西门往鼓楼。复奉陈指挥官善周面谕,将全数员警随同指挥官转移珠江路西口与宪兵、消防队部署竣事,以待劝阻。至十时三十分即有中央、金陵等大学学生约三千余人,以中大为先导,卡车四辆,结队由中山路高呼口号向国府路前进。渠等视有宪警阻止,初以向陈指挥官交涉通行,经指挥官多方劝阻坚意不从,继则学生集体挽臂蜂拥前冲,呼哨鼓噪如豕突狼奔,并以自行车多辆、卡车二辆从事向在场宪警猛冲,我宪警等以命令所在,仍坚予劝告,讵游行队伍中暴徒竟各持标语、旗杆、木棍及宣传油墨石头等物向我宪警殴打击抛,致一时秩序混乱,我员察秉上峰意旨打不还手,骂不开口,实行解散游行行列。但学生等乃变本加厉肆意殴打,致东区员警及职队分队长谭平宣、警士刘志杰等十五人均被打伤,尤以刘志杰、肖义仲、皋照銮等三名伤势为最重,而游行学生在蜂拥狼奔中自相践踏亦受伤多人。在此情形之下,我宪警既不能使用其他有效方法,故被其冲破,并蜂拥抢毁水龙,迫使消防队施以水龙冲射,始将该学生等队伍截断,未能通过学生约一千人虽经劝告散去,然已冲过之学生约二千人无法再行阻止,即向国府路前进,直至下午六时三十分,职始奉陈指挥官命将全数员警率领返队休息待命。除职队被打受伤员警造具名单径送督察处,并车送中央医院治疗并证明外,理合将奉命在珠江路口劝阻学生游行情形,并检呈学生行凶木棍一束,被污损警帽二十七顶,军服一件,暨受伤证明书一并备文报请[附件原缺]鉴核备查。谨呈

厅　长　韩
副厅长　李

〔行政院档案〕

7. 中大五二〇血案处理委员会关于五二〇血案纪实报告
(1947年5月22日)

抗议政府屠杀学生五二〇血案纪实

(京沪苏杭区十六个专科以上学校同学为挽救教育危机,在南京于五月二十日联合举行游行请愿,参加同学约五千余人,讵遭宪警非法的摧残打击,造成流血的惨案,受伤同学达三十余,被逮及失踪者共四十余人,兹将这令人不忍卒读的惨案志后。)

京沪苏杭区十六个专科以上学校同学,为挽救内战摧残下之中国教育,曾于五月十九日召开联席会议议决,定二十日联合大游行,并派代表向国民参政会及行政院请愿,请愿原则五项:一、五月份伙食费须增至十万元;二、全国教育经费须至国家总预算百分之十五;三、专科以上学校应一律公费;四、提出教职工待遇或生活津贴,并按物价指数调整;五、请政府指拨外汇交各学校订购

图书仪器及科学器材,并简化向外国订购手续。另外,各校提出特殊部分,中大、金大坚持反对内战,恢复政协路线,交大护校,英大迁校等。决定上午九时半在中大操场集合出发,经珠江路、国府路,成贤街解散,主席团各校一名,向教育部、行政院及国民参政会请愿。

出发

二十日上午九时,中大校本部同学依规定时间在操场集合,等候各校到来,忽闻丁家桥医学院被军警包围,不能前来,继闻音乐院、剧专、金大均被武装军警严密封锁监视,同学精神骤然紧张,接着英士大学、中大农医学院、沪苏杭代表团赶来,同学报以热烈掌声,主席团旋即宣布为金大解围,大队绕行操场一周,由右侧门出发。大队前有书和平救中国巨幅国父遗像作先导,各系科执有标语漫画,三人一伍,高呼口号浩浩荡荡经保泰街至鼓楼,时鼓楼已有宪警密布,水龙头已开,瞄准金大去路。

金陵大学八时半集合前往中大,至校门口被教授多人拦阻,同学高唱"团结就是力量",经一小时对峙,终于冲出,但校外已被宪兵廿七团官兵百余人及不明身份者多人阻止,并冲袭大队,企图抢夺校旗,发生冲突,王君毅同学当场被逮,外边枪声群起,同学紧挽臂膀向前。未几,又遇水龙,相峙一时许至十时廿分,适逢中大队伍赶到,两方汇合,双方热烈鼓掌,大队退回至鼓楼,绕行一周,沿中山路前进,情愈加高昂。至此,纠察员报告,珠江路口已被大队宪警约四百余人封锁交通,并有水龙数条准备开放,更备催泪瓦斯,拟于紧急时放射,同学闻讯,立即三人一排,互扣手臂,缓缓前进。

遇阻

珠江路已变成恐怖世界,各商店紧闭门闩,行人纷纷逃逸,所有交通车辆,或被迫停驶,或改道他往,游行请愿团宣传车、救护车也被阻止,警察当街横站,前后当排手挽紧手,另两架消防车在上海公司与首都车行前接上水龙(据云自来水曾溶石碳酸),红色巡逻车源源开来,附近五百公尺左右宣布戒严,消防手十余人在地上和电线杆上,手执红旗指挥巡官到处奔跑,暴跳不已。

十时五十分,大队行抵封锁线,主席团派代表交涉,请彼等让大家通过,金大训导长也上前慷慨陈词,要求宪警维持秩序,允许同学通过,东区警察区长陈善周称,系奉卫戍副总司令张镇命令,无法擅专。这时队伍里高呼"中国人不打中国人"、"宪警和学生团结起来"、"警察拿出良心来",然而这些特警不但没有被感动,反而恼羞成怒,面目更显狰狞了。

游行队伍在大路上停留十五分钟之久,主席团交涉未果,群情愤激,为着保障人民应有请愿游行的起码自由,决定冲过封锁线去。好,我们冲吧!当一阵冲过去的吼骂发出后,主席团一马当先拥破封锁线,大队跟着冲过去。惨绝人寰的大批屠杀学生的流血惨案便发生了,请看这些人面兽的暴行吧!

暴行

队伍的秩序是这样的:主席团、沪杭苏代表团、英大、金陵大学……中央大学,当前队迫过后队,警察特务奉命冲散大队,汹涌扑打上来,首先抢夺各队旗帜、漫画及标语,予以撕毁,水龙放射,迎面向同学打来,冲得同学们满脸满身湿透。这时有的跌倒,跌倒又爬起来,再冲,有的身体太弱,行动不快,两个人爬起来跑,有人跌伤,同学看到,立刻背起。我们当时脑子里只听到两个字:"冲呀!""冲呀!"水龙和警察的声音和我们混成一团。

一大队冲过三分之一时,我们的队伍被冲断了,水龙集中街心放射着,同学们距封锁线二十码处愤怒的伫立着,警察拿着皮带,持着木棍在等待着我们,但是我们生来是没有怕过什么,难道还怕水龙、皮带和木棍吗?不,我们还要冲,一声"冲呀"!同学又冲上去。

请记住我们的纠察是可佩的,他们先看准了妨害我们的敌人——水龙,有两个同学奋力的跑上去,用头抵住喷口,自来水停了,同学们努力的冲着,皮带、鞭子和木棍打将上来。但是,不幸,同学四人被毒打倒地,血流满面,立即逮捕走了,水龙重新喷射,队伍反被二次冲断,理学院和医学院被隔在后面。

大打的场面展开了,警察轮开木棍,向冲过的同学追逐着,向正要冲过的同学迎头痛击,大部分的人都是在这时受伤的。

在这里,我们不得不控诉着警察特务们已丧失了人性,他们已打红了眼,打黑了心,逢人就打,只要力气许可,要打多少下就打多少下,爱怎样打就怎样打。善良的同学们,看打来了,闪开或抱住头等着挨打,所以被打同学非常普遍,殴伤流血者五十余人,重伤者八人,遭打者起码五百人之多。据一位中学生告诉我们,血案发生前数日,即曾目睹特警们在中华门外演习打学生,因此被打同学多半是头部、腿部、腰部大多是软伤,现在我们仅就几位同学为例,看一看统治者是如何的残忍暴虐。

胡海伦(女)被警察十几人围打,仆倒马路,伤头、胸部、两肘、两膝,跌倒后,有警员跳起来踏她的身躯,因而造成严重的内伤。赵子异(女)头部受木棍毒击倒地,警员五六人左右用脚互踢。孙墩沧的伤,据医生说是复杂骨折,是用铁器猛击,腿骨斜折粉碎,躺在加油筒旁,鲜血汩汩流出。黄斌同学是为援救女同学时右肋被木杠猝击,立刻呕血昏厥。还有,还有很多便是我们的心疼得无法叙述下去的情形,当时我们看到受伤同学血肉模糊的从行列旁抬过,大家都失声大哭了,泪珠直落。大家喃喃的说道:"头受伤了,头哇……"有一位男同学气愤得跳起来,大骂道:"这是什么政府?丧尽良心,一群野兽……"说着他已跟跄倒地,人行道上的市民们也擦着眼泪。真的,凡是有良心的中国人有谁能不为政府暴行一恸呢?

在这里,我们还要向世界人士控诉,在打人前后,有中外记者二人因替同学解围,同遭拳击,我们游行请愿的救护车被冻结隔离,眼看受伤同学躺在血泊里惨叫而无能施救,这暴行,不但违犯什么约法宪法,而且违犯国际公正法的。

以上是珠江路口情形,前后共历两小时之久,前队是十二时冲越封锁线到达国府路,这里的封锁线比珠江路更多坚固。第一道是骑宪队,日本种高头大马威风凛凛杀气腾腾的准备冲散学生;第二道是着玄色军服的防护团;第三道是全副美式装备的青年军;第四道是武装宪兵;第五道是机关枪队,机枪斜置各商店门口,向街心构成紧密火网。另外,尚有二队宪骑伫候国民大会堂停车场里,还有从参政会到国民政府,不晓得还有多少宪警把守。我们真不知道政府把学生当作什么?口口声声的讲着爱护青年,难道是用枪炮水龙木棍毒打逮捕来爱护呢?我们为着全国人民请命,要求停止内战,抢救教育危机,有什么错误?照理,我们应不顾一切冲破任何障碍,但是,我们考虑到牺牲一位同学,比死掉政府里千万贪官污吏及其爪牙还要珍贵,我们应该避免牺牲,据理向政府交涉。于是大队便在国府路停下,面对着随时都可以冲过来,随时都可以践踏我们的骑队,我们坚持了整整六个钟头。

下午两点时,天气突然大变,乌云四起,雷声大作,顿时大风沙迎面猛吹,有卷走万物之势,市民们见暴风雨袭来,纷纷逃逸,只有同学们屹立不动,放声高呼:"我们愿与天地同声一哭","下刀子也不怕!"大家互相以暴风雨中的海燕慰勉,上海代表团与口头宣传组携手绕队唱:"团结,团结就是力量!"女同学激动得热泪夺眶而出。二时十分,大雨倾盆猛注,至二时半稍停,同学们裸头淋雨,形似落汤鸡,冷得浑身抖擞,但复仇的火焰高烧在我们心里,我们不但不气馁,反而更兴奋起来了。

暴风雨过后,沿街住户自动送开水给同学吃,不久,中大膳团餐车茶车开来,一天没进半粒米了,大家又渴又饿。主席宣布请同学用膳,全体同学回答:"不达目的誓不用餐,结果仅喝了些开水,枵腹唱歌,高呼"反对内战","抗议政府暴行","抗议政府屠杀学生",宣传股展开了街头讲演,解释游行意义,请市民声援,听众大声叫好,报以热烈掌声。

此时,卫戍部连下紧急命令两道:严禁违法游行示威,既经布告,着即解散。下马的宪兵复上马,大家心头立刻又紧张起来,互相手挽紧手,等待踏死。

三时许,宪兵司令部派人与主席团联络,至参政会,但中途被带至卫戍司令部,代表对治安当局的违法行为极为愤慨,纷纷提出质询。该部参谋长卫持平讲:就宣布戒严令而言,流血而死也不管的。听!这像什么话呀!代表慷慨致词,提出四项要求:一、释放被拘捕同学。二、受伤同学由卫戍部负担医药费。三、对死者负完全责任,并严惩凶手。四、撤退武装宪警。接着又会见邵秘书长力子,渠代表政府完全接受所提出要求,并允将请愿书、反对内战及反对请愿法等转达全体参政员和国民政府,复决定游行路线,照原计划经国府、碑亭巷、成贤街至中大。

主席团归队后以极沉痛的声调向同学宣布交涉经过,并称:"我们对同学挨打受伤,遭受暴力的压制,感到万分痛心,各位同学要记着五二〇这一天!今天的行动,仅只是一个小小的开始,我们还要用有力的行动,来达到我们的目的,当为受伤的同学复仇,不达目的,誓不罢休,现在我们为避免无谓牺牲,决定先回校,还有更多更重要的工作要做,全国同学和我们在一起,团结就是力量,武力是吓不退我们的。"全体同学报以长久热烈的掌声和欢呼。

六时许,骑宪队、警察、防护团三道防线奉命撤退,其他集中于国民参政会门口,同学整队回校,大雨又开始袭来,沿途沉痛而愤怒的口号,贴标语,吼声震天动地响彻云霄。七时半抵中大,绕体堂广场两周站齐,同学要求惩凶、除奸、为受伤同学复仇,抗议政府暴行,主席致简短词后,大队始散去,天气已黑。

最后,我们还要为非法被捕同学控诉,他们大都是为救助受伤同学,塞窒水龙遭逮,初捕时用毒打作威吓,继则用蒙塞眼睛和口,用绳捆绑,送卫戍部及警察局,后分送雨花台青年训导队及方山(距京市三十公里)集中营。审问时,多诬同学为共产党威胁。但在全国学生大团结的抗议之下,被捕诸同学先后于二日内释放光荣归来。

在这里，我们沉痛的向全国人民、全世界人士控诉出这无耻下流的、失却人性的大暴虐大摧残青年学生的罪行。我们悲愤的指出，有计划白日行凶杀人的是我们的政府当局，政府应负完全责任，我们受了伤，流了血，但是我们永远也不会屈服，决不退缩，为了中国人民应有的自由权利，我们踏着自己的血迹，勇敢前进。目的不达，誓不罢休！誓不罢休！！誓不罢休！！！

五二〇血案处理委员会　五月二十二日

〔总统府档案〕

8. 药专学生为五二〇血案抗议书

（1947年5月21日）

国立药学专科学校全体同学为"五二〇"大血案抗议书

有血性的中国人哟，同声一哭吧！腥红的五月，又出了惨绝人寰的血案了！

五月廿日京沪苏杭学生抢救教育危机联合请愿大游行的行列，我们未能全体参加，感到无穷的遗憾和悲愤！不！我们决不脱离年青人的阵营，我们的同学曾自动参加了游行的队伍！我们的同学有激于正义干涉军警的暴行而遭到非法的逮捕，至今仍下落不明！

我们眼睁睁的看到游行的大队被包围，被阻拦，在珠江路口被冲散，被木棍打，被皮带乱抽，被水龙扫射，被马蹄践踏，头破血流倒下地同学一批又一批，非法逮捕失踪的同学一批又一批，三位同学也命在旦夕。天啊！这就是光天化日下的堂堂首都?！为要求活命，得来了死路！这是什么世界啊！杀人行凶的魔手不就是身穿国家制服的宪军警察吗？我们的宪法不是才颁布了吗？民主（?!）的新政府不是才宣告成立了吗？参政大会不就在南京开幕了吗？安定社会秩序的紧急法令，结果变成了学生们的催命符，我们有甚么自由？还高谈什么民主？我们纯爱国心出发喊出了反对内战的口号,说出了人所不敢说而想说的话,这是合理的呐喊呀!游行秩序那样良好,我们是暴徒吗?为什么要下屠杀的毒手?同胞们!我们忍不住满腔的悲愤,我们要抗议!要严重抗议这无法无天的暴行!我们全体同学除一致对你们声援并派代表慰问受伤同学外,我们要大声的呼喊。

全国学生联合起来反对政府屠杀学生的暴行!
请参政员们拿出良心来替我们受伤的同学伸冤!
要求政府严惩凶手,追究责任,慰问伤者,赔偿损失!
反对政府非法逮捕人民!立刻释放被捕学生!
一切党团退出学校去!
反对内战!双方放下武装,立刻恢复和谈!
立即撤消"安定社会秩序"的紧急法令!
增加全国教育经费为岁出总预算百分之十五!
增加辅食费至十万元,并按月依物价指数调整!
提高教授待遇,指拨外汇充实学校设备!

国立药学专科学校全体学生　五月廿一日

〔总统府档案〕

9. 京沪苏杭十八校学联会为五二〇血案告全国同胞书
(1947年5月22日)

转载京沪苏杭十八校学生联合会告全国同胞书
(卅六年五月廿二日)

枷锁、枪炮吓不倒我们!
让我们向你们——全国的父老兄妹们——提出血泪的控诉!
我们的控诉:控诉南京卫戍司令部用残杀的手段对付徒手的学生!
我们控诉:控诉政府用"维持社会秩序临时办法"来扼杀、剥夺人民的基本自由。

我们控诉：控诉政府在堂堂首都所在地，却用超过暴君的残虐手段残害青年。

亲爱的同胞们：事实摆在眼前，八年抗战，全国人民煎熬过艰辛日子盼望着胜利，然而胜利带来的却是物价暴涨，经济濒崩溃的状态和自相残杀的内战，表现在学生面前的是严重的经济危机。正因为这样，京沪苏杭平津武汉昆明等地，全国各地的学生发起了挽救教育危机运动，我们提出了五项要求（详见历次发表之文件）。同胞们：我们是在向政府请求，向政府恳求他们给中国教育危机留一线生机，给中国前途留一线希望，假若政府还顾及一点人民意见，他们就不应该采敌对的态度来对付学生，来动摇他们自身仅有的一点威望。

"五·二〇"是京沪苏杭四区学生联合请愿团请愿的日子，也是中国学生永不会忘记的一个悲惨日子，我们的游行大队在珠江路、国府路几度被军警宪特冲打，用水龙喷射，用木棍枪击打杀，更痛心的听说他们还准备好催泪瓦斯，想毒害全体学生。"五·二〇"一日之内我们的同学有二十一人重伤，九十七人轻伤，廿余人被捕失踪，被捕失踪的同学迭次遭到死亡威胁，重伤中尚有两人未脱离险境，有数人咯血，尚有生命的危险。同胞们，对于这惨绝人寰的暴行，无论何人，那个不怀着满腔悲愤，同胞们："四项诺言"在哪里？"约法""宪法"又在哪里？我们怀疑中国人民是否还有一点生存的权利。今天，团结就是力量，我们要为受伤者复仇，为广大受害者复仇。

全国同胞们，我们紧紧地团结在一起，枷锁和枪炮吓不倒我们。我们要用汗和血去换取一个真正独立民主和平康乐的自由新中国。

〔总统府档案〕

10. 文汇报关于上海大专四十余校为五二〇惨案举行罢课表示抗议报导

(1947年5月23日)

南京惨案后援会于昨晚(廿二日)举行主席团会议,与国立大学学生联合会取一致步骤,后援会通过提出之要求有:(一)严惩凶手。(二)立即释放被捕学生。(三)实现力子先生诺言:如有死伤,政府应负绝对责任。(四)立即撤销所谓"维持社会秩序紧急办法"。(五)要求政府保障人权。(六)实现蒋主席四项诺言。并定今明两日总罢课大宣传,并推定暨大、上法两校派代表晋京慰问受伤代表。并决定向联合国安全理事会、世界人权保障委员会、世界学生联合会等机关呼吁。昨日有交大、同济大学同学分别至各校宣传,反应良好。至昨晚止,全市罢课抗议之学校为数已达四十,有:中华工商、华光一中、华光二中、市立女师、麦伦、浦东、国立幼专、储能、华天、华模、上法、师承、南模、音专、美专、同济附中、南洋女中、复旦附中、崇德、进德、培成、培明、智仁勇、复夏、建承、省吾、交通中学、中国女中、爱群、南屏、启秀、上海附中、交大、沪江、大同、暨大、同济、中法药专、吴淞商船、上医。

〔国立中央大学档案〕

11.《观察》刊登南京五二〇惨案的前因后果通讯文①

(1947年5月24日)

目前中国的所谓"学潮",已经泛滥到全国。此时记者作此通讯,上海已有四十多个大中学校罢课,北平天津也连中学都罢了

---

① 此文系1947年《观察》第二卷第十四期刊登的通讯,作者为该刊特约记者。

课。北至沈阳,南及昆明,大学几乎都全部罢了课,全国罢课学校当在一百个以上,而专科以上占大多数。中国最大的五个都市:南京、上海、北平、天津、武汉,都有大规模的学生游行示威。自五四运动以后,只有在"九一八"以后学生请愿抗战,有此现象。假使说"五四"运动后"九一八"以后的学生请愿运动对于国民革命及抗战起了决定性的作用,而这次学生反内战反饥饿的运动对于今后中国竟无影响,那是不合乎历史定律的。

官腔激起浪花

中央大学的教授会在五月六日发表的宣言,指出政府的不重视教育学术工作,要求教育经费应占全国预算百分之十五,青年团费用不得在教育费中开支,教授薪给应按物价指数支付等五项要求。立刻得到中大全体学生的热烈拥护,因为他们也正饿得发慌,两万四千元一月的伙食费,常存米只够几小时而有钱买不到米的恐慌,教部毫不理会。教部的总务司一味用官话来搪塞中大的训导长刘庆云,使刘氏不得不另向粮食部求援。有一天上午,中大学生要求增加副食费的请愿书,一小时内签了一千五百多名,其情绪之高涨可知,而教部仍置不理。十三日上午许多教授去上课,却找不到学生,听不见号声,才知道昨晚学生会已议决罢课。这天学生代表六人赴教部请愿,总务司长依然用"搪塞"、"推托"和"官话"三件法宝来对付学生,学生会便决定次日全体赴教部及行政院请愿。而这几天,正是上海交大继英大之后自开火车,东北大学继河南、山东两大学之后罢教,中学生又在反对会考的高潮之中。

饥饿请愿

十四日上午中大校长召集紧急校务会议,商讨劝告学生复课。下午天雨,学生把请愿移到十五日,参加者约有二千学生,连乐专、音乐院、金大约三千余人。先到教部请愿,因朱部长先不出见,他们看惯了次长、司长之类的空言无补,又晓得了上海交大学生之全部胜利,非要朱部长出来不可。人多拥挤,冲破了进门甬道口的门窗。

朱部长对上海交大学生的要求既全部答应,对京市学生却忽然硬起来。学生请愿无结果,又到政院。他们以教授会的五项决议为主要要求,和副院长王云五辩了好久。王说:"政府没有钱。"学生问:"打内战为什么有钱?"学生要求教育经费提高至预算百分之十五。王说:"改变预算要经立法院通过。"学生就问:"打内战是立法院哪一次会议通过的?"王说:"副食费可加些,十万元办不到。"学生说:"社会贤达,请不要用'社会'上'商务'买卖来讲价钱。"这辩论当然也是无结果的。

学生一罢课,中大教授会内不再提起宣言要求了。原先主张不达目的要采取有效步骤(谁都明白这是什么思想),现在却反而劝学生复课了。

中央日报的暗示

无结果的请愿第二天,立刻得到沪、杭、苏、平、津各地学生会的响应电报。清华学生会的电报中说:"我们坚决支持你们的要求,为了反内战,我们将团结在一起。"中大学生所谓增加副食费只是一个起点,一个题目,青年学生内心的真正呼声是反对内战。因为怕"伞兵突击"式的红帽子从天而降,原不想用反内战的口号。但十六日南京中央日报的社评却大大的挖苦了为伙食请愿的学生,说"五四"运动是为国家主权,何等伟大。不惜暗示学生:要请愿得挑一个漂亮的题目。受了这位主笔先生的指教,又得到北大清华响应罢课的口号是反对内战,京市学生才正式采用"反饥饿"、"反内战"、"抢救教育危机"的口号。

大家心头沉重

中大当局和教授会得知学生将于参政会开幕的那一天(二十日)联合全市学生举行大游行请愿,即不断的开会商讨如何劝告学生,以免意外。十八日国府突然公布的"维持社会秩序紧急办法",校方和教授会十分担心。吴校长在十六日即根据校务会议议决案通告照常上课,并严禁学生阻止同学上课(因医学院照常上课)。学生见了这个"维持社会秩序紧急办法"以后,立即公布了自大清光绪三十四年八月颁布的"临时宪法"第六条"君上不可侵犯",宣统元年一月颁布的国民公约第一条"皇帝神圣不可侵犯",民国元年的临时宪法,民国的天坛宪法,国民政府颁布训政时期约法和今年元旦的宪法,列举"人民有请愿之自由"的条文。以大清的宪法和民国以来的约法宪法作比较,证明政府为公布限制请愿的自由是非法违宪,最为触目惊心。此外抗议反驳的文字到处都是。学生的反应如此,大家心里很沉重。

暂时的放心

中大教授会的全体理事,代表教授会,在十九日下午六时召集全体学生讲话。十辆大卡车不断来回于四牌楼与丁家桥之间,装第二部的学生到大礼堂。紧急集合号继续了二十分钟,在中大从未有过这样严肃的场面。中外记者的吉普车排列在大礼堂石阶下面,教授会主席郑集对四千学生讲话,承认学生的要求是值得同情的,报告教授会正努力向政府交涉实现宣言上的要求,但劝告学生以学业为重,赶紧复课。以后是吴校长讲话,他说他不但没有做官的命,更没有做官的骨头。他是来办学的,学校应该是研究学术的地方,不是政争的地方,要求一切党派退出学校!通过广播器,他的声音特别沉痛。他劝学生爱护学校,赶快结束这一运动,否则学校前途有很大的危险。学生的反应,可以从普遍热烈的鼓掌声中看出。这个大会使大家放下了心上的石头。一般认为中大既是发起者,明天游行可能有人去,但不会多,更不会出乱子,学生会也准备明天(二十日)上午走一趟,二十一日复课。

行凶准备

但学校当局和学生都不知道召开这次大会之前,南京卫戍司令部已通知中央医院须备二十张(一说一百张)病床,并嘱院中外科医师在第二天不要走开,而且动员了宪兵、**警察**、骑警、青年军、**警察训练所**学员至两万余人。

二十日之晨

二十日一早,一队宪兵进入中大,队长向学校要学生会的"头子",经训导长拒绝了,退出校外。忽成贤街至四牌楼,宪兵、骑警、警察布了三道防线。八点钟了,中大学生懒洋洋的并不起床,快九点钟了,集合的仍只四五百人。消息传来了,丁家桥及金陵大学被警察包围,于是集合的学生立刻多了几倍。十点多,学生队伍从西门出发,先到金陵去解围。而大门(南)口的警察还在呆等。

金大的奋斗

金大也是一早就有全副武装的一队××军光顾了。(××军有如此妙用,这是三十三年底独山失守时想不到的!)金大学生约四百余人要出去(全校千余),××军却要进来。训导长袁伯樵和几乎是全校的教授,都插入两者的中间,一面把学生向里劝,一面把××军向外劝,当时形势是非常严重的。一面听说中大队伍已出来,学生便鼓噪:为什么特别欺侮金陵?不准游行?××军突然向空放了一排枪,女生哭起来了,于是原来不打算游行的学生一齐加入,立刻人数增加一倍以上。金大教授对××军队长说:如果中大已出来,我是无法劝止学生。同时学生也冲了出去,××军挡不住,散开了。

打、拖、捉

金大路近,结果走在前面,中大在后面,中间有别校的学生。经珠江路口,大队学生已冒着水龙冲过去,剩下两三百中大学生未走完,拿着粗棍铁尺的警察突然的打散了队伍。先是用粗棍横打,后来是劈头打下来,一面打,一面捉。学生完全是无抵抗的,被打在地下的女生则站上去用脚蹬和踢,打伤的依旧捉去。妇女指导委员会的张霭真女士正在女青年会楼上开会,从窗中看得太惨了,立即打电话给宋美龄请求制止,但是没有人接电话。中大训导长刘天云从警察手中抢回两个学生,抢到第三个的,发现有一枝手枪顶住了他的胸口。他只好眼看着学生连打带拖被装上卡车去了。这些,都被外国记者摄入了镜头,作为政府"民主"的资料。

在暴雨中屹立

队伍的末段被打散后,逃回来报告,听说吴校长得知学生被打,晕厥了。原来没有参加游行的学生都一齐去了。冲出去的学生被包围在国府路。未到参政会半途。包围的阵势是骑警、宪兵、警察三道防线。中午,天黑得快要塌下来,倾盆大雨,学生的精神只有更振奋,他们是连早饭都不吃便出去的,参政会下午临时休会,一直包围到下午六点钟,回来的人数比出去的多一倍。满街遗留了"反内战"和"为死伤的同学复仇"的标语漫画。

意外的材料

第二天,街头血迹未干,标语和漫画被黄泥涂光,中央日报以显著地位刊载卫戍司令部发表受伤警察约三十余名名单。并有一个照片,某一警察包扎了在病床上。

大家都知道,游行这一天,早上清凉山警察训练所的学员,奉命出动,一百多人分乘五个卡车,因开得太快,来到鼓楼翻了一车,那些受伤的正好变成被学生互殴的牺牲者,变成维持治安者宣传的绝好资料。

打的结果

二十一日中央日报又说:中大二千余学生签名要求复课。事实上,不遵学生会决议,从未罢课的医学院及先修班学生,二十一日起也一律罢了课。十九日晚上,吴校长和教授会劝导复课的努力,本来二十一日可实现,却被"治安"当局一打而光。

两段插曲

中大"五二〇"运动的一前一后还有两段小插曲。据说在十九日学生会方面曾接到某部一勤务兵送来一函,拆开一看是一个训令,给在校的××军某人,要他阻止游行,必要时采取行动。廿二日的早晨,图书馆一带突然发现有著名"抗暴委员会"的油印宣言,措词激烈,有"打倒国民政府"、"打倒某某人"等语。幸被学生会发现得早,立刻出大布告声明校中并无"抗暴委员会"组织,系奸人栽赃嫁祸,要同学严密防范和检举。据说这是某方极端分子干的玩意儿,用意非常明白。但这宣言的命不到一小时。

一棋之妙叹观止焉

中大这次风潮究竟怎么引起来的?有人说:教授会的五项要求有暗示作用。有人说,是共党、民盟在鼓动。有人说,副食费与米荒最有关系。但是熟悉南京政情者指出,前些时教育部曾下了一着妙棋:即发表蒋经国为中政校教育长。这使CC接受也不好,反对也不好。政校学生反对了,又使CC调停也不好,听任也不好,调停了,又是成功也不好,失败也不好。此棋之妙,共叹观止——要推求中大这次学潮的真正起因,须求之于牝牡骊黄之外。但一发而至不可收拾,变成全国性的反内战反饥饿大运动,则是发纵指使者所始料未及的。

然则吴有训大声疾呼"一切党派退出中大!"岂可得乎?岂可得乎?

(五月二十四日)

〔南京区大专学校联合会档案〕

12. 中大教授会对五二〇血案决议案
(1947年5月24日)

国立中央大学教授会决议案

中大教授会于五月廿四下午三时召开,到会一百五十余人,当决议如下:

一、对同学方面:

A. 推举代表慰问受伤及被捕同学。

B. 募捐慰问受伤同学。

C. 劝导同学早日复课。

二、对政府方面：

A. 对于此次不幸事件，向政府表示遗憾。

B. 对于此次肇事警察，请政府严予惩处，并保证以后不再有类似事件发生。

C. 希望政府对青年应本爱护态度。

D. 继续向政府力争，务期本会前次宣言中所提之五项能早日实现。

〔总统府档案〕

13. 郭沫若声援五二〇运动函
（1947年5月24日）

同学们：你们的爱国的热诚感动了全世界，中国就靠着你们生出了希望，反动的存在已经在你们的力量之前发抖了。

中国在我们的一代必须得到解放。我们的血决不会白流的。和平之花也正需要我们灌溉。

一九四七·五·廿四

〔国立中央大学档案〕

14. 武汉大学学生慰问五二〇惨案受伤被捕同学公开信
（1947年5月24日）

敬爱的同学们：为了争取和平，为了反对万恶的内战和独裁者所赐与的全民大饥饿，全国的同学们都一致罢课、游行、请愿。而你们，在平、津、京、沪等地的大街上，在光天化日之下，你们挨了独裁者爪牙们的枪打棍击，你们向段政府所使用过的水龙冲锋，你们遭受了便衣特务们非法逮捕，我们全体武汉大学同学们对于这种法西斯式的罪恶毒行，感到无限的愤怒！

我们不能流泪,我们已没有地方去控诉,今天的艰巨任务就只有行动和战斗!血的债一定要血来赔偿,你们的血决不白流!让我们全国的青年同学们联合起来,坚持下去,再战斗!用行动回答独裁者的暴行,用战斗达成全国人民的要求——和平与民主。

在病床上,在铁窗里,在屠手的枪尖下,你们并不孤独,坚持下去,倔强的意志、忠贞的灵魂,就是胜利最好的保证。全国的同学们,在为了你们所受的屈辱与迫害而愤声疾呼,我们是你们的同志,我们将用更大的战果来声援你们,我们和你们一样,决不向枪棍、水龙和逮捕低头!

国立武汉大学全体同学上　五月廿四日

〔国立中央大学档案〕

15. 翦伯赞慰问五二〇受伤同学函

(1947年5月25日)

我从报纸上看到你们在五月二十那天,为了反对饥饿、反对内战而请愿的时候,遭遇到军警的武装镇压,在水龙、木棒、枪刺和马队的冲击之下,许多同学,受了重伤。这种不幸的消息,震动了中国,也震动了世界,因为这不是你们几个同学的受伤,而是中华民族的第二代,倒在血泊中了。

但是在另一方面,又感到一种欣慰,因为我同时看到了中国的知识青年,又在五四运动之后的二十八年重新走上了历史舞台,大胆地在执行保卫中国的自由民主和独立之庄严的历史任务。你们反对饥饿,反对内战,并没有犯法,因为这正是全国人民一致的要求;你们游行,你们请愿,也没有犯法,因为这是新宪法给予人民的权利。

和五四运动一样,你们这次反饥饿反内战的运动,也是中国历史上划时代的运动,虽然你们遭受了而且正在遭受比五四时代更为残酷的抑压与迫害,但这种抑压与迫害,是任何民族国家的历史向前发展中必然要碰到的灾难,而且只有在抑压与迫害中,才能使一个历史性的运动出更大的光辉。

人类的血,没有白流的,一点一滴,都能洗涤一些社会的污秽。你们应该安慰,你们流出来的鲜血,已经写成了新中国历史的序言。但是你们的血,也不应随便流出,你们应该爱惜自己的生命,因为你们的生命,就是中国的生命。

全中国善良的人民,都在替你们之中受伤、被捕和至今尚存被诬蔑与迫害中的同学耽心,希望受伤的早日脱险,被捕的早日出狱,被诬蔑与被迫害的,早日解除恐怖。我当然也和你们一样,在怀念着你们。现在我写这封信给你们,除了向你们之中受伤与被捕的同学,致诚恳的慰问,并向你们正在被迫害与被诬蔑中的全体同学,致最大之敬意!

翦伯赞　五月廿五日

〔国立中央大学档案〕

16. 金大自治会为五二〇血案告同胞书
(1947年5月27日)

亲爱的同胞们:大家都知道五月廿日珠江路的惨案吧!我们是一群手无寸铁的穷学生,为了要求政府不打内战,使全国人民都有饭吃,也使我们能有饭吃,所以我们集体请愿。可是政府却派遣无数的军警,用水龙、扁担、小刀及有钉的木棍冲刺殴打我们,在木棒与铁管齐飞、鲜血与水并流时,卅多位同学受伤了。有的头破血流,有的手足折断,殴打之后又捕了三十多人,甚至还有人下落不明,生死存亡都无法知道。同胞们,这是什么世界,政府竟用如此残暴的手段来对付赤手空拳的学生。

游行请愿的自由是宪法明文规定,可是政府却说我们,"受人利用"、"扰乱治安"。肚子饿,吃不饱,要求大家吃一碗饱饭,就是被人利用吗?除了两只空空的手,一个嘶哑的喉咙,就是一面小纸旗,这能扰乱治安吗?相反的水龙、机枪、马队、特警是谁的武器,又是谁在制造这流血的惨案,是谁在扰乱治安。

是的我们流血了,为了反抗饥饿而流血了,为了反对造成各地物价飞涨造成全国人民流离死亡的内战而流血了!但这血不会白流的,只要全国人民都有饭吃,我们流血是情愿的,因为我们知道亲爱的同胞们都在饥饿威胁下,在内战的迫害中,正和我们遭受同样的命运,因此亲爱的同胞们,让我们紧记着这伟大的日子,在它的召感下,我们大家团结起来,一齐和饥饿与炮火搏斗,为反对饥饿为反对内战而呼吁。

现在受伤的同学还倒在医院的病床上,他们都是苦读的穷学生,平时便已缺乏营养,如今身受重伤,尤其迫切需要友情的安慰与经济的援助,因此我们发起广泛的募捐,希望亲爱的同胞热烈解囊,使他们早日恢复健康,能继续为全国人民的生存而奋斗。

金陵大学学生自治会公费请愿团执行委员会谨启
五·廿七

〔总统府档案〕

17. 杜守素声援五二〇运动函
(1947年5月28日)

中央大学学生自治会五·二〇血案处理委员会钧鉴:来示敬悉。本人我列教职,对于此次学生反内战反饥饿争取民主抢救教育的运动深表同情,对于当局使用武力镇压,以致发生五·二〇惨案更深愤慨;最近曾与上海各大学教授共同提出抗议,全文见五月二十七日上海时代日报。兹将我们意见抄录如左:

一、抗议政府以武力镇压学生运动或任意逮捕学生。

二、立即释放被捕学生,并保证以后不再有同样不幸事件。

三、保障人身言论、出版、集会、结社、讲学及游行请愿等一切自由,废止"维持社会秩序临时办法"。

四、增加教育经费,充实教育设备。

五、按物价指数增加学生公费,并改善教育人员待遇。

六、反对内战,建立民主政治,实现永久和平。

特复。并颂学安。

杜守素　五·廿八

〔国立中央大学档案〕

18. 南京警备中队关于镇压五二〇运动经过检讨报告

(1947年5月)

对"五二〇"学潮取缔经过之检讨

学警发言极为热烈,先后对此项问题加以分析,而付诸讨论采自动发言式,兹将诸问题之结论列举于后。

一、对于学生游行动机之认识

学生为要求调整生活待遇,及或为学校校址、教育设备诸问题,而请愿之动机不无不纯洁,而可以同情之处,但经政府设法调整后,自应体谅政府之苦衷。当国家处此民穷财尽之时,一切国家经济来源皆取之于民,且支用浩繁,岁入不敷岁出,政府对于学生生活之补助,已尽最大努力的力量,实开各国未有之先例。学生应体谅国家政府之艰难,努力读书,储为国用,才不负全国国民之殷望及政府培育之德。而一意孤行作不近情理过当之请求,实有失人心,且后来以游行渐次失其正轨,堕为政治性更为变质,由其所呼之口号:反对内战、反对征兵征粮……视之不难证明其作为政治斗争之工具。庶不知反对内战皆全国一致之要求,政府共党亦莫不如此,惟内战之发生及停止决非一方面之意志及行动表示可能为,此理易明,且其反对内战之口号应向政府及共党双方行之。因学生现处于政府所在地,故仅能向政府作行为,而无法向共党行之。然其口号亦应吁请全国民众促使政府及共党停止内战才是,不应单以政府为对象,使失为国民之公允。其反对征兵征粮之口号更为自相矛盾,盖征兵征粮法有明文,人民对国家有当兵纳税之义务,观诸世界各国莫不如此。人民苟不当兵,国家一旦遇外侮,如何抵御,人民不纳粮,则全国军队及公务员食米由何而来?即彼辈全国二三十余万公费之学生食之问题又如何解决? 其游行之目的则形成自相矛盾。总之此次学生游行实由于共党在军事上失利,并配合其"地下工作行动总纲"之行动,发动其爪牙而为之,促使社会不安,减低人民对政府信仰,以助长国家及社会经济不景气,使政府经济总崩溃而乘机夺取政权。实失其学生运动之纯洁性,而为政治斗争之工具,故对于学生初为提高副食费之动机,自可同情,而其行动过分冲动致失去纯洁性,堕为政治斗争之工具,实为痛惜殊不可齿!

二、我们对此次学生游行观察所得及对我们本身担当此项取缔任务有何感想

1. 此次学生游行多数人为少数激烈分子所操纵、所胁迫,出于无奈,故一旦冲突发生,而有不少数散去者,亦有作旁观者。

2. 其激烈分子为斗争牺牲之精神、奋斗意志之坚定、团结之行动实可钦佩。

3. 对我辈负有治安责任之警宪,其舍死拼命,不顾法律行为,毫无人性,作亡命之猛烈攻打,实为痛恨。

4. 市民对于学生此次不纯洁学生运动之游行致妨害治安,影响社会,妨碍正当商业,阻碍交通及对警宪作亡命攻击之行动咸表不满。

5. 我警察之任务,系代表政府执行法令、命令,其责任极为神圣而重大,对于此次越轨游行,根据国府最近颁布之维护治安紧急措置法及上级临时命令,当责无旁贷。以此次执行取缔任务即强迫

解散，实为职务之行为，对其不遵守国家法令之幼稚行为及对我警宪作无情敌对猛烈之袭击，深为痛切。

三、发生冲突原因及当时之情形如何

1. 查此次冲突实系彼辈学生，过分冲动，不顾国家法令，为欲制造惨案，藉作政治斗争之资本，故均舍死冲突，另一方面恨我辈警察阻止其行动，故不惜以我辈为其冲突之对象。

2. 我辈本极忍耐以求和平达成上级所赋予之任务，后因其累次冲突过甚，且其都以木棍、旗杆、油墨、玻璃瓶……为武器，而又百般的辱骂，令人实不堪再忍耐，而又继续抢夺水龙，为维护水龙安全及不令其冲过封锁线，故与之冲突，当时我警察无不竭尽忍耐能事，至实忍无可忍，而至任务濒于无法达成而将遭到失败时，不得已处于被动地位，为自卫而反抗，且我辈皆青年，无不有热有血，岂令长久受他人之侮辱，故一时理智无法控制情感，致与之争斗。

3. 当冲突时，许多市民莫不对学生之行动不满，且有出而助战者，故学生之受伤者，实非全为我警宪使之受伤。

4. 防御固有过当之处，实在一旦情感冲动而无法控制。

5. 因有一部分学生冲过封锁而又回头冲击，欲引导在封锁处之学生，故发生混乱现象。

6. 学生受伤过多之原因：A. 因地滑跌倒，自相践踏，致伤为多；B. 混乱冲突之际，互不相让，竭力扭打而致伤；C. 市民激于义愤而助战致有受伤。

7. 至报载我警宪用有铁钉之木棍作武器，实左倾记者搬弄是非，其实我警宪皆系徒手，何得有此项木棍，实无稽之谈。

四、对此次"事件"经过之心得

1. 今后我辈应毫无丝毫感情作用之成分，作纯洁理智之处理。

2. 极尽忍无可忍必须再忍耐之本能，以担当此项任务，决不轻易再引冲突,以作对方攻击之口实,以增政府之困难。

3. 此次学生动作显为奸党所利用,我政府应设法发动爱国青年力行分化之作用,使其事先濒于流产。

五、意见

1. 对肇事之各校之配置:

A. 先于各校布置便衣内线,以刺探其动向情况。

B. 得有游行之情报,即先派部分干员赴各校劝导,同时派徒手部队封锁各校之出入口,竭力设法禁其外出,拖延其时间,令其疲乏,并使其不得与其他各校取得联络。

C. 于各校可能通达其请愿目的地之通衢要口,设置障碍物,其后方又布置徒手部队,以增加游行通过之困难。

D. 切断与其他各校之联络。

E. 便衣混入其游行列内,以监视主要份子,视机行分化及逮捕行动之工作。

2. 请愿目的地附近之配备。

A. 将所有的警宪分成若干小组,专司各组所赋予之任务专责,其分组如下:

a. 障碍小组以二十人至三十人为一组,用有刺铁丝拒马横断冲面(应以卡车装载,以求行动迅速携带方便),再以卡车反相配置于后,将拒马紧系于卡车后面,使之不便移动,或就地征用市民木桌或其他足堪代用为障碍之物品,人员皆布置设施之用。

b. 水龙小组——以消防队人员任之。

c. 瓦斯小组——以特种化学警察任之。

d. 徒手部队组——以能忍耐、性情和平、体力强健之警宪任之,专司阻挠冲突之责。

e. 行动组——以体强健者、便衣及制服警宪若干人车,任逮捕非法为首及打人之分子,分布于其行列及各组封锁线上,待机行动。

f. 照相组——专拍摄各项对我有利,对彼不利之照,以为尔后宣传及在法院与讼时之证据,分布于各封锁线上,其配置方法附图于后。

〔行政院档案〕

19. 五二〇惨案珠江路纪实
(1947年5月)

天色甫明,金大校舍即为军警便衣所包围,八时一刻开始集合,九时出发,刚至校门即为军警所阻,教授均亦来劝止。同学愤慨,高唱"团结就是力量"歌,以示镇静,代表与之再三交涉,不得结果,僵持一小时之久,乃决意冲出。此时大旗被夺,小旗被折,一同学之手腕为暴徒所伤,冲出校门数步,即有军警鸣枪二十余响,队伍闻枪声乃立即止住,同学们皆悲愤痛哭失声,涕流满面与包围之军警理论恳求,教授中亦有失声流泪者。此时至中大联络之同学归来报告:中大大队即将来鼓楼迎接,闻者动容,乃整队静候,军警闻之撤至路口,持枪在中途取包围形势。至九时三刻,中大大队已至鼓楼,包围之军警乃撤退而准备水龙,金大队伍则安然通过至鼓楼与中大大会合,鼓掌欢呼,情况热烈。大队会合向国府路进行,至珠江路口军警已预先采取包围姿态,大队未至,即有警长何龙庆打电话至三三八八四速派消防队来,是时珠江路之交通断绝,红色警车源源开来,消防人员则分立地上电杆上,以红旗指挥,大队至此停止进行,由主席团交涉。据云:系奉卫戍司令张镇命令,无法擅改。停留一刻钟,因主席团交涉未获结果,群情激愤,乃决意冲过防线。

大队开始前冲,亦有同学上前拖住水龙,使大队前部得安然冲过。此时警士乃将预先备置之武器,取出红色消防压,取自珠江路口一乐理发店后门,并向该户索取其他棍棒扁担,有钉之木棍、自来水铁管则预置于路口煤店、珠江食品公司、强大车行。大队冲出一部,一警士竟持有钉之木棒猛击抢拖水龙头之同学之头部,顿时鲜血涌出,昏倒地上。数女同学见状上前救护,该警士又以木棒重击,其中一女同学头部亦流血昏倒,警士并故意踏过倒地之女同学身上,同时追击第三者,余者暂时避开。先昏倒的男同学亦被拖出,独留倒地之女同学未及抢出,乃被数警士以皮带木棒痛打并践踏,伤势极重,迄今生死下落不明。

此时右边水龙遂被警士控制,向队伍冲射,四位同学奋勇上前按住龙头,但立被四五警士边打边拖带上警车,水龙又完全为警士控制,大队中断。警士乃持木棒皮带自来水管及修路之石子冲入队伍,痛击同学,遂成混乱局面。同学断续冲过,一同学于前冲时腰上被击一棍,尚未倒下,头上又着一棍,昏倒后又再加一棍,鲜血直流。一女同学被水龙冲倒,为警士数人围住乱踏。另一女同学腰部被猛击一棍,惨叫一声倒地,警士一涌而上,再予凶殴。是时男女同学在血水中乱滚惨叫,路人为之落泪,一老太太见警士毒打女同学,上前哭劝,亦为警士棒伤倒地,一马车夫上前救护,亦被捕去。

数十同学被捆,捆人的工具为绳索、皮带、手铐,捆去者一部囚禁路旁民用卡车上,强迫驰入广州路,一部被带至广州路小粉桥一号草棚中,广州路小粉桥附近之木行前被三警士挟住,另一警用皮带毒打。中大一同学,被无声手枪击伤后用汽车拉走。

指挥行凶之警士为四七六号,三条边,一颗星。

中大男女同学各一人被打伤后逃至金中,由金中同学裹伤,换衣,护送,染血衣服尚留金中,女同学被打最多,男同学则每一个被警士包围殴打。

以上为珠江路血案详情,皆由同学目击述实者。

〔总统府档案〕

20. 京沪杭等地十八所大专学校为五二〇事件向当局提出抗议要求严惩凶首通牒

(1947年5月)

代表京沪苏杭等地十八所大学及学院之学生，今日已向国民政府提出通牒，声言如不于三天内接受其要求，彼等将采取下一步骤，学生发言人，拒绝说明此所谓下一步骤之性质，但透露昨经十八校学生代表开会十四小时后，已决定执行此下一步骤之计划。学生发言人表示：政府如于三日内给予满意答复，学生将考虑停止罢课，实行复课。惟各大学于六月二日仍当实行总罢课一天，以抗议内战、政府之暴行及饥饿。据悉：京沪苏杭各校已组织学生联合会，总部设在南京，以为组织全国学生总会之基础。

京沪苏杭四区十八专科以上学校联合会，今派代表九人于下午四时赴国府请愿，提出六项要求：（一）立即释放所有被捕同学。（二）严惩首都卫戍司令张镇，首都警察厅长韩文焕，东区警察局长陈善周及行凶军警，并追究此次惨案责任。（三）立即撤销维持社会秩序临时办法。（四）保证今后不再发生类似事件。（五）赔偿一切损失。（六）确实保障人身言论出版集会结社游行请愿等自由。此外过去所提为挽救教育危机之要求，亦一并提出。因是时吴文官长鼎昌公出，由一值星官接见，当允将请愿书转达蒋主席。该九代表五时续向参政会请愿，由邵力子接见，渠等要求参政会将此次惨案及其他各项要求提出讨论，邵氏当接受"上参政会书"，并允转致大会。

〔国立中央大学档案〕

21. 中大五二〇血案处理委员会告市民书

(1947年5月)

大家亲眼看见,内战天天打,壮丁天天拉,钞票天天发,物价天天涨,弄得我们都吃不饱,饿不死,这是什么光景?这是什么世界?老实说再打下去,整个中国都要打垮了!

打内战,钱从哪里来的?老百姓出的。现在,我们反对打内战,要求和平建设,反对征兵征粮,要求吃饭做生意,反对乱发钞票,要求物价不涨,这完全是对的,一点也不错。

所以,我们中央大学和京沪苏杭各地学校,在五月廿日,提出全国人民一致的要求,举行反饥饿,反内战大游行,大请愿,希望政府采纳意见,不要再打。谁知道政府竟出动大批骑兵、宪兵、警察,用水龙头、大石块、木棍、铁尺,乱打学生。结果,受重伤的十九人,轻伤一百零二人,被抓又放出来的二十八人,请问白日行凶,动手打人,是什么道理?宪法上明明定着自由,自由又在哪里?口口声声谈和平,和平就是打仗吗?我们再忍无可忍。这次,我们虽然挨打被捕,为着全国人民,我们一定坚持下去,希望大家支持我们,同情我们,援助我们。

让我们同声一齐高喊:

一、抗议政府屠杀学生,严惩凶手!

二、反对征兵征粮,反对苛捐杂税!

三、反对内战,要求和平!

四、我们要吃饭,要活命,要自由。

中大五二〇血案处委宣传组印

〔总统府档案〕

22. 中大学生为五二〇血案告全国同学书

(1947年5月)

亲爱的同学们！在这混乱的中国，在这腥红的五月，我们的政府又在大肆残害学生了，在北平，在天津，在南京，在南昌……到处都流着同学们的鲜血，到处都有断腿残肢、血肉模糊的同学在呻吟！

亲爱的同学们！我们要向你们申诉！五月廿日，我们为了反饥饿，反内战，为了抢救教育，拯救国家，联合了京沪苏杭十六个专科以上学校，在南京举行了一次大规模的游行请愿，想不到我们的政府当局，竟剥夺人们最基本的请愿自由，用警察、马队、特务、宪兵布置了五道恐怖防线，用水龙、竹片、木棍、步枪、皮带、机关枪、冲锋枪、催泪性毒瓦斯来对付我们徒手的学生。在这种武装暴力的冲击下，我们的队伍被冲散了，我们的同学纷纷倒下去了，倒在血泊里，结果重伤十九人，轻伤一〇四人，被捕二十八人，被殴打侮辱者不计其数，这就演成了政府残害学生的"五二〇"大血案！这个惨痛的日子，我们将永远不会忘记！

学生要吃饭，教育经费要提高，国家要恢复和平从事建设，这是我们的要求，也是全国人民一致的要求，政府有什么理由反对呢？政府讲不出理由，就用造谣、中伤、陷害来威胁我们，威胁不成，就用大批的军警特务和各种武器来残害我们。同学们！这是一个什么世界？

黑暗已统治了大地，魔鬼在放肆咆哮，人民正在敢怒而不敢言，亲爱的同学们！挽救民族危亡的神圣任务已经落在我们的肩上！让我们一齐举起熊熊的火炬来照耀这昏暗熏黑的世界！一齐掀起正义的巨浪，来抗议政府的丑恶与残暴！一齐为建设民主自由和平统一的新中国而斗争！全国亲爱的同学们！紧紧的团结起来吧！团结起来响应北平同学在六月二日一致行动作"反内战，反饥饿,反暴行全国总罢课",全国人民会跟着起来的,公理终会战胜强权的！让我们一起高呼：

（一）抗议政府残害学生！

（二）追究暴行责任,严惩主使凶手！

（三）抗议政府剥夺人民自由！

（四）反对内战要求和平！

（五）取消非法"维持社会秩序临时办法"！

（六）恢复政协路线！

（七）提高教育经费,提高教职员待遇！

（八）要求全部同学享受公费待遇！

（九）五月份副食费应增至十万元！

国立中央大学全体学生启　卅六年五月　日

〔总统府档案〕

23. 金陵女子文理学院为声援五二〇事件宣言

（1947年5月）

五月二十日,京沪苏杭各地十六个专科以上学校的同学,为增加教育经费问题罢课游行,他们挨饿请愿,他们冒雨游行,因为他们对于政府怀着无上的信心,他们相信政府是爱护青年、维护教育的！

但是,对于这样的请求,他们没想到会遭遇维持治安的木棒、铁棍、水龙和皮鞭的打击,在首都的大街上,人身自由竟受到充分的威胁。

我们金陵女子文理学院的同学,一向是生活在平静之中,可是今天,今天我们看见了这血淋淋的事实,听见了受伤同学的呻吟,我们忍不住要哭泣,我们更忍不住要愤怒！

现在,我们除了对受损害者表示慰意外,我们决定在五月廿二

日罢课一天,表示我们的抗议和声援,我们请求政府:

一、撤销不合理的维持社会秩序临时办法。

二、保障人民身体自由。

三、保证以后不发生类似事件。

〔总统府档案〕

24. 叶圣陶声援五二〇运动函
（1947年5月）

此次学生运动起来之后,"利用"两个字又挂在一些人的口头。有的用劝诫口气,意思是学生不要被人家利用了;有的用诃斥口气,意思是学生们已经被人家利用了。对于这种说法,我们一向痛恨。劝诫好像出于好意,但是推广那劝诫者的意思,非把学生们引到畏首畏尾的道路上去不可,所以我痛恨。诃斥当然不是好意,按照那诃斥者的意思,他把学生们看成中无所主,是非莫辨,仿佛专待人踢来踢去的皮球儿,那简直是否认学生们的人格,所以我痛恨。

虽然痛恨,我可不愿意对他们说什么话。他们各有所蔽,要他们明白,比骆驼钻针孔更难,现在从旧作中抄一节在这儿,我只愿意给同学们看看,希望同学们加以印证,根据各自的体验批评我的话对不对。那一节话如下:要问明被不被人家利用,其实是很容易的。只要辨明自己所言所行是或非,同时辨明人家所言所行是或非,是公谋还是私图,就成了。如果自己所言所行荒谬,而与人家的荒谬的私图凑合,那就是朋比为奸,其恶极大,岂止被利用而已。如果自己所言所行正确,考量人家所言所行也正确,而且确系公谋,那么,彼此结合起来,正是志同道合,共策迅行,谁也没有利用了谁。

〔国立中央大学档案〕

25. 周谷城声援五二〇运动函
(1947年5月)

国家民族到了存亡绝续的关头,正受高等教育的学生,出而有所呼吁,这正显示民族尚有生机,不唯不可怕,而且是大可庆幸的。当局诸公对于学生的合理要求,既然无法非难,便应寻出问题之症结,予以切实解决。

若只知以诬蔑代替同情,以高压代替疏导,那不是表示政府之无能,便是表示政府之不诚。我站在教育者的立场,认定学生运动为挽救国家民族的运动,为创造历史的运动,始终支援。

周谷城

〔国立中央大学档案〕

26. 吴练才抄送国民党中政会委员为五二〇运动提出对付办法函
(1947年6月19日)

中国国民党中央执行委员会政治委员会
骝公委员赐鉴:兹遵嘱抄奉中政会各委员对于处理学潮之意见摘要一份,敬祈阅后销毁为祷。专肃,敬颂勋安。

附件

职吴练才谨上
六月十九日

密件　　　　中央政治委员会第三次会议
　　　　各委员对于处理学潮之意见摘要

张委员继:此次政府镇压学潮,整顿学风之旨,可称正确。既已实行,务求贯彻,不可半途而废。近来各报馆俱为学生捣毁,不敢批评，此种心理，务须改革。紧急处理办法，现已公布，务须彻底执行。

肖委员铮：此次南京学潮，系由中大学生多方鼓动而起，中央大学已成为学潮大本营。据传中大学生尚派遣代表前往上海及北平，故中央大学实为此次学潮中心所在。中央之处理应针对此重心，为整顿学风起见，在必要时即加以解散亦可。教育专门委员会应立即开会研究。政府领导教育至此地步，教育当局应负责任。

张委员默君：整顿学风应以中大为重心，应有决心坚持到底，必要时，应不惜解散学校，维持秩序。共产党业已撤退，但中大内共产党及民主同盟份子尚多，应加清除。惟在方法上想郑重考虑，不宜过于高压，应多用感动手段。

柳委员克述：解散学校，逮捕学生，本席不敢赞同。须知学潮之发生，固由学生之易于冲动，但教授校长之领导不善，亦为其一原因。故求学校之安定，应先求教授之安定，应特别注意教授之情绪与生活，教授待遇应不在公务员之下，大学校长人选更为重要。现在大学校长之人选不能尽如理想，不能尽校长之责任。对于学生方面，则应争取大多数之中立分子。昨日学生游行，中大参加者仅千余人，金大则仅二百余人，若干专科学校原拟参加，旋又退出，可见此次学潮系少数人之鼓动，应在报纸上以显著地位加以登载。学生发动学潮之口号为和平与面包，我方可发动上课签名运动以为应付。又如彼等之"吃光运动"，倘利用报纸公诸社会，必不能得社会之同情。又可查明彼等之经费来源，以证明其与反动阴谋之关系。

李委员宗黄：此次学潮大本营既在中大，应将此等反动分子加以逮捕。又闻彼等大本营在蓝家庄，政府应搜出其阴谋证据，向全国宣布，则解散学校，即有理由。但此次学潮，教育当局亦不能辞其责。以后各大学校长，尤须慎选人才。

钮委员永建：处理学潮，应研究战术。在政治大学及各师范学校造就人才，仅凭军警斗争殊不足应付，此时应搜集彼等之反动证据，打破彼等之战略。

刘委员健群：共产党、民主同盟以中大为大本营，乃此次学潮之一原因。但教授之苦闷，亦为其原因之一，教授之苦闷发为不平之言论，对学生之影响极大，能使教授生活稍优于一般公务员，则可消释其不平。至政府对于此次学潮之处理，本席认为不应小事大做，而应大事小做，集中一点，倘有"职业学生"阴谋捣乱，可调查清楚，加以宣布。此外宣传技术亦应注意，将来如果开除学生，更应扩大宣传。

彭委员学沛：应付学潮，须分治标与治本。此次学潮在共产党与民主同盟操纵之中，此种反动分子至多不过数十人，非加以逮捕不可，俟学潮平息再行释放，拘禁期间亦不妨加以优待。又有若干学生在各系间辗转肄业，以致在校十余年，无形中成为学生领导者，操纵一切，此等学生应于放暑假时予以开除，此属治标。治本方面，本席主张大学数量应少，以免学校过多，经费支绌，变成难民收容所。又中大学生五千余人，参加学潮者仅一千余人，故解散中大似无必要。

邹委员鲁：消弭学潮，本席认为第一应慎重校长人选；第二应拉拢教员；第三应吸收优秀学生。倘专以学生为对象，绝对不能解决问题。

田委员昆山：先求平抑学潮，再行整顿学风。倘于此时解散学校，适中共产党之阴谋，予共产党以攻击政府之口实。中大学生之参加学潮者仅百余人，其负责分子仅三十余人，应搜出其反动证据后，再行逮捕，社会始可了解，此是釜底抽薪办法。至少应查明其用款来源，查明后，即可将中大自治会负责人加以逮捕。

甘委员乃光：大学教授因教授研究费业已增加，相当满意，故未参加此次学潮。

郑委员彦棻：今晨上海电话，上海学生已提出革命口号，并派人赴各工厂煽动罢工，情形颇严重。

主席：可否作一决议"应付学潮之方针，既经政府决定，务求其贯彻。关于教育行政及教师待遇之改善暨学风之整饬，其根本办法，应由教育专门委员会迅速召集会议，详细商拟，报告本会"。

姚委员大海：宣传方面须特别注意是否加入。

主席：八年来教授之苦，更甚于公务员，以致不能安心教育。彼等要求提高待遇与特任官相等，本席认为可以照办，即稍超过亦可。教授拥护学校，学生亦易收拾。教育专门委员会对此应加研究。至教育当局对学潮应负责任，本席完全同意。此次学潮最初发生于英士大学之要求迁校，继以交通大学之要求增加经费。据闻英士大学之学潮系杨公达所鼓动，杨本人不愿住金华，在校不满。□月交通大学所有经费，教育部种种留难不发，使学校当局无法维持，然同济大学刻尚未到期，即先发经费，此事如果属实，则教育当局实应负其责任。关于此点，决议文中虽不必提出，教育专门委员会开会时应加注意。

〔教育部档案〕

[3] 六一、六二运动

1. 詹明远关于中大追悼六一死难同学活动情报
（1947年6月16日）

密　　　　京中大学生追悼武汉死亡学生情况

六月十日下午八时，中大学生自治会，为追悼武汉死难同学，于该校大礼堂举行追悼会，到学生约一千人。首由武大学生代表二人,报告武大当时出事情形。继为献花圈,致哀词。后由剧专学生表演一短剧,内容为讽刺军警在法院中诬告学生打军警,并由武联珠独唱挽歌,及音专学生合唱等节目至十时许散会。

查追悼会会场,有由武大学生携来之武大"死难"三同学之照片十余幅公开展览,会场内四壁悬挂荒谬对联甚多,兹摘录要者如下:航空系□五级:宪法,宪法,挂羊头卖狗肉;民主,民主,封报馆杀学生。气象系:什么爱护?什么慰问?假慈悲,掩不了禽兽心肠;啥子安定?啥子学问?真沉默,怎对得起死难同学。电机系三五级:凶手审凶手,无耻;同学哭同学,伤心。

〔教育部档案〕

2. 重庆大学六一事件后援会宣言

(1947年6月)

随着内战的扩大,政治愈形黑暗,经济面临崩溃,全国同胞除少数特权分子外,几无日不在恐怖饥寒中过活。京沪平津各地学生为力挽此岌岌危局,拯同胞于水火,几高举"反内战、反饥饿"之大纛,要求立即停止内战,废除维持内战之各种措施,并提高教育经费。重庆市大中学生本爱国热忱,激于正义,势难缄默,爰有"反内战、反饥饿学生联合会"之组织,各项活动俱未越轨,六月二日亦未曾计划游行。不意六月一日晨三时左右,重庆警备司令部竟以大批军警荷枪实弹,包围市区各学校报馆,擅入男女宿舍。逮捕教授、学生、记者达二百余人(内有本校同学三十二人),并枪伤中工同学,辱殴乡建院及本校师生。尤有进者,女师范若干同学仅衣背心内裤,即被迫登车挟去,此种横蛮暴行,令人发指。事出以后,全市人心惶惶,不可终日,校内师生更人人自危。当局竟以传讯中共特务份子一词加以诬蔑,既不许亲友探视,复不准派员陪审,妄称若干被捕同学已证据确凿,自认不讳,并声言将送往中央区。此种不法行为,实令人痛心疾首。而当局一再宣布之"身体自由""司法与警察以外机关不得拘捕审讯及处罚人民"之诺言,尽付东流！长此以往,法纪荡然！民之何有？宪法云何？

本校同学惊恐之余,认为此类事件之发生,实我国家之奇耻大辱！人民之极大不幸！为维护国格,安定社会,营救被捕同学,要求政府：

一、立即无条件释放全体被捕同学；

二、保证今后不再有类似事件发生；

三、立即取消维持社会秩序临时办法；

四、严惩血案凶首。

同时反对胁迫被捕同学签订任何文件,并否认单方面审讯之一切结果。

本校同学为达到上述目的,已无限期罢课罢考,力争到底！敬希各界人士惠予援助,谨此宣言。

国立重庆大学"六一"事件后援会叩
三十六年六月　日

〔教育部档案〕

3. 詹明远关于渝市六一事件后援会活动情报

(1947年6月17日)

渝右倾学生"六一事件后援联合会"
积极活动声称"罢课罢教到底"

重庆六月十七日电：渝市右倾学生六一事件后援联合会已展开活动,近于六月十三日招待记者外,并在重大理学院开始办公,十四日来城汽车多贴有"罢课罢教到底"、"全市各校请后援六一受伤被捕学生教师"、"尽速释放被捕学生"等标语,并散发急报否认各生系中共份子或阴谋暴动等语,彼等因闻行政院张院长已有令释放,故欲藉此要挟地方政府。再因朱主任绍良甫抵重庆,彼等乃先予威胁,现又拟游行请愿云。

〔教育部档案〕

4. 陈长青抄送渝市大中学校成立六一事件联合后援会情报函

(1947年6月24日)

兹抄送情报二件,敬希查照参考为荷。此致
赵静涛先生:
附件如文[另一情报略]

陈长青启 六·二十四

据报:六月九日重庆大中学学校代表在重庆举行秘密会议,声援"六一"被捕中共特务分子,决议事项如下:

名称:重庆市大中学校"六一"事件联合后援会。
组织:由市一中、乡建院、女师院、重大、中工五校任主席团。
决议:人选由主席团决定。

限政府三日内无条件释放被捕教授及同学,若过时不放,采取积极行动,并晋京请愿,用宣传方式斥政府之措施不当,由主席团慰问被捕教授、教师、记者及同学——物质或书面——并以书面慰问全国被捕人士。

经费:(1)募捐,(2)不足之经费由各校分担。
主席团办公地点设重大,以大会名义联络各方有关人士。
主席团设文书——西南学院担任
宣传——文德、华西担任
联络——民建
总务——适存

(西南学院出席代表——章润珩)

〔教育部档案〕

5. 丁伯诚关于成都各大专学校进步学生代表在华西大学召开会议以响应六二学运等密电

(1947年6月30日)

南京赵静涛同志：密鉴。据四川省会报巳灰代电称：查成都华西大学教授费尔朴，加拿大人，共党分子，平时言论左倾。近于中共策动全国学潮之际，竟于五月三十一日午后八时，在校北路二十八号伊之住宅内召集反动分子开紧急会议。决定于六月一日上午八时，在该校教育学院二十八号，召集各大中学生开反内战、反饥饿大会。嗣因学校当局不允，乃临时改在费氏私宅内举行，计到有华西、协合高中、川大、华英女中、成华大学等各校代表三十余人。决议下列三项：（一）响应"六二"总罢课，如万不可能则发动良心罢课。（二）利用文字宣传，广发标语传单。（三）发动反内战、反饥饿之普遍运动，并吸收中立学生，以增加势力等决议案。嗣费发觉，参加学生中有青年团同志，当即宣布该会系学术研究会，并非联席会议，应请退出。复由费与十余学生入另一房间秘密开会，华大党团学生鉴于该费尔朴鼓动罢课极为活跃，亦加强宣传活动与之对抗，故费策动之事件未能实现。查该费尔朴以外国人身份公然协助奸伪活动，煽动组织学潮，破坏我国安宁秩序，依法应受制裁，是特电请钧会恳祈转商内政部将渠驱逐出境，以肃奸宄而遏乱萌。是否有当，祈电示遵。等情。查该费尔朴系一外籍教授，究应如何处理，至希研议见复为荷。丁伯诚。巳耗导。印。

〔教育部档案〕

6. 甘肃省教育厅等关于阻挠和破坏兰州大专学校发动六二游行活动函电

(1947年6—7月)

(1)甘肃省教育厅函 (6月5日)

翯公部长钧鉴：谨肃者：查兰州市国立西北师范学院、西北农业专科学校等二院校学生，最近以改设大学及改院迁校为藉口，联合兰州大学学生企图发动"六二"罢课游行请愿运动。省立各中等学校学生亦受奸徒挑拨，情势激动，颇形严重。当经商承省府郭主席会同各有关校院长与党团首长密切联系紧急防止，一方面作内部瓦解工作，一方面剀切晓谕劝阻，费尽心力，卒获安定。但潜伏乱源尚待根除，为彻底消弭妄动与积极纳诸正轨计，谨拟具左列改进办法：

一、西北农专现有校址交通极感不便，应必须迁移兰市近郊以利发展。

二、国立各院校所感困难问题应力求迅速解决。

三、国立各院校潜伏嫌疑分子应于暑假查明开除，并于秋季招生时对新生思想及来源特别注意考查。

四、省立师范及职业学校学生公费待遇太低，业经比照国立学校标准，于月前自动提高暂予垫发，并造具预算书由省府函达钧部在案，敬请转呈行政院准予追加并速拨款。

五、各校设备简陋，有碍教学进行，最使学生感觉不满，易滋藉口，业经拟定充实计划，签准省府尽本省财力所及分期予以充实，并请钧部大量补助以利进行。

兹将此次学潮酝酿情形与处理经过及改进办法缕陈如上，伏乞垂察为祷，专肃奉候袛叩钧安。

职宋恪谨肃 六月五日

(2) 甘肃省政府电 （6月6日）

教育部朱部长骝先先生(五四二七六)：旬日以来，兰州国立西北师范学院学生以要求改大学为名，西北农业专科学校以改院迁校为藉口，与兰州大学学生共企发动"六二"罢课游行请愿运动，响应京沪平津学潮。省立各中等学校亦颇受煽动。本府事前即将省立学校学生公费自动提高，并陆续宣布扩充奖学基金，充实学校设备，增加教职员待遇等办法。临事后与各院校长及党团首长密切配合，紧急防范，一面作内部瓦解工作，一面剀切晓谕，幸获安定。但乱萌尚待根除，谨拟具下列改进办法：（一）各国立院校所感各种困难应力求迅速解决；（二）各院校潜伏嫌疑份子应查确，趁暑假清除；（三）各院校本年秋季招生对录取新生先加注意；（四）一般学生之设施及学生情绪均应事先查察适宜因应；（五）党团作用宜予加强；（六）关于本省学生公费及学校充实设备问题，已另案分报院部核办，乞察核。郭寄峤。教秘（三十六）。巳鱼。印。

(3) 教育部代电 （7月18日）

代电

甘肃省政府公鉴：案准行政院秘书处六月十一日A捌字四三九七七号通知：以贵省政府电为学潮已安定但乱萌尚待根除，拟具改进办法一案，奉谕交教育部核办径复并报查，等由。查国立学校经费困难，本部已呈院追加设法解决，各院校潜伏嫌疑份子亦令各校查明确实后开除学籍，下半年度录取新生对于操行方面，并严加考核，至省立学校学生公费及设备问题，俟各校专案呈部后再行核办。兹准前由，除函复转陈外，相应电达查照为荷。教育部。

〔教育部档案〕

7. 李汝为关于破坏六二学运函

(1947年6月4日)

骝公部长钧鉴：久未禀候孺慕良殷遥维政躬康泰勋猷日茂定符下颂,生自三十三年一月承乏此间警局,瞬已三载又半。以市府财政拮据,经蒙省府主席郭公呈请政院仍改制为省会警局,顷已奉准,预料下月即可实行。兹敬禀者,奸党煽动全国各地于本(六)月二日举行"三罢一惨"之阴谋计划,本局迭奉中央命令,已事先预为防范。是日中午十二时许,仅兰州大学内发现匿名通告二件(抄原件附呈),嗣即由该校学生自治会发出通告,召集各班代表会(抄原件附呈)商讨游行事宜,迄下午二时会议未获结果,一哄而散。至四时许,有极少数学生在该校校内及校门口张贴标语(抄原句附呈),及至晚间一切均告平息,本局自始至终均派有干员暗中严密监视,并策动反罢课反游行等工作,故未酿成影响秩序之举动。至西北师院是日尚平靖,盖易院长处理有方也。惟西北农专因迁校问题迄未解决,久闹风潮,以不在市区,内容不详,但亦无游行请愿之举。谨将是日经过情形连同各项抄件一并奉禀敬乞察阅,并祈释注公暇恳赐训示,俾所遵循为祷,肃此恭请

钧安

附呈　通知一份
　　　标语一份　名单一份(恳守秘密)

生　李汝为叩上　六月四日

六月二日下午四时许兰大内部张贴标语及通告抄呈如下：

一、"六二"是反内战、反饥饿最伟大的纪念日。

二、内战不止,民何以为。

三、实行民主主义,先停止内战。

四、祝民主新中国万岁。

五、在炮火灰中尽是老百姓而不是官僚资本的子弟。

六、朱门酒肉臭,路有饿死骨。

七、赶上战场的纯系淳朴的农民。

八、**军警便衣特务是我们的仇敌。**

九、我们要为"五二〇"这批血债报复一下。

十、内战不止,已使民族退出历史舞台。

十一、我们要实现民主主义,停止内战。

十二、我们为了民族的饥饿而反对内战。

十三、停止内战先要打倒官僚贪污份子。

十四、不停止内战是与民族掘墓等于自杀。

十五、政府对我们学生的恩惠有三点:"枪弹"、"水龙"、"木棍"。

十六、内战不停,民生无从谈起。

十七、严惩贪污,澄清内患。

十八、政治民主化,军队国家化。

十九、我们要争取集会结社言论的绝对自由。

二十、为了国家,为了人民,从速停止内战。

二十一、内战的炮火下牺牲的是人民,不是官僚的子羔。

二十二、内战使中国堕落,永远是国际上的弱者。

二十三、内战是给人民三大恩:一、饥饿,二、死亡,三、灭亡。

二十四、内战毁灭了国家的前途,毁灭了人民的期望了九年的美梦。

二十五、国民们应为公理正义而奋斗,与残杀国民的刽子手拼命到底。

二十六、要安心乐业,必须停止内战。

二十七、现在的内战绝对不是从前的抗战,我们绝对要反对。

二十八、我们站在人民的立场,为了难民饿死的同胞而投生,要停止内战不须在此以往。

二十九、各大学学生为争取军队国家化、政治民主化时代国家,绝对要起来反抗国家内战。

通告一件
自治会诸公:我们的血不能白流,我们的钱不能白出,因此,我们要反对一个万恶的内战,亲爱的同胞们,我们一致起来吧,让我们吼出壮烈的声音来。
　　　　　　　　　　　　　　一群正义的同胞们启

六月二日正午十二时兰大公告栏发现匿名通告二张,抄呈如下:
(一)自治会的诸公:我们拥护你们出来是代表同学谋福利的,和反对不平的呼声,但在处处所表现的是沉寂懦弱自私自利系一具僵尸,有躯壳而没有灵魂,而对着血淋淋的日子沮丧地低下了头做一名变节的知识份子,在应当作的事情上你们遮住你们的眼睛掩住你们的耳朵,我不知谁丢脸,你们对于今天的准备怎样度过,请在午饭前赶快发表你们之高见。
　　　　　　　　　　　　　　　一群正义的青年
(二)我们的呼声:今天六月二号全国各大学教授学生共同响应了这个伟大的沉痛的反内战反饥饿的大游行,在南京、上海、天津、北平等四千万青年奋怒吼声有血的惨案发生,而我却在沉睡中过活,难道我们的灵魂死了吗?不!大时代不允许我们再沉默下去,为了正义,为了解除人民的痛苦,为了祖国的前途,我们要起来响应全国性的大游行,自治会诸公:你们今天作何感想,是怕枪的威胁,是怕学校之高压手段吗?起来吧!有血性的诸公青年同学。
六月二日中午十二时半兰大自治会发出通告,抄呈如下:
紧急通告:本会顷接如壁报联合会建议,召开各班联合会议,决定本校对各地学生运动应取之态度,本会乃代表同学意见之组织,召开各班联合会议,以征询多数同学之意见,希各班速派代表一人于下午一时假接待室开会,不另通知。

兰大自治会启

〔教育部档案〕

8. 国民党甘肃省执委会关于兰州市六二学运情况代电

(1947年6月11日)

教育部勋鉴:查此次全国各大学学生受某方煽惑宣播"六二"扩大游行后,此间军政党团公〔共〕同商定依照部颁防止办法施行紧急布〔部〕署,于兰州各大中学选择优良同志组织防奸小组,严加防范,由于我方事先争取布置得宜,奸党虽存心破坏,并未得逞。仅有兰州大学极少数阴谋分子蓄意滋扰,企图造成扩大行动,由该校法律系三年级学生蒋锡寿(陕西蒲城人)于上月京沪各校学生罢课后即行密谋策动响应学潮,曾拟定向学生自治会建议事项计:(一)明辨总裁十八日告青年书;(二)反对不民主的社会治安办法;(三)反对内战;(四)发表兰大同学国是主张;(五)兰州大学在兰市应居领导地位,联合各院校于"六二"举行大游行;(六)主张吃光运动等。同有法律系二年级学生李大卫(陕西汉中人)于其主办之生活小报(五月三十一日)刊载:西北师范即将罢课,与京沪平津渝汉学潮主张响应"六二"扩大游行等消息,同时策动风潮者尚有历史系王德成,政经系许永寿、贺维中、任廷俊,法律系李林、赵承尧、王兆瑞,迄六月二日上午该校壁报联合会理事长(国文系主办之文苑编辑人)王哲(女,甘肃临潭人)于接待室召集各壁报编辑人开会,商讨响应学潮事宜,当决定于是日张贴壁报,每报并支宣传费一万元,至下午三时适美国华盛顿大学教授梅福先生来校讲演,随乘学生听讲之际,即于校内外各墙壁过道处遍贴与京沪学生同样文字宣传之标语,并盖有报联会图记,校门口另贴有大幅响应学潮启事数张,只以大多数学生保持正当态度,嘲笑讥视,无响应。翌日早有蒙氏评论壁报（系医学系学生蒙志明主编）张贴校门口,以唯物论调评论二日张贴标语之事实,谓以兰州生活安定,且非炮火之地,如以反饥饿号召,殊欠考虑,而学生自治会理事长为一女性,不能领导同学扩大响应深表遗憾,当经训导处查明注销该登记号,数□予停刊,该校风波即以宣告平息。连日以来,均属安定,用特电请查核为荷。甘肃省执行委员会。甘总（三十六号）。巳真。印。
中华民国三十六年六月六日

〔教育部档案〕

9. 辽宁省教育厅关于破坏所属各级学校学生响应六二运动办法代电

(1947年6月12日)

辽宁省教育厅代电

教中字第一三〇七号
中华民国三十六年六月十二日

教育部钧鉴：(367)青干二字四六七九号代电奉悉。查本厅本省所属各级学校近来尚未发生学潮情事,惟为预防"六二"共党阴谋之发生计,事前曾与各关系机关密取联系,并于五月三十日派本厅科长督学等分赴市内中等学校指示预防事项四点：(一)由学校切实晓谕学生安心上课,不受校外任何煽动。(二)函学生家长对学生加以约束。(三)对于学生会客及接收外来信件等予以监视。(四)各校采取联合行动一致防范。复于五月三十一日,召开临时校长会报,即席报告东北行辕对预防学潮已组织学生活动指导委员会,并颁订处理学潮问题,宣传纲要五点。饬令各校长切实遵行,务使全体学生恪遵政府意旨,努力安分向学,并面饬各校长务于星期日（即六月一日）督同训导教务各员照旧到校指导,以免发生意外。经以上多方措置及厅校之协同防范,中间虽有校外种种煽惑行动,但卒能使"六二"阴谋终未得逞。奉令前因,除仍依指示各项通饬各校切实遵办并分行外,理合电复恭请鉴核。辽省教育厅厅长卞宗孟。巳文。印。

〔教育部档案〕

10. 陈长青抄送破坏北平工农学院六二运动等情报函

(1947年6月18日)

密。兹抄送情报二件,敬希查照参考为荷。此致
赵静涛先生
　　附件如文

陈长青启　六·十七

据报：北平学潮因此间党政军团配合各大学校长与一部教授采恩威兼用政策,已渐次平息,除北洋大学、北平工学院尚未复课外,余均于六月五日上课。查所谓华北学联,其高级干部在燕京,中级干部在清华,领导干部在北大。所谓高级与中级干部者,系划策干部,领导干部即行动干部。北大为刺激学生起见,于红楼大操场命名为"民主广场",此次学潮未达到预期目的,已决定将华北学联扩大为全国学联,预定于暑假后发动所谓全国性大风波云。

处理情形

一、利用同乡会、同学会、研究会、合唱团、壁报社周刊、月刊、体育会等各项不同名义,由忠实同志做中心展开组织工作,吸收各种志趣不同青年,以免被人利用。

二、请中央团部建议全国大中学校一律实施军事训练,此项军训可抑止学潮,在民国二十三、四年已获效果。实施手段采取：(一)受训期满可免除兵役。(二)受训时可发学生军装与主副食费。(三)成绩优良可充下级军官。

五月三十一日晚山大以音乐大会,召开大会,由主席石勃瑜、

路明等十余人主持,学生参加者三百余人,除校长外,教授多数列席,讨论响应"六二"运动,罢课游行,赞成者百余人,反对游行百余人,不表示意见者数十人,继由教授王统照、徐中玉等表示"六二"运动,是合理举动,种种煽惑言论,引起激烈响应,决定"六二"罢课游行。

据通讯员报告后,即预为监视,石勃瑜任主席团等七名分赴工农学院活动时,即逮捕监视,六月一日夜即将其汽车(校用)先行破坏,电器卡断,并严行警戒。

六二早,军警即在该校附近,宣布戒严,是日无大变化,近二日校内均沉寂。

〔教育部档案〕

11. 丁伯诚关于重庆检扣学生信件及加强控制学生密函
(1947年7月16日)

密据重庆会报已皓电以渝市在学潮期间依据戒严法检扣之邮电,业经审查完竣,检同审查意见请核。等情。相应抄同原件,函请查照参考为荷。
此致
学运小组
　　附抄原件一纸

丁伯诚启　七月十六日

(甲)审查概述:此项文件均以六月一日事件为对象,寄信人既为学生,彼辈对军警传讯、戒备、冲突时之观感咸表不满,此为一般青年不明真象之变态心理,事所必然。故审查时,除核其确有奸伪活动嫌疑者,分转注意查报外,余则由处详为登记存备查考,全部共记六十七件,计:(一)有活动嫌疑应转查报注意者十六件。(二)

登记存备查者四十四件;(三)已扣新闻稿七件。

（乙）内容检讨:全部函件中对当日事件表不满,虽非意外,而所有学生思想几全部为奸伪宣传所笼罩,则甚值重视。如:(一)指责战争为内战,责任应由本党负责之。(二)目前经济危机是本党扩大内战的结果。(三)指政府及本党政员为特务。(四)指责京沪军警制止学潮为特务暴行。(五)反美亲苏。(六)对奸伪表示好感。(七)拥护民盟式之和平运动。(八)要求保障人权。(九)以反政府反本党为荣,以拥护本党及政府为辱。(十)痛恨特务。(十一)崇拜奸伪分子,如注〔汪〕盛荣之流。(十二)指反罢课反游行之学生为汉奸。

以上各项散见检扣各函件中,即措词中立之学生所用名词,亦多为奸伪所提口号,彼辈写时非常自然,其流毒之深概可想见。

（丙）建议意见:查前述现象之所以形成,固源于奸伪宣传煽动之结果,反之亦足充分现露本党在学校工作之缺点。今后应注意者:(一)加强本党在学校之宣传工作。(二)党团组织应普遍深入一般学生群众,特别注意于中立分子之争取,左倾分子思想上之动摇。(三)各校奸伪分子(教授及学生)应彻底清除,但应另行研究技术。(四)奸嫌重大之学校应予解散,但应通过教育部。(五)提高党团学生斗争情绪。

〔教育部档案〕

12. 浙江教育厅关于温州中学响应六二学运下令解散自治会并开除有关师生代电

(1947 年 7 月 31 日)

浙江省教育厅快邮代电　中华民国三十六年七月三十一日
教三十六字第 971 号

教育部部长朱钧鉴:本年七月十四日训字第三九二二零代电

奉悉。查本厅对于省立温州中学学生响应各地学潮"六二"罢课游行,已令校解散学生自治会,查明为首学生及同情学生行动或煽惑学生之教职员,于本年暑假内分别予以警诫、开除及解聘等处分,并饬以后应注意宣导,严密防范,各在案。奉电前因,理合复请鉴核备查。浙江省教育厅。(三十六)年世教一。印。

中华民国三十六年七月三十一日

〔教育部档案〕

13. 行政院关于压制河南大学六二集会并逮捕学生训令

(1947年8月8日)

行政院训令　(三十六)四防字第三二九一号
　　　　　　中华民国三十六年八月八日
　　　令教育部

河南省政府电陈处理河南大学学潮及"六二"紧急措施情形,并检同处理本案经过报告书请核备查,等情。除指复准予备查并将研讯情形继续报院外,合行抄检原报告书及附件,令仰知照。此令。

附抄发河南省府处理开封学潮经过报告书一件,检名册名单共三份〔名册、名单略〕

院长张群

河南省政府处理开封学潮经过报告书

(子) 防患未然

开封接近匪区,居民极为复杂,自豫东、豫北被匪窜扰以来,市区潜伏不良份子时虞窃发。本府为确保社会安宁秩序起见,经制定加强省会治安方案饬属遵办,使有关治安机关,实行纵横联系,对可能扰乱治安份子及其潜伏之所在,尤为注意,并随时明密查考,以资预防。实施以来,不独宵不遁迹,而人事之分析,尤著成效。

(丑)学潮起因

一、河南大学于本年五月初即发生学潮,此次学潮发生原因,由于该校潜伏之奸党份子从中作祟,近因系受教授因请求增加待遇罢教及京沪学生运动之刺激。

二、五月二十二日河南大学一部学生约二百余人,以欢送该校赴京代表为名,于归校途中,竟沿街散发宣言,并粘贴反动标语口号,企图策动"六二"罢工罢市罢课运动。

(寅)学潮演变

一、该校第二院(第二院在开封南关)一部学生,(青年军)以该校停课日久,学潮由援助教授增薪,一变而为响应"六二"暴动,显系奸党阴谋,不应为人利用,当即发起复课运动,组织护校团以对抗鼓动学潮份子。

五月二十八日,该校护校团推派同学二十余人,赴城内东北隅之校本部张贴复课标语,当被校本部文学系二年级学生张四德等多人纠众殴阻,护校学生数人受伤,另一部则被反动学生围困,势几击毙,内有刘一农一名,越墙逃入隔邻之省党部,复被反动份子鼓动学生百余名蜂拥追进,并将省党部包围施行搜捕,结果省党部一部桌椅及公文被毁,并肆意侮辱该部书记长武文,旋将该刘一农搜出,架返该校大礼堂,举行所谓"公审",推选张四德等九名主持,并非法吊打,倍加凌辱。

(卯)处理经过

河大护校团与反动派学生发生争斗后,本府据报以情势急迫,并复据查报该批暴动学生多有奸党嫌疑,当饬本府警务处会同城防司令部率领军警前往弹压,为避免发生意外起见,军警均以和平方式,由受伤学生当场指认凶手,分别予以逮捕,计捕获暴动行凶学生王长顺等四十六名(附名单)(附件一)[略],暂送省训团管训,并经分别电奉主席蒋(36)巳东特学电及总长陈巳虞彩电核复各在案。

(辰)"六二"暴动之制止

嗣又于五月三十一日据报：（甲）河南大学奸党份子现正活动"六二"暴动。（乙）河南大学第二院于五月三十日晚发现手榴弹三枚及河南大学先修班响应"六二"游行之标语二张。（丙）本市各中学内之奸党份子，以开封高中、开封师范两校学生为首领，大河中学学生担任联络，准备响应"六二"暴动。（丁）奸党份子拟利用中学军训武器暴动。等情。适行动方案已奉颁到省，中央复派组织部高委员来汴指导处理本案。本府以情势紧急，当即举行紧急会议，就平素调查名单三次审查，于六月一日上午四时宣布戒严，饬由本所警务处会同军宪党团等机关开始行动，至下午一时解严，计捕获学生及各部门潜伏嫌疑份子四十七名（附名单）（附件二）〔略〕，一并送往省训团候讯，并于当日下午五时由本府警务处长杨蔚会同城防司令张勋亭招待记者说明原委，各报尚无其他言论。综计两次行动共捕获嫌疑份子九十三名，"六二"乃得安然度过，奸匪所谓三罢一惨运动，在本省终成泡影。

此次军警两次行动，因事前剀切诰诫及执行人员严密督导，各军警均能审慎将事和平进行，始终未伤一人，未肇一事，将此险恶风潮顺利平息。

（巳）研讯情形

一、此次逮捕各奸党嫌疑犯，为慎重研讯，以免枉纵，而昭大公起见，经饬本省警务处会同青年团支团部、省保安司令部、城防司令部、联秘处及两调统室，各遴派素谙法律之高级人员，会商研讯办法，计参加研讯者共十二人，每三人编为一组，自六月三日分组开始研讯，并根据各组研讯结果，由警务处昼夜整理。虽在星期例假，亦照常办公，进行颇为迅速，其中情节轻者，均随时交保释放，共计已准保释七十一名（附名单）（附件三）〔略〕，其余各犯仍饬迅速研讯中，约日内当可全部审讯完竣。

〔教育部档案〕

14. 刘茂恩关于开封六二学运被捕学生处理情形代电
(1947年9月15日)

河南省政府快邮代电　汴警二字第三六二二号
中华民国三十六年九月　日

南京行政院院长张钧鉴：查本府处理开封"六二"学潮业将经过原委电报在案，总计本案共逮捕嫌疑份子九十三人，除先后以情节轻微保释五十八人，交保察看十七人，移送保安司令部三人，对其余十五人因有左倾嫌疑，言行过激，鼓动学潮情节较重，已于未艳解送河南高等法院，依法讯办。理合电请鉴核。河南省政府主席刘茂恩。申删汴警二。印。

〔行政院档案〕

[4] 各地争民主反内战反饥饿运动

1. 中央秘书处检送浙大学生自治会为促进民主宪政宣言与教育部往来函
(1945年6—7月)

(1) 中央秘书处函(6月16日)

中国国民党中央执行委员会秘书处公函　渝(34)文字八八六一号
民国三十四年六月十一日

据贵州省党部呈：据遵义县党部检送浙江大学学生自治会为促进民主宪政宣言一份，措词荒谬。除饬该部严密注意外，恳请鉴核，并饬知浙江大学当局注意，等情。相应检同原宣言函达，即希查照核办见复为荷。此致
教育部
　　附检送原宣言一份

国立浙江大学全体学生为促进民主宪政宣言

火已经烧到了眉睫,这是当前每个人对于国事的共同感觉,因之救火也就成为我们每个人所急不容缓且不容旁贷的责任了。

一年来,由于英美苏诸盟友的密切合作,使整个反法西斯战争已进入到蓬勃热烈的胜利阶段。克里米亚会议不单以最民主的精神解决了欧洲的国际问题,而且更进一步的奠定了盟国在政治和军事上的团结合作,在欧洲轴心已经瓦解,法西斯野兽即将在它的老巢被剿灭,在太平洋美军的越岛攻势,已使菲律宾解放了,硫磺岛占领了,东京在饱尝着炸弹的滋味,眼看着法西斯强盗即将崩溃。四月二十五日召开的旧金山会议,将计划着如何结束战争,如何维持战后的世界和平。瞻望前途,摆在全世界民主力量面前的真是一幅多么光辉灿烂的美景。

然而我们中国呢?一年来由中原会战的失败,直到湘桂沦陷,黔南告急,整个抗战心脏的西南濒于动摇。□□□□□□□丧地千里,造成了历史上空前未有的败绩,演出了人世间惨不忍闻的悲剧。而今敌人又将完成东南割裂区的扫荡,加紧布置沿海防务,使东南各省所有足资反攻的空军基地尽陷敌手……而行将举行的旧金山会议,必将决定今后数十年乃至于数百年的国际秩序,决定全世界各国的命运与前途。英美苏诸盟友正在广征民意,作充分之准备,组织全国一致的代表团,以图在会议中争取其地位。我们中华民族究竟是要求在国际上复兴,抑是沉沦,这正是大好时机,时乎不再,试问我们的政府又将作何准备。

为什么当全世界反法西斯战争进入到蓬勃热烈的胜利阶段的时候,而我们反遭到如此重大的失败,造成了如此严重的危机呢?这根本的关键就在于政治的不民主,由于政治的不民主,使国内至今还陷于四分五裂的局面;由于政治的不民主,使国家在财政上陷于极端的穷困,以致通货在高度的膨胀,物价在飞跃的上涨;由于政治的不民主,使国家在经济上陷于破产,一方面是生产的萎缩,一方面是官僚奸商的投机垄断，以至于民不聊生，社会混乱；由于政治的不民主，造成了政治上的腐败无能贪赃枉法的习风；由于政治的不民主，造成了士兵生活的极端的恶劣，招致了军事上惨痛的失败；由于政治的不民主，在外交上遭受到盟友们的猜疑轻蔑谴责；由于政治上的不民主，在文化教育上遭遇到种种扼制；由于政治上的不民主，七八年来陷全国广大青年于极度的苦闷中……。情势既已如今日之严重，若再不急图改革，则国家的前途将何以想象，因此我们认为要挽救当前危机，只有立即改弦易辙，停止一党专政，实行民主政治。只有在民主政治中才可以完成全国一致的团结，使全国一切力量为反攻而集中。因此我们站在国家青年的立场，站在大学青年的立场，必须要求国共两党在国家至上、民族至上的最高前提下，捐除成见，精诚合作，共同挽救民族国家当前的危机。我们认为，在今天如果谁还把个人或党派的利益置于民族国家的利益之上，则必然是民族国家的叛徒、全国人民的公敌，必为全国人民所共弃。

其次，我们觉得若干年来，政府既已屡次向国人发出召开国民大会实施民主宪政的诺言，则诺言应该立即兑现。在今天时间既已如此紧迫，空言民生固属画饼充饥，预约民主也只是望梅止渴，犹豫拖延实毫无补于事实。同时国民代表大会之召集，绝不容为一党一派或少数人所操纵把持。因此，首先必须产生一公允合理的新组织，负责召集国民大会，欲使其公允合理，其成员必须包括各党各派的代表及无党无派的才高望重的人士。只有这样，才可以产生真正代表人民的国大代表，才可以制定真正代表人民利益的宪法，才可以保证国民代表大会不致为少数人所把持操纵利用。同时为了增强反攻力量，保证民主宪政之迅速实现，我们要求政府立即实行下列各端：

（一）确切保障人民言论、出版、通讯等之自由，废除军事秘密以外的一切检查制度。

（二）确切保障人民身体,集会结社之自由,停止一切除了对敌人和汉奸以外的特务活动。

（三）取消一切党化教育之措施,切实保障人民思想与学术研究之自由。

（四）无条件承认各党各派之合法地位,并保障其公开活动。

（五）释放一切爱国政治犯及爱国青年。

（六）军队国家化,改善士兵生活,使全国各部队获得平等之待遇,以增强反攻力量,不得有"指定□□□□□当然"之类的规定。

（八）裁撤并严惩一切腐化官吏,以刷新吏治。

（九）取缔一切囤积操纵,严惩奸商,开发资源,以挽救财政经济之危机。

（十）党务费不得在国库中支取。

天下兴亡匹夫有责,我们忝为今日国家之大学青年,受国家之护育与培养,更鉴于九十年来青年在民族革命史上的光荣事迹,目观国家当前之危机,岂容再缄默无言。而实施民主实属燃眉之急,因此本校全体同学在一致的要求下,不揣微声薄力,特向政府及全国各大中学同学、全国同胞作如上之呼吁,愿我全国各大中学同学及全国同胞共起响应之。

民国三十四年三月

（2）教育部函（7月2日）

教育部公函　训字第三四一八五号
　　　　　　民国三十四年七月二日

案准贵处本年六月十一日文字第八八六一号公函：检送浙江大学学生自治会为促进民主宪政宣言一份,嘱查照核复,等由。查本部前据该会寄呈此项宣言一份前来,业经密饬该校校长切实予以纠正,并善为开导。准函前由,相应复请查照为荷。

此致

中国国民党中央执行委员会秘书处

〔教育部档案〕

2. 重庆青年界为反对内战要求民主团结紧急宣言

(1945年7月26日)

陪都青年界为反对内战要求民主团结紧急宣言

全中国父老兄弟姐妹们:全世界的公正人士们,在欧洲德意法西斯已被消灭,亚洲日本强盗已经濒于末运,全中国人民在准备总反攻的前夕,全世界的人民沐浴着民主团结光辉的今天,我们突闻陕西省大规模内战已经开始的恶耗,实在感到无比的震惊,无比的悲愤。

我们知道,我国神圣伟大的抗日战争是在全国一致团结合作的基础上展开了的,然而历年以来,各个地方时常发生抗日部队的互相冲突,力量互相抵消的可痛现象,特别自今年三月以后,这种冲突更愈演愈烈。据道路传闻,在湖南、湖北、江苏、江西、河南、浙江、广东、安徽、福建等各处前线,时常有国共两党军队冲突发生,尤以本月二十一日陕北淳化燿县爷台山一带,更展开了正式规模的内战,传闻胡宗南军队动员九师之众,十八集团军方面已有朱德总司令请蒋委员长制止军事进攻的电报。际此反攻即将开始,胜利在望之时,竟发生这种内部自行分裂,重演内战的惨剧,这实在是全中国人民最大的不幸,也是全世界人民最大的不幸。我们知道,由于抗战期中一党专政的结果,造成了抗战军事的节节败退,偏处一隅,政治上官吏腐化贪污如毛,经济上生产萎缩,民不聊生,财政上赤字预算日高,通货恶性膨胀,对青年则施以党化教育,统制思想,实行特务制度,造成恐怖,失踪被捕者日有所闻,集中营的血腥遍地杀害爱国青年,压迫民主份子。今年全国各方面正遭受空前广泛严重的大灾荒,不闻救济,而就旱灾最严重赤地千里灾民四百万嗷嗷待救的陕西后方,竟发动自相残杀的内战,其影响所及,不仅妨害抗日战争的反攻,抑且破坏同盟国家的民主团结,尤其当世界民主力量日益昂扬壮大,全中国人民觉醒日益广泛普遍,大后方各民主党派领袖正努力奔走团结,民主人士正努力推进民主运动的今天,这种妨害抗战,妨害国家民族利益的行动,是我们必须坚决反对的。

全中国的人民决不能容忍艰苦抗战八年的成果,为内战所毁弃;不能容忍人民战士的血肉,为内战所牺牲;不能容忍人民的生命财产田地房舍,为内战所损害;不能容忍世界的和平,为中国的内战所破坏。

面对着国家深重苦难,民族严重危机,我们不能再疏忽漠视,默默无言,我们仅站在爱护国家爱护民族纯洁青年的立场,以最热诚恳挚坦白焦灼的心怀,向全中国父老兄弟姐妹,向全世界公正人士提出我们对时局的具体主张如后:

一、要求双方军队立即停止一切军事行动。

二、公布事实真相,惩办祸首。

三、要求双方保证以后在任何地区不得发生自相残杀的内战。

四、迅即召开全国各党各派及无党无派人士会议,共商国事,实现民主团结。

五、成立举国一致之民主政府,革新政治,整编军队,动员民众,解除经济财政危机,改善人民生活,配合盟军登陆,实行反攻。

六、保障男女青年职业,救济失业青年,改善公教人员及职工生活。

七、立即清除一切反民主的障碍,如取消特务,取消集中营,释放爱国政治犯,撤消学校工厂和军营的党团及其变相组织。

八、立即实行一切必需的初步的民主措施,如保障人民身体、居住、集会、结社、言论、出版、旅行、通信等自由,开放青年思想学术研究自由。

〔教育部档案〕

3. 教育部为严防重庆各校学生反对内战要求民主签名运动训令

(1945年8月25日)

教育部训令 训字第四二四七七号 第四二四七八号
中华民国三十四年八月二十五日

令 (一)国立中央大学等二十六校
　　(二)国立西南联合大学等十七校

查此次淳化事件之真相,中央已予宣布,并经刊载各公正报纸。据报近有所谓陪都青年界为反对内战要求民主团结紧急宣言,拟在各校发动签名运动,藉资号召。其阴谋亟应予以注意,并严密防制:(一)除分令外,合行令仰该校务尽量设法消弭该项宣言签名运动,一经发现签名情形,应随时密报本部,以凭核办为要此令。(二)除分令陪都各校外,合行令仰该校如发现所在地奸党有以类似上项宣言发动学生签名运动,务尽量设法消弭,并密报本部核办为要。此令。

(一)陪都附近专科以上学校名单:

国立中央大学　国立交通大学　国立江苏医学院　国立湘雅医学院　国立重庆大学　国立复旦大学　私立武昌中华大学　私立金陵大学理学院　国立社会教育学院　四川省立教育学院　私立东吴大学　沪江大学联合法商学院　国立上海医学院　私立朝阳学院　国立艺术专科学校　国立中央工业专科职业学校　国立药学专科学校　国立国术体育师范专科学校　国立音乐院　国立边疆学校　私立中国乡村建设育才院　私立立信会计专科学校　私立武昌文华图书馆学专科学校　私立江苏正则艺术专科学校

私立求精商业专科学校

(二)成都及昆明两地专科以上学校名单：

国立西南联合大学　国立四川大学　国立云南大学　私立金陵大学　私立燕京大学　私立中法大学　私立齐鲁大学　私立华西协合大学　私立川康农工学院　私立金陵女子文理学院　私立北平协和医学院　四川省立艺术专科学校　四川省立体育专科学校　云南省立英语专科学校　四川省立会计专科学校　私立光华大学成都分部

(国立牙医专科学校已并入中大)

〔教育部档案〕

4. 有关昆明各大学主办抗战八周年纪念大会通电反对独裁专制发动内战函呈
(1945年8—9月)

(1)郑忠华函(8月28日)

径密启者：准中央秘书处八月十七日函开：顷据中国陆军总司令何应钦同志午俭电报告：昆明民主大同盟利用各大学名义，于"七·七"发表昆各大学主办抗战八周年纪念大会通电，并报告该民主大同盟全盘情形。谨将原函及附件暨本处意见抄送查照参考。等由。除函中央宣传部将奸伪袭击国军之事实随时宣布，藉以揭穿其阴谋外，关于该民主同盟假借昆明各大学发表"七·七"通电一节，请转知昆明各大学当局，策动各该校学生自治会声明否认为荷。此致
教育部

郑忠华谨启
八月二十八日

附二件

何应钦函

铁城吾兄勋鉴：兹寄上署名昆明各大学生主办纪念抗战八周年纪念大会通电一件，请察阅并转送骝仙、国桢诸兄一阅。弟曾询梅校长及熊校长，并无此项大会之组织，确系捏名所发。查该件显系中共捏名所发，其中所云正用盟国装备发动内战一节，尤属荒谬，弟意人以不实不尽之言肆意作反政府之宣传，本党亦应以种种方式予以驳斥，以免淆乱中外听闻，当望商同有关部分斟酌办理为祷。专此

勋祺

弟 何应钦手启 三十六·八·二

昆明各大学生主办抗战八周年纪念大会通电

全国同胞们：中国抗战已经八年了，八年来我们流了不少血汗，牺牲了无数的生命，回顾这八年中国人民艰苦的斗争，实不胜其兴奋与焦虑。兴奋的是在长期反日侵略与国内独裁专制的斗争中，中国人民虽然遭受了重大的牺牲与艰苦的磨炼，但是没有屈服，也没有被吓退，相反的却有了比过去任何时候都要高的觉悟。在敌后，人民从敌人手里夺回来了而且建设了真正民主自由的解放区域；在大后方，有着空前高涨而且还在继续高涨着的民主运动与民主力量。焦虑的是：我们虽然流了不少血汗，牺牲了无数生命，但胜利还是很遥远，大块的土地依然被敌人占领，人民的生活依然一天比一天困苦，人民的力量依然被反动势力所束缚，而不能顺利展开，以配合同盟国的反攻。

这一切是为了什么，并不是国际形势于我们不利，也不是敌人一天比一天强大，更不是中国人民没有或不愿意积极抗战，这完全是由于我们的战争是人民的战争，而以领导抗战自居的人们都不要人民，反人民反民主的缘故。年来这些反人民及反民主的措施愈

更变本加厉了,人民没有一点自由权利,多少爱国政治犯还被囚在集中营里,贪污愈来愈凶,特务愈来愈凶暴,财富集中在少数人手里,他们过着骄奢淫佚的生活。而支持抗战的绝大多数人民,却在沉重的负担与令人窒息的压制之下,再也不能活下去了。现在由于国际民主潮流的压迫,与国内人民民主要求的高涨,于是也一面标榜民主,进行所谓召开国民代表大会,还政于民的欺骗伎俩,想以此一手掩尽天下耳目,骨子里却加紧他的独裁与专政,一面又积极发动内战,想置人民于水火中。这样下去,抗战的胜利将永远渺茫,即使胜利了,也不是我们人民的胜利,而是独裁者们的胜利,反人民集团之胜利。这种片面胜利,不仅无益于中国人民解放,对于世界的和平也没有绝对的好处。

今天御用的国民参政会正在开会,讨论一党包办的所谓国民代表大会,但什么是国民代表大会,十年前由国民党一手包办所产生的代表们,也能代表今天真正人民的意见吗?在开会之前,不给各党派以合法地位,而制止他们的活动,用枪杆和特务剥夺尽了人民民主权利。一切的筹备和进行,都交给为极少数反动分子所操纵的国民党中央执行委员会,任他们把持包办,任他们为所欲为,这能成为一个民主的机构吗?这是一个极大的阴谋和欺骗,想给他们一天比一天疯狂也一天比一天为人民所不齿的独裁专制加上一个民主的头衔,合法的外衣。如今逼于人民的反对,于是交国民参政会讨论。但又什么是国民参政会呢?不同样的是一个御用机关吗?参政员除了指派圈定,便是由把持包办的选举所产生,没有一个是真正由人民选来的。参政员中自然也不乏有良心的人士,但提案时既有法定人数与主席团禁止提出讨论的限制,通过之后,又要遭到政府的搁置,这是一个甚么样的民意机关,有甚么权利代表人民来讨论人民民主的问题。对国民大会代表的讨论又有什么意义,表面上是一套,骨子里又是一套。在玩弄的民主声中,我们又听到内战的炮声了,在湖南,在浙江,在安徽,在湖北,都有人正用盟国的装备发动内战，而且新的更大规模的内战还在准备中，几年前就为人民所深为痛恨，一再呼吁制止的全国性的内战，已经迫在眉睫了。

今天，我们几千人在这儿开这个纪念会，想到这些情形实在万分沉痛与愤慨，我们人民的血不能再白流了，为了民主胜利和子孙万代康乐富足的生活，我们不能不再声疾呼了。

我们坚决反对国民参政会来讨论筹备召开所谓国民代表大会，我们认为中国急需团结，各党派及无党无派人士一起成立民主的临时的联合政府，以便综合全国民意，实行民主的改革，克服当前的困难，动员并统一抗日力量，有力地和同盟国配合作战，打败日本侵略者，使中国人民迅速地从日本侵略者的奴役下解放出来，接着在广泛的民主基础上召开真正由民选产生的国民代表大会，成立包括更广大范围的正式民主的联合政府，领导解放后的中国人民，将中国建立成独立自由民主统一与富强的新中国。这是全国人民的共同要求，也是中华民族的唯一出路。

我们坚决地要求有良心的参政员们立刻退出参政会，不要作独裁专制者的帮凶，我们坚决地要求全世界爱好民主自由的人士，尤其是多年以来我们真诚的盟友——美国的人士们！认清中国专制独裁者的真正面貌，立刻起来制裁他们，不要扶助他们压迫中国的人民，我们坚决要求全国人民起来为真正的自由民主而奋斗，要求各民主党派各地方当局各无党无派的民主人士起来，和我们站在一起，为民主的联合政府而奋斗，为抗战的胜利而奋斗。

同胞们！现在已是最后关头了，让我们高呼吧！团结全国力量！实行全面反攻！废除一切专政！立即组织民主的联合政府！制止内战！枪口一致对日！抗战胜利万岁！中国人民万岁！

（2）教育部签呈 （9月13日）

据郑忠华八月二十八日来函：略以昆明民主大同盟利用各大学名义，于"七·七"发表昆明各大学主办抗战八周年纪念大会通电,内容荒谬,嘱转饬昆明各大学当局,策动各该校学生自治会声明否认,等情。本应照办,惟今距"七·七"已足两月,此时否认,恐反引起余波,拟将本案存查,是否有当,理合签请核示。

事已过去,拟不必策动否认、转生枝节。或密知昆明各校,嗣后严密注意。

拟照办。九月十八日。

朱家骅

〔教育部档案〕

5. 国民政府参军处抄送圣约翰大学学运活动及开除学生情报函
(1945年10月26日)

国民政府参军处函

敬启者:奉谕抄送沪市圣约翰大学及各工厂奸伪活动情形由情报乙件,即请查照参考为荷。

此致

教育部

　　附抄情报乙件

国民政府参军处谨启
十月二十六日

情报　十月二十六日

抄沪市圣约翰大学及工厂奸伪活动情形汇报:

(1)沪市奸伪近饬各组以设立自治会、学生会、学术研究会、政治研究会等从事活动,现圣约翰、复旦、沪江等大学均有是项组织。

(2)圣约翰大学于八月二十二日举行庆祝大会,由学生陈有庆、沈泽济、赵修鸿、沈志民等领导散发奸伪传单,并向学校当局提出严惩汉奸校长沈嗣良及组织联合政府,废除新闻检查等问题,因为校方所阻止而陈等复企图暴动,九月六日校长沈嗣良将陈有庆等二十二名开除,现陈等正进行请求复课中。

(3)沪市奸伪在出版业之活动,以商务印书馆闸北工厂为甚,现因物资器材被毁停工,该厂工人中之奸伪份子周邦杰、王昌彦等曾召集职工从事复工运动,并向各方提出复工筹措办法未果,刻周邦杰等正向各书店印刷厂从事复工运动中。

(4)沪市奸伪利用青年学生组织沪市学生抗日会,以刺探军情,散发宣传品,现大同、圣约翰等大学已因该项活动为沪市当局下令停课。

(5)沪市奸伪近积极拉拢江浙士绅社会名流金融产业等界人物,组织上海民主同盟,以谋在上海各工厂成立武工会,吸收工人,图谋暴动。

〔教育部档案〕

6. 有关国民党压制成都燕京大学展开反内战撤退美军的学生运动函令

(1945年11—12月)

(1)三青团中干会函 (11月29日)

三民主义青年团中央干事会致教育部函   青干组字第九七四四号
中华民国三十四年十一月二十九日

据报:燕京大学于十六日夜,由学生自治会发起群众大会,到学生二百余人,共党份子约四十余人,文幼章(按文系美新闻处成都分处编辑兼华大英文教授美籍)已参加,当决议四项:(一)发宣言反对内战,一切责任应由国民党负担。(二)公开发致美国公民电,反对干涉及参加内战,撤除在华武力。(三)联络成都大中学组织反对内战大同盟。(四)由该校学生自治会负责起草宣言,于十九日通过发表。等情。除饬属注意防止外,相应函达,即希查照参考为荷。

三民主义青年团中央干事会

2. 教育部训令 （12月15日）

令私立燕京大学校长梅贻宝

据报:该校学生自治会于十一月十六日夜发起群众大会,当决议四项:(一)发宣言反对内战,一切责任应由国民党负担。(二)公开发致美国公民电,反对干涉及参加内战,撤除在华武力。(三)联络成都大中学组织反对内战大同盟。(四)由该校学生自治会负责起草宣言,于十九日通过发表。等情。查学生自治会为学生在校内之课外活动组织,不得参加校外各种团体组织或活动,学生自治会规则中早有明白规定,并经于本年十月一日以训字第四九四六号训令提示督导要点通饬各校遵行在案。据报前情,该校学生自治会显属活动逾轨,合亟令仰该校长切实予以纠正,并善加督导为要,此令。

〔教育部档案〕

7. 王志远关于广州大学争取民主反对内战示威游行经过函

(1946年2月13日)

骝公部长钧鉴:于谕拜读敬聆一切,关于学潮事,本校当随时注意,并经与张云特派员及姚宝猷厅长会商多次,为适应之处置,兹慎将一月三十日广州市学生争取民主反对内战示威游行大会经过报告如下:

一、大会之发动。初为中山大学之少数学生专为对中山大学内部问题:(A)反对伪生转入中大;(B)要求战时服务之教职员如何安置；(C)要求整顿校务；(D)彻查中大巨大窃案事等。及后则利用学生之冲动情绪,煽动扩大学生运动,遂于一月二十八日召集各校学生约百余人,在中大开会决定：(A)响应昆明、重庆学生运动；(B)定于三十日发动广州市学生争取民主反对内战示威游行大会；(C)推选中大七个学院代表共三十五人成立工作委员会,分头发动各项工作。

二、游行路径。先集合于惠爱东路中大附中,继出惠爱西路、光复北路、长庚路、上下九甫路、十八甫路、六二三路,再转入沙面经长堤、中华路、汉民路回到起点散队。

三、游行人数。计有中大各学院及附中先修班等学生,中华文化学院学生,暨中大李世荣、雷荣珂等教授,共约二千余人。

四、游行标语。一、政治协商会议只许成功不许失败；二、彻底励行停战协定,坚定反对内战；三、拥护蒋主席保障民权四项诺言；四、要求盟军离华；五、政治民主化,军队国家化；六、合理改选国大代表；七、思想自由,学术自由；八、严惩汉奸,法办附逆教授；九、反对新闻封锁；十、拥护蒋主席领导和平民主建国。

五、游行秩序。游行时沿途高呼口号,秩序尚好,亦无发生不规则行动,且沿途军警切实注意及保护。

六、游行大会发动之先后,本省军政当局及有关各机关均切实注意。

总括此次学生巡行,初时只是对中大本身问题,及后则转移目标,其中参加各生有一部份非粤籍学生,且不似学生模样,照此观察,其中总有一部份学生为省外潜来也。

兹将一月三十日本市大光报新闻乙则及二月八日香港新生日报特稿乙则附呈察览,伏乞时赐指示,俾有遵循,至感至祷尚复并颂勋祺。

职　王志远

广州学生在怒吼　　　　任远

特稿

沉默了已久的广州学生,今天开始怒吼了!

在这和平建国的进程中,在这争取民主反对内战的斗争中,昆明、上海、成都甚至重庆的学生,已经先后表现出惊天动地的壮举,广州,这个革命策源地的学生,忍无可忍,也举行了"争取民主,反对内战"的大纛,扬耀于寂寞的羊城,慷慨激昂的呼声,震聋起瞶,喊醒酣睡的人们。

一月二十八日上午十一时,中山大学学生二千多人,开了一个热烈的全体大会,决定响应昆明、重庆学生运动,并定于三十日发动"广州市学生争取民主反对内战示威游行大会",当即推选了七个学院代表三十五人,成立了工作委员会,分头发动各项工作,在这个伟大的号召下,各人除缴纳五十元会金外,当场又乐捐了二万余元。

二十九日下午,中华文化学院和中大附中,首先热烈响应,先后举行全体大会,也乐捐了很多钱,决定参加这个有意义的行动。

三十日清晨,已经预定了的游行大会地点——惠爱东路中大附中操场,大门的墙壁上,已张贴着中大学生代表工委会出版的"民主专刊"和中大附中的"自由与民主"壁报。在"民主专刊"里面,插入了昆明学生沉痛的来信,大家伸长了脖子在抢看。此外还有红红绿绿的标语和游行大会的宣言,宣言的末尾,提出了十大要求:

一、政治协商会议只许成功,不许失败!

二、彻底励行停战协定,坚决反对内战。

三、拥护蒋主席保障民权四项诺言。

四、要求盟军离华。

五、政治民主化!军队国家化!

六、合理改选国大代表!

七、思想自由！学术自由！

八、严惩汉奸！法办附逆教授。

九、反对新闻封锁！

十、拥护蒋主席领导和平民主建国。

大约是十一点钟左右，中大学生二千余人，自石牌步行到了集合地点，中华文化学院和中大附中的队伍，也按时齐集，在大会主席简短有力的致词之后，大队在热烈的掌声中，开步走了。

队伍中最引人注意的，是中大一位跛脚教授李世英先生，他一马当先，有总领队的气概，接着是一辆"国立中山大学校车"，中大雷荣珂教授坐镇其中之车顶上挂有一幅横牌，写着"广州市学生争取民主反对内战示威大游行"十八个红大字，跟着汽车的就是五光十色的伟大行列前头横竖着一幅富刺激性的漫画，里面写着"反对独裁，我们要自由！"好像明白地告诉大家："这就是我们游行的目标！"参加行列的人，除手执一小旗外，还高举着不少漫画标语的杰作，其中有两幅最令人注意的，一幅是画着巨大的国父像和一举起拳头的群众，上面有"阻止民主的是国父的叛徒"的警句，另一幅是白布黑字的横条，写着"结束一党专政，成立联合政府！"此外还有要求"取消党化教育"的。

这一股人流，向着惠爱西路前进口号和歌声，震动了寂寞的羊城，腾沸了每个人的热血，当盟军驱车过市时，有些学生用英语对他们高呼："We demand all the allied troop withdraw from China!"到了光复北路口，省立法商学院学生加入了洪流，走到长庚路时，又有几个省立文理学院的学生，乘单机飞跑赶来，要求暂停片刻，等候学院队伍赶上参加，因为学院当局正在阻止参加游行，同学们还要一些时间来"办交涉"云云，等了一刻，继续前进，沿途又加入了国民大学、省立艺专和中德中学的学生，可惜天公不助兴，下了毛毛细雨，但是寒风冷雨，不但没有降低大众沸腾的热情，反而加强了坚持到底，迈步前进的雄心。大家高呼"不怕冷风雨，只怕不民主!"这个长蛇阵通过了上下九路,走到了十八甫路、六二三路而进入沙面,再经长堤、中华路、汉民路,回到原来的地点。那时已是下午四点半钟了,大众的衣衫鞋袜被淋湿,已感到相当疲劳,但热情始终都是一样高涨,队伍齐集后,合唱"民主进行曲"游行大会即在掌声和欢呼中宣告圆满结束。

此外游行大会又致电政治协商会议,强调要争取民主与真正的和平,要求取消任何党派的特殊地位及合理改选国大代表,并提出与宣言一样的十大意见。

为了要加强今后的工作及发动更广大的行动,各校代表团于大会结束后,立刻继续集会,决定成立"广州市学生联合会筹备会",负责扩大组织及策划今后的工作。

广州的学生,在这争取民主的浪潮中,今天开始怒吼了,他将勇往直前,要为建立民主新中国而奋斗,恢复革命策源地的广东的光荣!

〔教育部档案〕

8. 张发奎等关于广州市学生因物价腾踊贷金不足引起学运及处理办法代电

(1946年5月)

广东省省政府
军事委员会委员长广州行营代电
广东省省党部

教育部朱部长骝先兄:近日奸党潜伏广州市内活动,其计划从诱惑青年学生入手,先把持各校学生自治会,再组织人权保障会,进而组织全市学生联合会及人权保障联合会,企图藉此机构操纵青年,煽动学潮,破坏秩序,以遂其政治阴谋。其诱惑学生则利用现实问题不易避免之缺点,寻瑕抵隙,极力吹求,迎合一班人不满现实之心理,以吸引青年之附和,争取社会之同情。本市公立中上学校学生公费贷金额低微,如省立学院学生贷金每月仅千余元,中等学校学生公费最近虽增至八千元,然物价腾踊,米百斤价逾五万,公费贷金之数不足以供饔飧,且费款核签划拨手续麻烦,往往不能按月拨付。此一现实问题缺点既多,已足使学生心怀不满,而奸党遂借题发挥,阴谋蛊惑怂动其要求增加公费贷金,并实行请假待命为变相之罢课。初在中大发动,继及省立学院,近且渗入省立各中等学校,现虽经主管机关及学校当局会同有关机关设法开导,加强组训,中大及省立广州女师学潮暂告平息。惟文理学院自本月十六日以后,仍未复课,危机潜伏,险象环生。查学生之要求率由不满现实而起,然奸党蛊惑煽动无所不用其极,若非妥谋解决,前途未许乐观。窃以为应付之法宜设法改善现实问题之缺点,消灭奸党煽惑之口实,故:(一)各校公费贷金数额未能因应粮价,学生生活困难,似应速予提高。(二)各校公费贷金未能按月拨发,甚且积欠累月,最易引起学生不满心理,似亦应急予改善签拨手续。此外党团宣传刊物未能大量运到,解决青年精神食粮,而奸党刊物充斥市面,青年易受麻醉,似应急谋补救。复查奸党近以三千万元为广州鼓动学潮费,而本市学运经费尚无专款,诸感困难,似应即拨专款,俾收宏效。抑尤有进者,现学潮已萌,虽设法消弭,惟将来结果尚难逆料,可否于必要时采取有效步骤,饬主管机关作彻底之整饬,将发动学潮滋蔓不已之学校暂予解散,学生则另行登记甄审,以肃学风。谨电请迅赐核复,俾资办理。弟张发奎、罗卓英、余俊贤。卯教秘。

〔教育部档案〕

9. 丁伯诚抄送中山大学掀起反内战运动情报密函

(1947年3月7日)

密启者:兹抄送中共在中山大学活动情形情报一件,请查照注

意为荷。此致

赵静涛同志

　　　　　　　丁伯诚启　三月　日

中华民国三十六年三月七日发出

抄件

（一）名牌国立中山大学奸匪份子，近为配合奸匪扰乱金融之活动，于丑元在该校福利食堂召开全体同学大会，席间强调此次金融骚动，纯因内战而起，旋通过组织反内战运动大会，选出代表三十五人，组织工作委员会，决定先行罢课，再扩大策动全市各学校及工商团体罢课、罢工、罢市。经我方防制后，即宣布罢课两天，将继续入市实施其三罢阴谋。查此次活动主持人为该校学生左光宇、罗赓良、周岳燊、谢耀松、潘明丽、余开林、张承衮、杨延祚、何锡权、蒋同政、李雪燕、罗祥生、邓翰章等。

（二）中大奸匪最近活动方针为：（甲）加强组织，竭力拉拢一般激烈同学充当外围工作。（乙）利用宣传攻势，展开反蒋反美运动，并争取此运动之合法性。（丙）注视每一小事件，利用谋取群众之利益，借题扩大活动。（丁）调查本党党团工作人员，必要时予以监视或毒害。

（三）中大南燕剧社现为江浙左倾学生左光宇、杨延祚、陈启栋等把持，引诱一般爱好歌剧学生参加组织，其歌曲多由港寄来，内容均属反动宣传。

（四）中大学生奸匪份子对北平沈崇案，拟继续扩大鼓动风潮，并设法拉拢若干左倾教授参加号召。

（五）民盟份子彭芳草（中华文化学院教授），近派人与中大奸匪份子联络，拟策动穗市组织反内战大同盟。

〔教育部档案〕

10. 三青团抄送破坏中山大学反内战罢课示威运动经过函

(1947年3月7日)

三民主义青年团中央干事会公函　　三十六青干二字第一四四三号
　　　　　　　　　　　　　　　　中华民国三十六年三月七日

教育部：本会据报中山大学奸党份子发动反内战罢课运动，等情。相应抄录原报告乙份，函请查办参考为荷。

　　　　　　　　　　三民主义青年团中央干事会

附林作民报告乙件

抄林作民电报一件

此次金融物价波动，中山大学奸党份子乘人心惶惑不安之际，组织中大员生福利委员会于十三日上午九时召开大会，到会者仅二百余人，决定于（14）（15）两日发动反内战罢课示威运动，后经本处会同各方设法制止，并由学校将中大员生福利委员会解散，同时策动中大分团同志作反宣传，暴露奸党捣乱阴谋，各学院(14)(15)两日仍照常上课，秩序良好。谨电察核。

〔教育部档案〕

11.《华商报》刊载郭沫若声援反饥饿反迫害运动文章

(1947年4月17日)

蒋朝本是以屠杀民众，屠杀青年起家的。二十年来，唯一的成就就是庞大的特务组织，普天下都是特务网，一切的一切都是特工化，在暴戾的统制下边，我们能够数得清究竟死了多少同胞，多少青年，多少爱国志士吗？现在临到它日暮途穷的时候，它是更要倒行逆施，变本加厉了。平津学生这一次为反饥饿、反迫害而大流血，真真正正足以震动天下父母心，稍微还有点人性留存的人，谁个能够不悲愤,谁个能够不奋发呢?由这而激起了教师的罢教,学校职员甚至校警的罢工,一致起来向蒋府抗议,这真是再应该也没有的事。我们中国人究竟是创造过光荣历史的民族,有这无数不畏强权的热血青年,无数有良心的教师校警,我们能够保证我们今天也正在创造着更光荣的历史。

死是不足以骇人的,暴戾是不足骇人的,暴戾之极仅致我以一死,然而人谁不死?在今天为反暴戾,反迫害,反饥饿而死,这正是爱国的死。假使全国的同胞再不一致起来抗暴,蒋朝真会把我们全中国人都拖到万劫不复的奴隶的境地了。

我们已经隐忍二十多年,这隐忍的意义我是知道的。我们当代的中国人每一个人一生下地来便都担负着反帝反封建的双重使命,我们对于蒋朝的二十年统治也就是在这双重使命之下容忍了下来的。前十年是因为有顽固的旧军阀还没有倒,两害相权之下,我们容忍了羽翼还未十分丰满的新军阀。后十年是因为有日本帝国主义的大规模的侵略,我们将有亡国灭种之痛,两害相权之下,我们又把这戴着"抗战"帽子的新军阀容忍了下来。

但就是这二十年的容忍,我们让这新军阀的羽翼长丰满了,它以为天下真是它一家的天下,天下的人民都应该是天生就的奴隶,惨胜以还,"抗战"的大帽子一揭倒,在美帝国主义的环抱里面,便大规模地屠杀起不甘愿做奴隶的中国人民来了。今天已经没有两害相权的余地了,军阀只这一个,帝国主义与军阀已经打成了一片,今天我们还能够容忍吗?今天我们如还要容忍,那就是我们放弃了反帝反封建的使命,我们是要和蒋朝负着同等的罪名的。我们今天应该挖尽一切容忍的根,一致起来反抗这个屠民以逞的新军阀美帝国主义的走狗。今天这位新军阀事实上是已经到了日暮途穷的时候。它霸占了二十年的人民的容忍,更获得了美帝国主义的全力支持,以为可以安稳地做着中国的罗哈斯。然而谁知道人民已经不再容忍了,已经有一万万六千万人民起来从事解放战争,仅仅二十个月的工夫,便把它二十年来所积蓄的反动势力差不多打得精光。这打得遍体鳞伤的新军阀,在今天已完全是靠着美帝国主义的支持在那儿苟延残喘了。

二十年前的旧帐,我们暂且不谈,两年来蒋朝所犯的罪恶却完全是出于美帝国主义的纵容和指使。杀人的特务是出于美国训练,杀人的军警是出于美国训练。文有文顾问,武有武顾问,一切文化上的,军事上的,经济上的,行政上的,作战都是美国人在那儿布置、指挥、监督。飞机不够送飞机,军舰没有送军舰,子弹枪炮打完了送子弹枪炮,钱不够用了送钱。这些都不够,还在处处帮忙骗。召开伪国大,准备选举伪总统,固然是出于美国指使。鼓励所谓"自由主义者"的组织,用金钱来买贿知识份子尤其大学教授,把乌鸦装扮成孔雀,不用说也是美国人在那儿明目张胆地策动。两年来的蒋朝,在今天主要是美帝国主义的傀垒〔儡〕,美帝国主义的杀人机器了。

今天我们要挖断一切容忍的根,同时也就要正视这美帝国主义的滔天罪恶。

今天青年学生的惨遭屠杀是美帝在幕后指挥,我们应该认识清楚贩卖知识分子的掮客们还在满天飞呢。北平在流血,南京的乌鸦在噪晚晴,上海的一部份插着孔雀毛的自由分子在喊:不流血的新革命,广州的一批大学教授公然也要寄澄清之望于行宪鼎新之会了。我们已经有猪仔代表,但同时也还有猪仔教授、猪仔学者、猪仔名流,也应该明白地知道。

痛苦是不能免的,流血是不能免的,母亲要产生一个儿女都还要痛苦和流血呢,何况要产生一个独立自由民主的新中国!

(四月十七日)

〔中央宣传部档案〕

12. 留港各爱国党派发表支持反饥饿反迫害斗争号召一致奋斗结束暴政声明

(1947年4月18日)

支援反饥饿反迫害斗争号召
一致奋斗结束暴政留港各爱国党派发表声明

中国民主同盟总部发言人为最近平、津、京、沪、杭、蓉各地发生之学潮,发表谈话如次:由于独裁政府在经济上和军事上均已陷于绝境,因而其对于人民之剥削压迫亦空前加厉。最近为了贯彻其解散北平学联的乱命和镇压万千学子的正当要求,竟不惜派遣军警包围学府,唆使大批特务,捣毁校舍,焚毁学校设备,殴捕大批学生,制造种种血案。独裁政府目前所执行之恐怖政策,即凡反对政府者,都是共产党,凡共产党均可杀的办法。本盟殊深愤慨,对于这种摧残文化,蹂躏人权,蔑视学府尊严的野蛮措置,除表示严重之抗议外,并愿意号召全世界爱好和平民主的人士,共同一致谴责。同时本盟还得指出,现在全中国人民和独裁政府已经处于誓不两立的地位,要获得生存,要获得自由和幸福,就唯有靠自己的力量奋斗到底,学术必须自由,人权必须保障,此乃本盟一贯之主张。但在独裁政府统治之下,所谓国大,所谓行宪,所谓自由主义,都不过是伪装,从此次各地摧毁学生的一切暴行看来,更可得到确实的证据。

(本报特讯)中国农工民主党中央委员会,为支援国内教授学生反饥饿反迫害运动,顷发表声明称:我们于此要严正的指出:独裁反动的统治是在加紧制造饥饿死亡迫害的悲惨局面,人权与自由早已没有丝毫存在,我们为要早日解除人民悲惨的命运,为挽救全国教育破产,为使全国青年学生免于饥饿迫害和失学,为使教授能安心教学,为使学术界有思想言论讲学和生存的自由,为留社会一线的生机,必须早日结束独裁反动残暴无比的统治。海内外同胞一致起来,学生的家长和亲友们一致起来,支援我们优秀的后代,我们要共同争得人权自由和民主和平独立才能生存。

(本报特讯)中国人民救国会,为支持国内各大学师生反迫害反饥饿斗争发表声明称:最近国民党统治区内掀起反饥饿反迫害的学潮,是独裁政府厉行民死主义和恐怖政策的产物。恰在标榜"行宪"的"国大"开会和御制的"自由主义"的把戏继续演出期间,独裁政府这种蹂躏人权,摧残文化的倒行逆施,只赤裸地露出它本来的面目。但我们坚决相信,血腥手段无论怎样强化,争自由、争生存的浪潮,还是遏不下去,新的"五·四"时代终将到来,独裁反动的统治的结束已在不远。我们除号召海内外同胞向独裁政府抗议,为英勇的学生和爱好正义的教授职工声援之外,愿加紧为这共同的目的而努力。

〔中央宣传部档案〕

13. 三青团关于特务学生破坏唐山工学院反内战反饥饿运动引起斗争情况代电

(1947年5月31日)

三民主义青年团河北支团唐山分团部代电

总字第五九号

中华民国三十六年五月三十一日

教育部部长朱钧鉴:冀东奸匪为策应东北战事积极蠢动,曾于本月十八日将昌黎攻陷,唐山情形亦渐不稳,交通大学、唐山工学院内部奸党份子乃乘机而起,由护校名义一变为发动所谓反内战反饥饿运动,企图煽动三罢一惨政策。讵于五月三十一日该校奸党份子为响应六二运动,出动宣传,内多反政府言论,为其他爱国学生所不满,双方冲突。该校奸党份子对团部仇视素深,遂利用此机会于上午十时集众一、二百人,携带手枪铁棍将本部捣毁,全部文件家具破坏无余,临行除击伤多人外,并将童子军唐山分会理事会录事王松林、工友赵希尧及在本部开会之同志张金荣、黄泽长等带走,砸毁国父遗像镜框,撕毁领袖肖像,割断国旗,并发表污辱领袖言论,抢走自行车十数辆,最后高举本部名牌高呼共产党万岁!并高唱污辱政府歌词而去。彼时因事出仓卒,本部人数无多,难于应付,复以距离市区较远军警未能赶到,致有此不幸事件发生。此种污辱国家元首,破坏社会秩序,非法逮捕人民,实属罪大恶极,除函知军警宪政各机关严究,并依法提起控诉外,谨此电陈伏祈垂察,并予指示为感。

三民主义青年团
河北支团唐山分团部　　干事长孙鸿钰率全体团员辰世同叩

〔教育部档案〕

14. 中山大学关于举行反内战反饥饿示威游行遭到国民党特务军警镇压代电

(1947年6月3日)

国立中山大学代电　　抚总字第二二五三号
中华民国三十六年六月三日

事由:电报本校学生巡行肇事经过情形请迅电粤方妥慎处置免再激生事端由。

南京教育部部长朱钧鉴:自京沪学潮发生后,本校一部份学生即酝酿声援,嗣经多方劝谕,乃迟迟未见行动。延至五月二十四日起,终为一部学生煽动局部罢课。虽为期甚暂,惟于二十七日复课后,仍继续密商与京沪各校取一致行动,无法再为劝阻。卒于五月三十一日纠集千人左右,列队入市巡行,沿途揭贴反内战反饥饿等标语,暨散发类似标语之传单,但仍无威胁其他团体采取共同行动之事实。巡行队伍由惠爱东路旧校出发,沿汉民路、一德路、靖海路,正转入长堤中央银行门前之际,不知因何误会,突与携有竹杆之工人发生冲突。当场被击伤学生二十一名,重伤五名,现尚留医本校附属医院及博济医院,似不至有性命危险。当事发时情形异常混乱,确实情况犹未尽明了,旋经军警派队制止,始列队折回惠爱东路旧校集中。于是日下午六时左右正拟派车连同其他并未参加巡行而候车回校之员生载返石牌,行至大东路附近,突被军警当局所派军车三辆包围,人车一并截留。计员生司机暨教职员眷属及附搭该车之校外人员共四十余人,数经交涉至昨二日晚始行释放一部。复在一日晨派出大队军警包围石牌新校,拘去学生三人,而连日沙河及中山路一带(为入校必经之路)又伺伏携有各项武器之工友几千数百人。每遇车辆经过,辄勒令停车搜索,如见有本校学生,即强行牵出捆绑殴辱,无所不至,沿途并高呼打倒中大生口号,群情惶惑怒駡不安。除详细情形再候查明续报外,合先将经过情形电呈察核,乞即迅电粤方军政当局妥慎处置,并将被拘员生开释,免再激生事端,仍迅候赐电示祗遵。国立中山大学校长王星拱叩。巳江。

〔教育部档案〕

15. 新加坡华侨各界声援学生反饥饿反内战爱国运动

(1947年6月12日)

(星洲一日航讯)为声援祖国学生反饥饿、反内战之爱国运动,新加坡华侨各界促进祖国和平民主联合会(简称民联会),特于昨日下午三时,假大钟楼召开新加坡华侨各界代表大会。到会者有全星工农商学及文化界团体一百七十四单位代表,人数达七百余人,华侨李光前、李亮琪、王源兴、黄奕欢、刘韵仙、薛永泰、林学大、陈岳书、史东、李基中、李佩瑶等均出席参加。爱华音乐队到场奏乐,中国音乐访问团代表黄源尹、马思宏及铜锣合唱团均参加歌唱演奏节目。会中充满爱祖国爱民主之情绪,主席陈嘉庚致词,认此次战争,我国若可称胜利者,必政治能实行民主化,全国民众,奋志维新,取消蒋介石所手订之一切非法条约。诸代表演讲,痛斥蒋介石及四大家族祸国殃民,勉励侨胞发扬光荣传统,为祖国学生正义运动,作热烈之慰问与有力之后盾。

会议结束,全体一致通过三宗议案:

(一)通电慰问全国各大学学生,该电由大公报转达,电文称:大公报转全国大学学生公鉴:此次学生正义运动,遭受残酷压迫,无任同情,敬祝成功。新加坡华侨各界代表大会主席陈嘉庚。世。

(二)致电南京国民参政会及全国同胞。

(三)发出大会宣言,上列第二、第三二案推选胡愈之、洪丝丝、汪金丁三位为起草委员,授权负责起草,经主席同意,然后发出。

昨日大会开始,首由爱华音乐队奏乐,继大会筹备处代表许侠报告筹备经过。当场由众通过推举陈嘉庚为大会主席,黄奕欢为秘书,郑照吾为司仪,嗣由陈嘉庚致开会词。

陈嘉庚氏致开会词

今日请侨胞代表集此开会,讨论目的就是祖国危机,为有史以来所未有,我侨胞不能视同秦越,不闻不问,希到会侨胞有相当之表示。今日大会是由民联会召集,民联会虽成立多日,其目的大部份为反对美军驻华,迨后美军已陆续撤退,故本会亦未进行何项工作。美军尚有一部分留华不愿撤退,其数量若干,非我侨胞所详知。至于继续供给国民党政府若干军火助长内战,亦非我侨胞所确知。美国果将视我国为殖民地,作为第三次世界大战前锋否?助火既无效果,必再助以金钱,金钱又无效则当助以人力,倘如此,则第三次世界大战,必难避免。前德意日法西斯,将吞灭世界之野心,美国将继承之,此乃无可疑者。

我国自抗战后,余个人见解,与众不同者,约有数端,如胜利与

失败,领导者之功与罪,国共妥协,及还政于民等是也,余自度非性癖乖张,好奇立异或信无稽谣言,不顾人格,兹逐解释如下:

抗战胜利? 还是失败?

抗战究是胜利呢? 还是失败呢? 凡古今中外、两方战争都以领土为目的,胜利者必领土扩大,失败者必领土削减,此种定义三岁孩童亦能晓得。

试问此次战后,我国领土究竟增加或削减? 凡属国民当不健忘,收复台湾仅三万余方公里,而割弃外蒙古九十余万方公里,其他旅大及美国条约丧权尚不在内。甲午战败,仅失国土三万余方里。今日战胜,乃损失比甲午加二十余倍约占全国领土百分之十五,而国人每称曰胜利,余闻之未尝不痛心疾首,此所谓见解不同者一。

领导有功,还是有罪?

领导者功与罪问题:一国元首居领导地位,不论建设与战争,若对国家有利益,民众当然敬仰尊崇,不特一时之光,亦乃万世之荣。试观蒋介石执政二十年,对国家利益何在?时至今日毋须多赘,若打败敌寇,夸为己功,真不知人间有羞耻矣。

罪大恶极,前所未有。

若言其罪则较之秦桧、张邦昌、袁世凯、汪精卫有过而无不及,秦桧之奸伪主和谈误国,张邦昌之恶,则任敌傀垒〔儡〕,袁世凯企图帝制,承认日本二十一条件,然均无兑现。汪精卫之罪与张邦昌同。以上四贼虽凶,未有丧失国家尺土,而历史指为卖国贼,遗臭万世,虽有孝子贤孙,不能洗雪分毫。蒋介石为巩固其政权,不惜出卖外蒙若□□□□领土及对美苏丧失无限主权,其罪恶比较四贼为何如? 此余见解与一般人不同者二。

国共二党不能合作。

国共妥协合作,万无可能希望。凡有与两方要人有接触经验者,类能知之。余当作一譬喻,如前孙国父与满清,能否妥协合作,就可明白了解,唯素来与双方要人有彻底知情者难免存有疑望。两方既不能合作,何能还政于民?余以为谋皮于虎。此余见解与一般人不同者三。

科学精神确切精微。

近日有一科学家在集美学校演说:科学之精神为现世纪一切事业,莫不注重科学,而科学之精神,则在研究事实,确切精微,为能达到真理之目的,若敷衍随便约略了解,不究根底,必难免错误也。

真正胜利,尚待争取。

鄙意此次战争,我国若可称胜利者,必政治能实行民主化,全国民众,奋志维新,取消蒋介石一切非法条约,到那时候方可言胜利而无愧也。

主席词毕,相继演说,尚有香港华商报董事饶彰凤、侨领黄奕欢、南洋女中校长刘韵仙、张楚琨、华侨中学校长薛永泰、南洋女中学生蔡妙影、职工总会代表史东、妇女联合总会代表李佩瑶等,演词颇为动人,皆对国内学生寄以同情。演说毕最后演奏音乐,其中有中国音乐访问团黄源尹君独唱及马思宏君提琴独奏,至黄昏六时始告散会云。

又大会发表之响应祖国学生运动对国事宣言,指出要达到真正和平民主,首先必须通过以下各项道路,首先必须具备以下十项先决条件,那就是:

一、立即停止征兵征粮,取消一切扩大内战的政策。

二、释放政治犯及被捕青年学生。

三、切实保障人民自由权利,准许言论出版开会结社示威游行请愿的自由。

四、取消特务制度,废除戒严法令。

五、肃清贪污。

六、没收权贵财产与官僚资本,用以救济贫苦人民。

七、改善公教人员及劳工待遇,增加教育经费。

八、停止滥发纸币。

九、要求美国立即撤退驻华军队,停止借外债打内战。

十、保障各党派平等合法地位。

〔国民政府档案〕

16. 姚宝猷关于党政军团镇压中山大学反内战反饥饿经过报告书

(1947年6月)

广东学潮处理经过报告书　督字第三十一号

此次学潮发自京沪,蔓延各地,广东一隅,自不无影响。幸此间学运工作,平日已有相当基础,党政军团等机关复能取得密切联系。故虽有微波,瞬间平静,不致扩大。查此次学潮,此间除国立中山大学一部份学生响应京沪各大学罢课巡行外,其余省辖中上学校,均照常上课,未有牵入漩涡。兹将处理经过情形分述如次:

(甲)平时学运情形

关于平时学运工作,此间经遵照规定邀请省市政府、党、团及行辕政治部、各大学校长等组织学运小组,经常办理学运事宜,所有决议,由本厅悉力执行,必要时并请党团政府协助,所采方针凡分七项:

1. 把握广州市私立中上学校教职员联谊会;
2. 把握广州市学联会及其文化团体;
3. 把握中上学校学生自治团体;
4. 强化学校团务,使团员负起干部作用,争取领导地位;
5. 强化学校防奸小组组织,严密查报潜伏校内奸伪份子,并根绝其活动;
6. 健全各级学校校长教职员人事,并充实各校设备,认真管

教,以提起学生求学兴趣,减少学生向校外活动机会;

7. 公开学校财政,限制学校向学生征收学杂费数额,与注意学生公费免费学额之明确,待遇之公允,核发之迅速等,藉以减少学生藉故要求之机会。

(乙)应付学潮始末

此次学潮据报京沪方面派人员到穗从中煽动,消息传来,本省学运小组频频召开会议讨论对策,决议关于中大学潮以党政军团全力应付,至于省辖中上学校则由本厅负责指导防范,以免卷入漩涡,坐长声势。其处理方针如下:

1. 经常派出各科科长及视导人员协助市内中上学校校长及训导人员随时应付各校波动情事;

2. 每日下午召开视导人员会报一次,讨论某校某项问题发生时对策;

3. 召集中上学校校长及训导人员开座谈会,指示应付学潮机宜;

4. 召集专上学校教授、讲师等开座谈会,征询对于防止学潮意见,并寄予政府期望教授之意;

5. 与党团及社会处局、行辕政治部、省新闻处等机关,互相联系,使应付学潮步骤,趋于一致,以收迅速解决之效;

6. 与各通讯社及报馆记者联络,使各校学潮动态,正确了解,以谋应付方策。

根据上项方针,并运用绝缘或疏解等方法,使中大学潮成为孤立状态,无法取得其他学生拥护及社会人士之同情,因此"五·三一"中大学生所谓响应"反内战、反饥饿"罢课大巡行参加亦不足千人,只占该校学生人数五分之一。其时军警各方均能及早注意,原可安然度过,于巡行途中至长堤时,即因阻碍交通,与工人发生冲突,互相殴击,各有微伤,幸未演成惨剧,嗣经工人提出抗议,由行辕组织调处委员会处理中大与工友冲突事件,大体尚可解决。从此

奸党所谓"三罢一惨"之阴谋,遂又粉碎,此固此间各方面合力应付之收获,抑亦仰赖德威之感召也。谨呈
教育部长朱

广东省教育厅厅长姚宝猷

中华民国三十六年六月　日

〔教育部档案〕

17. 陈介生关于三青团破坏重庆各校
反内战反饥饿运动经过代电

（1947年8月1日）

三民主义青年团重庆支团部代电　　三十六青渝干生导字第〇〇〇八一号
中华民国三十六年八月初一日

南京教育部勋鉴：共匪为策应其叛乱之军事行动,掩护其祸国殃民罪行,于最近联合其同谋份子在全国各地煽动学潮。重庆各校中少数奸盟份子屡谋响应,卒以各校学生爱国良知及我方处置得当,阴谋迄未实现。兹以上项学潮已近尾声,特将粉碎奸党反内战反饥饿学潮始末拟具报告,连同建议事项、出力人员名单一并电请登照。三民主义青年团重庆支团干事会干事长陈介生。午养。印。

附重庆市粉碎奸党策动反内战反饥饿学潮经过报告书一份

重庆市粉碎"奸党策动反内战反饥饿学潮"经过报告书

中共为策应其叛乱之军事行动,掩饰其祸国殃民罪行,于最近联合其同谋份子,在全国各地大都市,以反内战反饥饿为号召,煽动学潮。重庆各校学生中之少数奸盟份子,屡谋响应,卒以各校学生爱国良知及我方处置得当,阴谋迄未实现。兹以上项学潮已近尾声,特将粉碎奸党策动反内战反饥饿学潮始末连同出力人员改进意见分叙于后：

一、学潮之酝酿

本年四月下旬至五月初间,重庆各校左倾学生常于沙坪坝、九龙坡等地作秘密活动,当将重庆党团及政府机关均认为"五四"文艺节奸党必有活动。迄至"五四"届临,九龙坡女师学院虽有左倾文艺联会,但因团方策动之"五四"文艺座谈会、"五四文艺晚会"规模颇大,中工等校亦有活动,故反动文艺晚会未生若何影响。五月中旬,重庆各校奸党学生于十日及十八日在沙坪坝均有秘密集会,计划策动重庆学潮,随之重大、川教院、女师学院、西南乡建等校均有鼓动学潮标语文字发现,重庆学潮从而表面化。

二、重庆各校反内战反饥饿运动之一般

京沪学潮掀起后,此间重大中共份子先后接得沪杭联总会及北平清华大学寄来之经费各数百万元,显系原来学运经费,继之歇马场乡村建设学院派有学生二人赴沙磁区活动,至五月二十一日后,重庆各校学潮即已表面化。兹将各校情形分述于后:

一、国立女子师范学院,五月二十一日自治会副主席童鸿宾在该院五舍七室召集反动份子签名响应京沪学潮。二十三日午后六时自治会主席汪盛荣(民盟份子)在饭厅就吃饭之便,举行会议,当以八十人赞成,五十人反对,通过自二十四日至二十六日罢课三天(按该校学生七百余人,该汪盛荣竟置五百余中学生之意见于不顾,武断处置),汪某并于二十四日在城内及沙磁区积极活动各校罢课。二十四日女师院所在地黄桷坪一带即发现大批标语,其中以全国同胞联合起来响应平大同学七月二日三罢政策的号召及反对政府压制学生爱国运动最为尖锐。

二、国立重庆大学五月二十四日一年级新生即有八系自动罢课,学生自治会主席(系团员)乃被迫召集班代表大会,于五月二十四日午后八时许在重大理学院礼堂举行,按该校班代表大会主席张现华系中共份子,(此次班代表会任副主席)故主席冯三义记录周其昌及会中职员多人均为中共及民盟份子。会议开始,重大训导长侯风及教务长等均亲自出席劝导,卒在一场舌战后,以大多数通过罢课,中立份子提出反对国"共"征兵征粮,均被否决为反对政府征兵征粮。又针对中共份子反对武力统一之反对武力叛乱,亦以十八票对十七票遭否决。重大罢课又一特点,即自二十六日起无限期罢课,但为全体学业计,自二十九日起,暂休罢三天,六月二日再恢复罢课,由大会产生反内战反饥饿委员,并建议全市组织联合委员会,建议全市各校于六月二日总罢课,并游行请愿。

三、川教院于五月二十三日晚已因教部截止招收农制农艺,两系开系代表大会,中立份子多人出席,会场情绪控制甚佳,故彼等提议立即罢课请愿之事,已被改为二周后如教部答复不圆满,再考虑举行。但情势严重,并未稍减。二十二日晚,渠等已在中共份子蓝国农及陈学明室内商议重大已罢课中对该院之威胁较大,教院分团于二十四日晚借某团部召开会议,防止今后学潮扩大。二十五日教部对川教院请求暂缓撤销农科各系之公文到渝,措词强硬,态度坚决,于是引起大多数学生之反感,乃决议无限期罢课。但由护校团及学生自治会招待各报记者声明,罢课系为扩校,与所谓"反内战反饥饿"无关。

四、中央工校内五月二十四日亦发现大批反内战反饥饿标语,学潮发生已成为必然事实。中工份子争取领导失败,乃有罢课不游行之决议。

其他学校如西南乡建等亦渐表面化,决定罢课游行。

三、团的决策和措施

京沪学潮蔓延,本会乃于五月中旬派人分赴沙坪南岸等校区防患于未然,迨重庆学潮表面化之后,方于二十一日二十三日分别召集各大中学分团举行会议,关于防止学潮决议如下:

(一)防止学潮步骤如下:

a. 消极的

（一）新闻报纸应尽力支持政府态度。

（二）发动民众团体通电拥护政府维持秩序办法。

（三）发动教授教育会中学校长发表安定学校秩序之谈话。

（四）市运会之球赛提前举行。

（五）发动学生投书各报，主张安定学校秩序，遣送中共民盟在渝地下人员，及学校事学校了，就地解决学生问题等。

（六）发动各校举行各种正当活动，以转移学生视线，如——校庆纪念会、音乐会、考试等因校制宜。

（七）鼓励校长禁止学生参加罢课运动。

b. 积极的

（一）集中力量制止有领导力量之学潮发生。

（二）以最大努力争取中立份子。

（三）指派灰色同志打入对方集团，争取领导。

（四）以安定守法读书为口号，反对罢课游行。

（五）如无法制止，亦无法打入时，即以全力造成学生与学生之对立。

（六）已有学潮之组织即应防止其罢课，如已罢课即以全力制止其游行——如恐吓造谣等。

（七）游行后即不能任其继续。

（二）以沙坪坝庙湾转三号联络站，每日午后六时各校交通及支团在此地联络交换情报，发布新决定策略。

（三）经费实报实销。

四、重庆市学生争取安定维护学业联合会

各校同志经本团之积极指导，乃在校中展开热烈斗争，川教院虽因扩校罢课，但声明与反内战反饥饿无关，重大、中工虽决定罢课而不游行，皆本团同志斗争之成绩。五月下旬，重大、女师院等校相继罢课，学潮已无法制止，本会乃在所谓"反内战反饥饿"各校步调尚未一致前，于二十六日在重庆保安路社交会堂，由川教院、中工、华侨、工商学院、朝阳学院、西南美专、求精商专、志成中学等四十余大中学发起组织重庆市学生争取安定维护学业联合会,以反对罢课游行,反对罢市、罢工,争取安定,维护学业为号召,发表告全国同学书,主张要求统一和平,反对一切盲动的反动的为国贼张目的游行罢课与暴动,电陈主席拥护维持社会秩序办法,致书毛泽东请放下屠刀。此会组成后,重庆新闻界一致誉为"学联",重庆学潮顿然改观,罢课游行即不能继续扩展,此为奸党之阴谋最大打击之一。

越二日,重庆大学亦有多数学生亦成立维护学业委员会,书告全国同学呼吁学业第一,安定第一,一切行动不得害国家,校外分裂,校内对立,奸党阴谋遭受严重大打击矣。

五、光荣的胜利

五月三十日,重庆大学少数学生所组织之反内战反饥饿委员会、国立女师学院自治会、西南学院自治会、乡建学院自治会四团体,为响应平津沪汉反内战反饥饿联合会,在重庆大学理学院大礼堂,约集本市大中学校学生代表举行会议,本会发动各校团员代各校参加。计到重庆大学代表周其昌、赵理谟、吴乾荣,女师学院代表汪盛荣、吴咏琴、黄质莲、潘宜,乡建学院代表吴××,西南学院代表陈家俊、李景及求精、志诚、华侨、工商学院自治会主席张全生(团员)等大中学校三十单位。会议于上午十一时举行,首先推选大会主席,由南开志诚两校代表监票,举手表决,结果华侨学院□□□□□□□□志成中学一票,女师学院二票,遂由华侨工商学院出席学生代表当选为大会主席,主持开会。首即讨论大会名称,时有两种不同主张,奸党份子主张成立重庆市学生反内战反饥饿联合会,举行罢课游行;我方主张成立重庆市学生争取安定维护学业联合会,反对罢课游行。各大中学代表踊跃发言,经一小时以上之辩论,多数代表均认为社会需要安定,学生应当读书,不能受共产党之利用,影响社会秩序,主席当即宣布讨论终结,提付表决。经大多数通过,定名为重庆学生争取安定维护学业联合会及通过告同学书(另发),标语如下:(一)要求政府增加教育经费。(二)要安定要读书。(三)反罢课反游行。(四)向中共要求和平。(五)反对武力割据。表决后重大代表周其昌、吴乾荣、赵理谟,女师院代表汪盛荣、吴咏琴等以理曲〔屈〕辞穷阴谋暴露自动退席,大会于我方控制中结束。此次共党于该党"六二"反内战周年纪念日鼓动全国罢工罢市罢课企图造成惨案,达到危害国家民族之目的,经全市学生集体之严正反对,阴谋已无法实现。

此次会议中,志成中学校长吴鉴、求精中学校长杨重熙自动支持该校学生团员出席该会,吴校长对出席学生作理论训练,至开会前一日夜十二时尚未停止。又自动派遣学生团员三十人往会场助威,杨校长亦允派学生团员(会国术者)保护我方出席学生,其主张正义维护团务之立场至足钦佩。

六、六一事件及新疆事件

重庆市学生争取安定维护学业联合会成立之后,奸党份子策动之重庆市学生反内战反饥饿联合会又被否决,六月二日除少数学校罢课外,游行、罢工、罢市等本已决无可能,六月一日治安机关传讯中共特务份子,学生多人被捕,乃有六一事件后援会之产生,除请愿贴标语外,别无表现。本会为防止其扩大起见,经由学联主席团决议:(一)赞同政府传讯中共份子措施。(二)中共份子请遣送匪区。(三)嫌疑不足者,请予释放,并以新疆事件转移各校学生目标。主席团并发表谈话,支持政府强硬外交,认为新疆事件是"九•一八"事件重演,中国共产党要拿出良心来,经此一度,虽有西南乡建等学校学生组织哭诉团赴各校哭诉,组成"六一"后援会者,似仅三五反动学校,一般大中学均无学生参加,故本市自治安当局传讯中共及其同谋份子达二百余人,在各校中并未增加学潮之严重性,实由重庆学联处置得宜有以致之。

七、此次学潮之检讨

中共煽动之反内战反饥饿学潮虽未完结,但已近尾声,前事不忘后事之师,吾痛定思痛,自应深切检讨学潮发生之因果及处置之得失,作为会后之参考。

(一)学潮之发生虽有共匪之策动,然经济危机严重,政治腐败,一般中立学生对政府由不拥护而走入对立状态,实为主要原因。此点我全体党团同志及政府官员,均应痛切反省,而谋根本解决之道。

(二)就重庆方面言,能幸免于全面罢课及游行,实由防范较早,上下一致,而本年三月重庆世界青年周各项活动广泛深入热烈影响甚大,争得重庆学生之领导,亦为重要原因之一。

(三)此次学潮发生,政府态度鲜明,重庆方面亦有严正表示,对新闻之封锁,减低对方宣传力量,因之大多数中学校长对学潮成反对态度,亦能影响学生行动。

(四)学潮发生后,中央政府各级长官均曾发表谈话,以主席发表之谈话最为严厉,张群内阁及朱部长发表谈话则甚和缓,重庆市府发表之谈话亦无力量,以后似可改善,即政府官长中地位愈低有愈严厉,方可保持主席之尊严,使年青学生怀主席之德,畏地方官吏之威。

(五)抗议美军暴行后,我方曾有撤换女师现任院长,整肃学校及反动报纸之建议,但未实现。而此次学潮,仍由各女师院、西南乡建等校首先发难,今各校既经整肃,重庆学生问题将较简单。

(六)学潮泛滥必须有藉口,而教育部调整各校院系之命令又恰逢其时,而又最能刺激学生,学潮既毕,殊值得检讨此种措施之利弊。

八、建议事项

本年暑假已届,瞻望未来,下期似难免学潮之发生,建议事须知属可行者,务请采择施行,不然学潮次数愈多,则处理愈难也。

(一)中央团部、教育部似可策动一种运动,如倡导学术研究,举办大规模青年康乐活动,以全国各大都市为据点,向各地扩展,以转移青年对政府仇视态度。

(二)请中央团部可否考虑在本年开学之初,举办一种讲习会,召集各级团部学运主持人,学校分团干部,彻底检讨团在学校中之作法,授以政治斗争技术,举行全国学运会议,切实检讨团的学生运动。

(三)宽筹经费,评拟计划,平时对学生思想行动之领导有一贯作风,避免头痛医头,足痛医足的临时办法。

(四)对防止学潮有力之出力人,请予奖励,阻止学潮有力之校长、教授(如北平有某女中校长,对学生禁止参加学潮,宣布一人参加则开除,全体参加则学校停办,见大公中央等报),应予扶助与口扬。

(五)请中央及地方政府有计划有策略的争取中立报纸,俾免为中共张目。

九、请求嘉奖出力人员

此次学潮赖各上级及地方政府指导有方,学校团员艰苦奋斗,卒免于泛滥,并为全国之先例,争得光荣胜利,出力人员请予分别叙奖,以示鼓励。〔下略〕

〔教育部档案〕

18. 詹明远关于济南省市学校学生反饥饿运动情报
(1947年8月21日)

济南市省市立学校发生学潮

济南八月十八日电

济市各省市立学校公费生,近以生活困难,行将断炊为由,特发起签名请愿,参加者计有济师、女师、商职、农职、一临中、二临中、三临中、三校之师范部及师专附中等八单位,公推代表十三人,于八月五日赴教厅,面谒厅长李泰华,请求解决生活问题。李当答称:厅方正研究调整公费办法,然以物价高涨,调整后恐亦难吃饱,各生应自谋办法等语。该生等以所请未有效果,乃于六日,假师范校内开会商讨应付办法。

又济南省立师范学校学生更藉校方饬令学生自治会会长丁钦衡辞职为藉口,召集各班自治会代表组织反饥饿运动委员会,于八月六日在校内外张贴标语,提出下列三项要求:一、从速解决伙食问题。二、学生之合法组织不得解散。三、校长不能为学生谋福利,请速予撤职。

〔教育部档案〕

四、对反帝抗暴斗争破坏与镇压

[1] 沈崇事件与抗暴运动

1. 江苏学院学生抗议美军暴行要求痛惩凶犯电

(1947年1月2日)

南京。国民政府主席蒋钧鉴:此次美驻军强奸北京大学女生,迩听之下弥深愤慨,恳乞即向美军严重交涉,依法痛惩凶犯。江苏学院全体学生叩。冬。

〔行政院档案〕

2. 中华大学等抗议美军暴行要求惩凶代电

(1947年1月4日)

南京。国民政府主席蒋钧鉴:美军此次强奸北大女同学事件,同学等不胜愤慨。请速循外交途径,将美方士兵交我国军事法庭审判,并要求赔偿损失及保证以后不再发生一切犯罪事件。同学等为保持国家之尊严,决为政府后盾,谨此电达,敬请钧安。中华大学、国立体专、湖北省立农学院抗议美军在平罪行联合会呈。元。支。

〔国民政府档案〕

3. 浙大学生自治会抗议美军暴行要美军撤退停止内战电
(1947年1月3日)

国民政府蒋主席钧鉴:抗敌求存,争取与国,为外交之正道;我国联合四强,击败暴日,亦正为钧座前期外交政策之成功。胜利以还,形势渐异。美军来华,原为协助受降,遣送日俘,其任务自有其时间性,一年以来,日军已分别为中国军队所瓦解,不复成为侵华抗华之力量,而日俘问题,麦帅亦已正式宣布遣送完成。如此,美军早应撤退,今仍继续留华,眷属纷至沓来,准备久驻,任务如何,即柯克上将亦早谓"尚待发现",政府于国人要求美军退出之际,亦只以系属"邀请"为词不加解释,全国人民疑惧环生,致盟邦有军事干涉占领之嫌,政府蒙软弱借外之讥,美军留华原则上已早非国人所同意矣。加以一年来,美军到处奸淫虐杀,任意横行,足迹所至,惨案迭生,国格人格遭受侮辱,值视我为战败国,而在战败国之日本亦未有此暴行,视我为殖民地,即殖民地亦只能安抚怀柔。嗟乎,我国抗击侵略,血战八年,对其盟国胜利世界和平,功劳苦劳,举世周知,今乃换得战败国、殖民地实际不如之地位,血性国民,情何以甘!盟邦助我,凡为中华国民,自应顶礼加额,感激图报,若乘我内战,贪求无厌,辱我国民,弃好崇仇,义始利终,为德不卒,中美之传统友谊势将毁损,全国人民亦难无限忍受。北大奸案以来,如钧座所知,全国各地,于忍无可忍之中,发为怒吼,抗暴运动,风起云涌,势非美军离华,不足以息民怒。窃思政府为人民代表,政策即人民意志,世无脱离人民而独存之政府,亦无不符民意动向一成不变之政策。钧座倡行民主,一切以民意为依归,当此时移势易,客观上美军留华已无必要,主观上美军暴行已引起举国一致之反感,则政府依照民意,改变政策,对暴行事件依法处理,对留华美军立即促请全部撤退。一面从速恢复和谈,挽回分裂局面,自谋和平,杜人觊觎垂涎。如此中美友谊始可确保,政府威信,始得提高。学生等身受高等教育,爱国不敢后人,特为此奔走呼号,为民请命,敢冒斧钺,愿作陈东,盖血性良心,自觉责无旁贷也。钧座高明,定能俯察民意,停止内战,解人民于倒悬,防止外侮,挽国家于重危,英明果断在此一举,谨此呈闻,企翘待命。

国立浙江大学学生自治会谨上
卅六年一月三日

〔教育部档案〕

4. 詹明远关于南京各专科以上学校抗议美军暴行举行示威游行情报

(1947年1月6日)

京市各专科以上各校学生"抗议美军奸污女生暴行"示威游行概况

查京市专科以上各校学生于本月二、三两日抗议北平美军奸污女生暴行示威游行情形,已略见报载。兹将其内幕及事前布署情形,分述于后:

(一)各学校抗议美军暴行示威游行,系于本月二日下午一时许在中大操场集合,计到金大七十余人(内女同学仅五六人),国立剧专三十余人,音乐院二十余人,东方语专二十余人(药专未到)。中大学生,则为我党团所争取,由自治会宣布决不参加,但允许以个人身份参加游行,前往参加者初约十余人,后经参加分子继续拉拢,共约百余人。其他各校,旋亦有陆续参加,连沿途观众混入者,总计共约八百余人。游行时沿途所呼口号为:(一)严惩肇祸美兵。(二)赔偿受害人一切损失。(三)美军立即撤出中国。(四)美国政府改变对华外交政策。(五)外国军队退出中国。(六)国共立刻合作,停止内战。(七)全国同胞团结起来,反对内战。(八)民主和平万岁。(九)中华民国万岁等。行至国府门前,曾推出代表七人前往国民政府请愿,由林参军叔向出面接见,允于转达后,即行离开国府,向既定游行路线出发。以时间遏晚,已至六时许,即至美大使公馆,推派代表要求晋见司徒大使,当由使馆参事鲍福尔(译音)接见,学生代表杨寿南(金大自治会主席)提出书面报告外,并提出口头询问。由金大学生夏佛生任翻译,其要点如下:

一、请美军离华。

二、请停止对中国军事及军用物资之援助。

三、严惩北平强奸女生凶手,并由中美合组军事法庭审判。

四、废除中美商约。

后该参事允予转告司徒大使,并将司徒大使留置之书面答复置答。学生等随即分别返校。当日晚间八时,各校学生代表复在金大北大楼会客室开各校联席会议,出席者有剧专、音院、金大、东方语专四校,药专未参加游行,此会亦未参加。主席仍为金大杨寿南,纪录罗如云,议决案如下:

1. 发表告全国人民书。2. 去电慰问被害人。3. 公开招待新闻记者(以书面)。4. 致美国人士书。5. 致世界学生书。并请转告世界人士。

以上各【种】撰稿,由金大负责,尽量提早发出。

6. 大会与文化界、新闻界取得联络。

7. 此次大会定名为"南京专科以上学校抗议美军暴行大会"。此会议在目的未达到前,暂不取消,视平、津、沪、杭各学校如何,再行推进工作。

8. 加强各学校及个人方面之联系。

(二)中央大学学生为北平美军奸污女生事件,多数不主张游行。二日下午,一部分学生约百余人曾企图盗用全体学生名义游行示威,后该校旗帜为中文系一学生夺去,致未得逞。惟该一部游行学生,随金大、东方语专诸校游行学生之后至国府路时,即悬出中央大学自由参加游行学生之旗帜。游行返校后,一部分(四十二火)科系代表,要求主席团开科系代表大会,当经主席团决定晚间九时五分开会,出席代表共七十四人,会场仍有少数阴谋分子布置把持。通过下列重要事项:1. 通过抗议美军在华暴行,要求美军立即撤出中国宣言,上蒋主席书,公告全世界人士书,告美国公正人士书,致沈崇慰问电等文件。2. 决定于三日下午一时,举行全校学生游行示威运动,惟并不强制同学全体参加。当会议进行中,地质系两代表宣布退席,机械系代表提议:应尽力宣传工作,以提高同学游行情绪。如新民报载上海美人击毙三轮车夫一事,应扩大宣传。本月三日下午,中大学生即举行大游行。下午一时四十分由中大出发,参加学生约七百人(内有金大学生五十人),学生沿途高呼口号及张贴标语,并以广播器扩大宣传。于三时许,抵达国民政府请愿后,继续游行至美大使馆交涉,于四时半到达,当即推派主席团代表三人,要求晋谒司徒大使。学生群在大使馆内极为纷乱,情绪极为激烈,将若干反美之手旗遍插美使馆各处,并遍贴标语及高呼反美口号,约三刻钟始行离去散队。当学生游行至大行宫时,曾与国字零零六四七号汽车中之中尉军官因让道发生冲突,幸经警卫人员将该中尉军官拉走,及对学生婉劝,始未演成严重纠纷。又游行队经过成贤街时,遇有美大使馆丁三三号小吉普车一辆,内坐有美军一人,学生等当即拦阻汽车,用白粉笔涂写(GET OUT U. S. ARMY)等字。当时美军表情,极现窘态。游行队并在国民政府门前及沿途所过汽车及墙壁上,缮写"普天同悲,美军暴行"等类标语云。

中　统

〔教育部档案〕

5. 关于浙大等校学生反美暴行举行示威游行情报
(1947年1月6日)

浙大等校学生在共党及民盟煽动下游行示威反对美军"暴行"
中华民国卅六年正月初六日

杭州元月二日电：据报：浙江大学学生六百余人，艺专四十余【人】，杭高、杭师、高商四百余人，共一千三百余人，于元月一日下午一时，由浙大学生自治会全体共党及民盟分子领导下，以北平美军不法漫画为先导，出发游行示威。沿途高呼口号，张贴传单，并于各柏油路上以粉笔书写大字反美反内战标语。行列至中正街时，误指一行路民众为"国特"，意图寻衅，经强施搜抄后扬长而去。遇交通工具均予拦阻，行动极度野蛮。军宪警治安当局，为恐发生事端，均采不干涉态度。查此次浙大等校游行，其事先之部署，均由浙江省党部调查统计室侦悉，当即转知省党政军团首长及教育厅方面，经尽力制止各中等学校参加，但部分学生仍被诱单独参加。云。

〔教育部档案〕

6. 易同欧关于中共领导上海组织学生抗暴联合会情报
(1947年1月9日)

中共策动上海学生组织"抗议美军暴行联合会"

在中共及民盟有计划组织之下，上海学生抗议美军暴行联合会，现已正式成立，据中共梅益谈称：此次抗暴联合会准备长期活动，在美军未退出中国前绝不停止。现抗暴会已推出交大、复大、同济、中华、工商、民治新专等几个进步学校为主席团，并草拟会纲，及宣传纲要，以元月六日至十一日为上海抗暴要求美军撤退周。在抗暴运动周内，召开联合大会，向政府及美国抗议，招待新闻记者，反对政府所办之官报及党报等。总之,政府头痛事,一定是人民要作的事,政府既称要民主,就拿这个运动作为试金石。云。

〔教育部档案〕

7. 詹明远关于中山大学抗议美军暴行举行示威游行等活动情报
(1947年1月)

(1) 情报 (1月9日)
广州中山大学中共分子左光宇等煽动学生举行抗议美军奸污女生事件示威游行

据报:查日来本市广州中山大学左倾学生为北平美军奸污女生事,于元月四日召开会议,参加者三百余人,由中共分子左光宇(政治系三年级生)主席,元月六日上午九时复召开第二次会议,参加者达一千三百人,鼓动群情甚为激昂,当即决定于七日晨在广州市游行。查此次罢课游行纯为中共所策动。现查悉有邱艾军(广西人,中山大学,已毕业)者,现住豪贤路一八二号后进三楼,行动阔绰,自备汽车,与同住李文耀(广东省立文理学院毕业)等数人四出活动云。

(2) 情报(1月12日)
中共策动广州中山大学学生组织"沈案后援会"

广州元月十一日电:广州中山大学学生于一月六日上午十时在石牌宿舍复召开全体同学大会,出席学生约四百人(原有千余人参加后因多方分化大部已退出),决议事项如下:(1)组织中大"沈案后援会",即席推选左光宇、余开深、蒋同政等廿一人为后援会干事。(2)联络穗市各校一致行动。(3)函慰北平被奸女生。(4)通电全国。(5)致函司徒大使及马帅,要求改变对华政策,公开道歉,严惩凶手。查此次内幕主持人为李文耀、罗广良(中共)等。又一月四日上午有邱艾军（中山大学毕业之中共分子现住豪贤路一百八十二号后进）及周炳钧（民盟分子现任每月诗坛编辑中山大学毕业生）等潜入中山大学秘密活动，现我方领导下市学联会正发动学生群众，针对中共阴谋瓦解其活动。云。

〔教育部档案〕

8. 中统局关于昆明各大中学反美暴行活动情报
(1947年1月10日)

昆明各大中学为美军奸污女生事酝酿罢课游行情形

昆明各校学生于元月四日罢课至晚十时止，响应者计有私立金江、长城、健民、求实、干南、天祥及公立昆工、昆南、昆农、昆女中、昆男师、昆男中、市男中、市女中、云大附中等中学。是日下午七时，在云大举行音乐晚会，参加之学生及市民，计有一千余人，主持者为蒋永尊、陈克祥、潘汝谦、李岱华、李靖封、杨叔庆等，该晚会有歌谣节目。在反美反中央曲中有一扮马帅，一人扮司徒，在旁鼓动，中有工人对打，另有一人说明内战为美国支持，结果由一群民众出而解决。并当场通过，定六日正午游行，并继续罢课。云南自治会并成立一工作队，在校内泽清堂办公，由自治会及心声社之分子为主干，内分宣传、文书、联络、总务四组，正在拟发告同胞书，及下列各种口号：

(1) 美国撤退驻华美军。
(2) 美国政府向中国人民道歉。
(3) 取消中美商约及航空协定与一切违反人民利益之协定。
(4) 美国赔偿受害人名誉及物质损失。
(5) 严惩凶犯等。

〔教育部档案〕

9. 南开中学全体师生抗议美军暴行要求美军退出中国函

(1947年1月10日)

国民政府钧鉴：胜利以来，民主未苏，美兵残暴，民命又失保障，我为独立国家，视美为盟友，而友军视我民命如鸡犬，似此无礼，实堪愤慨。上月廿四日北平又发生不幸事件，美兵公然辱及我国女性，禽兽行为于独立之国家领土内施于一等国民之身，试问中华颜面何在。是可忍孰不可忍。为此除联合青年学生特向美军当局表示抗议外，并特上书钧府，请命驻华美军立即撤出国境，以慰群情，并要美军长官保证撤退前不再发生类似事件，不胜翘企待命之至。专此呈奉，敬请钧安。

南开中学全体师生仝启

〔国民政府档案〕

10. 王占琪关于昆明学生抗议美军暴行开会游行及致美领事抗议书经过代电

(1947年1月11日)

快邮代电

南京外交部部次长钧鉴：昆明市中等以上学校二十九校学生，为圣诞节夜北平发生美军污辱北大女生事，于本月六日全体罢课一日，表示抗议美军暴行。是日下午二时，各校学生数千人在云南大学集合开会，决议要求：(一)撤退驻华美军。(二)赔偿被害人损失。(三)美政府应向中国人民道歉。(四)美军当局严惩肇事凶犯。会前于云南大学围墙及各街道张贴各种壁报及传单、标语、漫画，语多越轨，会后学生结队游行，高呼口号，女生属多数。云南省政府事前奉行政院电令劝阻无效，即派宪兵警察至南城外复兴村美领馆保护。美领得知，以为宪警到馆保护，反易激起学生反感，当即加以拒绝。职事前得闻游行之学生决定至美领馆投递抗议书,并拟在领馆门前高呼中英文口号。又美领亦拟出面演说,向学生解释之消息。诚恐届时如有歹人夹杂鼓动,难保不发生事端。职乃于事前亲赴领馆婉言劝其接受保护,并劝阻不必出面解释,一再申说,美领始行应允,并许宪兵站立于距领馆较远之处,以资防护。当职离美领馆约十余分钟后,学生队群即已游行至美领馆前,高呼中英文口号。是时美领馆大门已经严闭加□,宪兵严密保护。学生举代表数人入馆面晤美领,投交抗议书后,美领允为转达美国政府核办。于是游行行列即行离开,幸未发生事端,理合将经过情形剪同本市报纸所载新闻代电呈请××钧座,俯赐鉴核备案示遵。云南特派员职王○○叩。真。印。

附呈剪报一份
中华民国卅六年一月　日

声援平女生被污辱案本市学生昨游行
云大告学生勿贻外人口实
中央日报卅六年一月七日

〔本报讯〕昆明学生联合会为抗议驻平美军污辱北大女生事件,昨日中午十二时假云大草坪集会声援,会后游行,参加者有中等以上学校三十二单位,由云大出发,经青云街、华山西路、华山南路、正义路、南屏街、护国路、金碧路,转正义路光华街、福照街,出小西门至复兴村美领馆面递抗议书。沿途高喊口号,秩序良好。

〔中央社讯〕云南大学昨(六日)布告学生云:查报载北平两美兵犯有污辱北京大学女生情事,顷准云南省政府电转奉行政院子支一电:美方将犯事美兵,依法交付军事审讯,我北平市政府在就地交涉之中。又查本校教授会亦电北京大学力促向美军当局交涉,严惩肇祸美兵,及赔偿损害,并保证以后不再发生同类事件,本案自不难得到解决。诸生激于义愤,有所表示,自属正当,惟情感冲动之下,仍应有理智之节制,于问题慎加分析,于行动不逾限度,方合为真理为正义之真精神。今美方既在处理此案之中,应候依法严办。幸勿作不必要扩大举动,以致反贻外人口实,而有碍学校安定。诸生深明大义尊重学术,并知国际关系之重要,愿三思之。

〔外交部档案〕

11. 厦门大学学生抗议美军暴行要求美军撤出中国保证人权代电

(1947年1月11日)

国立厦门大学快邮代电　中华民国卅六年一月十一日

　　国民政府蒋主席钧鉴:驻华美军迭次暴行,已引起全国学生之公愤,最近又强奸大学女生,肆意殴杀车夫、工人,凶残横暴于斯已极,钧座高据中枢,日见同胞横遭凌辱,自必深以为憾。对此次北平强奸女生事件,深盼政府向美国当局提出严重抗议,而首要者尤在要求美军迅速撤离,以绝暴行之源。国格所系,人权攸关,谅能依法力争,以副下望,全国学生民众必为政府后盾。谨此电陈,并颂钧安。

国立厦门大学学生抗议美军暴行委员会谨上

〔国民政府档案〕

12. 首都警察厅关于破坏南京各院校反美暴行运动情形专报

(1947年1月12日)

首都警察厅专报　　发文夏秘字第27号
　　　　　　　　　中华民国卅六年一月十二日发

　　查京市一部分学生为北平美军事件于本月二、三两日游行请愿,其经过情形已具报,兹将近日所得各方情况再为汇报如左:

一、据报中大方面学生虽已照常上课,但若干不良分子仍于暗中积极进行反对宪法运动及继续反美活动,在该校公布栏中发现所谓"野牛社、三合土、大公报、自立及前次出现之野马社等壁报刊物,其内容均充分有反政府、反美等刺激性论调。

二、中大学生钱叶桐为破坏游行最力者,并曾于本月二日阻止游行学生使用校旗,因此该生乃成为彼等攻击之目标。近日该校四处墙壁贴有警告暴徒钱叶桐之油印传单,并散布空气,将以非常手段对待钱生。又对其他反对游行之同学,亦曾作类此恫吓性宣传,应请学校行政当局予以保障。

三、据查此次中大教职员居于幕后策动学生游行者颇不乏人,已知其姓名者有〔略〕。

四、据报中大、金大、音院、戏专、语专、药专等校左倾分子(即此次策动游行最力者),曾于本月四日中午,在中大召开大中学校代表会议,拟组织经常反美组织,并扩大反美运动至各中等学校,正续侦察防范中。

综观上列各种情况,足证京市国立各专科以上学校少数左倾分子目前正秘密从事反美反宪法之活动,其影响波及各中等学校。本厅除继续侦查并为必要之防范措施外,切盼政府、学校当局及党团方面注意下述各项设施,以防学潮之再起,而维地方安宁。

一、政府须将北平美军事件调查处理经过从速公开宣布,并阐明政府立场,及学校青年应持之态度,并严切诰诫勿再有其他越轨行动。

二、各学校党团工作应设法加强,予一般思想纯正之青年学生以正确领导,并对反动分子以有力之打击与镇压,使之无法抬头。

三、教育当局应特别注意选拔各校训导人员,对学生自治会设法掌握或限制其活动。

四、对一般思想左倾及行动反常之教职员、学生,学校当局应利用寒假期间设法将其解聘及除名。

五、学校当局应随时设法撕毁散贴校内之反政府、反美之宣传文件,并侦查其幕后主持人,向治安机关报告,并一面鼓动大多数思想纯正之青年,在校内创办各种壁报刊社等正面之宣传,并予以经济上之辅助,使在思想上起领导作用。

六、学校中之康乐活动,当局应特别注意提倡,对生活之指导,尤须加强并多注意其福利设施,以诱导学生行动入于正轨,得不致为反动分子所利用。

以上所陈各项,是否有当,合并呈请鉴核施行。谨呈
教育部部长朱

首都警察厅厅长韩文焕

〔教育部档案〕

13. 重庆市学生抗议美军暴行联合会要求政府负责严惩凶犯呈

(1947年1月15日)

窃查驻华美军暴行累累,凡我同胞靡不义愤填膺,全国报纸亦经迭有揭载。此次国人以沈案而同情呼吁而奔走游行者,盖以容忍已突破最大之限度,民情激昂如决江河,一泻千里,而不可遏止也。其关于请对行凶美军之严惩以及驻华美军之退出中国,俱属合理要求,本会代表等计国立重庆大学、国立女子师范学院等六十二校一万五千学生,经于元月六日集合游行,亲将请愿书赍送国民政府主席重庆行辕,恳其转呈,当蒙钧察。维吾中华民国八年苦战,生命财产之损失不可数计,始获摆脱不平等条约之束缚,而跻于独立国家之领域。今此驻华美军助我受降及遣送日俘已告完成,应即撤退,否则长驻中国,独立国家之名殊不符实,抑且政治上之纷乱恐将愈甚而难臻治理也。学生等为中国之主权计,为四万万同胞之幸

福计,应请美军立即撤出中国。至于沈案之处理,查沈案之发生于我国北平,被害者沈女士为我国同胞,中国复为当前之独立国家,美军凶犯既不受中国法律之制裁,亦不当援引"美国在华人员刑事案件条例"予以处理,俾免有所偏颇,为求公允计,为求适应事实之情况计,应由中美双方共组特别法庭公正审判,方为合理。本会代表等爰于第二次代表大会决议,坚决重申严惩肇事美军凶犯及美军立即退出中国之要求,务恳我政府提出严重交涉,期达目的,以维风化,而张国本。学生等引颈举踵不胜喁喁迫切待命之至。谨呈国民政府主席蒋

重庆市学生抗议美军暴行联合会谨呈

中华民国三十六年元月十五日

〔国民政府档案〕

14. 教育部关于制止中大等校反美暴行运动指示四项办法密电

(1947年1月18日)

国立中央大学吴校长密鉴:据报关于北平美军事件:(一)该校仍有少数学生进行反对宪法及反美运动,在公布栏中所谓野牛社、三合土、大公报、自立及野马社等壁报刊物,均有反政府、反美等言论。(二)该校学生钱叶桐等为反对此次游行,被反动派仇视,并恐吓将以非常手段对付。(三)此次游行,该校教职员居于策动者有农学院系主任梁希及金善宝二人(民盟)。(四)学生方面策动游行最力者为郑其耀(共党)、郭亨衢(民盟)、武联珠(共党)等三人。等情。据此兹指示如次:(一)北平美兵事件,政府业经循法律手续严正交涉,即可公开审判,仰随时开导各生静候法律解决,毋得盲从,再有其他越轨行动。(二)对于不良分子,应特别注意防范,至纯正学生,应予保障,勿使受反动派之威胁。(三)应设法撕

毁散贴校内反政府及反美之宣传文件，并侦查其幕后主持人，随时具报。（四）鼓励大多数思想纯正之青年，在校内创办各种壁报刊物等，为正面之宣传与学术性之鼓吹，并酌予经济上之补助，使在思想上起领导作用。上列四点仰遵办具报为要。教育部。印。

金陵大学陈校长密鉴：据报该核学生罗如云、冯佩英等组织非风社，言论左倾，近日时在鼓楼附近秘密集会，似有阴谋活动，等情。仰严密注意为要。教育部。印。

首都警察厅韩厅长密鉴：复密字第廿七号专报敬悉。业经分别转饬中大、金大遵办并严密防范在案。复请查照为荷。朱〇〇。印。

〔教育部档案〕

15. 特务机关关于暨大等校反美暴行经过情形情报

（1947年1月18日）

情报　上海十二月卅一日讯

暨南大学反动分子，假借北平美军强奸女生事件，阴谋策动全上海各大学罢课，造成混乱局面，以扩大反美事件。

一、经过：二十九日下午三时，有复旦、大夏两大学学生各一人，至暨南大学，煽动该校学生于美军暴行应有表示。晚饭后七时许，即由自治会在该校教室召集全校八十团体代表，每单位三人，计实到仅一百二、三十人。校方由新任该校训育长王应三出席指导，讵反动分子早有准备，至开会时有不少校外分子参加，致为所操纵。当会决议：（1）美军一日不离华，暨大一日不复课。（2）对反对及阻止反美运【动】之国特，一律用武力解决。（3）以障碍物封锁美军营房交通，并于会后在校内积极搜查本党及青年团传单、标语。（4）大量准备反美传单、标语。（5）派代表分赴各大学，请求响应罢课及反美运动。校方见此事态严重，曾向罢课负责人一度劝导，希望于卅一日复课，然内〔为〕反动分子所拒绝。卅一日上午，学生五百余人打入教室,学生潘韵保、戴立言均受重伤。学校闻讯前往调解,王训育长应三及训育员潘星照,亦为反动学生所殴伤。学校又形停课。是日罢课学校,除暨大外,尚有交大、法学院及医学院三校,然情形均较缓和。下午四时,反动分子复假交大召集各大学代【表】会议,以谋事态扩大。

二、此次风潮,幕后主持人物,据报系马寅初、黄炎培二人。其暨大之罢课领导人物,则为金尧如、施正义、陈泗东等,均为民盟分子。

〔教育部档案〕

16. 夏益功关于中大、金大特务学生会报反美暴行运动情况及对破坏学运意见情报

(1947年1月22日)

径启者:兹抄送首都会报呈送南京市一部分学生为北平美军事件游行请愿情形及建议防止学潮意见一件,相应函请参酌办理为荷。此致

朱学权同志

附抄一件

夏益功　启

中华民国三十六年一月廿二日

抄件

(一)据报中大方面学生虽已照常上课,但若干不良分子,仍于暗中积极进行反对宪法运动及继续反美运动,在该校公布栏中,发现所谓野牛社、三合土、大公报、自立及前次出版之野马社等壁报刊物,其内容均充分有反政府、反美等刺激性措词。

(二)中大学生钱叶桐,为破坏游行最力者,并曾于本月二日阻止学生使用校旗,因此该生乃成为彼等攻击之目标,近日该校四

处墙壁贴有警告暴徒钱叶桐之油印传单,并散布空气,将以非常手段对待钱生,又对其他反对游行之同学,亦曾作类此恫吓性宣传,应请学校行政当局,予以保障。

(三)据查此次中大教职员居于幕后策动学生者,颇不乏人,已知其姓名者。〔略〕

(四)据报中大、金大、音乐院、剧专、语专、药专等校左倾分子,目前正秘密从事反美反宪法之活动,其影响且波及各中等学校,除继续侦查必要之防范措施外,切盼政府、学校当局及党团方面注意下述各项设施,以防学潮之再起,而维地方安宁。

(一)政府须将北平美军事件调查处理经过,从速公开宣布,并阐明政府立场,及学校青年应持之态度,并严切告诫勿再有其他越轨行动。

(二)各学校党团工作,应设法加强,予一般思想纯正之青年学生,以正确领导,并对反动分子以有力之打击与镇压,使其无法抬头。

(三)教育当局应特别注意选拔各校训导人员,对学生自治会设法掌握或限制其活动。

(四)对一般思想左倾及行动反常之教职员、学生,学校当局应利用寒假期间,设法将其解聘及除名。

(五)学校当局应随时设法撕毁散贴校内之反政府反美之宣传文件,并侦查其幕后主持人,向治安机关报告,并一面鼓励大多数思想纯正之青年,在校内创办各种壁报刊社等为正面之宣传,并予以经济上之补助,使在思想上起领导作用。

(六)学校中之康乐活动,当局特别注意提倡实生活之指导,尤须加强并多注意其福利设施,以诱导学生行动入于正规,得不致为反动分子所利用。

〔教育部档案〕

17. 胡适等关于法庭审理美军强奸案情形密电
（1947年1月）

（1）胡适密电（1月22日）

教育部朱部长、杭、田两次长鉴：×密。今日开庭，先由检察官宣读海军司令部长官训令：取销诉爰中第三同意奸与妨害风化两款。法庭即退庭讨论，续开庭宣告第二、第四款不成立，此即等于判决被告犯强奸罪，沈崇案完全特殊情形诉敬闻并译转雷艇孟真。胡适。子养。

（2）教育部密电 （1月24日）

急电 ×密。接北大胡校长子养电：以沈案被告已等于判决犯强奸罪，足见审判公正，应候美海军部核定执行，仍希防范有人再藉端鼓动学潮。弟朱。子敬。印。

〔教育部档案〕

18. 关于延安报导上海学生反美暴行爱国游行情况情报
（1947年1月31日）

中共以上海学生爱国游行速写为题
大肆鼓吹上海学生反美情况

延安中共元月二十四日电

上海通信：题上海学生爱国游行速写。上海的元旦日，是一个愤怒沸腾的日子，数万爱国学生举行示威，抗议北平美军兽行。复旦大学的教授们结队把他们的学生送出校门，中华工商学校的马寅初老教授，穿着蓝布大褂，步轻健，走在该校游行队伍的前头，喊口号的时候他一样的喊，毫无瘪容，街上无数群众均为感动，帮着队伍喊口号。路上一个小孩子见到美兵的暴行的宣传图时，这个孩子即跟着队伍唱美军滚滚的歌曲。一个男人喊：为藏大二子复仇，为沈女士雪恨。主席团的大卡车上飘展着一幅抗议美军暴行的大旗，在引导队伍前进。宣传专车上的男女同学们，用电话筒向市民作着激动宣传。这在汽车上为"游行快报"工作的学生写钢板油印印送消息，来来回回的奔走，成堆的油印品散发给那些抢着要的过路人。学生自己组织的纠察队负责的工作着，一个带枪的陌生人混入到暨大队伍，立刻被发现，赶了出去。一队队持枪的警察在队伍的旁边梭巡，现出无可奈何的尴尬神气，有的聚精会神地拿着学生的油印传单看。站在先施公司楼上观看的加拿大水手慑于游行队伍的威势，特别用一张大纸牌写出"加拿大"三个字，向群众表明他们不是美国人，且鼓掌欢迎队伍。美军宿营地老汇大厦的摩天高楼顶上，原来经常飘动的星条旗，今天也换着青天白日满地红。两个美国兵从一条横马路走出来，迎着队伍"滚出去""滚出去"的口号声看到横额大幅的英文标语，他们立正向队伍致敬。有人上去问他们：为什么不撤退。他们回答：你去向我们政府交涉，我们也希望回去。队伍游行到下午五点钟终结时，主席团在汽车上招待记者，说明这次爱国游行的目的，并声明他们的上海各市各大学抗议美军暴行联合会不到美军撤退，决不停止工作。

〔教育部档案〕

19. 中大学生自治会代表抗议美军暴行向当局提出四项要求

（1947年1月）

中大代表要求四点

1. 要求美军立即退出中国。
2. 凶手依法惩办。
3. 在没有撤退之前，保证不发生同样不幸事件。

4. 向安全理事会报告此种暴行。

国立中央大学学生自治会代表　郭亨衢
武联珠
郭其耀

〔国民政府档案〕

20. 张笃伦关于防止学生反美暴行运动各办法与教育部往来电

(1947年2月)

(1) 张笃伦致朱家骅代电　(2月4日)

南京。教育部朱部长勋鉴：子篠申电奉悉。本市学生响应平市女生案件举行游行一案，当经饬属严密防范，差幸未生事端。惟现查尚有余波发动所谓抗暴宣传，显系奸徒从中煽惑，企图鼓动学潮，自应仍加注意，妥为遏止。承示贵部采用劝导办法，期消隐患于无形，至佩卓见。本市亦应照办。除转知教育局外，即乞将该项劝导办法、教育会报办法、巡查学运方案与联系办法寄检一份，俾资遵循，为荷。重庆市长张笃伦。市秘一丑支。印。

中华民国卅六年二月四日

查前电嘱采劝导方式仅系原则上之意见，并非拟有劝导办法，本件想系误解。邢□注二月十二日

(2) 教育部致张笃伦代电　(2月17日)

代电

重庆市政府张市长勋鉴：(卅六)市秘一字第四七六号代电奉悉。查教育会报办法,前已电送给市教育局,至学运方案及联系办法均由各地党部、团部转达,希饬迳向市党部或市支团部抄阅,以

保机密。特复察照。教育部。印。

〔教育部档案〕

21. 任觉五关于防止重庆市学生反美暴行与朱家骅往来密电
(1947年2月)

(1) 任觉五致朱家骅密电(2月10日)

教育部朱部长钧鉴:密。渝市学生因沈案组织治暴联会,发动游行,经派员赴各校说明事件经过及政府处理态度,且发动各校长联名发表宣言,切实劝导,致游行得免意外。事后,市属各校学生均已先后退出该会。乃有奸党分子利用育才学校及乡建学院少数学生,并保(?)人不明身分份子,假借名义,组织寒假宣传队沿街劝捐,表演亦有伤风化,致引起市民反感。丑鱼及虞日曾发生冲突事件,刻正与市政府行辕详商处理中。该队昨已由警备部明令取缔,详情另函呈报。任觉五。渝丑灰。印。

(2) 朱家骅复任觉五密电(2月10日)

急电复。重庆教育局任局长觉五兄亲译:丑灰电悉。○密。此事影响至大,各地正在酝酿大规模学潮,应付困难。希速设法结束此案,平息渝市波动,并将真相妥为宣传,以正视听,俾易处理。总之,此种枝节,于政府甚为不利,应特别慎重,随时密切注意为要。朱家骅。丑篠。

〔教育部档案〕

22. 易同欧关于重庆市军警殴伤反美暴行宣传队学生情报
(1947年2月13日)

渝军民与中共"抗暴会宣传队"二次殴打经过及共党此后之阴谋

重庆二月十二日电：中共支持下之重庆学生抗暴联合会宣传募捐运动，于二月六日在江北公园因言词过激，致引起当地军队士兵及人民之愤慨，一时喊打之声，不绝于耳，秩序大乱，中共学生纷纷奔逃，结果有七人被挤跌伤，伤势最重者为王锦波，现在市民医院医治。因之中共又拟藉此扩大事件，并于五日晚七时以学生抗联主席团名义招待记者，渝市新华日报于二月六日则扩大宣传，耸人听闻。民主报则谓此次系特务所为。

二月七日中共煽动各校学生申援，发动请愿。十时许，在沙坪坝召集各校共党分子百余人，以抗联会南岸宣传队员被殴请愿队名义，自沙坪坝出发，各处中共学生纷纷加入，共计约二百人，以播音车前导，沿途高呼打倒特务，取消特务，政府拿出良心来等口号，于十一时到达行辕，由行辕总务处长刘瑀璜接见。请愿队提出要求：一、严惩凶手追究责任；二、先偿损失及医药费；三、保障本会的组织及同学之安全；四、保证以后不发生类似事件。经行辕刘处长逐条予以答复后，队伍又经凯旋门、民生路往市府请愿，经市府张参事季群接见答复，但共党学生欲迫使张季群签字，直至晚九时始行散去。在请愿时，新华日报记者田伯萍、大公报记者曾敏之、西南日报记者张勉、孟起，始终在队伍中心策动指挥。

〔教育部档案〕

23. 陈介生关于当局制止学生举行反美暴行活动函

(1947年2月14日)

骝公部长勋鉴：月前返渝，曾肃芜笺陈述近情，量达典签。兹有陈者：自北平沈案发生后，重庆少数中共及民盟学生即继各地之后，酝酿学潮，曾发动抗暴游行。事先由团方予以分化，并在军警严密监视保护之下，幸未发生事端。旋届年假，此种组织无形解散，惟乃有未经立案之所谓社会大学及育才学校学生，假抗暴宣传之名，行掀起政潮之实，纠合新华日报、民主报之记者、工友，强迫向民众募捐，稍不如意，即肆口辱骂为亡国奴。本月五日（旧历元宵），藉玩花灯机会，化装美兵及沈崇前往江北大肆宣传，谩骂政府，因之群情愤怒，以致发生斗殴，此间新民、大公等报于八日登载所谓学生抗暴团五百人又定是日重到江北宣传，人民惧祸皆扃户预防，停止营业一日，终于奸谋未逞，现已由军政当局勒令将该会解散，且由支团方面分别在各校加强活动，约集渝市大中学校校长六十余人举行临时座谈会，对约束学生问题有所决定：（一）抗联会早无存在意义，应即日结束。（二）请军政当局取缔非学生分子参加学生活动。（三）由各校分别函知家长，如学生在校不受管束，由家长自行领去管教。（四）发表各校学生手册，避免异党分子混杂其间，学生校外活动由团方予以正确领导。（五）加强揭露中共反美阴谋，劝导学生安心就学。现各校学生纷纷退出抗联，本会亦正指导团员予异党分子以打击，罢课风潮即可平定。知关厪念，谨此奉闻，并颂崇祺。

陈介生敬启　二月十四日

〔教育部档案〕

24. 易同欧关于重庆学生抗暴联合会领导各校进行反抗美军暴行情报

（1947年2月20日）

渝学生抗联会活动近况

重庆学生抗议美军暴行联合会虽经警备部及社会局通令禁止活动，但该会主席团仍继续藉反美宣传队被殴事，煽动各校罢课及再度游行。一月十一日抗联会主席团在化龙桥育才学校内开会决议：

一、呼吁全国响应罢课，教授罢教，工商界罢工、罢市。

二、上书国民政府,请实行四项诺言。

三、向世界学联会控诉。

四、发表告世界人士书。

五、向莫斯科外长会议提备忘录。

六、策动全市各校自二月十二日起先行罢课三日,不达目的则继续罢课。

七、罢课期间由主席团赴市府、行辕请愿,关于请愿内容:

1. 彻查惨案主使人,并严惩凶手。

2. 要求政府赔偿损失。

3. 实践"二·七"诺言。

4. 取消特务,保障人民自由。

同时乡建学院抗联会主席(共党)甘光余,因中共宣传队在城内及江北被打,连日亦鼓励学生赴各地宣传,并赴北碚煽动罢课,而该院教务长该院共党最高领导人叶志光亦暗中指示学生罢课及教授罢教。云。

〔教育部档案〕

25、陈长青抄送北平学生抗暴联合会宣言情报函

(1947年2月28日)

兹抄送情报乙件,敬希查照参考为荷。此致
赵静涛同志

附抄情报乙件及联合会签名运动宣言乙件

陈长青启　二·廿八

抄北平学生抗暴联合会宣言如下:
平津学生团体抗议美军驻华暴行联合会
为敦促美国改变对华政策发起全国同学签名运动启事

全国同学们：马歇尔虽然已经离开中国，美国虽然已经撤离军调部，而据美国通讯社的报导，美军还要继续驻华，美国还要继续执行错误的对华政策。为了表现我们的力量，为了达到我们的要求，我们发起这个全国性的签名运动，希望你们热烈的响【应】，以数十万人亲笔的签名表达我们有力的控诉。

一九四七年一月八日

我们的呼吁

一年来种种铁的事实血的控诉告诉了我们，现在的美国政府已经闭塞了故罗斯福总统和平的道路，破坏了自己宣布的文件，更违反了全世界人民爱好和平的意志，正对中国进行着明显的帝国主义侵略政策。美国政府不仅在经济上片面援助内战的一方，而且在军事上不断的供给"顽固分子"大量进行内战的军火，更肆无忌惮留驻军队在战胜国的领土，直接卷入中国内战的旋涡。所有的征象在在证明他们企图实现独霸中国市场，榨取中国人民血汗的阴谋，他们和中国政府秘密进行谈判，订立了前史未有的不平等的中美"互惠"商约。他们驻扎在中国的军队，挟着民族的优越感，摆出主子的威风，任意奴役屠杀奸污中国无辜的同胞，残忍到不可想象的程度，血和泪的悲剧是太多了，太多了。

我们全国各地的同学为了挽救祖国的危难，曾经忍痛牺牲过我们的课业，不顾一切的阻挠和破坏，发动了示威游行，代表全中国人民的愿望，喊出了全中国人民的声音。可是美政府的回响仅仅宣称退出军调部，美国当局并未正式声明撤退全部驻华美军，而美国通讯社却报导青岛的三千美军及驻南京的美军事代表团（七五〇人）还要长期的驻扎下去。

为了要使我们的国家步入和平，我们的民族获得解放，我们的社会从此安定繁荣，我们必须向全世界爱好和平的朋友，全中国热爱祖国的同胞，再度喊出我们的口号：

一、美军立即全部撤离中国。
二、美国立即改变对华政策。
三、反对中美商约。

今天我们亲笔签上自己的名字,表示出我们被侮辱被蹂躏的深切痛苦,我们签上自己的名字,明确的提出全国同胞合理的迫切要求,我们相信全世界爱好和平的人士,一定会声援我们支持我们的。

全中国的同学都站拢来,组织起来,全中国的同胞都团结起来,为实现我们合理的要求继续努力。向独立和平团结民主进军。

〔教育部档案〕

26. 詹明远关于重庆各校学生召开抗暴联合会大会决议扩大和巩固组织等情形密报

(1947年3月4日)

重庆三月一日电:重庆中共学生"抗暴联合会",于二月二十三日在管家巷二十八号,召开第三次全体代表大会,各校中共分子,均到场参加,由乡建学院中共甘光余担任主席,决议如下:

(一)恢复抗联已成立的组织。

(二)增设区干事会议。

(三)会议后中心工作:

甲:加强文字宣传,扩大抗暴组织。

乙:加强各区组织,巩固抗联组织。

丙:继续争取血案合理的解决,并响应北平抗联会,发起向"四外长会议"抗议控诉的签名运动。

(四)阴谋分子压迫爱国运动,由主席团向政府提出严重抗议。

查该会开会时,中共记者周亚君、方向非、曾敏之、田伯萍等,均在场联络云。

〔教育部档案〕

27. 詹明远关于四川大学学生组织抗暴联合会情报

(1947年3月6日)

蓉川大中共分子组织"抗暴联合会"情报
中华民国卅六年三月初六日发出

成都三月五日讯：蓉四川大学中共分子，先后接到京沪平渝各地学校抗暴会宣言后，即由该校教授胡鑑民、彭迪先等煽动校内男女学生及少数学术团体组织川大抗暴联合会，曾于二月二十日假该校物理馆十六教室开会，密商组织事宜，二十一日该会即向各大中学发出通知，定于二十二日午后一时假川大书库二楼召开声援二·二五重庆抗联血案大会，是日未开会前，即由该校学生中共分子刘光书（经济系学生）率领学生多人，四处秘密布署，以防止国民党分子参加。开会时计到有"离离草社"、"三人行社"、"旭光学术研究社"、"南薰同学社"、"河南同乡会"、"省立达中同学会"、"自由社"、"时事研讨社"、"华大抗暴会"代表，"成大抗暴会"代表，"省艺专抗暴会"代表，及川大各院系学生约一千余人，由川大经济系教授张先辰临场指导，经济系主任彭迪先书面致词，旋即由各单位代表自由讲演，其言论均富煽惑刺激性，并讨论决议事项如下：

（一）组织成都市各大中学抗暴联合声援会，由各单位推举代表一人或二人成立主席团，办理声援事务。

（二）宣传方式分为二项：

（1）文字宣传，包括剪报（搜集各报登载之美军在华暴行消息剪贴公布）、壁报（各单位出版关于美军暴行之评述一张或三张）、标语、宣言、声援抗暴血案代电、致全国各大中学抗联联系函。

（2）口头宣传（组织宣传队至本市各大中学讲演及向社会人

士讲演美军暴行事实)。

(三)函本市各治安机关,加以保护抗联工作人员之安全。

闻该会于短期内,即将举行扩大之游行云。

〔教育部档案〕

28. 任觉五关于压制重庆学生抗暴联合会活动函
(1947年3月7日)

骝公部长钧鉴:敬肃者:此次本市抗联活动中心地方厥为育才学校,该校原在北碚,去夏迁渝,在川教厅未立案前奉部令查办有案。查育才学校内容照教育法规言无一点合法,本可饬令停办。惟该校经费来源多半赖美国援华会接济,所有一百余学生亦多保育生,在内均由校借给衣食。倘令其停办,反动者不免借为在国际上宣传之口实,投鼠忌器。现已商同军政当局同意饬令该校改组,派员参加该校工作,俾设法逐渐纠正,再作次一部〔步〕处理。

再有呈者:此次处理抗联,欲使一般附合盲从之青年不再为所煽动,曾饬令各中等学校与学生家长通函联系,征询学生参加抗联意见,近据各校报告,一般家长均有复函,反应极佳,颇有好评,本学期开学后,抗联平息,此亦为原因之一,谨检附原函式样一式,用借参阅并祈指示。敬叩。

职任觉五 谨上 三月七日

附呈渝市中等学校致各生家长函式一纸

径启者:此次北平美军暴行,举国愤慨,但本案既经依法解决,美军亦能按原定计划撤退中国,中国抗暴运动已失其意义。本市抗暴学联近日活动反更加激烈,沿街宣传募捐,且常与民众发生互殴,据云该会未经合法手续成立,而参加分子又多不明身份之人,处此国家多难环境复杂之局面,本校受贵家长委托,对于学生学业安全均有相当责任,今后关于学生罢课游行等举动,贵家长是否容许贵子弟参加,务请于下星期入校之时,将另附函件裁寄本校(否则不能注册),以便遵示开导。如学生对贵家长之意旨不愿遵守时,将据实奉告贵家长自行设法训教也。特此函请台鉴,顺颂大安。

校长　谨启

〔教育部档案〕

29. 于鸣皋抄送四川大学响应抗议美军暴行运动情报函

(1947年3月9日)

径启者:兹抄送"成都四川大学等校响应重庆抗议美军暴行运动"一件,即请查照参考为荷。此致
赵静涛同志
　　附件如文

于鸣皋启　三月九日

四川大学教授彭迪先及该校学生陈光一、刘光书、张天义、蒋国基等,为响应重庆抗议美军暴行运动起见,于二月廿三日召集蓉市各大中学校代表约共二百余人,假川大书库三楼举行会议,当经决议:(一)用声援重庆血案大会名义电慰重庆受伤同学。(二)用大会名义发告全国同学书。(三)成都抗暴联合会应与平津京沪渝各地抗暴会切取联络。(四)组织宣传队向市民宣传,直至合理解决为止,同时通知警察局保护。(五)以大会名义通电声援及告同胞书。(六)成立成都市各大中学校抗暴联合会,经常以壁报方式揭露美军暴行,至美军撤退为止。(七)选举大会主席团,邀请成都市各大中学校成立抗暴会,继续进行抗暴声援事宜。

〔教育部档案〕

30. 于鸣皋关于全国学生抗暴联合会组织和活动情报

(1947年3月23日)

奸党及民盟方面前以抗议美军在华暴行为藉口,在各地以学生界为中心,普遍发动抗暴运动。最近为统一及扩大推展此一运动,以京沪杭平津汉渝以及昆明广州等地学生"抗暴联"为中心,筹组"全国学生抗暴联",由各省市二十八个单位代表数度接触,终于二月二十四日在沪秘密假座震旦大学礼堂,举行成立大会,并正式改定名称"中国学生抗议美国在华暴行全国联合总会",其内部组织及最近活动如次:

(一)该会于二月二十四日成立后其动态如下:

1. 设总会临时办事处于美术学生会内,并可能于最近迁至八仙桥青年会或虹口施高塔路自由出版社内。

2. 在复旦附近饭馆内举行交谊联络会。

3. 假大新五层楼酒家联宴全国代表学生总会干部"中共"、"民盟"、"民建"、"人民联"、"民主促进会"代表与负责人。

4. 先后在大同、复旦、交通、同济、震旦、美专等校举行小组会十一次,由各代表为总会干部人员参加。

(二)该会组织,计主席团下设一秘书处及组织、宣传、训练、情报、联络、设计、总务等七个部,以及一纠察队,但主持人选目前并未正式选定,仅由上海学抗联暂时负责,实际工作均由上海学抗联各干部分任,惟在有关业务上用总会名义,正式之主席团及各部人事须俟登记工作完成后,召集全国代表会议正式选举之外,该会并有顾问多人,现已就聘有民盟张澜、沈钧儒,民建会施复亮、王纪华,人民联马叙伦、张纲伯等。

(三)该会分会(即团体会员)除参加为发起人之二十八单位外,现派代表或致函参加者共计六十七单位(每单位即每一地方之学抗联)。

(四)该会经费,民盟及奸党均允予始终援助,最近:

1. 中共代表团于上月曾茶会招待全国学生代表、上海各校代表、上海各校联合会及负责人等全体筹备工作人员,并由华冈以中共代表团同情的同人捐款名义捐助总会法币壹百万元,作为经费。

2. 上海学生抗暴联及各校抗暴会共集法币五百万元,捐作总会基金。

3. 在会章明定参加会员(各地学抗联)须缴入会费十万元,并得无限数的自由捐助。

4. 正在策划发动全国性的募捐运动,以期集得大量基金,目标为法币一万万至三万万元。

(五)最近该会各部门工作均甚活跃,参加干部情绪甚高,据悉:

1. 组织部——日来正从事参加会员登记及统计工作,并筹备仿照中共组织方式划分小组,采取逐层控制方式,并已正式邀请中共派员指导(实际上奸党早已控制该会组织部)。

2. 情报部——初期工作为监视各校反动的青年团组织及其分子,最近并正草拟一《反国特的自卫方法》小册子,以备分发抗暴学生培养外围细胞。

3. 宣传部——活跃最烈,现组有爱国运动出版社,编印《学生抗暴联运动与新学生民族运动》、《学生抗联宣言》、《二九劝工血案》、《学生民主革命运动》等书,并正在筹办抗联日报、抗联通讯社、学抗联总会周刊等期刊物。此外又组织宣传基干队十小队,秘密于晨昏时出动,赴各地演说及散发传单等,并在筹组十个宣传大队赴各乡区宣传。

4. 联络部——该部除招待工作外,其余成就尚少,近日仅与宣传部合作对各单位定期寄发"联络通讯"(油印),但该通信所载各种询问问题甚少得到回答,故该部认为工作不够,现正加紧联络通讯网及交通网,以期与各地灵活联络。

〔教育部档案〕

31. 詹明远关于沪抗暴会抗议美军宣判皮尔逊无罪情报
(1947年7月5日)

沪"抗暴会"又藉抗议皮尔逊无罪"反对美国援华"

上海七月二日讯:中共上海市学生抗议驻华美军暴行联合会为抗议美国当局对皮尔逊强奸北京大学学生沈崇一案宣判无罪,近在沪市各工厂学校散发传单,表示坚决反对,并反对美国以任何借款军事物资及军队而助长中国内战。云。

〔教育部档案〕

32. 外交部关于美国故意拖延判决皮尔逊一案并不予回答华北学联会抗议与行政院往来函
(1947年7—8月)

(1)外交部致行政院函(7月26日)

外交部函　发文美36字第一五六〇五号
中华民国卅六年七月廿六日发出

顷准贵处本年七月十一日发服(十四)字第五四九五六号通知单,检附华北学生联合会原呈,为据联合社讯美海军陆战队司令范特格里甫特将军称强奸中国女生沈崇之皮尔逊罪行难于成立,准予释放,并恢复其伍长地位,请抗议力争一案。奉交核办,相应通知等由。查此案本部前据报载消息,经面请美国大使馆巴德华公使,将我方意见转达美政府。嗣准本年六月廿八日复称:奉美国务院电示,该案仍在美海军部就案情核复中等由。经已电达北平市政府,并密转北大胡校长在案。顷又据我驻美顾大使本年七月十八日电称:据法界告海军部对美兵强奸北大女生沈崇案尚未有所决定等情。除再电达北平市政府并转胡校长外,相应复请查照转陈。至于华北学生联合会原呈,有无批复之必要,仍希酌办见复为荷。此致
行政院秘书处

王世杰

(2) 行政院复函(8月26日)

行政院秘书处公函　　(卅六)七法三四〇一五号
　　　　　　　　　　民国卅六年八月廿六日发

　　贵部本年七月廿六日美字第一五六〇五号函诵悉。奉院长谕:本案既先后准美大使馆函及据顾大使电称尚未有决定,且已再电北平市府并转北大胡校长,仍仰该部将本案情形随时电知该市府,并密转胡校长。至本案办理情形,有无批复华北学生联合会必要,可由该部函知教育部斟酌情形转知,等因。相应复请查照为荷。此致
外交部

秘书长甘〇〇

〔行政院档案〕

33. 外交部为华北学联会抗议美释放皮尔逊向美交涉情形代电

(1947年9月8日)

国民政府外交部快邮代电　美36一八六二〇号

　　教育部公鉴:前准行政院秘书处通知单:以奉国民政府交下华北学生联合会呈为据联合社美海军陆战队司令范特格里甫特将军称强奸沈崇之皮尔逊罪行难予成立,准予释放,并恢复伍长地位请抗议力争一案,奉交核办。顷又准该处函:奉院长谕略开:本案办理

情形有无批复华北学生联合会必要,可由该部函知教育部斟酌情形转知请查照。各等由。查本部接准美大使馆备忘录,抄送美海军部关于该案之声明后,业经根据事实逐一辩驳,向美大使馆提出抗议,要求美政府迅采步骤,绳皮尔逊以应得之罪。除已电北平市何市长并转北大胡校长外,相应抄同华北学生联合会本年六月廿九日原呈,电请查照,并希斟酌情形转知为荷。外交部(美)附件
中华民国三十六年九月初八日

　　蒋主席转国民政府诸委员钧鉴:据联合社六月十七日南星州电:美国海军陆战队司令范特格里甫特将军以一函递交强奸沈崇之皮尔逊家属,称皮之罪行难于成立,准于释放,并恢复伍兵之地位。消息传来,不胜惊异,按皮之罪行,经美陆战队驻平当局自组之法庭公开审判后,正式成立,今忽推翻前案,此种措施不仅损毁法律精神,且为轻视中国,包庇罪行之公开表示。中国苦战八年,始挣脱日寇所加诸之锁链,今日本迫害之记忆犹未逝去,久历苦战之中国人民决不容再被任意蹂躏,战后之中国疮痍未复,诚然竭需友邦之援助,以图复兴。然独立国家之尊严,岂容蔑视,友邦人民之基本自由岂容侵犯,且少数不法美军承受其应得之罪罚,亦决不致有损中美邦交。反之,若因之燃起民族间仇恨之火,则非国家之幸,亦非人类之幸。政府有保护人民之职责,今中国之女大学生在其本国之领土上,竟遭奸污,而罪犯经其本国政府之庇护,得逍遥法外,为国家之尊严计,为人民安全计,政府理应即向美方提出强硬抗议,据理力争,务使正义得以申张,民族间的仇视得以消除,则人民幸甚,国家幸甚。

华北学生联合会呈

中华民国三十六年六月二十九日

〔教育部档案〕

34. 外交部对美国释放皮尔逊提出抗议函

(1947年9月8日)

外交部公函　美36字第一八六二六号
中华民国卅六年九月初八日发出

案准贵处本年八月廿六日(卅六)七法字第三四〇一五号公函:以关于皮尔逊强奸沈崇一案办理情形,有无批复华北学生联合会必要,可函知教育部斟酌情形,转知复请查照等由。查本案前准美国大使馆本年八月十八日备忘录抄送美国海军部所发表关于宣告美国海军陆战队伍长皮尔逊无罪之声明,经于本年八月廿六日以美36字第一七三五七号节略对美方撤销该案判决提出抗议,并请美大使馆转请美国政府采取迅速有效步骤,务使本案获得公平之解决。除已电知教育部斟酌情形转知华北学生联合会外,相应抄同美国大使馆原备忘录,暨本部节略中英文本各一份,复请查照转陈为荷。此致

行政院秘书处

　　附件

王世杰

抄原件

外交部兹向美国大使馆致意并声述接准大使馆本年八月十八日备忘录抄送美国海军部所发表关于宣告美国海军陆战队伍长皮尔逊无罪之声明,该皮尔逊曾因一九四六年十二月廿四日夜间,在北平强奸中国女生沈崇女士,被北平美国军事法庭判罪,中国政府对于推翻该军事法庭之判决深感诧异,对于上述声明所作之解释不能认为满意。

查沈女士伴同皮尔逊在操场上约达三小时之久一节,并不能证明沈女士自愿逗留该处,反之由当时美国军事法庭所确认无疑

之情势观之,沈女士系被美国水兵二名所劫持,其身体正遭受立被伤害之威胁,因之无法抗拒,该操场虽邻近一交通频繁之街道,但其面积辽阔,操场上发生之事故鲜能引起路人之注意。

在上述当时情况之下,其缺乏自愿同意之条件至为显然,实无用任何身体受伤之证据以供证明之必要,况在事实上,中美双方医生所供给之证词中,均不乏此项证据,因沈女士身上已发现有擦伤,而此种擦伤在正常性交时,通常不致发生。

抑尤有进者所称沈女士在事件发生之次日以前并未提出控告一节并不确实,在刘警士之证词中明言,当其救援沈女士时,沈女士即曾向彼报告已被强奸,彼即转报奥道中尉,而奥道中尉在审讯中亦已承认。

鉴于上述情形,外交部不得不代表中国政府对于美国海军部长决定撤销美国军事法庭对皮尔逊伍长所判之罪刑提出抗议,兹特略请大使馆转请美国政府采取迅速有效步骤,务使本案获得公平之解决,合即略达。

〔行政院档案〕

35. 外交部抄送华北学联抗议美海军撤销皮尔逊罪案呼吁维护国家独立尊严代电
(1947年9月24日)

国民政府外交部快邮代电　美36二〇一八四号

教育部公鉴:关于美海军部撤销皮尔逊强奸案判决事,本部本年九月八日美卅六字第一八二〇号代电计达。顷准行政院秘书处通知单:以国民政府文官处函转华北学生联合会建议处理美军在华之非礼行为案,奉谕交外交部。相应通知,等由。相应抄同原建议函一份,电请查照,前代电酌予转知并见复为荷。外交部(美)附件

中华民国三十六年九月二十四日

抄原建议函

国民政府蒋主席钧鉴：八月十四日报载美国海军伍长皮尔逊强奸中国女大学生沈崇之罪案，已由美海军部长明令撤销。消息传出，我华北全体同学莫不至深愤慨。同日各报并载有美军强奸日本少妇而判处死刑的消息。两相对照，对居于战胜国地位的中国实无异是一个绝大的讽刺。两年来，美军在华所加于中国人民之暴行，仅就报端所披露者，已不可数计。政府对美军各种暴行，均不予深究，听任美军士兵在中国的领土内，以杀人寻开心，奸淫良家妇女取乐，对美军如此优礼，政府的用心何在，实为我们所不能理解。本学联兹谨代表华北全体同学，基于维护国家地位，民族尊严之立场，向主席提出如下之建议：

一、美海军部长撤销皮尔逊强奸沈崇之罪案一事，政府立即以强硬态度向美国政府提出最严重的抗议，务必坚持执行原来的判决（即处皮尔逊以十五年有限〔期〕徒刑）。

二、政府应限令现尚留华之美军，于短期内全部撤离中国国境。

在美军尚未撤离中国以前，美军官兵若再有损害或侮辱中国人民之行为，应交由中国法庭审判，并以中国法律处决。

上述主张之贯彻，实为维护我国家独立尊严之最低条件，希望政府以事实表现于全国人民之前。

〔教育部档案〕

[2] 反美扶日爱国运动

1. 于鸣皋抄送沪学生再度掀起学运反对开放对日贸易情报函

(1947年8月28日)

径启者：兹抄送上海将再度掀起学潮情形报告乙件，即请查照参考为荷。此致
赵静涛同志

于鸣皋启　八月廿八日

附件如文

学校开学后，上海学潮又将掀起，其原因可分为政治方面（反对内战反对与日贸易）与学校本身（上学期开除学生问题）两种。关于政治方面，各大学学生联合会已发表宣言，反对开放对日贸易，并呼请全国人民响应。至反对内战现在正考虑中，因政府正在实施总动员令，恐受压力也。关于学校开除学生或勒令转学退学等事，现正在展开各校签名运动，已参加签名者有大同、之江、大夏、光华、南通、沪江、上海、中国等校。据各学校学生会报告，目前需要恢复被开除之学籍者有学生四百三十七名，如此项目的不能达到，则仍将取集体赴京请愿办法，以挽救教育危机。

〔教育部档案〕

2. 詹明远关于金陵大学发动反对开放对日贸易宣传情报

(1947年8月28日)

京市金大民共学生发动反对开放对日贸易宣传
京市金陵大学民共分子操纵之青年会，对上海国立大学学生

联合会发动之反对当局开放对日贸易运动,已开始响应。将各地反对开放对日贸易之言论剪贴宣传,指责对日贸易为无理措置,反对美国扶植日本,要求政府取消开放对日贸易的决定。要求全体学生团结一致,联合工商界,全体反对对日贸易云。

〔教育部档案〕

3. 于鸣皋抄送上海学联会领导各校反对开放对日贸易宣传情报函

(1947年9月15日)

密。径启者:兹抄送上海学联会宣传部发动反对开放对日贸易及其工作方针乙件,即请查照注意为荷。此致
赵静涛同志
　　附件如文

　　　　　　　　　　　　于鸣皋启　九月十五日

上海学联会宣传部已决定本(九)月为发动全沪市各校学生自治会等团体展开反对开放对日贸易之宣传月,其工作方针如下:

(1) 各校自治会出版反对开放对日贸易时,发动学生抵制日货,反对日货进口及提倡国货之新抗日爱国运动。

(2) 各校个别举行座谈会或演讲会,邀请民主人士出席指导,藉以分析开放对日贸易之损害,以鼓动学生反对政府之情绪。

(3) 以反对开放对日贸易宣传活动为本学期各校开学的动员学生激起学潮主要题目之一,作政治性高潮之中心。

(4) 在学联主持下"学生报"刊载各学校宣传工作情形,并加强各学校相互间之联系,建立宣传工作,用以激勉各同学。

〔教育部档案〕

4. 内政部迫令中大新闻停刊函

(1947年9月30日)

内政部公函　发文(三十六)安四第一六三一六号
中华民国三十六年九月三十日

查中大新闻，八月六日所载"全国学联为魏德迈特使来华发表声明"一文，内有：应即取消动员令，结束变相的独裁政治暨反对美国在任何掩盖下的军事上经济上支持扩大延长内战的殖民地化中国的干涉政策等语。立意偏颇，措词荒谬，显系别有用心，有违出版法第二十一条第二款，出版品不得为损害中华民国利益记载之规定。按该刊曾以学生自治会名义，曾请本部登记，当以其发行人与出版法施行细则第八条所定资格不合，未予核准。经函达南京市政府查照在案。该刊应即依法停刊，不得擅自继续发行。除分函行政院新闻局、南京市政府，并令饬首都警察厅密饬协助以利执行外，相应函请查照，转饬即日禁止该刊发行，以符法令，并希见复为荷。
此致
教育部

部长　张厉生

〔教育部档案〕

5. 上海市学生反对美国扶植日本抢救民族危机联合会成立宣言

(1948年5月)

全国各学校同学教师工友们：全国各报馆、通讯社杂志社、全国各地民族工商业家和工友们：全国各地父老兄弟姐妹们：

日本帝国主义在美国帝国主义的积极扶助之下，已经完全复活了，我们中华民族，已经大祸临头了。

在美国帝国主义的扶植之下,日本的重工业已经加紧复兴了,在最近几个月中,美国给日本的贷款已有八亿三千五百万美元,日本的电力、硫安、煤等生产已经超过了一九三〇到一九三四年(那是"九一八"日本发动侵略的年份)的水准。二百二十五家大工业原来应作为赔偿的,也已在麦克沃塞的命令下停止拆迁,在日本继续生产。

在美国帝国主义的支持之下,日本的军事侵略机构已经建立,美国送给日本的大小军船已有一百五十艘左右。日本海军省的化身——海上保安厅已经成立,日本【本】洲的大空军基地,已经完成百分之六十。日本的陆军在"企业公司"和"农场"的掩盖之下,原封不动地组织着,日本的警察,就是变相的武装军队正在扩充配备,扩充名额,日本的"神风突击队员"正在美国接受训练。

在美国帝国主义的纵容下,日本战犯已经抬头,天字第一号战犯日本皇帝始终安坐皇位,审讯了二年的日本战犯,没有一个人判罪,大部份的甲级战犯都已释放,只剩了二十个恶名过甚的在装点战犯法庭的场面,日本法西斯仍旧掌握着政权,正在美国支持之下,残酷镇压日本人民的民主运动,残酷压迫和屠杀我们中国人和韩国人。

这些还不够,根据美国扶植日本的五年计划(即有名的斯揣克报告),在五年以后,日本全部重工业生产将要大大超过一九三七年(七七事变那一年)的水准,将要达到足够装配五百万近代化军队的水准。

同胞们,甲午战争以来五十年的含垢忍辱,九一八以来十四年的含辛茹苦,"七七"以来八年的流血牺牲,数千万军民的血肉,数万万人民的财产,所换得的代价,难道就是一个更强大更凶恶的日本法西斯吗?

美国帝国主义把"反苏"作为复兴日本法西斯的藉口,这是欺骗不了任何人的。九一八事变以来,日本哪一天不在叫喊"共同防共",但是他连苏联的一根汗毛都不敢碰动,他打击的是中国,受难的是中国人民。希特勒在"反苏反共"的叫喊下给英美法养大了,可是在他手下一度惨败或灭亡的不是苏联,而是捷克、奥国、比利时、荷兰、法国及英国自己,受难的是全世界的人民。这个历史的教训,谁要是忘记的话,那就是第一号糊涂虫;谁要是想掩盖的话,就一定要在历史的车轮前粉碎。

美国帝国主义复兴日本法西斯的真正目的,是要通过日本来奴役中国奴役亚洲,要造成一个"资本美国,工业日本,原料中国"的亚洲,造成一个"美国老板,日本经理,中国奴隶"的亚洲。请看这样的一幅图画吧,一方面,美国借款给日本工业,另一方面,日本"顾问"崛内干城坐镇海南岛,美国大使司徒雷登来往视察,于是二十五万吨的铁砂由海南岛运到日本,日本钢铁生产激增了,这就是美国帝国主义理想的亚洲。

同胞们:甲午战争以来五十年的含垢忍辱,九一八以来十四年的含辛茹苦,七七以来八年的流血牺牲,数千万军民的血肉,数万万人民的财产难道就是为了争取这样的一个奴隶的中国吗?

最奇怪的是:在这民族生死存亡的紧要关头,政府对于美帝国主义的倒行逆施,不但没有丝毫反抗的表示,而且在日本的中国代表团正在筹组"中日友好协会"。一举一动做着美国帝国主义的应声虫,在国内侵华日军总司令冈村宁次,不但不逮捕审判,而且在南京做大官享厚禄已有二年八个月之久。日本货正以公开贸易和非法走私的各种方式涌入倾销,最近经济部长陈启天正在和美国代表谈判让美国联合日本共同收买中纺公司全部股票攫取中国经济的命脉。

全国同胞们:现在是我们自己起来用自己的力量粉碎美帝扶日政策保卫民族保卫自己的日子了,是彻底消灭日本法西斯的日子了。我们永远不会忘记九一八的不抵抗到七七的全面抗战,完全是人民自己的力量争取来的。从七七抗战八一五胜利,也完全是人民用自己的力量争取出来的,我们相信自己的力量,我们完全相信,日本法西斯以及任何给他帮助向他献媚的反动势力一定要在人民面前粉身碎骨,迅速地彻底地粉身碎骨。

上海一万多学生在五四纪念大会上决议组织自己的力量,用行动反对美帝的扶日政策,抢救民族危机,我们号召全国同【胞】一致起来:

用人民的力量向日本法西斯清算全部血债。

到南京去杀死冈村宁次。

到广东去杀死崛内干城。

阻止海南岛铁砂运日,阻止糖盐棉花运日,不给日本法西斯以原料。

阻止中纺公司卖给美日资本。

撤换中国驻日代表团,由人民选派代表严格管制日本,实现菠茨坦宣言。

严惩日本一切战犯。

逮捕审判日本天皇。

彻底解除日本一切军事和工业武装。

彻底消灭日本法西斯封建军国主义。

粉碎美帝的扶植日本侵华政策。

请传阅,请张贴,请朗读。

五月

〔国立中央大学档案〕

6. 上海市学生反对美国扶植日本抢救民族危机联合会告同胞书

(1948年)

日本帝国主义受了美国的帮助,又来侵略中国了。

美国送日本一百二十五艘兵舰，日本已经有海军一万人，陆军三十万人，日本的神风攻击队已经送到美国去训练，日本原有的军用飞机场，不但完全保留，而且已经造好了更大的新机场。

美国答应让日本保留四十五家飞机制造厂，每年出钢铁八百万吨，好制造枪炮，中国还要拿海南岛铁矿运到日本去，真是火上加油。中国在抗战中损失五百亿美元，可是美国叫日本给全体同盟国只要赔偿一亿六千万美元。前日本侵华军总司令西尾寿造，日本黑龙会会长葛生能久和其他二十多万战犯都被美国释放，东条、土肥原等战犯一概没有惩罚。日本冒充美国商标，大批走私运到香港、广东、台湾一带贱卖。在上海，中信局已经将三十一万码日货呢绒公开出卖。从五月起洋货进口税已经减低，日本货还要大批进来，国货厂商都要关门。放纵日本到中国领海捕鱼，前两天捉到的日本渔船是用炮舰改装的，并且带有望远镜、地图来侦探。

我们中国侨胞，在日本被机关枪扫射，被侮辱，存款被扣留，行李被扣留，"胜利国"的人民在"战败国"受这样的羞辱，我们还能忍受下去吗！

有人说美国扶植日本是为了叫日本去打苏联，不会亏待中国，这完全是骗人的鬼话。像最近捉到上海来的日本渔船，据日本人的口供说，他们起初在北方，受了苏联巡逻船的威胁都到中国海上来捉鱼。可见日本不敢碰苏联，他一向欺侮中国，他强起来，一定第一个打中国。

美国扶植日本，第一是要日本来管中国，而美国自己不出面，在后面做"太上皇"。像最近美国叫日本战犯崛内干城去管理广东海南岛的铁矿，就是一个例子。美国第二是要赚钱，他想日本经济复兴后，可以大批购买美国货，好让美国赚钱。美国算盘是"美国是老板，日本是工厂，中国当奴隶"。前两天美国空运大队的军官又打死了中国的汽车司机。

同胞们：抗战八年，中国军民死了一千五百万，这笔血债一定要偿还。谁要再叫日本帝国主义复兴,我们誓死反对。三年前我们既然能打败日本帝国主义,现在更能阻止他的复活。全上海的大学校长教授学生,全国的工商界立法委员,都已起来反对美国扶植日本,美国总领事看到害怕,就说反对美国扶植日本的都是共产党,想吓退我们。更强迫圣约翰大学校长辞职,停止上课,开除爱国学生。圣约翰、光华、上海法学院等大学学生因为爱国,反对美国扶植日本,还受打手特务殴打。并将爱国学生捉去,反咬一口。同胞们,这种下流的手段更使我们认清了美国扶植日本的真面目,我们是中国人,我们要为中国的独立、自由奋斗到底。

全中国人民一条心!
反对美国扶植日本!
反对日货走私倾销!
反对美国干涉爱国运动!

〔教育部档案〕

7. 上海市各校学生反美扶日游行示威口号
(1948年5月)

1. 全国同胞一致起来反对美国扶植日本:
a. 解散日本海上保安厅;
b. 反对武装日本警察;
c. 反对日本渔船在中国捕鱼侦察;
d. 反对减少日本赔偿;
e. 严惩日本侵华战争罪犯;
f. 消灭日本军事工业;
g. 拆除日本军火工厂;
h. 反对提高日本工业水准。
2. 反对美国干涉爱国运动:

a. 反对美国压迫圣约翰大学停课；

　　b. 反对美国压迫圣约翰大学校长辞职；

　　c. 反对大美晚报污辱爱国运动；

　　d. 抗议美国总领事污辱中国人民。

　3. 国货厂商团结起来：

　　a. 反对中央信托局标售日本呢绒；

　　b. 抵制日货，爱用国货；

　　c. 反对减低外货进口税；

　　d. 缉查日本走私。

〔教育部档案〕

8. 复旦大学为反对美国扶植日本致全国同胞书

（1948年5月29日）

同胞们：日本鬼子刻下的血海仇恨，中国人是永远忘不了的，"一二八"、"八一三"、"新一二八"，日本血手带给上海的狂炸、残杀、奸淫、焚烧、特务统治，中国人尤其是上海人是永远忘不了的。

好容易，我们死伤了一千五百万军民，损失五百亿美金的财产，费了全国老百姓的力量才赶走了鬼子，今天在美国扶植下，他们又快要回来了。美国大商人为了赚钱，和日本军阀官僚勾结起来，下令屠杀中国人民的日本天皇、首相，美国人不准办罪，军火工业不准拆除，赔偿不准偿付，反而帮助日本人建海军、送军舰、训空军、办警察，并且借款八亿多美金给日本人做生意，棉纱、纺织品、五金，不久即将大量输出。

第一步，是鬼子的海陆空军在美国帮忙下已经东山再起，他们随时可以出动好几百万大兵。

这和从前英国扶养德国是一样地，他们都推说是"反苏"，但最后被希特勒开刀的却是捷克、法国和英国。"九一八"起，日本整天叫喊着"共同防共",但是他们连苏联的汗毛都不敢碰,今天,日本人爬起来了,最先遭殃的还是中国老百姓。

英国资本家给希特勒撑腰,是想牵制法国,他害怕法国强大了要夺他在欧洲的生意。今天美国大亨们养大日本鬼子,却是打算要借日本人的手逼中国老百姓做他的好奴才。"资本美国,工业日本,原料中国"这句话,初听起来,好像我们同他们并肩做伙计,实在却是要美国当老板,日本人当经理,中国人当奴隶。

同胞们:"九一八"以来十四年的苦我们吃得不够吗?八年抗战白抗了吗?不!我们决不能让日本鬼子再起来,我们更要反对美国老板给他撑腰。三年前我们靠全国同胞的团结,才打垮了日本,今天还是只有靠我们全国的同胞站起来,用行动对付美国老板和日本鬼子,叫他们清楚中国人并不是没有力量的。

同胞们!时候到了,我们马上站起来,我们要反对!

国立复旦大学反对美国扶植日本抢救民族危机大会

五月廿九日

〔国立中央大学档案〕

9. 俞叔平关于破坏沪各校学生举行反美扶日爱国运动经过密电

(1948年6月5日)

(1)俞叔平电(6月5日)

教育部朱部长骝公:(密)。前电计达。交大学生四百余人,拟集体向校门外冲,经军警武力阻挡,未遂所欲,现尚在僵持中。复旦学生二百余人,亦被阻校内,同济学生一百余人越墙而出,部分转至外滩公园,已由军警驱散中,其余一部分尚被阻校内。其他学校虽有少数左倾分子外出活动,因戒备森严,亦未达到目的。谨此电达。上海市警察局长俞叔平叩。巳微。

(2) 俞叔平电(6月5日)

教育部长骝公:(密)。今日午后外滩聚集学生千余人,大部分为中学生,唱歌贴标语,反对美国扶植日本,因系三五成群,由各方面会合,一时无法阻挡,后经派警围绕,分批驱散,结果良好。复旦、同济两大学,整日围困无法出校,现已恢复常态。交通大学形势亦渐见缓和,程校长要求军警解围,现已将青年军一营撤退,警察尚在驻守中。谨此续闻。上海市警察局长俞叔平。微。印。

〔教育部档案〕

10. 军警破坏上海各大中学校反美扶日爱国运动情报
(1948年6月5日)

密

沪共匪学联策动反美扶日游行

沪共匪学联为扩大反美运动计,特命令交大共匪分子召集各大中学生组织反美扶日抢救民族危机委员会,于四日晚在交大举行会议,计百廿单位代表参加,当经决定五日下午作反美扶日游行示威运动,本日已集合学生千余人,在交大集合出发,经军警当局事先发觉,即将所有准备游行学生分别包围在交通大学、兆丰公园、外滩等三地区,至目前止尚在僵持中。

〔教育部档案〕

11. 上海市学生反美扶日联合会关于
六五大示威惨遭军警镇压代电
(1948年6月6日)

自从"五四"二万人营火会上成立了"上海市学生反对美国扶

植日本抢救民族危机联合会"、"五二〇"纪念会上号召了十万人签名运动以后,各校积极展开了民意测验、民族展览会等具体工作,使同学及社会人士,对于反美扶日运动,有了更深刻的认识,对民族的新危机,有了更亲切的感受。但是,这些却揭露了美帝国主义的侵略全世界的野心,损害了他奴役别国的尊严,在恼羞成怒下,美总领事亲自到了圣约翰大学一次,干涉同学爱国运动,一方面透过教会的压力来摧残学校。校长在双重压力下,宣布退学两位同学——自学会主席及另一干事。美帝国和我们政府并不干休,在圣约翰大学全体大会上复唆使特务大打出手,殴捕受处分的两同学,迫使校长不得不自动引辞。在美专、光华、上法的反扶日运动展开中,也同样的遭受校内外特务的凶殴!

这些并没有吓倒了我们,在争取民族独立的旗帜下,我们团结得更紧,展开得更坚决。我们号召五日下午举行"上海市学生反对美国扶植日本大示威",响应参加的有一百二十余校,我们的口号是:反对美国帝国主义扶植日本,抢救民族危机,反对美国干涉中国学生爱国运动,争取民族独立完整!

但是当局却出动了上海近万的军警,分别包围复旦、交大、同济等大学,迫使大队无法出动,然后集中所有军警、宪、特、飞行堡垒,逮捕杀戮在外滩集中的各大中学学生五千余人,在一片冲锋声、打杀声、惨叫声中,被捕的近百人。戳〔截〕至现在为止,调查知道的有五十余人,有一同济附中学生,在军警刺刀追捕下,跳入黄浦江自杀。美专同学在学校集中时,即遭军警特务砍杀,重伤的同学有九人,有的脸孔被刺七刀,有的腹部被猛戳,有的头部刺破,有的折断手臂,有的折断肋骨,性命垂危。

我们清楚的懂得,对政府抗议是毫无用处的,我们只有怀着无限悲愤的心情,在抢救民族危机的感召下,向社会各界人士控诉,我们抗议,为什么我们勇敢纯洁的爱国运动,被殴捕,被惨杀,我们抗议,为什么中国学生爱国运动,被美帝国干涉?!

我们怀着一颗纯洁爱国的心,在继续着殴捕杀戮下的现在,我们呼吁你们伸出援助的手,更希望你们以展开反扶日的具体行动,来告诉人民,唤起人民的力量来支持,我们绝不气馁,绝不恐怖,我们知道历次抢救民族危机的运动,都是在不断的迫害中进行坚决团结下得到成功的。

上海市学生反对美国扶植日本抢救
民族危机联合会
六月六日

〔国立中央大学档案〕

12. 燕大学生为抗议当局镇压反美扶日示威游行继续罢课文
(1948年6月9日)

敬启者:本校反对美国扶日抢救教育危机委员会遵照华北各院校共同决议,为抗议军警武力阻挠游行并打伤北大同学事件,明日(十日)继续罢课一天,兹特将经过情形简述于后:

一、清华、燕京队伍向西直门进发时,西城各校亦往西直门迎接。十一时一刻,两队距西直门均约一刻钟距离时,西直门关闭,廿五分城内队伍到城门口,同学已打开城门迎接燕大清华同学入内。

二、东城北大沙滩区同学九时出发后,学校即被警察包围封锁,北大同学至东四会合中法朝阳南行,因被警察阻止,由东安市场折向西行,在东华门南河沿北口被警察阻止,同学南行,警察鸣枪二响示威,同学退后坐于街上,幸未出事,当时东华门一带即宣布戒严。

三、东城同学候至下午一时半,西城同学已到天安门,乃再整队前行,警察约百人拦阻,用皮带木棍等殴打排头同学。当时一北大同学脸部被打破,同时另一部警察向同学方面鸣枪约十响,同学退后俯于地上,此时自警察旁边有便衣数人用大石块向同学投掷,一男同学当时被打晕,脸部受伤,一女同学头部被打伤,五分钟后,西城队伍赶到,同返沙滩。

四、下午三时半在北大民主广场开会,四时半完毕散会时,警察不许同学外出,僵持约半小时,警察说系奉市府令临时戒严,同学退回场内休息,至五时二刻始解严。

现北大三受伤同学均已送医院,伤势详情不知,各校同学认为此次游行为一爱国运动,当局竟用武装阻挠,并动手殴打,致有人受伤实非宪政时期应有之现象,故特罢课一天,以示抗议。

燕大学生自治会启
六月九日

〔国民政府档案〕

13. 昆明师范学院学生为反美扶日罢课一天上师长书
（1948年6月15日）

敬爱的师长:

我们几十年来的生存大敌——日本,自从战败以后,在美帝的积极扶助之下,现在已完全地复活了,而且已开始伸张出侵略的魔掌,重工业已经加紧复兴,军事侵略机构已经建立,美国已经一方面竭力减低日本的赔偿,大量提高其生产水准。大量贷给资金,恢复日本对外贸易,使获得原料与市场,一方面更使日本保留具备大战争潜力的军事工业,并纵容日本加速建立海陆军实力,来复兴日本。使成为进攻远东人民的基本地。

美帝由于经济恐慌的日益严重,为企图找寻出路和挽救其资本家之危殆命运,故通过日本来奴役亚洲,造成"资本美国,工业日本,原料及市场中国"的亚洲,造成"美国老板,日本经理,中国奴隶"的亚洲,独占远东,进而独占世界,美帝已决心企图把日本养成一反对远东人民的中心堡垒,要把中国置于日寇的残暴侵略与蹂躏之下。

师长们：甲午战争以来，五十年的含垢忍辱，九一八以来，十四年的含辛茹苦，八年的流血牺牲，数千万人民的血肉，数万万人民财产所换得的难道是一个更强大更凶暴的日本法西斯吗？

最奇怪的是：在这民族存亡的生死关头，政府对美帝的倒行逆施，不但没有丝毫不满的表示，而且在日本的中国代表，正在筹组"中日友好协会"，一举一动，都在做着美帝国的应声虫。在国内，侵华日军总司令冈村宁次，不但不将以逮捕审判，反而在南京被政府任命为军事最高顾问；日货正以公开贸易、非法走私的各种方式，涌入倾销。不久前，经济部长陈启天正和美国代表谈判，让美国联合日本共同收买中纺公司全部股票，攫取中国的经济命脉。

师长们：民族的血海深仇还未煎雪，美帝又在积极扶助十年来我们民族生存的大敌日本帝国主义，企图将日本扶植为美帝独占亚洲独霸世界的堡垒，而国内的反动政府为挽救其危殆命运，置民族利益而不顾，一意孤行其媚外奴才外交政策，当今祖国正面临着严重的危机，每个爱国的国民，难道能忍心坐视吗？

为反对美帝扶助我民族生存的敌人——日本，为反对美帝奴役亚洲人民，独占世界，为反对反动政府的媚美的奴才外交政策，全师院同学将于本月十七日（星期日）罢课一天。

师长们：我们同是中华民族爱国的儿女，同是国家社会的中坚，我们都有挽救民族危亡的责任，我们都应共同携手团结一致同为祖国的生存与解放而努力。

本会订于本月十六日（星期三）举办"反美扶日"讨论会，敬请师长惠临指导。耑此谨致民族解放的敬礼。

          学生自治会　敬上
          六月十五日

〔国立中央大学档案〕

14. 昆明学生反对美国扶植日本并抗议京沪暴行罢课宣言

(1948年6月17日)

同胞们：

经过八年艰苦的抗战，中国人民终以坚毅英勇的精神打垮了五十年来的民族敌人——日本帝国主义，八年当中，不知多少优秀儿女在敌人的刺枪下送命，不知多少房舍财物在敌人炮火下摧毁，不知多少无辜的纯良人民在敌人铁蹄下辗转呻吟，过着比牛马不如的生活。我们不应该忘记，南京大屠杀、武汉大轰炸等等血肉横飞、哀声遍野的惨景；我们不应该忘记，妻离子散、家破人亡、流离失所、衣食无着的难民生涯；我们更不该忘记：日本鬼子奸淫掳掠、无恶不作的暴行，这是仇恨，杀父杀母的仇恨，民族的仇恨呵！

然而，自从日本投降那天起，美帝国主义便一直积极在各方面扶植日本法西斯势力。首先从经济方面来说：日本重工业已加紧复兴，单拿近几个月来说，美国对日本各种企业的贷款，如棉业贷款六千万，复兴纺织业周转基金一亿五千万等共八亿三千五百万美元，三百二十五家原被列入清算以内，作为赔偿之用的大工厂，也在麦克阿瑟庇护下得免于拆迁。次照美国斯揣克的五年计划，到一九五二年时一般生产要超过一九三〇到一九三四年的水准，达到足够装配五百万军队的程度。为了繁荣日本经济，美帝国主义竟不惜牺牲中国，把日本对中国的赔款减至最低——一亿六千五百万美元。其次就军事方面，美帝国主义竟擅自批准日本设海防队，成立类似海军省之海上保安厅，拥有美国送给的特务舰一百二十五艘，计五百万吨。日本本洲北部美国秘密建筑的跑道长达八千五百公尺的空军基地已完成了百分之六十。其次又不断将军需工厂从赔偿名单中剔去，内包括中岛飞机场四十五所，烟野坦克车所二十所。第三在政治上，保留了天字第一号战犯，最反动的天皇政权，规定要清算的二十一万战犯，仍逍遥法外，大部甲级战犯亦已释放。

日本法西斯仍掌握着政权,他们正在更凶残地压迫日本人民的民主运动,残酷地迫害着中国与韩国侨民。美国复兴日本是想通过日本来奴役中国奴役远东各国,要造成一个"资本美国,工业日本,原料中国"的亚洲,造成一个"美国老板,日本经理,中国奴隶"的亚洲。

同胞们,我们艰苦抗战八年,牺牲惨重,死伤人数达一千五百万之多,损失财产共五百亿美元,难道我们的血是白流的吗?财产是白丢的吗?谁不知道日本强大以后第一个被侵略的便是中国,受苦受难的便是中国人民,这是五十年来血写下来的教训。同胞们!祖国又面临着空前的危机,民族的命运又到了生死关头,我们应该一致地:"反美帝扶植日本,抢救民族危机。"

然而令人愤恨,令人发指的是:我们的当局在这民族生死存亡的关头下,却唯美是从,以敌为友。第一号日本战犯冈村宁次,被礼为上宾;日本侵略专家崛内干城竟任了宋子文的经济顾问,日本渔船竟侵入我国领海公开捕鱼,海南岛的采矿权竟拱手送给了日本,中国接洽美援的贝祖贻竟公开发表"工业日本,农业中国"的谬论。为了依靠美援来维持其最后的命运,因此让美帝在中国阔步横行,司徒雷登竟敢发表干涉中国内政辱骂中国学生的谈话,美国驻沪领事竟说"反美"是"忘恩负义"!在今天,中国不但存在着外来的民族危机,而且有着内外一致迫害人民的危机。看!在全中国各地掀起澎湃的反美怒潮之后,反动派却疯狂到了绝顶,他们在各地进行着残暴的迫害。在上海许多大中学同学都被无理的开除、逮捕、殴打。在六月五日上海同学因反美扶日,交大、同济、复旦、中华工商、美专等校竟遭军警包围,十五位同学被捕,三十多人受伤,重伤垂危者三人,一个同学因被特务追打,被迫跳江自杀;在昆明,反动当局竟指使校内特务无理殴打同学,破坏同学团结互助精神,如云大附中、昆师均遭受特务迫害;在南京中大、金大等校也因开反美晚会遭到捣乱、毒打和逮捕。京沪一带到处是同学们团结宣誓、联防的呼声,到处是反人民当局血腥暴行,到处是美帝奴才们在奴颜婢膝地争宠。

我们——昆明三万大中学生,面临着这空前的民族危机,这残暴的对内迫害,我们想到八年来的艰苦抗战,想到八年来同胞们的颠沛流离,想到云南腾龙的沦陷敌手,想到昆明八一四的敌机轰炸,想到交三桥的血肉横飞。在今天,面临着我们已经打倒了的敌人日本,怎能让他东山再起,怎能让他死灰复燃!对这扶持敌人的美帝国主义怎能不对他切齿痛恨!怎能让他君临祖国,横行无忌!因此对南京、上海的爱国反美运动,我们表示热烈的支援,对反人民当局的暴行迫害,我们坚决地提出严重抗议,并决定于六月十七日全市中等以上学校总罢课一天,曙光就在前面,我们要迎接光辉的黎明,让我们团结得更紧,让我们站在胜利的旗帜下同声高呼:

彻底解除日本一切军事和重工业武装!

彻底粉碎美帝扶日侵华政策!

彻底打倒帝国主义!

彻底消灭封建独裁!

要自由,反迫害!

要独立,反卖国!

要民主,反独裁!

要生活,反饥饿!

全昆明同学团结起来!

全中国同学团结起来!

全中国同胞团结起来!

中华民族解放万岁!

昆明学生联合会
六月十七日

〔教育部档案〕

15. 昆明学生反扶日反迫害联合会告
家长师长三迤父老书

(1948年6月21日)

八年抗战结束未久,日寇侵略之余痛犹新,八年之中,锦绣河山泰半沦陷,亿万同胞惨遭蹂躏,妻离子散家破人亡者,比比皆是。吾滇当时虽远处后方,犹未免于难。腾龙不幸,陷乱数载,昆明等地,则敌机不时轰炸,警报声中,废寝断食者有之,扶老抱幼蹒跚道上者有之,餐风饮露因病致死者有之,敌机滥炸之下,转瞬间少年壮汉成为残废之人,高楼大厦夷为瓦砾之场。呜呼!国人何辜?遭此荼毒?当国难方殷之际,孰不欲食敌之肉,寝敌之皮而后快,惊相告吾。是而可忍,孰不忍!爱国热潮于是澎湃全国,其在京沪,有十万学生反美扶日之签名,有社会名流大学教授三百七十人之对美抗议书,有工商业界反对日货倾销之国货展览会。其在北平,有六月七日数万学生之游行示威,有四百三十七位大学教师之致司徒大使抗议书,群情愤慨,舆论鼎沸,影响所及,立法委员李云良亦不能不承认:"美国扶植日本,实为世界和平之威胁。"立法院长孙科亦表示:凡属中国知识分子均有权向美国询问其对日政策之真相。天下兴亡,匹夫有责。当此民族危机千钧一发之际,吾辈昆明三万大中学生热爱祖国之心,焉敢后人。六月十七日乃有反对美帝扶植日本及抗议京沪摧残爱国青年之游行,吾辈之初衷不过向美领事馆递抗议扶日之书,并藉此唤起同胞居安思危毋忘抗战中苦难而已。游行前后,自始至终自信未越爱国之常轨。即使在军警林立之中,自信本一片爱国热忱,无愧于中,何惧乎刀锯斧铁,游行之际路人为之伫足,军警为之动容。当行列抵达美馆时,为尊重地方当局困难计,同学中相约不在美领馆墙上写标语,只派代表入内晋谒美领事,迨游行行列回云大解散分别返校之后,不幸横祸竟凭空飞来,计十七日下午六时以后及十八日中同学先后被捕者竟达卅七人之多。在西站至黄土坡有军警阻挡同学行人,见皆捕之,捕后以枪头乱打,哀叫之声惨不忍闻,被捕者皆被驱于虹山之阴,又在城内小巷或厕所中暗藏便衣武装,见学生皆捕之。如此暴行,令人不寒而栗。捕人所持之理由者曰:反美扶日乃受人阴谋利用。此点可以北平四百卅七位大学教师致司徒大使书回答之:"美国政府扶日之举,直接攸关我民族之存亡与世界之和平,故中国学生之举,实代表全中国人民之利益,其呼声实代表全中国人民之呼声。"环顾全国,上自立法院长及立法委员,下至工商业家、教授、学生,对美扶日之举皆持异议。若目之为被利用,彼斯何人,能利用此众多之人且非古今中外之奇迹?捕人所持为理由者又曰:各校中有反特务之举。因此逮捕学生,以示报复。夫特务者,不务正业,在校内翻箱倒箧,窃人钢笔财物(特务×××在师院自白),甚至挟带手枪威胁同学生命(云大附中王华富)。负治安之责者对此种破坏秩序之行动不加惩处,同学不能上课,不能安于枕席,生命朝不保夕之际,唯有起而自卫。于是同学乃有规过劝悟之举,其目的不外希望破坏同学安宁之少数人自动改悔,与人为善,此种情形与所谓法庭审判不可同日而语。至于极少数破坏分子无面见同学,愧而离校,乃此等人之自由,同学亦无法挽留。超越常轨者为谁?破坏社会秩序者为谁?事实明见,在人耳目矣。呜呼!吾辈身居何日,人间何世,爱国竟有罪,自卫亦遭迫害!吾辈自信禀祖宗之遗教,蒙父母之庭训,受师长之诱导,生为中国人,不能违背中国为人之道德,不忍再见祖国同胞重遭"七七"以后八年离乱之苦,不忍再见昆明遭受敌人之轰炸,不忍同学之被威胁毒打而不起自卫。自问一片纯洁之心非任何诬蔑造谣所能动摇,昆明三万大中学生,谊同弟兄姐妹,同甘苦,共进退,一人有难,万人共赴。军警当局非理逮捕吾辈之弟兄姐妹,使吾辈之安危,遭受威胁,因此不能安心上课,吾辈被迫已决定忍痛罢课三日矣。犹望军警当局终止暴行与民更始,接受下列要求,俾到期恢复课业,否则将以各种方式,与任何迫害吾人之势力周旋

到底,一切后果由军警当局负之。附到昆明警备部要求:

一、立即释放全部被捕爱国同学。

二、保障被捕同学安全,不得非刑拷打及有任何危害行动。

三、立即停止非法逮捕,保障同学生命安全。

四、切实保障人身自由,保证以后不再发生同类事件。

昆明学生反扶日反迫害联合会
六月廿一日

〔教育部档案〕

16. 詹明远关于昆明反美扶日运动续闻情报

(1948年6月21日)

昆明"反美扶日"运动演变续讯:昆明学生"反美扶日"游行一案迭经抄送在卷,兹据续报:治安当局于十七日晚在郊外逮捕廿九人后,学联限廿四小时释放,现时间已过,除罢课通电全国学联请求支持外,并定于廿一日游行请愿。云。

〔教育部档案〕

17. 宪兵司令部关于联合警察特务镇压沪各校学生反美扶日运动经过代电

(1948年6月22日)

宪兵司令部代电 （卅七）贡玮一八六八号
中华民国三十七年六月二十二日

一、据驻上海宪兵第九团本（卅七）年六月十二日警字第一六四六号呈一件为上海各大学学生发动反美扶日运动经过情形一案,报请到部。

二、除转报参谋总长及批答外,兹抄附原呈及宣传品各一份,电请查照为荷。

司令张　镇

抄宪兵九团原报告

一、上海各学校为反对美国扶植日本，于昨（五）日举行示威游行。本团奉淞沪警备司令部卅七年六月五日参一作字第一五三二号代电：着派兵一连前往黄浦分局集结待命，归杨副司令指挥运用。当派第二连连长张鸿志率兵六十名，由警务团附邹理指挥前往，并饬依部令规定学潮处理原则办理，据回报：

遵着第二连选官兵六十员名，由职指挥于上午十时开抵黄浦分局（该局近美领事馆）待命，并与本部特六组确取联络。午前十一时许，各校学生全体发动出校，经警备部令警局分别派警阻止于各校内后，学生无法外出，至下午二时各校学生有少数冲出校门，二时五十五分外滩已发现学生七八十名，时至三时集合学生已达一百余人。此时职奉警备部包处长电话，速即派兵赴外滩协助阻止学生赴美领馆。职当率宪兵二十名赴外滩协助，在警局外围维持秩序。此时市政府、市党部发动本党（国民党）分子与各游行学生发生冲突，并捕去五十余人，警局及警备部亦逮捕共匪嫌疑学生十余人，事乃息。至下午六时四十五分，外滩学生已全部驱散，寝事。理合检同宣传品一份呈请鉴核。

二、谨检宣传品一份［略］呈请鉴核。

〔教育部档案〕

18. 关于昆明各校反美扶日爱国运动情报

（1948年6月25日）

昆明各校"反美扶日"运动续讯

昆明各校"反美扶日"运动经已先后抄送在卷，兹据续报称：自当局于六月十七日逮捕奸生后,昆明学联发动全市大中各校于六月十九日起罢课三日,要求释放。六月二十二日下午三时,有三百余人到省参会请愿,晚八时在云大召开之团结晚会,到大中各校学生八十余人,奸生段必贵主席,决定以反扶日、反迫害联合会号召,自六月廿三日起续罢课一周。六月廿三日下午二时,分六队,每队约百余人不等,在街头轮流宣传,写贴反动漫画、壁报等。六月廿二日教厅迫于无奈,决定提前放假,学联筹组中之留校与农村工作队因教厅突然放假,学生多作归计,除利用未离者前往街头宣传外,经廿二晚廿三晨商讨积极发动各校暂不返家运动,为两队之先决工作。一面由现住云大内之附中天祥建民金江等校反美反迫害同学组一临时留校工作队,专门从事选择适当人才,积极设法继续工作云。

昆明各校"反美扶日"运动续志

昆明各校"反美扶日"运动情形经已先后抄送在卷,兹据续报称:学联于廿日十时在师院图书馆召集各校代表开小组(五至十八人为一小组)讨论会,决议:一、由学联组织访问团,于廿日下午出动,访问学生家长及社会人士。二、廿一日九时各校齐集云大,练唱歌曲,下午集队出发,分组在各街宣传,其内容为:1.反压迫、反饥饿;2.反美扶日;3.中国政府奴才外交出卖祖国,各界出来挽救国家民族的危机,反对卖国政府之无理逮捕并侮辱女性及何绍周知法犯法等。三、廿二日下午各校学生均准备节目,齐集云大草坪开团结晚会。四、廿三日在云大开检讨工作会议及辩论会。五、经费由各校同学暂交一万元。六、学联分配之宣传及一切工作必须接受,违者罚款廿万元,并以国特论罪。

〔教育部档案〕

19. 外交部驻云南特派员王占琪报告昆明学生反美扶日运动代电

（1948年6月25日）

快邮代电

南京外交部部次座钧鉴：本月十六日晚准美国驻滇副领事麦克祺君来署面称：顷闻昆明各校学生，对于敝国扶助日本复兴经济一事非常愤慨，已定于本月十七日举行联合示威大游行，深恐其中有不良分子渗入捣乱，滋生事端，本领署拟于是日停止办公一日，所有署内人员一律回避，并将领署大门关闭，以防不虞。至于巡津街麦领事及螃蟹巷安副领事两处住宅，务请转达省府迅饬治安机关切实予以保护，等语。当即转请云南省政府迅予查照办理去后，旋准代电复以已饬警保护嘱为转复等由。经即函美领去讫。查本月十七日，本市大中学学生约贰万确举行游行，并派代表至美领馆投送致杜鲁门总统抗议书，所幸结果尚无何项不法举动，亦未滋生事端。所有职署办理此案经过情形理合代电呈请××钧部赐鉴核，实为公便。职王○○叩。印。

民国卅七年六月廿五日

〔外交部档案〕

20. 外交部抄送天津当局破坏学生反美扶日运动函

（1948年6月26日）

外交部公函　外三七美一字第一五三七三号
　　　　　　中华民国三十七年六月二十六日

案据本部驻平津特派员公署呈报：津市学生拟于本月十一日发动游行，响应前北平学生反美扶日运动各情形，请鉴核，等情到

部,相应抄同原文,函请查照参考为荷。此致
教育部

         部长 王世杰

中华民国三十七年六月 日

  照抄原呈

  查日前北平学生发动"反美扶日"大游行后,天津学生亦拟于本月十一日发动游行藉资响应。幸津市军警当局严密防范,除对美领馆及领事官舍所在地妥加保护外,并与各校当局合作,限制学生集队游行。结果,仅少数学生外出散发传单、标语,游行之举,未成事实,据职署向津市军事机关探询,此次学生准备游行之背景,除少数"奸匪"所派之职业学生外,各校一部左倾学生及倾向民盟之教授、文化人所策动,并非全系"奸匪"份子。据军事当局之意见,今后津市学生反美运动,当不致发展至严重阶段。因:(一)党团在各校控制力量较北平强大。(二)天津军警当局对处理学潮之政策坚定,对学生在校内活动不加干涉,但决不许学生校外工作。(三)天津大学生数目,远较北平为少。且北洋工学院、工商学院等理工科学生比较对政治缺少兴趣。(四)天津各界领袖,如张伯苓校长等,均对学生训导上比较严厉,不予姑息,学生有所顾忌,等语。据探诸情理合呈报鉴核为祷。谨呈

次
部长
次

    外交部驻平津特派员季泽晋谨呈

〔教育部档案〕

21. 国民党关于中共领导学生反美扶日爱国运动情报

(1948年6月29日)

共匪学生所策动之"反美扶日"运动综合研究

查潜伏全国各校之共匪学生继"五四""五二〇"煽动学潮之机会以后,又积极酝酿"反美扶日"运动。以上海伪学联为首,继起响应者计有北平、天津、南京、杭州、福州、重庆、成都、西安、长沙、昆明、广州、武汉等大都市,参加之主要学校有交大、同济、大夏、暨南、圣约翰、复旦、光华、民治新专、中国新专、南开、北洋、燕京、北大、清华、北京师院、中法、朝阳、北平铁道管理学院、唐山工学院、河北农学院、中大、金大、剧专、浙大、福建农学院、重大、川大、华西、湘大、西北大学、云大师院、中山大学、湖北农学院及各地之男女中学,约百余单位,在上海并有"小学教员联谊会"亦响应参加。一时风起云涌,声势逼人,其中以上海、北平、昆明三地区活动最为激烈。旋经各地治安当局疏导制裁同时并进,自六月十日以后,此一全面性之学潮,表面虽已渐趋平息,然共匪学生野心未死,仍图藉此极富号召力之反美扶日口号,暗中策动,以达到其所谓"南北学联统一阵线",而便随时发动全国性学潮之阴谋。兹根据此次学潮中之各种迹象,共匪目前学运策略有以下若干特点,殊堪注意:

一、组织统一:此次学潮中各地之组织名称均为反美扶日抢救民族危机联合会,在统一组织名称下,始有中心目标、统一号召、一致行动,非复过去学潮中之各自为政散漫无章者可比。然在采用名称中,上海又较其他地区更富阴谋。因上海伪学联所策动组成之反美扶日抢救民族危机联合会并未冠以某地学生字样,其用意即在便于号召容纳各阶层渗入,其以共匪学生为领导中心之组织活动以□大影响,与其他各地以学生名义自□于人者实又略胜一筹。

二、扩大号召:共匪目前之最新策略为学运与人民运动密切配合。过去共匪所煽动之学潮中即苦无此项适合人民要求之藉口,故不能取得社会之同情与支持,此次举出反美扶日之旗帜,自为其扩大号召之绝好机会,故在各项宣言传单中,常以中国学生与中国人民并称,又竭力拉拢左倾教授、新闻记者及文化人参加,以壮声势,在上海并有小学教员联谊会发表反美扶日宣言。共匪学生复派人至各工厂宣传,煽动工人响应,企图汇成全国大规模运动,此在共匪学运策略中,即所谓"必须注意善于运用公开合法形势,以便于麻痹敌人,动员群众,待群众已集结后,则相机变合法为非法进行突击",以达到扰乱社会秩序之目的。

三、步调紧凑:各地共匪学生,先以尽量发动反美扶日示威游行,游行不果,即继续发动签名运动。故在北平于游行后,有所谓十万人签名运动,在上海有所谓十万民众签名运动。至于无法发动游行之地区,则策动举行反美扶日问题座谈会,展开讨论,发表宣言。如南京、西安、重庆、成都、长沙、武汉等地,均有此类活动,藉收□□□□之效。

四、国际背景:共匪学生发动反美扶日运动于此时此地,实含有充分之国际性,反美为世界共产主义集团之一致目标,而反美最有力之手段,则为破坏美国援外法案,至少减低其援助效果。在援华法案执行之前夕,中共势必设法打击阻挠,以期达到其目的于万一。然在中国之情势,如仅以反美口号鼓动风潮,必无效果,今藉扶日以反美,自能掌握群众心理,而收广泛响应之效,此即为共匪煽动此次学潮之主要阴谋。故当各地反美扶日正泛滥汹涌之际,伪世界学联即致函中国学生,强调日本复兴后对中国青年之影响。莫斯科电台广播评论,亦盛赞中国学生爱国民主运动。平津共匪学生并共同提出建立国民外交,展开全世界反美扶日运动之口号,此种国际性之旁敲侧击,亦直接助涨此次学潮之气焰。

共匪策动此次学潮中之表现为造成学校与政府对立状态,如上海交大拒绝市政府之传讯,北平各校反对警局派遣校警,昆明各校有一人入狱万人入狱誓词,均为公开反抗政府之积极行动。故新华社对此大加赞许,誉称为:就其觉悟性、组织性、勇敢机智和坚持性来看,都达到了空前的水平。而在我方之学运工作,因所处政治环境不同,始终处于被动地位,不但缺乏统一之指导与方针,即在宣传方面,对共匪学运阴谋亦未即充分揭露,致一般中立学生迷惘于左倾宣传气氛中,盲目附和,此实为我学运工作失策之处。例如中央日报月来对揭露共匪学运阴谋不遗余力,故南京各校共匪学生,在此次反美扶日运动中,即不敢明目张胆活动。盖惟有是非利害判明后,始能使热情之青年学子知所扶□耳。

现在各地共匪学生仍在暗中酝酿所谓反扶日大联防,故今后学潮趋势将不仅限于学生范围,北平已发现有学生反对因便利运输美援物资而开放内河航权之倡议,目前反美扶日运动表面虽趋平息,但据共匪指示当获得局部或全部战果时,则化整为零,各地区按其具体情况决定新的斗争形式之学运策略,则是目前暂时平静,正是其策略之运用,防□杜□实不易忽视。

〔教育部档案〕

22. 昆明学生为爱国运动续遭迫害继续罢课宣言

(1948年6月30日)

家长们、师长们、主持正义的爱国同胞们:

民族危机空前严重!

抗战胜利三载以还,我三迤同胞正热望着休生养息,热望着安居乐业,热望着安定中求进步,然而美国政府竟扶植日本军阀,眼见得侵略的暗影又将卷土重来。抚今思昔,那一笔笔的血债令人怎能遗忘,敌机滥炸之下,交三桥畔血肉横飞,保山城下死亡枕藉;抚今思昔,抗战中丰功伟绩正待发扬光大,主席卢公,率领三迤战士歼敌鲁南赣北,云南人力抢修国际要道——中印路、滇缅路。到今朝日本强寇又将东山再起,想象将来令人不寒而栗。回忆过去,怎

能不义愤填胸,是中国人,是热爱祖国良心不死的中国人怎能坐视不顾?怎能熟视而无睹。然而不幸:

爱国运动竟横遭迫害!

我们,昆明市三万大中学生热爱祖国不敢后人,面对着美国之扶植日本,不能不见义勇为而应有抗议,殊知在反美扶日游行之后,昆明警备当局竟以绑架方式大肆逮捕爱国同学,捕人之后,复制造罪状,以掩饰其蹂躏人权、摧残爱国运动之实质。在生命朝不保夕之下,我们不得已在复课之后宣告罢课三日,为息事宁人,希望警备当局在三日内终止暴行,释放全部被捕同学。殊知三日之后,继以七日,事态竟日益扩大,暴行反变本加厉。六月二十七、二十八日下午及午夜,有松坡中学师生及求实中学师生先后被绑架而去,我们深知,功课应该爱惜,但生命既已遭受威胁,怎能安于课室,不得已忍痛地继续罢课,为发扬爱国的正气,为争取人权而奋斗到底!

事态演变至此,已经具体反映着:

云南社会秩序已横遭破坏,云南教育危机已空前严重!

想想看,在光天化日之下,军警当局事前不出示犯法证据,不遵循一定法律手续,以绑架方式任意捕人,这还成世界吗?这还有宪法在眼里吗?想想看,深更半夜,大批军警包围学校,翻墙入室,绑架同学,这还成个世界吗?这还有公理在眼里吗?想想看,在平静无事的学校生活中,有少数破坏份子敢于携带手枪威胁同学,敢于翻箱倒箧窃人衣服,敢于从校外潜入学校偷人钢笔等物,同学处于财产生命毫无保障之下,呼吁无门,只好起而自卫,若是校内同学有危害同学财产生命之行动,理应规过劝善,若是校外偷盗明理应问个明白。所谓"公审"人应该有求生存的自由,自卫不应该是犯法,如果不准规过劝善,不准问个明白,请问是否财产生命,可以任人危害,不难想象,这还成世界吗?这世界还能活下去吗?军警当局所持的另一理由是"过去有个学生,现在作了土匪,因此对学生就不应该姑息"。如此这理由可以成立的话,请问:过去有个闲散军人作了土匪,因此对现职军人说:"不应姑息"是否可以呢?想想看,游行复课之后捕人,我们被迫罢课三日,继以七日,而军警当局,不惟不解决问题,反而扩大事件,又继续捕人,谁制造学潮?谁摧残教育?这还不够明白吗?爱护云南子弟的家长们,热心云南教育的先生们,希望社会秩序安宁的云南同胞们,请你们正视这种危机。我们要求安心读书,我们要求在安定中求进步,我们热望着金马碧鸡之地不被变成一座血腥的屠场,我们希望关麟征、霍揆彰导演的"一·二一"、李闻案不再重见于今日,我们爱国家爱乡土,也珍爱我们的课业,我们不愿课业再受损失,希望暴行即日终止,被捕的立即全部释放。我们——昆明三万大中学生有着"一·二一"以来的光辉传统,有着团结无间的骨肉情谊,任何无理的迫害我们将坚决地与他们周旋到底,斗争到底!

我们坚决要求:

一、立即释放全部被捕爱国师生。

二、保障被捕师生安全,不得非法拷打及有任何危害行为。

三、立即停止非法逮捕,保障同学生命安全。

四、切实保障人身自由,保证以后不再发生同类事件。

昆明学生反扶日反迫害联合会启
三十七年六月三十日

〔国立中央大学档案〕

23. 北洋大学学生反美扶日宣言和告同胞书
（1948年5—6月）

（1）国立北洋大学全体学生反对美国
扶植日本抢救民族危机委员会成立宣言

我们中华民族百年来的生死大敌日本帝国主义在目下战后新

兴的法西斯美帝国主义的扶植下,一天天的强大,今天又已经威胁着我们的独立生存,我们中华民族的大灾难又将临头了。

日本的重工业加紧复兴,日本的电力硫安煤等生产已超过一九三〇到一九三四(九一八日本发动侵略的年份)的水准,二百五十家大工厂,原作赔偿的,也被麦帅命令下停止拆卸继续生产。

日本在美帝扶植下,军事侵略机构已经建立,日本海军省的化身——海上保安厅已经成立,日本大空军基地已完成百分之六十,日本的陆军在"大企业"和"农场"的掩盖下,原封不动的组织着,日本的警察装备扩充即为武装部队,大批神鹰队员在美国受训。

日本军国主义的天皇制仍然保留,日本的战犯在远东法庭审了二年仍未有一人判罪,大部分的甲级战犯都已释放,恢复公职。

日本虽有一部美制的宪法,而执政者仍为法西斯党徒,他们正在美国的支持下,残酷地镇压日本人民的民主运动,而且正在残酷地压迫屠杀中国人和韩国人。

日本侵略我们中国人的大屠手冈村宁次在南京成了贵宾,高级军事顾问崛内干城作为日本顾问坐镇海南岛,将二十五万吨的铁砂运往日本。

日本的渔船在美国军舰保护下横行太平洋。

最近美国扶植日本的斯揣克计划提出了,在这个计划中日本的军事工业便恢复到一九三七年的水准,足够配备五百万近代化的军队。

美国在反苏反共的藉口下,复兴日本,通过日本来奴役中国人民,要造成"资本美国,工业日本,原料中国"的亚洲,要造成"美国老板,日本经理,中国奴隶"的亚洲,使中国真的永远的成为次殖民地。

中国又临生死存亡的关头,而驻日的中国代表团正筹备"中日友好协会",中国政府与日本正在协商开放对日贸易,在未开放前,日货已由走私涌入我国倾销,最近又在和美国代表商谈,美国和日本联合收买中纺公司全部股票,攫取中国经济命脉。

同胞们,甲午战争以来五十年的含垢忍辱,"九一八"以来十年的含辛茹苦,"七七"以来八年的流血牺牲,数千【万】军民的血肉,数万万人的财产所换来的代价难道是更凶的日本法西斯吗?难道是为争取这样的一个奴隶的次殖民地的中国吗?

同胞们:日本复兴就是我们的灾难来临,我们能甘心让我们的国土重为敌骑践踏,我们的苦难人民再死于炮火饥饿与迫害吗?

我们北洋大学千二百个同学决不能坐视中华民族的出卖,我们坚决地站起来,与全国各地教授职工及爱国的民族工业人士团结一起,誓死反对美帝扶植日本,抢救民族危机。

我们要求:

政府采取强硬外交政策。

政府杀死冈村宁次及崛内干城。

阻止海南岛铁砂运日,阻止砂糖棉花运日,不给日法西斯以原料。

阻止中纺公司卖给美日资本。

撤换中国驻日代表团,由人民选派代表严格管制日本,实施菠茨坦宣言。

严惩日本一切战犯。

逮捕审判日本天皇。

彻底消除日本一切军事和工业武器。

彻底消除日本法西斯封建军国主义。

粉碎美帝的扶植日本侵华政策。

(2)北洋大学全体同学用行动——拒绝美援——抗议

美驻华大使司徒雷登及美驻沪总领事荒谬言论告全国同学书

最近全国各地以我们学生为中心,广泛的展开了"反对美帝扶植日本抢救民族危机"的新的"一二九"爱国运动。

但是，司徒雷登大使、美驻沪总领事格博德及与美国官方有密切联系的英文大美晚报，接连的发表荒谬言论，对我们的反对美帝扶日的爱国运动加以歪曲、诬蔑和恫吓，说："中国人民依靠美援过日子"，"中国学生教育和粮食都依靠美国施舍"，说："严重后果由诸君承受"，"可能使美国纳税人伤心，而停止美援……"。

美援啊！美援！

中国人民在抗战中损失总计至少五百亿美元，可是美陆军部次长德雷柏计划将日本全部赔偿减少到一亿三千万元，中国根据菠茨坦宣言应该要求全部赔偿，可是今天政府连哼一声也不敢，这是为了什么？——因为要美援！

中国民族工商业已面临破产境界，可是政府竟"自动"减低美货进口税7％，这是为什么？沈崇同学被辱，臧大二子、王凤喜……被打死，凶手始终不惩办，我们政府不但不抗议这些美兵暴行，反而给我们的被害的同胞加以间谍、小偷……无耻的诬蔑以替美军辩护，这又是为什么？

美国的流氓骗子雷诺，到中国公然走私，把中国领空权当作儿戏，逃走后反咬一口，我们政府不但不抗议，反赔笑脸，这是为什么？

这一切都是因为要美援！

美援的绝大多数全是军火，被送给少数的代表买办、封建、贪官污吏、流氓土劣法西斯的统治集团，去屠杀要自由、要生存的人民，造成中华民族无尽的灾难。

并且，这为少数人用做屠杀人民的美援，更成了中国的卖身契约，使中国丧失了国格与主权，使中国成了美帝国主义的殖民地的殖民地！

在今天，这"美援"竟被用来做为恐吓、迫害我们学生的爱国运动的工具！

我们中国学生，我们中国人民有的是骨头，决不能让少数人因美援而出卖我们四万万同胞的子子孙孙的命运!

现在我们北洋大学同学,抗议司徒等歪曲、诬蔑并恐吓中国学生的"反扶日"爱国运动的荒谬言论,采取了有效行动,拒绝美援,首先拒绝最近发放的救济品——鸡子——我们不要这卖身契约!

同学们:团结就是力量!我们要一致行动!美援只能收买没有灵魂的民族败类,恐吓屠杀抑不住我们热血的奔腾,我们要粉碎刽子手的利器,我们要撕毁这类卖身契约,我们的"反对美帝扶日,抢救民族危机"的爱国运动一定可以击败一切阻力,得到最后胜利!

我们呼吁全国同学:

一、拒绝任何美援!

二、坚决"反扶日"到底!

(3) 北洋大学全体同学反对
美帝扶植日本抢救民族危机再告全国同胞书

美国资本家为着追求高度的利润,更进一步的剥削东南亚的殖民地半殖民地的人民,在反苏反共的名义下积极扶植日本复兴,使日本重新变为高度工业化、军国主义化。

在军事上允许日本警察由六万五千人扩充到十二万五千人,实际上扩充至卅万人,特警训练扩充至十倍,大批军官集中在开拓团中,还有警政学校的设立。日本的海军军港横须贺、佐世保、舞鹤、吴港等不但没有拆毁,反而用美军标准扩大建造。日本海上保安厅的成立,这是海军省的变相,拥有相当数量的兵舰和潜艇。日本自杀飞机神风队员送到美国去受最新的训练,中岛飞机制造厂四十五所被保留,长达九千五百米跑道的飞机场已完成百分之六十。在经济上军事工业被保留并扩大复工,工业水准提到一九三七至一九三九年(七七事变的年代),赔偿减低到一亿三千万美元(在东北及中国的日侨财产在内)。在政治上军国主义的天皇制仍然保留,大批战犯未治罪一人,由廿多万名减至二〇七名,执政的人物为法西斯党徒的化身,仍然执行着一贯的压迫人民侵害华侨韩侨的政策,在全日本存在的公开法西斯团体就有一〇六〇个之多。

日本的魔爪在美国的保护下,在中国政府的姑息下,已经伸展到我们的国土来了,你看日本侵略我国的刽子手冈村宁次在南京作了政府的上宾、内战的顾问,巧妙的指挥中国人来杀中国人。日本的渔船公然的侵入我国领海来捕鱼,日本的工业已迅速的复兴了,日本货已开始以走私的方式来到中国都市,和我国的民族工业竞争。中国政府正和日本政府协商开放对日贸易,如果真的实现了,则中国工业一定被打倒,工厂一定倒闭,工人都会失业。还有我们的中纺公司,美国和日本正在设法攫取全部股金,这些都表示了中国又回复到"九一八"时期的地位。

美国政府正以其雄厚国力,实现其"资本美国,工业日本,原料中国""主人美国,经理日本,奴隶中国"的东亚共荣圈。

日本军国主义的复兴,首当其冲的是中国,中国是战胜国,中国在抗日战争中千千万万军民流血牺牲,千千万万财产毁灭,中国付出了任何一国不曾有的代价,中国人有权力反对美国扶植日本军国主义的复兴,中国为着自己的安全,为着不再遭受日本侵略的灾害,一定反对日本军国主义的复兴,所以全国各地有良心,有热血,爱国家,爱民族的中国人,展开反对美国扶植日本的爱国运动。

但是,美国我们过去的盟邦,二次世界大战以后新兴的法西斯主义者,我国内战的助长者,利用美援与中国买办官僚大地主及封建势力勾结一起压迫人民,屠杀人民,把我国变成它的次殖民地,干涉我们的内政,最近驻华大使司徒雷登及驻沪总领事格柏德发表谬论,侮蔑恫吓我国这一爱国运动,侮辱中国的国格与人民,用美援作饼饵,限制我们,威胁我们。

我们是中国人,我们爱国家、爱人民、爱自己,也爱我们子孙万代,我们决不能做出卖民族的罪人,我们誓死反对美帝扶日,我们不受一切威胁利诱,我们拒绝美援,我们决不要这个中国的卖身契约。

我们呼吁,所有爱祖国的中国人,我们要团结一起,争取国家的独立自由和平民主!

国立北洋大学全体学生印

〔国立中央大学档案〕

24. 我们为什么要反美扶日

(1948年6月)

在美帝国主义包庇操纵扶持下,中华民族的仇敌日本法西斯又死灰复燃了,而且严重的威胁着我国家民族的生存及全世界的和平与安全。数十年来,想吞灭中国、奴役中国的日本军阀,今在美国的扶助下,东山再起。我全中国人民八年来抛头颅、洒热血,所争得来的胜利果实,已将被美帝扶日政策一手断送,这是我们每一个中国人民所不能容忍的,这是我们每一个中国人民必需坚决反抗的。

两年多以来,美帝国主义违反了波茨坦会议的决定,由麦克阿瑟单独一手把持管制日本,从隐瞒到公开积极纵容扶持,指使法西斯势力的抬头,以反苏防共作为骗人的幌子,而求实现其帝国主义的血腥的侵略计划,以美国为主子,日本为总管,中国为奴隶,要造成金元美国、工业日本、农业中国的"新东亚共荣圈"来奴役远东人民,奴役中国人民。

我们知道日本第一号战争罪犯天皇裕仁现仍旧高居王位,东条之流的大批罪犯,还没有得到应得的惩处,许多日本财阀,公然大肆活动,从事于军火工业的加紧制造,日本的变相警一天一天的加多,而且设立了保安厅,警官学校,训练军队,修筑庞大的飞机场,增加战舰。

这都是美帝的指使和扶持,这都是美帝国主义的有意放纵。还有战争结束了两年多,同盟国家一再要求召开对日和会,但是美帝国主义却再三阻挠,任意拖延,以遂其扶持日本法西斯的阴谋。美帝国主义不断地把美金、物资送给日本,而且先后派了许多调查团,先从日本调查。其中最露骨的就是最近由日调查盟国的美国陆次特莱柏的报告,它的内容是取消日本赔偿,武装日本,协助日本法西斯的复活,他主张保持日本军事工业,积极恢复日本战前侵略中国的工业水准,主张日本在国外的资产如满洲、台湾等地的资产均应作为赔偿而抵销之,他主张大量的工业品倾销中国,而中国必需供给日本工业原料……这就是美帝国主义扶持日本的狰狞面目,一连串的血腥事实。

我们还没有忘记八年抗战的创痛,数十年来日本法西斯所给与我们的浩劫,当血腥的气味还弥漫在祖国的原野上的时候,日本法西斯又起来了,我们的心在燃烧,我们的血在沸腾,我们绝对不容许曾经杀过我们,被我们打败了的日本法西斯东山再起,所以我们坚决反对美帝国主义扶持日本军阀危害我民族的反动政策。

昆明学生反扶日反迫害联合会

〔教育部档案〕

25. 中央大学学生驳斥司徒雷登谈话通讯稿
(1948年6月)

本月四日,华尔街驻华代言人司徒雷登在南京发表了一个"声明",针对目前京沪平津各地学生反美扶日的爱国运动,极尽恫吓污蔑,然而这不惟吓不住学生爱国热忱,反如火上加油,在中大已引起同学们普遍的愤怒,五日,各社团先后贴出大幅文告,签名布告充满于民主墙头,壁报出刊反扶日专号,剪报连日以巨幅版面把从抗战胜利至目前美帝侵华扶日事实详加列举,与司徒"声明"对比。历史学社严正指出,司徒之无耻狂吠,与中央日报卫戍司令部对学生连日施布的屠杀恫吓,是有计划的配合攻势。"群声"壁报反扶日专刊,对司徒声明力加驳斥,"司徒雷登说平生在华,而不过是为帝国主义文化侵略作了先锋,现在作了大使,而其帝国主义的狰狞面目也完全暴露无遗了",他恫吓中国爱国学生,将承受"行动的结果",而"中国爱国者已不怕任何屠杀了,中国学生已与人民紧结一起,八年抗战,中国人民已打垮一个日本帝国主义了"。世纪风壁报称:司徒认为反扶日发生在学生中间颇感遗憾,其实应该说,中国人民没有被美元转变成美国人是遗憾。综合壁报社更以"驳斥司徒雷登"为题列举事实,给司徒所谈"余认为无任何人能提出日本军力之任何部分现正予以恢复证据,亦无任何人能提出美国有使日本军力永不再起以外任何用意之证据"提出了铁的证据,该报称:

第一,纺织业的恢复,纱锭已达一千万枚。去年第三季度日本棉布的输出额,已达一亿五千七百二十万平方码(同时期英国棉布输出额仅为一亿四千五十九万方码),同时最近南洋及广东的日货充斥市场,不在在证明日寇轻工业的复兴是什么?

第二,重工业的复兴,按斯揣克报告主张日本的工业应有如下的水准:钢铁年产量二百万吨,钢板二百六十五万吨,钢块三百五十万吨,轴承价值三千二百五十万日元,机械工具二十五万副,造船十五万吨,这个数字比较"七七"事变前的日本工业生产还来得多。如果美帝这个计划完全成功的话,则日本不但有侵略邻国的雄厚基础,而且造成一种不能不向外侵略的要求。依照日本的钢铁资源,每年的钢铁资源,每年的钢铁产量顶多只有四十万吨,而斯揣克所计划的日本钢铁产量,却超过日本所产矿石的二十倍,如果不向邻国攫取,则它的这一个计划怎能实现?正是美帝这种放手的做法,使日本经济及工业界人士,公开提出将日本工业重心从纺织业转移为重工业及化学工业,所谓重工业及化学工业不就是军事工业吗?

第三,军备的复兴。日本最近设立的海上保安厅实际就是一个海军省,警察机构实际就是一个陆军省。海军力量可以建设一个百来艘的舰队,十二万五千警察便是十二万五千陆军军官,五月一日成立的警政大学,实际就是培养军事人才的军官大学,七百万退伍军人,大部分还保留着军事组织,中岛飞机厂都被保存着,飞机场不但没有破坏,反而有增无减,美帝且在声森建筑一个最新式规模最大的机场,过去军港完全保存并全部美化,要和美国的大军港媲美,这一切不是宣告日本帝国又在武装了吗?

该报最后指出:美帝的培养日本,目的在使其成为远东的看家狗,成为反革命反进步的先锋,成为独霸远东奴隶各民族的助手,在美帝心目中,中国的反动派乃仅是次于日本的二等工具而已,在"七七"事变以前,日本强盗所要求的是"工业日本,农业中国",现在美帝所要求实现的则为"资本美国,工业日本,农业中国"或者是"美国管理,日本生产,中国资源"云。

〔国立中央大学档案〕

26. 昆明学生反扶日反迫害联合会控诉警备部暴行文
(1948年6月)

(1)警备部暴行层出不穷

昆明学生为反美扶日,于十七日举行爱国游行,不幸事先各校学生遭受军警包围和阻止,事后又被军警逮捕学生三十余人。昆明学生竟以"爱国有罪"而遭警备部无辜逮捕。昆明学生被迫于十九日起罢课三天,抗议警备部非法暴行,向社会人士呼吁主持正义,并望警备部立即释放全部被捕同学。至二十一日,警备【部】仍然不释放全部被捕同学,我们又一再忍痛继续罢课七天,希望事件得到合理解决。可是,警备部不但不接受同学合理要求,不重视社会人士公正舆论的指责,不惟不释放全部被捕同学,反而有意扩大事件,几天之中,警备部暴行层出不穷,大有不杀尽学生誓不甘心之势。我们只要将于十七日以来的警备部暴行列举于后,更可看出其残害云南学生的阴谋和事实。

(一)十七日上午,警备部派出大批军警分别包围云大、师院、中山、南菁、昆工、昆女子,并阻止长城、金江、天祥等校同学入城,军警布满之处,如临大敌,又在重要街口阻止同学游行队伍。

(二)十七日下午四时左右,云大学生杨超于景星街附近被二便衣特务架至警务处,至下午六时许,大批宪兵于西站外用暴力逮捕游行归校的同学,并驱至小山坡受大雨淋湿,然后捆绑,再用吉普车拉走。是日先后被捕学生计中法十二人,龙渊六人,云大附中二人,昆师二人,云大二人,天祥二人,中山一人,求实一人,护国一人,共计二十九人。

(三)十八日下午三时许,云大等被迫害学校代表七十七人前往警备部探询被捕同学情况,而云大附中同学秦世儒、云大同学谷子桢因向警备部解释而遭逮捕,后来云大同学杨德华、欧明修又前往打听消息,竟被警备部强指为"特务",又施以暴力逮捕,同学代表营救无效,只好返校。

(四)十九日,龙渊一同学在黄土坡附近失踪,是日晚九时,云大住校外一同学之住宅遭军警无理搜查。

(五)二十七日下午一时半,求实中学教员伍大希(云大法律系四年级同学)行至华山东路时,突有一求实学生向伍大希鞠躬,并喊一声"伍老师",随即用手向道旁之一吉普车一挥,车上跳下两军人,将伍大希架上吉普车立即飞驰而去。

(六)二十七日下午一时许,松坡中学训导主任刘惕亦被捕去。至深夜一时,又有警备部特务三十余人驾吉普车八辆,冲入松坡中学,捕去老师施光烽、李少康、钱定洋、女生指导李小姐(名未详)、同学夏延薄、王维周,共捕去松坡中学老师四人,同学二人。

(七)二十八日深夜四时,大批军警特务包围求实中学,未能破门而入,旋即越墙进去,守卫同学遭受毒打,哀叫哭泣之声不绝于耳,接着军警特务就进攻同学集中之礼堂,并鸣枪示威,然同学打退军警特务几次冲杀,警军特务无法,只有到昆华女师,将至女师联络的求实女同学王素□、郎敬荃、杨兰如用暴力逮捕,并捕去建民中学女教师段要华,军警特务冲杀不得逞,□于天亮时始退去。

数不清的警备部的暴行,正层出不穷的由何绍周的一双血手制造出来,一天比一天变本加厉,暴行越来越凶,手段越来越毒辣,害得昆明学生无法安心读书,日日夜夜陷于恐怖暴行的威胁中。警备部的这种迫害学生教员的恐怖的暴行,是存心杀尽云南青年而后快的毫无人性的刽子手的做法,我们向云南的父老们呼吁,大家一起团结起来,制止屠杀云南青年的暴行!

昆明学生反扶日反迫害联合会

(2)从警备部的无耻栽诬谈到同学安全

二十余年来,统治着中国人民的贪污腐化的卖国的反动势力,面临着广大人民起来怒吼的今天,他们在慌了,他们在不择手段的垂死挣扎,他们企图用诬蔑和迫害来压服所有今天对他们表示不满的人民,这就是在今天所产生的"爱国有罪"的历史根源。昆明警备部就是中国反动势力的一部份,他们自然是执行着他们的反动任务的,所以他们对于一直在为民主自由及反对卖国政策而奋斗的昆明学生认为是心腹之患,使尽了各种诬蔑和迫害的伎俩。在"一二·一"、"李闻惨案"人权保障运动,这一连串的事件中,他们都是使用着无耻的栽诬和迫害来威胁同学的。但有了宏富斗争经验的昆明学生,每一次都能"团结一致,坚决斗争"的力量来粉碎了反动者的各种迫害,打退了袭来的一切逆流。

从我们提出了反美扶日的口号,举行了爱国示威大游行以后,警备部照样来一套栽诬迫害说:"什么少数不良份子","无知之徒受职业学生之鼓动","甘为匪徒驱策利用"、"发动学潮"云云,信口雌黄,歪曲事实之无耻谰言,视爱国为犯罪,指纯洁之青年学生为"不良份子"实属荒谬之至,骨子里就是他们要把他们的非法逮捕变为合法,还想进一步来扩大他们的暴行,以便其大规模的进行迫害昆明学生的勾当。这一种鬼蜮伎俩,明眼人是不难看穿的,我们昆明学生决不会被吓得下来。

但就这一次的暴行看来,第一:他们出动了武装警宪包围学校,封锁交通,使整个昆明陷入了恐怖状态,妨害了社会秩序。第二:逮捕的学生竟达三千余人之多,把逮捕的规模扩大了,他们一心一意要残害昆明学生到底。第三:被捕的同学许多是幼小的,和没有参加游行的同学,可是他们在这垂死挣扎的时候,根本就不分青红皂白,逢人便抓,哪一个都有被捕的可能,我们的安全已经完全没有了保障。第四:最可恨的是在西站外山凹中,军警特务逮捕了二十多个初中部小同学,用绳捆缚嘴里塞满棉花、污草、灰沙,这种行为简直比土匪抢人还要暴虐些。第五:俗语说:"两军相斗,不杀来使。"人民团体的代表他们竟加以扣押,这是最大的违法,也即是昆明学生的奇耻大辱。第六:警备部的每次谈话,都是歪曲事实、荒谬不经的。态度上则表现出一副残狼暴戾的狰狞面目……

由于这些表现,我们证明了反动势力已经到了万分残暴的时候,全昆明同学的安全也已经完全失去保障,只要是学生,便随时有被捕的可能,我们所处的形势已是相当严重的时候,是反动派垂死挣扎异常残暴的时候。而且说明了没有斗争就谈不上同学的安全,这次斗争是个相当艰苦相当尖锐的斗争。

但是,历史已经证明了昆明学生是经得起考验的,每一次汹涌的逆流都被打退,都能够用团结的力量冲破了严重的难关,而向前迈进。这一次我们更表现得积极和英勇,我们要以"加强团结巩固阵营来开展新的斗争"为口号,来迎接我们应该获得的胜利。

〔国立中央大学档案〕

27. 国民党大肆逮捕昆明反美扶日爱国进步学生情报

(1948年7月3日)

昆明"反美扶日"演变近况

昆明七月二日电：

一、七月一日昆明奸匪学生仍出动游行演讲，警局人员已在光华街及中义路威远街口实行当街逮捕，已被捕者卅余人，并正继续逮捕中。

二、六月二十九日清晨，宪警至私立建民中学捕获奸匪段西华等后，云大师院六月卅日起实行戒严，住宿学生不准自由出入，师院门口并派学生卅余人持木械守卫。

三、私立松波中学训育主任奸匪分子刘惕、教员李少康，六月二十七日夜经宪警捕获，求实中学非法法官王素（高七班女生）、郎敬荃（高九班女生）、杨菊明（高九班女生）及潜住该校之建民中学女教员段西华等四奸，于六月二十九日黎明在校内被宪警逮捕。

四、云大奸生吴先声在求实中学兼课，六月二十七日下午一时于华山南路被捕后，奸生重要分子知当局态度坚决，准备离校潜郊区活动。

五、前经宪警捕解警备总部讯办之二十九名学生，经侦审后，多数供称均系被各该校自治会及少数职业学生胁迫参加，情节较轻者有：李宗兰、萧重文、秦肇仁、张树候、孙尔常、秦肇云等六名，准其家庭领回，负责严加约束。又中法中学学生赵武荣、郑翠英、任宗先、杨世廉、杨龙章、张四权、夏培英、王翠芝、刘朝宗等九名，由该校校长庄子毅领回管束。其余情节较为复杂者，如王洪金自称系龙渊中学高二下，但据该校来函否认，显有冒充学生，从事活动之嫌疑，现警备部正继续侦审中。

六、云南省参议会六月三十日之讨论会临时改为座谈会，讨论如何营救此次学潮被捕之学生，因此次学潮政府颇具决心，并未接受参议会之劝告,故该会拟有抗议云。

〔教育部档案〕

28. 蒋介石关于卢汉拟处置学潮四项办法与教育部往来电呈

(1948年7月)

(1) 蒋介石代电 (7月6日)

总统府代电　府贰字第○五二○号

教育部朱部长勋鉴:据云南省政府卢主席电呈略称:国立云南大学及师范学院,学风败坏,已成为共党干部训练机构,谨拟具整顿办法四项,乞核示,等情。兹将原电抄转,希即切实核办,并于三日内具报为要。蒋中正。午鱼府贰。附抄件。
中华民国三十七年七月六日

抄卢主席电

南京大总统蒋钧鉴:密。国立云南大学、师范学院向为奸匪大本营,历次学潮皆其发纵指使,中央既鞭长莫及,省府又无权过问,形成租界。此次又借反美扶日为题,发动罢课游行示威。职明令阻止无效,因饬宪警拘捕宣传最力诸人,该两校遂酿大风潮,集众请愿,宣传词语偏激,诋毁元首,辱骂政府,呼反动口号,又恨省立各校不肯附和,特组突击队,凡照常上课或考试各校,均遭突击破坏,并挟持男女学生逼迁入两校,以增声势。一面私立法庭,审讯同学及教员,凡不附和暴行者,均呼以特务非刑吊打,校长教师视若无睹,任其暴行,舆情愤慨,目下恶焰日张,该两校已成为共党干部训练机构。若不解散彻底整理,不但昆明治安受其威胁,后患更不忍言。国家设学育才,不能为奸党利用,职考虑再四,此时必须采取断然处置,方有澄清之望。兹拟办法如下：

(一)解散两校,另招新生,彻底整理。

(二)准宪警入校拘捕奸党。

(三)集结该校学生,除奸党外,集中训练其思想数月,再分配各校。

四、教育部派大员来昆主持,职决负责协同办理。

查云南学风败坏,为前届政府一手培成,职到任后,仰体中枢困难,委曲应付,但至今已届最后关头,若不乘社会厌恶学生非法暴行之时,大刀阔斧,一举廓清,后果难测,机不可失,立俟指示。职卢汉。午东。印。

(2)教育部签呈稿 (7月6日)

签呈 松京字第一二三号
三十七年七月六日

奉钧座七月六日午鱼府贰代电开:以据云南卢主席学潮办法具报,等因。奉此。查在抗战后期,昆明为民主同盟活动之中心,复员以后,共匪及其外围分子仍多潜伏该处,遇事煽惑鼓动风潮,尤其中等学校,早受影响。本部有鉴于此,除屡令饬熊校长等密切注意并与地方当局互相联系以统一步骤外,并早决定以国立中山高级职业学校,改为省立,经费仍由部拨,以便省府直接管理。至云大附中则为此次风潮发动之地,事先早由本部令校停招新生,逐年减少班级,办至原有学生毕业为止。近日风潮扩大,又据熊校长电呈令饬解散,并已电请卢主席斟酌情形,或即彻底停办,或亦改为省立,或仍维持原案,逐年结束。卢主席所拟办法四项,两日前先准径电征询意见,本部除在原则上电复同意外,并已决派首席参事刘英士候机飞昆洽商细节,并协助处理。该员自二十五年冬起,即在西安行营担任第二厅第一组组长职务,对于共匪奸情甚为明了,前年闻一多案本部亦派该员赴滇,此次重与卢主席相见,当能推诚洽商

共策进行。奉电前因,理合将处理经过呈请鉴核。谨呈
总统蒋

职　朱家○　七.六

〔教育部档案〕

29. 昆明学生为反扶日反迫害向全国同学呼吁书

（1948年7月7日）

亲爱的同学们:

你们知道吗？今天,我们昆明三万大中同学,继"一二一"之后,又以英勇的精神向反动派展开光辉而艰巨的斗争了。

六月十七日,为了响应京沪平津等地同学的"反对美国扶植日本抢救民族危机"的号召,我们全昆明的同学宣布罢课一天,起来游行示威,抗议了。当我们的队伍,在阳光下突破了军警的阻拦,穿过了昆明的各道大街,走向美国驻昆领事馆的时候,全昆明市的人民都因兴奋而鼓舞起来了,在美领馆的前面,我们又遭到二百以上荷枪实弹的武装军警的阻拦,但我们终于冲过去,胜利地完成了游行的任务。

不幸的事情,是在游行以后发生的。当我们游行归来的队伍从云大散开,各自回校的时候,卑鄙胆怯的军警出动了,他们土匪似地在大西门外,黄土坡前从马车上捕去了中法附中、云大附中、龙渊中学等九校学生二十七人,在景星街绑票似的架走了云大宋达明及杨超。消息传来,同学愤慨万分,一致抗议警备部的非法暴行,要求于二十四小时内（十八日下午四时以前）释放全部被捕同学,或提出证据转送法院审讯。

十八日下午三时,上列各受害学校,共推派代表七十九人,齐赴警备部请愿,结果不仅十七日被捕同学未见释放,反将代表中云大谷子祯、杨德华、欧明修、附中秦世儒等四同学扣留下来,如此暴

行,同学何能忍受,于是成立反扶日反迫害委员会,宣布罢课三天,营救被捕同学。

三天过去了,我们的要求,并未实现,而警备部的迫害,反而变本加厉,有增无减,于是我们又罢课七天。

二十七日下午警备部指使求实中学的特务(学生)在该校门口诱捕该校教师武大希(云大法律系四年级同学),同时有松坡中学的训导主任刘惕亦被特务架走,下落不明,晚上又有大批军警驾驶吉普车八辆,冲入松坡中学,捕去教师施先奎、李少康、钱定洋、女生指导李小姐,同学夏延算、王维周。

二十八日深夜,警备部更扩大暴行,派令武装军警一百余人,由特务引路当先,冲入求实中学,毒打通宵,捕去同学王素、郎敬奎、杨菊如,是夜寄住该校之建民中学女教师段亚华,也惨遭逮捕。

我们的斗争发展到如此激烈的阶段,非坚持斗争不足以击退迫害了,乃于二十九日在师范学院召开的怀念晚会上,一致通过无限期罢课,誓死营救被捕师生。

七月一日,我们冒雨出动作第三次的街头宣传,当成千成万的市民站在同学面前感愤地听着的时候,警备部的暴行,又在街头出现了,它动员了用钱收买的大批流氓游民,配合军警特务,在光华街、正义路,在威远街、近日楼,包围同学,大打出手,一时棍棒齐飞,枪杆拳脚并用,打得同学痛哭失声,悲愤万分,呼救无人,避走无地,特务恶棍,手持黑名单,点名搜捕同学,当场以暴力拖去师院、云大附中、建民等校学生二十余人,同学流血受伤者,不计其数,这样造成了昆明空前的流血惨案。

七月一日以后,昆明顿成恐怖世界,各校同学人人自危,乃集中迁入南菁中学及云大,集中自卫,然而军警当局又无耻地非法的出动千余军警特务,包围云大及南菁,用尽卑鄙手段,使尽险恶政策,他们断绝交通,封锁学校,挖断自来水管,割窃电线,断绝粮食,逮捕外出买菜校工,外出同学皆被无理搜查,非法逮捕,他们在报上乱发谬论,诬学生是"奸匪职业学生"……

亲爱的同学们,我们的爱国行动,怎能让人如此诬蔑。我们的生命安全,怎能如此受人迫害?今天我们亲身遭受到安全的迫害,生命的威胁,但我们都团结得像钢铁一样的坚强,来对待这空前的困难和考验,我们承继着八九年来宝贵的、光辉的斗争经验和教训,今日我们虽则以洋芋充饥,以稀饭度日,但我们仍坚守在南菁的志公堂和云大的会泽院楼上,誓死和反动派斗争。

亲爱的同学们,今天,我们的斗争虽然艰苦,而所有的同学都具有胜利的信心,无论如何,我们誓死坚守我们的阵营,维护我们的安全,争取最后的胜利,亲爱的同学们,请迅速寄给我们以伟大的同情和伟大的支持吧!

昆明学生反扶日反迫害联合会启
七月七日

〔国立中央大学档案〕

30. 王政关于镇压昆明各大中学校反美扶日运动经过情形呈

(1948年7月9日)

云南省教育厅呈　中三字第五三五号
　　　　　　　　中华民国卅七年七月九日

查本省昆明市区大中学校部分学生,以响应反对美国扶植日本为题,于本年六月十七日发动罢课游行示威,掀起学潮,迄今近月,尚未结束。于学潮酝酿之初,职厅即严密注意,嗣奉钧部巳支电饬与各方详细解释,设法劝阻。遵经迭次召集各公私立学校校长,饬切实注意,并设法劝阻学生,勿使参加。乃于六月十七日上午十时,部分大中学生数千人群集于国立云南大学草场,举行反对美国扶植日本大会。会后结队沿街游行,高呼口号,张贴标语,诋毁元首,并作倾覆政府之宣传。军警阻止无效,并至复新村美国驻滇领事署请求将昆明学生对日政策意见书转致杜鲁门总统,游行期中幸未发生意外,下午七时返至云大草场解散。查此次学潮显系共党职业学生发动,挟持青年,藉反对美国扶植日本,遂其反对政府之阴谋,企图扰乱社会治安,毁坏国家法纪,虽迭经政府当局谆谆诰诫,并经治安当局先令制止无效。当发动之初,除国立大中学校及部分私立中学学生参加外,省立中等学校有昆华中学、云端中学、富春中学、虹山师范、龙渊中学、体育师范学校、医事职业学校、官渡农校、英语专科学校等九校未参加,私立中学有五华中学、建国中学、建设中学、中正中学、正业中学、培文中学、明德中学等七校未参加,市立中学亦未参加。以上未参加学校翌日即被"学联"所组织之突击队突入扰乱,挟持胁迫。当局为维持治安起见,乃下令将聚众滋事不服劝止之学生予以逮捕。十八日"学联"宣布继续罢课一日,复有自称学生代表七十余人,由云大学生王永年、谷子祯等率领,到警备总部请愿,限令二十四小时以内释放所有被捕学生,否则即以行动报复。因措词极为荒谬,且王、谷等生均系历次学潮之首要策动分子,曾私设法庭,自任法官,罪证确实,当即被警备总部予以扣留。"学联"复宣布继续罢课三日,若不释放被捕学生,则无限期罢课。在此罢课期间,国立及私立中学学生即纷纷迁入云大、昆明师院,每日列队分组四出街头宣传,张贴壁报标语,用"反迫害"、"反专制"等口号诋毁政府及治安当局,并分组突击照常上课之省立中等学校。每组数十人至数百人不等,叫嚣扰乱胁迫学生破门入室,捣毁校具,甚至有少数私立中学对不肯胁从之学生则一律诬为"特务",化装游行,极尽侮辱。更有甚者,少数学生竟私设法庭,非法拷逼彼等认为特务之学生。种种惨酷残忍之状,均已发现。本厅于六月二十一日晚召集省立各中等学校校长商谈,因鉴于学潮情势愈趋恶化,且本学期行将结束,为保持多数学生安全计,佥主提前宣布放假,并由各校分别通知各生家长限期领回子弟,严加管束。省立中等学校乃自六月二十二日起分别宣布放假,各学校学生均已纷纷迁回，仅毕业班次学生仍继续照规定于六月最末一周举行毕业考试，惟少数学校考试时，复被校外学生入内扰乱，击坏校门，撕毁试卷，挟持胁迫学生，致使少数学校未能如期举行毕业考试。六月二十五日复有私立求实中学学生自治会私设"民主"法庭，审讯被诬为"特务"之学生，并施以酷刑吊打。二十六日被害学生设法逃出投报警备总部出示受刑伤痕，并揭发该校奸伪分子之阴谋，要求该部将私设法庭自任法官之学生拘捕法办。警备总部于据报并经侦察确实后，当即派员于二十九日上午前往私立求实中学捕获被指控之非法学生王素等四名。事后曾有"学联"学生二千余人结队至私立求实中学接应，并胁迫挟持邻近之省立昆华女师住校学生迁入云大，将该校学生食米油柴等搬走部分。此后"学联"学生二千余人即聚居云大师院，自称民主堡垒，日夜以学生轮流守门，禁止被迫迁入学生外出，甚至有家长入内欲带回子弟者，均遭拒绝。云大内"学联"复劫夺学校所有石灰砖瓦硫酸，准备抵抗。近日每晚警备总部均向云大广播，劝令胁从学生早日离校，多数学生均已纷纷迁出，刻下学潮尚未平息，演变如何，尚未可逆料。除会同有关机关随时严密注意处理外，谨将经过情形呈请鉴核。谨呈

教育部部长朱

云南省教育厅长　王政

〔教育部档案〕

31. 昆明学生反扶日反迫害联合会控诉当局非法虐待囚禁爱国同学书

（1948年7月12日）

血泪交流的狱中生活

我们的同学在狱中受苦已二十三天了，从狱中同学寄出的信

里,从已经释放的同学口里,以及从官方人士的话里,接连不断的听到许多可怕的消息。我们的心痛苦得像刀在绞,我们的血沸腾得像火在燃烧,我们恨,恨那些屠杀云南青年的魔鬼,恨那些吃人的阎王,这仇是要报的,不讨还这笔血债,我们死也不干〔甘〕修〔休〕。

怀着极度凄酸而又愤怒的心情,在这里报告一下我们所知道的同学在狱中的生活:

有几个被捕同学,被捕的第二天才得到一碗像石头一样硬的糙米饭和半碗已经发臭的白菜,吃不下,但又不能不吃。晚上就睡在地下,什么垫的盖的都没有。而更痛心就是在关他们进去之前,还故意在地上泼很多水。

松坡中学某老师,晚上便被带上手铐脚镣,睡的地方是阴湿的泥地,审问的时候,又多半是在半夜,带到阴森可怕的天井里拷问,与他同住一院的同学,曾经有好几次听见他的惨叫声。同学出狱那天,在洗脸室看见他,他已经瘦得很难认出来,眼睛深深的陷进去,据说他已受过三次电刑。

云大某同学被捕之后,所受的待遇最坏,住的地方跟其他同学隔离,他曾经受过电刑,而且受过毒打,他的腿子已被打烂,而且已经发脓。

七月一号在街头被捕的同学中有四同学受的迫害最厉害,有三人受过电刑。有两人被捕之后,又被毒打,当晚就吐血不止,他的腿也因受电刑而焦烂了。

深夜同学被分批从牢房调出,用厚布蒙紧眼睛,声称要带他们到北教场枪毙,就这样,军警带着这一群头被蒙得发昏的同学在大操场跑步,左弯右拐的跑,弄得他们精疲力竭的时候,便喊他们跪下,故意喊"开枪",同学们都被吓得失魂丧胆,只好一个靠着一个发抖,等候死亡。恶作剧之后,那些狗说:"再审两天再枪毙",于是带他们左弯右拐的跑步重新带回牢房。

据说有两个同学已经受电刑死了,这是可能的。这些狼心狗肺的人,哪样毒辣的事做不出来呢。

这就是何绍周所赐给云南青年的"德政",这就是被捕同学血泪交流的狱中生活,这是仇恨,这是仇恨啊!有三个被枪打伤的同学还在床上呻吟,被捕同学还正在遭受虐待,我们忘不了这笔血债,我们誓为受害者复仇,向刽子手讨债!(完)

昆明学生反扶日反迫害联合会

〔国立中央大学档案〕

32. 隋星源关于破坏青岛各校员生发动反美扶日运动经过密电

(1948年7月13日)

青岛市政府教育局代电　(38)教宪二中字第一二七号
　　　　　　　　　　　中华民国三十七年七月十三日

南京教育部部长朱钧鉴:奉钧部训三〇七四二密电,以最近各地有发动反美对日政策示威运动电仰迅予各方详细解释,设法劝止,免为奸匪利用等因。遵即迅速密饬各校长特予注意,利用适当时机向教职员及学生阐述政府对日政策,除严防其军事侵略之再起外,仍本宽大之旨,使能维持生存,决不因少数人别具用心之反美运动而有所变更。本市各中等学校员生均能仰体政府对日政策之意旨,迄未有非法行动,奉电前因,谨电奉闻。青岛市教育局局长隋星源。叩。午元。

〔教育部档案〕

33. 国防部抄送反美扶日运动参考资料电

(1948年7月14日)

国防部代电　　熙宏字第〇八〇九号　　受文者教育部朱部长
　　　　　　三十七年七月十四日

兹抄送反美扶日运动汇编乙份,请查照参考。

部长何应钦

反美扶日运动汇编

甲、前言

共匪因鉴于学运工作在五月份以前所策动之公费运动、反迫害及抢救教育危机等运动中,"罢课请愿"已形成学潮八股,角鼓不起,学生叫嚣动乱情感且招致极大部分学生之反感,即其职业学生亦多表现消极,索然无味。为谋扭转此一危机,共匪遂于五·四、五·二〇之两纪念会中喊出"反美扶日""抢救民族危机"等口号,发动各地教授学生研究美国扶植日本问题,而处心积虑欲利用此一新现实资料为课题,企图以民族利益为词,吸引群众视听,再度掀起大规模学运怒潮,陷政府于维谷之间,打击施政,助长叛乱。兹撮要分述如后:

乙、反美扶日运动酝酿之前夕

一、北大教授王铁崖、汪暄等举办美国扶植日本座谈会,其要目为:

1. 美国积极扶植日本之原因。
2. 美国扶植日本对中国之影响。
3. 美国扶植日本对远东各国对世界和平之影响。
4. 中国人民对美国扶植日本应取之态度。
5. 中国政府对美国扶植日本问题之态度。

二、北大半月刊社举办美国扶日问题意见之测验:

(1)测验要点[略]。

(2)测验结果:据北大半月刊社发表百分之九十以上认为美国扶日系危险的帝国主义政策,应以行动反对美国扶植日本。

三、北大自治会连续在北大、燕京、清华等校举办反美扶日文艺展览,其重要节目:

（1）教授访问：关于美国扶日问题之研究

（2）木刻

（3）漫画

（4）史料

（5）新诗等宣传爱国运动及史实

四、上海学联发起反美扶日运动座谈会，其要点：战前中国只有一个敌人日本帝国主义，现在则有美帝国主义及其扶植下迅速复活中之日本帝国主义。

（1）运动意义

A. 教育群众认识美国之反动性及中国政府之卖国政策，因而唤醒群众觉悟，更积极为结束帝国主义与反动统治而斗争。

B. 在反动派藉口五月暴动找寻机会进攻进步力量之时，此一爱国运动将在政治上使反动派处于孤立不利之地位，而使整个学运更向前发展，因此反扶日又可以与反迫害联合在一起。

C. 反扶日运动将在上海及全中国人民中激起巨响。

（2）学生对反扶日之认识

A. 由于政府封锁新闻之结果以及过去宣传之不足，大家对民族危机之严重性认识不够，或者完全麻木，或者认为问题严重但还不迫切。

B. 对自己力量不相信，觉得学生无能为力。

C. 缺乏斗争对象，战争前有日本放在眼前，今天似乎漫无目标，对美太远，对日本还不到时候。

（3）进步同学之偏向

A. 认为只要结束国内反动统治，以后民族危机就不存在，因此"反扶日""反美"并无迫切性，殊不知反扶日运动本身就是为着结束反动统治，而且打倒美帝国主义是全世界人民共同任务，可是对美国反动性的认识在今天仍是不够。

B. 认为此一运动中缺乏类似九龙事件突发或刺激性之事变，

因此在宣传上就感觉缺乏办法,缺乏信心,其实这是错误的。

（4）放手展开宣传:目前吾人应使运动在"反扶日"、"反迫害"的口号下,继续向前发展,打下决心放手展开"反扶日"宣传,深入宣传。

五、武汉大学自治会召集美国扶植日本问题座谈会,其要点:

（1）检讨波茨坦会议及麦帅统治下之日本。

（2）以行动抢救民族危机。

六、京沪大学教授百余人发起全国教授联合会,发表美国扶助日本复兴之书面谈话,其要义:

（1）指摘美国政策。

（2）批评政府措施。

（3）提高国人警觉。

丙、反扶日运动之实况

一、华北方面

（1）由北大发起组织反对美国扶植日本运动大会,参加者计北大、清华、南开、燕京、中法、朝阳、唐山工学院等十一院校,集结学生二千余人,在北大民主广场开会,由北大教授樊弘及许德珩领导,其主要行动:

A. 主张内容:

1. 反对国民政府奴才外交。

2. 由中苏美英共同管理日本。

3. 严处战犯冈村宁次。

4. 要求全国人民团结起来,向美国及尾巴外交之国民政府提出警告。

5. 站在民族本位上,发动全国同胞反抗政府,以配合革命军事行动。

B. 反扶日运动大会内容:

1. 漫画展览:宣传日本暴行污辱政府。

2. 由主席团报告开会宗旨。

3. 由韩共分子宣读预行拟定之讲稿,攻击美国在南韩种种帝国主义之措施,及宣扬苏联在北韩德政。

4. 北大工友代表讲话。

5. 宣读马寅初、沈钧儒等反美扶日讲词,并宣读冯玉祥由美来函(内容支援中共)。

6. 东北中政大学学生报告日本之残酷与抵平后受政府之漠视。

7. 表演滑稽剧:侮辱政府及元首。

8. 宣读通电五则。

9. 通过反扶日运动大会为永久机构。

C. 各校自治会在北大举行小组会议,其要点:

1. 利用日寇对我同胞残杀余痛未尽时,唤起国人反对日本复活,并揭穿美帝国主义扶日阴谋。

2. 搜集有利材料,宣传反政府。

a. 揭穿政府聘用冈村宁次为内战顾问。

b. 揭穿政府商请日帝国训练美化日军,调中国参加内战,作为对日和约之宽厚交换条件。

c. 揭穿蒲立德此次来华主要任务在于接洽中美剿共统帅部组织问题。

d. 揭穿陈纳德飞虎队正积极筹备扩充从事残杀中国同胞阴谋。

e. 揭穿雷德柏扶日计划,唤醒同胞觉悟予以打击。

f. 尽量搜集国民政府奴才外交之事实,以削弱人民对政府信念。

g. 向民众宣传共党与民盟及一切爱好和平人士,正进行新政协,以谋全国人民之和平安定与生活之改进。

h. 尽量夸张共党军事战绩及德政。

i. 发动左倾教授尽量对反美扶日反奴才外交讲演,吸引中立人士之同情。

(2) 示威游行:六月八日各院校学生千余人,由沙滩北大出发游行,其重要口号为:

(A) 中国要有独立外交。

(B) 七七事变不许重演。

(C) 反对美国武装日本。

(D) 反对美国出卖中国人民。

(E) 反对日货倾销中国保护民族工商业。

(F) 打倒日本帝国主义抢救民族危机。

(G) 中苏英美共管日本。

二、京沪及华中方面

(1) 上海学联首先策动上海市各大中学与文化人士反对美国扶植日本,并发动十万人签名运动,其主要行动:

A. 成立上海市学生反对美国扶植日本抢救民族危机联合会。

B. 提出六项主张:

1. 采取有效办法,阻止美国扶植日本法西斯侵略中国反动政策。

2. 解散日本海上保安厅,反对美国武装日本警察,及用其他办法变相保留和训练陆军。

3. 没收广州等地走私日货,停止将海南岛铁砂及一切原料输日,禁止日本在我领海捕鱼。

4. 反对任命侵华日军总司令冈村宁次为顾问,反对任用崛内干城等战犯开发广东及海南岛,拘捕并公审一切战犯。

5. 撤换驻日代表团,严惩中日友好协会的发起人及主持人。

6. 迅速由中苏英美召开对日和会,终止美国单独管制日本。

C. 发出通电宣言及宣传文件:

1. 致全国各社团及全国同胞电。

2. 致东京麦克阿瑟将军电。

3. 致美国各社团及美国人民电。

4. 上海市学生反对美国扶植日本抢救民族危机联合会成立宣言。

5. 告全国同胞书及快报。

D. 六·五示威大游行

1. 参加学校先后有复旦、沪江、大夏、上法、大同、光华、约大、同济、幼专、南洋女中及各中学等二十余单位。

2. 由外滩出发,高唱反美扶日歌曲,并经美驻华海军司令部及美上海总领馆示威。

(2) 各地响应

A. 南京中大、金大学校左倾分子商讨成立反美扶日后援会,并函上海同学致慰问。

B. 杭州浙大、之江、艺专等校派出赴沪联络成立反美扶日运动委员会,并电全国加强团结。

C. 武汉农学院、华中、武大、中华等院校发动签名响应上海反美扶日运动,由各校联席会讨论决定成立反美扶日挽救民族危机运动委员会,于六·三罢课一天,并印制宣传文件向外寄发。

D. 其他湖大、中正等校多无积极行动。

三、华南方面

A. 厦门大学及中山大学先后成立反美扶日运动委员会,对外发布宣传品,尚无积极行动。

B. 昆明学联指使云大师院及昆市各中学组织反美扶日联合会,发表文告,响应各地反美扶日运动,于六·一七发动两万人以上大游行,复于六·二八纠集学生千余人分赴街头宣传,极尽诋毁之能事。

四、其他因素之介入

(1) 上海苏谍机关及北平苏领馆对我学生之反美扶日运动暗

中予以协助,并设法策动文协展开宣传,企图左右国际舆论。

(2) 世界学联女代表勃来克曼(MISS BRICKMAN)由港来华考察学运,历在上海杭州北平等地秘密进行偏激之宣传与煽惑性之演讲,并与伪华北学联及上海学联密取联系,一面鼓励发动反美扶日运动,一面予以国际上舆论之支援。

(3) 上海共匪工人协会在工运斗争纲领中,指示工人团体响应反美扶日运动,并以行动支持。

(4) 共匪在香港策动华侨及留港人士响应反美扶日运动,当经成立香港各侨团反对扶植日本工业复兴运动大会,其重要内容:

A. 构成分子:分侨团委员与个人委员。

B. 组织大纲:

1. 宗旨:以唤起海内外同胞及全世界正义人士共同维护波茨坦宣言,防止日本经济侵略体系之重建,以解除中英民族工业之威胁。

2. 任务:

a. 呼吁侨胞及全国民众一致反对扶植日本工业复兴,并足〔促〕进民族工业,提倡爱用国货。

b. 向盟国当局请求制止扶日及限制日货倾销。

c. 联合海外侨团及盟国人士,采取一致行动。

3. 会址:暂借香港厂商联合会为临时办事处。

4. 会员:凡本港侨团及工商界人士赞成本会宗旨,均得加入本会共策进行。

5. 由大会产生干事会,处理一切事务及执行大会决议案。

6. 干事会互推一人为主席,处理日常事务。

7. 干事会设总务、宣传、联络、财务四组,每组设正副主任各一人,由干事会互选。

8. 本会设秘书处,聘请义务秘书一人,事务员二人,秉承干事会意旨,掌理一切文书及不属于各组事务。

9. 本会经费由干事会向各侨团及热心人事〔士〕募集。

10. 本会于达成任务后，经干事会议决，即宣告结束，并将处理事务之经过及财务收支于本港报纸公布之。

C. 活动：展开国际宣传工作，并与内地学生运动密取联系，以齐步骤。

丁、共匪在反美扶日运动中之统一宣传工作

一、反美扶日宣传纲领

（1）目前日本在美帝扶植下，已达到如何严重危险之地步。

A. 美帝国如何扶植日本法西斯反动势力。

1. 美国抛弃一九四五年波茨坦会议宣言之精神——彻底消灭法西斯势力，麦克阿瑟独管日本，拖延对日和约，致十一国所组成之远东委员会形同虚设。

2. 经济方面：免予控制，并复兴日本工业水准，开放日本对外贸易。

3. 军事方面：陆海空军的复活，军事工业之保留与重建。

4. 压制日本国内人民民主力量。

B. 中国政府怎样纵容日本复兴，并和日本法西斯勾结。

1. 开放对日贸易，放纵走私，供给日本商品市场。

2. 供给日本原料，工业日本，农业中国——铁盐粮——无原料与市场，日本侵略经济决不能复活。

3. 利用日本战犯任顾问或直接参加内战。

4. 其他。

C. 日本国内反动势力之狂妄，其论调与行动显已开始对中国威胁。

（2）美国为什么要扶日（最近以来特别嘉奖）。

A. 扶日即是将日本成为美国控制下侵略远东人民之工具。

B. 美国扶日是打着"反苏""反共"的幌子，美国并非不想反苏，但在目前之形势还是中国最先受害。

C. 最近远东最重要之国家—中国反动卖国政府之走狗崩溃及人民力量之空前强大。

D. 美国扶日在战前即已开始,日本侵华即是美国扶助日本之结果。

(3) 中国政府为什么纵容日本复兴。

A. 抗战前长期不抵抗,签订卖国协定,压制人民抗日。

B. 抗战是人民力量迫使政府不得不抗战,八年抗战是人民在流血。

C. 抗战胜利后和周佛海等汉奸合作,对日大国民风度,日战犯及日俘均参加内战。

D. 在人民力量空前强大之时,把希望寄托在依靠美日帝国主义(从经济到军事)来对抗人民力量。

(4) 美国拖延对日和会之目的。

维持美帝独管,随心所欲扶植日本法西斯力量。

(5) 什么叫提高日本工业水准。

减少日本赔偿,保存重工业、化学工业(都属军事工业)。

(6) 反对扶日是不是反对日本人民。

A. 世界上每一国人民均应得到民主自由与生存权利,日本人民自亦应复兴。

B. 现在扶日,是扶植日本反动势力,对于日本人民绝无好处(美国愈扶日,人民生活愈苦,民主自由愈受威胁,事实很多)。

C. 因此要真正扶助日本人民,必须先扶植日本人民之民主运动,发展真正人民力量。

(7) 学生有没有力量抢救民族危机。

A. 用过去英勇的例子说明学生的力量。

B 当学生唤起全中国人民起来打倒国内反动势力,就一定能把中国命运决定在自己手中。

二、利用五·二九上海国际青年联欢会之纠纷作为宣传口实。

(1) 指摘美童公学校长吉布(美人)在进行中国节目时,关息电灯是证明中国学生正遭受着外帝内奴之迫害。

(2) 强调反美扶日不是反对美国人民,而是反对美国反动帝国主义。

三、驳斥美司徒雷登之声明以及美总领事卡波脱之谈话。

(1) 司徒雷登声明之基本精神,即是欺瞒恐吓。

A. 司徒雷登所谓没有任何人能提出美国有使日本军力永不再起以外任何用意之证据,乃是自欺欺人(引证麦克阿瑟扶日事实)。

B. 司徒雷登以流氓式口吻说出反美扶日运动如不停止则必须准备承受行动之结果,来威胁中国政府,迫使其镇压学生爱国运动。

(2) 卡波脱之谈话完全是根据美国干涉中国内政之经验来诬蔑中国学生与人民。

A. 所谓中国学生被另一专制国家之恶意宣传领导进行反美运动,不啻说出他们自己曾经干涉中国内政。

B. 所谓你们靠着的恩惠得到教育,你们连日所需的粮食都得依赖美国农民的血汗及纳税人的慷慨,也就附带说明美国供给中国内战的军火。

四、发动北大学生倡导拒受美国救济营养品,并扩大宣传,以反对美援。

戊、反扶日运动现状

一、各校均届期终考试,情势已稍戢,无大活动。

二、昆明一地仍由云大领导在积极进行中。

(1) 组织突击队,压制各校学生参加活动。

(2) 职业学生在云大私设法庭,审讯反对罢课之教员与学生。

(3) 散发侮辱元首诋毁政府及宣扬共匪之宣传与漫画。

三、发展情形待续。

〔教育部档案〕

34. 华北学联会致魏德迈将军备忘录
(1948年8月1日)

华北学生联合会致魏德迈将军备忘录

魏德迈将军阁下：

为着使阁下了解贵国政府错误的对华政策，使中国人民遭受极大的损害，本学联特代表华北全体学生向阁下提备忘录一件：

在对日作战结束之后，中国未能走上建设繁荣的道路，这是中国人民的不幸。我们欢迎一切友好的国家来帮助中国建立一民主团结和平统一的强大国家，但我们反对任何国家干涉中国内政，间接或直接参加中国内战。贵国国务卿前驻华特使马歇尔将军在本年一月七日离华声明中曾宣称："没有事实足以证明苏联曾支持中国共产党"，而不幸的是，贵国却援助了内战的一方——中国国民党。本学联现以事实来指出：贵国对于中国内战不公正的中立态度，并用事实证明由于此不公正的中立态度而使中国内战可能爆发和扩大。

一、对日作战胜利后，贵国总统宣布一切租借法案停止，但是为了供给军火给中国政府以从事内战，一九四五年十二月却宣布对华租借法案延长。根据贵国杜鲁门总统第二十二次国会报告，租借法案实施至对日战争胜利。五年以来对华租借法案总额仅六亿余元，而胜利后六个月却达到同样的数目，援助中国政府从事内战竟远比对日作战更为积极，除租借法案之外，尚有名为八亿多元，而实为二十余亿元剩余物资的让与，其他公开或秘密的借贷，我们无确实数字可查，但根据贵国"民族"杂志的估计，在对日作战胜利后一年内共值四十余亿美元，此为中国政府从事内战主要支持。

二、前年十一月八日,贵国国务院宣布:在对日作战几年中武装了国民党二十个师,而且并未对日作战。胜利后十个月却加紧武装了四十个师,其他海空军及特种训练在外。在对日作战结束后,在军队未国家化之前,竟如此大规模武装军队,此绝非中国人民所能容忍。

三、对日作战胜利后,阁下时为美军驻华总司令,宣布美军不运国军往东北,但为了中国政府打内战,运兵一次又一次,吉伦将军又宣布只运国民党军队五个军往东北,而事实上远逾此数。

四、除上述援助政府军火,利用政协前和平期间,运输政府军队,布置内战战场外,甚至直接参加。阁下曾在前年十一月宣称:"如美军遭俘时受到阻碍,美军可能帮助中央政府军队而损害共产党军队,甚至美军将对华北共军采取军事行动。"而事实上,贵国军队真是不惜直接参加中国内战,如秦皇岛就是,贵国军队亲自攻占送给政府的。

五、在中国学生抗暴运动后,本年一月三十日,贵国政府宣布驻华美军撤退,但青岛美军并未撤退,在训练中国海军名义下,青岛成了美国海军基地,南京的军事顾问团亦未撤退。

六、本年六月底,一亿三千万发子弹,不□为中国的内战火上加油,且国务院宣称:"美国可自由向中国政府发售各种剩余物资,对经由商务途径购买之军事装备,可准以出口签证。"据贵国进出口银行表示:一九四六年划归中国五亿贷款,至六月三十日终期。然中国如能予该银行以合理之价付保证,则该行将考虑为中国特殊计划贷款。"此均表示:贵国政府决心对中国政府正在进行的内战,作军事上、经济上的有力支持,且此种支持近来更显积极。

根据上述六点,贵国政府应明了对目前中国的灾难负有极大的责任。我们坦率表示:在年来贵国政府不公正的中立态度,帮助中国政府进行内战的情况下,在一亿三千万发子弹援助后半月,阁下率领代表团来华,我们很不欢迎,对于贵国不以中国人民的利益来协助中国建立一民主团结富强的国家表示遗憾,对于贵国积极援助与人民为敌的反民主政府表示憎恨。中国人民将记住贵国政府使中国内战爆发和扩大的责任,以及最近一亿三千万发子弹所造成的不幸。我们更要指出:贵国要中国政府"聘用美国顾问以表示金钱与物资之适当及更有效之运用,此等顾问向美国负责",此一企图,乃系贵国希求更有力的控制中国经济政治军事各部门,而达到中国成为贵国附庸的目的。

本学联谨提出数点,促请——阁下及贵国政府注意。

第一,贵国应明了因支持少数腐化贪污独裁份子的集团,而与全中国人民为敌,实属不智,只有民主团结安全繁荣的中国,才为贵国之福利,人类之福。

第二,中国迄今未有健全的公民舆论,而唯一可代表真正民意的即为中国青年学生运动,故贵国拉铁摩尔先生说:"学生运动是现代中国发展的潮汐表。"去年北平强奸案成了一根丢进火药库里的燃着的火柴,爆发了全中国的抗暴运动。贵国政府应因此而深省。

第三,阁下如真欲了解中国,调查中国实际情况,则不久前的全国反内战反饥饿运动,应给予极大的注意。

最后,我们必须强调:中国是应由中国人民自行解决,我们不拒绝一切友好的协助,但我们反对任何国家干涉内政,我们感激在对日作战中,贵国所给与我们的援助,我们也珍贵我们两国传统友谊的深厚。目前全中国人民的反美情绪,乃贵国对华政策错误的结果。任何国家如欲与中国人民为敌,必将自寻不幸。贵国政府应承继哲斐采、林肯诸先哲的光荣的传统,发扬故罗斯福伟大的民主自由精神,立即结束错误的对华政策。中国古谚云:"休到悬崖勒马。"致希阁下与贵国政府明察。

〔国立中央大学档案〕

[3] 反对英法侵犯主权的爱国护权运动

1. 参军处抄送沙磁区学生抗议英法侵犯主权将举行示威游行情报

(1946年1月22日)

敬启者：奉谕抄送沙磁区学生将发动反英法示威游行由情报乙件，即请查照参考为荷。此致
教育部
　　附抄情报乙件

元月廿二日
国民政府参军处　谨启

情报　府军(义)第二二号

沙磁区学生将发动反英法示威游行

据报：沙磁区中大、重大、四川教院、中工、市中、中大附中等校学生，为反对最近沪法国领事馆擅捕纳粹战犯及英国在屏山建筑飞机场事，以有辱国权，破坏邦交，于本(二十)日上午假中央大学礼堂开会，到各校学生代表数百人，经决定事项：(一)游行示威。(二)捣毁法领事馆。(三)通电全国学生一致响应。并规定明日行动办法：一、行动时各校派出人数应占全校人数四分之三。二、参加人员每人出款二百元作伙食费用。三、以步行为原则。四、行动时间临时通知。五、明日(二十一)实行停课一天。同时提出下列条件：1. 要求法国派特使向我国道歉。2. 要求法国撤除在华一切领事裁判权。3. 请求政府向英法正式提出严重抗议。4. 请求政府向英国交涉，立即制止英国在我国土屏山建筑机场等。惟尚有少数学生对此项扩大行动，认为各校应派参加人数太多，影响考试，且有一部分学生不愿意出钱，临时行动或不如预期之踊跃，但其情绪均非常愤激，并定于(二十)晚七时再假中大一〇一号教室召开各系

代表会议,具体决定明日行动计划。云。

〔教育部档案〕

2. 重庆警察局关于中大等校师生抗议英法侵犯主权举行示威大游行代电

(1946年2月4日)

重庆市警察局快邮代电　行治字第二二号

教育部钧鉴:查中央大学学生陈震先等,因法国侵我主权欲求政府提出抗议,并拟散发传单一案,曾经本局于元月二十日以总文字第零五号代电转请鉴核,并饬密切注意在卷。嗣复据报:该校自治会据陈震先等六十余人建议后,即邀集重庆大学、中央工专、教育学院、南开中学等学生代表于二十一日午后一时在中大礼堂开会,议决:(一)发表宣言,其内容包括要求收回香港、九龙主权,及要求英政府赔偿开建屏山机场之人民损失,暨惩办法国驻沪总领事。(二)致书英国学生,请吁请其政府交还香港、九龙。(三)印发告陪都各界书,说明香港、九龙应收回之理由,并请其响应。(四)举办示威游行,发动各校学生参加,时间订于本月二十四日上午八时,在重大操场集合出发,至城内(游行日各校并停课一日)。以上各项正由中大自治会领导筹备中。同时中大、重大左倾教授亦于是(廿一)日午后三时在中央大学召开紧急会议,以英法此种行为有辱国体,主张发动二千学生作示威大游行,将即举行等情前来。当经本局妥密计划,今饬本局一至七及十四分局侦缉大队、保安总队严密部署,切实注意。去讫。至本月二十五日上午,各校学生数千人集体游行,是(廿五)日午后各自返校,尚无意外发生。特电请鉴核备查。重庆市警察局局长唐毅叩。丑支。印。

〔教育部档案〕

3. 詹明远关于沪各专科以上学校组织爱国护权运动大会及其活动情报

（1947年6月17日）

沪市各专科以上学校组织"爱国护权运动大会联合会"及暨大学生刘春生等之阴谋

据报：沪市复旦大学爱国护权运动委员会成立后，即联络沪市各大学及专科学校一致响应，各校自治会理事会等代表于六月十五日上午八时集合于复旦大学之相伯堂，举行会议，当经议决名为上海市爱国护权运动大会联合会，闻参加者计有复旦、中法、药专、上海医学院、同济、大同、唐山、交大、中华职校、幼专、暨南等校，现该会已开始活动。其方法：一、从事宣传。二、散发传单及标语。三、函达沪市工商各界，以求响应。四、函达北平、南京、杭州、武汉等埠之学界一致联合，拟组织全国性之"爱国护权联合大会"。五、呈报政府，誓为后盾。惟查暨大学生刘春生等，曾发起参加"上海市爱国护权运动大会联合会"，但仍别有企图，彼等仍以"和平""团结""反内战"等为号召，甚至有"打倒独裁政府"、"赶快成立联合政府"、"停止内战"、"国共团结携手并肩一致对外"等口号，阴谋利用"上海市爱国护权联合会"作为掩护，仍从事其一贯之反动宣传云。

〔教育部档案〕

4. 行政院秘书处抄送重庆等校学生抗议九龙事件游行请愿通知单

（1948年1月28日）

案由：重庆行辕朱主任电报重庆大学等校学生为九龙事件游行请愿并与避免大考有关一案奉谕交部由。

抄送原电一件
右案奉院长谕：交教育部。相应通知
教育部

行政院秘书长甘乃光

中华民国三十七年一月二十八日

（衔略）密。本日渝市重庆大学、四川教育学院及东北复兴学院学生，号称二千人实约八九百人为九龙事件游行请愿。因事先有所运用，在全市专科以上学校十一所、中级学校七十余所中，仅有该三校院参加。重庆大学全校学生二千五百人，实际参加者约五六百人。又因事前有所部署，沿途秩序良好，对英领馆及外侨并无任何事件发生。下午四时到本辕大门外，列队推代表入辕由萧副主任毅肃接见。学生陈述两点：（一）请政府采取强硬外交。（二）释放沙面事件被捕人犯。经予分别指示，并应学生要求，派车将各该校女生运送返校。除继续注意外，据查重大罢课游行内幕在避免大考。谨闻。

〔教育部档案〕

5. 重庆市教育局关于拟定对各校学生抗议九龙事件运动案阻挠办法代电

(1948年1月23日)

重庆市教育局代电

南京教育部部长朱钧鉴：密字篠高（03315）电奉悉。自应遵办。除业经妥拟处理办法报请市府转呈行辕核准施行外，理合电呈原办法一份，敬乞鉴核备查。职万子霖叩。

附呈办法一份

教育局对学生护权运动处理办法

一、判断情况

1. 此次运动主动学校可能为重庆大学、女师学院、中央工校、川教学院、乡建学院、重华学院及正阳学院、求精商学院等校。

2. 中等学校大都放假,可能参加运动者为青年军中学、南开、复旦、川师、渝女师、重庆中学、市一中、中正中学、巴蜀中学、市二中等校。

3. 现未放假学校大都在准备考试,少数成绩不好学生为避免考试,可能利用机会发生运动,延长考期。

二、对此事件之办法

1. 在全国爱国护权高潮之下,本市对此运动不宜过止,亦不必主动的策动,应遵照部令指示,因势利导,把握领导权。

2. 分区派专人与各校联系,密切注意事件发展,因应机宜作适当处置,人选如下:

(1) 沙磁区　重大　中工　教院　南开　市二中　重庆中学
　　　　　　中正中学及盘溪各校
　李采章　陈克英负责

(2) 九复区　女师学院　青年军中学等
　曹开能　负责

(3) 南岸区　重华学院　市女中等校
　周思齐　负责

(4) 城区　正阳学院　东北复兴学院　川东师范　巴蜀中学
　　　　　市立一中　西南美专　求精商学院
　郁祖庆　杨寿康　李久澍　负责

3. 与行辕及党部切取联系,由杨寿康、李久澍分头负责。

三、行动步骤及方式:

1. 各区负责人本日即往各区,与各校切取联系。

2. 将教部指示转令各校及各督遵照办理。

3. 运动方式应限于：① 在校开会讲演。② 通过爱国护权决议，书面电达政府。③ 酌派少数代表向主管机关陈述意见，誓为政府后盾。

4. 应注意避免事项：① 盲目排外。② 防止共匪民盟分子藉端煽动罢课游行，妨害社会及学校秩序。③ 注意运动中途变质。

5. 各区情况随时用电话报告本局，其有重大事件，并应报告市长，请示机宜。

〔教育部档案〕

6. 国防部第二厅关于北平各校抗议九龙事件活动等代电
（1948年2月6日）

国防部快邮代电　　熙处字二〇三号
中华民国卅七年二月六日

教育部公鉴：据报北平各校自九龙事件发生后，北大民主墙上曾一度发出抗议之呼吁，清华、燕京一部社团亦予响应。华北学联曾于十八日在北大召集清华、燕京、中法、师范、北大各校自治会代表作非正式会商，对九龙事件大部主张慎重行动，并尊重教授意见，大部教授认为"九龙事件"内容极为复杂，非单纯外交问题。虽朝阳、华北、中国等院除已作宣传行动，而清华、北大各校大部学生认为系爱国护权运动之再演出，加以季考期内，故对此事件淡漠。十九日北大学生社团揭出对九龙事件之分析文字，对政府外交政策大加抨击，提出：（一）公开外交政策。（二）反对出卖国家主权。（三）采取独立自主的外交。（四）取销媚外的外交。（五）外交不应脱离人民利益等主张。并指责政府对泰国、安南、荷印、日本等国无理排华枪杀侮辱华侨事件□□□外交认为此次九龙事件，政府外交政策其有辱国丧权之重大过失。又北平英国驻平总领事馆于九龙事件发生后，一度颇呈紧张，近复奉南京英国大使馆密令，对于清华、燕京、北大、中法等校教授及学生社团对九龙事件之论评反应文字,一律予以汇集,于本周内寄京英国大使馆,以供参考。因而一周以来,中英文化协会北平分会及英国新闻处连日活动频繁,与北平各大学校教授接触。等情。除已分电外交部外,相应电请查照参考为荷。国防部第二厅。(卅七)丑(支)。

〔教育部档案〕

五、各地反迫害斗争与被镇压

[1] 于子三惨案

1. 沈鸿烈报告逮捕于子三等人经过电
(1947年10月29日)

急。教育部朱部长骝先兄勋鉴:浙大毕业生共党陈建新、黄世民、黄□由沪来杭,当晚在延龄路大同旅馆辟室召集浙江学生自治会主席共党分子于子三、郦伯瑾等举行密议,商讨如何展开学运,实行反总动员令及布置竞选,争取学生自治会领导权之阴谋等事。为治安机关获悉,即经警二分局前往当场搜出有关信件、传单及共党书籍多种,当将人证一并扣送总局,现正由主管机关侦讯,即移送司法机关究办。再本府于事发后经邀该校竺校长来府示以证据,确明真相,现该校尚称安定。知注并陈。弟沈鸿烈。酉艳。府秘。印。

〔教育部档案〕

2. 竺可桢报告于子三在保警处惨死电
(1947年10月30日)

教育部:艳电计达。本校学生于子三、郦伯瑾,毕业生陈建新、黄世民,有夜在大同旅舍被捕,于生艳日在保警处惨死,详情另报。竺可桢。(30)。

〔教育部档案〕

3. 沈鸿烈等关于浙大师生抗议当局惨杀于子三而罢教罢课密电
(1947年10—11月)

(1)沈鸿烈密电(10月31日)

急。教育部朱部长骝先兄:(3120)密。酉艳府秘两电计蒙垂察。浙大学生自今日起罢课三天,并于午后集合四百余人赴法院慰问被捕同学三人,法院允派代表四人,由该校顾训导长率领入内,旋赴自杀学生于子三停尸处吊唁后,陆续散归,因军警严密戒备,尚无轨外行动发生。现校内尚有共党民盟分子多人,策动无知学生发布印刷品,淆乱是非。本府为预防奸宄乘机窃动起见,自本晚起宣布临时戒严,除与浙大竺校长切取联系藉资防范,并发动舆论略明辨是非,以正社会观听外,特电奉闻。弟沈鸿烈。酉卅府秘。印。

(2)李起英密电(11月2日)

教育部朱部长:2480密。东电敬悉。据报浙大教授会议决定江日罢教一天,以示抗议,并电蒋主席、行政院申诉。学生组织于子三治葬委员会及人权保障委员会,决定邀于生家属慎重对国内外宣传治安机关暴行,积极筹备于生公祭安葬大游行,并请学校当局向法院保释被捕三生,其向本市中学作罢课宣传,并寄发公报、罢课宣言等煽动刊物,职已饬各中学校长严防。浙教育厅长李起英。戌冬。

(3)沈鸿烈电 (11月10日)

教育部朱部长勋鉴:3120。浙大学生自治会昨晚开会决议左列各事:(一)自十号起再罢课一星期。(二)将学生会原设之控诉、营救、治丧三委员合并为惨案处理委员会,设法邀请学校老师加入对抗政府。(三)充实人权保障委员会,以与北平该会相呼应,扩大学潮,本日起已开始罢课,正在校内扩大阵容,对校外发展宣传,并酝酿游行之中,业与校方洽商制止,劝令复课。但自治会操诸共匪民盟之手,能否生效,实无把握。现法院拟继续侦查两日,再行公审,市面安谧,谨以陈。弟沈鸿烈。戌蒸。申秘。印。

〔教育部档案〕

4. 浙江省教育厅关于制止各校参加于子三治丧密电
(1947年11月4日)

教育部朱部长:2480密。戌灰电谅达。浙江学生分组向杭各校宣传,并闻决议为于子三治丧游行,浙大附中亦罢课,杭州高中学生有罢课一日之议,经职亲往训话开导,部分上课秩序尚好,其他各校平静,奉复。常浙教厅。戌真。印。

〔教育部档案〕

5. 詹明远关于中大学生声援于子三惨案情报
(1947年11月8日)

密　　　　　中大学生响应于子三案由

本市十一月八日讯:中央大学学生对浙江大学被捕学生于子三自杀案,自消息传来京市后,仅《中大新闻》于十一月一日报导此项新闻,此外并无其他煽动性之活动,惟自政府对处置民盟态度转变和缓后,情况突然转变。本月五日下午,中大突然同时张贴五张煽动扩大响应于子三案的壁报,并有浙大营救会寄来的剪报。中大自治会也于五日发出慰问浙大电,声称决定为其后盾。壁报中有云:提高警觉,加紧团结,挺起胸膛,迎接一切可能发起的无耻行动,以打击应付打击等语云云。此种情绪,显系有人煽动,殊堪注意。

〔教育部档案〕

6. 詹明远关于浙大教授会主席对于子三惨案发表谈话情报
(1947年11月11日)

密　　　　　浙大教授会主席对于案发表谈话

甲、浙大教授会主席苏步青发表谈话如下:一、本人在南京时知道于子三事件后,即向各有关方面表白真相。二、今竺校长赴南京对申诉工作必有良好解决。三、教授会感谢讲师助教会之协助,对于于案控诉机构之成立,教授会选派代表须待教授会中的理事会决定之。四、教授会对于此次休止罢课举动表示赞同。五、关于营救与控诉等事项所需费用,概由校方负担,无需同学捐助。又关于人权保障控诉组,待备忘录起草完成即可进行控诉,本人已与高院检察处李检察官谈过一次话,希望你们推派代表。

乙、浙大学治会五日接法院来函,推派代表三人于六日上午九时在法院旁听审讯事件。学治会以推派人数过少,不能达到全体旁听目的,已予拒绝。

〔教育部档案〕

7. 詹明远关于浙大学生自治会决议
继续罢课抗议当局迫害情报
(1947年11月11日)

密　　　　浙大学治会代表会决议继续罢课

甲、十一月八日十二时,浙大学治会召开代表会,除推选各部

分负责人外,决议如下:

1. 于子三纪念碑建立于阳明馆前(子三广场上)。
2. 于子三坟建议校方葬于华家池。
3. 以后校方有新建筑,请命名为"子三纪念堂"。
4. 每同学追加五千元(在膳费内扣除)。
5. 营救、控诉、治丧等委员会合并为惨案处理委员会,推请沈豪为主任委员。
6. 推李景先为人权保障委员会主任委员。
7. 罢课期限自十一月十日起罢课一星期。

乙、浙大校长于八日十时召集各代表理事谈话,要点如下:

1. 陈部长雪屏、朱部长家骅答应转达蒋主席,严令查办于案。
2. 谢部长冠生告以此次事件若照法律程序解决,应该如此,不过现在是戡乱期间,情形特殊,当有例外。
3. 学校不能控告保安司令部。
4. 本人提出辞职原因,我叫保安司令部于廿四小时内移送法院,结果不能。我叫同学不要看尸,并不要罢课,结果也不听。因为我没有权能,所以我要辞职。

丙、八日代表大会主席为李浩生,湖南人,史地系二年级,二〇八师退伍青年军,去年罢课时即曾参加浙大广播电台工作。电机系四年级学生徐永义,湘长沙人,均于代表之中冒充代表,举手发言,此人平常即行踪诡密,参加"求是"周报工作。

丁、浙大本学期代表会理事会已全部为左派所操纵,彼等为防止全体大会受外人左右计,决议代表理事会即可决定一切行动,无须召开全体大会。

戊、由八日代表会情绪观之,左派工作已进一步成功,其票数之集中,论调之统一,足征其平时计划之严密。

己、八日代表会曾提出:

1. 于子三尸体已注射防腐剂,可请其家属来杭请求复验。

2. 领回尸体血衫或空棺大游行,使社会人士了解。

3. 必要时得向社会人士募捐。

4. 集体赴法院要求公审,释放被捕同学。

5. 在可能范围内,发动杭市各校学生响应我们行动。以上诸点皆尚未具体决定,仅酝酿空气,以造成其所谓新行动。

庚、自治会编印之"天堂血泪"已印就,篇幅甚长,其内容极尽歪曲之能事,对于子三随身携带之一切物品而政府认为证据者,皆有所解释,文字刺激,若分寄全国,于政府威信影响颇大,目前此项印刷品尚未大量印刷,惟已向各校寄发。

辛、浙大学治会代表组织人事如下:代表会主席邵浩竟,秘书处主任秘书李浩生,秘书武樾、徐仪,法治委员会主任委员周西林,委员殷小源、曲旭东、宋仰成、徐秉让,审核委员蔡耀宗、徐良咏、杨剑峰、王璇、张勤汉、郑启良、雷学时、徐曼理。

〔教育部档案〕

8. 詹明远关于党团特务破坏北大、清华等校声援于子三惨案学运情报

(1947年11月11日)

北平各校奸匪分子响应浙大学潮详情

本月二日清华奸匪分子获知于子三自杀狱中消息,并接获浙大自治会为营救被捕同学公报后,当即翻印该项公报广散同学,并贴出大幅布告,谓于系冤死狱中,要求同学实行罢课为响应,同时罢课之签名运动亦行开始,结果签名同学共达六七二名,虽未通过半数。但罢课之势已成,各同学亦以此为中心提出各项口号,如:一、立即发表慰问信,举行追悼会,考虑有效行动,支援浙大同学。二、立即联合北大、贞满,要求孟宪功等同学不能为第二之于子三冤死狱中。三、坚决要求公审,以罢课行动来完成

公理之实现。四、联络各校作一致行动。五、向国外揭发反动派迫害青年的狰狞面目。六、保障被捕同学之安全。七、加强宣传，揭示当局"恶行"。三日晚自治会召开全体理事及各系级代表大会，出席共五十余人，当经讨论通过自四日起罢课三日，声援浙大。各同学如有私行上课情事，决即开除集团，以示惩戒。并发动平市各校学生游行示威运动，决定于六日晨十时在北大集合，开会追悼，会后游行。并探曾被捕入狱之北大学【生】孟宪功、李恭贻等二人，是日北大亦响应罢课。

党团措施及阻止经过情形如下：

一、党团学生五百余人坚强阻止清华、北大两校以外大学及中学不为其煽动参加北大追悼大会。

二、党团学生混入会场，扰乱秩序，阻止游行。

三、师大方面之左倾分子与党团学生发生争执，当党团学生一百余人，进入师大阻止签运，当与发生冲突，党团学生袁伟被其扣留，捕该校打架之左倾学生三人，亦被党团学生扣留，该校签名运动失败，未能参加追悼会。

四、辅大将清华宣传队驱逐后，照常考试。

五、中大、朝大、华大、艺文、南文、蒙藏等校事先均已布置工作，阻止进入活动，北方中学于六日逮捕入校施行宣传之学生二名。

六、六日下午二时，党团学生三百余人，进入北大会场，采分散办法，造成会场纷乱形势，对方于会议结束时，企图予以打击，党团学生机动运用，撤出校外，阻止其游行，四时五十分学生持旗外出，经我击回，对方恐怖，游行未果。

七、北大开会，下午二时在红楼，出席人数计北大、清华一百余人，中法廿余人，贞满女中约百余人，师大十余人，燕京百余人，汇文廿余人及其他各校共计二千余人，参加教授为周炳琳、许德珩、樊弘等分别致词，言词激昂，多诋毁政府及领袖，并拟采取行动,要求政府释放被押学生与说明孟宪功、李恭贻被捕经过,刘杰事件等。因我方运用分散其集中力量,于校内校外措施得当,游行各项均未成功,故于会后以沙滩剧团、大地剧团、燕京歌咏团、清华歌咏队,演剧歌唱,并向大会决议自七日起,一律无限期罢课,凡以后北平不论大中学校,有被捕学生,华北学联均将提出抗议,并采取行动云。

〔教育部档案〕

9. 浙大学生自治会关于于子三被惨杀经过函
(1947年11月12日)

蒋主席钧鉴:窃本校四同学被捕及其中一同学惨死狱中事,知钧座已略有所闻。惟以玩法者封锁新闻蒙蔽诬蔑真相鲜明,故更将事实经过原本剖陈于钧座之前,伏维明察。

十月廿五日下午六时,本校农院于子三、郦伯瑾两同学往贺校友汪君结婚,遇自上海来贺之校友陈建新、黄世民,于清泰第二旅馆久别重逢,纵谈直到夜深。于、郦以翌日须参加校本部张故教务长之追悼会,遂留宿于陈黄所寓之大同旅社,而不返华家池宿舍。盖华家池位杭市、笕桥之间,离城五里,夜间无交通工具可达也。孰意午夜二时四人竟遭杭市警保当局逮捕,非法拘押。本校同学于探悉四人被捕后,即要求学校当局转请治安机关于廿四小时内移送法院办理。竺校长奔走于警察局、保安司令部、省政府之间。自廿六日以至廿九日逾九十小时,迄未见移送。乃廿九日夜九时许,竟以于子三"用玻片自杀致死"凶信,闻其余三人则已于同日下午七时许移送法院云。

按杭州治安当局逮捕四同学之藉口为共党分子图谋不轨,然而其所谓当场搜获之确凿证据仅是:(一)书数本,各书皆可于坊间购得,政府固未尝列为禁书。(二)系科代表名单及新生名单各一纸,于子三为本会主席,其时正将召开代表会讨论本届理事普选事。(三)喜鹊歌咏队名单一纸,以鄌伯瑾为喜鹊歌咏队队员。(四)新潮社所办奉化农场流水帐一份,新潮社为本校训导处登记下之合法团体,民三四年成立于贵州湄潭,以学习互助为宗旨,社员多已毕业,尚在校者,仅于、鄌等四人。(五)现款一百三十余万元,其中复旦大学农艺学会委托黄世民购买浙大果树园艺学书款一百廿万元。如此证据,岂可诬为共党份子。

先是本校顾训导长去保安司令部探视四同学,见于子三平日所戴之眼镜已被卸去,送去纸烟一包,亦以监中不准有火柴,故遭看守兵所制止。司令部人谓眼镜玻璃做成,火柴含有磷质,足以成为自杀之凶器,皆所不许云。则防其自杀至为严密,何以反容许长达六七寸之玻璃有两片之多。据司令部验尸结果认为,系利用体重以玻片俯刺致死,则血迹应遍布玻片全体,何以事实仅尖端有之;又谓于子三系下午六时自杀,则理应立即通知学校当局,何以迟至九时始行通知。如此矛盾,其非为自杀致死明甚。

综上所述,则杭州治安当局不能辞其咎者有二:一、非法逮捕;二、草菅人命。夫值此政府厉行法治积极准备行宪之时,中枢高唱保障人权在上,而不肖官吏玩法横行于下,恣肆残戮暴戾惨毒洵旷世所未闻,宁非国家之奇耻。本校全体同学目睹惨状,悲愤难言,尤以法纪为国家命脉之所系,其彰明与否,岂惟本校同学赖之,实国运兴衰之指标。故除依法向监察院请求提出弹劾严惩外,特沉痛觊缕于钧座之前,窃以钧座主席中枢,必能处元凶以极刑,为天下不法者鉴,庶乎枉法敛迹,人心向治,而后国家之隆盛乃可得而企之也。

国立浙江大学学生自治会谨呈
十一月十二日

〔国民政府档案〕

10. 詹明远关于浙大于子三惨案运动情报

(1947年11月13日)

密　　　　　浙大学潮未息学治会采取新行动由

甲、浙大学治会理事会六日晚漏夜赶印油印宣传文字,工作颇紧强〔张〕。关于学生四人被捕事件,理事会公开声明,已转入新的行动阶段。该会六日开会,已决议提前开始新行动,并晋谒代校长提出:一、请求校方共同负责向法院保释同学。二、向保安司令部要求勒迫承认于子三死的刑事责任。因代校长当时答复校方不能出面交涉,理事会(完全为奸盟分子所操纵者)拟作硬性决议下列之新行动:1.组织人权保障委员会控诉队、安全队(以收纳胆小中立份子)宣传队。2.提请代表会立即开会,缩短休止时间,采取新行动。3.加紧募捐,编印各项资料,扩大宣传行动,现已由音乐教授沈思岫起草中,并重新组织文告起草机构。因彼等感觉现有代理事中,彼等力量不足,故须吸收非代表理事之奸盟分子,以公开方式加入此机构,直属代表理事会秘书处。六日上午一年级新同学有二百余人签名,要求再罢课,晚间又发现三年级同学十余人亦公开签名请求罢课。讲师、助教会捐款一千万元,完全为彼等用作宣传攻击政府之活动费,死者于子三丝毫未受益处,故该会实不啻直接公开协助奸盟分子之活动。又近在五女中募款达一千万元,亦无正式开销,讲师助教会中为虎作伥者,计有谭子锡、陈晓光、陈建耕、杨忠道等五人。生物系练习生陈柏、林定虞近由沪飞渝,由渝飞昆明,名义为采集标本迎接教授,实际负有奸盟方面之重要使命,传达学联命令,发动西南罢课罢教。

乙、七日晨,浙大学治会理事会征求申诉队员、安全队员(维持秩序)、抄写员、写作员、木刻工作者、作曲者、访员、戏剧工作者、漫画工作者、诗歌作者、歌咏队员、自行车队员、设计者、摄影者、购物者等项工作人员。

丙、惨案处理委员会征求通俗小说、诗歌、戏剧、歌曲、改良剧、散文、弹词等,观其趋势将接受理事会决议之新行动,校内空气紧张,新行动有一触即发之势。

丁、自十一月五日沪大公报、清华、北大响应浙大罢课消息发出后,校内罢课空气又趋紧张,下星期一起恐又将罢课。

戊、浙大青年团、青年军顷已联合组织学生互助社,并筹备护校,准备集体公开斗争,已于八日起展开宣传工作。

〔教育部档案〕

11. 詹明远关于大夏大学为响应于子三惨案被特务学生破坏情报

(1947年11月15日)

(密)　　　沪大夏大学为响应于子三案学生发生互殴

沪市大夏大学左倾分子陈赞培等近在校以浙大于子三案为藉词,鼓动学潮,日前伊等曾召集数次秘密会议,均为我党团同志合作设法冲散。十三日陈赞培、仇桂荣、施智若、金明远等复利用经济学会通知大夏各学会代表会议,每一学会限代表两人出席,并利用召集人身份,企图把持会场。凡我党团同志所领导之学术团体,均系十三日下午七时半始行接获通知,而其开会时间即系七时显系别有用心。后经我党团同志以个人身份参加旁听,其开会亦无程序,更无主席,仅一身份不明而自称约大学生者,以曾赴杭州慰问明白于案情形登台报告后,为本党团同志龚云亭上台质问,双方哗然。其时电灯忽被人关熄,会场顿形骚动,双方大打出手。陈赞培并带领十数名广东同乡至思群堂挑战,称要打架者请出来,是时人数众多,亦无法分辨,形成混打局面,双方均有受伤。而陈赞培等紧追黔灵学会负责人黄国珍殴打,黄逃至群贤斋二楼紧闭房门,陈赞培等包围不放,黄急跳楼而逃致受重伤,现已送医院诊治。事后双方竟出快报及标语甚多，各执一辞互相攻击，校长及训导长亲出撕毁标语，被左倾分子包围，相持达两小时之久，现双方均作观望态度。十三日晚校方曾为此事召开紧急会议，决定肇事人员陈赞培、仇桂荣、施知君、曾宏年、金明远、戴力、胡开铭、张景辉、黄国珍等九人予以开除处分，并于十四日上午发出布告，一时学生情绪颇为紧张，我党团同志协助校方布置，奸伪份子尚未□蠢动云。

〔教育部档案〕

12. 沈鸿烈关于浙大学运在当局胁迫下已缓和及以军警监视听审等情电

(1947年11月16日)

教育部朱部长勋鉴：浙大学潮事经连日与竺校长接洽，并承大部凌司长多方斡旋，校当局坚主于明日复课，违者以旷课论，同时学生自治会以校方意见坚决，亦商定明日复课，形势已见缓和。明上午为该校被捕学生公审之期，亦商得竺校长同意，指定学生出席旁听者廿人为限，日前包围法院之说，此时已无所闻。除饬军警严密布置以防万一外，谨电奉闻。弟沈鸿烈。戌铣。申秘。

〔教育部档案〕

13. 詹明远关于浙大师生对当局不公正宣判罪状及伪造于子三证件决定罢课以示抗议情报

(1947年11月22日)

密　　　　　浙大学潮又起　学治会决议罢课
廿日上午,法院宣判陈建新等三人七年有期徒刑后,浙大学治

会方面立即发出第二号号外(按第一号号外系报导于子三自杀消息),当晚六时即召开代表会,重要决议如下:

一、依法提起上诉。二、自廿一起罢课三天,抗议宣判不公平。三、罢课期间工作:(子)向社会人士申诉,向本市各学校申诉,仍由小组分别出动;(丑)印发申诉书寄往全国各地各大学;(寅)慰问陈建新等三同学,并得由全体同学自由捐款;(卯)于大公报发表驳斥法院之文字,联络询问各级教授。四、请校长偕同学代表晋京请愿、申诉、控诉,代表由理事会决定之。五、今后有类似情事,如遇非法逮捕等,必须于廿四小时内移法院,否则立即罢课抗议。六、以同学个人名义发起同学签名,发动抗议游行。七、校长及代表赴京时,全体同学至车站欢送,并携带宣传品散发。八、派代表至沪复旦、大夏、同济、沪江等校慰问因此次事件被开除之同学,此项慰问由晋京代表团回校时为之。九、由理事会向教授会、讲师助教会建议罢课,以壮声势。十、代表会开会时,顾训导长列席报告,略谓:法院公审判决后,校长及教授方面认为处刑太重,皆甚惊诧,校长因立于同情青年之立场,以毫无背景之纯正学者态度,极愿支持学生上诉,但学校当局仍对学生尽力劝导复课。顾氏并提出判决不公之疑点:(子)于子三签名是否为亲笔签名,此尚属疑问,向最高法院上诉即以此点为最大根据(闻现正集合于子三试卷,必要时将由其他左派学生代表为伪造);(丑)于子三指印,断为系于子三死后由人代盖;(寅)法院对于律师之辩护言论未加考虑。十一、竺校长进京后,拟向各方奔走呼号,请愿申诉,要求最高法院提前办理此案,并希望到院就办,并向最高法院法官推事说人情,要求其判决无罪,致于上诉形式,亦经代表会决定为非常上诉,此种由检察官提起,彼等现正采取此种上诉手续,并闻有沪某商人捐助诉讼费二百万元。十二、于子三灵地将以二百万元代价在华家池购地一块埋葬,作为每年可借此以掀动学潮之借题。十三、会后浙大奸盟分子以游行示威一节在代表会中未能通过,现正以私人名义征求同学签名,举行示威,迄至廿一日午间为止,签名者已达二、三百人。

〔教育部档案〕

14. 胡兆瑛等关于请示防止同济大学及附设高工学校学生响应于子三惨案运动办法密电

(1947年11月)

国立同济大学附设高级工业职业学校代电
中华民国卅六年十一月

密。南京国防部预备干部局钧鉴:查此次浙大学生于子三在狱自杀事件,为该校学生藉口谋害发动平杭沪等地各校学生,如清华、北大、浙大、交大等校均经先后罢课,倡言声援,以作响应,事件扩大,势将燎原。本校大学部接获浙大学生自治会及上海学生联合会所发出之声援书,号召各校响应,纷纷张贴传单壁报,势难遏止。本校大学部学生自治会亦印发公报,集会讨论声援,虽经大学校长丁及训导人员一再劝阻,剀切训示,似鲜效果。本部为大学部附设单位之一,事态扩展必蒙影响,为预防万一计,除将各级干部学生及学生自治会负责人分别告诫及劝阻于内外,并密切监视其外来策动情形,理合预为电呈钧局请示遏止办法,俾便遵循,临电不胜迫切待命之至。国立同济大学附设高级工业职业学校军事训练团兼团长胡兆瑛、兼副团长张璜。戌灰。印。

〔教育部档案〕

15. 詹明远关于破坏上海各校响应于子三惨案运动并开除学生情报

(1947年11月)

(1) 11月14日情报

(密)　　　沪各大学响应于子三事件酝酿学潮

一、光华大学奸匪分子,利用人权保障委员会十一日上午召开大会,发起签名运动,发散大量油印宣传品,响应浙大于子三案,其宣传口号为反对摧残纯洁青年,我们要以行动来对付暴力……该校正在酝酿罢课。

二、暨南大学自于子三案发生后,学生初无反响,十一日晨该校寝室突然发现浙大学生所印发之为于案告同学书及宣言等宣传品,惟暨大同学见之,尚未有反映。

三、同济大学自浙大于子三案发生后,原尚平静,现该校左倾分子已发起个别签名运动,企图响应浙大,已有部分学生秘密签名。

四、南通学院奸匪分子现纷纷秘密集会,酝酿响应于子三案。本月九日下午七时,该校学生王林,在该校秘密散发大批宣传品,抗议浙大于子三惨死,并有反对蒋××拥护毛泽东等口号。

五、复旦大学奸匪分子为于子三案,企图响应,当时因争领导权问题,未获结果,现该校学生已于十一日实行罢课。

六、交通大学学生于八日罢课一天后,自治会方面坚持继续罢课,但部分学生则主张复课,形成僵局,兹悉交大现除有部分学生已正式复课外,部分学生则仍在罢课中。

又该校学生宿舍新中院曾于本月七日晚十一时被人纵火,幸经扑灭,此举闻系阴谋分子所为,刻学校当局正从事查究中。据该校学生马桃荣,现住新中院四楼四一三号,与在逃之奸伪学生周佩武同室,平日行动乖张,经济来源不明,举止甚为阔绰,有奸伪嫌疑,前警备部逮捕周时,马亦与周同逃,本学期马仍来校就读。

七、大夏大学左倾分子陈赞培、仇陆荣等,为响应浙大于子三事件,于本月七日晚十二时在思群堂举行秘密会议,决定发起签名运动,召集大会正式讨论进行办法云。

(密)　　　　　　沪各大学酝酿学潮汇讯

沪市各校奸党分子,日来藉口援助浙大于案,展开活动,企图激动学潮。兹将连日各校活动情形汇报如下:

一、圣约翰大学奸党分子,曾发起组织联合大学人权保障会,以抗议浙大于子三案,且于十日决议罢课,并张贴标语,但经另一部分同学发动组织约大护校会,作反罢运动,并派同学在门口站岗,以严防外人闯入活动,现已平复。

二、交大十三日晨已完全复课。

三、大夏大学校门及布告处张贴漫画及宣传字甚多,并转载交大、同济、约大、中华工商等校罢课消息,但该校迄今仍平静无事。

四、东吴大学十一日发现有约大学生至该校散发传单,要求同学罢课。该校学生自治会,同时印发快报响应,司法组二年级首先发起决定十三日(星期四)罢课一天,自治会并举行民意测验,惟无结果。

五、上海法学院虽有张贴标语,分发传单等事,然其事仅为少数人所主持,迄今尚无恶象。

六、暨南大学于十一日晨三时,有人正向各寝室散发传单,事为校警发觉,乃跟踪追逐,讵至饭厅,其人即将所余传单二百余份交与工友,登时潜逃,后据工友向校方报告,谓其人即一院四○八号国际贸易系三年级学生马彩藩。

七、光华大学二、三年级政治、法律等系男女生二十余人,十一日上午九时亦在企图煽动罢课,该生等以饭厅为办公处所,印刷传单标语甚多，并发起签名捐款，曾一度紧张，终以该校当局应付有方，尚无动乱。

八、复旦大学曾一度紧张异常，该校奸党分子于十一日晨七时到处张贴浙大于案宣言传单，该校训导员梁绍文等率领校工将其撕去，当与此辈奸党分子殴打一场，事后该奸等且将校钟（上课号钟）封锁，企图控制校方鸣钟上课，总务长芮宝公出面交涉，亦被围殴，校长闻悉，当即召开紧急会议，决议分别处分，然该奸等顽强如旧，且高呼保障人权、严惩凶手口号，惟经校方宣布除名处分后，风波已暂趋平息。

九、复旦校方于十二日根据紧急会议决定，宣布处分煽动风潮为首学生，内计开除学籍者九名，记大过后留校察看者八名。兹将名单列下：

计开除学籍者为：李启知、戴慕生、李承达、沈徒务、刘光乙、陈友莲、马家俊、张尚英、陈葆荣等九名，记过后留校者有关葆权、周瑞珍、杨佩仁、蒋定献、唐慧娜、钟在璞、尚森海、罗我白等共八名。

十、同济大学各班少数同学为声援于子三案，提出口号：1. 自十一日起罢课三天。2. 推派代表前往浙大慰问。3. 联合各校采取一致行动。4. 要求政治保证自此再无此事发生云。

(2) 11月21日情报

（密） 沪各大学复课仅少数犹在酝酿风潮中

一、光华：该校此次学潮之策动人为中国文学系包启馨，工商管理系柳宏泽、徐崇生，数学系王奉生（女）等数人，其附和者为外文系二年级生严廷昌，以及王寿琪、张一序、张文达、陆炳中、曹宪方、彭炳绍等十余人，该生等除煽动罢课外，并曾企图发动全体签名，向最高当局控诉，要求当局彻查浙大于案。十四日又翻出新花样，以援救被捕女生金慧玉为辞，继续活动，并指摘警局为非法拘捕，并激动金慧玉家长，约其来校，然后由柳宏泽等偕往市府探询，一面由包启馨等负责扩大宣传。

二、圣约翰：校中情形已暂平静，闻该校曾有部分女生在校门口卖花，每朵一、三千元不等，声言卖得之款将作援助浙大于案之用，实则卖得后，均以作为印刷宣传活动之费用，该校现有约大护校团与奸党分子主持之联合大学人权保障会两大堡垒，人权保障会，因力量薄弱无法发展，现多向外活动。

三、大同：十四日下午，该校奸党学生因张贴标语事，与另一部反罢课学生发生争执，卒至被打。

四、交大：已照常上课。

五、大夏：该校奸党分子以校长撕毁壁报事，曾以丽社名义油印简短抗议案，其内容有大夏的学术自由、言论自由在哪里，于子三的真相给校长拿走了，十四日并组织人权保障会。

六、暨大：该校十三日下午一时半，突有自称浙大代表与上法学生十余人，由该校学生周望久、邹钰、李元勋、陈丙文等领导冲入暨大二院，张贴标语、散传单、鼓钟歌唱约十分钟，当与该校反罢学生互殴一场始散去。

七、上法：十三日午后，该校学生苏淑媛等曾在上法附近大华农场集会，经该校训导处设法秘密将苏押送警局，惟该校主持学潮之奸党分子纪文芝，现正设法发动援助云。

八、沪江：十三日该校亦有部分学生组织人权保障会，并发起于子三追悼会，强迫同学参加，拟实行罢课，十四日校长曾召集全体学生训话，坚决表示不准罢课，谓如有同学罢课将以国家法令处理，现已稍为平静。

九、复旦：该校此次学潮之实际指挥者，为上学期被开除学籍之自治会总务奸匪贾某，该奸潜伏于开明书店内部工作，终以校方防止得法，今已照常上课。

十、东吴、同济等均已平静照常上课。

(3) 11月22日情报

（密）　　　　　　沪市学潮已成尾声

沪市各校学潮，连日经各该校方之镇压，已稍平静，大夏、复旦、暨南等校，先后将所有领导学潮、策动学潮之奸党分子，宣布开除，计大夏开除共十六人，复旦开除九人，暨大开除二人，现各校均已上课，情况颇为平静，大夏现正举行考试，沪市学潮至此已成尾声云。

〔教育部档案〕

16. 丁伯诚关于广东省当局破坏各校响应于子三惨案并推行反共宣传密函

(1947年12月15日)

密启者：据广东省党政军干部联席会议戍寝代电称：于子三案发生后，据报穗市中大共匪分子准备秘密煽动各校学生罢课响应，本会议为克制机先粉碎阴谋，特策动穗市中上学校学生联合会于戍回上午九时，在中山纪念堂举行中上学生锄奸戡乱大会，到学生五千余人，由主席报告锄奸戡乱意义及于子三畏罪自杀经过，暨共匪企图扩大于案煽动学潮之阴谋后，即席通过：派代表赴广州行辕请愿，严格执行国家总动员令，会场空气紧张，情绪激昂，社会反应良好，谨检同报纸发表有关大会资料随电呈请察核。等情。相应抄同原附件随函送，请查照参考为荷。此致
赵静涛同志
　　附一件

丁伯诚启

中华民国卅六年十二月十三日

〔教育部档案〕

17. 厦门大学学生自治会为于子三惨案罢课三天以示抗议代电
(1947年11月13日)

国立厦门大学学生自治会快邮代电

国民政府主席蒋钧鉴：国立浙江大学学生自治会主席于子三等四同学非法被捕，于同学且惨死狱中，噩耗传来，本校同学深为哀恸，忍痛罢课三日，特向政府表示严重抗议，请即惩凶，依法释放被捕三同学，并保证以后不再有类似事件发生。国立厦门大学全体学生叩。元。

〔国民政府代电〕

18. 胡云山请取缔于子三图书室密函
(1948年2月7日)

密。据报浙江大学学生自治会所办之"子三图书室"全为奸党作反动宣传，其所陈列之华商报、群众周刊、时与文、时代日报等，内容极为偏激，影响学生思想至巨，又该会组织与贵部所颁学生自治会组织规程不合，似应由贵部令饬该校从速依法改组学生自治会，并取缔子三图书室，借以制止奸党活动。相应函达即烦查照办理为荷。此致
赵静涛同志

胡云山启

〔教育部档案〕

19. 沈鸿烈关于限制于子三移葬活动经过密电
(1948年3月14日)

教育部朱部长勋鉴：〇密。已故浙大学生共产分子于子三灵

柩，原系寄放本市膺白路停云山庄，兹经该校向法院具领请求移葬，本府据报后，当即商同竺校长严令学生不得再追悼游行等举动，并禁用挽联仪仗，一面派军警密为戒备。寒日清晨，灵车绕道郊区移葬凤凰山，送葬亲友学生亦加限制，并令分乘卡车三辆径赴安葬地点，尚未发生事故。知关□注谨此奉陈。弟沈鸿烈。寅寒。府秘。

〔教育部档案〕

20. 胡云山关于特务学生在浙大破坏于子三事件运动中暴露面目请设法转学密函

（1948年7月13日）

密启者：查张少林同志肄业浙江大学农化系二年级，乔和生同志肄业浙江大学机械系二年级，均于去年秋该校发生于子三事件时，因与奸匪分子迭次冲突，身份暴露，被迫停学。彼时本部因适值学期中途，未便函请贵部予以设法转学。兹张同志愿转入中央大学或复旦大学等校原系攻读，转学证书随函检附；乔同志因在校选读化工课程较多，志愿转入中央大学或清华大学、交通大学等校攻读化工系，转学证书正向校中索取，容另函补送，即请援例办理。又中央大学朱心一同志转学事，本部前虽与中正大学接洽转入该校续学，惟因该校环境日趋复杂，若无贵部正式分发命令，恐亦难生效用，特一并函请惠予办理见覆为荷。此致
赵静涛同志

胡云山启　七月十三日

〔教育部档案〕

[2] 七五血案

1. 王季高关于七五血案经过函

(1948年7月6日)

骝公部长钧鉴:敬陈者:七月四日夜间,闻知东北流亡学生对于参议会不满,将有捣毁之预谋。查其不满市参议会之原因,系以市参议会有一决议案,即请将东北国立各院校之经费拨交剿匪总司令部办理军训(详附七月四日《世界日报》)。当夜职即分别劝请东北各院校负责当局请对于各院校学生加以疏导,七月四日晚间各学校当局即将此事分别报告警察局及许议长等,并对各生婉予疏导,惟至深夜三时,仍未见效。翌日(七月五日)早上六、七点钟,东北各院校学生即分三批向参议会出发,学生当中参杂北大、清华职业学生及非学生身份者多人,为数共在三千人以上。七时许刘市长曾电知参议会唐副议【长】嗣尧,请于学生到达时,派人接见并婉加解释。待十时许,学生到达时,不待参议会之解说,即将该会办公地址捣毁,并将在该处楼上办公之戡建委员会亦一并捣毁,前后共经三次,并遍贴标语:打死参议员、打倒参议会、反迫害、反饥饿。将参议会之横匾改涂为北平市土豪劣绅会(附七月六日《华北日报》照片)。当时宪兵十九团梅团长以东北人资格,向学生婉加解释,请其守法,各该生等不但不听,且将其衣服撕破,眼镜打碎,并掴耳光数下。警察局白代局长世维劝解两小时亦无效。至十时许,多数学生即转向北长街副总统官邸,副总统当即亲自接见,该生等要求三:(一)东北各院校学生不分公立或私立,一律承认其学籍。(二)凡东北学生均应同等待遇,并给予公费。(三)参议会应将决议案加以解释。李副总统当面允分别转知中央及地方负责当局,设法解决,各学生认为答复不满意,二次派代表往见副总统,要求参议会许议长及唐副议长在副总统官邸门前当众道歉。李副总统告以参议会系民意机关,本人无权命令议长及副议长向学生道歉,学生不满,即蜂拥至东交民巷一号许议长公馆。当由刘市长电告许议长及其眷属,先行暂避,并派警宪保护许议长公馆,傅总司令并下令东交民巷局部戒严,学生到达许宅时,尚有二千余人,军警数次劝告,仍不听从,并几次向许宅铁门冲锋。警察为求戒备,向天空放空枪数发,仍未见效,最后为学生冲破,进至铁门内达二、三百人,警局张局员之手枪被学生夺去,并将张局员之前脑打伤,血流不止,生命危险。时至五点钟左右,剿匪总部调青年军二〇八师二连人至东交民巷对许宅加以保护,相持又达两小时,学生仍然不退。至下午七时正,警备司令部下令全市戒严,陈继承总司令再三面告军警不得开枪,免生惨案。七时许,学生中即有人先行放枪,警察局白代局长闻声仆地,略受轻伤,但仍指挥不得开枪。二〇八师二连中有一营长未听指挥,即行还击,结果前列徒手戒备警察死伤达二十余人,学生方面据今晨调查:长白师院死四人,重伤八人,轻伤三人,沈阳医学院伤二人,失踪一人,东北大学轻伤三人。另据警察局消息,前后逮捕学生共为三人。经此冲突后,学生方慢慢散去,以后问题刻正由傅总司令等邀请各有关方面负责人商洽办理中。谨先奉陈,肃此敬叩崇安。

职王季高谨启　七月六日

〔教育部档案〕

2. 北平七五血案发生情况情报

（1948年7月）

（1）情报（7月）

东北留平学生向市参会请愿发生冲突

留平东北学生,因对北平市参议会议决有关处理彼等议案不满,于本月五日晨八时,此等学生连同清华、北大学生约四千余人,分三地集合。十时捣毁参议会,抄去参议员名单,要求参议员半小时内集合向学生道歉,否则将赴参议员住宅予以捣毁。十一时半,学生群赴李副总统官邸请愿,要求解决就学及食宿问题,并要求正副议长向渠等道歉。副总统表示前者允转教部解决,后者无法照办。学生于午后一时,又赴东交民巷许议长住宅请愿,意图殴打议长。该处早有警宪戒严,学生见有戒备,乃开枪猛冲,相持至六时许,军警将学生分三部包围。学生首先开枪射击,警察方面以形势严重,遂命警察还击,秩序遂告混乱。警一分局张局长当场殉职,宪警伤十余人,学生伤十三人,死三人,被捕三人,七时许,学生突围散去,其演变情形正续查中。

(2)情报(7月7日)
北平学潮演变续志

北平东北学生捣毁参议会并与军警冲突一案,经先后抄送在案。兹据续报称:七月六日晨,一、警备当局派员分别包围东北学生各宿舍,予以检查身份不明者约一百余人,一面监视北大清华师院各校,以防蠢动,并在附近搜查。二、市政府王季高、英千里等分赴各东北学生宿舍,对学生加以劝告。三、刘市长拟召见东北各学校负责人,彼等声称请市政府预备棺材,始行前往,以示决心。四、东交民巷局部戒严,上午十时有东北临中一部学生约二百余人,又企图冲入,相持甚久。五、东北同乡会及东北在平各名流,上午于奉天会馆开会,对此将有表示云。

(3)情报(7月8日)
北平学潮演变续志

平市东北学生暴动一案,经抄送在案。兹据报称:自该案发生后,各方反应及善后办法如下:一、市参会对被捣情形任人参观,并通电全国声明真相,表示痛心,并向市府及警部抗议防范未周。

二、平市北大等八院校学生自治会及教授会,向副总统请愿,内容为严惩凶手,及要求负责抬埋治疗死伤学生外,其余各项均与东北学生要求相同。三、东北旅平同乡会等组织七五惨案后援会,向东北学生进行慰问救济工作。四、傅总司令发表文告,对此事表示痛心,声明对学生死伤善后及来平学生生活决负责处理,并强调治安当局决制止暴乱,清除潜伏奸匪份子。五、东北学生联合各校组织七五惨案处理委员会,由各校担任总务、联络、宣传、治丧等任务,并议决寻觅尸体、劝募、开追悼会、节食一周,慰问死者家属,每餐前默祷致哀等项工作,现一切情形已渐趋和缓。

〔教育部档案〕

3. 詹明远关于平津各院校抗议当局对东北同学惨杀情报

(1948年7月)

(1)情报(7月8日)

天津各院校响应北平学潮

北平东北学生与宪警发生冲突后,天津、北洋大学奸匪分子许显忠、俞一清、陈国雄等于本月六日在自治会召开理事会,议决四项:(一)联络本市各院校自治会,慰问北平东北同学。(二)联络全国各院校,向北平市参会、华北剿总、教育部抗议。(三)发起为东北受伤学生募捐。(四)要求天津市政府从速解决天津东北流亡学生食宿问题,同时以北洋、南大、冀工、女师四校东北同学会联合会名义,拍电慰问北平东北同学。当日复开会议决:(一)即派代表赴平慰问,并探求血案真相。(二)抗议北平市参议会所通过之荒谬议案。(三)抗议以军队屠杀学生。(四)抗议教育部忽视东北同学学业,并谋解散,以致酿成血案。(五)呼吁平津各院校共同支援。(六)向天津市参会、市府请愿,赶快解决天津东北流亡学生生活及学业问题。

（2）情报（7月9日）
北平学潮演变续志

留平东北学生及平市各院校，六日动态如下：（一）五日事件发生后，东北大学自治会因遭同学不满，业已改选，现有李世安担任主席，李为本党党员。（二）东大学校当局对学生行动表示绝对支援。（三）拂晓警部派军警分赴东北学生宿舍检查，逮捕东大自治会理事二人，先修班十一人，文理学院二人，其他不详，学生对此表面尚无表示。（四）同日上午八时，师院、朝阳、北大、清华、中法等校自治会，曾分派代表至东北同学处慰问，并发告东北同学书表示支援。（五）下午三时，华北十一院校学生代表及北大教授会代表同赴李总统官邸请愿。（六）下午二时，东北学联、华北学联分别在北大红楼开会，东北学联决于军警戒备时期暂不采取行动，而于戒备解除后发动抬棺游行，华北学联对此决表支援，并已分电全国各地报告东北学生被枪杀情形，企图藉此发动全国性学潮。（七）至目前为止，死亡学生已有卜洪勋、李秉文、张振中、汪汉江、薛浩然、刘卉天（长师）、吴肇泰（临中）、徐国日（东大先修班）等八名云。

（3）情报（7月17日）
北平学潮续讯

北平学潮已抄送在案，兹据续报称：七五事件善后解决办法，正由当局实施中，华北与东北学生联合组织之抗议七五血案联合会常驻委员会，于七月十五日开会议决：一、七月十六日晨派代表赴李副总统官邸请愿，强调已往提出之要求。二、设三日不能圆满答复时，决派代表赴京请愿。三、死亡同学之灵堂设于铁狮子胡同四号校内。四、在各报纸登载七五事件之事实经过，以矫正近日之舆论。五、对包围各校事提出抗议，并印发反包围书。六、针对许议长之言论，发告全国人士书。七、劝募委员会展开募捐工作，其方式为：1. 作品卖出，2. 街头募捐，3. 机关募捐，4. 音乐演奏，5. 体育演出，6. 话剧剧本，由燕大编辑印刷，其内容为描写七五事件，强调政府暴行。但目前在东北各校之党团同志学生，已与职业学生成对立状态，东大于廿日改选自治会，刻我同志正大量宣传中。

〔教育部档案〕

4. 詹明远关于东北各界声援七五血案情形情报

（1948年7月13日）

情报

东北各界声援北平"七五"事件情形

北平"七五"惨案发生后，本市各界声援声势甚大。

（一）学生方面：学生代表十日分赴机关请愿，上午十时至辽宁临参会提出五项要求：

一、公葬死者，并给家属恤金。

二、医治伤患学生。

三、追究肇事者。

四、抢救东北教育。

五、保证不再发生类似事件。

并声称决定七月十二日上午九时在省府广场开追悼大会，除各大中学全体参加外，并希各界团体代表参加。临参会答复所谈各项，本会完全接受，并以全力支援。同日十一时，赴政委会谒副主委高惜冰，未得接见而返；十一日分谒东北元老张作相、马占山、万福麟等，对七五惨案有所呼吁。

（二）民意机关方面：十日下午三时半，东北民意机关联合会，在中山路民众动委会办公所举行首次会议，出席王奉瑞、林耀山、张崎慈、田桂林、王力生、李仲华等，由林耀山主席，议决：

一、对平市参议会议长许惠东迭次制造事件,初则提议停兑流通券,破坏中央法令,剥夺东北人民权益,继则提议停办东北教育,非法控制东北学生,离间东北、华北人民感情,破坏团结,制造纠纷,酿成枪杀学生惨剧,即请政府依法严惩。

二、请总统严惩枪杀学生人犯,并严办弹压宪兵之负责当局。

三、电政府查办教育当局对东北入关学生措置之失当。

四、电慰负伤学生及慰问死亡学生家属,并劝其听候政府解决,万勿再作任何行动。

(三)马占山、万福麟、张振鹭、王家祯曾开座谈会,对七五惨案至表愤慨,会中决定派员携卫总司令所拨一亿元流通券,定十三日飞平慰问,并办理善后事宜。

(四)东北在沈学生抗议七五惨案联合会成立后,各校学生均纷纷自动参加组织,截至〔止〕九日已有卅六单位,其中大学八院校,中学廿八校,六日下午开会,到各校代表七十四人,决定:

一、重新组织请愿团,分向剿总、政委会及在省各民意机关请愿,要求向平市参会表示严重态度,彻底解决此问题。

二、订七月十三日在市府广场扩大举行追悼会,同时并发告全国同学书,阐明此次惨案真相,与东北全体学生不利之态度,另举办东北在沈各学校学生整日绝食节款,以抚慰在平伤难同学。又对此次事件如无圆满解决,将推代表晋京,向总统控诉。

(五)沈阳医学院自治会曾于七月七日召开理事会,决议四项:

一、散贴标语传单,呼吁社会人士一致抗议。

二、拍电慰问伤亡同学。

三、为七五死亡同学筹开追悼大会。

四、发起募捐救济受伤及赤贫留平同学,其办法乃节食与自由捐募为原则,会后校内秩序尚称安定,仅九日发现标语多种,并发告同学书,要求同学不要盲动,勿为奸匪利用等语。

（六）沈市大中学生代表,曾决议于十二日上午九时在市府广场为平市七五惨案死难同学举行追悼大会,为防发生意外,特于十一日上午七时由当地有关各机关举行紧急会议,研究防止办法,经决定：

一、十一日下午四时在剿总政工处大礼堂召集各校代表举行会议,由防守司令官梁华盛等向学生代表说明利害,追悼会准在政工处礼堂举行,不必游行,免为奸人利用。

二、由各情报机关学运人员分在各校运用,使学生不游行,不在广场举行追悼会,以免共匪利用,使运动变质云。

詹明远

中华民国卅七年七月十三日

〔教育部档案〕

5. 詹明远关于东北各界响应七五血案成立后援会提出抗议活动情报

（1948年7月27日）

东北各界响应北平"七五"事件趋激烈

沈阳各界响应北平"七五"事件情形,迭经抄送在案,兹据续报称：

一、沈"七五"惨案后援会七月二十三日下午三时,在三经路小学开扩大会议,到国代立监委员、各省市参议会代表、各民众团体代表、教职员学生、邮务工会等五十二单位共一○三人。决议：1. 通过后援会宣言。2. 电总统、副总统申明七五案由政府负责,于八月一日前作正式表示。3. 八月一日召开民众大会表决：(甲)请各地在政府服务之东北籍人士放弃职务。(乙)本市实行罢公、罢市、罢教、罢课、罢工。(丙)停止行使流通券。4. 七月二十六日晨派代表十二人谒卫总司令,请对治安负责,并申明因五罢所生一切事件均由政府负责。5. 请吉林参议会罢免刘哲,俟其劳军任务完竣后,逐出东北,在东北期间其生命安全不负责任。按刘哲曾公开反对后援作风。6. 成立对惨案责任者控诉委员会,负责依法律途径解决等情云云。并闻该会定八月一日民众大会后游行示威。

二、国立沈阳医学院抗议七五惨案委员会于二十一日下午二时,举行临时会议,决议:1. 七月二十四日在本校大礼堂举行控诉团结大会,对七五事件公开控诉,形式不拘,并藉以加强各校之联系。2. 由七月二十四日起至二十七日止,每日下午四时出演"雷雨",票价收入充救济流亡平津同学费用,现正在积极□□中。

詹明远　卅七年七月廿七日

〔教育部档案〕

6. 詹明远关于沈阳学生举行七五惨案控诉大会暨游行情报

(1948年7月29日)

沈市学生为北平"七五"事件定期集会游行一案,经抄送在案,兹据续报称:该沈阳七五惨案控诉团结大会,于七月廿七日上午九时在市府广场举行,到长白师院、长春大学、沈医、辽东学院等廿六校学生两万余人,大会主席齐玉林。开会后,各校代表宣读控诉书,内容多公然指斥政府系法西斯政府,呼吁东北人民即时脱离中央,自己建设东北。其中河北学院代表石如□市专朱幸生、抗联代表崔桂芳最为激烈,攻击最力。会后列队游行,沿途呼口号,唱团结歌,秩序尚佳,惟在城内与少数伤兵小起冲突,经宪警调解已告平息。

詹明远

〔教育部档案〕

7. 詹明远关于破坏沈阳各界抗议 七五血案的五罢运动情报

(1948年8月2日)

沈阳"八一"五罢运动平息

沈阳各界为"七五"事件预定八月一日召开之民众大会,因后援会主持人未趋积极及剿总运用得当,同时学生抗联组亦接受劝告,现已决定停开。剿总为防匪再藉机煽动扰乱治安,当于七月卅一日夜下令,自八月一日晨四时起至十一时止,全市戒严,断绝行人,以资防范。兹将经过情形查报如次:

甲、自翁院长、朱部长、吴秘书长鼎昌等纷电劝阻后,七五后援会顾念大局,于七月卅一日晨九时开临时会讨论中止八一行动,当时因学生工人团体坚持行动,该会不能控制,乃会同各单位代表谒卫总司令,高惜冰、赵家□代见面,询该会能否负责保证八一开会不发生意外,因后援会代表不能负责,乃令该会绝对□止行动,后援会于下午再开大会宣布接受剿总劝告,而学联会则坚持"八一"开会游行,双方决裂,抗联自行召开会议。(嗣后学联会亦接受劝告停止行动)

乙、沈市当局防范学联会坚持"八一"行动,七月卅一日在治安会报商定对策如下:

1. 由防守部稽查处负责派员监视各学校员生,防范各种行动,并于八月一日晨八时召集抗联会全体代表开会,延缓其原定行动时间,并使各代表与学生隔离。

2. 由守备总队、自总队、警察队各抽调一部,于八月一日分别利用沈市各广场、操场,实施演习,使八一行动失去开会地址。

3. 各省市政府负责控制各同乡会、难民所,不许参加任何行动。

4. 由警察局及各区公所按户通知商号照常营生,各住户无事不得外出。

5. 剿总门前设备水电,防范学生轨外行为。

6. 沈阳市郊区各交通要冲,布置岗哨,严厉检查来往行人,以防奸匪潜入之。

詹明远

〔教育部档案〕

8. 詹明远关于东北华北学生组成抗议七五血案联合会南下请愿情报

(1948年8月)

(1) 情报(8月2日)
北平"七五"事件续讯

北平"七五"事件演变情形,迭经抄送在案,兹据续报称:一、东北、华北抗联七月卅一日晚七时,于北大广场召集各校学生举行欢送南下、北上代表大会,到五千余人,会中抗联各负责人报告七五事件迄未解决,故决分派代表南下、北上,俾向最高当局报告经过,并联络各方力量,共求解决,其后举行游艺火炬绕场一周,至十时余始散。二、请愿代表计北上三名(东大李四安、师专徐长贵、沈医潘某),南下十名,姓名均保秘密,未曾发表,一日午十二时各代表于北大集会,会后即乘车赴津搭轮南下。三、一日晚抗联可能再度召集各校学生开会,并有举行火炬游行。

(2) 情报(8月3日)
北平"七五"事件续讯

北平"七五"事件演变情形迭经抄送在案,兹据续报称:一、东北、华北学生抗议七五惨案联合会组成之南下请愿团,计十一人,已于八月一日赴津南下,行前在北大举行欢送会,治安当局为恐学生藉机游行，滋生事端，实施戒备，平安渡过。二、沈市市民学生情绪激昂，此间东北人民组织北上报告团，计有长大校长罗震平、沈议长张宝慈、李仲华等离平返沈，报告在平调查处理经过，俾安定人心，该团并有学生二名随行。三、七五死难东北学生家长自诉平市议长许惠东，平警局副局长白世维，警一分局局员张励仁，二〇八师营长曹匡中杀人罪，犯有刑法第廿九条第一项第二七一及刑法第廿八条，第二七一条之罪。四、秦德纯、谷凤翔、胡文晖日内来平调查七五真相，约东北在平各组织将七五调查初稿整理竣事，准备谒见提出报告。五、学生入学方面临中登记者近七千名，与原定计划超出甚多，学生复不欲入补习班，可能酿成事件，临大积极筹备之两校址均已决定在黄寺及特警班校址，学生情绪可较安宁，均在静候调委会等组织处理中。

〔教育部档案〕

9. 姚彭龄关于破坏沈阳学生抗议七五血案活动密电

（1948年8月9日）

教育部朱部长钧鉴：○密。午艳电奉悉。七五事件发生后，沈市民众群情激昂，学生组织抗联会大肆宣传，职恐事态扩大，而运用同志关系，把握学生代表，亟力劝导，设法分化，并秉承上峰意旨，随时注意其活动，一月以来安然渡过，惟盼中央早日合法解决此次事件，报导已于午感剪报呈核。谨此电复。职姚彭龄。未佳。印。

〔教育部档案〕

[3] 四一血案

1. 南京大专学校学生联合会在四一血案前夕发表争生存争和平宣言

(1949年3月31日)

南京市大专学校壁联联合会"争生存""争和平"宣言

在中国历史大转变的前夕,人民力量接近胜利的时候,垂死的没落反动势力仍在图作最后的挣扎,用尽了各种方法来企图苟延反动的统治政权。随着他们的困兽斗,中国人民的生活乃陷入更深的血泪中,我们的生活也陷入了更高度的困窘与饥饿,最起码的生存要求,遭受到了空前的严重威胁与迫害。因之我们争生存要活命的怒吼,不仅是为改善自己的生活,保障自己的福利,而更是要为我们永久的生存取得保障,从而为全中国人民取得永久生存的保障,这种生存是必须在全面的和平下才能获得的。

但是这种和平不是反动政权及封建恶势力所希望的和平。我们看反动政权所希望的是什么样的和平?就是因为他们在军事上遇到了节节的失败,所以不得不抬出和平的幌子以求苟延一时,而表现在背面的是积极的征兵征粮及扩编军队,疯狂备战,以图卷土重来,摧残人民的革命力量。封建恶势力所需要的又是什么样的和平呢?那便为保存实力待机而动,妄图"易帜"而不"易制",以保留封建的残余力量。这种种样样的和平,都是同样的反人民阴谋,这种样式的和平只有更深加剧危害我们的生存,延长人民的痛苦。我们所要的是永久生存,不是暂时的苟存,是永久的和平,不是阴谋的和平。因此,为了我们的永久生存,我们必需展开争取真正民主永久和平的运动,同时也展开了粉碎利用和平阴谋来积极备战的斗争。

真正的和平该是属于全中国人民大众的,他们想彻底翻身,但因他们同时受到了反动派所发动的长期战争的苦难,因此热望尽可能避免战争,避免过大损失与伤亡,而能把革命进行到底,这种和平是必需不折不扣的实现中共毛泽东主席所提出八项条件才能获得。为了我们本身的生存,为了全中国人民的生存,我们应该争取这样的和平,首先便要求反动政权作实际的和平行动,我们要求彻底的解除戒严令,释放政治犯,保障人身自由,保障生活,不能破坏工商业及历史文化,立即停止征兵征粮、扩编军队等的备战行动,停止捕人杀人。为贯彻我们的主张,我们展开斗争,用笔用口,乃至于用血。

争生存与争和平是不能分割的,这种运动也是这种情势下所产生的必然行动。我们争生存的目的不仅是单纯的经济要求,而是彻底的争生存权利的要求。这种要求也是全中国人民所需要的,我们应该使我们的争生存运动从而发展成为全中国人民争生存的运动,对这个大运动我们应积极的参加与组织,让我们与广大的人民大众结合在一起,团结我们自己的力量,团结人民大众的力量,使我们本身的争生存运动与中国人民的争生存运动联系起来,一致争取真正的和平。

我们坚信人民的力量是无比的,历史亦是永远前进的,几千年的血泪日子是该立即停止了,历史既没有停止在封建的王庭前面,也没有停止在布尔乔亚的警察面前,当然也决不会停止在法西斯的挺进队面前的。

一九四九年三月卅一日

〔教育部档案〕

2. 南京四一血案纪实

(1949年4月1日)

四月一日在南京又发生了一次令人悲痛愤恨的血案,这个血案纯系有计划、有预谋,由反动派指使首都卫戍司令部军官收容第××大队所扮演的暴行。

这一天,南京中大、政大、金大、金女大、语专、剧专、乐专、音乐院、建院、边校等专科以上学校,为了争取生存,要求真和平,团结全市各大专学校同学工友一万余人,举行集体游行请愿。这一支伟大宏壮的队伍,从上午九时由中大操场出发,他们的口号是反对征兵、征粮、征实,反对美援,实行李代总统七项诺言,提高师生员工待遇,反对发行大钞,要求全面公费,以及反对假和平等,为全中国被压迫践踏的善良的人民发出内心的控诉。游行队伍几走遍了南京的每一个角落,迄下午二时始告结束,在金大操场解散,分别整队回校。请愿虽然毫无结果,满以为游行能够顺利完成,却不料以屠杀人民为能事的反动派,以有计划有组织的各个击破的毒辣手段,又饰演了一次空前未有的大屠杀。

事情的经过是这样的:参加游行的剧专同学六十余人,乘着校车返校,卡车走到白下路大中桥,突被大批没有符号的军人围住,他们手执新制的木棍(长约四尺)、麻绳、砖头、扁担等,跳上卡车,向同学施以毒打,全车同学,无一幸免,女同学更惨遭百般侮辱,卡车也被打得稀烂。同学们知道没法走了,一个个跳下车,但立刻便被抓住头发捆起来,十几个一堆,二十几个一群地被捆在一起,这是丘八们准备好的武器,更完全用得着了。

在这阵混乱的时候,有三个机灵的同学冲出重围,跑到各学校报信。政大同学闻讯,立即携备医药乘车前往救护,沿途有不少善良的老百姓哀声劝阻,可是总挡不住他们内心的焦急和愤慨,仍然高唱着"团结就是力量"前进。车子一到出事地点,即有事先埋伏了的数百身份不明的军人,咆哮跳嚷着包围起来,木棍、铁条、石块,如雨点般落在这些赤手空拳的学生身上,有的被打得骨折血流,有的被打昏了倒在地上,政大司机陈祝三当场被活活打死,尸身复被劫去;所有的同学都被打得血肉模糊,奄奄一息。狠毒的打手们意犹未足,又将他们横拉着捆在一起,百般欺凌侮辱。所有被打伤同学的手表、戒指、钢笔、钞票……悉被搜刮一光,留下的是一颗颗被刺伤的心,一副副被摧残的身躯。可是打手们还不满足,仍旧像疯狂了的野兽一般,一打再打,一面大声的吼着"上头命令,打死了有赏——这样经过了两个多钟头的打、捆、搜刮之后,才开来了几车宪兵,名为镇压,实为帮凶,当将已捆绑了的三十七位同学,全部解往"卫戍司令部"。打人的凶手则令逍遥逸去。

凶讯传到中大,中大同学千余人立即集合出发,前往总统府请愿,请求立即制止暴行,解救剧专、政大同学。正当中大同学群坐总统府门前等候回答时,即有一队约五十余名的警察开进总统府内,接着就有卡车三辆,分载大批军官,声势汹汹而来。军官队卡车经过卫戍部门前时,立有该部人员拍手叫"好"!军官队下车后,一个个手提木棍铁器石块等飞奔总统府向中大同学施行围殴。同学见此情形,拟欲进入总统府内请求保护,那知预先布置好的警察已经将总统府大门拦塞,并以皮带抽打同学。如是同学在前后受敌的情形下,欲进不能,欲退不得,遂四下奔逃,除部份侥幸逃出魔掌外,多数均被围困于总统府前(当军官逼近同学时,总统府关闭大门,拒同学于门外),遭军官队残酷毒打。此时同学惨叫之声,军队咆哮之声,木棍、石子、铁器击打之声,交织一片,目睹者为之泪下,闻声者悲痛欲绝。这次屠毒青年学生,就是在总统府三个金字牌底下进行的。

建国法商学院同学闻政大、剧专凶讯,乘校车一辆赶往总统府与中大同学共谋营救。及至该地,中大同学遭围殴已罢,伤者横卧血泊,辗转呻吟,而军官队亦于此时正待散去,骤见建院校车,又复聚拢,将该院校车捣毁,并将同学拖下一一施以毒打。

四月一日的屠杀学生事件,在一个下午连续发生四次,总计此次血案被伤害同学达二百人,计剧专重轻伤共六十人,中大重轻伤共四十七人,其中物理系四年级程履绎同学于二日下午六时不治身死,电机系二年级成贻宾同学于十九日上午八时不治身死,政大轻重伤共七十三人,其中何显慈、丁雍年二同学生命垂危,司机陈祝三当场殒命,建院重轻伤共十四人,边校重轻伤三人。各校中以剧专同学受害情形最为惨重,他们几乎全体都遭毒打,更可恨的当天晚上,他们的学校,被洗劫达四次之多,教授员工被驱逐流落校外。

事情发生后,治安当局招待记者,发表声明,竟然歪曲事实,诬告"互殴",肆意诽辱,直视千万青年生命如蝼蚁,更进一步,捏造受伤军官名单,控制全市电信,暗中警告各报不得报导事实真相,复又变本加厉,促使军官二千余人到处游行示威,狂言恫吓,威胁集体安全,把整个的南京城弄成一座凄厉恐怖的活地狱……这些铁的事实,足以证明这一次的血案是有计划有组织的阴谋迫害。但血腥的魔手,恶狠的面目,与鲜明的血的事实,终瞒不了人民雪亮的眼睛。

"四一",这惨痛的日子,这用"血"和"肉"织成的惨痛的日子,将深深烙印在每个人的心灵上。血不会白流,千万的人们将踏着先烈的血迹,紧握着拳头,咬紧牙关,勇往迈进,以声音,将这桩暴行,向全世界正义的人士宣布,控诉!更将以行动,向反动者索取血债!

南京地区大专学校"四一"血案善后处理会

〔教育部档案〕

3. 上海国立专科以上学校教授联谊会为四一血案呼吁应迅即惩办凶犯函
(1949年4月2日)

南京李代总统、何院长、杭部长钧鉴:报载四月一日学生以结队游行呼吁和平,被军官收容总队痛殴,死伤逾一百人之多。值兹和谈开始之日,乃有违反祥和之举,同人闻之,至感痛心,应请迅即惩办凶犯,以平众愤,并祈采取有效措施,保证此后不再发生类似事件,是所感盼。此颂勋安。

上海区国立专科以上学校教授联谊会启

〔教育部档案〕

4. 军官收容总队制造四一血案反诬学生报告
(1949年4月2日)

收容总队方总队长精一四月二日报告

一、昨日(四月一日)上午十二时,有金大、政大、剧专、音院、中大、建法学院学生两千余人结队游行,并派有宣传及指挥人员,乘指挥卡车三辆驶至大光新村收容队队部门首,高呼"反对反动派政府"、"要求李代总统实践七项诺言"、"反对美援"等口号,并在收容队之第九大队部附近演出"蒋介石垮台的悲剧",内容反映我军事的惨败,政治的紊乱(逼宫),经济的接踵崩溃,并极力鼓动队员参加游行,扩大示威运动。然各队员多自"匪区"过来,已深受共党之压迫与欺骗,不予接受。当有第七大队第五中队队员龙腾,婉言释以"解放区实际情形,除我们亲身经历的,并不如各同学所称之理想。例如矛盾对立、虚伪、欺骗、恐布〔怖〕、仇视、造成子不认父、自相屠杀等事实,都是我们亲见和亲受过的"。学生即反唇辱骂谓:"你们是甘愿作垮台的官僚爪牙和反动派政府的附庸,不可救药了。"旋即造成派吵,杂声呼"打",砖石飞来,即将队员一人头部击破,遂互相殴斗。该宣传人员并用剧专之电话,纠集各校大批学生分由建康路、大中桥、大光新村向收容队包围。此次队员受伤者十七人,学生方面亦有数人受伤。

二、下午三时,学生纠合三四千人之众进至大光路口之大中桥一带,专寻收容队队员挑衅,遇面即打。此次本总队队员受伤者三十一人,并另有队员五人当被拥捉而去,至今不知下落。

三、队员欲尾寻被捉去之五人下落,并闻该游行大队已包围总统府,情势极为严重,遂激于义愤驰往维护,并寻觅失踪之队员,复与该游行队在国府路接触。幸宪警维护得力,及高级队员尽力约束,严令队员返部,事态致未扩大。

四、在大光新村及大中桥两次互斗中,该游行队人员遗落及被夺下重要凶器及工作计划,宣传文件如下:

（1）短刀一把（已呈缴钧部）（系一个二十岁长春人王毓化所持）。

（2）手榴弹两枚（系当场跟随一陈姓教授之学生所携带,已缴送钧部）。

（3）经询问在大中桥一负伤学生所称,尚有小枪一枝,系在钓鱼巷三〇一号王姓手中取来,惟该枪已不知弃落何处,仅存子弹两粒（已缴送钧部）。

（4）游行计划、队列及路线区别、指挥人名单、街头演讲稿、歌唱团唱词、标语口号单、宣言、誓词、空白差假证等件,计壹大包（已缴送钧部）。

（5）本（二）日上午十时又查获共党油印讲词一份,街头演讲稿一份,漫画标语一份,"应变报"一份,"化外哀音"大字宣传品一份,四月份节目单（英语）一纸,一并附呈。谨呈总司令张、副总司令覃、参谋长白。

〔附件缺〕

〔国民政府档案〕

5. 首都警察厅报告镇压四一血案经过代电

（1949年4月2日）

首都警察【厅】民国卅八年四月二日珍督备字第六三九号代电一件

一、查本市各专科以上学校"匪谍"学生,连日鼓动学潮,上海各大学亦派有代表参加,显系有计划之行动。本厅事前据报,一面转报钧部设法防范,一面派遣便衣员警不断严密侦查并会同军宪用劝导方式设法防止,力求避免事态扩大。兹将处理经过报告如左:

(甲)三月卅一日,"匪谍"学生在中央大学开学,决定四月一日上午九时在四牌楼中央大学集合,举行"南京各大学专科学生争生存争自由联合大游行。"本厅据报后,一面呈报钧部设法防止,一面令饬保警总队派遣徒手长警两中队,归由东区局薛局长指挥,加强警力,机动使用,积极设法劝导。并于三月卅一日夜九时,派城区各局长参加钧部开会即席决定"以力加劝阻为原则,如劝阻无效只有忍让,不强行阻止"。同时秉承上项决定,令饬城区各局员警切实注意防范,力求避免发生意外。

(乙)四月一日清晨,东区局按照预定计划,派警前往中央大学封锁前后门及附近交通,加强戒备。至上午八时,各学校学生陆续到达中大集合,约四千余人(计有中大、政大、金大、金女大、建国法商学院、音专、药专、剧专等单位),上午十时许,由中大整队出发游行,途经成贤街、碑亭巷、林森路至总统府前,随即派出教职员学生代表七人向代总统请愿,其余学生即在总统府前张贴各种反动标语,并高呼反动口号,跳秧歌舞。至十二时卅分左右,由总统府前经大行宫、太平路、白下路、中正路、新街口、中山路、鼓楼,回至金陵大学。下午一时卅分,在总统府请愿之各代表亦回至金大,当时全体学生唱歌欢迎,旋由该代表等当众报告请愿经过,并谓"同学们,我们今天的游行是胜利了,然而我们不能认为满足"等语。旋即散会。

(丙)讵料边疆、政大两校学生六人,于大光路军官收容总队门前举行反动宣传时,因激起军人公愤,被打耳光,遂于下午三时许邀集同学百余人,在金大散会后,分乘卡车三辆前往大光路意图报复,并在白下路向大中桥方向行驶,沿途高呼"反饥饿、反迫害、反征粮、反美援、打倒反动军队"等口号。时大中桥附近军官收容总官兵廿余人更激起愤慨,上前质询"谁是反动军队?"学生答"戡乱军队就是反动军队"。随即触怒在场官兵,相互混打,当时该军官总队住大光新村官兵百余人赶上参加。本厅据报后,当即饬由中区局欧阳局长率领员警前往调解,并切实维持秩序。计当时混打经过,受伤学生田文蕙等五十四名,受伤军官张著涵等多名,(二○六○)卡车司机一名(姓名待查),当即由欧阳局长设法送往市立医院治疗。

(丁)大中桥发生混打后,边校学生当即分向中大金大等校求援。至下午四时许,复有中大金大等校学生五百余人,再向总统府请愿。本厅据报后,令饬东区分局薛局长率领员警前往劝阻无效,学生坚持围坐总统府前路中。下午五时许,突有军官收容总队官兵百余人,分乘卡车二辆到达东海路北口下车,分执木棍棒涌〔拥〕向总统府方面前来。薛局长见来势凶猛,立即向学生大呼"快点走开",内有学生回说"不走",薛局长当时一面转身至总统府调派预备之长警一队前往拦阻军人,以免发生事端。讵转瞬间,军人已冲到,军人学生双方且打且退,退入总统府大门内。本厅徒手员警奋不顾身,极力维持秩序,终以军人持有木棍,情绪激昂,致欧〔殴〕伤学生李士全等五十七名。下午六时二十五分,总统府警卫队鸣枪,军人始退去。事后,即协同卫戍总部派卡车分将受伤学生送鼓楼等医院救治,本厅薛局长当时会同总统府警卫总队在现场逮捕肇事军人七名,解送卫戍总部办理。

(戊)此次游行学生总指挥为刘克谨,纠察组长吕齐,宣传组长舒学熄,救护组李珊、张孟昭,联络组由各小组共同负责。

(己)学生此次游行刊物,有"告全国人士书"、"争生存要活命"、"为生存争取真和平"、"告全国同胞书"、"街头演讲稿"、"要求真和平"等多种,内容均系反对政府,煽惑群众之反动刊物,其口号有"反对征兵征粮,反对发行大钞,反对假和平,实行七项诺言,打倒反动军队,释放被捕同学,保障集团安全"等,并有"共匪"丑态化装之秧歌舞,同时化装陆军军人一名加以捆绑,标明为备战分子,一切反动刊物、标语、口号,完全反对政府,破坏和平。

(庚)东区局巡官黄钦昌、江天圣及员警数人因在总统府极力阻挡军人殴打学生,亦被殴轻伤。

二、查"匪谍"此次游行租用卡车多部,并印大批反动宣传刊物、各种化装费用等,耗用甚巨。在目前社会经济枯竭之秋,该辈学生何来如许金钱。且一切反动刊物均攻击政府和谈为虚伪,而绝不提及"共匪"毫无诚意。若辈受"匪"利用,不但识者痛心,即一般民众亦异常愤激,所以此次学潮纯系有计划、有组织、有背景之反动行动,绝不是一般性的学生运动。本厅事前据报,即转报卫戍总部积极设法防止,本厅员警一面加强戒备,一面用劝导方式极力劝阻,以最大忍让态度,切实维持秩序,力求避免事态扩大。故游行全程经过,均未发生意外,嗣因该批学生在归途中,以胜利姿态高呼各种反动口号,过分刺激军人情感,致发生互殴事件。但本厅始终会同军宪切实维持秩序,力加劝阻,事后将伤患送往医院疗治,截至现在止,幸尚无因伤死亡情事,并于当场逮捕肇事军人送请依法办理。

三、兹谨将处理经过,连同受伤学生(总统府前、大中桥两处共一百一十一名)名单一份(随文附呈)[名单略]。

四、电请鉴核示遵。

首都警察厅厅长黄珍吾

〔国民政府档案〕

6. 东区警备指挥部关于四一血案经过呈

(1949年4月2日)

首都卫戍总司令部东区警备指挥部呈 发文凤刑字第八六七号,日期三十八年四月二日

一、昨(三十一)晚九时,奉钧部通知,为首都各大中专科以上学校学生,于四月一日游行请愿事,开会即席决定应加以劝阻为原

则。旋于当晚十一时许，复奉钧部政工处罗处长电示，如劝阻无效，只有忍让，不得强行阻止。连夜召集各所所长、东区宪兵队长，商讨布置宪警预防等事宜。本日晨六时，亲率官长十五员、员警三百名，按照预定计划，前往中央大学前后门及附近交通加强岗位。至八时以后，各学校学生陆续到达中大，职即亲往劝阻，至再无效。至十时十五分，有学生约四千余人（中大二千二百余人，政大陆百余人，边疆二百余人，建国六百余人，金大五百余人，金女大一百余人），校工一百余人，在中大集合，整队出发。我各员警，即堵门劝阻再四，终因学生意志坚决，情绪嚣张，劝告无效。游行大队遂由中大正门出来，经成贤街、碑亭巷、林森路至总统府前，随即派出教职员代表，及学生代表各数人，向代总统请愿，各学生即在总统府前张贴各种标语，并唱歌喊口号，至十二时三十分左右，再由总统府前，经大行宫往太平路方向而去。

二、学生整队游行时，沿途散贴标语，呼口号，唱歌，用粉笔油墨在墙壁上、各种车辆上涂写漫画、文字，竭尽讽刺鼓惑反动之能事（见附"告全国人士书"一份、"争生存要活命"一份、"为生存争取真和平"一份、"告全国同胞书"一份、"街头演讲稿"一份、"要求真和平"一份、口号标准抄件一纸）。队伍中开夹杂化装大小汽车四辆，男女化装，花鼓，跳秧歌舞等怪模怪样，总之，根据种种事证，显系有计划、有组织之示威刺激反动大游行。

三、下午三时左右，游行队伍到达白下路，更公然喊出反动之各种口号，致激起道旁军人之愤慨，遂与收容军官总队军人发生冲突，时闻并由军人在学生中搜出各种反动证件，已解缴钧部。所有该处冲突经过，由中区局报告。

四、下午四时许，复有中大、金大等校学生三百余人，由中大出发向总统府请愿。经职亲率员警前往劝阻无效，学生坚持围坐府前路中。迄下午六时十分，突有容总军人百余人，分乘卡车两辆，由南到达东海路北口下车，手执木棍，蜂涌〔拥〕奔向总统府而来。职见来势凶猛,立即向学生大呼"快的〔点〕走开",内有学生竟回说"不走",职一面转身至总统府,调预备之警察一队,前往拦阻容军,讵转瞬间,军人冲到,冲突发生,双方且打且退,退入总统府大门内。官警(均为徒手)奋不顾身,极力维持,终以军人持有木棍,情绪激昂,遂致欧〔殴〕打,不堪收拾,幸总统府卫队鸣枪,军人始行退去(下午六时二十五分)。当场计被欧〔殴〕伤学生三十人(附名单一份),即协同钧部派卡车分送各医院救治。当拦阻时,计被击伤巡官黄钦昌(腿部皮破)、江天堃(手部皮破)及员警数人受轻伤,当场被总统府警卫队捕获容军七人。

五、查此次不幸事件发生之症结:(一)学生事先有组织有计划,致临时不听劝阻。(二)学生所呼口号(如拥护毛主席,打倒反动派军队等)及言行(如在白下路与军人冲突,即为一军人问学生"谁是反动军队?"学生答"戡乱军人即是反动军队"一语而发生)过于刺激,军人尤为难堪。(三)容总军人多为前线归来,积愤填膺,一触即发。(四)据容总军人向民众宣称,吾等待遇菲薄,今睹学生有书读,有饭吃,尚不知足,竟肆无忌惮要求增加全面公费,不惜荒废学业,游行请愿,视军人出生入死,一饱难求,不啻天壤等语,颇博得民众同情。

六、为恐晚间再发生意外,对中大方特加岗警防范。

七、除继续防范外,理合将学生游行请愿经过,及冲突情形,连同检获原宣传文字,报请鉴核。

附呈油印"告全国人士书"、"争生存要活命"、"为生存争取真和平"、"告全国同胞书"、"街头演讲稿"、"要求真和平"各一份(原件已呈首都警察厅)、口号标语抄件一纸,受伤学生名单一份。〔选一份余缺〕

东区警备区指挥部兼指挥官薛凤

〔国民政府档案〕

7. 南京区争生存联合会为四一血案成立善后处理委员会决议

（1949年4月3日）

南京区争生存联合会大会主席团为处理"四一血案"善后事宜，昨日假中大开会，当决议：

一、自即日起无限期罢课，直至失踪同学寻获与追究责任告一段落时复课。

二、招待中外记者，报告"四一血案"真相。

三、成立南京区大专学校"四一血案"善后处理委员会，向世界及全国人士控诉并要求惩凶。又该会下设四组：秘书组，宣传组，营救组，联络组，由各学校分头负责云。

〔教育部档案〕

8. 南京大专学校为四一血案分头请愿并提出五项要求决议

（1949年4月3日）

南京市大专学校四一血案善后处理委员会主席团三日开会，决议今（四）晨分向总统府、行政院、立法院、监察院、教育部请愿要求：（一）释放被捕同学；（二）严查失踪人士；（三）保障以后学校之安全；（四）严惩凶手；（五）负责抚恤死亡、受伤同学之医药及各项损失费用。

请愿秩序当经决议：由政大、中大、女大、边校及剧专向总统府、教育部请愿，由金大、音院、建院、药专、语专向行政院、立法院、监察院请愿。

〔教育部档案〕

9. 行政院歪曲四一血案并佯作调查训令

（1949年4月3日）

行政院训令　京机字式拾号卅八年四月三日
　　令教育部

四月一日晨,京市大专以上学校学生五千余人,不顾戒严法令,集合游行,向总统府请愿,沿途高呼口号,张贴标语,反对政府,言行激越。本院据虽立即饬令治安机关派徒手宪警妥加保护,以免发生意外事件,影响社会秩序,截至下午一时,情形尚称良好。讵游行队伍解散后,尚有宣传队之一部至大光路军官收容总队第三大队继续活动,当与该队官佐发生冲突,双方纠众先后在大中桥及总统府附近,因殴斗而致多人负伤。旋由卫戍总部将负伤者移送医院治疗,并就地扣留官佐六人立予押讯,一面劝止学生勿再聚众滋事,一面严饬该队官佐不准至各学校寻衅,违者就地枪决。查教育为立国根基,青年为民族命脉,政府对于教育向极重视,对于青年更爱护有加,此次意外事件之发生,实深惋痛。所有肇事经过情形,着由该部会同首都卫戍总司令部,迅即查明责任,拟具处理办法,呈报核鉴,并妥为防止以后不得再有此类事件发生是为切要。除分令外,合亟令仰遵办具报。此令。

院长何应钦

〔教育部档案〕

10. 上海专科以上学校讲师助教联谊会慰问四一血案被害同学函

（1949年4月4日）

国立中央大学系科代表大会请转南京市专科以上学校四一惨案善后处理委员会公鉴：就在南京和平代表团北飞的当天下午人

们在祈求和努力于获得和平的时候,南京专科以上的学校同学竟因游行请愿而遭逼害殴打,几十位同学受了重伤,并有一位同学失去了生命,这实在是令人悲愤无已的事?

和平既然是人民需要的,是为人民的,为什么人民反而不能自由发表对于和平的意见?难道和平的协议不需要反应广大人民的要求吗?难道会是□□□□杀人的吗?——我们对□□□□的原因,一时真大惑不解!

然而,终于也正由□这一事件,我们认识了真正和平的取得还有赖于更努力的争取。我们相信同学们的血是不会白流的。

敬向遇难的同学家属表示慰唁,并祝受伤同学早日恢复健康。

上海国立专科以上学校讲师助教联谊会敬启

四月四日

〔国立中央大学档案〕

11. 上海立信会计专科学校学生声援四一运动和慰问受伤同学函

(1949年4月4日)

南京中大转全体同学:当和谈开始的时候,您们喊出了人民的一致要求:为争生存,反对征兵、征粮、征实,提高教育经费,游行请愿,争取真正的人民的永久和平。首先我们向您们表示敬意,但反动统治阶级的凶恶,竟不减昔日,阴谋迫害,游行的同学遭受毒打。本校全体同学听到这个消息,均表愤怒,一致议决愿为后援,一致团结,对此凶恶狠极的迫害,决不妥协,决不退缩。特此函电致敬,并向受伤同学致慰。

上海立信会计专科学校学生自治会

〔国立中央大学档案〕

12. 蔡若水关于四一血案受伤学生处理情况签呈

(1949年4月4日)

奉谕会同中央医院姚院长暨学生代表处理学生医疗问题,经查受伤学生除已分别送入鼓楼医院及大学医院者外,尚有四十五人因院中病床已满暂由中大学生组织临时病室收容,由中大应变会医务组负责经职商同中央大学医院、中央医院二院长及学生代表确定处理办法如下:

一、由大学医院外科医生重新检验其伤势,较重应予转院治疗者送往中央医院医治。

二、伤势较轻者:(一)诊断后尚须继续调养者,入中大大学医院;(二)可以出院者命其即日返校。

三、医疗费用,因大学医院经费困难,拟请由部先行垫借若干,当时暂定三百万至五百万元(在本部送交中大一千万元款时说明先在该款内垫支)。

四、中大大学医院因护士缺乏,决定由中央医院调派若干人前往服务。谨呈

部长杭

督学蔡若水　四月四日

〔教育部档案〕

13. 中大向教育部留京办事处陈述四一血案学生被殴打伤亡呈

(1949年4月5日)

案查四月一日本校学生参加游行请愿,至下午行列已安全返校后,有政大学生数人来本校学生宿舍求援。据云:剧专学生返校,经过白下路,与军官收容总队军官发生冲突,政大学生已闻讯往

救。本校学生一时激于同情，约有二三百人径往总统府门前请愿，意求制止冲突，诸生坐地待命。经府中某中队长与代表接谈，甫将就绪，正拟整队返校之际，突有军人数百人手持木棍等物，乘卡车多辆，在总统府前下车，向本校学生劈头乱打，诸生徒手惊窜，避入府门以内，该军人等亦涌入门内，纷举木棍等器向诸生继续凶殴，追逐搜索，经时良久，府中卫队当经向空开枪制止，军人等始相率离去。事后检查受伤男女学生人数：受轻伤者有谭良平等十一人。经府中分别派车送往鼓楼医院及中央大学医院医治，并将未受伤者车送回校。截至四月二日下午八时止，重伤诸生中有程履绎一名不治身死，业已函请首都地方法院检察处检验存案。其余三名生命亦有危险。尚有杨国买等七人尚未返校，正在调查中。理合备文呈报，仰祈鉴核备案，实为公便。谨呈

教育部部长杭

国立中央大学校长周鸿经因故离京校务维持委员会常务委员

胡小石

梁　希

郑　集

〔教育部档案〕

14. 戏剧专科学校向教育部留京办事处陈述血案真相呈

(1949年4月6日)

"四一"事件经过略况

查此次"四一"事件不幸发生后，各方虽有报导，而与事实颇有出入，使真相未能被社会人士真正明睹，有碍案件调查之进行，兹特将此次游行之前因后果，报呈以供参考。

南京专科以上学校学生，为争取公费待遇，特组南京市专科以上学校争生存联合会，曾数次推派代表携呈文向政府请愿，俱未获

519

结果,遂有游行请愿之决定。同学们深以为尽□公费问题获得解决,而战乱未息,乃根本问题仍然存在,全国人民之生活仍处于绝境,因有促使政府早日实现真正之和平,而维全民之生机。其动机□□纯良,全国上下似应予以同情。

游行之前一日,各校曾得首都卫戍司令部之劝告,各校行政当局及教职员亦分别劝告。而各校同学俱以为李总统开明素著,且同学们相嘱确守纪律,以防意外问题之发生,故而各校同学仍遵从大会之决议,于四月一日游行请愿之举。

南京市专科以上学校争生存联合会中,经各校之推选,剧专担任宣传,剧专代表再三推脱,未获允准,不得不勉为其难,听候大会之调遣,其内容亦未越大会之规定。

游行之日,剧专同学为减少疲劳,全校参加者仅六十七人,大会坚请以本校之卡车为宣传卡车,沿途绝不许单独行动,致生枝节。游行在李总统妥善照顾之下,顺利完成。大队至金陵大学草坪集合,遂即分别列队返校,宣传亦行停止,沿途说笑外,未有任何声响。剧专校址系在大光路东首大光东村,返校路程必经大中桥。该军官收容队散住于光华门内至大中桥一带,而大中桥距本校尚有一里多路,车抵大中桥即被拦阻,预伏桥头之军人先投以巨石,同学恐惧万分,有言难明,惧伏于车内任其殴打。约半小时,伏于人堆面上之同学,已伤重不能行动,复经一一推下车来,成串捆绑,大队军官已整队赶到。轮番殴击,同学成堆倒于路心,哭告无效,路人为之挥泪。约一小时后,复强迫同学往大光新村(此系收容官兵总队部在大中桥与本校之间)。当时军官中虽有人建议押往卫戍部,而另有人以为卫戍部又要优待学生,遂迫使同学径往该地。沿途军官云集,木棒石块,未绝于途,同学昏□□□,头破血流,寸步难移。抵达大光新村之时,另一批军官早列队守候,巨石复如雨飞来,同学见状虽无力挣扎,而于垂死之际仍有恐惧之感觉,遂惨呼倒于路旁之小店门前,任其无情殴打。

殴打自大中桥至大光新村,同学身边贵重物品如钢笔、手表、订婚戒指、照相机、皮夹克、眼镜、银元、钞票俱不翼而飞,彼等为灭口计,复将同学之身份证校章搜去。

女同学素来瘦弱,平时营养不良,功课劳碌,身体质极不堪,而彼等竟毫无同情,反倍施毒手,□无怜惜,其下手之狠毒,难以相信吾等尚在人间。

迄卫戍部派员大光新村提人时,全部同学俱已不能起动,至鼓楼医院时,查明共伤四十四人,伤势一时无法查明,而有危险者数人,尚有能勉力走动者十余人。

"四一"事件剧专蒙受意外之损失,而处于现状态之下尚有何言。然新闻之报导颇多歪曲失实,故不能不以身临其境之耳闻目睹、身受据实以报。

当局素开明公正,体恤下情,当不致被歪曲之新闻所蒙蔽,而针对问题秉公处理,冤得以申,罪得以罚,则全体青年学子当同颂公德矣。

(现本校之卡车尚扣存该总队部之门前)

剧专同学受伤情形表〔略〕

关于"四一"学生与军官冲突事件,接准贵处函嘱将教职员及学生对于此事意见汇集后,详加审酌,由校负责提出,兹将学生笔述之事件经过情形,及学生受伤名单,一并送请参考,即请察收为荷。此致

教育部留京办事处

附奉事件经过略况及学生受伤名单

国立戏剧专科学校敬启　四月六日

〔教育部档案〕

15. 浙大声援四一血案函

(1949年4月6日)

中大自治会转"四一"惨案善后处理委员会：惊悉"四一"惨案发生后，此间同学悲愤无已，除以全力支援外，特派代表前来慰问，并请□时告事态发展的详情。谨向南京同学们的不屈精神致敬！

浙大学生自治会谨启　四月六日

〔国立中央大学档案〕

16. 山东大学声援四一运动和慰问受伤同学函

(1949年4月6日)

亲爱的南京各大专学校师长同学工友们：当"和谈"之声响遍各地的时候，得知我们的伙伴们"四一"游行所发生的惨案是多么的使我们震惊！政府对"四一"的所谓"公正"的处理态度，更使我们抑止不住内心的极端愤怒。指薪度日公教人员及自费同学们，在物价如脱缰野马一般疯狂的上涨之下，陷于饥馑与恐怖之中，为了争生存，要活命，全国从事教育工作的人士及学生们，便不得不忍痛牺牲学业罢教罢课，游行请愿，以达到最低的生活要求，这种要求是合理的，正义的，在中华民国新宪法的保障之下，我们有争取生存、生活的权利，所以我们的勇敢行为，正表示全国人民的反饥饿的悲愤情绪。

但是，反动分子却不愿人民的合理要求，以残酷的手段施以迫害，尤其使我们怒不可遏的，是我们之间的一位伙伴竟惨遭打死，这种毒辣无人道的行为，是以暴出反动者真实的凶恶面目，同时这也是反动者所鼓吹的"祥和措施"政策的绝大讽刺。

亲爱的遭受迫害的师长、同学、工友们！你们流的血是有代价的,由于"四一"这个令人沉痛而有纪念的事迹,使我们更深切的了解了反动者"备战求和""涂炭生灵"的阴谋,使我们证实了人民已在这种非法的迫害下觉醒起来了。

伙伴们! 牺牲算什么! 再记下这笔血债! 把愤怒化为力量,让全中国被压迫的人民共同起来冲毁这残余的反动势力,争取自由解放!

最后向我们的伙伴们致敬!

山东大学学生自治会　四·六

〔国立中央大学档案〕

17. 南京大专学校四一血案善后处理会关于事件真相呈

(1949年4月9日)

为呈请事:窃查四月一日午后二时半,南京区大专学校学生请愿大队解散后,国立戏剧专科学校同学六十余人乘该校校车一辆返校。至大中桥,军官收容总队收容军官千余人已每人手持木棍在大中桥严阵以待,俟车到时,即一拥而至,捣碎车窗玻璃,将车上同学悉数拖下,用绳索捆绑,加以毒打,多数重伤,不能动弹者即弃置于地上。政治大学同学闻讯,有一百余人分乘卡车三辆驰往解救,复遭围殴。其后中央大学及建国法商学院同学闻讯,集队至总统府请愿,拟请制止此种暴行,不意建院同学至林森路国民大会堂附近即被围殴,中大同学在总统府门外坐候未久,即有警察数十名围入府内。旋军官收容总队军官多人分乘卡车赶到,手执木棍、石块、菜刀(中大同学谭良平即被菜刀砍伤),向同学进攻,一时同学四散,一部份向总统府内逃避,不意先前围入之警察出而拦阻,相持之际,收容总队军官赶到,即对同学围殴,并进入总统府内,向四处逃避之同学毒打多时。截至目前为止,初步统计,剧专、边校、政大、建院、中大五校男女同学及工友被打受伤者已达二百人以上,中大教授刘庆云,亦受伤。其中重伤七十余人,有十人尚在危险状态中。中大物理系同学程履绎于次日午后六时二十二分,因脑部重伤,流血过多,不治逝世,政大司机陈祝三亦伤重身死。查首都卫戍司令部司治安,竟听任该队军官在堂堂首都,尤其在总统府围殴学生,不加制止,府内警察更禁止学生奔入避难,以致学生受伤特多,收容军官不遵军纪,对徒手学生竟加毒打,事后剧专并遭数度捣毁洗劫,实属残酷,毫无人性。值兹和谈开始之际,制造如此空前之惨案,不识居心何在。除分呈外,拟请钧座查明事实真相,追究肇事责任,予主使人以严重处分,并令负责赔偿损失及治丧医药费用,优予抚恤,将肇事之军官收容总队调往他地,重建国立剧专,并保证以后不发生同类事件,保证师生员工集体安全,释放被捕同学,以伸冤抑,实为德便。谨呈
立法院院长童

南京大专学校四一血案善后处理会谨呈

〔教育部档案〕

18. 中华全国学联会号召全国同学为四一死难烈士默哀电
（1949年4月11日）

中大自治会转南京区大专学校四一死难烈士治丧委员会：电悉。四一血案,举国共愤,本会三日已广播及通电抗议,今除号召全国同学于十一日素食默哀,以示追悼外,特电唁慰,并表支持你们争取真正和平的斗争。

中华全国学生联合会　十一日

〔国立中央大学档案〕

19. 建国法商学院向教育部留京办事处陈述四一血案经过及善后意见文

(1949年4月)

本院同学游行经过事实

四月一日游行行列于下午二时三十分返回校中,该日适为本院二周年校庆,同学正准备热烈庆祝。然于下午五时十分,突有政大同学骑自行车来院。谓:剧专同学在大中桥为军官收容所军人突击,并谓军官队事先有所准备,千余人均持有木棒、刺刀、竹棍等武器,剧专同学众寡悬殊,既不能相敌,而又手无寸铁,更无法对抗,于是同学七十余人均遭痛击。本校同学闻讯后,即聚集八十九人驱车前往救护,然车经珠江路,得知大中桥惨案已中止,并闻中大、政大同学对军官队之无故暴行,有所抗议,并欲处理善后问题,故齐集总统府。因之本院校车亦改道驶向国府路,甫至卫戍司令部,即发现三卡车军人(军官队军人)迎面冲来,同时四周均被军人包围,处此情况下,势非停车不可,然车尚未及停驶,即遭千余凶手拥上,挈棒乱击。本院同学见势不妙,而他遁者四十余人,身被棒击犹忍痛冒险突围者约二十人(此系微伤),其余二十余人均为无法下车,故饱遭毒打,其中同学六人受伤尤重,仰卧车中,一任其毒殴。且该二十余受伤同学于遭殴之际,身上所有贵重物品悉遭洗劫,此系军官队凶手所为,是亦不待明言。

本院受伤同学财物损失,以及本院同学对此惨案之意见书各一份,兹送呈查核。

建国法商学院同学会

建院同学对"四一"血案之善后意见

1. 严惩凶首。
2. 确保各学校之安全,并不得以非法手段逮捕同学。

3. 绝对保证今后无类似情事发生。
4. 受伤同学之一切医药费用全部由政府负担。
5. 受伤同学如不能复原而成残废的,其终身费用(包括生活费、医药费、子女教育费、抚恤费以及其他种种费用)均由政府负责担负。
6. 受伤同学之一切财物损失由政府赔偿。
7. 要求获得全面公费。
8. 限期疏散城内所有军官收容所军人。
9. 保障今后学生言论自由之基本权利。
10. 一切因"四一"惨案所遭之损失均须由政府负责赔偿。

建国法商学院同学会

〔教育部档案〕

20. 教育部留京办事处关于四一血案真相请边疆学校提供材料函

(1949 年 4 月)

径启者:关于京市学生与军官冲突不幸事件,行政院令本部与卫戍司令部各派大员会同处理,希各学校详查事实,并将教职员及学生对于此事意见汇集后,详加审酌,由校负责提出以便参考,即请查照办理,于本月六日(星期三)上午十时以前送交本处为荷。此致
国立边疆学校胡校长

教育部留京办事处启四月　日

国立边疆学校学生所见到的"四一"惨案事实真相书

本校同学参加京市大专学校争生存会游行向总统府请愿,返到边教馆吃了午饭后,即登车返校,不料乘车轮胎裂坏,不能成行,

乃复四出觅车。适闻剧校同学在大中桥被打,并有人被捕,又第二度向总统府请愿,要求释放被捕同学。待至我校第一批同学抵达总统府门前时,即见警察开向总统府,继之收容总队官佐各持木棒坐着卡车停于总统府隔壁之卫戍部门前,卡车排成波浪阵式,呐喊着向总统府门前之学生群冲来。这时卫戍部门前尚有许多卫戍部的军宪并未加入阻止,且有表示欢迎的意味。

收容队的官佐们就这样地向总统府门前的学生群冲来,学生们以为在总统府门前该无殴打发生,初尚镇静,及至开始被打的,始左右逃奔,大部份未及逃命之学生,为了逃命,认为总统府内该较安全,乃只有向总统府内一条生路逃去,但站立总统府门前之警察却手扣手地加以阻止。学生已腹部受阻,终于奋力逃入总统府内,这时总统府并有警察用皮带横打学生,企图赶出,而收容队官佐致全无距离地在学生群后面,在边门的园地施行乱打,真是打声震天,学生们哀哭之声惨绝人寰。但只增加了打手们的更加起劲。

女生多逃不及,故被打者较多也较惨,某校有一女生被打昏倒仆地,但打手们仍要在其臀部加打几下。我校同学吴德义本躲靠于树后,亦被发现当头数棒,重伤昏倒仆地,已至垂死状,但打手们犹恐未死,又加上了两棒。

学生们为了逃命,故逃至了总统府内的每一角落,但打手们竟追至每一角落施行毒打,有的学生逃入了总统府的宿舍,把门抵上,打手们又来打门,幸未打入。

及到打得太惨太不成话了,园地上及各角落已遍躺着垂死的学生尸体时,总统府的卫士始鸣枪高呼"不准打了",打手们始得意的徐徐散去。

卫戍部的收容队的打手们回到了停车的卫戍部门前,便集合了讲话和呼口号后,始登车耀武扬威地扬长而去。

在这之间,尚有一位着青制服的中学生,立于老百姓人丛中观望,亦被收容队打手当头一棒,打得这位观望的中学生头破血流。

这后两段的情形,是我校后赶至的同学在总统府外小巷内看到的。

在这总统府第二次请愿被殴,我校同学是身历其境的。各校同学皆赤手空拳,而收容队的打手们皆手持木棒,且有持手榴弹者,所谓"互殴"实属歪曲事实,其不可能是可以想见的。又谓我校同剧校等在大中桥宣传,而我校当时却全体在边教馆候车,实无一人远离者,其谓我校在大中桥宣传,乃系无中生有。

至于这些收容队的打手们之木棒,皆系精制之木棒,显系事前专备作此用者,故这次血案显非偶然的事件了。

〔教育部档案〕

21. 中央大学等校为四一血案呼吁迅速处理及保障师生安全呈

(1949年4月)

窃查四月一日京市大专以上学校同学工友,为争生存、争自由、争取真正和平请愿游行,于返校途中,遭受收容总队第三大队军官之痛殴,受伤同学工友达二百余人。中央大学物理系四年级学生程履绎、政治大学交通车司机陈祝三君,以伤重不治身死。程君系湖北应城人享年仅廿八岁,出身农村,家有年逾古稀之祖父母及尚肄业中学之二幼妹。程君三十五年复员时便道返乡结婚后,生一子,尚不及两周岁,母亲妻孺全赖其在武昌某农业学校任职之父亲供给,教育工作者生活之清苦世所共知,其不足以维持家人之生活亦甚明矣。又何况三年战祸,家道清贫,今以全家殷殷寄望者,突闻死于残杀之下,能不令人哀痛。陈君系江苏海门人,享年五十八岁,自民国十九年春三月供职政大,十九年来绝未稍离职务,有二子一女,长子在上海工作,次子亦服务政大,幼女及陈夫人留居海门祖籍。陈君在抗战期中随校内迁,因忠于职务,迄未返乡探视亲人,十九年来始终坚持其工作岗位,薪俸未有增加,然亦绝无怨言。陈君拟于今春清明返乡扫墓,一叙天伦之乐,初不意四月一日被殴身死,竟成永诀也。二君身后,凄凉困苦,不言可喻。而今两君尚未出殡,亲人亦以路途遥远或不及赶来,陈君家眷守棺侧日以继夜,尚不知何时可得安葬。四月一日以还,国立剧专复又四度遭受洗劫,受伤同学工友,呻吟床榻,尚数十众也。而在校师生员工,复以安全未得保障,岌岌不可终日,乃不得不有所呼吁,恳请钧院鉴核。

一、赔偿此次不幸事件之一切损失。

二、负担一切医药费用。

三、负担丧葬费用。

四、对死难家属优予抚恤。

五、保障师生员工集体安全。

六、重建国立剧专。

以上诸点,早承行政院及有关机关承允,敬祈钧院咨文促其早日实现,不胜迫切待命之至。谨呈

立法院院长　童

具呈人:国立中央大学　私立金陵大学　国立政治大学　金陵女子文理学院　国立音乐院　国立东方语专　国立戏剧专校　国立乐学专校　国立边疆学校　私立建国法商学院全体师生员工

〔教育部档案〕

22. 南京专科以上学校学生为四一血案告全国同胞书
(1949年4月)

亲爱的父老兄弟姐妹们!

现在我们全南京的学生,怀着十二万分沉痛的心情,向您哭诉一桩政府军官有计划地大规模屠杀学生的血腥的罪行!

事实的经过是这样的:由于物价的不断飞涨,我们的公费填不饱肚子,没有公费的同学,更是无法生存,教授们也不能免于饥饿,因此我们希望政府为我们解决生存的困难;政府宣布释放政治犯已经有两个多月,大小汉奸都已经释放了,而我们的同学仍然被关在铁牢里,因此我们要求政府释放我们被捕的同学;同时我们更希望真正的和平能够实现,所以在四月一日政府代表启程北飞开始进行和谈的一天,为了表达我们的愿望,我们全南京十个专科以上学校的学生举行了"争生存、争和平"的请愿。谁知在我们请愿完毕各校同学分别返校的途中,惨案便发生了!

那天下午二点半钟,各校同学在金陵大学操场解散后,国立戏剧专科学校同学六十余人乘卡车一辆回到学校去,路过大光路国防部收容军官总队时,便早有该队军官一千多人,手持新制的长约四尺的木棍,在那里严阵以待,当车子开到时,他们把车拦住,一声喊打,立刻将玻璃捣碎,将车上同学拖下,用绳索捆绑,施行毒打,剧专的同学被打得一个个伤重倒地,丢在路旁,附近老百姓看了都连叫:"太惨了!太惨了!"这时政治大学同学一百多人闻讯赶到,希望军官们这种暴行能被劝阻,但是车刚开到,不由分说,军官们立刻将卡车捣毁,拖住同学便打,政大同学经此围殴,又受伤五十余人。中央大学和建国法商学院的同学听到这个消息,在无可奈何之下,只有到总统府去请愿,请政府下令制止这种暴行。谁知在到达总统府之后,就来了五十多名警察,接着国防部收容总队的军官就从大光路乘大卡车赶到,人人手执木棍、石块,下车之后立即向我们徒手的学生凶猛进攻,这时同学们都纷纷逃命,喊声四起。总统府不但不让我们进内避难,加以保护,反而把铁门拉上,并且将关在铁门内的同学一百余人任国防部收容军官毒打,警察也用皮带抽打同学。这样同学又有数十人受重伤。到目前为止,受伤的同学经统计出来的已有二百多人,其中伤势沉重睡在医院里的有七十多人,中大同学程履绎已因伤重身死,其余尚有十个重伤同学,生命危在旦夕,有卅多个同学至今下落不明。那天深夜收容队军官并三次向剧专校进行抢劫,将教职员学生仅有的积蓄洗劫一空。

亲爱的父老兄弟姐妹们,政府军官这样大规模屠杀我们青年学生的罪行,完全是有计划的狠毒的阴谋行动。他们一千多政府军官,一律手持新制的木棍,事先就布置好了杀人的阵势,将学生捆绑,施以集体的毒打和屠杀,所谓收容总队的军官,事实上就是反动派阴谋策动的武装特务。

我们由于生存所迫,要求政府给我们解决困难,我们要求释放我们被捕的同学,难道都是不应该的吗？我们要求真和平的实现,难道又是不应该的吗？难道我们要求生存,要求真和平的合理请愿,就值得政府军官用木棍石块向我们进行惨无人道的屠杀吗？

残酷的内战打了三年,打得人民好惨,全国人民哪一个不希望真正的和平实现？李代总统也曾宣布过七项诺言,要释放政治犯,要取销戒严令,要保障人民身体的自由。我们争生存、争真和平的合理请愿,便是在希望真和平实现和李代总统七项诺言实施的目的之下进行的,但是我们的遭遇,却是这样的悲惨！

政府讲和平已经讲了三月多,现在更已派出代表到北平去进行和谈,但是就在和谈开始的头一天,首都南京就发生了政府军官有计划地大规模屠杀学生的血案,政府和谈代表前去讲和,政府军官在后面集体杀人,我们真不知道政府和平的诚意究竟如何可以证实？世界上难道有一面杀人,一面大讲和平的奇事吗？

我们痛恨反动派大规模有计划屠杀青年学生的血腥的罪行！我们为已死的殉难的同学悲伤！我们为辗转呻吟的受伤同学和失踪的同学焦急！亲爱的父老兄弟姊妹们,愿你们伸出营救我们的手！

我们决心为死者复仇,要求彻底查出这次血案的主谋者,要求严惩主谋者和杀人的凶手！要求交出失踪的同学！要求当局赔偿一切损失,包括医药费、治丧费、遗族抚恤费以及被打坏被抢劫的什物！要求保障同学的生命安全、身体自由和学校安定！并且我们要继续争生存！争真和平！

亲爱的父老兄弟姊妹！请您看清楚这一次血腥惨痛的事实！请您营救我们！援助我们！最后，为了全国人民要活下去，让我们共同携手，争取全国人民的生存！争取人民所要的真正的和平！！

国立中央大学　国立政治大学　金陵大学　国立戏剧专科学校　金陵女子文理学院　国立音乐学院　建国法商学院　国立边疆学校　国立东方语文专科学校　国立药学专科学校

〔教育部档案〕

23. 南京区大专学校四一血案处理会告全国各学校同学代电

（1949年4月）

全国各学校同学公鉴：南京市各大专学校中央大学、政治大学、金陵大学、金陵女大、建国法商学院、音乐学院、戏剧专科学校、乐学专科学校、东方语专、边疆学校全体同学工友，为争生存，为争取真正和平，要求释放被捕同学，反对美援增加教育经费，提高师生员工待遇，要求全面公费，向总统府请愿游行归来被武装特务六百余人预谋在白下路、大中桥及总统府，用石头、木棒、皮带、开枪、毒打、逮捕。据初步统计：中大同学工友重伤廿八人，轻伤十六人，失踪五人，剧专同学重伤卅一人，轻伤廿六人，失踪十四人，重伤同学多人尚未脱离危险期间，失踪及若干受伤同学被捕送南京卫戍司令部收容队，生死不明。在这旧社会速死亡，新中国初吐曙光的时刻，反动派更呈其垂死的挣扎。我们合理的要求被诬蔑了，我们的同学工友死的死了，伤的伤了，反动的血口魔掌再度更卑鄙的、更残忍的来了一次大迫害、大逮捕、大屠杀。我们全南京市的同学工友除了更积极、更坚强、更警觉地团结起来,用行动,用热情,甚至用血来与反动派作生死的斗争。我们谨以愤怒的心情,期待并坚信您们的支援,我们更紧地携手,争生存,争自由,反迫害,要反动派早日死亡,新中国早日诞生!并致敬礼。南京区大专学校"四一"血案处理会叩。

〔教育部档案〕

24. 首都卫戌司令部关于四一血案发生经过及其处理情形呈

(1949年4月)

谨将本(四)月一日,京市各大专学校学生与军官收容总队发生冲【突】经过及本部处置情形呈报如次:

甲、事前之防备

(一)本部于三月卅一日,据各方情报,获悉中央大学、政治大学、金陵大学等联合其他专科以上共十一个学校学生,定四月一日以"争自由""争生存"为名,集体游行请愿。当即派员分赴各校学生自治会劝阻,并于当日午后六时,邀请教育部杭部长及中大负责人胡小石、梁希,政大负责人邵华盖,边疆学校负责人胡秉正,剧专负责人徐伯璞,乐专负责人管先地,语专负责人张礼平,音专负责人宋庆祥,金女大负责人吴贻芳等,在边疆文化教育馆举行临时座谈会,决定由各校负责人劝导学生停止游行,以免发生意外。一面召集各警备指挥官紧急会议,商讨防止办法,作劝阻游行之必要措施。

(二)嗣奉代总统李指示:如劝阻不听,勿强予制止,但须维持沿途秩序。本部遵即令饬宪警徒手便衣,随同游行队伍维持秩序,故自学生游行开始迄解散过程中,虽游行学生所呼口号及散发传单与表演共党之秧歌舞,均极尽毁谤政府及元首之能事,超出其请愿之范围,但宪警均遵令忍让,故未发生事故。

乙、游行之经过

(一)四月一日清晨,东区警备区指挥部,按照预定计划,派警前往中央大学封锁前后门及附近交通,加强戒备。至上午八时,各校学生陆续到达中大集合,约四千余人。上午十时许,由中大整队出发游行,警员劝阻无效,游行队伍经成贤街、碑亭巷、林森路至总统府前,随即派出教职员生代表七人,向代总统请愿,其余学生即在总统府前张贴各种反动标语,并高呼反动口号,扭秧歌。至十二时卅分左右,由总统府前,经大行宫、太平路、白下路、中正路、新街口、中山路、鼓楼,回至金陵大学。

(二)下午一时卅分,在总统府请愿之各代表亦回金大,当时全体学生唱歌欢迎,旋由该代表等当众报告请愿经过,并谓"同学们,我们今天的游行是胜利了,然而我们不能认为满足"等语,旋即解散。

丙、冲突之经过

(一)讵料边疆政大两校学生六人,于大光路军官收容总队门前,举行反动宣传,因激起军人公愤,被打耳光,遂于下午三时许,邀集学生百余人,在金大散会后,分乘卡车三辆,前往大光路,意图报复,并从白下路向大中桥方向行驶,沿途高呼"反饥饿"、"反迫害"、"反美援"、"反征粮"、"打倒反动军队"等口号。时大中桥附近军官收容总队官兵廿余人,上前质询:"谁是反动军队?"学生答以"戡乱军队就是反动军队"。并公然攻击代总统李及政府军政首要为假和平之走狗,于是激怒在场官兵,相互殴斗,当时收容总队住在大光新村官兵百余人,亦参加混斗漩涡,双方互有负伤。本部据报后,立即派政工处科长李光昌,会同警宪前往调解阻止,始告平息。

(二)下午四时许,在大中桥参加殴斗之学生,复分向金大中大各校纠集学生十余人,又向总统府请愿,旋收容总队官兵百余人,亦闻风赶至。当地维持秩序之警员,立即向学生大呼"快走开",

学生中有回答"不走"时,警局负责人前追,免生事端。讵转瞬间,收容队官兵已冲入学生群内,高喊打"暴动的八路",殴斗又是展开。本部政工处处长罗春波率各科长专员阻止,当时该处秘书周斌、科员钱泽、王志杰等三人亦被打轻伤,职乃亲往全力制止,严令收容队员集合归队,一面护送学生返校。

丁、事后之处置

(一)据初步调查:参加互殴之学校,计有中大、政大、剧专、乐专、语专、音专、金大、边疆等八校;学生受伤者一百一十人(附名册),内有中大廿人,边校一人,建国法商学院七人,政大十五人,剧专四十人,共八十三人,经本部护送鼓楼医院治疗,另有二十七人系由中大医院自行收治。尚有未参加殴斗逃入总统府躲避之学生百余人,亦经本部个别谈话,予以抚慰劝告后,派员以专车分批护送回校。收容总队官兵轻伤四十八人(附名册),由该队带回自行医治。

(二)本部为恐再生事端,经严令收容总队,如再有队员不遵约束出外生事者,决以军法从事。并一面通知各学校,劝阻学生勿再游行集会,另生枝节。

(三)为使各界明了此事真相计,即晚举行记者招待会,详细报告冲突经过。其时适总统府解到拘获收容队参加殴斗官兵六人,本部即交记者招待会公开讯问,该官兵等承认彼等系打间谍,并非打学生等语(附各员询问笔录)。

(四)翌日(四月二日)上午,职派政工处处长罗春波前往鼓楼医院,一一慰问受伤学生,并请医院特别看护治疗,并约各校学生代表抚慰劝导。当场各该代表表示感谢,并接受劝导。

除本案发展情形容当续报外,谨报请鉴核。谨呈

总司令张耀明

〔教育部档案〕

[4] 各地反迫害斗争

(1) 南　　京

1. 南京临时大学学生遭当局迫害向社会各界呼吁书
(1946年1月)

（一）告全国同胞书：要求正义的裁判

亲爱的同胞们：

让我们恳切地坦白地向你们报告这次南京临时大学补习班发生事件的真相吧！的确我们窒息得喘不过气，再也忍受不下去了。甚至我们怀疑我们还是属于祖国的青年吗？我们还算是社会的第二代吗？眼见到处都是青年的呼喊及悲惨事件的降临，自昆明惨案为要求民主反内战而流血而死亡，继而便是北平学生的失踪，青岛女教员的被打死，上海学生为欢迎马歇尔特使而遭受□□□的流氓殴打，广州最近又有四学生的被非法逮捕，这一串串的血泪的事实和惨痛的回忆，就像从无边的黑暗中伸出一只只巨大的手。他们使劲向下压，他们是想把每一个青年压榨成一个残缺不全的废人，永远地任凭他们摆布。

然而，环境并不能使青年妥协，相反地爱祖国的青年他们是永远要与黑暗斗争，他们要誓死为国效力，把一切不合真理的现象，从民主复兴的新中国境界里驱出去。

自去年十二月十七日南京临大补习班开课以来，陆续至今，教授还缺少四五十位，同学们都在焦急混乱中挨了这些日子，每天在等，等教授从重庆来，眼见得光阴一天天的过去了。想不到胜利后的中国给予学生所带来的是失学的苦痛，更有谁相信，其他学校都在大考了，而我们到现在还没有正式上课。至于他亲口答允给我们的生活补助，至今是分文不发，我们担负不起高昂的生活，每天为吃饭忧虑。不但如此，整个校舍里没有水的供给。亲爱的社会人士们，请你们想想一天不吃饭还可以，而一天没有水渴〔喝〕，没有水洗脸是多么难忍的事。我们简直是囚犯，我们的生活不安定，没有人来理会，没有人来关怀，我们不能再闭口不说，我们要拼命的喊，喊的是祖国给我们的接济已成了个人的财产。我们眼看着班主任一天天的阔绰起来，一部灼亮的汽车就是二百十万，补习班每月的经费，用在补习学生身上的有多少？我们没有得到一点我们该得到的，我们要社会人士知道，知道我们南京临大补习班的内幕，到底谁是抹杀良心的蛀虫。

今天，我们合理的要求与行动，被蒙蔽良心的报章歪曲的报导，使我们不敢相信，我们决不是为了自己的英文程度不好而掩饰，我们要清楚的知道，到底我们的考试的成绩是否就是我们被编人〔入〕的班级，有什么理由是我们英文程度很好的同学编入了补习英文班（从 A、B、C、D 字母念起），这是不公正的处置，我们是要提出抗议的。我们要正确的按程度分班，决不让这不明不白的冤枉随便加在任何同学的头上，因为凡是读补习英文的学生，照临大补习班的决定，是享受不到分发各国立大学的权利的。

我们一味的受哄骗欺诈，然而全收复区的学生，同样是捧一张张不能兑现的支票，光阴一天一天的过去我们还在等，难道这样就能等到我们的需要吗？事实在告诉我们，胜利的赏赐是冷酷的、冷透了每个青年的心，使中国的青年体味到，在今天的地球上，没有一个国家里的青年，是得到这种待遇。

这次我们的班主任被打的事，到处都在扩大的宣传着，可是他为什么被打？却没有一个人提起，我们不知道，他们登载这消息的时候，是不明白底细呢？抑是根本就不愿提？亲爱的社会人士们，我们不是没有知识的孩子，我们是有理智有志气有血有肉的学生，我们决不会盲目的行动,也不会听任何方面的驱使,我们是有自己的目标,就是要求合理处置。在一般的看来,我们先动手打人是非法行动,但是用最阴险的手腕,一分一秒不停地来磨折我们,吸吮我们的血的,比擦伤了一点阴谋家的眼皮的痛苦要痛苦得多,我们现在被逼得无路可走,被压得不能喘气,还要不许我们开口,不许反抗。亲爱的社会人士们,你们是有良心的,你们能忍心看到你们祖国的青年,被磨折到奴隶的境地吗?对于这次的失手打人我们可以认错的,不过我们要大家清楚的批判我们打得可对?当我们要求速发膳食津贴的时候,一部分家乡在共军地区的同学,悲切的表示经济来源断绝,呈请早日得到救济。我们的班主任直截的说:那你们去参加共产党好啦。这漠不关心不负责任的话,从我们南京临大补习班最高主持人的口里说出来,真让我们每个同学够伤心的了。我们该向何处去呢?我们有说不尽的理由,我们是不满这一味对我们敷衍和搪塞,我们需要正义的裁判合理的处置,须要清楚了解后的同情。

现在,当局无理由地把十四个代表开除了。又没有犯罪,可是先无理的开除了十四位同学,而来威胁事件的平消。难道同学选举的代表,就无声无嗅的为同学牺牲吗?不!向政府要求是全体同学的事,要求的问题也是全体同学所需要的。我们要牺牲一同牺牲,要开除一同开除,要负担这不合理的处置也是大家来分担,我们是同生死的兄弟姊妹,我们不盼望有一个无辜的被这不合理的阴谋而治了罪。在事情的展开时我们往教育部请愿,一直到半夜三时来了杭次长、马市长、韩警察厅长,并且带来警宪有五六百人,配带武装,大多数的宪警,各执一绳,当场就有一个同学无辜被逮捕了一小时,这到底是什么意思?现在南京警备司令部会同市政府发出的布告,禁止学生集会游行和请愿,难道我们不是中国的人民吗?我们为什么没有自由,这民主国里人民应该有的是自由。况且,我们的隐痛,要说的话语,为什么不能向政府申诉？我们要发出布告的官府仔细想想，这是不是一个民主国家中能存在的布告。亲爱的社会人士们，请你们同情我们，为我们正义的呼吁同情，我们是青年，是胜利后的青年，我们要负起的复兴祖国的使命，不能让祖国还是一个腐朽封建的落后者，我们不要再让这领域里存有任何污秽，我们要民主，要一真正自由民主的国家。

亲爱的社会人士们！也许你们已清淅〔晰〕的看到各处的学生都在行动，这不是一桩奇怪捣乱的事，只要你们猛的嗅一下，你们就会知道，这是带血腥气的，是学生用自己的血和泪交织成的。学生是盼望有一个好好读书的机会，一个好好爱护他们的学校，然而他们得到的是不合理的处置，冰冷的面孔，让他们又将如何呢？我们不盼望昆明的惨事再出现，可是我们也没法制止当局对我们的无理处置。我们只有向你们呼吁，向你们剖解，这次事实的真相，让你们知道我们的隐痛及处境。现在我们仿佛失去了母爱的孩子没有人来抚慰，然而我们并不就因此失望了，我们要继续地去争取，并且联络各地被遗弃的孤儿，一同寻求自己的光明，今天我们的事件还没有结束，我们恳切地希望整个的社会人士们能正义地援助我们，求得合理的解决。

南京临时大学补习班学生同启
一月十日

（二）告全国同学书：我们的哭诉

全国亲爱的同学们：现在已是大考的时候了，也许你们不会想到南京临大的同学至今还在痛苦中彷徨，我们的代表被拘禁着，警宪当局已公布禁止学生集会请愿的命令，官方的报纸上更还登载着诋诲〔毁〕我们的消息。我们已欲哭无声，欲泣无泪，我们真不敢相信，在自己祖国的土地上，我们竟会遭到这样残酷的待遇。

经过阅数月的奋斗和请求，我们总算获得了读书的机会，南京临大补习班开设了。据说这是正式性的大学，班主任王书林答应我们开足一切大学应有的各项课程，并负责救济同学生活的困难。可是一个多月后的今天，我们深深地发觉这完全是一种骗局。首先他以没有教授为藉口，分散我们团结的力量，把工学院和医学院同学遣送上海上课。到了上海后，膳宿无依，拖延一个多月仍无法注册。上课后又无实验，种种歧视苦痛实非言语所能形容，更严重的是经济告罄，所以答应的补助费又迟迟未见发下。同学在此欲归不得之困苦下，质衣售书以求度日者不乏其人。留在南京的同学也遭到了同样的命运，对外宣称补习班已开课四周，实则有课程无教授，名人演讲亦谓上课，二千余学生仅有二十余教室上课，百余人拥挤一堂，此种情形试问如何能安心求学！又如何能满足被迫废学半载的同学！生活补助遥遥无期，恳请再三，置之不理，同学等失望已极，于是在蒋主席莅京之日整队赴往聆训请愿，在大雨中站立凡八小时之久。蒙蒋主席代表商震将军予以引见，对同学之苦痛深表同情，慨许尽力援助负责解决。同学等聆听之下莫不感奋，其时王主任书林亦改变态度重申诺言，同学深以为慰，想就此可得安心读书，可是事实却并非如此。蒋主席和商震将军离开南京，似乎已带走我们的光明和希望，王书林一反面目，完全否认诺言，含糊其词，将三分之一的膳费补助，改为三分之一学生之三分之一的膳费补助，犹迟延不发，自己则增雇佣仆。想王主任既为学者，定不过分欺骗同学，谁知道王主任见同学无反对之表示，更设法处处与同学为难，无故断绝电和水源，五日更令同学参加英文考试，谓此仅为编级而已，已往学分当然承认。同学等以为一切合理命令是当遵守，于是皆欣然入考，次日早晨即公布考试结果，谁知所公布的与同学平日之成绩迥异，大多数同学非但已往之学分被否认，更得修读补习英文（不是基本英文），过去我们所用之课本多为英文原本，今天又得从ABCD

念起，实使人啼笑皆非。于是同学便围请王主任公布批阅之考卷，解释否认各项语言之原因。但是他却一味推托，并且在五日谓：你们好多人的家乡既在共党区域，生活接济困难，那么你们去加入共党好了，何必找我。同学想起这话悲愤已极，当场有一位同学在激愤交织的情绪下举起了医学院里的骨头掷了过去，掷中了一位同学，同时也擦伤了王主任的眼皮。如果说这里我们有殴〔殴〕打师长的行为，那么促使这件不幸事件发生的实际责任者又是谁呢？随后在上午十二时左右我们列队跟了王主任赴教部请示杭次长，可是杭次长却不在。于是我们便在教部等着，一直等天黑，等过深夜，终于在午夜三时半的模样杭次长来了，马市长、韩警察厅长、陈检察官和许多政军长官都来了，并且还带来了四百余警察宪兵，每人带着绳子。接着我们一位同学被下令捆绑了，大家完全没有想到会有这种情形，禁不住心头的悲伤，全场痛哭失声，哭声感动了警宪，也感动了马市长，便下令释放。杭次长对我们训了话，答应我们一定秉公合理解决，立即复课，改善学校和救济清寒学生，于是我们在七日五时便遵令列队归校。可是现在，这些诺言非但未被实现，我们十四名代表却被开除，而且被拘禁了。警宪当局明令公布禁止集会请愿，有苦不能诉，有怒不敢言，如非亲历，诚非敢相信，这种非法的高压竟会出现在还政于民之时。蒋主席也一定不会相信，他所关怀爱护的青年学生竟会受到这样的欺辱，天公有灵，也将为我们同声一哭。

他们抹杀事实，说我们中奸伪之毒，受人利用，试问南京之以宪兵逮捕中学生弹压入考，北平临大之六个学生失踪，青岛文德女中校长女公子费筱之遭人枪杀，广州中山大学之四学生被捕等事实，又作何解释。当局竟得用宪兵警察，逮捕杀人，此种情形又何异于德国、日本？昆明学生因反对内战被屠杀，上海学生因欢迎马歇尔遭殴打，国事既不许过问，那么我们学生自己切身的读书问题，也不得声诉请求吗？

数年来在敌伪压迫下的苦痛我们受够了,我们没有灰心,因为我们知道这是不会长久的,可是重还祖国怀抱的今天,我们却不禁伤心绝望。

亲爱的同学们,声嘶了,力竭了,还有什么可说呢?在喘喘〔惴惴〕不安同一命运下的你们是一定会明白我们这时候的心境的,从北平到广州,我们同学都受到同一的痛苦耻辱,这是全中国学生的耻辱。同学们,我们要忍受到几时?假使各位不忍目睹到全中国的青年学生分别被欺凌侮辱的话,请你们予我们以援助。

南京临时大学补习班学生同启
一月十日

(三)敬向公正的社会人士呼吁:释放我们的代表

亲爱的同胞们:为了正义的缘故,请听一听我们沉痛的声音。

一月六日发生的临大不幸的事件的结果,使我们的代表被传讯、被拘禁而现在又被提起公诉了。十数日来我们抑制着胸中万分的愤慨,以静候着当局合理的处置。我们相信我们的代表将会认为无罪而开释的,因为殴伤主任的凶手,既不是我们的代表,也不能确定是我们的同学。在一团混乱的当中,从人群外飞进来一颗骷髅,打伤了王主任,同时也打伤了我们的代表,这是谁也不能代为负责的。我们所有的错误仅仅是没有预防到这一意外事件的发生,但是就能因为这一个错误而认为我们的代表有罪吗?我们的代表是选举出来,为表达全体同学的意志的,决不能说这就是鼓动风潮,因此我们要求——很简单而合理的一个要求,释放我们的代表,让他们恢复他们的自由。退一万步讲,假使我们是有罪的,那末,我们的罪应该由我们全体同学负责,我们决不愿意让我们的代表受到他们不应得的处分。

我们的要求很简单,无罪释放,有罪大家负责。公正的同胞们!这样简单的要求,可以说它是不合理的吗?

南京临时大学补习班学生同启
一月廿三日

〔国民政府档案〕

2. 吴昌成关于特宪逮捕学生引起学运被迫释放及被捕人数过多处理看守等情呈

(1948年6月1日)

首都高等特种刑事法庭呈　中华民国卅七年六月初一日
　　　　　　　　　　　　呈牍字第四九号

查本庭接收国防部军法局临时看守所,借用房屋无多,地狭人稠,已无法再行收押,所有卫戍总司令部、宪兵司令部、警察厅等机关移送人犯,均分别函请暂行寄押各原机关看守所,已呈报在卷。本月二十一日夜间,中大、金大职业学生曾发生纠众开会,煽动反抗政府,诋毁元首情事。翌日上午八时,有自称卫戍总司令部政工处李队长、韩干事,率领宪兵六名押同学生三人来庭暂行寄放,仍由来人监视学生行动。据称三学生内有二名系职业学生,其一系中立派,移送公文证件已在赶办中,即时可以送来,押解学生请先管收等语。本庭当以俟文卷函送到庭,即可依法侦讯,等语答复。延至上午十时许,仍未接卫戍总部来文,职即会同检察官顾如纶驰至卫戍总部政工处,问张处长泰祥探讯逮捕学生经过情形,并请从速移送文卷,以凭核办。张处长即向张副司令知行请示办法,职等守候至下午一时余未见回信,经催请后始由张处长引见张副司令。据告知滋事学生千余人包围青年部,自晨迄今尚未解散,形势严重,现有学生代表及校方训导长请求保释已逮捕学生,以免事态扩大,并表示拟令其径问本庭请保,职等以案卷尚在卫戍总部,对于已逮捕学生之犯罪事实尚未明了,如须依法办理,请速移送文卷,至是否可即时交保,应俟侦讯后始可决定。如贵部已徇学生代表等请求担保以后不再有非法行为发生,由贵部自行负责处分,本庭自属未便过问,职等旋即回庭。未几卫戍总部即派员来庭,将所派职员宪兵撤回,并领回寄放学生。此系当时经过实在情形。二十三日(星期日)上午十时许,卫戍总部派车邀职赴总部参加临时紧急会议,职到会场时,即有青年部陈部长雪屏报告学潮经过详情,嗣由社会部谷部长正纲、首都警察厅黄厅长珍吾相继发表意见。关于已逮捕学生交保释放一事,诿为本庭放弃职责,不予讯办,等语。实属重大误会。当由职起立声明事实经过,深获在场各机关代表之谅解,误会亦稍祛除。是日下午四时,又接卫戍总部电告紧急事件有随时发生可能,应速物色可以容纳三、四百人之羁押处所,以资应变,并告知已转托警察厅觅得中华门外雨花台畔莫将军庙可作收容人犯之用,请速派人前去布置。职即派员带同看守所看守前往守候半夜,并无动静,始行归来,经勘查此项古庙陈旧,土墙倾圮,泥地潮湿(无地板),设备毫无,且地处荒郊,面临公路,警卫戒护及人犯食宿均感困难。以上各情业经面禀钧长察核,并奉面谕:嗣后如有此项学生暴动事件移送本庭侦讯时,应妥慎处理,为便于人犯戒护及避免集中目标计,并即商由警察厅寄押各警局及派所较为妥善,等因。当即分函警察厅、卫戍总司令部洽商去后,兹准卫戍总部函复略称:经就目前紧急权宜处置,嗣后拘捕特刑案件人犯,拟先就首都警察厅各局所代管,押由贵庭随时捕具押票以明责任,在京区城郊倘有公共场所合于作看守所使用者,由该厅各局所代为觅定通知,仍请贵厅尽速筹备,以利收容。等由。准此。查本庭看守所经临各费预算尚未奉行政院核定,倘由警厅觅定临时所址认为可以使用者,关于修建设备及添派看守各节于必要时另案呈请核办外,理合将本庭处理临时事件经过情形据实备文呈请钧长鉴核备查。谨呈

司法行政部部长谢

  代理首都高等特种刑事法庭长吴昌成

〔司法行政部档案〕

3. 中大被捕同学营救会驳斥中央社诬害同学之言论报告

(1948年7月16日)

报告

  窃此次本校华（彬清）、朱（成学）、李（飞）三同学被捕消息传出后，中央社忽即连发表两次电讯，或诬蔑三同学为共匪，或诬蔑三同学为共匪职业学生，措词荒谬，用心刻毒，一心一意在陷害我品学优良之三同学，掩护其非法侵害人权之事实，阻碍同学们营救自己的同学。留校同学对此事件既恨且痛，纷纷发表驳斥中央社之言论，主张更应积极救出三被捕同学而后快。本会既为留校同学代表会所产生，乃本乎纯良与诚挚爱护自己同学的立场，谨搜集同学对中央社驳斥之意见如后，敬希钧处转呈行政会议参考。

  一、十三日消息谓在二道埂子周大才家搜获该组织之常务会议纪录及其他重要文件多种，继于六日晨捕获该组织之重要分子陶元贵、朱成学、华彬清及李飞等四名，嫌疑犯陈德全一名，而十五日载所谓逮捕经过中又谓是在三道埂子周少清家中发现有开会纪录等重要文件，又说五日深夜二时前后捕获四名，该四名中有陶荣贵……为什么前后消息矛盾，一说在周大才家，一说在周少清家；一说在六日晨捕获陶×，一说在五日深夜二时捕获，岂非故意捏造。

  二、中大学生既然于六日晨被捕，为什么直到十二日未见中央社透露只字片语，直至华君家属来京呼吁我校同学起来营救时，才发出诬蔑消息，谓京市破获匪谍组织，显系暗中迫害，并再恫吓同学,阻止营救,进行其有计划之阴谋。

三、十五日警局逮捕经过消息中,谓陶×供称系送三学生往安徽巢县,又说在该生等身边搜出若干反动书籍及传单帐目等物,试问既到匪区,何必还带反动书籍与传单,而所谓反动书籍究何所指,消息中并未列明,莫须有之罪名就不能加。

四、况三同学品学兼优,人所共知,华彬清因母病危,笃在期考前三周即告假归家侍亲,李飞于本月五日晚之化工系同乐会上,声称即到上海某工厂服务,而朱成学在本月五日向同学告辞时,亦称返浙省亲,并有同学送行,确非前往匪区,其理明甚。

五、学校当局既有承咨询卫戍司令部,而卫戍司令部推卸责任于首都警察厅,何以卫戍司令部孙连仲又接连发表两次谈话。

谨将驳斥理由胪列如上,此呈
训导处

中央大学被捕同学营救委员会呈
七月十六日

〔国立中央大学档案〕

4. 中大营救被捕同学会报告成立组织情况 并要求立即释放被捕同学呈

(1948年7月16日)

自本月十二日本校周闻社传出华彬清、朱成学、李飞三同学被捕后,留校同学咸感惊讶与悲愤,站在同窗共砚的友爱立场,被捕同学所在之三系(法律、政治、化工)同学乃发起召集留校各系级同学代表大会,当经选出法律系等十一系组织中大营救被捕同学委员会(简称营救委员会),拟会同学校当局积极进行营救事宜。兹分述其组织系统如左:

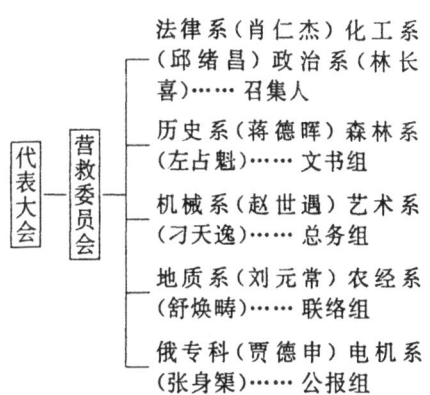

文书组——负责草撰文稿。
总务组——负责财务(乐捐)总务事宜。
联络组——与被捕同学家属及学校当局取得联系。
公报组——随时公布本会会务进行状况。

由上所述,本会态度显与钧处一致,对于此事件之解决,完全尊重法律之严正独立,要求无罪立即开释,有犯罪嫌疑,立即公开审判,自此之后,本会愿秉同学公意,并遵照钧处之指示,期冀早日恢复被捕三同学之自由,谨此便呈

训导处钧鉴。

中大营救被捕同学委员会
七月十六日

〔国立中央大学档案〕

5. 药专关于开除进步学生与教育部往来密呈
(1948年7月)

(1) 药专密签呈(7月20日)

极密件
签呈　三十七年七月二十日于国立药学专科学校

窃查本校学生邓道光等七人，平素在校屡生事端，或制学潮，煽动罢课，或组织社团，妨碍学校行政，或刊行壁报，发表荒谬言论，攻击政府，诋毁元首，或排演戏剧，吸收外围分子，或与学校外不法社团秘密勾结，企图制造不幸事态，或聚众要挟侮辱师长，行动既逾常规，思想亦显属左倾，其为有计划有背景有阴谋之组织殆甚显明，虽屡经训导，终鲜成效，本学期幸防范周密，彼等无隙可乘，未生重大事端，惟长此以往，恐贻为学校不能安定之根本大患。兹届暑假，正为整肃学风良机，为特检同该生等名单一份，据实呈报，恳请钧座密予指示处理途径，以便遵循，实为德便。谨呈

部长朱

附呈该生等名单一份〔略〕

职国立药学专科学校校长吴荣熙

批示：着即以据报方式饬校一律开除学籍，如有确实证据，并移送特种刑庭法办，一面继续查明此项分子惩处。

（2）教育部代电（7月30日）

代电

国立药学专科学校吴校长密鉴：据报：该校学生邓道光、陈鑫、汤光、孙时良、潘嘉钊、韩娟、孙道章等七人，平素在校屡生事端……照原文叙至……其为奸匪有计划有阴谋之组织行动殆甚显明，等情。仰将该邓道光等七人迅即一律开除学籍，检同证件会商治安机关移送特种刑庭法办，并仰继续查明此项分子予以分别惩处，毋稍姑息，以肃学风为要。教育部。印。

〔教育部档案〕

6. 詹明远关于中大学生营救会营救同学办法情报

(1948年8月)

(1) 情报(8月2日)

(密) 中大职业学生营救会对特刑庭起诉书之对策

首都七月卅一日讯：中大职业学生华、朱、李自被特刑庭检察官提起公诉，而起诉书复经中央日报于本月廿五日予以披露后，中大职业学生主持下之营救会当于廿六日决定对策，兹分别摘录如后：

一、选派代表五人往访特刑庭庭长，要求公开审理。
二、发表文告驳斥特刑庭检察官对三同学之起诉书。
三、敦请本校法学教授担任辩护律师。
四、要求准许同学旁听。
五、广泛征求同学意见，决定有效对策。

按该营救会所发表之文告，其驳斥原起诉书之简略理由如下：

1. 去年五二〇反内乱大游行，系属不满现实之行动，此一行为不得认系犯罪行为，而提起公诉反是则举国不满现实者比比皆是，检察官其能集体予以起诉乎。

2. 华、朱两同学膺选主席团，其一切言行系属代表全体同学，当时参加此一游行者，除南京各同学外，尚有平津沪杭穗渝汉等地同学，华、朱二人的行动也就是各地同学之集体行动，如认此合法行动而罪诸华、朱二人身上，实为阴谋暗害。

3. 原起诉书所指之罪行，均属各机关之苦思的捏造，但是终久掩不住阴谋的尾巴。

4. 假如这墨迹未干的宪法还有一丝一毫的尊严，我们不但有理由要求释放被捕同学，而且应该赔偿他们的精神上名誉上之一切损失。

（2）情报（8月3日）

（密）

中大职业学生拟聘戴修钻
等三律师为被捕学生华彬清等之辩护人

南京七月卅一日讯：中大职业学生组织之被捕同学营救会，近拟聘请戴修钻、陈跃东、吴傅义三律师为华、朱、李之辩护人，以便出席特刑庭，为被捕三生公开辩护，戴氏等尚未接受此种请求，现正考虑中。

按：上开三律师均系中大教授，口才均佳，并富号召力，戴氏且曾弹劾段祺瑞，为人甚为耿直，如经决定出庭辩护，对此案将有重大影响。

另悉：中大职业学生主持之营救被捕同学委员会顷又收得华彬清等续致该会之函件，兹将其内容列报如后：

我们的生活承蒙你们多方照顾，感激万分，所得一点安慰亦唯朋友们的友谊而已，我们已被起诉，今将起诉书寄上，请律师研究一下，我们觉得不一定要请律师出庭（有当然更好），但律师调阅卷宗，并接见我们，告诉我们攻击防御方法是必要的。此外请送牙刷一柄（朱成学寝室中有一柄旧的可拿来），墨水一瓶（朱成学寝室中也有），社会科学和文艺书籍可多点送来，只要经过检查是允许看书的。你们不必于每星期二、五都送东西，太辛苦了，一星期能看我们一次也就差不多。因为侦查终结，本星期三已可接见，希望星期三能有人和我们谈（可来三人分别接见我们），我们寄信规定在星期一、四，但外边寄来不受限制，以后可常通讯，谢谢你们，祝暑安。

李飞　朱成学　华彬清同上

〔教育部档案〕

7. 詹明远关于中大学生呼吁营救被捕同学情报

(1948年8月2日)

(密)　　　中大职业学生援助被捕之华彬清等情形

南京七月卅一日讯：中大职业学生华、朱、李等自经特刑庭提起公诉后，各职业学生会组织营救会，主持营救事宜。七月廿八日该会公报复标题呼吁援助受难的弟兄，并附刊华彬清致营救会书原文，以争取同学援助。兹将该二书内容列报如后：

（一）营救会所发援助受难的弟兄原文：

三同学自十七日被转入特种刑庭已经十个日子了，本会代表曾经三次访狱，而至亲骨肉终未获见，一面他们在狱中过的是非人的生活，每餐仅有一大碗糙米饭，一碗白开水帮助下咽，他们屡次来信要□菜咸蛋之类，而代表们每次都带了这些东西去的，不晓得是不是全到了他们的手，也许是东西有限，希望同学们站在道义的立场多多的捐赠食物与金钱，使受难的兄弟得到人情的安慰。

暑天这么热，尤其是那密不通风阴暗潮湿的监狱，人怎么能熬受得了，在这样的大热天每日只供应一次开水，由工人帮助盛在每一个被拘禁的吃过饭的碗里，怎么能够每天的需要，他们来信要热水瓶磁盅，希望能多盛点水，略能补助点需要。同学们想想自己，本着人道的立场上多多捐助这些东西。

三位同学代表着我全体中大的人在坐牢受难，我们不容坐视，拿出正义与人道援助受难的弟兄。

华彬清致营救会书原文

一、请设法送热水瓶及奎宁丸若干，弟及老朱昨患感冒，因狱中空气较浊，弟室中有钙粉一瓶，下次请带来，亦可聊资强肺也，曾于星期四发致沙训导长谢信及你们一信谅未到达，我等也未收到任何方面来信云云。

〔教育部档案〕

8. 詹明远关于中大教授对被捕学生之反映情报

(1948年8月2日)

(密)　　　　中大教授对被捕三职业学生之反映

南京七月卅日讯:中大职业学生组织之营救被捕同学委员会,于七月廿九日往返该校,教授听取关于如何营救三同学之意见,在营救公报上发表,兹特查报如后:

一、张西曼教授:在迫害一步紧一步的今天,被捕打杀是不可避免的事,华、朱、李被捕不过是无数次迫害中的一桩事罢了。今天政府所加于同学之罪是共匪谍报组织,实则欲加之罪何患无辞,要想营救被捕同学出险,唯有大家团结起来,共同努力,才能成功,一句老话团结就是力量。

二、沈其益教授:学生本同窗之谊,组织营救会是应该的,纵令政府、学校不承认其为合法组织,它亦可自己活动,至于呼吁教授支持援助,最好找教授会想办法,一个人是没有好大的力量的。

三、沈同洽教授:局势演变到今天,法律、正义、公理早已绝迹,立院委员们对保障人权案竟不予讨论。华、朱、李三同学被捕,按法应在廿四小时内移送法院(事实上押在水上警局达十日之久),既已移入特种刑庭,当然加罪不患无辞。暑假同学多已星散,力量不能集中,这是打击同学的好机会,应多多警惕。等语。

〔教育部档案〕

9. 中大学生刊布政府迫害各校学生统计情报

(1948年8月21日)

(密)南京八月十八日讯:中大文昌巷民主墙,近日发现张贴南京通讯油印刊物一种,内有迫害小统计,略称本年六月至八月期间,各地学校学生遭受政府逮捕、开除总数在七百人以上。兹特将原统计列报如后:

1. 遭逮捕者:
一、中央大学:华彬清(七月)　朱成学(七月)　李飞(七月)
二、清华大学:徐芳伟(七月)
三、朝阳大学:丁治(七月)
四、北平师院:许铣(七月)
五、中山大学:黄镜波(六月)
六、山东大学:朱庆芳
七、国立药专:黄道胜(六月)
八、四川大学:陈为珍(六月)
九、大夏大学:马玛丽(七月)
十、杭州师范:李镜波(七月)
十一、长白师院:王　立(七月)
十二、重庆大学:凌春波(七月)
十三、省教院:蒋茂生
十四、东北大学:三人
十五、昆明各校　六百人

2. 遭开除者:
一、中央大学:张自新(七月)　盛志廉(七月)
二、大夏大学:王焕文、朱运达等五、六人
三、东方语专:王守诏等八人
四、光华大学:杨希言等八人,赵天佐等四人(均停学)

五、国立药专:尹宗清、武育麟、蒋启昌、林翘翘、戴克逊、童乙青(均七月)
六、杭州艺专:三人
七、沪江大学:十五人
八、社教院:刘化南等四人

〔教育部档案〕

10. 唐安邦关于金大组织被捕学生营救会代电
(1948年8月31日)

代电　东发七字第四八二号
中华民国卅七年八月卅一日

赵静涛先生勋鉴:查政府此次通令全国肃清匪谍,旨在安定后方秩序,遏阻乱萌,首都各校之职业学生业经特种刑庭传讯在案,除少数遵令到庭及企图潜逃者为宪警拘捕外,其余大部仍留滞学校。据报:金大学生已正式组织被传捕学生营救会,中大亦发现营救快报及其他宣传品,此种举动即为反动之现行罪,法所不许,用特电请查照转饬各该校严予取缔,以张法纪,并烦将办理情形见复为荷。唐安邦。未寝(卅七)京报秘。

〔教育部档案〕

11. 内政部警察总署关于取缔中大营救会告同学书及每周新闻刊物代电
(1948年10月9日)

内政部警察总署代电　(卅七)署字第15287号
中华民国卅七年十月九日

教育部公鉴:据报:近日中央大学分校学生仍有少数不良分子暗中策动学潮,并以营救会名义印发告同学书,及出刊每周新闻,该新闻内容类多为奸匪宣传。等情。附原印刷物二件。据此相应检同原每周新闻及告同学书各一份,电请查照取缔为荷。内政部警察总署。(卅七)署酉佳[每周新闻略]。

中大分校少许同学以营救会名义公告同学书(全)
营救会告同学书(暑假大逮捕与营救会的工作)

今年暑假,中大遭受了大的劫难,有好几十个同学被残酷地迫害,有人坐牢了,有人在羁押中,现在我们同学已进校了,让我来回忆一下这一段生活吧。暑假开始以后,有计划的迫害便开始了。迫害开始于朱成学、华彬清、李飞三同学在校外被捕,那时是七月六日,因暑假的缘故,这件事情被发觉已是七月十二日,全校为之震动,一致呼吁团结起来,成立营救机构,于是便由留校同学代表会产生营救【被】捕同学委员会,这就是开始的由来。本会成立以后,随即展开工作,七月十六日举行首向行政会议呈明本会组织和态度,我们站在同学道义立场上,态度和学校态度是一致的,就是被捕者无罪应立即开释,有罪应尽速公开审判,免□冤狱,并请校方准予登记,但未蒙见准。三同学被捕以后,即于外间隔绝,度着铁窗生活。第一个问题是狱中生活大苦,每月每人只有三十万菜钱,每天每人白菜四钱、盐三钱、油一钱,饭则糙米饭二顿,因此本会首行募捐,于每周二、五向狱中送佐餐食品。另一方面是审讯问题,本会不时催请特刑庭从速办理此案,二次见特刑庭长,要求公开审讯,并请校方帮助,迨三同学提起公诉,本会即派慰问小组探视三同学,同时学校曾致本校法律系教授为同学大力辩护,当由戴修钻、吴传颐、陈跃东、林振镛四律师写成辩护状。惟因教授出庭不便,乃由戴修钻推荐本京著名律师薛诵齐先生为义务辩护人,本会即派代表与薛先生接头之后阅卷出庭均恳挚将事爱护青年之心,实令我同学感戴无涯。

在这件案件进行中,京市中突然布满恐怖戾气,自八月中起,京市各官方半官方报纸喧器叫嚷要政府清除匪谍,自然这不过是当局预先布置的攻势。接着自八月十八日起,本校同学开始遭捕,校园内外着便衣不明身份者在校周围,不少吉普往来驰驶,一方面是特刑庭的传票,一方面是特务的劫持,结果有赵世愚(机四)、李尤(航四)、黄善初(经四)、史书华(哲四)、袁旭霞(史四)、徐枚芬(外文四)、李正道(政一)、曹先志(史三)、赵维勤(生物三)、胡国琼(艺三)、章素(化四)、朱匡济(史三)、林玉成(□三)、万于夔(电一)、张玉松(法四)等十余人被捕;被讯的同学郑亚宇、承新元、洪兆望、陈鸣飞、邓时鲜、继宪功、杨圣希同学等被扣押。在旬日恐怖过程中,本会与校方保持接触,一日向祁主任报告校中情形特务封锁宿舍滥捕同学,并提出七项要求:(一)被传的同学在待传时间,应保障其身体自由与安全。(二)学校□□保释架走的同学如系被传当依法传讯。(三)撤除特务封锁,恢复同学自由与安全的保障,一切依法律手续进行。(四)要求公布全部黑名单。(五)如有入宿舍搜查事,治安机关应先通知学校布告同学周知。(六)被传同学早已回家者,如来校出庭应讯,学校应向治安当局交涉,保障其路途上之安全。(七)二十三日特刑庭审讯华、朱、李三同学,校方应派人会同同学代表出席旁听,并负责代表的安全。七项要求经祁振亚先生答应传达校方。

因为被捕同学多了,本会乃扩大机构成立营救小组,以求有效展开工作,在整个营救过程中,本会始终站在同学立场上,秉承同学意旨竭尽绵力,屡次与校方、特庭、同学之家长商洽、募捐、转送食品,我们二次相遇募捐都用到补助狱中同学生活,本会并发表公报报告营救工作的进行。

同学们:我们已开始行课,我们已开始新的学期,但念及狱中同学在苛苦生活条件下受尽折磨,咫尺天涯,痛苦谁诉,我们于心何忍,目前营救会已展开募捐运动,希望大家要多多捐款,同时对一切工作提出宝贵意见。

〔教育部档案〕

12. 孙连仲关于各校抗议特刑庭拖延审理被捕学生并促请处理代电

(1948年10月22日)

(1)首都卫戍司令部代电(10月22日)

首都卫戍总司令部代电

戍导三字第702号

中华民国二十七年十月二十二日

司法行政部谢部长冠生兄勋鉴：据报：金大匪谍龚春霖、吴至美、杨止道日前发起抗议特刑庭迟不审理匪谍学生运动，并于九月廿六日下午二时邀集各校被传匪谍学生商讨对策，决定：一、促当局对在押同学提早审判。二、宣判无罪之同学应早日释放。三、特刑庭对被传学生之罪证应采纳教授意见。四、联络有关学校一致行动，等情。查各校均有此项运动，相应电请查照转饬首都特种刑事法庭，对被传匪谍迅予审讯结案为荷。弟孙连仲(卅七)酉戍导三。印。

(2)首都卫戍司令部代电(10月22日)

首都卫戍总司令部代电

戍导三字第2611号

中华民国卅七年十月廿二日

司法行政部谢部长冠生兄勋鉴：查京市匪谍学生自本年八月二十一日拘送首都高等特种刑事法庭，迄今两月，虽经本部遵奉中央干部会议指示协组侦讯小组，但该庭自小组成立以来，仅召集会议一次，致在押匪谍迄未审结，近闻各地又有后援会之酝酿，倘再拖延，后果实难设想，拟请转饬该庭于十一月上旬以前侦讯完毕，否则如因此而发生游行罢课等情事，不惟本部压制困难，亦且有失政府威信。相应电请查照，并希办理见复为荷。弟孙连仲。(卅七)酉戍导三。印。

〔司法行政部档案〕

(2) 上　　海

1. 詹明远抄送上海教育界人权保障会宣言情报函
(1947年3月24日)

兹抄送"民盟上海教育界人权保障会宣言"一件，即希查照参考为荷。此致
赵静涛

詹明远　卅六年三月廿四日

附件如文

上海教育界人权保障会宣言

天赋人权，是民主政治的基本原则，民主政府对于人权的保障，不仅是几条法令，而是尊重人民基本自由的事实。在今天，我们要求政府和唤起全国人民注意的是，人权已遭摧残，自由业被剥夺，宪警可以任意出入家宅，横施搜查拘捕人民。连日报载北平宪警搜捕居民二千余人；青岛举行突击总检查，逮捕人民将达六千；上海发生秘密绑架也有数起，其他各地类似事件迭有传播，且据道路传闻还有编成黑名单行将大事搜捕的消息。群情哗急，人人自危，上海各大学六十六教授继北平十三教授发表宣言响应保障人权，我们教育界同人自应步调一致，扩大范围，促使政府和社会人士之注意，我们主张：

一、同意北平十三教授上海六十六教授宣言中的各项意见，对于宪警之任意入人家宅搜查拘捕严重抗议。

二、政府对于已经被捕的人民应立即释放，并明白惩办执行此种不法搜捕之官吏军警。

三、对于种种侵犯人权举动之传闻，政府应及时发表声明，藉明发生事件之责任。

上海教育界人权保障会的成立，是教育界同人正义感的表示和自由意志的发扬，我们的任务不仅在求自己的保障，对于已经失去自由的人民也表示着无限的同情和愤慨，我们同心协力坚持我们的主张，使天赋人权不在暴力威胁下泯灭，使民主政治的基础更为稳固。此种企求当为全国各界人民所共有，但我教育界同人因痛痒较切，感触特多，所以团结一致之需要更为迫切，极愿从此开始全国各界人民携手并行，为人权保障奋斗到底。

为了扩大影响，增厚力量，凡同意我们的意思的请签名参加。

上海教育界人权保障会　卅六年三月十二日

〔教育部档案〕

2. 詹明远关于同济等校抗议政府逮捕学生继续罢课情报
(1947年6月11日)

沪同济等校仍罢课并作街头宣传

上海六月十一日讯：沪同济、大同、光华等大学及新陆师范学生，十日起为抗议政府逮捕学生罢课，并分派若干小组，每组五、六人，至虬江路一带宣传，宣传时散发学生报及"新五月演义"小册，以诋毁政府云。

〔教育部档案〕

3. 詹明远关于马叙伦在沪组织被捕学生家长后援会情报
(1947年6月12日)

(密)　　马叙伦组织被捕学生家长后援会

据报：左倾分子上海人民团体联合会领导人马叙伦，将定于本月十日,联合各学校被捕学生家长,组织后援会,关于该项筹备工作,现已开始通知各被捕学生家长,前往吴江路六十六号中国妇女协会办理登记云。

〔教育部档案〕

4. 教育部关于交通大学教授抗议军警包围该校伤害学生及非法逮捕函

(1947年6月19日)

教育部公函　　高字第三四二三四号
　　　　　　　中华民国卅六年六月十九日

案准贵处六月三日捌字四三七六三号通知:交通大学教授会电:该校五月卅一日被军警围击,学生重伤三人,轻伤卅余人,请迅派员查办一案,奉饬交教育部迅速办理。又准六月五日服捌字四二三○一号通知:复旦大学教授伍蠡甫等呈请饬释放被捕男女生,并担保不再有此损害人权之举。奉谕交教育部妥慎处理。学生已返校准备复课,惟各校学生传有六年总罢课之说,经本部迭令各校校长对学生多方开导,并设法制止轨外行动,以免发生意外情事。至学生被捕,系属军警机关职权,如侦讯后无他种罪嫌,自应依法早日释放。受伤学生□可酌情优予补助医药费用,以示矜恤,对于各校教授,似可温语慰勉,促其即日复教。兹准前由。相应函复,即希查照转陈为荷。此致

行政院秘书处

部长朱家骅

〔教育部档案〕

5. 孙为慧抄送沪进步学生发动我们要求做人的权利签名运动情报笺函

(1947年6月23日)

教育部笺函　训字第三五〇二七号
　　　　　　中华民国卅六年六月廿三日

兹抄寄该市有所谓我们要求做人的权利签名运动情报乙件，即希会同各学校及有关机关密切注意为荷。此致

顾局长毓琇

　　附件如文

孙为慧

(密)　　沪左倾分子发动我们要求做人的权利签名运动

据报：沪市左倾分子，近铅印我们要求做人的权利印刷品一种，由各左倾学生，分头携此宣传品，劝请一般市民及公司职员签名，兹将该项运动之组织及任务分志于下：

A. 组织组：下设分队、分区及分组；

统计组：担任统计签名人数；

联络组：负责与各小组工作人员联络，及传递消息；

训练组：负责办理组训及召开大会工作。

B. 签名对象：一般市民（车夫、小工、无知识者）、外国人及公司与商店之职员。

C. 签名期限：自六月十日至十二日，由每人持该项宣传品及白卷一份，签完后再行返组领取，以免军警注意。

〔教育部档案〕

6. 行政院秘书处抄送上海学联代表及被捕学生家属代表呼吁保障人权请愿书公函

(1947年6月23日)

行政院秘书处公函(卅六)四防字第二四二二号

本年六月十六日有上海学联代表及被捕学生家属代表来院请愿,经谕知所请各点应由主管机关查明核办,不得越级请愿,除由院分电上海市政府外,相应抄同原呈各点及代表名单函请查照。此致

教育部

附抄原呈及代表名单各一份[名单略]

秘书长甘乃光

中华民国卅六年六月廿三日

抄原呈

为逮捕无辜学生请求立即释放,并保障学生身体及学籍安全事。窃自五月间,全国各校为挽救教育危机请愿以来,各地陆续发生拘捕学生情事,只就上海一地各校学生名列所谓黑名单者数达一百卅余人,已经被捕者达六十余人,查人民有请愿之权利,明载训政时期约法及中华民国宪法。此次学生鉴于学校经费之微,设备之陋,物价高涨,员生生活之艰,影响所及,怵于教育已濒破产危机,起而呼吁请愿,人同此心,动机纯洁,中间虽有要求和平之呼吁,亦属探本究源,出于至诚,绝无任何政治背景。即以被捕学生而言,均为平时热心公务,认真负责,思想纯正,安份守己者,同学师长咸视为学生表率。乃当局不察,未经调查,据尔拘捕纯洁之青年指为共党,贤明之当局何忍出此,既未公布确证以释群疑,亦未公开提审以昭法治,背弃宪法,剥夺人民自由权利,莫此为甚。教育为百年大计,莘莘学子为挽救教育危机,起而呼吁,乃当局反予摧残,

殴辱之不足,继以拘捕,拘捕之不足,甚至枪杀(如武大事件)。流风所及,人心惶惶,群情愤激,是非昭然,公理所在,即使暂时压制,亦岂国家民族之幸。事变发生以来,上海贤达,各校当局,无不痛心疾首,引为遗憾,或奔走呼号,或罢教,力争主持正义,以谋保存国家元气。乃经学生家长各校教授及学生代表向上海市长吴国桢交涉经旬,乃出尔反尔,毫无结果,爰经被捕学生家属联合会及上海市学生联合会决议,谨以至诚来京作以下之请愿:

一、立即释放被捕同学(无罪者立即释放,有犯罪证据者,立即送往法院依法处理)。

二、取消所谓黑名单,停止逮捕黑名单学生,以维法纪。

三、严惩殴伤枪杀学生凶手,抚恤死难,赔偿受伤及被捕同学损失。

四、保证以后不再捕人,不再发生学生失踪事件。

五、保证被捕同学在释放后身体及学籍之安全。

六、保证以后任何学生学业安全及假期中身体之安全。

七、请教部勿藉故解聘教授。

右开各点务祈赐予鉴核,准如所请,以维国家培植人才之旨!钧院热心教育爱护青年之至意!实为德便!谨呈
行政院

具呈人:上海市被捕学生家属联合会
上海市学生联合会联合请愿团

〔教育部档案〕

7. 于鸣皋抄送大同等五大学因校方非法大量开除学生而组织联合会反对情报函

(1947年8月15日)

径启者:兹抄送大同、之江等五大学学生为校方利用暑假开除

学生组织联合会反对情形一件,即请查照为荷。此致
赵静涛同志

附件如文

于鸣皋启　八月十五日

　　大同、大夏、光华、之江、南通等大学学生,近因校方利用暑期变相开除同学共三百余人,彼等极表愤恨,致该五校学生为争取读书之基本权利,特联合组织五校学生反对无理勒令退学联合会,已于八月五日在沪大同大学学生自治会内正式成立,并选大同大学学生为该会主席。内部分为总务、宣传、文书等三大部门,积极展开工作,发表宣言,扩大宣传,以争取社会各界之同情与支持。该宣传组所发表之文内谓:五月学生之运动,是各校同学争取自身之福利,促使各校当局改善校政之自发行动。而当局不察,先以军警弹压,继之大肆逮捕,使每个被全体同学公举出来之负责人蒙受种种无辜之苦难,使全体同学在不安和恐怖气氛中求学,社会各界曾予正义支持,而当局亦曾允许保障各同学之学业,但现在大批同学都在煽动学潮破坏秩序之罪名下被剥夺了求学之机会,不惜以学分不及格藉口饬令退学、转学等变相开除处分,并在学期结束各校均有排挤学术界专家名教授,而任用不学无术之私人,使学校学术水准低落。今同学等为反对摧残教育,保障同学学业,挽回教育危机,五校同学已团结起来,希望各地同学纷起响应参加,并盼各界人士给予有力声援,同为中国教育前途而奋斗。

〔教育部档案〕

8. 于鸣皋关于抄送沪公私立中学四十一校学生家长组织联合会反对校方借故开除学生情报函

(1947年8月17日)

径启者：兹抄送上海市公私立中学四十一校学生家长为校方借故开除学生组织联合会表示反对情形一件，即请查照注意为荷。
此致
赵静涛同志
　　附件如文

于鸣皋启　八月十七日

上海全市各校于本（卅六）年暑期内借故分别开除学生多名，颇遭各界之不满，并有大同附中、智仁勇、复旦实中、正行青年会上海女中等共四十余中学，组织一被开除及受不合理处分学生家长联合会，于八月七日下午二时在沪香雪园召开大会，并发表书面谈话，内谓：学校当局措置失当，其不合理之处分影响学生及家长之名誉，希望学校当局能深明大义，不受任何势力牵制，保守教育独立神圣之立场，并盼学校及教育当局答应彼等所要求之三点：

一、立即收回一切无故开除、停学、饬令转学及其他一切不合理之处分。

二、学生考卷应予秉公核判，给予留级者补考之机会。

三、赔偿因不合理处分之一切名誉与损失，最后并希望关心青年前途之人士维护正义立场，予以支援。

〔教育部档案〕

9. 于鸣皋抄送沪各大学学生为反对无理勒令退学组织联合会及其活动情报函

(1947年8月25日)

径启者：兹抄送沪市私立各大学学生组织反对无理勒令退学联合会由一件，即请查照并案参考为荷。此致
赵静涛同志
　　附件如文

　　　　　　　　　　　　　　　于鸣皋启　八月廿五日

（一）

上海市各私立大学学生为反对无理勒令退学特组织之联合会（简称反退联），已于十九日上午九时在沪市复兴中路三六六号三楼大同大学学生米鲁贤宅召开各校代表会议，出席者有之江、沪江、南通、大同、大夏、光华、中国新专等七校，讨论决议如下：

一、组织家长联合会，促使校方及各界之注意。

二、定于二十日上午十时假林森路香雪园酒家招待新闻界，提出控诉。

三、推定大同同学负责组织工作，中国新专同学负责宣传工作。

四、如交涉无结果，即考虑集体晋京请愿。

五、商借中华工商专校为办公地点，办公时间定每日下午四时至七时。

（二）

上海共匪外围学联最近积极发动大同、之江等五校组织反对无理勒令退学联合会，目前已有八个大学学生参加，并于八月廿

日上午十时借沪市林森路香雪园酒家招待新闻界，散发反退联备忘录及反对开放对日贸易宣言。当时到有时代日报、大公报、新闻报等报社记者八人，参加学校单位有上法、大同、大夏、之江、沪江、光华、中国新专、南通等八校代表，推定大同学生田振邦为发言人，报告各校情况，申述该会立场，伪称无政治党派色彩，并表示此次运动如无圆满结果，即晋京请愿，至十一时散会，会后另开各校代表会议，议决：1. 与各中学联络扩大组成上海市学生反对无理勒令退学联合会；2. 暂时商借中华工商专校为办公处（联络处）；3. 定于本月廿二日上午九时举行代表会议，商讨会议方针。

〔教育部档案〕

10. 詹明远关于沪反退学联合会准备赴京请愿情报

(1947年8月26日)

情报

沪反退学联合会学生将来京请愿

据民盟份子石啸冲谈称：上海学潮，又将爆发，上海八大学生反退学联合会近在上海霞飞路香雪园招待记者时，曾说明现在被各学校当局开除之学生，计有大同八十三名，光华一百三十名，之江七十一名，南通七名，大夏一百十四名，沪江五名，上海十六名，中国新专十一名，目前各校均已开始签名运动，一俟签名就绪，即公告国内外机关呼吁，同时并函司徒雷登大使，申述国民党摧残教育之罪恶，如再不获解决，则决定八大学学生全体赴京请愿。总之，必须各学校收回开除学生之成命，否则不达目的决不停止运动云。

〔教育部档案〕

11. 吴国桢关于拟派军警镇压沪各大专学校反对非法开除学生运动电

(1947年8月27日)

即到。南京主席蒋并请转院长张、教育部朱部长钧鉴：1002（表）。本市八国立大学及专科学校，因鉴于过去学潮，为彻底肃清内部捣乱份子防范未来起见，于廿五日各别开除学生或饬令退学十五人不等，交通、暨南大学留校学生遂起反对。暨大学生数百人今日包围该校训导长，质问数小时未得结果，两校普遍贴反对标语，要求撤回成命。复旦、同济亦有受影响，可能加以解聘教授在后煽动，事态或将恶化。职今召集各大学校长并与教部派员、宣司令、潘议长、方主任委员洽商，商定处理步骤如下：（一）由各校当局向学生表示坚决态度，此系学校行政职权，学生违反校规，应受处分，其他学生不得干涉，干涉者当亦惩处，若全体反对，由校方自行呈请停办在所不惜。（二）对于开除及退学学生，限期离校，届期不离当由校方通知警察驱逐出校。（三）若学生有扰乱秩序行为，校方无法维持，即由校方招待新闻界，将经过事实详细报告，并函知市府派警察保护，并拘捕肇事学生。（四）市府派警到校，完全由校方指挥，如警察不敷应用，再由市府函知警部加派军队。以上处理办法，是否有当，敬请核示祗遵，希示知。再交大整理委员会主任委员杭次长在京，似应转饬杭次长即日来沪主持，合并请示。职弟吴国桢。(27)未感机。印。

〔教育部档案〕

12. 同济大学关于奉令开除一批进步学生呈

(1947年8月29日)

国立同济大学呈　济字第二三四二号
中华民国三十六年八月二十九日

案奉钧部本年八月六日训字第43824号密代电内开：据报：该校共党嫌疑学生名单一份，特随电抄附。查关于将校内之共产党员与有共党嫌疑，或接近共党营私自便别有企图之分子，不论员生，务求肃清，以安教育，曾经电达，切实办理在案。据报单开各生如查明属实，应即开除学籍，以遏乱萌，并将办理情形具报为要。等因。奉此。正遵办间，复奉钧部同月十一日人字第44488号密训令内开：查本部前准淞沪警备司令部及上海市政府电送上海市各校与共匪有关之学生名册到部，当经抄同名单转令办理在案。此事关系重大，该校应迅与淞沪警备司令部及上海市政府联系，妥为处理，仰即知照。各等因。奉此。经查奉发名单内列曾龙海等廿二名，其中曾龙海、潘守遇、许敖西、赵保华、邹桂岩、桂书成、杨前坤、张扩夫、康健林、张肇华等十名确属嫌疑重大，除潘守愚、邹桂岩等二名已于暑假前毕业离校，赵保华一名系试读生，已饬知招生委员会于评定该生入学试卷时，无论成绩如何，不予录取，即行停止试读外，其余曾龙海、许敖西、桂书成、杨前坤、张扩夫、康健林、张肇华等七名已于本月廿六日勒令退学，并令即日离校，至肖荣铮、王永全、范郁芬、韩格兰、王异林、宋文和、唐如、宋玉文、杨益高、昌学禹等十名，因情节较轻，经于同日予以留校察看处分，并令知该生等以后如再有越轨活动定予开除学籍。又胡宇智一名查无其人，杨乐渔一名经该属院系主任考查其平日行为尚属纯正，免予议处。奉令前因，理合将遵办情形附同处分情形一览表一份，备文呈复，祗祈鉴核，准予备案。
谨呈

教育部部长朱

附呈共党及嫌疑份子处分情形一览表一份[略]

国立同济大学校长董洗凡

〔教育部档案〕

13. 于鸣皋抄送暨南大学生自治会抗议解聘教授情报

(1947年8—9月)

（1）情报（8月14日）

密。径启者：兹抄送国立暨大学生自治会声援解聘教授向校方提出三项要求之内容一件，即请查照为荷。此致

赵静涛同志

附件如文

于鸣皋启　八月十四日

国立暨南大学学生自治会，近因校方遵奉教育部指令解聘教授三十六人，特由自治会邀请全校学生发起声援，并由自治会提出要求三点，要求校方接受，该三项要求内容为：

（一）无条件续聘三十六位教授。

（二）保证全体同学学籍之安全，澄清各方之谣言。

（三）厘定优待侨生办法，常年在南洋及闽粤等地设立考区，便利侨生回国求学。除上述三点要求外，并由自治会推选代表分别慰问被解聘之各教授。据悉上述三点如不能获得校方之完满答复，则该自治会将以行动应付。

（2）情报（8月29日）

密。径启者：兹抄送上海国立暨南大学奉令退学学生掀动学潮情形一件，即请查照为荷。此致

赵静涛同志

附件如文

于鸣皋启 八月廿九日

八月廿六日上午十一时,上海国立暨南大学奉令退学之学生陶玉麟、王世杰(均安徽人)、许春瀛(福建人)三人利用该校安徽福建两同乡会之关系,发动请求校方收回饬令退学之成命,率领学生卅余人向该校训导长左潮生请愿,要求左氏签字允许上项请求。左氏以校长李寿雍来京开会,不能作主,未允签字,相持至下午四时,学生始行离去,并扬言将再赴李校长公馆请愿。现该校内遍贴所谓"后援会"具名之标语,内容为要求保障学生安全,收回开除学籍成命等,现事态有扩大趋势。其他各国立大学亦均在酝酿风潮中。暨大当局已将当日学生请愿情形分别报告市府警察局及警备司令部,请求随时予以保护。兹录此次奉令退学之各国立大学学生名单如后[略]。

(3)情报(9月9日)

密。径启者:兹抄送上海暨南大学学生营救被捕同学委员会致校长李寿雍书内容一件,即请查照为荷。此致

赵静涛同志

附件如文

于鸣皋 九月九日

国立暨南大学左倾学生,为八月廿三日大公报所载训导处勒令黑单(包括已捕未捕)同学离校一事,特以暨大学生营救被捕同学委员会名义,致书校长李寿雍,提出意见如下:

(一)校方通知黑单同学离校系一种变相开除学生,校方对此文恍惚其词,令人不免有阴谋诡诈之感。

（二）根据市府释放保证书上仅有此后不参加活动及随传随到二条，从速离校系何根据。

（三）教育机关有行政独立权，"市府表示""警备部代电"便可从命，教育尊严何在。

（四）当初校长曾表示只要学校安定，学籍当无问题，今复出此办法，究属何人意旨。

又悉该校福建同学会安徽同学会联名发表"我们的意见"，略为：许春潏、王世杰、陶玉麟三同学均系校方学生团体负责人，前为营救被捕同学，为校方以违犯校规开除，且无确实证据，希望校方于六小时内给予答复，收回成命，否则因此而产生之后果应由校方负责。

〔教育部档案〕

14. 三青团中干会关于上海学生保障学业联合会成立并提出减少学杂费等六项要求密函

（1947年9月24日）

三民主义青年团中央团部：

密启者：查潜伏各学校中之奸党及民盟分子，刻正制造各种不同口号，进行组织酝酿学潮，如上海保障学业联合会，反对无理迫令退学联合会，以及各地以学生救济联合会名义发起之助学运动，均在积极发展中，殊堪注意。兹将沪市学生保障学业联合会于八月廿五日宣告成立时所提之六项要求随函抄送，即烦查照办理为荷。
此致
教育部

三民主义青年团中央干事会启
三十六年九月廿四日

沪市学生保障学业联合会于八月廿五日宣告成立时所提出六

项要求:

(一)本学期学杂费最高额不得超过下述标准,大学生一百四十万,高中八十万,初中六十万,小学四十万。

(二)设立全免费额,大学生百分之十五,中学生百分之二十;半免费额,大中学各百分之三十。

(三)提高教育经费至全国总预算百分之十五,增加私校补助费。

(四)要求校方准许同学分期缴费,清寒同学先行注册上课,然后缴费。

(五)提高教职员待遇,授课每小时薪金为:大学七万五,高中三万,初中二万五,并于开学时至少一次发薪三月。

(六)在当局未明确答复前,各校同学一致缓缴费。

〔教育部档案〕

15. 有关教育部派员赴沪协助军警机关迫害进步学生令电
(1947年8—12月)

(1)教育部训令(8月11日)

训令(一)

令本部总务司司长贺师俊

前准淞沪警备司令部及上海市政府电送上海市专科以上学校与共匪有关之学生名册到部,当经转令各该校院办理具报在案。兹派该员迅即前往上海与各校院等及有关方面将本案妥为商洽,处理具报,仰即知照。此令。

训令(二)

令(附四三八二四号文一件请照抄填)

查本部前准淞沪警备司令部及上海市政府电送上海市各校与共匪有关之学生名册到部,当经抄同名单转令办理在案。该校院应迅与淞沪警备司令部及上海市政府联系,妥为处理,仰即知照。此令。

(2) 钱大钧密电(12月12日)

特急。教育部朱部长骝先兄:52597密。现在沪市各大学复校伊始,深恐有奸党乘隙羼内鼓动煽惑,希图转移青年思想,不可不先事预防。昨经召集党政军会议讨论办法,除本市中学以将学校已饬教育局派员密切注视外,关于大学校拟请由贵部指派督学一员来沪视导,并随时密查,以杜乱萌,并祈电示为祷。弟钱大钧。亥文室。印。

〔教育部档案〕

16. 詹明远关于同济大学争民主反迫害运动情报
(1948年1月)

(1) 情报(1月29日)

同济大学学潮恶化学生分批潜行来京准备集合请愿

沪同济大学学潮迄未获得解决,自治会连日与校方交涉要求收回开除成命,丁校长表示态度强硬,学生认为交涉已告绝望。又因罢课已久,同学逐渐动摇,医学院少数已复课,四年级毕业同学考虑毕业出路问题,对于罢课之举亦表反对。自治会为把握全校同学一致行动起见,曾连日举办游艺晚会,以便宣传煽动,并请上海大中学各校派选代表组织争民主反迫害联合会,作为行动声援,设法向外募捐活动经费。二十七日经会议决定,于二十八日派请愿团晋京请愿,但届时因校车罢工及其他预备工作尚未就绪,未能成行,当又向校方提出最后交涉,终告全面破裂。乃于二十八日午后五时召开紧急会议,决定于二十九日晨请愿团出发晋京,将工理医文法新生等院分编为三大队约千余人,于二十九日晨八时先在工学院集合,再向北火车站进行分批购票晋京,并先选出三名火车机手,如购票不足或受阻挠时,即抢车自开。预计搭乘九时或十一时早车,于当日四时半抵达南京,通知中大、金大、剧专等校届时派代表亲至下关迎接,并发动沪市大中学校至北站欢送,表示行动支援。至二十九时晨,请愿学生因警宪在校外及北站戒备森严,恐出发受阻,乃化装三两成群分别潜往北站购票来京。自二十八日夜迄二十九日晨九时至十一时,各班班车约已来京八十余人,分别佩有同济、东吴、复旦等校徽,图在京集合行动。二十九日晨,同济工学院被警察监视颇严,法学院亦被警察包围,学生乃潜自后门逃出,联合上海、交大、南通、光华、复旦、大夏、东吴、圣约翰等十三校代表约二百余人,齐赴工学院解围,并图造成意外事件云。

(2) 情报(1月30日)

同济大学学潮仍僵持中

沪同济大学罢课学生,曾于元月二十三日下午七时假该工学院大礼堂举行晚会,邀请其他学校参加,会前有复旦大学献旗一面,上写"石在火中燃烧",并捐慰劳金四百万元,华华中学献旗一面,上写"争民主反迫害",中华工商专捐慰劳金陆百万元,学联捐大旗一面,上写"争民主反迫害,同济的同学们英勇斗争",并捐慰劳金二百万元,白报纸一令,其尚有储能中学、女师等校参加。该批罢课学生,近并公开宣称,如校方在近三数日内,仍无具体答复时,全校学生三千余人,连同伙食团,将于二十九日集体赴京请愿云。

〔教育部档案〕

17. 圣约翰大学声援同济学运延期开学情报

(1948年2月19日)

沪圣约翰大学开学延期

上海二月十三日讯:沪市圣约翰大学因寒假与之江、东吴二大学举行联合毕业典礼时,有之江大学学生讲演强调同济事件,企图鼓动该校学生,声援同济事件,该校原定二月十九日开学,现在已作无限延期。据徐校长称:若同学再为此事终日奔跑,美教会决宣布停办,希望各同学自爱爱校,勿使其在中间为难云。

〔教育部档案〕

18. 詹明远关于同济大学学生集会要求保障学业收回开除学生成命情报

(1948年2月19日)

沪同济学生集会要求收回开除学生成命

同济大学自上次发生学潮以来,计被开除与勒令退学、休学及记过学生约一百二十余名,校方于二月十五日通知被开除、退学、休学学生急速离校。该校学生遂于是日(十五日)下午四时召开会议,出席约二百余名,当时并组成同济学生学业保障会,决议:一致向丁校长要求收回成命,并称目前系受军警弹压剥削同学自由权利,现在同学愿安心读书,而丁校长竟秘密处罚一百余名同学,将驱逐离校,受苦流浪,我人誓予援助,以保障学业及人权。并于十六日起开始工作,张贴标语传单,现交大学生表示坚决以罢课声援,武汉大学亦通电响应,刻在积极酝酿中。

〔教育部档案〕

19. 詹明远关于同济大学学业保障会召开干事会议情报

(1948年3月30日)

沪同济学生学业保障会干事会议
中华民国卅七年三月卅日
上海三月廿七日讯:同济学生学业保障会于本月廿三日假该

校工学院召开干事会议,决议:一、今后加强学业保障会工作及团结会员力量,营救被捕之十一位同学。二、以行动抗议校方无理开除学生。三、除联合上海各大中学外,与申九纱厂采取一致行动,使能加强团结力量云(按申九厂向各大学请求协助,同时并在各校发出"申九惨案真相")。

〔教育部档案〕

20. 复旦大学进步学生反迫害运动提出三项要求情报
(1948年4月25日)

上海四月廿二日讯:沪复旦左倾学生以自治为藉口发动签名,共三百余人,提出三项要求:一、政府应立即终止违反宪法迫害同学的一切行动。二、学校应切实保障学生安全,效法北大措施,拒绝任何机关以莫须有的罪名逮捕无辜学生。三、师生一致团结起来,效法北方大学的精神,以行动表示我们的控诉与抗议。

又讯:该校十九日召开行政会议,决议三点:一、如学生罢课,教授仍照常上课。二、贴标语文稿须经训导处同意。三、拘捕学生须有法院拘捕之正当手续。

〔教育部档案〕

21. 詹明远关于上海法学院学运活动情报
(1947年5月14日)

(密)　　上海法学院学生继续罢课学校当局纷提辞职

沪上海法学院左倾学生,因五四纪念日与警察冲突事件,激起该校学生公愤,决定一致罢课交涉,该校民盟分子沈钧儒与作家郭沫若等,仍于五月八日下午六时,在该院大礼堂作刺激性讲演。

又五月八日下午三时,该法学院院长褚辅成及学生代表等与吴市长会谈，因学生要求过苛，未有结果。校内仍继续罢课中，褚院长因鉴于事件无法解决已离沪去杭提请辞职，事务主任杨次廉、秘书曹卓汉、教务主任吴巧阶等，亦提请辞职，现该校已成无政府状态，事态更趋严重云。

〔教育部档案〕

22. 张镇关于检送沪学生赴杭密商学运方针情报代电
（1948年5月28日）

宪兵司令部代电　（卅七）贡渏三九六一号
中华民国卅七年五月廿八日

一、据本部驻沪人员呈送沪左倾学生赴杭密商学运方针情报一件。

二、兹将原情报随电检上，敬希查照参考为荷。

司令　张镇

情报　三十七年五月二十七日

沪左倾学生赴杭商学运方针

上海辰皓讯：杭州艺专在该校举行画展，沪各大学左倾学生应邀前往参观者计有：交大代表章斐烈、大夏代表夏筠、暨大代表叶锦镛、同济代表丁明远、约大代表周仁其、幼专代表施家仁、复旦代表杨贵昌等七人，上述各人于十四日午车抵杭后，住于杭州青年会杭州艺专及浙大，当派代表张同昌、米学海两人招待，联络并举行座谈会，决定：

一、发动京沪杭全体同学继续争取全面公费待遇，上海由交大领导，南京由中大领导，杭州由浙大领导。

二、继续以举办音乐会，开映电影，公演话剧，举行展览会，私人捐助等方式筹集。

三、尽速组织各种学术性艺术性团体,以为各种运动之基干。

四、京沪杭同学联络以浙大为中心,并由米学海、陈之云二人负责。□□等五项学运方针,十五日前往参观画展及游览各处,十七日返沪。

按此次画展计陈列作品一百余幅,有史太林画像,于子三被害经过,梁仁达惨案漫画等,据艺专张同昌称:举行画展目的,在藉机与各地同学增进联系,筹集经费及宣传民主艺术等,望同学能同样多举行云。

〔教育部档案〕

23. 詹明远关于沪学生抗议同济大学解聘教授发动学潮情报

(1948年8月4日)

沪奸匪学生拟藉同济解聘教授事发动学潮

本月廿四日下午三时,同济大学奸党分子以该校本期解聘教授五十余人,在交通大学发起召集各校代表开会,讨论反对办法与如何藉此机会扩大学潮,本市各大学约有一、二代表参加。据谓前所发动学潮多系自找题目,如争取公费等。目前同济校长无理解聘五十余教授,乃学校自造之绝好机会,只要在有计划之组织宣传领导活动之下,即可造成下期罢课起源,同时以反对无理解聘教授,保障教授安定,提高教授生活水准等口号作号召,更可发动全市全国各大学学生及教授的响应,以及社会人士的同情,而造成全国性总罢课,进一步发动总游行请愿等。如此在表面上并不显政治性,复可借遵师为名,在此事未暴发前须绝对保守秘密,不贴标语,多作口头宣传,直至时期成熟时,再公开,并立即采取行动。活动方式:1. 扩大校内口头上之宣传;2. 向被解聘之教授慰问;3. 向被解聘之教授献旗致敬;4. 请丁校长收回成命；5.招待记者；6.发表告各界书，要求各校支援同情等。按该校此次被解聘之教授共五十九名，有数名在校已十六年以上者，现仅有一名离沪，余均仍留住校内，并以教授会及校友会名义呈请教部撤换丁校长云。

〔教育部档案〕

24. 教育部关于严办国立幼专育才中学学运密电

（1948年8月7日）

教育部代电　训字第四三七九四号
中华民国卅七年八月七日

上海市教育局李代局长密鉴：案据沪教密（37）字第九九号呈：略以国立幼稚师范专修科已大部为奸党学运分子所控制，其二年级女生王淑君所主持之大场农村托儿所并与育才中学互通声气，以大场为奸党散布毒素之实验区，究应如何处理，请鉴核示遵。等情。据此：兹核示如次：（一）国立幼专仰遵照本部高字第二五三四七号代电迅即派员接管至该科，下半年度预算仍由本部就该科经费以办理移转手续，并仰对奸党分子切实防范，严加取缔。（二）关于育才中学部分仰妥加防范，并搜集有力证据，会同治安机关依法严办，必要时可呈准后予以封闭。以上两点，仰即遵照。教育部。印。

〔教育部档案〕

25. 复旦大学关于警察总局非法入校逮捕学生代电

（1948年8月28日）

教育部钧鉴：案奉本年八月十七日训字第四五三七六号训令及八月廿六日训字第七六七九六号代电，均经祇悉，自应遵办。查本月(八月)廿七日晨三时半许,上海高等特种刑事法庭派上海市警察总局章科长会同新市街警察局王分局长,持上海高等特种刑事法庭之拘票及传票,拘传本校学生李立中等三十四人,当经本校宿舍管理员陪同进入各生宿舍,当带去经济学系学生刘宗俊、史地学系学生黄光潮、政治学系学生袁对松、社会学系学生赵子韩及本年七月毕业之新闻学系学生丁文蔚等五名,其他尚有应行拘传之学生均不在校。嗣后另有园艺学系学生施宗仁一名在本市澄衷疗养院被警拘捕,法律学系学生蔡益铭一名在其本人本市住宅内被警拘捕。以上已被上海高等特种刑事法庭派警拘传之学生,业经由校先行停止其学籍,其应届毕业生并由校扣发其毕业证件,至于其他尚有应行拘传之学生俟其来校当劝令投案。惟上海高等特种刑事法庭并未以正式公函开列名单送达本校,仅有廿七日晨间到校之警员留下油印之名单一纸,并未盖有警局或特种刑事法庭之印信,是否一律按照钧部本年训字四五三七六号训令之规定即行予以开除学籍处分,理合检附上述之原油印名单一纸,并将八月廿七日上海特种刑事法庭派警拘传本校学生情形备文报祈鉴核,并示遵为祷。国立复旦大学。(未)(俭)叩。附呈警员留下之原油印名单一纸。

中华民国三十七年八月廿八日

〔教育部档案〕

26. 徐世贤关于特庭将进步学生长期羁押并移送淞沪警备司令部经过密函

(1948年12月29日)

上海高等特种刑事法庭(密公函) 检廉字第二〇七六号
中华民国卅七年十二月廿九日
案准贵司京(37)刑二字第一三六号函:嘱查复施家溥案最后

处理情形等由。准此。查本庭侦办本市党政军联席会报奉令办理之上海市各校匪谍嫌疑学生一案,内有施家溥等二十一名,经会报组织之侦讯小组审查结果,以该被告等虽未能获得明确佐证,但根据各方调查,因其思想不正,或平日与左倾分子过往较密,拟予感训。嗣因感训具体办法迄未决定,而羁押日期届满,究应如何处理,经于上月有日检公字第一八三三号、本月鱼日检公字第一九二六号代电及本月真电请司法行政部核示,迄未奉复。兹因羁押日期迫近届满,复经提请本月二十一日下午三时会报决议该施家溥等二十一名改依戒严程序送由淞沪警备司令部侦查办理,业于本月二十四日将是项人卷移送该司令部侦办,并报部在案。相应将办理经过情形函请查照,转陈为荷。此致
司法行政部刑事司

首席检察官徐世贤

〔司法行政部档案〕

27. 上海被捕学生家长抗议特刑庭妨害人身自由违反宪法将其子弟移押代电

(1949年1月3日)

快邮代电

窃查八月廿六日上海被拘传学生八十余人,除羁押起诉者廿六人外,其余未起诉者亦已释放,近悉已起诉之学生亦有十余人业已判决无罪释放,而不起诉之学生陈明德、陶增耀、黄汝坚、任民鉴、徐英俊、程文虎、朱杏桃、邵有民、汤岭梅、彭少武、李家栋、袁对松、丁文蔚、胡承恩、黄惟俭、施家溥、张丽娟、徐邻贞、张培恒、王静瑜、武荣光等廿一人已侦查完华,且羁押已满四月,而现由上海特刑庭备文移押上海淞沪警备司令部,闻之不胜诧异。查犯罪嫌疑不足者,均应处分不起诉,本案既经上海特刑庭侦查,自应依法处理

为保安处分之一种,非依照刑法第八十六条第九十六条之规定不得宣告,何得主张由上海淞沪警备司令部提押,未免妨害人身自由。依照宪法第八条第一项、第三项及刑法第一百二十五条第一项第一款、第一百二十八条、第一百三十四条、第三百零二条第一项规定,显属不当。具呈人等为该生等之家长,深痛子弟羁押日久,身心康健学业前途备受蹂躏,方幸羁押期满,可以开释,孰料已起诉者多蒙开释,未起诉者反难回复自由,违宪藐法莫此为甚。舐犊之情曷克自己殊欠公允,尤极骇怪。为此恳求钧部尊重法纪,悯无辜被拘学生,即请电示上海特刑庭准予交保释放,以维法治,而保人权,不胜切祷之至。备呈南京中央特刑庭公鉴。具呈人:李鹄成、黄鼎勋、陶夏秀岚、程芳洲、陈绍维、黄文光、徐世鹤、施调元、朱瑞铎、胡澄清、岳道琏、任卓林、徐文仪、邵有中、彭少美、汤英赍。上海被拘传学生家属具。

〔中央特刑庭档案〕

(3) 浙 江

1. 中统局关于浙大自治会抗议人身迫害呼吁取消特务政治释放费巩教授告社会人士书情报

(1946年1月30日)

中央调查统计局情报　中调(35)情字第八六一三号
　　　　　　　　　　　中华民国卅五年一月卅日
遵义浙江大学自治会为吁请政府
释放费巩教授并取消特务组织敬告社会人士书

贵州遵义一月二十六日讯:重庆政治协商会议代表诸公全国各报馆各通讯社暨各界人士公鉴:本校政治学经济学教授费巩先生,自去岁三月五日于陪都突告失踪以还,瞬将一载,本校同学因为费师安全起见,除请求政府彻查以明真相外,迄未对外有所表示。但事隔年许,费师行踪竟仍无下落,而道途传闻疑虑环生,故本校同学于今实有不得已于言者焉。

费巩教授在本校执教多年,其学问道德素为同学所敬仰。此次趁教授休假期间,赴重庆考察各机关行政效率,并以顺道赴北碚等地讲学。临行前,曾向同学表示休假期满后,当重返本校执教。顾其平日言行,每以澄清政局,促进民治为职志,故其处世积极,态度乐观,其立身行事亦必有条有理,预有计划,是以外传投江自尽之说,决无可能。又费巩教授生平简朴,出行之际身不携财,自亦不致为谋财害命者之对象。由是同学乃既疑此次失踪与政府之特务组织不无关联,盖以费师平日讽讥时政,深为当局所忌惮者——又证之事实费师失踪地点乃陪都闹市所在,当地治安机关责无旁贷,且以全国情报之严密,侦探之重多,何至时隔一年尚无讯息,甚至对本校传审嫌疑犯邵某之请,政府亦未予答复,而对办理该案详细经过,亦从未公告于国人。复以今日国内情形视之,特务人员在光天化日之下,尚能持枪杀人,毫无顾忌,安得保其不以同样手段加之于费巩教授。是以本校同学咸认为政府倘不以事实真相白之于天下,固不能释本校同学之疑,而若全国性之特务组织不加解散,亦无以释全国人民之疑。职是之故,本校同学所坚持力争者,非仅为释放费教授一人而已,乃欲谋全国人民人身自由之获得也。溯自政府设置特务机关以来,无辜人民被架失踪,乃时有所闻,社会人士之对时局偶有所批评者,亦辄被目为异己,身陷囹圄,甚至学校之内亦有特务。学府尊严,学术自由,尽任摧残。至于社会团体、政府机关之遍受特务监视,尤为众所周知者矣。处此情况之下,乃欲侈言人身自由,言论自由,其可得乎。更有进者,特务人员乘船搭车例不购票,观剧购物常不付值,甚至进入餐馆登门大嚼,食毕即扬长呼啸而去,不以为耻。其流风所及,人人以劫夺为当然,视不守法为光荣,国家之法纪荡然无存,社会之风气日趋败坏,长此以往,国族前途何堪设想。今日日寇败降，抗战胜利，全国人民正切盼和平建国之来临，试问又要此庞大之特务机关何用。总之，特务组织在今日已绝无继续存在之理由，然仍欲强求维持，不特与民主国家法治精神背道而驰，抑且为爱好和平之全国人民所不许。政府虽一再表示还政于民，实施宪政之决心，但空言无补实际，特务组织一日不解散，全国人民之身体自由一日不得保障，而真正无拘束之自由选举亦一日不得实现。是故取消特务组织，不特为政府维持威信，抑且亦见政府谋国之勤，求治之切。不则全国人民对政府还政于民之诚意必无从置信，对政府今后之一切措施亦以无法同情。

本校同学环视国内，疮痍满目，无限痛心，深信挽救当前危局登此民于衽席，舍民主宪政外，别无他途可循。而欲实现民主宪政，尤当以铲除特务组织为第一要图。值此政治协商会议召开之际，本校同学愿以此区区微衷敬告于社会人士之前，以示本校同学痛绝特务组织之决心。下列各点尤盼政治协商会议代表诸公，本国家人民立场，力为申言，敦促政府切实履行：

一、立即释放费巩教授。

二、立即取消中统局、军统局等一切特务机关。

三、立即解散劳动营、青年营等一切类似集中营之组织。

四、切实履行"国共会谈纪要"中所载之释放全国除汉奸以外之一切政治犯及爱国青年。

五、切实保障全国人民之人身自由、言论出版自由及集会通讯之自由，全国各地除正式司法机关遵循正当法律手续外，无论何人不得逮捕人民，搜查人民住所，及限制人民各种基本自由。

中华民国三十五年一月

〔教育部档案〕

2. 中统局关于浙大师生致蒋介石意见书情报

（1946年2月28日）

中央调查统计局情报

胜(35)导〇七三二
中华民国卅五年二月廿八日
浙大师生呈蒋主席意见书几点

杭州二月廿日电：浙大师生拟向主席提供之意见书文（已由十一条改为九条）如左：抗战胜利，薄海腾欢，引领谨呈下忱敬乞鉴纳：

（1）拥护政协会各项决议，并请彻底实行。

（2）拥护主席所宣布之四项诺言，并请彻底实现。

（3）限令各校党团组织退出，实行讲学自由。

（4）彻查去年春间在渝失踪本校教授费巩先生之下落。

（5）彻查当前物价波动原因及责任，并请紧急作有效之处置。

（6）学校破坏最甚，请复员经费项下筹拨巨款，恢复校舍实验室及添购图书仪器等，造成东南文化中心。

（7）饬令限期撤退本校工学院驻军。

（8）参照各地物价指数，改善教师待遇，俾得安心教学。

（9）请主席莅校训话等等。

〔教育部档案〕

3. 沈鸿烈关于英士大学学生要求迁校罢课请愿经过密电

（1947年5月10日）

杭州

京国民政府主席蒋钧鉴、行政院院长张钧鉴、教育部朱部长勋鉴：△密。英士大学生坚持全体赴京请愿，浙大及英大经杭专科学生又从旁纵容，酝酿游行，形势颇为紧张。昨晚杭次长抵杭后，经鸿烈嘱令英大学生推选代表八人,于本早八时半到省府发表意见。经杭次长剀切指示,词严义正,嗣由鸿烈与罗委员霞天、张主任委员强,另行召集谈话,并晓以国家纲纪,英大前途未可儿戏,并强调恢复交通之急需,以免社会对学生之误解,劝令即日遄返金华,静待后命。该代表等颇为感动,乃与该校全体同学反复讨论达半日之久,又经省府雷秘书长恳切劝导,始承认先自车站撤回杭州,免碍交通,同时派代表赴京请愿。迄晚七时,由省府派车将全体学生送往浙大农学院暂住,沪杭交通已于本晚正式照常通车。知□谨陈。职(弟)沈鸿烈叩。辰蒸。印。

〔行政院档案〕

4. 程其保报告浙江当局计划阻挠浙大学生代表赴各校函
(1948年1月8日)

部座钧鉴:职到杭以后,与各方取得联络,结果尚好,学生已于今日复课,校内尚安定。惟学生所要求各点似不甚严重,当设法解决,详情函中不便多写,容俟面呈。惟浙大共党学生甚多,自治会几为彼等所把握,非加以肃清,后患无穷,刻正与竺校长及沈主席严密商讨处理中。沈主席特别希望钧座通电京沪一带大学当局,防止浙大代表赴各校游说(闻已有代表暗中出发),并说明此次浙大风潮全系共党有计划之动作,万勿令各校学生受其煽动予以响应。此事务请钧裁办理,是所企祷。余容续禀。敬叩
崇安。

职　程其保敬上　元月八日
昨日曾请雷秘书长打长途电话至京,想已通话。

〔教育部档案〕

5. 沈鸿烈报告浙大学生抗议政府逮捕各地同学而举行罢课密电

（1948年4月14日）

国民政府主席蒋钧

　　特急。南京行政院院长张钧　鉴：密。浙大学生为响应支援
　　教育部朱部长勋

各地被捕学生，于本日罢课一天，并有组织突击宣传小组与秘密访问各校之决议，企图扩大风潮。查该校自共党于子三案破获后，其潜伏分子秘密活动迄未稍戢，该校壁报公然张贴"国父之叛徒"、"出卖三民主义"、"民主皇帝"、"民变即至"等漫画四幅，极尽污蔑元首之能事。其为纪念于子三而设之图书馆，满陈赤化书刊，并悬有匪首照片廿余帧，暨所谓江北解放区与江南民变区之地图。历次举行座谈会，以五月渡江为题，招待上海来杭旅行学生，纯为共匪宣传。据沪报刊载自首共党学生王宗义称，浙大为京沪杭皖赣等地总联络指导机关，并供出浙大重要共党分子三人，刻准上海市政府寒申电请侦防到府。查该校学生在此戡乱期间，一再鼓动学潮，近更明目张胆，为虎作伥，学风日益嚣张，殊足影响治安，似有彻底整顿之必要。除饬属会同学校当局密予侦防外，谨此奉陈。职沈〇〇叩。卯寒。秘。印。

〔教育部档案〕

6. 王家楣关于浙大学生罢课抗议特刑庭非法逮捕迫害学生代电

（1948年9月24日）

杭州高等特种刑事法庭快邮代电　　机字第九号
　　　　　　　　　　　　　　　　　中华民国卅七年九月二十四日
教育部部长朱赐鉴：案准浙江省政府申养仁字一七六八号密

代电开：检获国立浙江大学学生自治会为抗议吴大信同学被特刑庭无理判刑罢课宣言及代表签名、通过明日罢课一天号外各一份，内容荒谬至极，违反戡乱法令，用特随电检奉，即希查照核办见复为荷。等由。附宣言及"号外"原件各一份。准此。正拟办理间。又据浙江省会警察局函报：浙大学生自治会已决定嗣后特刑庭如再传讯学生，即以石子棍棒作武器，等语。似此情形，其后果将日益严重，本庭职责所在，未便置若罔闻，乃于本月二十三日下午三时，邀集省政府及军警宪等治安机关代表会商，经决定由与会各单位分头将浙大此次罢课代表名单及其事实，于三日内汇送本庭办理。在行动以前，由省府陈主席召集会议后，付诸实施，纪录在卷。除俟名单汇齐行动情形随时另呈暨分电司法行政部外，理合抄同浙大学生自治会"号外""宣言"各一份，电请钧核，敬祈速示处置机宜，以维政令，而张法纪，实为公便。杭州高等特种刑事法庭庭长王家楣。（37）申机叩。附抄"号外""宣言"各一份。

抄件

国立浙江大学学生自治会为抗议
吴大信同学被特刑庭无理判刑罢课宣言

在全国人民反对声中，违宪的特刑庭却罔顾一切，继承着法西斯的摧残人权的残酷手法，而伸开了他的魔掌。

它一开始工作，就对学生实施了有计划而大规模的迫害，造成了军警特务无理任意搜捕学术界的奇耻大辱，在短短的卅天内，传讯了全国各省著名大学的千名学生。而在杭州，它对浙大艺专的方法更显得毒辣，军警深夜入校实施绑架式的拘传，就在中秋的晚上艺专被逮捕去了五位同学，而浙大的吴大信同学却也就在第二天宣判了莫须有的十年有期徒刑，如果他们心中还有国法，吴大信应立即被宣判无罪。

特刑庭是违宪的，逮捕是非法的，审讯时检察官已呈理屈辞穷，然而宣判的结果却是凶狠的十年徒刑。面对着这样横蛮无理可喻毒辣的迫害，我们只有宣布罢课来表示严重的抗议。

这是一学期刚开始的时候，每个学生谁愿意自己学业受到荒废，然而为了正义，为了人权，为了要能安心读书，为了要活下去，我们绝不能坐视我们的一位好好的同学就如此地被残害。安静的学校随时被骚扰，我们全中国的同学就生活在自由安全毫无保障的处境里，我们逾千位的同学就在牢狱刑审流亡的苦难中。

而且特刑庭的对象也不止于学生，他是对付一切异己的非法手段的实施机关，残害人权的大本营，它的对象是全国人民，一切社会人士如稍有"不慎"，就将会不明不白地被加以"危害国家"的罪名而非法逮捕，被酷刑拷打，甚至被处死。在宪法已经实施的中国，怎能容许这样无法无天的胡乱逮捕、胡乱判罪的存在，如果这种行为不予阻止，中国人民还如何能生活下去。

因此我们在十九、廿两天宣告罢课，除却表示我们的严重抗议外，并且呼吁全国同胞、同学一致警惕，用我们最大的力量来保障我们生存安全的权利，我们响应全国律师公会的建议，取消特种刑事法令，而且我们还要求废除一切特刑庭的非法宣判和拘传，让被捕被传的同胞同学们重获自由罢。团结起来，击败这大阴谋大迫害的逆流。

九月二十日

〔教育部档案〕

（4）平　　津

1. 宪兵司令部抄送北平师大抗议当局制造昆明惨案青岛血案壁报代电

（1946年1月）

重庆教育部公鉴：据本部派驻北平工作人员报称：平市师范大学文学院发现奸党秘贴壁报，内容荒谬，谨检呈鉴核。等情。兹特随电抄奉，即希查照参考。宪兵司令部。子警政渝。附抄原壁报乙份。

昆明的悲剧，青岛血案与北平的恐怖风气，证实我们被欺骗了！"革命的子弟们！我们把责任交托在你们的肩上了！"是谁说的？言犹在耳，昆明与青岛的血潮早证实了这些法西斯统治者们言行的矛盾，同学们！我们是一再被欺骗者，政府对我们撒了漫天的谎，就在我们在太和殿欢呼拥抱我们的伟大领袖——屠杀青年的伟大主谋者——的时候，就是那一天，青岛的街头流血的惨剧，正在展开进行，无数徒手的革命子弟们，被大队军警驱除逮捕，甚至于屠杀。他们的呼声，是枪刀阻拦不住的，他们纯净的热血，证明一切安慰与允诺的虚妄，喝血的法西斯统治者，终于掩蔽不住它狰狞的面孔。但是在北平，它却用它另一付面具与手段，骗取青年们最宝贵真诚的热情，得到了欢呼与拥护。同学们！我们真恨空间的距离阻隔了全中国青年热血之交流，使统治者的奸计得以施展，否则的话，怕我们不当时就在太和殿用群众的力量对这青年的杀戮者的主脑元凶，加以正义的制裁！

我们就这样的等待下去么？

被屠的群众的呼声，一天一天的涨大了，昆明的同学为反对内[下残]青岛同学为甄审问题而牺牲，无数抗战八年受尽苦难的百姓们又在政府的"征讨""扫荡"的名义下，把生命血肉交出来，做了胜利的祭品。我们呢！我们是被欺瞒者,等着光明的到来,可是到来的是什么?是恐怖的逮捕,阴谋的统治,军统局的势力,布满着谍报的网罗,有步骤、有组织的进行着毒辣阴狠的法西斯手段,到来的是什么？是昏天黑地,毁灭了生气光明与自由！我们就这样等下去吗?就在我们的四周无数死亡线上、饥饿线上的老百姓响起了求生的呼号,就在我们的眼前,成群的民众与学生,被逼着参与"长官"们所主持的民众大会,统治者们,从汉奸敌伪那里学来的手段,利用民众的名义,作他杀人的宣传！就在我们的四周,无数热血青年为着追求真理,为着反抗暴虐跑到农民中间去,把自己的生命,交给了革命斗争,就在我们的眼前,无数青年被毫无理由的加以"奸匪"的名义逮捕、杀伤。统治者一天一天扩大它阴谋的翅翼,一方面钳制我们的思想喉咙,一方面用欺骗与麻醉的手段,使我们得不到事件的真相,使我们迷失了正确的意识,企图着根本上毁灭了青年中间广大的前进的革命思潮,使我们成为法西斯彻头彻尾的奴隶！

一切需要我们站立起来表现全体的力量来！

同学们！时候已经到临了。"屠杀"是法西斯主义者的最后手段,统治者正惶窘的自掘坟墓,对于政府的全部信仰,已经在民众与青年中间,完全崩溃,消失！我们唯一的道途,就是团结起来组织起来,加强我们的力量,对屠杀青年者,讨伐民众者,以及欺骗我们,利用我们的统治者,展开全面的斗争。

〔教育部档案〕

2. 詹明远关于清华大学罢考要求当局释放被捕同学并确保同学安全情报

（1947年3月6日）

（密）　　　北平共党藉口当局逮捕反动分子鼓动学潮

北平三月五日讯：据报称：二月廿四日北平各报发表朱自清等抗议当局非法捕人宣言后，共党乃乘机展开宣传，在各校鼓动同学，酝酿罢考。清华方面，则因历史系二年级生王宪铨之被捕，活动更力，经数日之酝酿，并由自治会主持，已于二月廿六日宣布正式罢考，向当局提出要求两项：（一）立即释放王宪铨；（二）请北平市军政当局，确实保证今后同学安全及人民身体自由，并向其他各大学要求一致行动。北大方面，原已酝酿响应朱自清等宣言，及至接得清华通知后，亦即于廿八日停止期考；北洋方面，闻亦准备响应。惟该王宪铨已于廿七日释放，罢考运动，或不致再行扩大云。

〔教育部档案〕

3. 丁伯诚关于清华大学教授参加保障人权宣言情报函
（1947年4月8日）

据报：北平清华大学教授及学生颇多中共及民盟分子，其学生活动尤多受共党挟制，故平市一般人民，皆称该校为北平解放区。如最近北平各大学教授（包括讲师、助教）一百九十二人，响应前十三教授为保障人权宣言，该校教授参加亦多。似此情形，该校环境亟应改善。等情。相应函请参考为荷。此致
赵静涛同志

丁伯诚启　四月

中华民国三十六年四月八日

〔教育部档案〕

4. 北大教授发表控诉政府镇压学运宣言

(1947年4月14日)

北大教授发表宣言控诉蒋府罪行

蓉警备部开大批黑名单蒋朝下令镇压学潮

(路透社南京十四日电)国防部今天令全国各省驻军司令于必要时采取行动,防止该省区内发生骚动。军事发言人在记者招待会上说:各军事指挥官连同当地保安队,在觉得有必要维持治安的时候,将有权宣布戒严。

(合众社北平十四日电)国立北京大学全体教授今天向全国发表一篇宣言,要求蒋政府处罚不法分子,这些人的活动最近使所有最高学府都因安全问题陷入人人自危的状态。这个宣言批评北平市当局,说他们执法不严,竟然让学生(特务)打人,让暴徒捣毁校舍、家具和设备,并做出了其他的野蛮举动。就算本市当局对这些事件不是负直接的责任,但是我们不明白为什么他们能够完全卸责。教授们向全国人士和教育界呼吁,请对他们争取适当保护的要求予以支援。他们说:我们再也不能缄默了……暴行和流血事件不断发生,教授们要求全体罢教一星期,以支持他们的要求。

(本报特讯)北平十四日电:北大教授罢教宣言已发表,结尾称:同人献身教育绝不愿青年荒废学业,但教育需要安定与自由,学府地位必须尊重,各校同人一再苦心劝导学生亦一再接受劝导,然暴行与血案叠出不穷,师生既无保障,校舍时受袭击,同人自难安心教学。宪警无故包围学校,武装暴徒于深夜戒严时入内制造血案,用心何在?实非同人所能了解,自不能不要求政府解答。又各校日来均闭校门,防遭袭击。

(本报特讯)成都十四日电:川主席王陵基饬令教厅,通令全川十校严禁学生罢课游行,否则概由学校当局是问,被捕学生续有一批被保释。川大仍呈混乱状态。华大放春假。成都理学院继续罢课。成华大学近数月来一直在罢课中。川大学生十三日晨绝食表示抗议四日事件。

（本报特讯）成都十四日电：蓉警备部致函四川、成都、华西三大学学校当局说：查明三大学内有"共党"嫌疑学生，共五十人，计川大二十三人，华大七人，成大十一人，开出名单，望各校作如下之处理：（一）劝告"感化"。（二）令其表明态度，予以"自新"。（三）密切注意其言论与行动。（四）如以后学生仍有被"共党分子"利用，在学校作一切"非法"之行动，学校负完全责任，并声明嗣后各校学生如有超过"动员戡乱"法令范围以外之行动，警备部概不负保护责任。

（本报特讯）南昌十四日电：正大罢课，经周拾禄等七十余教授劝导复课，无甚反应，胡家风表示，正大迭起风潮，殊为可怕，对教部解决办法当尽力协助。

（本报特讯）北平十四日电：据悉长春大学已奉教部命令迁平与沈阳东北大学合成东北联大。

〔国民党中央宣传部档案〕

5. 有关开除和解聘进步师生并拨专款镇压清华燕京两大学学运活动函

（1947年5—6月）

（1）丁伯诚密函　（5月3日）

密。径启者：兹遵照第卅五次联络秘书会议决议，抄送保定绥署副主任陈继承等有关北平各大学报告及清华大学现况简报各一件，至希查照核办，并请由学运小组研究对策见复为荷。此致
赵静涛同志
　　附两件

丁伯诚启

（2）教育部训委会签稿　（5月13日）

第二项似可密函梅校长斟酌办理。

第三项部聘教授在该校者为冯友兰、庄前鼎、刘仙洲三员，党籍均未详，似可请密查渠等是否为本党党员，以便相机处理。又此项办法将来选聘部聘教授时，可特别注意。

友仁　五月十三日

就全国各校观之，清华现状尚称安定，所报各节，梅校长莫不深悉，惟在政治现状之下，如照原呈各点办理，则恐更易激起风潮，拟该清华复员后，一切已较在昆明时有进步，本部当密切注意，随时督饬梅校长防止风潮等语覆之。

鸿经兼代　五·十四

第四项似可由党团吸收该校优秀学生为党员团员，或鼓励优秀党团员投考该校，至由部保送党员团员入学一节，事实上甚为困难。关于学生活动情形，同意。一科意见似可函请梅校长注意。

□□　十一·十二

拟请高等司先签意见，原拟办法第二项三项请三科核，四项请二科核。

似可将该校党员活动情形密函梅校长注意。

陈　文　五·十

刘□□　五·十

俞承德　五·十

□□　五·十三

(2) 训委会函　　（6月11日）

径复者:联发五二三六号密函暨附件均经奉悉。查清华一切本部向所注意,就全国各校目前情形观之,尚未发生特别事故,除随时请梅校长特加注意防范外,其拟呈办法,凡属本部职权范围以内者,自当分别设法办理,至所请指拨专款一项,似属必要,拟请贵处签呈办理,相应函复,即请查照为荷。此致
丁伯诚先生

赵静涛启

〔教育部档案〕

6. 杜建时等关于破坏天津各校学运代电
（1947年6月3日）

天津市政府代电　　字义秘肆字第4821号
中华民国三十六年六月三日

南京教育部朱部长勋鉴:本市为防止此次学潮,一切均遵照行政院辰艳电之指示办理,当定进行原则:(一)事前疏导,俾大部学生免受煽动。(二)揭发共党阴谋,使各界了解此次风潮之内幕及其险恶性。(三)严密戒备,防止游行煽动。连日由建时分别邀集各院校长及中小学校长剖析学潮起因,即责成各校长等负责劝阻,并派梁秘书长亲赴南开、北洋两大学召集学生代表加以劝止。同时策动二十三个人民团体及总工会分别发表宣言,揭发阴谋,安定民心,免受煽惑,以维社会秩序,并招待新闻界,示意阐扬正论。世日由建时偕同军党团首长赴平商承行辕李主任,因匪军在津郊肆扰,决定戒严。当晚返津,依照既定方针,会商实施办法。巳东建时一面发表文书婉□青年,一面请警备司令部宣布戒严,出动警宪游行巡查,藉以安定人心。并请上官副主任播讲奸匪在津阴谋计划,再由建时广播敦劝青年勿有越轨行动。经各机关密切合作,昨日市面

安堵,百业如常,各中小学及河北省立工业学院均照常上课,南开、北洋两大学虽未上课,但学生均未出校活动,各校院决今日上课。知关锦注特先电闻。天津市市长杜建时、副市长张子奇。巳江秘四。印。

〔教育部档案〕

7. 詹明远抄送燕大学生抗议当局非法逮捕同学向社会呼吁保障人权书函

(1947年10月27日)

据报:北平燕京大学共党分子自女生龚理康被捕后,曾有自治会召集开会决定于十月十二日罢课。二日后,以龚生于一日已获释放,罢课遂告停止。惟彼等为鼓动同学表示抗议计,乃由自治会组成人权保障委员会,印发告社会人士书(附原件),分寄平市各机关及全国各大学自治会,以图扩大影响。等情。相应检同原件随函送请查照。此致
赵静涛先生

附件如文

詹明远

中华民国卅六年十月十七日发出

告社会人士书

全国各界的同胞们:

我们燕京大学在本月一、二两日罢课了!

九月二十八日(星期日)上午,本校一女同学龚理康访问她的中学老师陈琏女士,而陈女士与其夫袁先生已于前二日共同被捕,因而龚同学也便毫无理由的被捕了。

同时我们还听到许多北大清华等校的同学以及一些社会人士

也于最近遭到了非法逮捕。

由于这一串的事实,我们感到人权没有丝毫保障,每一个人民皆有随时被捕的可能,我们认为连最起码的人身自由都没有,保障"宪政""民主"无异于空谈。因此,我们对于非法逮捕人民的事件感到极大的愤怒,所以我们罢课来表示严重的抗议,同时组成了"人权保障委员会",积极保障我们的集体安全。

我们更应该指出的是:政府在"戡乱"的藉口下,正进行摧残人权绞杀自由民主的暴行,我们应该共同团结,对此类暴行予以制止,我们主张——

第一、立即释放无辜被捕同学;第二、被逮捕者应按提审法于廿四小时内移交法院;第三、保障人身集会言论之自由;第四、保证以后不再发生同样事件。

最后,我们吁请各界人士予以正义的支援!

燕京大学学生自治会
人权保障委员会　谨启
卅六年十月二日

〔教育部档案〕

8. 詹明远关于北大等六校自治会代表要求广设救济金及保证人身自由等四项向行辕请愿情报

(1948年4月3日)

(密)　　　　平市六大学自治会代表向行辕请愿

据报:北平北大、中法、朝阳、清华、燕京、师范等六大学自治会,以目前教育危机严重,同学生活艰苦,学业甚感困难,各推代表一人于三月二十三日上午十一时到北平行辕请愿。当因李主任前往南京,由参谋长徐启明接见。各代表提出要求四项,计:一、继续二月份以前办法,配发各校师生员工面粉。二、请行辕募款为私立大中学校广设救济金及奖学金。三、请按宪法规定提高行辕所辖地区内教育经费。四、切实保障学术思想研究发表言论自由及人身自由。徐氏当逐予答复。对第一点，决转请中央尽量做到维持配粉；第二项个人不能决定，须请示李主任决定；第三点教育经费，有关整个国家预算，按宪法规定目前确难做到；第四点学生如无罪证，绝不逮捕。后代表等又提出请速释放前所被捕同学，朝大代表并请代为查询赴南京请愿为国防部军法处逮捕司法组两同学情形，徐应允尽力从旁协助进行，各代表至十二时退出。

〔教育部档案〕

9. 何思源报告北平各大学学生反迫害反饥饿罢课运动及特务学生破坏情形密电

（1948年4月10日）

限即到。教育部朱部长并转中央党部吴秘书长、组织部陈部长、宣传部李部长、青年部陈部长、行政院新闻局董局长勋鉴：×密。平各大学匪盟分子近受共匪策动，在校内外张贴壁报、标语，散发传单，反对政府，侮蔑元首，鼓动罢课、罢教、罢工、罢市及警察罢岗，并藉口抗议查禁华北学联，各校组罢课委员会，提出反迫害、反饥饿、反政府、反元首、反国大、反宪法、反征兵征粮等口号。各校一部分讲师助教同受其鼓惑，纷纷罢教罢工，以社会人心咸感不安。党团学生及反共学生皆愤激异常，乃纷纷在各校组反罢课委员会，因而迭起冲突。卯鱼华北学院反罢学生冯华璋、孙泽宏被罢课分子殴打重伤，极为愤慨，经劝止未生事端。卯齐夜师院党团反罢学生与共匪分子发生冲突，当带出共匪姚炯、赵学勤、阎河祥、房世泰、梁守勋、陈定宇、王公宇、邱锡恩等八名，手枪、收报机、宣传品，经饬送警局以便转送法院究办。该院匪盟分子乃发动各校匪盟分子二千余人，赴行辕请求释放惩凶，经与陈总司令徐参谋长及该院教授等商议,为息事计,当予取保。查各校奸匪群,气氛嚣张,影响人心至深且巨。禁则牵涉学校而顾虑实多,不禁其势愈炽而纠纷难免。处理困难,唯当愿同各方妥慎防范,谨先电陈。弟何思源。卯卯灰府机。印。

〔教育部档案〕

10. 北平师范学院学生自治会指控特务罪行要求保障学校和师生安全代电

(1948年4月15日)

快邮代电

国民代表大会钧鉴:四月九日零时三十分,忽有不明身份者五六十人越墙入校鸣枪,用武殴伤并架去同学姚炯等八人,重伤贡承先、荆又新二人,头破血出不省人事,捣毁学生自治会办公室、历史学会、教育学会、英语学会、地理系测候室,劫去英语系收音机三架、留声机三架、留声片百余张、炊委会三百零九万元及衣服、书籍、提琴等物。嗣由各校教授同学联合请愿,当日晚九时被捕八同学始由警备部释放。十一日有群众多人进行示威,闯入校门捣毁图书馆一字楼丁字楼门窗玻璃等,并张贴标语,殴伤同学张树森等。兹值宪政实施民主底定之日,堂堂学府竟遭如此伤害,毁法灭纪莫此为甚。故特吁请钧会责成政府明令制止,并转饬有关当局彻查此案,追究责任,以维宪法之尊严,教育之自由,保障学校之安全、师生之安全,不胜翘首之至。国立北平师范学院学生自治会叩文。

〔教育部档案〕

11. 行政院关于制止北大等校学生
反剿共反惨杀游行示威训令

(1948年7月13日)

令教育部

据华北剿匪总司令部傅总司令部暨北平市刘市长先后电陈：北大、清华等校学生游行请愿，呼喊反动口号，散发反动传单。等情到院。查此次北平学潮，滋事学生竟至公然反对剿匪，反对政府，显有奸匪从中操纵，此种越轨举动，应即设法制止。兹据报该部已派田次长前往处理，除电复傅总司令及刘市长外，合再抄件令仰迅电田次长迳洽傅总司令及刘市长，严密防范，妥迅处理为要。此令。

附抄发原电三件

院长翁文灏

中华民国三十七年七月十三日

抄件（一）

南京行政院：本日北平北大、清华等校学生向北大广场集合三千余人，于上午九时向北长街李副总统官邸进行。沿途涂写并散发反剿民要活命，反对政府死民政策，反对滥炸滥杀，共同团结起来制止政府屠杀罪行，严惩凶手傅作义等口号传单。十时到达李副总统官邸，推派代表更番进入请愿，迄下午三时离去，仍返北大集中开会。余续报。傅作义。午佳申胜屏技。印。

抄件（二）

南京行政院：午佳胜屏技计达。学生返回北大后，继续开会，决定：（一）派代表十人赴京请愿。（二）派人赴天津、唐山鼓动学潮工潮。（三）将已死东北学生抬棺游行。会毕各返原校，仍在力谋扩大中。又东北学生于午发表紧急声明，否认参与北平学生请愿行动。傅作义。午佳酉胜屏技。印。

抄件(三)

南京行政院院长翁、副院长张钧鉴：教育部朱部长赐鉴：△密。东北来平学生肇事一案，经已以微齐两电呈报在案。九日复有所谓(东北华北学生抗议七五惨案联合会)煽动各院校及一部分东北学生约四千人，于上午九时陆续集合李副总统官邸请愿游行，午后七时在北京大学操场开追悼会，九时散去。沿途饬警宪戒备，未生事端。谨将经过情形摘呈如次：(一)学生于游行途中书写反动标语，呼反动口号，其重要者为：反剿民要活命，严惩凶手傅作义，枪毙傅作义，枪毙陈继承，还我十七烈士的血来，反剿民反迫害，反对政府剿民政策。(二)东北辽宁学院等十校学生代表，以游行请愿呼喊反动口号，超越轨范，特发表声明，谓绝对拥护傅总司令，对七五事件静候合法合理解决。(三)是日上午十一时，清华、燕京学生约三百余人，在西直门外意图入城参加请愿，临时城门关闭，不得进入，即散在城关作歪曲宣传。午后七时，民众要求激于义愤自动集合千余人与学生理论，发生冲突，学生轻伤七人，民众要求学生放下旗帜，撕去标语，学生应允照办后，八时许散去。综上以观，此次学生行动已非单纯，奸匪从中操纵昭然若揭，除严密防范并随时商承傅总司令处理外，谨电报请鉴核。北平市市长刘瑶章。午真叩。印。

〔教育部档案〕

12. 詹明远抄送清华等三校学生抗议当局到处逮捕学生决定罢课请愿情报

(1948年8月14日)

(密) 北平清华等三校为要求保释被捕学生酝酿学潮

北平八月十三日讯：北平朝大法律系学生丁治及清华社会系

学生徐芳伟二人,于上月十三日被捕移入特刑庭后,二校学生曾要求保释未果。又师院教育系二年级学生赵淑英,于上月廿四日在本市松鹤庵卅二号被剿总捕获,该院博物系二年生周正西于上月廿一日送东大学生赴津,在津被捕,刻押解来平。消息传出后,以上各校院学生连日集会,业经决定:(一)如不释放,则一人被捕全体坐牢。(二)开学前仍不释放,则无限期罢课。(三)组织请愿团于近期向当局请愿等项。现各校内有关此项事实壁报标语颇多,显欲继七九之后再度酝酿学潮。

〔教育部档案〕

13. 詹明远关于北平各学校组织护校运动并抗拒当局传讯进步同学情报

(1948年8月20日)

(密)　　平市各校学生抗拒当局传讯匪谍学生之运动

北平八月廿日电:北平各校学生为抗拒当局传讯匪谍学生,清华已发起护校运动,组成纠察组,实行各组联防,坚决保卫学生,拒绝传讯。同时并分别进行教授访问,要求学校当局保护燕京匪谍分子及其外围,一百余人亦已组成纠查队,拒绝传讯。北大组成安全委员会继续抗拒,并出刊快报发表宣言,驳斥拒传。至其他各校,亦多视北大情形而决定行动。

〔教育部档案〕

14. 张含英关于军警逮捕北洋大学学生情形代电

(1948年8月22日)

国立北洋大学代电　　校总字第二九二六号
中华民国三十七年八月廿二日
南京教育部部长朱钧鉴:查本月二十日早五时,警宪联合到本校逮捕学生,当由本校派员协同检查。第以手续过繁,检查详密,延至八时半尚未完毕。嗣因学生均已起床,见此情形,群情激动,聚集多名,力加阻止。适警宪将已捕五生送登汽车,但于扰攘中被在校学生接回。含英以事陷僵持,诚恐因此发生不幸事件,当即驰与天津市杜市长建时面商应付方法,讨论再三,决定以劝导学生依法自动投案为最适宜。复经回校召集同人详加考虑。询谋金同。派来警宪亦于下午七时撤离本校,并悉本校学生刘平娟同日在津市家中被捕。除以后情形随时电陈外,谨电请鉴察。职张含英。未(养)。

〔教育部档案〕

15. 詹明远关于军警迫害学生情报

(1948年8月25日)

(密)　　　　　北大检查工作告一段落

北平当局自派军警入各校实行检查后,北大胡校长廿四日晨致函陈继承司令说明,确查该校被传学生已赴特刑庭投案者七人,开除者三人,南下七人,已毕业四人,已离校不在宿舍者廿七人,对凡确在北平避不到案学生,决一律停止其学业,并要求军警不再进校检查。查胡校长在此次行动中,甚为协力,惟该校文学院院长周炳琳对当局肃清匪谍表示反对,曾联络部分教授发表宣言,认特刑庭为根本不合法组织,不应有此举动,致与胡氏意见不合。胡为避免事态扩大,故请当局不使军警入内检查,而当局为维持威信,亦不能即此中止。结果遂商妥于廿四日上午十时由特刑庭首席检查官及警备部汪守一率法警十数人进内实行检查,至午三时完毕,于红楼一图书馆中检出奸匪书籍文件甚多,刻已将军警全部撤离,清谍工作已全部告一段落,决于廿五日举行检讨会议。

〔教育部档案〕

(5) 四　　川

1. 丁伯诚等对渝市进步学生诬为煽动学潮之嫌而加以迫害密函

(1947年12月—1948年1月)

(1) 丁伯诚密函　(1947年12月23日)

据重庆行辕会议电称：兹据检获渝市重华大学一九四七级学生牛文斗寄交成都华西大学及渝市国立女师院等校学生平信七件，并附有发起组织昆明云大附中校友会四川分会，发动助学运动，反对云南当局非法逮捕等通启及传单。仅将其经过情形摘报如后：(一)昆明近来各大中校学生组织助学运动，沿街劝募，其来源系起于平津京沪各地由前民盟控制之学联会暗中领导组成以物价高涨之下有钱学生应当热烈捐输为口号，先由学校捐募，后来复又扩大到社会，即被民盟共匪分子从中操纵而变质。卢主席出面阻止无效，遂乃逮捕主谋共匪分子，并查封三家书店。因此助学运动改变为人权保障运动，并由云大学联分子领导成立"昆明师生安全委员会"，劝导各大中学校响应罢课。云大方面继政府逮捕之后，乃宣布解散学生自治会，同时解散云大附中。故云大乃有护校委员会之成立。(二)此次昆明学潮，似有共匪分子从中鼓动，此种学潮现已漫延至渝市，计有云大及昆明各校方面印有下列之宣传品寄至渝市重华大学牛文斗、樊有信两人，密转其宣传品为：(1)敬告云大父老书；(2)我们昨天请愿经过；(3)关于我们助学运动；(4)云南青年是不可侮的；(5)回家好还是在乡好；(6)从黔灵中学师生被捕及赵鼎盛启事说起；(7)昆明全体学生为请求保障安全释放被捕师生请愿书；(8)为抗议非法逮捕上各人民代表机关书；(9)为学生罢课抗议非法逮捕保障人权事告社会人士书；(10)人权保障通讯；(11)安保会快讯；(12)为云大当局无理解散自治会开除及处罚同学告云南同胞书;(13)护校通讯;(14)云南附中护校委员会成立宣言;(15)云南附中全体同学为横遭学校当局无理解散告全国各地同学书;(16)报告何丽芳同学被捕经过;(17)为昆明师生被捕事告同学家长书;(18)残害学生阴谋遍及全国南北各地学校罢课情形;(19)告全市同学书;(20)华北学联为反迫害屠杀反诬蔑罢课宣言。(三)云南附中校友会昆明方面负责联络人为昆明平正街四三号何永福,四川分会负责人为渝市重华大学一九四七级学生牛文斗、樊有信,其主要分子计有重华大学毛品书、陈汝厚、陈绍灏、任家德、李光祖,成都华西大学何学龄、张锦翰、刘琮、龙瑞麟,渝市九龙坡国立女师院罗蕴华,渝市歇马场乡建学院李旭年。(四)查上列各人均系各校学生,实有煽动学潮及共匪重大嫌疑,除昆明平政街四三号何永福已电饬云南省警备总部查明讯办外,其余四川方面各校学生牛文斗、樊有信等十三人是否可予传讯,谨电呈鉴核,敬祈示遵。等情。相应函请提示意见见复为荷。此致

赵静涛同志

丁伯诚启　十二月

(2)教育部密函　(1948年1月9日)

密笺函

接准卅六年十二月廿二日(卅六)联发字第六二七二号大函:略以据重庆行辕检获信件内有渝市重华大学学生牛文斗、樊有信、毛品书、陈汝厚、陈绍灏、任家德、李光祖,成都华西大学何学龄、张锦翰、刘琮、龙瑞麟,渝市国立女子师范学院罗蕴华,乡村建设学院李旭年等十三人,实有煽动学潮及共匪重大嫌疑,是否可予以传讯,嘱提示意见见复。等由。准此。查前述各生既获有证件,自可迳向学校当局妥为接洽,依法予以传讯,相应复请查照办理为荷。此致

丁伯诚同志

赵静涛启　卅七年元月　日

〔教育部档案〕

2. 丁伯诚关于川大华大反迫害运动情形函

(1948年1月31日)

据报：成都官箴予秦良模一案发生后，学生方面反映如次：(1)滥贴反动标语（华大协中学生发宣言），官被保释之翌（卅一）晨七时许，有川大、华大学生二十余人，以一部分作掩护，一部分为两小组，沿新南门进城，经南打金街春熙路总府街提督西街西顺城街盐市口东大街青石桥前卫街等张贴反动标语，旋即返华西坝去讫。标语内容大抵为：（一）惟有打倒现政府才有民主和自由；（二）谁使物价高涨、政治不良、政府不好；（三）推翻巫教政府；（四）打倒贪污政治，取消黑暗政府；（五）打倒蒋政权；（六）反对征实征兵；（七）不惜牺牲一切来支持官箴予；（八）以抗捐抗粮抗税来援助官箴予；（九）以罢教罢课罢市罢工罢公来支持官箴予；（十）组织爱国民主阵线（上项标语盖有国立四川大学学生自治会图记）。此外为华大同学援官大会所贴制者：（一）把支持独裁政府的美国帝国主义赶出去；（二）谁使中国打内战——美国帝国主义；（三）无条件释放一切政治犯；（四）只有独裁政府才有政治犯；（五）用血肉来争取自由；（六）市民动员起来翻身的时候到了；（七）清算一切血债。次日元旦华大及华西协中学生又各发油印宣言一种，主张追究官案责任，保障人权等语。(2)组织保障人权委员会。官释放消息传出后，川大、华大学生不但没有完全平息，卅一日午后复在华大图书馆召集川大华大省艺专省会专华西协中南虹艺专协进中学成华等校代表组织"保障人权委员会"。(3)在华西坝举行援秦会议，同时秦良模家属见秦尚未释出，即向学生请援，由保障人权委员会于元旦午后一时在华大教育学院广场召集会议。届时到学生五百余人,当川大代表报告前援官游行经过时,秦之家属即到会通知谓秦已于卅一日午后十时回家等语。继而川大法律系学生叶传祜(民盟分子叶青东之子)报告其父于(六二)被捕迄未释放,请同学本释放一切政治犯原则,一致声援,大会对此无何反应,旋以人少及对游行意见分歧,各自散去,等情。查川大等校学生自治会此次行动及所贴之标语等,反动已极,显为共匪主使,相应函请注意为荷。此致
赵静涛同志

丁伯诚启
中华民国卅七年一月卅一日

〔教育部档案〕

3. 詹明远关于重大进步学生呼吁营救被捕同学情报
（1948年7月31日）

渝重大奸匪学生集议营救被捕同学

重庆七月二十八日电:重庆大学奸匪凌春波、周国良、朱明初等自被警备部稽查处逮捕后,部分职业学生七月二十七日在松林坡宿舍张贴启事,呼吁同学援助,并提出三项要求,营救被捕同学。

（一）请自治会召开紧急会议,并向学校要求营救被捕同学。

（二）要求治安机关迅将被捕者送法院处理。

（三）今后逮捕人须向学校依合法手续接洽。现该校一般学生非常恐慌,可能与漏题事件同时发作。

〔教育部档案〕

4. 李天民等关于川大学生请愿释放
被捕同学被当局镇压电

(1949年1月1日)

请转教育部朱部长骝先：1628密。(1)盼俯允民社党川主委张凌高保释官箴予，包围省府学生遂于陷日退出。临解决前学生拟将被围之警备司令严啸虎押同游行，见警已实弹，邓主席亦允用武力，幸将学生劝阻，致未流血，恳电省府忍耐。(2)川大学生定世日午后再去垂配坝邀同罢课游行，现正发动各校自治会及同志阻遏中。(3)党团同志已星夜工作，争取主动。(4)中央社及快报被学生捣毁。(5)学生又以声援秦良模事件为口实，图扩大学潮。谨闻。职李天民、许伯超叩。东。

〔教育部档案〕

5. 李惟远关于渝市当局镇压各校反迫害争生存运动签呈

(1949年5月2日)

敬签呈者：渝区大中学校学生于四月中旬成立所谓争生存联合会，决议于廿一日大游行请愿，适和谈破裂，共党下总攻击令，地方治安当局乃宣布特别戒严，学潮演变，遂达顶点。中间幸经市参议会范议长仲渠，绥署政务委员会秘书长张笃伦，各校校长教师等多方面宣导，廿一日情势虽甚严重，然除警备部传讯若干学生及自卫队员有不守纪律侵及学校员生情事外，并未酿出流血及其他不幸事件。廿三日警备部代电各校限于廿七日复课，取销一切非法组织，禁止各种反动宣传(详见附抄件)；各校陆续照办。职并参加该部学潮善后检查(四月十九日)，国立重大等三校院亦经于四月廿八日全部复课(毕业班前此即已复课)，秩序恢复正常。绵延两月之学潮，至此乃告结束。除已电呈外，兹附剪报一束，并抄渝警备部代

电一件,报请鉴核。谨呈

部、次长

附剪报一束[略],抄代电一件

职 李惟远 五月二日晚

附一

重庆警备司令部　　中华民国卅八年四月廿三日

叁二字1487号　驻地:重庆左营街一号

各学校

一、本部为处理学潮维护教育安定社会秩序,特规定如左:

(1)各学校统限于本(四)月廿七日以前一律复教复课,不得以任何理由推延,并将复课日期报部备查。

(2)彻底取销各校内一切非法组织,如所谓重庆学生争生存联合会,四一血案后援会……以及扰乱社会秩序违反善良风俗鼓动学潮之营火会、拉拉队、秧歌舞访问队……与各种反动宣传品、标语、传单、报刊、歌词、漫画……等,自电达之日起立即根绝。

(3)各校学生如不遵时复课,由各校长严令开除学籍,如各校阳奉阴违,经本部派员查出,定依法办理。

(4)鼓动学潮之阴谋分子名单,限文到一周内由各校长秘密呈报来部处理,如隐匿不报者,本部即依法严究。

(5)上列各项,各学校如不切实遵行,本部即依戒严法处置。

二、电仰知照并将办理情形见复。

三、本电已分电各学校,并抄副本呈西南军政长官公署,送重庆市政府、重庆市教育局长官公署第二处政工处及教育部李帮办惟远、四川省督学蔡天亲、韩敬之、重庆市党部、重庆市警察局、宪兵二十四团与本部稽查处、军法处、政工处。

司令　刘雨卿

附件二

警备部代电各学校（四月廿六日）

对学生的活动有所指示

〔本报讯〕重庆市各校刻接到重庆警备司令部参字第一六○○号代电，对于校内学生的各种活动及组织有详明指示，原代电如下：本部卅八年四月廿三日参字第一四八七号代电计达：（一）兹修正第二项并增添第五项，其原电之第五项改为第六项如下。（二）彻底取消各校内一切非法组织，如所谓重庆市争生存联合会，重庆教职员联谊会，四一血案后援会以及扰乱社会秩序，违犯善良风俗，鼓动学潮之营火会，拉拉队、访问队、秧歌舞及各种反动宣传品、快邮代电、标语、传单报刊、歌词、漫画与其他类似上列情事者，自电达之日起立即根绝。（三）学校师生职工意图阴谋勾结，妨害教育，扰乱治安者，以匪论罪。他校对上项情事隐匿不报告者，同罪。（四）本电已分电各学校并抄副本呈西南军政长官公署，送重庆市教育局、西南军政长官公署第二政工处及教育部帮办李惟远、四川省督学蔡天亲、韩进之、重庆市党部、重庆市警察局、宪兵廿四团与本部稽查处及政工处、军法处。

〔教育部档案〕

6. 行政院抄送四川省逮捕学生压制学运通知单

（1949年5月30日）

右案奉院长谕：交教育部，等因。相应通知教育部。

行政院秘书长黄少谷

中华民国卅八年五月卅日发　八字第74号

抄原电

南京行政院院长何并转杭部长：成都学潮原为省立各校教师

要求改善待遇罢教，本府力谋解决，但教师一再改变要求，致未能立即复课，乃有此间私立中学学生初仅两校罢课，联合川大学生援助，并借口纪念四一事件，继则每日纠合数十百人分到未罢课之公私立中学滋扰，强迫罢课，或男生数十人强迫女生，因之继续停课者约十余校。近日甚至集合到数百人入校强迫，并在街面集中游行示威，其势愈演愈烈，已有骚乱之迹象，显有奸人煽动。本府不得不采取有效制止办法，以免暴动演成血案，并依据戒严法拘捕激烈分子，以维地方秩序，并已严饬各校即日复课。谨电驰陈，敬祈示遵。

〔教育部档案〕

（6）云　　南

1. 于鸣皋关于云南大学学生抗议校方无理迫令学生退学情报

（1947年4月5日）

径启者：兹抄送国立云南大学奸伪分子鼓动学潮情形件，即请查照参考为荷。此致
赵静涛同志
　　附件如文

　　　　　　　　　　　　　于鸣皋启　四月五日

昆明云南大学各系级及各壁报社四十三团体，近因校方当局饬令各奸伪学生退学或修〔休〕学，特发起集体或个别呼吁，请学生自治会向学校当局提出严重抗议，其主要内容为：(一)要求学校当局立即撤废饬令休学之成议。(二)要求校方向地方当局为乱加学生以共党奸伪嫌疑分子等名义提出严重抗议。(三)若有侵犯学

生身体自由之不法情事,应由地方当局负责。(四)请学校当局公布饬令休学或退学学生之名单,以免全体同学不安,而使有名者得以分辩。(五)请学校当局公开提出被饬令休学或退学者之证据来源。(六)学校自有主权,请学校当局不要作他人尾巴或走狗。(七)请学校当局在校规范围内保障学生学业及身体自由。(八)为保障本身学业及身体自由,全体同学联合起来反抗,在必要时作行动之抗议,并要求学生自治会立即召集各系级会各壁报社等代表开会,成立云南大学学生学业身体自由保障委员会,以维全体同学之安全。复查云南各系级,以廿四团体名义反对学校当局无理措施,曾于上三月十三日下午七时假云南至公堂,由各团体推选代表举行云大学生学业及安全保障委员会成立大会,到会者共廿余人,主要负责人为蒋永尊、舒守信、李靖妹、蒋阜南、蒋家福等,至十时始散会。其讨论问题共分六项:(一)要求学校当局立即收回不合理措施,并由学校用书面安慰各受诬学生家长。(二)除成绩不及格或品行不良者外,学校当局不能无理勒令任何同学退学。(三)不能用无根据之名称诬蔑加害于学生头上,而使其中途退学,若有此类情事,决以法律保障。(四)要求政府保障学生身体言行行动等自由,任何人不能任意侵犯。(五)质问政府在法律上是否有条例根据任意压制人民,破坏学生名誉,诬蔑学生有异党嫌疑。(六)向政府申明此次学校荒谬之措施,并须保障学生生命及身体自由。并决定今后工作步骤:(一)用书面发表告师长书,告家长书,告民众书,编撰壁报等。(二)书面发表后,若无效果时,即以行动作呼吁,并暗中与滇省各中学联络及向国内各地大中学联络。(三)于学校及市街粘贴标语。其经费问题,决定:(一)由学生自治会支付。(二)向各学校募捐。(三)凡参加开会之代表,除舒守信、李靖妹、蒋家福等每人捐五千元外,其余则每人派捐二千元。

〔教育部档案〕

2. 卢汉陈述云大及其附中抗议
当局非法逮捕进步人士电

(1947年11月9日)

教育部朱部长骝先兄：本省遵照中央命令执行共党及其工作者登记办法，限期一月，不□届满不来登记，乃加以逮捕，国立云大及其附属中学及国立师范学院中央高级工业学校等竟发动罢课抗议，并结队强迫省立公私立中学加入，破门入室，占据讲堂，使其不能安心上课，胁迫附和。似此暴行，亟应制裁，惟上列数校不归本省管辖，而教部亦鞭长莫及，各该校校长等早已失却掌握，学生已为奸党操纵，长此下图，不仅本省各中学受其牵制，不便约束，且影响本省安宁，将来学生毕业更贻害社会，应恳当机立断，毅然处理。至云大附中、高级工业各校向来分子复杂，更无国立之必要，应予裁撤或拨归省办，倘再因循贻害本省极大，如何处置立候电示。弟卢汉。秘定戌佳。

〔教育部档案〕

3. 昆明市学生组织人权保障会学运活动情报

(1947年11月18日)

甲、十一月七日十五时，昆明各校学生集体向省府请愿，要求释放被捕学生。卢主席答复：一、逮捕学生有共产党证据者，不得释放。二、戡乱为政府政策，逮捕是奉命执行，地方无权处理。三、学生不听主席晓谕，自由活动，深表不满。学生以请愿无结果，离省府经警部游行返校，并将募得之助学捐移作经费，大部用于通讯壁报，其余规定每人日支工作费一万元及各中学集中云大之伙食。求实建民等八校复提出主张：一、通讯各县中学声援。二、选派有工作经验者，以返里为名，从事各地实际工作。三、以云南自治会名义,制定宣传要点如下:1.拥护龙主席返滇。2.停止发行万元以上钞票。3.取消特务组织。4.停止征实征购及各项苛捐营业房捐遗产等一切类似捐税。5.反对滇省新兵送往外省补充。6.各校重要分子及群众集中云大,以资保护,各校留次要分子主持,禁止外出,听候行动。乙、学奸组织之人权保障委员会,顷利用罢课学生组织调查一大队辖四个分队,一队调查机关社会,二队联络及检查罢课工作,三队和市区各校联络,四队任郊外各校联络,统由杨白云、吴立祥指挥。此外并设谍报队员二人,专探失踪学生及政府行动。云大自七日晚捕去何丽芳后,门禁森严,凭学生证出入,夜间不开,七日晚有数十中学生到云大自治会办公室集中,所有奸伪份子均逃往云大,并秘密组织纠查队、突击纵队,每四人一小组,其中有携手枪者。丙、截至十二日止,昆明各校已罢课七日,被利用之中学生逐渐减少,陆续复课,云大、师院、中山等三校为积极策动计,特组织突击队集队攻击各公私立中学,将校门击毁,入校宣传,强迫随队离校,并自订助学捐款办法:一、各校班主席调查清寒同学数目;二、参加募捐者有权享受分配;三、未参加工作者,虽贫苦不得享受;四、无公费者有优先权;五、有公贷而参加募捐及罢课者,有权享受;六、罢课经费在内开支;七、夜巡队用费在助学金内拨给;八、各校单独募捐者,根据此原则处理。企图挽救颓势云。

〔教育部档案〕

4. 詹明远关于云南大学学生发起一人一信运动呼吁保障人权情报

(1948年1月22日)

昆明元月廿日电:据报:昆明云大奸伪分子为扩大文字宣传,顷发动一人一信运动。该信之内容摘录如次:

我亲爱的某某:

一、自去年十月底前，警总部来函校方叫我们学校数十位同学去该部登记，诬蔑我们同学是共党工作人员，否则逾期不负安全责任。我们同学见此布告，大家都好似谈虎变色，真是晴天霹雳含血喷人，这种不白之冤，从此加在我们热血公益同学的头上。十月底更在报纸上正式将黑名单公布，我们即派同学代表向熊校长要求保障，熊校长不特不表同情，也同样以威吓之词要我们安心求学，勿捣乱社会秩序，使我们大失所望。我们同学为了自救，才组织安全保障委员会，这时政府当局，在各地实施他的非法行动了，师生及社会人士被非法逮捕，书店受不白之冤查封，何丽芳女同学被特务绑架侮辱，这种无耻的行为连续在各地发生，不胜枚举。我们认为这不特是我们学府的腐败现象，而是国家自遭灭亡的腐败途径，我们各地同学团结努力奋斗才见光明。

二、我们正在安心努力学业之时，而阴谋又来了，诬蔑我们热心公益的同学们以共党藉口摧残他们的学业，"开除""停学一年""记大过"，毕业者"扣发文凭"，来了这一大套的卑鄙政策，我们又再三向熊校长要求，熊口是心非，背道而驰，使我们每次的希望均成泡影，想来是多么的痛心，实在一言难尽。

三、教部为了摧毁我们同学的团结，修改我们各校自治法规，我们的学校当局便趁此机会，强令我校内各系级代表大会强迫接受自治会，其目的想乘机解散，从新组织，而变为反动分子的喉舌。可是我们的自治会为我们全体同学公认之组织，并不关教部与校方的事，所以我们坚决抗议这卑鄙的行为。

四、我们堂堂的学府，现在变为特务私有的家庭，特务任意在校活动，摧毁我们的文化，每次出来的壁报均被撕毁，这实在是我们云大最高学府之丑事，我们要反抗。近来这些向我们进攻的阴谋政策，反抗这些无耻的行为继续在我们学府之地蔓延生长。

五、近来正是寒假期考，我们各位同学受着前面这些阴谋不断袭击，叫我们从何安心，请你们主持正义，为我们这些不白之冤而伸出你们同情之手,来救救我们纯洁学生,国家之幸,民族之幸云。

〔教育部档案〕

5. 国防部关于处理云大学运逮捕学生代电

（1948年7月7日）

国防部代电　卅七年七月七日
熙密字第1857号
受文者：教育部朱部长

一、滇省卢主席午东电为建议处置云大师院学生办法,当经转呈总统核示。

二、该案本部前已据报,并经电复滇警总部会同教育当局处理善后,及依法处置拘捕之学生。

三、兹抄附该原电,请卓办。

部长　何应钦

抄件

（一）解散两校,另招新生,彻底整理。（二）准宪警入校拘捕奸党。（三）集结该两校学生,除奸党外,集中训练其思想,再分配各学校。（四）教育部派大员来昆主持,职决负责协助处理。

〔教育部档案〕

6. 周钟岳关于云南各方人士请求释放被捕师生函

（1948年7月13日）

骝先尊兄部长勋鉴：昆明学潮轶出常轨,省府警部自应加以制裁,惟迁延日久,恐事态扩大,益难处理,顷接昆明士绅来电,请转尊处,该电所请已捕师生无证据者予以释放,有实据者交司法机关办理一节,可否由尊处转电卢主席、何总司令查酌情形速与解决之处,敬乞卓裁,并颂勋安。

弟周钟岳拜启 七月十三日

钞电南绅耆来电

考试院探送周惺甫先生请转行政院翁院长、国防部何部长、教育部朱部长钧鉴:此次昆明学潮发生业已两旬,而一般【学】子尚在青年,行动容有过激,治安当局自不能不有所措施,只以师长被捕,学校被围,枪声时闻,谣诼纷起,遂致事态扩大,愈演愈烈,人心惶惶,不可终日。庚晨因一教师于南菁学校门前被捕,学生欲加劝阻,遭枪击伤者三人,生死莫卜,学生彷徨恐怖愈不敢出,长生〔此〕迁延,不惟今后学校恐难恢复,社会秩序亦殊可虑。同人等眷怀桑梓,蒿目时艰,瞻念前途,万分惊惧,伏恳钧座迅赐主持,对已捕师生无证据者,立予释放,有实据者送交司法机关办理并公布,俾速解决,则教育幸甚,地方幸甚。除分呈卢主席、何总司令外,谨此肃陈。临电忧惶,祈恕冒渎。秦光玉、马伯安、詹秉忠、李云谷、白之瀚、陈禹平、严燮臣、苏鸿纲、李琢庵、曾昭德、邓和风、徐雨瑞暨昆明各界人士等同叩。蒸。

〔教育部档案〕

7. 卢汉关于云大南菁两校学生反逮捕斗争及当局镇压结果密电

(1948年7月17日)

教育部朱部长骝先兄勋鉴:△密。此次昆明学潮,自弟所拟四项办法奉核准后,当即加派宪警监视云大、南菁两校之集结学生,以防奸匪分子乘间逃脱,并正式宣告使被挟持之多数学□并脱离责任由家长领回管束,方法内即散去多数。蠢动奸匪挟持之多数学生,则以砖瓦石灰并强取校内硝酸硫酸等化学药品为武器,抗拒愈力。当本月删晨派徒手宪警分往云大、南菁两校搜捕奸匪,宪警甫入,即被非法学生以砖灰硝硫酸等纷纷投掷,计南菁方面宪警伤者五十七人,学生仅轻伤十七人,延至午十时,已将该校集结学生全部集中移往昆市暂住。云大方面宪警被伤者四十余人,在校查出嫌疑分子九十余人,惟仍有二百余非法学生高据会泽院三楼坪台顽强抵抗,至昨日午后五时经弟前往训诫开导,始全数下楼接受处理,学潮至此业已大体结束,今后工作即肃奸与善后耳。惟云大师院、中山高工、龙陵师校因系国立,又远在滇中,贵部既鞭长莫及,弟处又未便干预,遂致奸党潜踞其间把持,历次学潮已有明征,尚望就此整理之时机,另选精练人员主持校政,至龙陵师范、中山高工则以解散为宜,俾奸党从此肃清,学风渐入正轨,不惟□□多士叨惠无涯即滇中学风亦可日渐整肃,言不尽意,诸维鉴之。弟卢汉。午筱。

〔教育部档案〕

8. 熊庆来关于昆明军警迫害无故青年学生及学生反逮捕情形函

(1948年7月24日)

骝公部长钧鉴:昆明学潮解决刘参事返京当已报告一切,此次事件云大虽有责任,但不能负全责,刘参事在此亦一再表示,且实际情形复杂,刘参事所注意者仍恐未周。钧座领导士林,向抱学者态度,对书生素甚爱重,用敢直陈数点,俾明真相,而免隔阂。(一)曩日昆明为民盟中心,学校每为民盟所扰,致学风丕变,复员后本校力求纠正,思想不纯正之教员解聘殆尽,上年助学运动采取断然处置(解散自治会开除学生一批及解散附中并解聘其教员),各教授一致支持,获得圆满结果,为钧部所称许。(二)此次学潮中学教员参与领导者甚多，但云大附中并无一人，惟附中学生上次整理后，尚未能全部痛改前非，此次仍有严重越轨行动，告诫不听，曾经再度宣布解散，暨教授同人对处理整个学潮亦主张严厉办理，冀得长久安定。(三)盘据会泽院楼上学生及一部份教授同人均主张由各机关首长带警察若干同往劝告，不听再围困，而胁之以威，必见令其退出，此办法事前曾向卢主席、何总司令、刘参事建议，未邀采纳，而径用警察进攻，进至二楼后相持达两日，退至三楼者终因卢主席之劝告而和平退下，可见当时仅用包围警告之法亦可有效，而免损失。(四)图书无甚损失，贵重文件仪器多已迁于他处(事前曾条谕迁移惟以教员工作需要且虑学生侵占空屋未能迁完损失在清查中)。(五)此次确有善良学生被逮捕遭受绑扎之苦，职员亦有被殴伤者，但本校为顾全大局，不使声张，或作不平之鸣，以免引起严重枝节问题。现一面恢复秩序，一面推动经常工作，招生考试现在报名。谨此驰呈，敬祈鉴察。并叩崇安。

　　　　　　　　　　　职　熊制庆来谨上　七月廿四日

〔教育部档案〕

(7) 其他各地

1. 陈景阳等关于当局镇压广西大学学运迫害进步师生呈令稿

(1946年3月)

(1)陈景阳签稿(3月23日)

尊核本案，据称该校此次学潮之发生，纯系少数阴谋分子，图谋不轨，煽动人心所酿成。似此破坏秩序，违法乱纪之行，若不予以严厉之惩处，则今后学校秩序，必更无法维持，惟际此整个国家陷于不安状态，与夫法纪荡然之秋，对此事件之处理，倘不能得最高当局之支持,则终恐不能达到彻底之解决。例如原呈所称,主编反动言论之壁报,发表富有危险性之文字与言论,类此事件,在重庆陪都所在地,又何尝无此反动报纸,反动言论,公然风行,至今尚未能作有效之取缔,欲求在学校方面,彻底澄清,谈何容易。党部退出学校,早有决定明文,乃一方面退让,更使另一方面得易于进取,此实非计之得者,此事应如何严予取缔纠正,事关国家政策问题,必先确定其方针,然后方可有轨道之可循。若仅为枝节处理,则一波未平,一波又起,终不能得有肃静之一日也。至对本案目前之处理,谨提出意见如下:

一、由校切实查明鼓动风潮之学生,凡有违犯校规者,应由校分别情节轻重,予以从严惩戒或开除处分,故职员中如查有不良分子,俟聘约满期后,或提前不再续聘。

二、以部令责成该校汤代校务操真遵照立予执行,明知开除多人,难免发生纷扰,但为整饬学风起见,实亦不能稍事姑息也。

三、上述办法应在新校长未就职以前以紧急命令行之,即有纠纷,可俟新校长将来到校后,再行整理,较易解决。

四、如新任陈校长,能于最近期内前往接事,即径饬陈校长遵照办理。

五、各校类此事件甚多,今后应如何应付,与如何处置,拟前交由主管方面,详加研究,妥拟计划,密呈委座核定施行,以上所拟各节,是否有当,敬请钧裁。谨签呈
部、次长

职　陈景阳呈　三.廿三

批示:
一、如拟。
二、交新任办理。
三、下星期四班机偕童督学飞桂,由总司速定机位(必要可商

军委会)。

四、照令新任遵照。

五、交训委会速拟。

朱　廿三

(2) 教育部训令(3月26日)

训令

令国立广西大学校长陈剑翛

据有关机关函报:最近广西大学学潮之发生,纯系少数反动分子图谋不轨,煽动人心所酿成,彼等或主编反动言论之壁报,或发表富有危险性之文字与言论,或参加此次武装特务队,从事种种暴行,以破坏学校秩序与国家法纪。等情。附该校反动分子调查名单一纸。据此。查该校此次发生学潮,风纪败坏已甚,应由该校长严加整饬,所有鼓动学潮违犯校规之学生,务须分别情节轻重,从严惩戒,或予以开除学籍之处分,教职员中如确有不良分子,亦须予以解聘,或俟聘约满期后不予续聘。合亟抄附原名单令仰遵照切实查明办理具报为要。此令。

附名单一纸[略]

〔教育部档案〕

2. 罗广瀛关于开除及逮捕国立西康技艺专科学校学生毛文岳等呈

(1946年11月18日)

国立西康技艺专科学校呈　　总字第一一八六八号
　　　　　　　　　　　　　中华民国卅五年十一月廿日

案奉钧部训字第二五九三一号代电开:密。据报中共近在公立专科以上学校策动组织所谓"反内战大同盟",以鼓动学潮,等情。

623

希注意防范为要。正密查间,复奉钧部训字第二五五一三号训令:以迩来学风嚣张普及各地不良分子动辄假藉口实,煽动学潮,甚且聚众要挟,败坏教育风气,扰乱社会治安。察其实际不外少数人别具用心,一般学子无的盲从。而学校当局每于事前疏于防范,事后穷于应付,致使整个教育陷于不安。亟应密切注意妥为开导,并按指派专人与当地政府及其他有关机关保持联系,藉收防患未然之效,庶使良好风气得以树立,而教育前途趋于稳定。除通令外,合行令仰遵照。各等因。奉此。职接事以来,目睹学生积习异常恶劣,学风败坏,为此间社会人士所诟病,即抱定决心挽回颓风,提高校誉与学术水准。复奉来示,自当遵办,以期不违钧座革兴我国教育之至意。近查本校三年制第一年级学生毛文岳,思想荒谬,性行诡悖,屡戒不悛,复组织秘密会议,策动暴动办法(组织扁担队、拳头队、哄闹队、督队团),以期鼓动学潮,阻止本校十一月十八日之新生测验考试,并髦教令,目无法纪,可谓极矣。职已遵照钧座整顿学风之旨,将图乱之主动分子毛文岳先行开除学籍,并逮送西昌警备司令部究办外,其余次要之捣乱分子刻正商同宪军警政机关详查中,一俟查确,即据实呈报。所呈当否,指令祗遵。谨呈
部长朱

国立西康技艺专科学校校长罗广瀛

中华民国三十五年十一月十八日

〔教育部档案〕

3. 行政院抄送河南省派军警弹压学运并大批逮捕学生通知单

(1947年6月6日)

案由:河南省政府刘主席电,为反动学生包围省党部经派军警弹压,并带回暴动学生四十六名交警看管一案奉谕交部由。

附件:附抄送电乙件

右案奉院长谕:交教育部。相应通知教育部。

行政院秘书长甘乃光

中华民国卅六年六月六日发,△捌字第43759号

抄原电

(衔略)密。检晨十时据报国立河南大学护校团学生在校粘贴标语,被一部分反动学生殴阻,护校团学生受伤失踪者多人,并有一部分被围困,势将击毙。另一部护校学生逃避该校毗邻之省党部,亦被反动学生包围。复迭据护校团学生及省党部先后告警求救,本府为维持秩序,援救被困学生及省党部人员,当通知城防司令率领军警前往弹压,经被殴学生指认暴动学生王长顺等四十六名,由军警带回,暂交省会警察局看管,听候处理。除详情另报外,谨先电闻。

〔教育部档案〕

4. 刘茂恩关于大肆逮捕青年学生电
(1947年6月14日)

教育部朱部长:高三零二三八巳冬电敬悉。54276。查前在开封所捕学生七七名,记者七名,其他九名,共计九三名,为慎重研讯,以免枉纵计,当饬警务处及军调统室会同青年团、省保部、城防司令部、联勤处、党调统室各遴派素谙法律之高级人员,详加研□以学生杨春云等三三名,记者七名,计四十名情节较轻,已先后准保开释,其余仍在研讯中。除电分电并续报外,谨电请鉴核备查。河南省政府主席刘茂恩叩。巳元。汴警二。印。

〔教育部档案〕

5. 胡云山关于西北农学院教授
因待遇过低生活困难而罢教函
(1948年4月2日)

密启者：据西北农学院三月十一日报告：该校教授因待遇低微，生活困难罢教，主要原因为西安咸阳两地待遇列为二级，而武功列为四级，实则上述三地毗连，物价无大悬殊，而武功列为四级，其收入相差甚远，因此咸抱不平。据学校透露消息，不日可以复教，等情。相应函请查照注意为荷。此致
赵静涛同志

胡云山启　四月二日

〔教育部档案〕

6. 詹明远关于西北工学院学生抗议
军队乱抓学生举行罢课情报
(1948年4月14日)

（密）　　西北工学院以学生军队冲突为藉口图扩大学潮

西安四月十日电：据报：西北工学院咸阳本校学生许霭云、姚云谦，于四月七日出校购物，经咸阳火车站，被国军第一师一六七旅七连连长沈万全以捉逃兵名义捕入火车内，非刑毒打，经教授及学生自治会负责人向该连长交涉无效，致激起学生公愤。该连竟开枪十分钟示威，嗣经咸阳警备部出面交涉，当晚十时始将被捕学生释放。除由校方将受伤之许、姚二生送医院治疗外，并推代表来省发动西工分院响应罢课，并结合西大援助。八日在西工分院招待记者，十日下午三时又在分院开会，由潘郝正副院长及自治会代表赵国璧等九人主持召开"四七"血案后援会，决定予以扩大，将宝珠影院与该校冲突事件混为一谈。西北大学亦在十日下午十二时由自

治会江扎儒、曹家治、严宗贤等召集会议,决议响应西工"四七"血案,反对政府解散华北学联,自十日起罢课三天,并继续酝酿扩大,意图将请求□□及聘请教授二事再予发动长期罢课,并由自治会另组行动委员会,筹组西北学生联合社,其中以赵国璧、江扎儒(华北学联分子)为最激烈云。

〔教育部档案〕

7. 詹明远关于西北工学院四七血案后援会要当局惩凶赔偿情报

(1948年4月15日)

(密) 续报西北工学院"四七"案件后援会要求三项

西安四月十二日电:据报:西北工学院"四七"血案后援会于四月十日在该校分院召开会议,决定由潘院长向军政当局交涉,要求政府:一、枪毙祸首三连连长沈万光,并惩处从犯士兵。二、赔偿被捕受伤许、姚两生身心上之一切损失。三、保证今后不再发生同样事件。能圆满答复,当即复课云。

〔教育部档案〕

8. 教育部转饬从速审判东北大中学校被捕学生密电稿

(1948年4月27日)

教育部急电 中华民国卅七年四月廿七日

急电。东北行辕政务委员会:○密。据本部督学黄曾樾视察报告以:东北大学……照原文叙至……而重学业。等情。电请转饬从速审理为荷。教育部。印。

节抄黄督学曾樾四月七日签

东北大学、沈阳医学院、长春大学及东北中山中学等校学生，以共匪嫌疑为当地治安机关逮捕者，少则数人，多则数十人，致各校学生惴惴不安，请钧长电请东北行辕政务委员会令饬当地治安机关从速审理，以免久延而重学业。

高等司

中等司

训育会

卅七年四月十日

〔教育部档案〕

9. 詹明远关于辽宁省立师专教授罢教抗议王铁汉任意侮辱师生情报

(1948年6月25日)

沈阳六月廿二日电：辽宁省主席王铁汉于六月十四日晨八时偕参事郭士杰赴省立师范专科学校亲察，校内秩序凌乱，职员多未按时上班，学生无人管理，王氏睹状深感痛心，当即召集全体员生训话，言语之中颇多刺耳，未能分别职教员之职守，竟混为一谈，事后引起各教授及学生不满，认为言近侮辱，决提出抗议。六月十五日上午十一时，学生自治会召开理事会，讨论如何响应教授会之行动，并决议同日下午一时半续开全体大会，计决议三项：一、请王主席明白解释师专学制，因王主席谈话中曾以中学程度相看师专。二、请王主席请回教授上课。三、请王主席说明对师专今后处置意见。综合上项决议，系采取与教授会一致步调，以达到反侮辱之目的。同日午后三时教授会召集紧急会议，到有教授廿余人及行政人员多人，自治会理事特准参加。决议之点：1. 立即向王主席提出质询，如无圆满答复，即行罢教。2. 招待记者说明王氏侮辱师专及教授之人格。3. 发告全国各大中学书，请响应抗议王氏之行动。十六日起，该校即未上课，教授会议亦于同日正式提出书面向王主席质询，并于午后二时招待本市记者，说明王氏侮辱经过及总辞职之原委，特别强调此举非有意罢教。学生自治会亦于同日下午招待记者，说明本日停课真相乃教授未能上课，非学生罢课，并列举王氏侮辱所谈事实，希代公诸社会人士云。

〔教育部档案〕

10. 詹明远关于沈阳学生抗议非法逮捕大请愿情报

（1948年8月16日）

沈阳学生再作抗议非法逮捕大请愿

东北各校学生为抗议当局对学潮之处理办法及营救被捕同学，本月九日夜沈阳学生抗联密议于十日晨出动，作"抗议非法逮捕大请愿"，参加者计有师专、沈医、东大、长大、长师、辽东学院、青年第一、三、五中学、济永中学、辽宁省立一中等十一校三百余人，由沈师陈希荣、东大陈大昌等十一人为代表，十时到警备部提出如下要求：一、释放被密捕同学。二、保障今后不再发生同样事件。三、如对学生有传讯必要，应经学校当局许可。当由胡司令家骥接见，态度强硬，仅对第二项允调查后答复。学生群集会警备部门内广场。当时东北剿总及警备部四周百码内均戒严，至下午四时剿总派董市长邀师专、沈医两校当局向学生讲话，由两校当局担保，翌日保释被捕学生，迄六时学生始返校。请愿时学生在警备部门前贴标语如下：一、反对政府偷人政策。二、反对非法逮捕。三、逮捕抗联同学是有意再造"七五"。四、一人捉进去千万人追上来等字样。当夜一时半，警备部公布被捕匪嫌王文彦、马显文、齐玉林、禹遇泉、石玉琛等五名罪状，并郑重声明如再有违犯戒严令之集队游行请愿，决按戒严法武力制止，酝酿成任何不幸事件一切责任均应由破坏法令者自负云。

詹明远

〔教育部档案〕

11. 詹明远关于沈阳当局镇压学生抗议
非法逮捕大请愿运动情报

(1948年8月18日)

东北学潮近讯

沈阳学生再作抗议非法逮捕大请愿后,兹综合当局与学生方面连日动态如后:(一)警备部以各校学生八月十日破坏戒严令,集队请愿,八月十二日召开临时治安会报,对各校严加戒备,并由沈阳各机构分别深入调查,对各校动态随时报告,警备部以便出动军警阻止学生再出校。(二)预定逮捕之沈阳医学院陈希荣,八月十三日黎明已由警备部从校内公开捕去。(三)警备部十三日午召各校负责人及会报各单位联席会议,征求对七五事件及逮捕学生之意见,各校当局对警备部作风不完全赞同。(四)各匪嫌学生被捕后,抗联于八月十三日午后在沈阳召开各校代表秘密会议,拟重整阵容,惟职业学生为运用各中学,号召组织中学联谊会。(六)警备部胡司令作风强硬,招致东北人士不快,现改变作风,争取后援会有力者马愚忱之同情,以清除阻力,八月十二日晚胡已晤马,结果圆满,后援会可不出面支持学生抗联,惟该会盼八月十九日前中央对七五案及流通券问题有答复,俾了此案。

詹明远　卅七年八月十八日

〔教育部档案〕

12. 教育部关于开除进步学生学籍密电
(1948年8月18日)

教育部代电　训字第四五四六九号
中华民国卅七年八月十八日

私立南通学院张院长密鉴：兹抄送该院学生非法团体暨各生活动情形简表乙份，仰严加考核，如系奸匪潜伏分子，迅即予以开除学籍，具报为要。教育部。

印附名单一份（略）

〔教育部档案〕

13. 中联处请饬特刑庭不得保释被捕学生代电
(1948年11月26日)

代电　联发字第七九一六号　中华民国卅七年十一月廿六日

司法行政部谢部长勋鉴：密。据武昌会议报告：略以此次逮捕武大奸匪嫌疑学生，经移武汉高等特种刑庭办理后，并未通知本会议，即径行交保释放。建议转饬特刑庭，嗣后处理与本会议有关奸匪案件，应先征询会议意见，等情。查肃清匪谍学生为各地会议所主持，关于匪谍学生之保释，特刑庭似应与各地干部会议密取联系，特电请转饬武汉特刑庭遵办为荷。中央党政军干部联席会议秘书处。(37)戌寝导。印。

〔教育部档案〕

14. 行政院转告镇压台湾省立师范学院及国立台大学生运动通知单

(1949年4月8日)

行政院交办、议案件通知单

案由：台湾省政府电报省立师范学院及国立台湾大学少数不法学生扰乱秩序妨害治安及其处理情形一案，奉谕交部由。

右案奉院长谕：交教育部。等因。相应通知教育部。

　　　　　　　　　　　　　　　　　　　行政院秘书处

中华民国三十八年四月八日　　发 A 八字第五九五三三号

抄原电

（衔略）○。近查本省师范学院及国立台大少数不法学生张贴破坏社会秩序之标语，散发煽惑人心之传单，甚至捣毁官署，私擅拘禁公务人员，扰乱秩序，妨害治安，殊堪痛惜。为整顿学风，保障大多数纯洁青年学生学业起见，不得已将为首学生拘送法办，并饬令师范学院虞日起暂行停课，听候整顿，所有该院学生一律重新登记，再行定期复课。除分电台大并通饬中等以上各校告诫并约束学生外，谨电察核，详情容续报。

〔教育部档案〕

（三）爱国人士之民主斗争

一、较场口血案

1. 中统局关于人民周报社对较场口纠纷之态度情报

（1946年2月14日）

人民周报社对较场口纠纷之态度

据报：人民周报社社长马义（共党分子、民主同盟盟员）于本月十四日下午四时，招集社友王静〔新〕吾（中国劳动协会教育股长、民主同盟盟员，曾任章伯钧秘书）、石西民（新华日报记者）、赵光遇（人民周报编辑兼国民公报记者）等，在中华路215号召开会议，讨论较场口事件，马义因在大会主席团任秘书曾被殴打，并受共党及民主同盟之指示，当决议两项：

（一）由人民周报社全体社友名义发表对较场口事件之宣言，题为民主不可摧毁的，主要内容为：

（1）对较场口事件真相叙述不应该蒙蔽事实，欺骗人民。

（2）驳斥中央社、新蜀夜报、和平日报所登事实，并主张中央社将来应为国家化。

（3）向受伤之盟员，致深切的慰问。由王新吾起草准备在新华报及该报发表，并在民主报印好后由王新吾在劳动协会散发各工人。

（二）以人民周报社名义，指责和平日报消息与事实不确，函令更正，否则以破坏该社名义控告和平日报，因较场口事件发生时，该报兼任记者王新吾为劳协会参加大会领导人之一。和平日报十一日发布消息时谓王为一失业工人之故也。

〔中统局档案〕

2. 中统局关于重庆各团体对较场口事件之措施情报

(1946年2月15日)

陪都各团体对较场口事件之措施

据报：陪都市商会、工会、农会、妇女会、渔会、教育会、会计师公会、中医师公会、律师公会等人民团体，以此次李公朴、章乃器等盗窃陪都各界名义，发起庆祝政协大会成功大会，以争取总主席失败，竟当场指使暴徒捣乱会场，殴伤主席刘野樵及与会群众事，深表愤慨。嗣经各团体代表召开临时紧急会议后，当即决议：

(1) 将肇事经过，分呈国民政府及中央党部。
(2) 推派代表晋谒蒋主席。
(3) 定今日重行招待新闻界，并当场指责各报报导之不正确。
(4) 发动全市市民举行大示威游行。

(忠甲 101)

〔中统局档案〕

3. 燕大自治会抗议特务政治要求严惩凶犯函

(1946年2月19日)

重庆国民政府主席蒋钧鉴：一月十日政治协商会议在钧座主持之下正式开幕，钧座并代表政府发表四项声明，决定废除一切限制人民之禁令，我中国人民百年以来尽瘁奋斗历尽艰危以争取之基本人权予以实现，万众额首，薄海同庆。阅二十日政治协商会议圆满闭幕，协议告成，实奠我中国亿万军民民主独立富强繁荣之基。虽赖各党各派暨社会贤达同心同德，容让谋国，而钧座领袖群伦，实总其成。全国人民劫后余生，创痛未瘳，得睹光明，欣喜无已。

爰有二月十日陪都各界庆祝大会之举行，亦以申对钧座爱戴之忱与夫全力协助政府实施钧座诺言政协会议之决心。不谓竟遭有组织之暴徒之猜忌，予以破坏，捣乱会场，盗窃名义，擅发宣言，甚至殴伤大会主席团李公朴、施复亮、马寅初、政协代表郭沫若及与会群众数百人。如此丑行，竟发生于钧座代表政府宣布开放人民自由以后，不特国格扫地，贻笑中外，抑亦有辱钧座与政府之尊严威信。凡我国民，莫不义愤填膺，愿以死争。我燕京大学全体同学爰特授权本会要求钧座：

一、立即彻查二一〇血案，严惩凶首，以谢国人。

二、立即停拨特务经费，解散特务组织，切实保障人民自由。

三、立即采取一切有效措施，迅速实施政协协议。

今日之中国，特务一日不灭，人民一日不安，特务之存废，实为中国能否实行民主最后之一重障碍与考验。钧座平日告诫国人以行百里者半九十为言，今日政府与民更始信誓旦旦，其能不不流于空文者，胥视此最后一步能否完成。我燕京大学全体同学荷国重任，愿在钧座领导之下，誓为消灭一切特务以争取民主自由在中国之彻底实现而奋斗到底，捐躯效死，在所不惜。

血案发生已逾一周，政府迄无善后措置，民愤日甚，政信动摇，人心向背，决于俄顷。临函神驰无往，迫切待命之至。

燕京大学学生自治会叩
二月十九日

〔国民政府档案〕

4. 中统局关于中共支持民盟抗议宪警搜查黄炎培住宅情报

(1946年2月26日)

中央调查统计局情报　中调(35)情字第八六四七号
中华民国卅五年二月二十六日

周恩来煽动民主同盟代表之情况

据报自本月二十六日民主同盟代表黄炎培之住宅被宪警搜查后,周恩来即于当晚驱车前赴国府路三百号与该盟代表叙谈,表面上虽藉言因将返延安,前来辞行,实则存意煽动。周对检查黄宅事件甚表愤慨,于叙谈间曾说:中共于此二十年来,对于和平团结统一民主之争不遗余力,终以孤掌难鸣,此次幸获民盟诸先生之真诚合作,始稍获头绪,方自感欣慰。讵今天忽有此违反自由之检查黄宅事件发生,言之曷胜痛心,此足见国民党对政协之毫无诚意,今后我人更应进一步之合作,以求民主之实现。至于检查黄宅事件,中共决尽力予以支持,最好能大家都拒绝出席政协会议,先行去函质问,候其提出理由答复再商对付办法。言毕,民主同盟方面由张君劢发言说:我们表面虽为两个政党,实则已成为一家,民盟的问题就是中共的问题,今后合作势所必然,尚望中共方面能援助到底。周与民盟代表畅谈至深夜始辞出去。

(震壬—27)

〔中统局档案〕

5. 纽约华侨青年救国团要求国民党严惩捣乱庆祝政协大会凶犯函

(1946年3月1日)

国民政府蒋主席勋鉴:祖国各党领袖与社会贤达,抱团结精诚，共谋国是，开政治协商会议，决定和平解决内争，组织联合政府，实施民主政治。逖听佳讯，深庆祖国前途展开一新纪元，行见踏上自由和平民主繁荣之大道，不图际此竟闻特务横行捣乱庆祝政治协商会议成功之群众大会，殴伤代表，拆毁报馆，此种逞凶暴行，乃法西斯之道，与法治精神根本不相容，抑亦为近代国家之羞也。为谋祖国真正宪政之顺利开始，万望钧座坚持及迅即实现政治协商会议之一切决定，迅即解散摧残民权之特务组织，并严惩其罪首，根绝暴力主义，庶几法治基础得以确立，和平团结得以确保，国人皆得享受民权自由，方将争为国家出力，祖国建设前途幸甚。

纽约华侨青年救国团

中华民国叁拾五年叁月壹日

〔国民政府档案〕

6. 中统局关于各民主党派庆祝政协成功大会缓开原因情报

(1946年3月9日)

据报：关于所谓政治协商陪都各界协进会所发动之庆祝政治协商成功大会，自上次在较场口发生纠纷后，曾拟再度举行，惟迄未实现，最近民主同盟罗隆基出院后，曾询及此事，章乃器当告以在政府对较场口事件未有正式表示是政治解决，或法律解决以前，拟暂缓召开。周恩来离渝前，曾探视李公朴，并对李表示：你还是多静养些时间，等些天你能出场了，我们绝对还要举行庆祝，并且还得请你作主席。故庆祝政协其他党派虽有意举行，但在何时，现尚未定。因中共及民盟方面，全在等二中全会对政协议案究作如何表示，如果顺利通过，即开始再度庆祝，如二中全会对政协议案发生波折，依中共代表王若飞意是要举行全国性之示威，要求国民政府实行政协决议,则非庆祝矣。

〔中统局档案〕

二、李公朴、闻一多血案

1. 上海清华大学同学会要求严惩杀害闻一多凶犯代电

(1946年7月20日)

快邮代电

　　国民政府钧鉴:西南联大教授本校校友闻一多君,品端学正,淡泊自甘,不幸在昆明被刺陨命,群情惶惑,同致哀悼。钧府缉凶之令虽颁,而正凶迄未就获,不但死者未能瞑目,今后治安尤难确保,为此谨代电恳请再行严缉正凶,以慰死者,而安人心。无任企祷。上海清华同学会叩。晢。

民国三十五年七月二十日发

〔国民政府档案〕

2. 民盟关于李公朴、闻一多血案真相调查报告书①

(1946年9月30日)

一、赴昆明调查之经过

　　七月十一日和十五日,李公朴先生和闻一多先生,两件惨案既接连发生,民盟就考虑到派人去调查的事情。但迟至八月三日乃得成行。其所以迟延的主要原因,是在和政府争持调查方式的问题。我们的意思,是要与政府一同去调查,或者说参加它的调查工作。

---

① 此件原标题"李闻案调查报告书",为民盟派遣梁漱溟、周新民调查后由民盟总部印行。

在最初和诸位代表谈到此意,他们几位都没有不同意的表示。但认真交涉时,则有不肯同意了。我们坚持我们的要求,期待政府代表向牯岭请示的结果,就耽误许多时间。末后只有接受政府所说的办法:(一)民盟自己派人前去调查;(二)政府予我们以去昆明往返交通便利;(三)政府予我们到昆明后从事调查时的各种便利;(四)为了实行上两项,政府可以派人陪同我们去。八月三日的起行,大体就是本着这一方式。

在人选上,民盟委派漱溟、新民两人同去,政府方面则派了中央党部张秘书寿贤陪我们。八月三日,从南京乘飞机到重庆,原意可赶上四日重庆去昆明的飞机,但四日的机位竟未能从航空公司取得,迟到六日才飞昆明。从八月六日到廿二日早晨,我们三人同住在昆明的商务酒店。廿二日我们搭机东返,张秘书因病稍迟一步再行,于是就分手了。在同行和同住期间,我们承他帮忙甚多,值得感谢。但可惜在起身前中央党部吴秘书长铁城给昆明总司令卢主席、霍总司令、唐署长电报上只说予我们以便利,而不说予我们以调查的便利。

从八月六日到廿二日,首尾十六天。在这十六天中,我们要代表民盟慰问李、闻两家,并帮助两家解决其今后一切问题。还有云南当地民盟盟务亦待调查。所有这些,在这里都不叙,只叙有关本案调查的事。我们调查工作,自一面说很困难,自另一面说亦很容易。困难的是我们到达昆明之初,当局者便采取了冷淡我们孤立我们的方策。琐细事实甚多,不必缕述。譬如六日到昆,七日各报纸只登出张寿贤来昆明字样,而故意不提到我们。顾、卢、霍、唐等屡约时间,屡次改期,直到九日才得见面。同时使地方人士不敢与我们接触,许多朋友都不敢来看我们,我们间接托人约会见面,亦均遭婉辞。我们自亦不好贸然看访人家,致使人家感觉讨嫌了。

这里只举几个小例以见一斑:我们所住的商务酒店就布满了特工人员。我们出门访问必然作随从,我们在家会客必然作记录。

有一天我就在商务酒店吃早点,恰巧遇着孙福熙君。他原曾为中国旅行社编辑旅行杂志,而商务酒店原是中国旅行社开办的,所以他长期住在里面,餐厅中偶然相值,欢然道故,说几句话,原是极寻常的事。事后孙君告诉我说,特务马上就盘诘他:你与梁某什么关系?你和他谈什么话?孙君赶紧表明彼此无多关系,不过从前在北京大学读书时候,梁先生是先生,我是学生而已。——试问在这种情形之下,还有何人敢来亲近我们呢?

在进行调查时,军政机关既不予便利,却反而有意陷我们于困难之中。是如此了,何以又说调查起来亦很容易呢?这里有两层。第一层,就是俗常说:一手难以掩尽天下耳目的话了。广大的社会究竟不乏有心人。所以自动来供给我们材料,作种种帮助者还是不少。第一是地方人士,第二是许多青年学生。还有更重要的第三与第四。那便是我们盟内同志,和美国领事馆的朋友。两大暗杀案,民盟原是"尸主",我们自己人哪有不留心的呢?尤其像被当作目标而幸未遭难的楚图南先生,被搜查而未及捕进牢中的赵沨先生和其他诸同人,自身遭遇就是很好材料。美国朋友虽是局外人,但他们极同情我们的;同时在职务上他们对他国家要作情报。除了现在昆明的罗领事、麦领事而外,美大使馆还特别电调前驻昆明很久的斯领事,从北平专来调查本案。我们到昆明时斯氏虽离去,罗、麦两位却请我们两度到他馆中便饭长谈,彼此交换调查材料。——试问在这种情形之下岂是任何一方所能遮掩得了的吗?还有第二层理由留待后面调查本案后的论断中去说。以下只将我们招待新闻记者,访问当局,旁观审判,以及我们与当局函件往复等事,叙一叙。

我们原意先访问当局,后招待记者,以示慎重;但结果还是先招待了记者。那天到场的记者相当多(多过我们所发请帖二倍),谈话相当长,秩序亦很好。记者们笔录甚勤,据说其中作了一份三千多字的笔录,当晚交呈顾总司令阅看。我们大致就本案发生后政府如何表示,友邦如何关切,我们向政府如何交涉,及此来所取方式,今后的要求与期待等项分别说明。其中重要处是从我们的立场态度,说到我们要求移南京组织特别法庭审判之一层。访问当局(顾、卢、霍等)时,我们对他们谈的亦着重此层。其大意约略是这样的:

李闻案,无待申论是政治性暗杀案,国内国际都这样承认的。今被害者是在野的民主同盟方面,则在朝的国民党方面便头一个犯嫌疑。虽如此,我们民主同盟却依然还承认它法律上的地位。即承认政府是政府,接受它的警察及司法机关所行使的职权。但我们希望国民党亦承认我们在政治上的地位。即承认我们在政治上是它的反对派。反对派遭遇这事情,它自己脱不掉嫌疑。此时它如果是光明正大的,应自动地邀我们一同来调查这案情,一同来审判,乃将一同宣布其结果。这样,自然国内国外都会相信它,佩服它,纵然结果发现是它中下级之所为,而与当局者的光明固丝毫无损,因此我们提议一同调查,移京审判,实为爱惜政府之意。最要还在组织特别法庭,给各方以参加机会。要知具有政治关系的案件,普通法庭是办不了的。记得重庆较场口事件在法院公审时,法官就当众说这种案子是以政治为背景的,普通法庭没法审判。而抗战前救国会七君子的案子,人虽出来,案并未消,更未曾宣告无罪。说起来至今还是不合法的。所以为了允洽舆情,作有效之处理,组织特别法庭实有必要。否则以处嫌疑地位的国民党,还要运用它手中的大权,一手包办则更加重嫌疑,威信尽失。即将不单是国民党的损失,而实是国家的损失了。

我们这一要求或说是一期待,自然由民盟中央在南京直接向政府提出。所以对顾、卢各位不过告知他,不要轻易处理。在第一次访问时,他们亦不作何表示,只说案情在侦查中,还不完全。到十三日顾、卢请我们吃晚饭,陪坐有冷欣、张镇等。饭罢,顾邀我至别室小谈。说李案凶犯未获,闻案后日可开审,请参加观审。我问:是后来从曲靖缉获之人吗?顾答:不是。是两个外省人,我又问:凶犯供他为何行凶呢？顾笑云：且待问他们自己吧。我立刻就明白必是八月五日重庆看见的晚报上那个说辞了。

所谓观审，只是远坐旁听而已。然而我们亦决定参加，以观究竟。十三夜间收到他们请观审的公函，十四作复，告以我们不同意这种审理，但承邀观审，我们同冯素陶先生三人应邀前往，藉资调查。同时提出闻立鹤为当时在场受伤未死之人，对于行凶者必有印象，请设法担架到庭辨认。晚上十点钟，张秘书接到顾总司令电话约他去见。次早，张告我说，顾公嘱他转达两点：梁、周二位观审已足，冯先生不必参加了；闻立鹤出庭亦可无须，假如法官认为必要时再说好了。

观审时张秘书亦陪同前往，遇参谋长冷欣出出入入，张罗一切。观审毕，步出法院，张秘书告我冷参谋长对他说，军法处曾派人去医院看闻立鹤能否出庭。但医院出具证明书，说他伤未好，不能出庭。这可见假如我们不提，则这手续亦许都不做。

观审的人，初时还有二十三、四人，午后更少。这都是应邀而来。邀而不来是可以的，没有邀而来则不行。即如新闻记者，除被指定的中央社两人外，亦一概不准入内。大公报派来昆明的高学逵君向我们述说他碰钉情形甚详。所有这些，以及审讯中的一些漏洞，我们另有批评见后。

十五日观审既毕，当下作函送达顾总司令，说我们认为疑窦颇多，难为信谳，请他不要定案。次日向他函索当时审讯记录，请抄一份给我们。数日无复。十九日他又请我吃饭，饭后又偕入别室谈话。我问他：十五日上下午的审问，看去似已审完，但当时既不宣判，而且几天来还不见下文，是不是还要再审呢？顾迟迟对答不出，末后低声说：我还作不得主。审讯记录虽当庭宣读，而仍不能马上给我们一份，似即在此。

二、李闻案发生的背景

李闻案发生后，一般人总要问凶手是谁的问题。即我们这些人,亦难免有此问。可是你一到了昆明,就不这样了。还有,外间亦尝怀疑:如说政治暗杀,为什么要单在昆明,并单杀李、闻呢?可是你一到了昆明亦就不如此了。这就是因为你远在外方,只听到这孤立的一事件;而你到昆明后,便直接接触那发生本案的背景。这背景,在空间上至少以昆明为范围,在时间上至少要从抗战中的几年说起。

但我们不可能叙说的太多。我们要以李案为中心,而紧环绕这一中心来说。那我们就来说:民主运动在云南,或民主同盟在云南。

民主运动不等于民主同盟,但他们是有联带关系的。过去国内的民主运动,在云南最热闹,这是大家都知道的。民主同盟的组织,发起于抗战中;在抗战的几个省份内,云南省支部是比较最强大最活泼。为什么如此?大约有两层可说:一层是有好几个大学聚在昆明(其中特别是西南联大),而这个大学恰又为代表国民党掌握教育大权的二陈派势力所不及。放眼一看,各大学校长,各教育厅长,能出乎他们势力圈的有几?然而轮到西南联大和云南教育厅他却不行了。于是自由民主的空气就在这大群先生们中间培养发扬起来。

再一层,那就是中央与地方的矛盾,云南较各省为强。抗战前,全国一直没有统一,而抗战则给予中央申张其力量到各省的机会。然而在以龙志丹执行的云南这地方,比较根基强固,却势不可侮。于是形成了深刻有力的矛盾。就在这矛盾中间,民主运动和民主同盟得其机会。

民主同盟既在有利条件中长大起来;而民盟政治影响的扩大,亦自必促进这些矛盾的发展。就是从地方与中央的矛盾发展到民主与独裁的矛盾。

明白后一层道理,民主同盟与地方势力彼此间自有些不期而然地配合,乃至不期而然地互相联带的地方,而同遭中央反动派之忌。在这连串斗争中,我们既予反动派以痛击,当然反动派决心要打击民盟,亦为伺机已久之事。以下简述其事实经过,则李闻案的何以发生,不难明白了。

在抗战后半期,越缅失守后,中央政府在国防名义下将军队大量向云南开入,以军事的控制,推进政治经济各方面的控制。云南本是一个贫乏的省份,突然增加了几十万大军的驻防,仅是给养的供给,已经使人民喘不过气来,再加所谓中央军或中央人员那种比法国人统治越南更为恶劣的殖民作风,更是使云南的各阶层人等都对国民党或中央由失望到厌恶。农民因此而遭受中央军整村烧杀,或不堪驻军扰害而群起反抗者,屡见不鲜,远之如屏边,近之如凤仪,都是例子。

前年(一九四四年)双十节,民盟滇支部在昆明假昆华女中礼堂举行纪念会。赴会群众万余人,远超预计之外,会场不能容纳,临时改在该校操场开会。由罗隆基、闻一多、吴晗、楚图南、李公朴诸位演讲,阐发联合政府、争取人民基本自由等主张,会场情绪异常热烈。国民党派特务多人在场扰乱,并施放炸弹,捣毁桌椅,经地方治安机关派人维持秩序,乃得继续开会,会议在激昂之歌声中列队散会。民盟在这次纪念会中发生很大的政治影响。在遭受如此强暴的破坏中,而群众情绪益加激昂,可看出群众对反民主势力之憎恶与民主要求之高涨。其后累曾举行大规模之群众集会与游行,亦累次得国民党特务要捣乱破坏的消息,均没有生出什么事变。这半为群众势不可侮,亦正为地方当局负责维持治安,不予中央反动派机会之故(去年龙志舟任内,昆明行营具有严令,禁止各种特务任意逮捕搜查人民)。

对日战争停止后,中央以赴越受降为名,将滇省境内最后余留之龙志丹部属第一集团军全数调赴越北。滇军于九月离滇入越,十月三日中央的杜聿明部即在昆明围攻省政府,于是酝酿数年的解决地方政权问题卒以完成。

龙氏被迫离滇后,中央以李宗黄代省主席,关麟征任全省警备总司令，云南的整个统治都掌握在这两个无法无天的国民党最顽固分子的手里。

李宗黄是云南省青年的老冤家，十八年前他就以国民党中央大员的身份，在整顿学风思想的理由下，在昆明枪杀了青年学生梁元彬，激动社会的公愤，全昆明学生的大罢课和各界人士的抗议，把他哄走了。他这次就任省主席后，曾在公开的集会里演说：十多年前我回云南来，有人贴标语要枪毙我（李杀梁元彬后，昆明学生有枪毙李宗黄之标语），今天我又回到云南来了，看看究竟谁枪毙谁？这时昆明就有一种恶意的风说：龙志舟在的时候，这批民主分子可以任意活动，鼓动学潮，现在龙被解决，转眼就要轮到他们了。

然而反动派得意的时候并不长久，终于自己制造出"一二·一"事件，而遇着有力的反击。关于"一二·一"事件，已有专书出版，此不详述。事情大略是这样的，去年十一月二十五日，昆明学联在大西门外西南联大新校舍举行反内战晚会，由钱端升、费孝通、潘大逵、吴晗诸先生出席演讲，开始不久，校外四周即被当局派兵包围以机关枪小钢炮向会场放射威胁，情形异常严重。但晚会仍按预订程序在枪炮声中讲毕散会。翌晨中央日报登出：昨晚军警在大西门外剿匪的新闻。学联遂宣布总罢课，要求政府取消非法干涉集会游行的命令，保障人民言论集会的自由，惩办派军围击联大的负责人员，停止内战等。当晚李、关在省府召集各校长责令限期迫使学生复课，并指派学生代表参加警备总司令部特务组织暨三青团所领导之"昆明各校学生反罢课委员会"。而学联则坚持非得圆满的答复不复课，昆明罢课的大学中学共计四十一个学校，外县的尚不在内。反动派乃于十二月一日以数百暴徒袭击市区各重要学校，击毙教员学生于冉、李鲁连、潘琰、荀极中等四人，炸伤杀伤廖祥烈等十余人，捣毁各校建筑校具无数，于是连许多学校的教师也宣布罢教抗议，国内国外，舆论沸腾。虽经制造一个所谓共产党姜凯指使放手榴弹嫁祸政策，也还是脱不了万目之所视，万夫之所指，而李某不得不去职,云南省政府不得不改组。费了无数计谋,好容易取得这个多年所想彻底解决的政权,不意又一旦毁于这个异党嚣张(李宗黄语)之中。

然而李等于此,决不甘心;而且李、关去职,并不等于地方势力的恢复,或民主势力之抬头。今年三月间,昆明有所谓"××××大同盟"者出现。成立之日,有云南省警备司令霍揆彰及其他国民党重要官员致贺,各报大登广告,征求盟员。四城粘贴壁报,尽量攻击我们民主同盟。他们在壁报上经常造谣说:民盟的闻一多、楚图南是共产党员,说闻一多组织暗杀团,说李公朴携款几万万元到滇谋暴动。这样的宣传,从五月间就开始,并且和三青团的刊物全是一样的说法。这是反动派在云南正面进攻民盟的开始。这个××××大同盟所包涵的主要成分,本来是些志趣不能全同的帮会组织。论中国帮会在以往反异族暴君的运动上是曾有其历史的光荣的;但是现在在一部分帮会分子,竟受国民党特务分子的操纵迫胁,使其成为进攻民主力量的别动队。后来暗杀李先生被捕获的凶手李成业就是这个"××××大同盟"的盟员,而担任特务机关工作的。

反动派宣传了几个月,说民主党派要暴动,要勾结地方势力夺取政权。先前说五月间要暴动,五月间没有暴动;又说七月间要夺取政权。同时也不断传说省政府要改组的话。配合着这些宣传而来的行动,是六月初的突然大搜查。前六十军军长安恩甫,前宪兵司令禄国藩,现任一八二师参谋长(驻东北)甘艺等家宅,及云贵监察使署,皆被云南警备总部派兵搜查,断绝交通,势极严重。这大搜查,与一八二师(前云南军队)师长潘朔端等在东北宣布脱离中央反对内战似有关联。但当时昆明人则莫测其所自来,同时数家书店亦被搜查历数小时之久,皆未查出违法证据。然从此风声鹤唳,人人总感觉惊慌。

此时还夹杂着出了一件事。那就是陆军第二十四师(师长龙绳祖所部)奉命远征,调出云南,未及开拨,士兵就逃散了。该师重要军官数人曾被捕。这自不能算一件小事,颇足以增加各方的不安。

接着传来了,潘朔端部改称民主同盟军并电民盟中央致敬,愿作后盾的消息。其实彼此素无往来,事前毫不接头,自经民盟发言人正式声明潘部与民盟无任何关系后,在大局上亦就不发生什么影响。但此消息一到昆明,若干民主人士与若干青年名列黑名单之说因此却愈炽。后面我们列举许多李闻案发生前的情形,就是在此间的事,请参看。

民盟滇支部同人,鉴于谣言猛炽,局势险恶,乃不得不向各界公开表明民盟的立场主张及态度。于是有三次招待会之举行,地点在商务酒店,出面者为滇支部负责人潘光旦、闻一多、楚图南、李公朴、冯素陶、费孝通、潘大逵七人。第一次在六月二十六日,招待党政军各机关首长。第二次在二十八日,招待地方社会贤达,及文化教育界人士。第三次在二十九日,招待新闻界。主要阐明民盟所持和平建国,民主团结的主旨。民盟只从和平方式争取民主,并非暴力革命的团体。暗杀暴动不是我们所作的事,而是我们所反对的事。经反复说明,颇得各方了解及好感。然仍遭受特务的搅扰威胁。第一次散会时,来宾签名簿突被警备部之特务抢去,经多人追赶,该特务跳入河中泗水逃走,被挡获后犹坚不肯将抢去之名册交还。第二次招待会后,商务酒店接有特务化名恐吓信,说如该酒店敢再租会场给乱党李公朴等开会,即将该店经理暗杀云云。因此第三次招待会只好临时改在冠生园举行。还有在省政府任要职之某CC分子,且亲自劝阻工商界人士勿赴民盟之招待会,说民盟又要发动运动,大约指当时昆明同志们与滇中各界人士发起呼吁和平的万人签名运动。因为这时(六月二十七日)正是东北休战即将期满,人人都怕大局破裂。所以草有一通电,致蒋主席及毛泽东先生,征求大家签名,这个通电签名的人,空前之多,方面亦很广。从护国元勋、绅耆名流、企业巨子、禅林长老到青年学生、妇女、店员、老妪都来签名,原非民盟包办,当时国民党的民主派朋友对这呼吁同具热忧的。可见厌恶内战,祈求和平,人同此心。乃那些别有使命的人则连这种和平的呼吁都不肯让它从人民口里透出来,甚恐怕同盟在集会中间扩大它。实则招待会除了介绍同盟的历史、主张、立场外,并不涉及其他活动。当时曾有人提出反对国民身份证及援助昆明市教师改善待遇保障职业等问题,主席潘光旦先生说这些意见我们完全同意,最近在我们的刊物上曾发表明确的主张,予以坚决支持,希望大家都来赞助它;但今天的招待会不拟讨论这些问题。

此后我们滇支部各负责人,皆被特务监视其行动,以迄暗杀发生后犹不已。这些事只有局中人感觉亲切,心内明白,远在外方的人,哪里知道呢?

全国政治空气,原是整个的,任何一角落莫不息息相关。我们讲说昆明,不要忘记东北的战争,尤其不要忽略首都的两党谈判。东北无端地来一个电报(潘朔端改称民主同盟军),就促使昆明特务加紧了他的动作。而六月三十日休战期满,谈判无成,尤为大局关键,各方视线莫不系属于此。一篇可战可和的模棱文告发表后,又期待着五人会谈(蒋主席指定陈诚、邵力子、王世杰与中共的周、董会谈),会谈几次,毫无结果,局面全僵。于是蒋主席就上庐山,苏北战事就大作,而昆明的李闻案亦就恰恰发生在其前后了。——李案在蒋主席上庐山前,闻案在蒋主席上庐山后。

三、李、闻两先生被刺前后的情形

(一)李先生被刺前后的情形

一、自五月起,昆明近日楼(市中心城楼仿北平前门形式之建筑)常贴各种大张壁报,其中反动者如"时代""老百姓""真民主"等(有的用民主自由大同盟名义,有的不具名)和一些铅印的反动派的刊物,如"光明""新中国""正论"等,均不断造谣说李公朴为中共的特务总队长及驻昆参谋主任,携带现款七万万元,美女四名,将与地方势力联合暴动等等。甚至近日楼的卫生标语中,亦杂有要扑灭李公朴的传染病之类的标语。这些话,无非是特务预先造成杀李的藉口。

二、昆明不久之前,成立一新的党政军团合组的特种会报组织,许多特种问题的机密决定多出于此。该组织的重要负责人,大都为中统、军统分子及李宗黄的心腹(姓名职掌,姑不宣布)。

三、六月间盛传特务机关拟定黑名单七十余名,内有数人系注明立即严厉处分者,李先生为第一名,闻先生为第二名;另一黑名单则有三百余名,分三部分:(一)民盟分子;(二)学生及文化人;(三)地方有力者。单上注有各种符号,并有加按语者,如上列分子可于必要时在当地予以便宜处置等语句。同时传说南京某机关首长有密令到昆,武官在团长以上,文官在县长以上,对于中共及民盟分子可以密报、密捕、密决。又谓特务已在海口设集中营,一俟国共谈判破裂,即开始逮捕云。

四、暗杀前数日,警备部一特务人员告人:彼曾跟踪李公朴到巡津街等处,并四处打听闻一多像貌服色。

五、前云大教授李××与潘大逵有同学同事之谊,某日往北门书屋访潘(潘与李公朴先生同住该楼上)后,在公共汽车上即被特务追随盘问,不得已引至教育厅长王政办公室,始得解围。特务去后,王告李:你是民盟盟员,我即无从为力,否则当可替你解释的。

六、六月底民盟云南省支部既鉴于谣言险恶,而举行三次招待会,向昆明各界公开表明立场及态度,很得各方面了解与同情。而特务竟还不断给与扰乱与压迫。如招待会第一次签到簿被特务抢去;租借给招待会作会场的商务酒店被特务警告,以致第三次招待会不得不迁移地点,还有出席招待会的来宾发言者,有的被警告,有的甚至被迫离境。所有这些,已详述于前,此不再赘。

七、李先生被刺前两星期,有自称民主自由大同盟盟员两人,两次访问李先生未遇,第三次问其来意,他自称赋闲军人,特来报效(意谓李先生正在招兵买马),李先生劝其勿受人利用,并谓:我是文人，根本就不懂军事，也不愿意用武力争取民主。

八、嗣后又来一旧相识之军人，对李先生说：伊在警备部特务组，见有密令三条，第三条说李公朴将于六月二十九日赴黄土坡及马街子演讲，问李确否？李先生答以绝无其事。至李先生被刺后，该军人复来，谓李先生之死是警备部主使，伊可设法调查等语。李家未与理会。

九、警备部曾一次藉清查户口名义，详看李先生住宅的后门。某日，复有一身着蓝布长衫之青年站在门侧，约半小时，注意书店（李先生即住楼上）出入之人，并用铅笔有所记载。李先生被刺前三四日，曾发现夜间有携带手枪者二人，等候于书店之对面墙角，迄李先生被刺后，即不再见。

十、李先生曾接上海不甚熟习之友人来信一封，劝其勿赴上海，谓谨防有人暗算。今日观之，其意乃在使李先生勿遽赴沪，而使昆明暗杀计划得售也。

十一、昆明友人多劝李先生勿于夜间外出，因此被刺前三晚均未外出，七月十四日当晚李先生偕夫人刚出去十余分钟，即有友人特来相告：从三青团方面得来的消息，昆明特务机关奉到密令，对某某等严加监视，必要时得便宜处置，其第一名即为李先生，切嘱不可外出。不幸竟未相遇。二小时后，李先生即遇难。

（二）李先生被刺时的情形。

一、七月十一日晚餐后，李先生偕夫人外出访友，代友人洽借音乐会场所，便中赴大光明电影院观戏，散场时约九时四十分，至南屏街公共汽车站等车，即见有三人均着黄色军便服，站在李先生与其夫人的周围，上车时一人坐在李先生的身旁，一人坐在李夫人的身旁，另一人坐在李先生对面。车到近日楼，上车人极多，此三人仍在车上。行至青云街口李氏夫妇下车，此三人随同下车。李急行至学院坡叉路，其夫人在右边，上坡刚行四五步，即听见后面一声不大的响声。李夫人以为是青云街上的小孩子放爆竹。李夫人本人有心脏病,平常听爆竹声,即惊慌心跳,这次并未如此,足证其为装有灭音器之特用手枪。声响后,李先生即倒在路旁的泥泞中,大呼:我中枪了!其夫人走近方知李先生已遇刺,大呼捉人啦,枪杀人了!其时适有青年学生路过该处,亲见凶手将其手枪递交另一特务,向青云街南大学方面逃跑,他们即率同市民追捕阻挡,追获后送入警察三分局,其余特务则向大兴街逃去。据讯,此凶手名李成业。

李公朴先生被刺处简图[略]

二、李先生被刺后,适有云大同学数人路过,约集市民将李抬至北门外云大医院,其时已将近十一点,经检查及开刀,子弹是从左后腰射入,经右前腹穿出,创口周围发青色,腹穿数孔,口径在一方时,仅连少许未断,血并未流出创口,完全流入腹腔和胃里从嘴中大口吐出,其伤势与"一二·一"死难者潘琰女士一样。嗣经医生连续注射盐水针、葡萄糖、盘尼西林、止痛针、止吐针,血已止,偶吐一二口瘀血,至三时许神志仍清楚,自言自语说:我早有准备了。四时以后犹沉痛的说:全为民主,全为民主。并痛骂统治者,卑鄙,无耻!时至五时二十分情况突然恶化,经打强心针一瓶无效,旋即气绝逝世。

三、李先生被刺地点:西距警察第三分局五十公尺,东距大兴街口警察派出所四十公尺,南距水晶宫街口警察派出所五十公尺。其距翠湖西路各军事机关及军官宅第则各十数公尺不等。即距警备总部亦远不过二百公尺。试问,敢于在军警林立之地行凶者是谁?

四、据各方密报:(1)刺李的特务分为二组,一组为李成业及温某、杨某等,前三天已盯李先生的梢,并在拓东路某处接头,出事的当晚,他们系从大光明跟到青云街,李成业即坐在李先生的身旁。一组亦有数人,住在民主街及拓东路,均乘吉普车尾随公共汽车,开到青云街口,即有下车至出事地点附近的二十号楼楼房,从窗内看风,并就近指挥。(2)李成业被捕后,有一小脚老太婆跑到警察三分局对警士说:他买我的东西,差五十块钱,付不清就跑了。这是特务的布置,希望警察轻轻的释放了他。其共犯温某跑脱后,即往航委会汽车修理厂(李在该厂服务)面告李之友说:李跟别人打架被捕了,但是不要紧,会放出来的。

(三)李先生被刺后的情形

一、抬李先生到云大医院,途中忽有警官跑上来说:凶手在三分局门口捉住了,问伤者是谁?李夫人答以李公朴,那位警官突然迟疑了半响,变口说:也许是枪走火罢?当时捕获凶手李成业,既为杀人犯,警察应立送法院侦查。翌晨李夫人往警备部认看凶手竟遭拒绝,经数日后警备部模糊其辞的宣称,李成业身无凶器,证据不足云云。据知内容者传出:李成业于出事之次日,已乘飞机离昆矣。但又闻李成业仍在押,却不知是否原来的李成业。

二、李先生被刺后,当晚即在青云街一带地方发现预先制就之标语及漫画,彩色壁报,纷纷张贴出来,诬李为"桃色事件"而死。次日复以云南反共大同盟名义,张贴标语,说李是共产党杀死的,是艾思奇杀死的。至李先生火葬时,又以"中共滇支部"名义用大红纸到处张贴恐吓性的通告,谓"查李公朴背叛本党(指中共)特奉主席毛密令,着即枪毙。并劝市民勿往云大参观,免遭意外。试问在中央势力控制下的昆明敢于如此明目张胆活动的是谁?总不难想像得之。

李案发生后,民盟云南省支部曾分函警备部及省政府警务处,请予立即缉凶。不但迄今未复,而警备部反以学联所出壁报有攻击警备部之语句,认为是民盟支部指使,来函质问威吓。

四、李案发生后两日,警备部派人查封昆明市中苏文化协会,搜去公物及工作人员全部私人物件、书籍、衣物、现款等,并欲捕该会办事人金若君及寄宿该会之民盟盟员赵沨等,幸金、赵警觉走脱。

五、李夫人于李先生被害后连接两函,似皆出于参与特务工作者之手。一函谓主谋者为霍揆彰,执行者为吴耀辉、李荣森、李成业、王慧生等。一函则为杨本礼及孙区队长所谓。此两函尚保存,并经美领事馆索去查阅。函内又有五十万元之酬劳尚未领到的话,但据闻刺李酬金实共为三百万元,凶手各约可得五十万元。

六、李夫人于李先生被刺之次日(7月12日)曾延律师诉请昆明地方法院检察处派员勘验,并依法严缉凶犯。但该院于当时勘验尸体一次外,其后竟无任何表示,似是不敢过问。

七、李案发生次日,昆明复兴晚报广告部曾有警备部派来之人恫吓,嘱勿登载李案之新闻或广告,并至机器检查字版。又李先生治丧委员会到朝报、观察报及云南日报去登广告。前两家当下收费,应允翌日刊出。云南日报先不敢接收,嗣以前两家之广告费收据示之,亦允照登。但次日三报均未登出,经追问时答称:警备部不许刊登。

八、李案发生三日后,有警备部上尉督察谢诚被人枪杀之事。此事曾经有人投函重庆民主报,在八月六日该报刊出,叙述其内幕及经过颇详,此不转述。谢诚当十四夜被警备部自己人在黄土坡枪杀未死,经附近保甲,送入惠滇医院后死去,该部以霍乱病通知其母,复被其母发觉真相大闹,恰好此时闻案发生,警备部即不复隐讳,而把它与李闻的被杀案配合起来,混淆民众视听,想将自己的罪恶转嫁于他人。

(四)闻先生被刺前的情形

一、去年昆明"一二·一"惨案发生后,该案主使人(前一个警备总司令)扬言,要以四十万元购买闻一多的头颅。今年六月初,某总司令在一个会议上亦曾讲过:像闻一多这样的人,下手也不好,不下手也不好。可见杀闻一多早经过不少考虑。

二、昆明反动刊物常常诬闻先生已加入苏联国籍,取名闻一多夫。五月四日昆市的反动壁报,并说到闻一多在昆组织暗杀公司的话,是欲杀闻已预先制造罪状了。

三、李先生被刺死后,闻先生是第一个往云大医院痛哭者。当时即有人当众明白告诉他:特务已决定要杀你了。此可视刺闻非出于偶然。

四、闻先生被刺前数日,曾有一装疯的怪女人名张柴静(原系传教者,闻经警备部收买,担任通风报信等工作),常至其家探访窥伺,每次均有特务尾随其后,闻先生不胜其繁〔烦〕,闭门不理怪女人,乃留函辱骂,让你们父子都死。第三天果如其言。

五、闻先生被刺的当天早晨,曾有友人来告:南京近密令昆明警备部宪兵十三团等机关,说中共蓄意叛乱,民盟甘心从乱,际此紧急时期,对于该等奸党分子,于必要时得便宜处置。霍揆彰奉令后,召集各有关机关讨论,有人提议开始捕杀,经该会通过首批暗杀名单四人(后删去一人)又逮捕名单十数人,均为民盟负责人及民主刊物负责人。此友劝闻特别戒备,闻夫人亦力劝勿外出,闻先生以坚决的语气说:事已至此,我不出则诸事停顿,何以慰死者(指李先生)?于是卒亦被杀。

(五)闻先生被刺时的情形

一、七月十五日下午一时,李先生治丧委员会假云南大学开会,请李夫人张曼筠女士报告李先生遇难经过,到会一千余人。闻先生曾出席讲演,痛斥反动派特务暴徒的无耻和没有人心,并坚决说:今天跨出大门,就不准备再跨进大门。至二时半散会,同学护送闻先生回西仓坡西南联大教职员宿舍,休息了片刻,又出席民盟的记者招待会(在府甬道十四号),记者招待会约于五时散会,闻先生休息了余刻钟,由公子立鹤伴随回寓。父子二人均边走边看报,距联大教职员宿舍仅十步左右,枪声忽密集如鞭炮。闻先生首先中弹倒地,头中三枪,胸部及其他部分亦中多枪,于送医院途中逝世。其公子立鹤亦胸中三枪,腿中二枪,虽可保全生命,腿部将难复元。

二、据闻立鹤报告：他于出事前，曾出去巡查数次。第一次在午后一时以前，即云大尚未开会的时候，他在文林街公共汽车站已发现戴呢帽而样子奇怪的人了。嗣后得密报：刺闻先生共有特务多人，追随五时之久，足见刺闻之布置颇为周密。

三、又据闻立鹤报告：行刺时凶手距彼仅十步至二十步，有两个身著短装的特务迎面而立，而枪弹则从前后四方射击。同时，据附近居民说：凶手不下五人，早在联大教职员宿舍的附近的米仓等处潜伏着，如此，刺闻先生凶手至少在四人以上，决不只三人也。

四、当刺闻时，早有人发现民主周刊社的外面已被特务包围，并于出事前十分钟，暗示附近居民暂闭门外出，故闻被刺倒地后，四周不见一人，不似李公朴被刺后有若干市民追赶凶手。

闻一多先生被刺处简图[略]

五、刺闻凶手既在光天化日之下，连放十数枪，事毕后复从容乘预停在钱局街西仓坡口的吉普车辆，经钱局街驶去。按闻之被刺地点东距警备司令部二百公尺，西南距钱局街警察派出所一百公尺，其南造币厂亦驻大量卫兵。咫尺之间，竟一概置若罔闻。

六、闻先生被刺后二十九分钟，即有特务前来照像。照完，匆匆而去。

七、闻先生被刺之日特务在西仓坡附近的布置，如府甬道、文林街口、府甬道西仓坡口、翠湖北路西仓坡口，均停有他们的吉普车。如此，则闻先生万一逃跑，亦难出此天罗地网。

（六）闻先生被刺后的情形

一、云大教授楚图南先于闻先生数分钟出府甬道十四号，发现有特务跟踪，乃迅即折回昆华师范宿舍。入夜幸经美领事馆来车迎接，掩护出门。楚去后尚有特务多次来校搅扰，意在寻楚。

二、云大教授费孝通住宅后面，曾发现城墙掘有通道，而距该处不远之城楼上则驻有中央宪兵队。云大总务长拟饬工人堵塞其通道,竟有人阻止,声言:公家有用(似欲夜入通道,有所作为)。

三、民盟负责诸同人暨张奚石先生等,既早感受威胁,迨闻案继李案而来后,形势越逼越险,西北门一带(两个大学及民盟负责人住家皆在此区域)特务密布,到处散布"共产党要暴动"的谣言,实为扩大暴行,尽意捕杀之征兆。当晚潘光旦、费孝通、楚图南、潘大逵、尚钺、赵沨、冯素陶诸同志暨张奚石先生,因有入居美领事馆暂避之事。潘等入领事馆不久,中央宪兵队随亦开来两大卡车,声言保护。领馆拒绝其入内,则在墙外围守不去。馆内美官兵十余名,亦加置机枪,通夜轮班守卫。其情景至足动人,而又使人有莫名所为之感。其后警备司令部会同昆明外交特派员公署,派员持函到领馆,请将潘等移交警备部,以便保护。领事馆方面未予同意,仅允将其意转达同人。

四、出事次晨十六日,张奚石先生住宅门前,仍有特务持枪徘徊不去。

五、十八日,潘等以两三日无事,而且警备部表示保障安全,即移出领事馆回家。不料次日警备部又滥捕杨立德等(捕杨之日整天枪炮声不绝,市民惊恐不安,据谓炮兵演习),并连续捕前昆明行营前滇黔绥靖公署之官佐数十人。乃至地方公正人士受到种种威吓。特务在街上捕人事情,时有所闻。昆明某医院院长亲见一市民仰视街壁标语写着李公朴是共产党杀的,低声笑语其身旁友人说:谁不知道是国民党特务干的!立时即被两特务拔出枪来捕去。潘光旦此时住梅贻琦校长家,而梅校长之车夫亦于是日被特务绑架拷问:清华大学办事处埋伏多少人,藏有多少军火?且有同人眷属外出者,亦遭遇盘诘。种种情形,仍使人恐怖莫测,潘等不得已二十日晚复入居美领事馆。

六、装疯的怪女人,于闻先生死后,在街上大呼:身佩民主自由大同盟证章可以免死。并曾赴云大医院亲向闻氏家属说:我是特务,我要谁死,谁即要死,其行动纵肆殊不可解。

七、民盟代表刊物之民主周刊(出版将近两年)及其他民主刊物十余种,继李闻两氏被杀后即遭全部查禁。

八、杨立德等多人被捕时,即传出消息云杨与两暗杀案有关。廿五日警备总司令霍揆彰到庐山后,京沪一带报纸更宣传闻案的主使人为龙绳祖(龙志舟第三子),助其策划布置等为杨立德。且云杨已供认不讳,案情业已大白。此时搜捕龙氏旧属显有扩大之势,各方舆情益为不平。大家都指责这是最拙劣的嫁祸政策。旋唐纵(奉命调查此案的警察总署长)接着由昆亦抵牯岭,此说忽又沉寂。

九、据密报:(一)刺闻的主犯为郭某,其所佩带的符号为"一四六"。汤时</s>、李文山均为假凶手,这次"公审"完全是骗局。警备部早与他们暗中说好条件,即可各得一大笔奖金,并不处他们死刑。至不得已时,拿两个散兵游勇或囚犯,代替他们,换换服装,用毒药弄哑,拿出去枪毙。(二)刺闻赏格为五百万元,每名凶手可给奖五十万元。

四、政府对本案之处理

李闻两案发生后,政府对它的处理颇见紧张与认真。第一,是最高当局要亲自处理。例如顾祝同、卢汉、霍揆彰、唐纵等,两次被召上山,蒋主席亲加吩咐或询问。而顾、卢等到昆后,亦还要派冷欣、唐纵迭上庐山,请示机宜。第二,是特派大员,而且派许多大员,前往昆明查办此案,例如最初由行政院先派了警察总署署长唐纵负责,而蒋主席又特派陆军总司令顾祝同全权办理;还有宪兵司令张镇,也奉令协同前去。顾总司令除带了参谋长冷欣之外,又拉去庐山夏令营办公厅主任张振国帮忙。所以在云南省主席卢汉、警备总司令霍揆彰理应负责之外,重重叠叠,加上这许多大员,去办这一件事,其重视可概见。

本案从七月十七日两次限期破获后,总算在八月初间捉到现在所宣布的两个凶手——八月三日警备部扣住李文山,五日追获汤时亮。但颇可注意的,总参谋长陈诚八月四日在庐山对新闻记者谈话,就说出绝非高级知识分子之所为,似即隐示出于中下级军人。同时重庆八月五日的晚报上,也透露出来凶手行凶是出于义愤的话。颇使我们疑心,是决定了破案方式才破案的。不然的话,何以此地刚捉到凶手,而远在庐山重庆那里,便已经那样清楚呢?

以下我们还可以指出若干显然有情弊的地方:

一、八月十五日举行"公审"其实并不算公开。那天虽曾分函各机关团体派员观审,但我们收来函后,即刻复函说:由梁漱溟、周新民、冯素陶三人应邀前往,而结果冯竟被拒(由张寿贤秘书转达顾总司令之意,婉言拒绝)。还有大公报派来昆明的记者高学逵,十四日向冷参谋长请求予以旁听机会,冷答:需待请示决定。十五日早高再见冷交涉,其时当地中央日报社长钱沧硕亦来同作此请,冷一概都不准。因此,那天在场的只有被指定的中央社记者邵、张二人而已。

二、十五那天开审时,只见审判官与凶犯一问一答,完全不用其他人在旁质证,例如闻先生之子闻立鹤为行凶时当场受伤未死之人,对于凶手面貌必有印象,我们十四日曾函请设法担架闻立鹤到厅辨认该李文山等是否当日行凶之人,而当局竟然不肯。这亦是由张寿贤秘书婉言转达我的。不过,当局又怕我们指摘,所以才由法官到医院向闻立鹤问话录供,并由医院出具证明书,说闻立鹤腿伤未愈,不能出庭,以塞责。又如两凶犯以闻先生演说辱骂政府及军人为激出暴行之藉口,那么就应该把当时在场一同听到演说的人,传来质证,或者把演说后的记录拿出来对证(按此演说记录在事出后,各处曾有传载,其中只骂特务,未骂军人)。但那天都没有做,只听取犯人片面之辞。是不是两方面一问一答容易排演?而在代演时最怕其他人参加质证,露出破绽呢?

三、据李文山供词明明有向连长请假出去的话,却又说不出因何事请假。而汤时亮则供称:十五那天是出去值外勤。不知为何请假出去的李某,与因公出差的汤某却又一律换着便服、一路同行,总没有分离,此处是不是一个漏洞?在本案判决书上所叙事实部分,则称:被告等一同出去,都是为了负责巡查并维持治安的,因此各怀手枪,协同动作。以维持治安的人,忽然发此破坏治安行为;以前后历时甚久的三个人协同动作,说为一时气愤冲动。类此等处,是不是说得圆了。

四、政府肯于承认杀人是警备总司令部中下级军官做的,总算不十分隐讳了。但只将责任归到一二人身上,并假称临时萌动杀机,这是说不通的。因为出事之前,早已满城风雨,人人知道要出事情,已成公开的秘密。而事出之后,全市报纸相率不敢多刊载(昆明的新闻记者对我们说:对于李闻案登载最少的,就是昆明本地报纸)。这就充分证明,绝非偶然爆发之事。假如是偶然爆发之事,事前安得有些传说?事后报纸一定是琐琐细细,竞相报导,接连刊载几天,以饷读者;而不会是内心有所震慑,相喻无言。这一点说不通,就是显有情弊之最大者。

五、观审完毕,我们马上致函顾总司令,认为疑窦甚多,请不要定案。十六日又去一函,请将当众宣读过,经两犯划过押的审讯记录,抄给我们一份;而官方竟不肯抄给。十九日我会到顾总司令,我问他:十五那天颇似审讯完毕,但当时不见宣判,这几天来还不见宣判,是不是还要再审呢?顾面有难色,对答不出,只低声说我作不了主。后来迟到二十五日乃行宣判。像这种地方人(当下不敢以记录抄给人,延迟多日而后宣判),他们若无情弊,便不会这样。

六、汤、李两犯供认行凶不讳之后,便有人对我们讲,这两个人尽管将来判决死刑,亦不会死的,到行刑时,自然有替死鬼,如同上次"一二·一"案办法一样。我们在上海招待新闻记者,亦曾预言其必然如此。果然,二十九日上海大公报昆明专电有二十六日枪决闻案凶犯时,沿途所经戒备严密,二小时不许行人通过等语,其不敢与人以共见,是明白的了。

659

七、从政府不肯同意我们参加调查工作，不肯给各方面参加审判的机会，乃至行刑时不肯与人以共见，而必要一手包办到底，其情虚胆怯处处可见，还待多说什么话呢？

（五）调查本案后的论断

当我们奉命调查，从南京出发时，我们深感到此行没有把握。所以对盟友面谈，对本同盟主席张表方先生写信，都先声明了此意。乃至经过重庆，会见一些朋友后，此感还益深。所以对新闻记者谈话，都表示我们去是不得不去，难望有何成就（见渝沪各报）。可是我们一到昆明，和盟内朋友初一度的长谈，我心里便有了把握，不再发愁，几日后，我便觉得可以交卷。所以原计划十二三日就走，已托请张秘书订飞机票。后来顾总司令邀宴，十五日观审，才延期的。

前后为何这般不同？我们当初自觉没把握，是对下列三个问题怕调查不出来：

一、凶犯到底是谁？

二、主使人到底是谁？

三、他们内幕经过怎样的谋划布置？

原是啊，我们一个外来人有什么法子得到这些底细呢？何况政府已显然不予调查的便利，而某些可能有助于我们调查的云南本地朋友，或则离昆，或则不愿回昆。没办法的情势已成，自不免悲观了，后来，忽然心里有了把握，就是恍然大悟，这三问题原是不必要的。我们有充分材料证明是国民党特务机关干的，已尽够了。用不着追究其为某人行凶，某人主使。——这是无关重要的。将责任归到个人身上，反而放轻了国民党的责任，或其特务机关的责任。那恰是错误了的观念呀！

以下我们就现得材料，试作论断，并阐明此意。

第一，凶手是谁的问题。我们可以肯定地说，这就是"云南警备总司令部"这个机关。从去年十月三日滇局剧变后，一切散兵游勇早经多次缉捕,殆已绝迹。而私人的武器短枪等亦早施行经过检查登记等手续。当时被没收者不少,其未经没收者,都登记过,为官厅所许可合法保有的了。再说是吉普车辆,亦全在官方统制之中。试问歹徒活动,凶器来源,既这样不易,而两案发生时,出动的人员枪枝车辆却那样多,还向谁身上推呢?读者再看李闻案发生的背景、李闻两先生被刺前后的情形、政府对本案的处理三大段所罗列的那些材料,还不够充分证明凶手是警备总部这句话吗?至于当日动手,是不是汤时亮、李文山一干人,那是无关宏旨的。闻案可能就是汤时亮、李文山;李案可能就是李成业。但据另一秘密报告给我们,说刺闻先生是佩一四六符号的郭某,我们亦不否认其可能。不论是那一个,我们总认定是出于云南警备总司令部的。这在警备部,今天不是供认不讳了吗?

第二,是谁主使的问题。我们肯定地说。这还是云南警备总司令部这个机关。分别来说,动手的自是他们的中下级人员,主使的总是他们上级人物。可能是某一个人,但亦可能是那个特种会报(详见前文)席上共同决定的。全部事实材料,充分告诉我们是动员了好多人干的(包括事先侦察,事后掩饰等工作),安得无主使?而主使的中心则在警备部,尽管他自己还没有供认,但客观事实不已证明了吗?

第三,他们怎样谋划布置的内幕经过问题,我们答复说,现在调查到各种事实(详见前),不就是他们的谋划布置吗?这亦还不完全,尤其缺乏"内幕经过"。但我们本来不是幕内人,怎能得知呢?只有待他幕内人献出来(有人曾来接洽,惜无力购得),并肯出面作证才行。然这并非必需的,从现得的外面可见的事实,在法庭上判罪已无不足。

再从前边政府对于本案的处理种种来说,以及其对于李案的拖赖不破案来看,国民党何止百口无以自解,他们直悍然不求自解了。国民党已然担当起来,何必再问其他?

我们今天所要作的，绝不在枪毙几个大小特务，为李、闻二先生抵命，乃在证实国民党特务机关在政治上的罪恶，而取消特务机关。我们要求移京组织特别法庭审判，亦无非要在"云南警备司令部特务营第三连连排长"之上，进一步揭穿是国民党特务机关干的，要他们明白承认而已。现在罪证既有这许多，而国民党却还于避嫌的事（共同调查公开审判之类）不肯作，于嫌疑所在（种种见前）竟蹈之不惜，赴之不辞。那就是他们已自暗地承认了。明白承认固好，暗地承认还不是一样？

假如国民党说他没有暗地承认，我们便追问他为什么过去有那些不避嫌疑的事？同时请他赶快作几件洗脱嫌疑的事。第一，便是限期破李案并缉获闻案逃犯徐占坤；第二，便是组织特别法庭，为公开之审判。我敢说，当他要洗脱嫌疑时，就是他明承认时。明承认，暗承认，两面总难逃一面。

我们既认定课问国民党及其特务机关的责任，便不在个人身上琐细地认真。调查报告内，人名间或隐而不露，事亦可备两说，就是基于上述理由而写的。希读者注意。

在我们开头一章"赴昆明调查之经过"内，提及我们调查工作一面很困难一面亦很容易。所以容易最大的理由，现在可以明白。即在这案情，原非一二私人的事，而是大局政治的事。对方，大而言之，是一个党，小而言之，是一个机关。其动作尽管掩掩藏藏，无奈事情既非一日，规模尤不会小，前后积累，左右汇合，则形迹自显，其势无可逃责。比较要调查一件个人私事容易的多。只要你认清题目，不复在个人身上呆笨追求，而能眼光四射，照着全局就行了。（完）

附录一
李案发生时在场所见
（上略）十一日晚间九时许，本人与数友人路过拓东路（中略）

至近日楼,本人因事欲赴大西门,乃别友人登公共汽车。时八至十时电影刚散场乘客拥挤,记者只得站于门旁。到了马市口,下去的多了,本人始得见李公朴先生与夫人坐汽车中部之旁座上。李先生着雨衣,李夫人着旗袍,罩茄克,头裹白围巾。他们两边各坐一着黄色军便服之青年,有一个的头发斜遮右眼。他们斜对面坐一摩登女人,旁亦坐一军便服之青年。此外车上尚有着黄衣者数人,然均为普通人。车至青云街大兴街小巷坡脚车站时停下,首先有几个普通人上去,继之李公朴夫妇等下,紧跟着他们下去的是那坐在他们斜对面摩登女人旁的黄制服青年。继之三个普通人,继之就是那二个坐在他们旁边的黄制服青年。

本人并不在此下车,当然坐在车内,勿闻枪声一响,人人即嘈乱,本人遂与众人争于下车一睹究竟。只见后下的那个黄衣青年高呼:"拿着了!拿着了!"是云南口音。有人拿电筒一照,见被打着的即是李先生仆倒在大石缸上去一点,一家高石坎门前,腰、腹、口均出血。这时人声嘈杂,那位摩登女人则高呼:"凶手就是坐在我旁边的那一个。"本人猛然想起时,则见凶手已向青云街西墙逃走。那两个喊"拿着了"的亦已不见。李夫人也追了去,本人乃用力跟大家一齐追去。至警察三分局门口,见那黄衣的凶手(确系杀李先生的凶手)已被警察捉获于街旁,两手举起,还说:"不是我,不是我。"亦为云南口音中等身材,遂便带进局内去。

不久来一小脚老太婆对警士说:"他买我的东西,差五十块钱吓跑了。"意思是想使警察轻轻放了,可见特务机关真布置得周密,不久李夫人也赶来进局内去。本人遂返原出事地点,见李先生已被当地保甲之类的人士抬置于木板上。李夫人回来时遇两个学生模样的青年,请他们到北门街抬了张帆布床来换去小板,雇人抬向云大医院去。本人顺路至三分局门口逗留,以遂好奇心理。只见前后开来了吉普车数辆,有的着便服,有的着制服,末后来就把凶手运走了。(下略)

附录二

两案内幕知情人所说

鄙人供职某机关,虽职务与处境特殊,然人心尚存,良心未泯,再三犹豫后,不得不就我所知道关于李、闻案的内幕,写出几条以供两位先生参考。

甲、闻案部分:

一、远在今年六月初,警备部××司令在某次会议上,就曾讲过:"像闻一多这样的人,下手也不好,不下手也不好。"杀闻早有计划,早在考虑中。

二、暗杀闻先生的主犯,系郭某(暂不宣布其名字,他所带的××号码是"一四六")。

三、停在钱局街西仓坡口的吉普车是警备部的,凶犯行凶后即上车出大西门往黑林铺开去。

四、唐纵署长向最高当局报告,杀闻先生是××司令主使,于是××司令奉召赴庐山前,便把杨立德中将逮捕起来,嫁祸地方,但被各方揭露,不敢公布出来,后来又在曲靖逮捕滇退伍军人,嫁祸他们,仍以不近情理,不敢公布。

五、暗杀闻先生是早就计划着的,奉了上峰"特予便宜处置之权"的密令后,才决定下手。

六、暗杀闻先生的凶手,每名由×××给奖五十万元,暗杀做眼线,通风报信的是自称张柴静的怪女人,原系传教徒,被警备部花钱收买做女间谍。闻案发生后×××下令把她藏起来,现在她又出来活动了。

七、这次"公审"假扮的凶手,是警备部与他们谈好条件,他们才来担当的,他们可获一大笔奖金,他们绝不会被处死。不得已时就拿两个散兵游勇或囚犯换上服装,用毒药弄哑,拿出去枪毙。

八、暗杀确应由××司令负责,是他主使的。就以假凶手李、汤二人而论,也是他的部下,军人以服从命令为天职,"军令如山"是我们的口头禅,没有上级的命令部下是不敢轻举妄动的。

乙、李案部分

一、杀李先生的凶手确是当时被捕的李成业及逃了的温岳与杨某,三人系从电影院一直跟到青云街,并与李先生同坐公共汽车。监督他们执行的,还有警备部的若干政工情报人员。

二、指挥行凶的一住民生街,一住拓东路。二人乘吉普车到青云街大兴街口某旅馆楼上指挥。

三、李成业在暗杀李公朴前三日便与温岳一道逛街,专门盯梢,并在拓东路某处接头。李行凶被捕后,温到李厂(航委会汽车修理厂)内告诉李的朋友说:"李跟别人打架被捕了,但是不要紧,会放出来的。"

四、暗杀李公朴的代价是五十万元,但未发下。

五、民主自由大同盟盟长王某某未得警备部×××的欢心,为要表示成绩起见,便叫他的盟员李成业等若干人去参加暗杀团。

六、暗杀李公朴后的所谓反共大同盟的标语(其标语有谓李公朴是共产党暗杀的,或艾思奇暗杀的)系警备部制造出来的,没有人去张贴标语,由特务团沿街张贴。

七、指挥暗杀李公朴的最高幕后人物王某,住威远街宪兵队附近。

(漱溟按)此附录两件是我们报告书所根据的材料之举例。前者,为李案发生时在场之某君自述所见。原文(全文尚长)在昆明曾公开发表过。后者,为知道内幕之某君暗中写示给我们的。我们收到的秘密投函甚多,其人多不露面,其材料亦不尽可信。唯此件,则经考察比较后,有许多点印证下来不错。并且此君和前一位先生均愿于必要时出面作证。所以选录于此,以见我们根据之一斑。

〔国民政府档案〕

〔十〕台湾光复情况与二二八事件

（一）台湾光复情况

1、国民政府公布台湾行政长官公署组织条例令
（1945年9月19日）

台湾行政长官公署组织条例　三十四年九月十九日公布

第一条　台湾省暂设行政长官公署，隶属于行政院，置行政长官一人，依据法令综理台湾全省政务。

第二条　台湾省行政长官公署，于其职权范围内，得发布署令，并得制定台湾省单行规章。

第三条　台湾省行政长官公署，受中央之委任，得办理中央行政。

台湾省行政长官，对于在台湾省之中央各机关，有指挥监督之权。

第四条　台湾省行政长官公署设左列各处：

一、秘书处。

二、民政处。

三、教育处。

四、财政处。

五、农林处。

六、工矿处。

七、交通处。

八、警务处。

九、会计处。

第五条　台湾省行政长官公署必要时得设置专管机关或委员会,其组织规程,由行政院定之。

第六条　台湾省行政长官公署置秘书长一人,辅佐行政长官处理政务。

秘书长下设机要室、人事室,各置主任一人。

第七条　台湾省行政长官公署会计处,置会计长一人,各处置处长一人,必要时得设副处长一人,承行政长官之命,掌理各该处事务,并指挥监督所辖机关事务及所属职员。

各处视事务之需要,分别置秘书、科长、技正、督学、视察、编审、技士、技佐、科员、办事员,其名额由行政院定之。

第八条　台湾省行政长官公署置参事四人至八人,拱拟审核关于本署法案命令。

第九条　台湾省行政长官公署得聘用顾问、参议、谘议。

第十条　本条例自公布日施行。

〔国民政府档案〕

2、国民党中执会秘书处抄送《台湾现状报告书》致行政院函

(1946年1月16日)

中国国民党中央执行委员会秘书处公函　渝(　)250号
卅五年元月十六日

兹抄送《台湾现状报告书》一份,即希查照核办为荷。此致
行政院

附抄台湾现状报告乙份

台湾现状报告书

第一、台湾对祖国观感一变再变。

自日寇投降,台湾得以收复后,台胞欢喜情绪特别深刻,感谢

祖国再造之恩，尤为热切，故拥护政府无微不至。最近热情渐转冷淡，由热烈欢迎而冷眼旁观，此间变化，值得祖国注意，设法补救，以免贻患将来。

第二、取消日警日官，惩办汉奸，以伸民族正气。

（甲）台湾素称警察政治，台胞痛恨日警特深，故当其日警放弃职守时，即组织自卫团，以维持治安，而待国军及政府接收，社会秩序极佳。政府接管各级机关后，又用日警日官治台，实出台胞意料之外。此令台胞痛心疾首，台胞与日人冲突从此日甚，社会秩序亦渐混乱，对祖国政府之处置疑虑日深，台湾当局或另有苦心，但若用台胞接充，台胞实能负起治安责任，自无须重用日人，亦无须使台胞不能了解收复之含义而转为冷眼旁观。

（乙）祖国政府接管后，仍用为虎作伥之台奸，歧视爱国志士及纯洁青年，致使忠奸不分，此为人心消沉之重大原因。

今日我中央政府欲防患未然，安定台湾统治，必须裁撤日警日官，惩办汉奸，重伸民族正气，以平民恨方能有效。

第三、停用台银券，以维持国家利益及主权尊严，安定人民生活。中央原为安定物价，维持国家利益及主权尊严，而安定人民生活，拟发行台湾流通券，现已作罢。台湾当局并拒绝四行二局接收人员进入台湾，依然使用"台湾银行券"，其结果反成为维持日人利益，刺激物价，使民不聊生。兹将情形分述如下：

（一）胜利国家其在收复地区以不使用敌币为原则。通货乃国家财政金融大权之具，现使用敌币，实为丧权辱国之措施。

（二）台币发行卅亿，日人掌握廿四、五亿，使用台币不冻结日资，则于无形中保护日人利益，其弊端如左：

（甲）使用台币即无法控制日人手中之货币。日人可自由使用台币在市场收购物品，以满足其逸乐，因而刺激黑市物价。最近物价飞涨,乃日人手中之台币无法控制所造成之后果。

(乙)不经登记、兑换、冻结等手续限制日资,而无限制使用台币,其结果金融市场亦受日人控制。

(丙)流通券只限流通台湾,一出台湾即成废纸,故汇款或带出岛外,非经汇兑管制,即须经兑换手续,日人无法逃避资金。用台币则日资可密带出境以减少日本赔偿之数目,亦即国家之损失。

(丁)台币对美汇率为台币卅七元半对美钞一元,若台币三十亿,折合日币对美汇水计算,可换美钞两亿,以台币汇水计算,可折合美钞八千万元,将来计算日本赔偿时,国库损失为一亿二千万美元。

(三)物价政策受通货政策之刺激,蒸蒸日上,公定米价已涨七倍,肉价亦涨四十倍以上,其他各种货价亦普遍飞涨,此皆货币政策失败之后果。因此,为维护国家主权及国库利益与民族体面并安定物价起见,须立刻停用台币,以免动摇台胞对祖国爱护之热情,避免社会混乱,实为治台要着。

第四、取消战时统治法令,废除中间剥削机构,奖励产业自治恢复生产,以苏民困。

(一)台湾贸易公司设立方案,曾在中央设计局会报时,被有关各机关一致反对而遭否决,现在又不顾一切重行设立。查日人统制素称严密,尚且留台胞有经商余地,俾得谋生。而我政府在台措施反不顾及人民福利,连日人留予台胞谋生之商业亦剥夺净尽,此使台胞感觉祖国之剥削有甚于日寇,而动摇其对祖国之信心,实得不偿失。

(二)台湾接收后,政府对各工厂及矿山只派监理官,其他人事一切维持现状,以期产业能照常运行,委曲求全之苦心,台胞亦颇能了解,而敌人乃乘我示弱,阳奉阴违,暗中捣乱。台胞因被排除于圈外,亦爱莫能助,致使百业停顿凋落,失业工人已在二十万人左右,其所产生之后果极为严重。

(三)台湾农村因糖业停顿,今年损失将在台币二亿元以上,折合国币六十亿。因农村破产农民生活堪虑,政府若能重用台籍技术者,排除万难以维持生产,当不致如此。

(四)原为台资创办之彰化商工及华南三大商业银行,最近虽在日人控制,光复后亦未能尊重人民利益发还民营,以致金融梗塞,经济活动受阻。

综合右述各点,政府应即取消战时统制法令,废除中间剥削机构,奖励产业自治,救济农村,沟通金融。使失业者重获职业,实属必要。

(五)海内外台胞救济,刻不容缓,爱民乃治台要着。现在旅外台胞,计有三十万人,其中在日本有十数万人,南洋有五六万人,国内各地有七万五千人,颠沛流离,急待救济,送回台湾,台籍人士五次请求当局设法保护,或安插,或救济,均无结果。其经过如左:

(1)八月下旬,在渝各团体请求陈长官设法遣送台胞返乡无结果。

(2)九月廿七日,台籍人士由京函请陈长官请求遣送或收编或安插台胞亦无结果。

(3)十月廿五日,上海台胞代表,面请陈长官请发表谈话保护台胞并请转请中央收编,或安插或遣送台胞回台,或设法救济,均无结果。

(4)十一月中旬,南京宪兵司令电请陈长官请设法遣送台胞返台亦无结果。

(5)十一月廿七日,重庆台籍人士,又函请陈长官设法救济台胞,亦无后闻。现在船只缺乏,遣送台胞回台自不容易,台胞亦能原谅当局之困难。但台胞自设法回台者,不必加以留难自可办到。惟时至今日,台胞出入岛内反比日寇统制下之台湾尤为困难，实令人费解。台胞曾提出左列各种办法，请台湾当局设法救济，均无结果：

（一）由日军释放出来之军属，俱为技术工人，且为十八岁至廿二岁青年，教育程度在高等小学以上，请政府在使用日俘以前，优先使用台胞，或由国军收编训练，俾将来派往日本或台湾，用以担任部队翻译，均能胜任。

（二）当局如不便收编，或安插者，依照日俘待遇发放军属生活费，以维持生活，或集中管理训练，以造就建国有用之人才。

（三）右列两种办法不能办时，请救济分署在各地设站收容救济，或发贷款，维持生活，日后由其家长清还，以免冻馁。

（四）矿业工人可继续使用开矿，以维持生产而兼救济台胞。

（五）请政府明令保护台胞，逮捕台奸，以伸民族正气，以别良莠而收复民心。

台胞所请求者，均在谋台湾能与祖国永久结成一体，勿贻将来后患，但不幸所提出各种建议，均未被尊重，以致呼吁无门。

以上所举各点，仅属台情之一端，若任其自然演变，将来之结果诚不堪设想，故请中央各方面考察实情，从速设法补救，以奠定百年基础。

〔行政院档案〕

3、监察使杨亮功关于台湾省台北市物价高涨及驻台国军纪律腐败情形致监察院电

（1946年1月25日）

院长于：（〇五〇一）密。马〔廿一日〕电计邀钧鉴。此间物价高涨，盗案叠起，驻军纪律欠佳，抢劫走私，办不胜办，影响民心，致为

可虑。职拟今日赴台中、台南视察,谨闻。职杨亮功。有(一月廿五日)。

〔国民政府监察院档案〕

4、台北市主要民生日用品价格飞涨情况表

（1946年1月—1947年2月）

台北市主要民生日用品价格

（自民国35年1月至36年2月止）

单位:台币元

	（台斤）	大米（斤）（蓬莱米）	面粉（斤）（一级）	猪肉（斤）（上等）	鸡蛋（个）（中）	食用油（斤）（花生油）	盐（斤）（白盐）	白糖（斤）（一级）
民国35年	1月	6.30	12.16	40.00	1.00	28.00	0.75	3.50
	2月	13.40	13.33	44.00	1.20	30.00	1.83	5.90
	3月	17.90	19.00	48.00	1.50	38.00	2.42	10.33
	4月	26.20	17.33	52.00	1.93	38.00	2.33	10.16
	5月	21.80	23.67	57.33	2.93	53.00	2.13	15.33
	6月	14.45	28.67	70.00	4.07	48.67	2.20	23.33
	7月	13.50	40.00	85.67	6.00	48.00	2.30	39.33
	8月	15.12	42.00	94.33	5.83	59.00	2.56	40.03
	9月	11.63	31.00	80.00	6.00	51.33	2.96	39.00
	10月	14.40	27.33	84.33	6.50	64.33	4.00	36.00
	11月	14.56	33.67	89.33	6.60	50.67	4.00	38.00
	12月	18.20	39.00	93.33	7.00	64.00	4.50	38.33
民国36年	1月	19.56	53.33	107.00	8.33	79.00	9.50	45.00
	2月	32.33	74.50	123.33	9.00	126.00	14.00	74.00

673

（台斤）	茶叶（斤）（中等）	阴丹布（尺）（喜鹤牌）	白洋布（尺）（美人鱼牌）	木炭（斤）（中等想思炭）	木柴（斤）（干柴）	香烟（十枝）（香蕉牌）	洗衣皂（个）（天香牌）
民国35年 1月	10.16	20.50	18.90	0.80	0.30	4.00	5.50
2月	13.60	24.00	16.90	0.85	0.35	4.00	5.90
3月	37.33	26.33	25.67	0.82	0.40	4.50	6.20
4月	32.00	41.00	41.00	1.15	0.40	5.00	6.70
5月	30.00	45.00	43.00	1.27	0.67	5.00	6.70
6月	32.00	44.00	40.00	1.31	0.63	5.00	11.00
7月	33.00	38.33	33.33	1.38	0.63	5.67	11.00
8月	38.33	30.50	28.33	1.80	0.71	6.50	12.00
9月	53.33	29.00	25.33	1.90	0.78	5.50	12.00
10月	60.00	40.00	33.00	1.90	0.80	5.50	12.00
11月	69.00	39.00	30.67	1.90	0.80	5.00	9.00
12月	90.00	59.00	47.00	2.06	0.81	5.00	9.33
民国36年 1月	80.00	78.33	62.00	3.40	2.30	6.67	10.15
2月	106.00	120.00	97.67	5.00	2.60	8.00	24.00

〔国民政府监察院档案〕

5、高雄市主要民生日用品价格飞涨情况表

（1946年1月—1947年2月）

高雄市主要民生日用品价格

（自民国35年1月至36年2月止）

单位:台币元

（台斤）		大米（斤）（蓬莱米）	面粉（斤）（一级）	猪肉（斤）（上等）	鸡蛋（个）（中）	食用油（斤）（花生油）	盐（斤）（白盐）	白糖（斤）（一级）
民国35年	1月	6.16	14.00	30.00	1.50	24.00	0.68	3.33
	2月	6.40	14.33	34.00	1.80	26.00	1.46	7.15
	3月	7.90	17.00	36.50	2.50	34.00	1.50	10.50
	4月	8.00	18.67	39.67	2.55	34.33	1.50	10.50
	5月	8.00	22.67	50.00	3.15	42.33	1.50	12.67
	6月	13.23	32.67	70.00	3.40	52.00	1.50	20.00
	7月	12.57	31.33	72.33	3.70	46.00	1.86	34.67
	8月	16.32	37.00	79.33	4.33	54.33	2.00	38.33
	9月	12.16	24.33	80.00	4.50	42.67	2.00	36.67
	10月	13.46	26.00	76.50	5.00	44.33	2.00	34.67
	11月	13.90	32.00	80.67	5.50	54.67	2.00	34.33
	12月	17.36	33.00	89.00	5.50	60.00	2.67	35.67
民国36年	1月	19.65	46.00	90.00	5.83	71.00	4.67	41.50
	2月	28.00	55.00	97.00	7.67	92.00	9.33	70.00

（台斤）		茶叶（斤）（中等）	阴丹布（尺）（喜鹤牌）	白洋布（尺）（美人鱼牌）	木炭(斤)（中等想思炭）	木柴（斤）（干柴）	香烟（十枝）（香蕉牌）	洗衣皂（个）（天香牌）
民国35年	1月	7.00	25.50	21.67	0.70	0.22	5.00	5.00
	2月	12.00	29.00	27.50	0.84	0.25	5.00	8.50
	3月	16.00	35.10	14.00	0.85	0.25	5.00	8.50
	4月	32.00	45.00	34.00	0.85	0.30	6.00	8.50
	5月	42.66	41.50	33.00	0.90	0.35	6.00	8.50
	6月	26.00	42.00	32.00	1.10	0.40	6.00	10.00

续上表

		茶叶(斤)(中等)	阴丹布(尺)(喜鹤牌)	白洋布(尺)(美人鱼牌)	木炭(斤)(中等想思炭)	木柴(斤)(干柴)	香烟(十枝)(香蕉牌)	洗衣皂(个)(天香牌)
民国35年	7月	27.33	35.33	31.00	1.60	0.56	6.00	10.00
	8月	30.00	33.00	25.67	1.76	0.65	6.50	10.00
	9月	40.00	24.67	20.00	1.80	0.73	7.00	9.67
	10月	46.67	27.00	22.00	1.73	0.73	7.00	9.00
	11月	63.33	40.67	27.33	1.73	0.83	7.00	9.33
	12月	66.67	44.33	28.33	1.90	0.90	7.00	10.00
民国36年	1月	73.33	48.00	32.67	3.00	1.10	7.00	10.00
	2月	86.67	87.33	74.67	4.50	1.30	7.00	20.00

〔国民政府监察院档案〕

6、花莲县主要民生日用品价格飞涨情况表

(1946年1月—1947年2月)

花莲县主要民生日用品价格

(自民国35年1月至36年2月止)

单位:台币元

		大米(斤)(蓬莱米)	面粉(斤)(一级)	猪肉(斤)(上等)	鸡蛋(个)(中)	食用油(斤)(花生油)	盐(斤)(白盐)	白糖(斤)(一级)
民国35年	1月	6.90	15.00	30.00	1.00	25.00	1.50	4.50
	2月	7.00	15.00	35.00	1.20	28.50	2.00	5.60
	3月	8.90	15.00	41.50	1.50	29.58	2.35	6.10
	4月	9.23	20.67	52.60	2.50	35.60	2.50	6.94
	5月	10.14	25.00	60.00	3.00	42.50	3.00	11.67
	6月	10.50	28.00	71.50	4.00	55.33	3.00	20.00
	7月	10.80	31.50	82.00	5.50	43.33	5.00	27.33

续上表

(台斤)	大米(斤)(蓬莱米)	面粉(斤)(一级)	猪肉(斤)(上等)	鸡蛋(个)(中)	食用油(斤)(花生油)	盐(斤)(白盐)	白糖(斤)(一级)
民国35年 8月	11.00	40.00	87.33	6.00	52.67	5.00	32.00
9月	11.87	34.67	77.00	6.60	47.30	5.00	32.00
10月	15.70	32.00	68.00	7.00	41.00	5.00	32.00
11月	16.22	38.67	85.00	7.00	47.00	4.40	32.67
12月	19.00	44.00	85.00	7.67	58.67	4.00	34.00
民国36年 1月	20.10	57.67	95.00	8.65	69.00	6.00	41.67
2月	24.38	76.67	105.00	9.00	112.00	11.00	65.00

(台斤)	茶叶(斤)(中等)	阴丹布(尺)(喜鹤牌)	白洋布(尺)(美人鱼牌)	木炭(斤)(中等想思炭)	木柴(斤)(干柴)	香烟(十枝)(香蕉牌)	洗衣皂(个)(天香牌)
民国35年 1月	4.50		20.00	0.35	0.25	6.00	9.00
2月	4.80		24.00	0.38	0.30	6.00	9.50
3月	5.00		26.10	0.42	0.32	6.00	10.00
4月	5.50		46.00	0.42	0.39	6.00	13.00
5月	20.00		50.00	0.60	0.45	6.00	13.00
6月	24.00		60.00	0.80	0.50	6.00	15.00
7月	26.00		60.00	1.20	0.50	6.00	15.00
8月	39.33		60.00	1.80	0.63	6.00	15.00
9月	42.67		31.33	1.80	0.86	6.70	17.60
10月	40.00		33.00	2.00	0.80	6.00	20.00
11月	43.00		33.60	2.40	0.70	6.00	23.33
12月	41.67		36.00	2.60	1.66	6.00	25.00
民国36年 1月	49.30		44.00	3.20	1.60	6.70	28.60
2月	71.00		93.50	3.00	2.00	7.00	30.00

〔国民政府监察院档案〕

7、台中市主要民生日用品价格飞涨情况表

(1946年1月—1947年2月)

台中市主要民生日用品价格

(自民国35年1月至36年2月止)

单位:台币元

(台斤)		大米(斤)(蓬莱米)	面粉(斤)(一级)	猪肉(斤)(上等)	鸡蛋(个)(中)	食用油(斤)(花生油)	盐(斤)(白盐)	白糖(斤)(一级)
民国35年	1月	5.40	14.00	35.00	2.00	28.00	0.80	3.50
	2月	12.00	15.00	38.00	2.50	30.00	1.80	6.00
	3月	16.00	16.00	40.00	2.80	34.00	2.00	12.00
	4月	15.50	16.00	42.00	2.90	40.00	2.00	12.00
	5月	18.50	22.33	51.15	3.00	41.70	2.00	14.33
	6月	12.58	32.00	70.00	3.65	50.33	2.17	19.67
	7月	13.20	32.00	73.00	3.83	46.67	2.17	39.00
	8月	14.70	42.00	87.00	4.90	59.00	2.15	40.00
	9月	11.62	24.33	70.20	5.00	44.00	3.00	35.33
	10月	14.20	25.00	75.00	4.60	49.00	3.00	35.00
	11月	14.00	27.00	80.00	5.70	53.33	3.00	35.00
	12月	17.50	34.00	83.33	5.83	62.00	2.67	35.00
民国36年	1月	20.67	56.00	90.00	6.50	73.33	4.16	41.33
	2月	29.51	60.00	100.00	8.00	100.00	8.00	52.00

（台斤）	茶叶（斤）（三等）	阴丹布（尺）（喜鹤牌）	白洋布（尺）（美人鱼牌）	木炭（斤）（中等想思牌）	木柴（斤）（干柴）	香烟（十枝）（香蕉牌）	洗衣皂（个）（天香牌）
民国35年 1月	7.00	20.00	15.00	0.30	0.30	4.50	7.00
2月	18.00	25.00	17.00	0.50	0.35	4.50	7.50
3月	25.00	30.00	18.00	0.70	0.35	5.00	8.00
4月	17.50	40.00	37.00	0.70	0.35	5.00	12.00
5月	18.00	42.00	45.00	0.75	0.35	5.00	19.00
6月	18.50	30.00	30.00	0.92	0.38	5.00	26.00
7月	19.33	38.00	34.50	1.50	0.53	5.00	26.00
8月	18.00	33.00	30.00	1.67	0.70	5.00	26.00
9月	18.00	27.33	26.00	1.70	0.67	5.00	26.00
10月	18.00	35.00	32.00	1.60	0.60	5.00	25.00
11月	26.00	37.00	29.50	1.60	0.62	5.00	24.00
12月	30.00	43.33	40.33	1.70	0.72	5.00	25.33
民国36年 1月	30.00	51.00	53.00	2.67	0.95	5.00	15.00
2月	36.00	65.00	60.00	4.50	1.60	5.00	15.00

注：本市之茶叶，因所调查者品质较差，故价格较低。

〔国民政府监察院档案〕

8、监察使杨亮功关于台湾人民对国民政府米粮及贸易统制办法等不满情形致监察院电

（1946年1月21日）

于院长钧鉴：（〇五〇一）密。日前抵台，连日访晤党政当局，视察各机关暨台湾大学。（一）全台接收已完毕，日俘廿二万将开始

遣送,预计二月底可运毕;日侨遣送目下尚谈不到。(二)台省人士对地方政府近有不满表示,各地发现反对标语,报纸亦不断指摘。其原因:(1)米粮统制配给致演成米荒,现已取消配给办法。(2)贸易统制剥夺民营事业。(3)台省人民能力较低,被认为政府高级公务员者甚少。其外如使用台币每元折合法币三十元。驻军暨中央驻省机关咸感困难,接收工厂大半陷于停顿,失业人数增加,影响地方治安,目前海上交通未恢复,对外贸易上悉多隔绝,陈长官虽极勤廉,然以人才缺乏,对各项事业不免有难乎为力无主之感。(3)职拟日内赴台中、台南一带视察,现正觅址设立办公处。谨闻。职杨亮功叩。子马(廿一日)。

〔监察院档案〕

9、监察使杨亮功关于台中台南十一县市因经济统制造成失业及粮价高涨等情电
(1946年2月6日)

院长于:(〇五〇一)密。(一)职此次视察,经过台中、台南十一县市,昨返抵台北。各地人士对省政多不谅解,其原因为经济强〔统〕制,私人企业难发展,工厂多未恢复,失业加多,粮价高涨,地方秩序欠佳,其外如台币估价过高,对外贸易及汇兑隔绝,亦为各方所指摘。美人在台者亦有微摘,此种难关正未易克服。(二)职拟稍迟赴台东一行,约半月左右回闽。谨闻。职杨亮功丑鱼(二月六日)。

〔监察院档案〕

10、台湾省行政长官公署关于台湾行政当局腐败情形狡辩函

(1946年6月8日)

台湾省行政长官公署公函　　发文致巳巧署机字第〇〇四〇号
中华民国卅五年六月十八日发

本年六月十日,接准贵处节京壹字第一三〇四号函以国府文官处函送军令部驻澳武官专文报告一件,奉院长谕文台湾省行政长官公署声复,抄同原件,请查照等由。查美国斯克利浦斯霍华德报系牛顿记者,于本年三月间,曾来台略作勾留,其采访新闻,专以日人台人为对象,倾听一面之词,即向华盛顿、纽约等地滥施报导,曾奉国民政府主席蒋寅宥府交电饬查报,业经本公署以卯冬机电呈复在案。奉准函抄墨尔本廿三日大陆晚报所载该牛顿太阳辰报对台湾通讯节录各节与前在纽约世界电讯晚报如出一辙。除节录第(一)(三)(四)(五)各项,因无具体事实,无从声复外,关于第(二)项米、煤、糖等价格问题,兹就事实声复即请陈为荷!

(一)米:台湾过去在日本统治时代,粮食生产最高额,曾达九百余万石,彼时不特采以自给且有大量余额输日畅销。乃自中日战争后,日渐降减,去年因遭轰炸影响,水利破坏,旱魃风灾,肥料断绝,降落为四百余万石。军粮民食,大感缺乏,米价上涨,势所必至,经向多方筹购省外米面接济,并无以二元收入,以十八元售出之事。

(二)煤:配购石炭,为避免刺激物价之波动,对省内用煤,采由省公署贴补办法,以上年十二月及本年一月两个月计,收进九万余吨。每吨配售,为减轻购户负担,以免刺激物价,实补贴台币五十八元,共贴补炭价台币五百四十余万元之巨。至输出省外石炭之炭价,均由院长统筹核定,指拨配销,而外销之本省收入售价,均由经济部上海区燃料管理委员会比照本省再生产成本统制核给,其价格与省内收进价格虽微有增加,但各项运装储各费一经统计,亦无

盈余可言。

(三)糖:糖之输出,奉院长规定交上海敌伪产业处理局统收配销,不由本省自卖,亦复有案可稽。

以上米、煤、糖之实际情形,为牛顿所未察,该记者在台时,曾约其来署晤谈,藉明政府设施,乃未肯见顾,其所见闻,未免不实。兹抄呈复国民政府主席蒋卯冬机电,一并函达,敬请洽照为幸!此致
行政院秘书处

计抄送卯冬机电稿一件

行政长官　陈仪

极机密

重庆国府主席蒋钧鉴:密。寅宥府交电示:美籍记者及美报报导台湾政治窳败情形不胜惶悚。仪受命来台,凤夜兢兢,遇有贪污败纪必予尽法惩处。地方治安虽觉警力不足,一有盗匪抢劫,无不随时究捕。兹按指摘各项,奉陈实际情形如次:(一)台米因战时征用田地及肥料断绝,与上年风灾而缺乏。前经电陈,近正竭力向省外采购米、面运济。(二)煤、糖奉准调换本省缺用物资与肥料。(三)烟、酒、食盐向系政府制造、专卖占全省岁计总收入三分之一。(四)台湾因币制稳定,物价幸亦安定,尚未如省外各地之暴涨。(五)台湾大学原属中央,归教育部直辖,其医学院长杜聪明藉隶台湾学术尚可,行政不足。此次医院怠工,闻为少数医生要求薪给细故不善应付所致。仪返台后,略代处理,即已平息。拟俟校长宗洛返台后,将该院血清厂及附属医院等行政机构仍归本公署管辖,以便整顿。查台绅中向为日人御用者顿失地位,每好诋毁政府信口雌黄,甚或谬谋独立。同时日俘、日侨更施其桃色外交诱惑盟国之人致不顾我之政策如何?环境如何?现实如何?有颠倒宣传者,美记者牛顿来台采访,专以日人、台人为对象,倾听一面之词。曾请其晤谈,藉明政府设施,未荷见顾,其所见闻,难免失实。窃仪

之为政,历均仰承钧座对事讲求实际,对人一秉大公,惟政策之推行,有非短时期所能奏效者,自当竭尽智能,坦白将事以舒□虑,谨电禀复。职陈仪,卯(冬)。机。印。

〔行政院档案〕

11. 台湾"锄奸团"团长丘侠为水深火热中台湾人民呈蒋介石函
(1946年7月7日)

谨呈者:窃台湾自光复后,执政者端在营私舞弊,故台胞如在水深火热中,经各报揭载者,不一而足。噫!台胞何辜而有此前门拒虎后门进狼之不幸耶?查台湾既为国土,该省当局曷可拒设国立银行与拒用中国邮票,将台币币值抬高(每台币一元等于国币三十元),似此何异穷凶极恶军阀之割据,岂不贻笑友邦。在此青天白日下,而使台胞蒙不白之冤,诚可痛已。夫解铃还须系铃人,故不揣冒昧,恳我主席之垂悯而解我台人之倒悬。谨附上剪报二纸(已略载该省当局动态一斑),信封一枚(台省府仍贴日本邮票寄发者),伏乞垂鉴。呜呼!言有穷而情不可终,主席其知也耶?为此特备文呈报,万恳垂怜而思其一举手一投足之劳而拯我台胞于安全之地为幸。谨呈国府主席蒋

附呈剪报二纸、信封一枚

台湾锄奸团团长丘侠谨上
卅五、七·七.

附件:(一)新闻快报载。本报驻台记者汪潞。三十五年四月三日

台湾人为什么要哄走陈仪?

台湾人民在日本帝国主义的统制淫威下过了五十一年的黑暗

的奴隶生活。日本投降后,他们要站起来做主人了。这是每个人都感激涕零欢喜若狂的;但这样的好兴致没有维持多久,就化为一阵春风了。

政府派来接收台湾的是陈仪先生,他带来了很大的权力,是政府特许的,我想最初的用意是善的。陈仪来做了些什么?他到台湾的口号是"实行三民主义"。没有好久,这口号就变成"三民取利"了,在旧总督的大门上有人偷偷的挂上一幅巨大的漫画,画着后门有一只愚蠢之猪大摇大摆的进来。

台湾比起内地各省来,单纯得像绿海中的世外桃园〔源〕,也许这合陈长官大兴乡思之恋,中央派来的接收人员大多数都挡驾了,听说能来台湾的人都要无原则受陈长官的指挥,这种中国历史上传统的、边疆大吏的作风又播种到台湾去了。

有一件事情颇为费解,陈长官以公司大亨的态度来"监理政治"。有许多机关公务员除了主官采用中国人,其余还是日人的原班人马,日官日警依然是统治者爪牙。以至使台湾同胞非常难堪,台湾同胞不愿服从其日人上司,日人警察则不愿意卖力执行他的任务,他们不是傻瓜,他们知道不好开罪于战胜人民的。相反的,陈长官并没有为台湾人的处境想一想!

接收人员到达台湾的时候,和在其他收复区的情形一样,一方面是混水摸鱼,豪强夺取;一方面是茶楼楚馆,花天酒地,这怎能不使台胞失望呢?他们接收了日本警察,没有能接收台湾同胞的人心,长官公署的统制政策失败了,造成了经济的混乱局面,物价不断飞涨,人民成〔感〕受的生活重压,远过于日本统治的时代。台湾是产米区,竟也大闹粮荒,米价爬上全中国的最高峰。而日人则能受到配制的优待,温饱无忧。最坏的是把台币与法币的兑换价值定为一元对一元。这一决定对日人极端有利,因为使用台币是保护日人利益破坏台胞生活的愚策。

台湾当局为什么如此呢?说台湾长官公署排外政策的结果,或者不是无因的。国家银行不能在台湾发展业务,至今连汇水能〔也〕不能决定,弄得事业停顿,货运不畅,形成经济的自我封锁,用这种故步自封的办法来建设新台湾,台人称之为"三眠主义"。

教育界也受到滥污的影响,弄出许多笑话。高雄工业专修学校以牙医刘某任校长,刘校长便聘他目不识丁的岳父任教员;台北市教育当局曾横征学生,以庆祝儿童节为名的向全市学生征收二十万元。台湾民报曾刊载过一段故事,该报谓:"自称是研究物象专家的赛先生,学生曾就教科书,提出一段请教,它竟说明不来,乃临时应变说,我学的是欧美的科学,你们拿日本的科学来问,岂非大错吗?"这使学生们啼笑皆非。

陈仪先生的德政既是如此,不难明白台湾人要哄走陈仪的真相了;另外一条线索说是国民党的某派系策就打击陈仪,一如哄熊式辉、李品仙一样的调子,不论此说确否,自有参考的价值,官僚政治的派系斗争是平常而又平常的事情。

派来接收台湾的权臣事情没有做好,把台湾弄得一塌糟,这是铁的事实;台湾人哄陈仪,从台湾哄到重庆,哄到二中全会。轰的方式不一,在台湾是漫画,在重庆是人民团体请愿,陈仪能哄走吗?不是深悉内幕的人不能猜中谜底。要解答这个谜,不在台湾,不看台胞的表示,而是在重庆,是看猎官场中的围棋,在前面所讲的"有参考价值的线索"上。才能找到这个问题的症结。

(二)密勒氏评论报载:混乱中的台湾

自从台湾接收后,近六个月来在陈仪将军治理下,行政公署对政府及该署本身的功绩,可说是极少甚或可以说是没有。台湾是由坏的境地走向更坏的境地了。

陈仪的简单和无组织的行政机构,它的行政效果今举陈如下:

因粮食之专卖而造成饥馑。台湾实业与企业的不稳定形成普遍的失业。进出口贸易为国家专营,即使是合法的商品也不准参加运出或运进。虐待台湾的中国人和由国内去的商人。军人们一抛他们的尊严而掠夺他人中饱自己。在另一方面，日本的技术专家和警务人员比起国人，他们受着特别优待。

无能与腐败

目前已普遍的被承认，这位威严的行政领袖陈仪将军，有名的惯战将领，每战必胜，即使有时失败然亦必获最后胜利。但是对于复员工作，则设立了太多的部门，用了一些投机分子，对加强行政力量一些没有效果；对于召集人民和进行其他战后复员工作则表现出"无能"。"军阀制度"是蠹蚀人民的"制度"，它曾对台湾人民公益有过残忍的剥削。但人民并不以此为奇，他们已联合起来反对陈仪的统制。他从未给百姓以机会接近，即或是诺言也没有一句。连他的部属们也没有一个能正当的计划一个"建设方针"。

陈仪的功绩堪怜

抗战时陈仪治理福建，从没听到有好的政绩，即使有好的成绩也是在错误的一方面。

张宗昌和孙传芳还有一大群旧时军人都是征税者，可遗憾的是台湾人民觉得陈仪将军除征税外，别无他求。

陈仪将军是不可宽恕的，因为他把台湾的人民造成现在这种观感；台湾的处境并不是殖民地的地位，所以该岛的居民有权利在合理的管制下建立一个繁荣的社会。

邮件专利运出

台湾在日本人眼里不啻是个财宝总库，在转入中国的统治后，应该保持从前的规模或变为更大的仓库。然而这里只有陈仪将军造成的危机：他没把这岛变成中国财富之一部，反而把它造成了我国的一大笔债务。他很贤明使大家对他的行政计划发生怀疑；他曾准许很多私人公司在他的庇护下成立，并且让这些人专利，这是合理商品不准进出口的法令以外的法令。

组织走私和组织掠夺与中饱自己的事件一样，都是今日在岛上流行的事。因此这些行政官员们目前与海关当事人有过数次争辩(关于私货之被充公与没收——当这些私货到达上海或我国其他口岸时)。

相对的可憎

目前,对日寇之投降,台湾如何会被重视呢?我们站在非政治立场上,应该奖励日人对台湾的管理。盟友们到该岛较迟,他们没有证据来批评该岛。岛上有大宗的物资由观光局供给日人,使他们对于自己发展的广大财富的信心得到满意。

宗教在岛上可以自由信仰。运输机构铁道、公路和电报、邮政、无线电报和电话等都发展到极高的效率。人口百分之五十一以上都从事农业。他们种植菠萝、桔子、香蕉、米、茶、大麦和小麦、芝麻、苎麻、大麻、烟草,养家禽和牲畜等。此外还开采矿产,像金、银、铜、石油和硫磺。当日人专卖盐、鸦片、酒精和酒精的成品时,台湾曾控制世界樟脑的供应(百分之六十以上)。

岛的重要进口物质有烟草、煤油、肥料、棉花和丝织品,生鸦片、盐、铁和机械。

乡村和城市里卫生设备的进步,曾博得英、美参观人士之赞扬。这个岛有着温暖和潮湿的气候。被茂盛的森林盖遮着,里面包括很多种的商业木材,最有价值的要算橡树、柏树、洋杉、樟脑和桂树。

岛上土地异常肥沃,日人的灌溉系统使米的产量大增,日人的农业实验场曾证明美国的葡萄也能在岛上生产。他们借着肥料和实验站的帮助,曾教岛民用科学方法来耕种。

渔业也极其发达,日人曾介绍很多机器渔船给当地渔民。

必须着手进行的问题

现在,对台湾行政的自由协商,必使之在真实的条件下成功,我们才可以得到一个正确的解决方法。我们还须对当前政治腐败的情形有深切的了解,以便将来针对这个问题。这种自由协商必须坦白和勇敢的实行。

如果目前陈仪将军的统制与台湾人民及合理商人的争执不下时,这争执绝对□或不满而不决,□的起来——立刻的——在衰弱无能的官府和强有力富进取心的中国人民之间造成一个显明的悲剧。

台湾在陈仪治理下的问题是不能规避的事;必须在最近公开的办理,我们不能拖延致发生不幸,或因此使人民发生可怕的愤怒与官方的可耻。这个问题若不能在和平积极的条件下解决,别的方法更不能解决。

可笑的否认

否认台湾在陈仪将军治理下变成严重问题的人是不忠实的,人们保持静默是不智的,或是关心的国外人士在公开的交际中假装友爱的情绪(像熟练的外交家),这是违反中外人们的意思的。使这问题用虚构的方式蒙混起来,假设因为陈仪将军是好的人才,他和他的部属一定请求得一机会以"改善",去证明他们的气志,是使他们弃职而趋末路。

那么,我们要掷一个铜钱,以它的反正来决定我们对如此重要的台湾治理问题的态度吗?经验可证明这是靡〔糜〕费的,不能让低能者来破坏我们的计划,使政府受到暗害或使我们的良善人民有了恶感。

"佯作"是危险的,是不威严的。有一件滑稽的事,台湾官府要求人民承认台湾在陈仪将军治理下,并非走狗的统治!不久以后我们将要把无数的强徒编制起来,使他们做义务服役,扩大生存数字,为的是平息反动和台湾的分离派。

台湾能否维持!

三十五年四月六日密勒氏评论报的社论,很正确的言台湾的首次精神和动力革命可能是反对陈仪的,但它背景绝不是中共造成的。被剥削的台湾人在苦难和炙灼的环境下,反响的浪潮正在激起。

台湾人曾祈求他们的自由和取消日本人的桎梏;现在他们为了急需食粮和自由又在祈祷了。如果我们认为台湾人民在得到六个多月的自由后,他们还在热烈祈求生活中更好的物质和较合理的秩序,那是荒谬的。

我们迫切的要问:中国能否保持台湾和她的人口?在国人八年抗战疲惫之余,中国能否在取得台湾后自富自强起来是个更重要的问题。我们需要有政治才能的人,有远见的人和健全的行政机构详密计划,以免我国第二次失掉台湾。

〔国民政府档案〕

12. 旅渝福建台湾各团体驳斥陈仪关于台湾现况谈话致各报书

(1946年8月13日)

阅三月十四日各报载陈仪长官在外记者招待会中所谈台湾现况,辞多含混。本会等特根据事实,分别予以驳正如下:

(一)关于日俘日侨遣送情形,陈长官谓台湾日俘十八万八千人,现仅余四万人,可于三月二十日遣送完毕;日侨三十一万九千八百〇八人,军眷八百人,可于四月底前遣送完毕;内五千人将暂留台湾。查日本系于八月十日向盟国要求停战,而台湾正式接收则于十一月一日开始,在兹二个月零二十天之期间内,许多日军均已化为民籍,潜伏各地,待机再起。即据十一月七日东京广播,日本政府公布在台日军数字为二十四万五千二百四十七人,但三月四日广播则减为十三万五千人(包括已送回日本之六万五千人在内),前后不符之数达十一万二百四十七人,此中疑窦殊多。此其一。日本政府两次公布数字,均与陈长官所谈者颇有出入,究竟孰属正确,陈长官数字是否仅指在集中管理中者而言,对于潜逃潜伏在外者,有何善后之策?均属疑问。此其二。据二月二日大公晚报所载,台湾警备司令部空军第一组,自十二月四日至二十八日接收日方第八飞行师团等八单位,仅有被服家具六一三,一六九件,消防用具一〇三件,武器全无,又陆军军政组,自十二月八日至二十四日接收日陆军货物局、兵器补给局等五单位,计步枪十五支,军刀十九把(均根据台湾警备司令部公报),大部军火(包括重武器弹药粮食被服等)均被藏匿,未行缴出。观此两例,可概其余。最近全岛各地一再发现日军匿毁军火情事。谓日人对台绝无野心,其谁能信?未来台湾安全是否将表面上之日俘遣送完毕,即获保证?陈长官对日本人之看法,是否有过于乐观之处?过去闽海不设防之覆辙,是否将重演于台湾?吾闽台同胞所受教训甚深,未能释然于怀,深望陈长官能以事实说明一切。此其三。以上关于日俘。

关于日侨数目,日政府第一次公布为五十万人,第二次公布为五十一万人,而据陈长官所称则仅有三十一万九千八百〇八人,何以历次数字均较日政府自认者为低,且相差达十八万人至十九万人之巨。其中是否亦有化名潜伏混入台籍情事。此其一。台湾日侨不仅未曾集中管理,且尚掌握现有台币百分之八十,及各重要产业金融机构,近正要求保留产权,归化我国。闻陈长官亦曾代向中央请求。所谓四月以后仅有五千人暂留台湾云云,恐非事实所能办到。此其二。陈长官一面拒绝中央各部会派人赴台,一面仍将四万之日本官吏、三万之日本警察宪兵尽量留用。接收半年,台湾铁路、电讯、邮政仍由日人管理,钞票仍由日人发行,寄信仍用大日本帝国邮票,日人依然能以副统治者之地位,作威作福,继续压迫台湾人民。今日痛心悖理之事,孰逾于此!毋怪民怨沸腾,迭生反抗。此事关系中华国格,及台湾人心向背至为巨大,深望全国舆论一致予以指摘。此其三。以上关于日侨。

(二)关于台湾经济状况,陈长官仅称台湾工业因受战争破坏损失极大,农业因缺乏肥料及人力,出产较前大减云云。以吾人所知,台湾目前经济危机,由于战争及自然之影响者少,由于人为政策之造成者多。台湾接管今已半年,许多日人公司、银行、工厂均未接收,仍归日人经营管理,长官公署仅派一、二监理官加以监督。而日本人在其产权及收益未有确实保障以前,对继续生产自不感若何兴趣,致大部份工厂陷于半停顿状态。此其一。陈长官下车伊始,即创设台湾贸易公司(现改名贸易局),厉行统制,重要物产如十二月中所定食糖征购价格每斤台币一元三角,食米每斤一元,均远较市价及生产成本为低,农民被迫采用减产停运手段以资对抗,致造成粮贵粮荒现象。此其二。更重要者,即至今国家银行不能在台设行,中央银行已印就之台湾流通券,亦被陈长官拒绝使用。台湾现有通货仍为大日本之台湾银行纸币。其大股东仍为日本政府及日本天皇(五千万元中各占二千万元)。其发行数额及准备情形,为一绝大秘密,除陈长官外殆无人能言其究竟。而因生产停顿税收无着物价腾贵之故,势必每月继续增发,以应长官公署之需求,且已到达恶性膨胀之程度,则为无可否认之事实。因台币膨胀超过法币,故官定比率虽为一比三十(即一元台币换国币三十元),但黑市价格则跌至一比十八。又因台币价值不定及国家金融机构不能开设,故至今台湾对祖国之汇兑不通,正常贸易无法恢复,直接间接造成今日物资缺乏物价暴涨经济紊乱之现象。此其三。通货恶性膨胀物价腾贵之结果,使一般薪俸阶级之公务人员及技术人员,不能安心工作。工人所得工资,不足维持其最低限度之生活。致工潮弥漫全岛,社会危机日益迫近。此其四。举此四端,可知今日台湾经济危机,大半起因于破坏法币统一发行,纵容日人保留产业设备,厉行统制与民争利,进而造成台湾与国内之经济脱节状态,断非战争破坏或人力肥料不足一两语所能掩饰者也。

(三)关于台湾米产,陈长官谓去年产量仅有五成,此数显为夸大说法。即令属实,然距离战争结束之最后两年,台米均未输日,此所余一千万日石之数,究属何往?总之,台湾米荒,大半由于上项所述各种人为因素造成,台湾向有米仓之称,今则米价三月间每斤台币廿七元竟达换算国币八百一十元,折合重庆米价每担(一五〇市斤)已超过十二万一千九百元,跃居全国第一,较之接收当时,暴涨至六十倍以上。即京、沪、粤一带向来缺粮之区,亦不至有此离奇现象也。

(四)关于台湾目前之政府形式,陈长官仅含糊答以台湾行政长官公署及警备司令部为台湾负责军政机关云云。查台湾远在光绪十三年即已建省,国府亦已正式宣布台湾设省,但台湾至今不设省政府,而特设所谓行政长官。此行政长官既兼警备司令,又握行政立法财政金融之独裁权力。其地位之高,威权之重,不仅国内无此先例,即日本治下之台湾总督,视之亦瞠乎其后。台湾既非所谓解放区,亦与"特殊化"之东北不同,何以东北及边陲各省均设立省政府,而台湾独不能有省政府。岂以台湾人民为易欺,不妨以殖民地待遇之乎?据闻此种畸形制度,系由陈长官力争而来,且欲施行三年至五年之久,于其个人之统治上固有莫大便利,于国家政制,于人民基本权利,于台胞心理之内向,则贻害无穷矣。

(五)关于台湾行政及未来发展问题,陈长官谓"政府依据民族平等原则力谋各民族经济文化各方面之发展",所谓"各民族"者,所指为何?台湾居民最大多数为中国人,次多数为日本人,陈长官是否亦欲予日本同等发展之机会?日本经营台湾五十年,在政治经济社会各方面占有特殊地位,根深蒂固,未易遽拔,吾人乃日谋铲除之不暇。而陈长官则留用日警日官保护日侨财产,对日人采用过份宽厚政策,日人亦处心积虑貌为恭顺,力谋归化,藉以保存实力,待机复起。果如陈长官所言,予以同等发展机会,则台人无法竞争,势必永属附庸地位。未来太平洋形势一有变动,台湾是否我有,大成问题。此本会等基于国家民族之利益,不能不予以痛切驳正者也。

以上所言,均系根据事实。本会等愿负法律上之完全责任。事关国防安危,人民福利,并希贵报本中国人立场,予以披露,藉明真

相,并为台胞请命,不胜盼祷。此颂
撰安

> 闽台建设协进会
> 旅渝福建同乡会
> 台湾革命同盟会
> 旅渝台湾同乡会
> 中央大学文海学会
> 同启
> 卅五年三月

〔国民政府档案〕

13. 台湾糖业公司沈镇南等为糖业弊病及物价高涨币值低落引起人民反对情形电

(1947年3月3日)

大会钧鉴:此次台北事件,虽由私烟而起,亦因人心积怨甚深,一触即发。此后经济设施,亟应重行检讨,以防燎原。糖业方面紧要事项有下列三点:(1)公司留用蔗田六万五千亩,民间攻击甚烈,拟尽量放租为原则。(2)民间主张糖厂先由□□以应速即,开放一部份,出租或出售。民间资力有限,出租较易办到。(3)中央接收敌糖十五万吨,民间深表愤慨。台湾物价高涨,币值低落,均归咎于糖款不能回台所致。务乞特恳行政院将国币糖款拨归公司,交存台湾银行。一面□□公司借款,一面充台行汇兑基金,藉稳定币值,减少民怨,公司目前尚未受直接损失,有一部份职员受伤。然前途荆棘正多,未雨绸缪,至盼裁夺,速即电示,以资遵循为祷。沈镇南、吴卓雄、陆宝愈、曾昭承。寅江。

〔资源委员会档案〕

14. 台湾二二八惨案联合后援会参加团体代表张邦杰等请撤废台湾省行政长官公署及经济统制机构呈

(1947年3月10日)

窃台湾自光复接收以来,迄今十有六月,六百万台胞方庆重投祖国怀抱,复我自由,与全国亲爱同胞携手共进,力谋新中国之复兴与缔造。岂意过去政府对于台湾之接管,沿用旧日本治台方法,颁布台湾省行政长官公署组织大纲,以行政、财政、立法、军事之大权集中于长官一人之身,形成新殖民地总督之变相,因之台民不免误认中央有意歧视台民,更自陈长官到任以来,凭借特殊地位,滥用权力,致使台民欲求最低限度之生存权而不可得。其所施于台省之虐政,举其荦荦大者:(一)干涉司法,台湾法院非得长官同意,不得检举贪污;(二)紊乱金融,拒绝国家银行在台开业,滥发台币,妄定比率,包办汇兑,造成严重之通货膨胀与金融恐慌;(三)厉行日用必需品如烟、酒、火柴等之专卖,使台胞于正常税收之外增加不合理之负担;(四)任用党羽,包办贸易局及二十二个企业公司,统制台湾全部进出口贸易,剥夺人民生计;(五)颁布特殊法令,限制人民经商旅行之自由,滥拘人民数千监禁于大直劳动营外各处;(六)统制印刷纸张,借以摧残台胞之言论与文化;(七)包庇部属,利用台银专卖局贸易公司等机关营私舞弊,造成贪污盛行,穷奢极欲之风气,致接管十六个月以来,生产停顿,商业破产,物价暴腾,以台湾产米之区米价之高,竟居全国第一。民生疾苦,达于极点,怨声载道,危机四伏。本会等心所为危,不敢缄默,迭经推派代表分向中央各机关呼吁请愿,并呈请迅予撤废台湾省行政长官公署,改设省政府及撤消专卖局、贸易局等经济统制机构,借以收揽已失之民心,无如未邀采纳,本年二月二十八日因专卖局武装警士在台北市内查缉香烟小贩并开枪击杀平民二人,激动众愤,复以长官公署卫队用机枪扫射请愿人民,致演成普遍之官民冲突流血惨剧延续数十小时,并蔓及全岛各县市,死伤三四千人,陈长官之虐待人民于此可见。本会等认为此次惨案之起因,虽由于专卖局军警查缉"非专卖"香烟非法捕人杀人,而根本原因实在于台湾行政制度之特殊化,陈长官不恤民意,厉行专卖统制政策所一手造成。目今亡羊补牢尚未为晚,挽救之道拟请:(一)立刻允许台湾实行自治,省长、县、市长一律民选;(二)废除特殊化之行政长官制度及其一切特殊法令设施;(三)惩办陈仪及军警实际负责人;(四)取消台湾特有之专卖及省营贸易;(五)抚恤伤亡,立即释放被拘民众,并担保不再发生同样事件,借以收拾人心,安定秩序。本会等同人夙具爱国热忱,拥护中央不敢后人,为特再行推派代表张邦杰、陈碧笙、林松模、杨肇嘉、王丽明晋京请愿面陈意见,仰恳赐予采纳,不胜迫切待命之至。

谨呈
监察院院长于

　　　　台湾"二二八"惨案联合后援会参加团体
　　　　　　台湾省政治建设协会上海分会
　　　　　　　　　　代表人张邦杰
　　　　　　闽台建设协进会上海分会
　　　　　　　　　　代表人张锡钧
　　　　　　台湾重建协会上海分会
　　　　　　　　　　代表人杨肇嘉
　　　　　　旅沪台湾同乡会代表人李伟光
　　　　　　台湾革新协会代表人王丽明
　　　　　　京沪台湾同学会代表人江波
　　　　　　通讯处　上海武进路　一四号
中华民国三十六年三月十日

〔监察院档案〕

15. 台湾民权通讯社揭露台湾当局腐败特稿——看今日台湾

(1947年8月1日)

看今日台湾
——到处是可怕的缄默——

(民权社特稿)二·二八事变已成过去了,事变的处理也一般的被认为结束,那么惨红乱绿中,我们何妨预觇秋色,来看秋之果,秋之实。

其实,二·二八是一顿残酷教训,在当局为然,在人民也未尝不以为然。不过,事变以后,当局是另一套手风,人民也未尝不另一套手风。

事变刚好过去,各县市议会——几乎无一例外,接着就是致敬,就是挽留,姑不论由衷与否,这是含有强烈的讽刺。自然与政府接近的,必然为有资格人士,于有资格人士口中以搜求民隐,无终地,一切只有两字"安定"。不过在我们观察中,台湾的安定是几乎近于沙漠般寂寞,是弥漫着可怕的沉静。这一届省参议会,就没有以前泼辣的味道见了,没有所谓"爆炸议员"了。一切很顺利,很规矩。新生报还撰过社论,誉为进步的民主作风。不过傍听的民众也不像以前那样拥挤,使新闻记者减写了许多"会场花絮"。

据说:某一县参议会的议事日程,原来是排定三日,衮衮诸公却非常"圆滑"地在一天之内把它全部通过结束,对于当局是出乎意表之外,剩下的两天也只好改为参观,可是翻去年报纸,每当议会开幕,广告栏中总是"祝××议员健斗",今昔对照,是一段沧桑。议员如是?那么广大民众,更可一举而反三隅。

日本人五十一年的殖民统治,台湾人就是这样缄默过的,然而这并不是没有话说,心头明白,话在心里说罢了,不过,几个外省人的专有衔头,如"阿山"等,公开中已经不听见叫出来,看不起"中国人"也没有表面化,而"有识人士",在低气压之中,提出了一个新文化运动。

新文化运动中的"有识人士",于台湾广大群众中的实际估计如何,我们无从而知,不过,这一运动曾被人曲解为"新皇民化运动",却是事实。"新皇民化"的字眼,也许不伦不类,但自台胞口中说出,心里事不无几分透露,当然我们也不必自坏处着想,就是台湾人也不个个再以殖民地自居。于今日之安定,对照当日之安定,会感想,会回味,固然人情之常,不过回味只在好处,不在坏处,只想甜头,不想苦头。

台湾上流人物,一向矢口否认日人毒化教育有多少分寸,他们还可能举出许多事实,甚至壮烈斗争的历史,以自食其言。如果以上流人物的谈吐,即遽定全省人心,这不无可以斟酌之处。比如最近有个谣言:日本有四万移民即将到台湾,恰好访问基隆的美舰,载来了几个归化美籍的日本水手,于是绘声绘色,说是日本移民考察团已经抵台,硬来做个佐证,民间也好像杀有介事。自然这消息是被制造出来的,其制造且是基于群众心里。我想这种看法,就使台湾上流社会中人,能够冷心一想,见解上应该不会相去过甚。

以中国标准来看日本标准,什么都不对样。以日本标准看中国标准,当然也不对样。好似一个时期,当局对台胞,甚至台胞对自身,都估计得过高,但换一个时期,又未免过事贬值。反一面来说,有一个时期台胞对当局也估计得过高,又一个时期则估计得过低。由于衡量失去标准,奢望、失望都成为不正确的,悲观、乐观也都是盲目的。

所以,安定台湾,问题还在安定台湾经济。可是安定台湾经济,在一般贫民看法,似乎很眷恋于日本战时的统制经济。他们不从理论着想,他们希望有最低生活物资配给,于是外省人中不少看台湾同胞太过现实。其实心平气静来说,现实并不罪过。当接收之初,台胞那样热烈欢迎接收人员,并憧憬着未来解放的美梦。他们期待着,期待何尝不就是现实,降而下至于二·二八事件,可说时间的推演，件件都为现实。为台湾前途想办法，第一就不能脱去现实。公洽先生治台，确实有过许多政治理想，固然人事之不臧，使理想打个零折，但理想到现实，只要有一次失败，人们决不会以他现实的生活，让人家作第二次的理想的实验。

可是地主、小资产阶级，以至商人们，站在自己利益立场，他们反对统制经济，反对专卖局、贸易局，且于此次政府收购农家谷粮的价格，也有"谷贱伤农"的表示。以"农业台湾"而看台湾农村，固然不能不考虑农村经济的根本，不过光复后大发光复财者，大小地主是标准的幸运儿，这是无可非议的，收购大户余粮的价格，问题应该不在价格，而在行政技术。

再如议会一再呼吁工厂民营，政府也似乎逐渐把工厂标卖，可是工厂利润是不是赶得上商业利润，台湾究竟有多少民间资本，没处估计，也没人估价过。据说：政府有许多工厂再三标卖，却有许多是无人问津，于是标卖广告就登到上海的大公报去。如果从国家立场来看，把上海游资吸收到台湾参加生产，原则上绝对正确，为台湾增加生产资金，以促台湾经济繁荣，于台湾也有利无害，可是经营台湾工厂而发财，甚至外来资本控制了台湾民营工业，未来的人们情感会有怎样反应，我们很难逆料。自然我们不一定说台胞太过排外，也不一定偏狭小气或嫉妒，不过二・二八的一顿教训，使人太过深刻了。试问渡台的工作人员，有几个想在台湾工作久居的，这是一笔无从估计的损失。

其实也是必然的结果，台人过惯了日本彻底的官僚政治，我们呢，官僚又要谈民主，公仆也有的带市侩味。据说：当战争未发生前，日本人自己国内有自造汽车，但最新型的美国小包车，不像我们现在这样多，汽车的消耗也似乎不如我们阔。日本人很俭朴，台湾人就学上了这点习惯。那么坐汽车以兜风的官僚，坐在黄包车上左顾右盼的外省商人，在国际饭店唱秋水伊人的海派骄人，这会使俭朴的台湾人有如何印象。台湾人对外省人于是笼括下一个评价，外省人是全盘贪污腐化,议会且要求禁止公务员的奢靡生活。

其实公务员是几家欢乐几家愁呢!报纸不时登小公教人员自杀新闻,陈伯隐死在魏主席下车伊始,引起了全省穷公务员一掬同情之泪,因此,穷公务员广泛醵金为陈君安家,但其实是向魏主席作无声之倾诉。魏主席确也因此而作一次大胆的待遇调整。但近月来,其奈物价步升何。

生活重压下,环境特殊下,谈效率,谈计划,似乎每人都心头黯然,省人与外省人的铁幕,二·二八只揭开了一半,事情过了,又似乎消逝得太快,也没人耐得一番彻底清理,把铁幕彻底掀掉,可悲的留下一条尾巴。

所以如果有人要问台湾消息,我只有如是一句答复:"今日台湾是一片可怕的缄默。"

(民权社颜泽)

〔国民党中央执行委员会宣传部档案〕

（二）二二八事件

1. 台湾省行政长官公署关于台湾省二二八运动经过报告提要

（1947年3月）

台湾省二·二八运动报告提要

一、暴动真相：此次本省"二·二八"暴动事件，骚动全岛，形势紧张，然考其实际，纯系少数奸党暴徒之叛逆行为。当暴动开始，阴谋份子以要求政治改革为烟幕，煽惑流氓地痞，殴杀外省人民，抢劫枪枝，袭占军用仓库，及围攻军警行政机关暨国防要塞。迨全省各县、市均在暴力威胁之下，乃公然提出叛国主张，企图实现其所谓"台湾民主自治政府"及"民主自卫军"，以自外祖国，割据称雄。

二、暴动起因：本省光复未久，社会情形至为复杂，政府对台素主宽大，地方奸恶份子未及彻底肃清，日治遗毒，亦非短期内所能清除，致促成此次暴动之原因。就其远因言之：（一）潜伏奸党之死灰复燃；（二）"御用绅士"及归台浪人之煽动；（三）日本奴化教育之遗毒；（四）战后经济问题之刺激。就其近因言之：（一）经济风潮之刺激波动，（二）少数奸商及霸占日产者之阴怀怨恨，（三）地痞流氓及归台退伍军人之勾结蠢动。

至暴动事态扩大之原因：（一）为国军他调，兵力薄弱，致为奸党暴徒有机可乘；（二）为多数警察均为本省人，经奸党煽惑，临事不肯抵抗暴徒，甚至一部份且离开岗位；（三）为善良人民畏惧暴徒流氓，暴动既起，不敢公开主张正义（但暗中仍多方协助政府除暴戡乱）。

三、参加暴动者：此次暴动参加策划者，仅为绝少数之奸党暴徒，就党派言，以"共产党"为主要，其他如"民众党"、"政治建设协会"、"台湾自治青年同盟"、"警政改革新同盟"、"台湾省青年复兴同志会"、"海南岛归台者同盟"等为附从,就参加主持之首要分子言,可分为下列各类:

(1) 共产党,外衣披着"民生同盟",实即共产党之重要干部,以谢雪红、林日高等为首领,分为ＡＢＣ三个集团,A集团在台中,B集团在台南嘉义,C集团在台北。故此次暴动,以台中、嘉义、台北三地为最剧,更可证明为此次暴动之最重策动者。其阴谋在颠覆政府,夺取政权。

(2) 阴谋份子及附从奸党份子,由过去"民众党"递嬗而为"台湾省政治建设协会"之首要份子如蒋渭川、张晴川、吕伯雄及"自治青年同盟"首要蒋时钦等,实为此次暴动之要角。

(3) 日本时代"御用绅士",此次暴动中之参议员颜钦贤、王添灯等,即为此类之要角。

(4) 一部份自海南岛及东北、南洋一带归来之退伍军人,以白成枝为首领。

(5) 流氓地痞,多归自闽、粤一带之浪民,及潜伏省各地之地痞等。

(6) 无聊政客及文氓,不得意的想做官之知识份子,及因案被免职之人员。

(7) 大赦之罪犯,此次大赦释放之罪犯及训导营放释之流氓。

四、一般人民在暴乱期中之态度:在此次暴乱期中,绝大多数之人民,所表示之态度,均属拥护政府,例如:

(1) 全省农村,均安□如常,对于奸党暴徒,毫无同情,可谓农民全无参加;

(2) 高山人民:除台中、台南数十人参加后,旋即觉悟外(如台南高山同胞数十人受县长感召,自动退回高山,全般接受政府之劝告),其他不但无参加,而且对政府表示热诚拥护,并协助政府维护地方治安,而对抗暴徒;

(3)全省工厂,除极少数外,均无工人参加;

(4)学生仅极少数被胁参加,各地并无大批学生请愿集会情事;

(5)民意机关全未参加,乡镇民代表会、县、市参议会、省参议会,在事变中,均无正式开会,虽有极少数之参议员参加不法组织,但此系个人资格活动,并非代表民意机构参加;

(6)真正的正当商人并无参加。

五、叛国之阴谋:此次由少数奸党及阴谋份子主使之暴动,决非人民之改革政治及经济之运动,而纯系叛国之行为,因彼等要求无厌,最后始暴露叛国阴谋之真相,兹分述如下:

(1)叛国阴谋之暴露:奸党暴徒叛国阴谋之暴露,就其发展之步骤,可分为三阶段:(一)初期之要求:初期要求释放暴徒,官民共同组织处理委员会。解除戒严各点,政府认为尚属合理,当全部接受;(二)篡窃警卫之诡计:"处理委员会",于初期要求达到后又得寸进尺,擅自设立"治安组",组织所谓"忠义服务队",到处搜索枪械,征召海南岛、南洋、东北一带归台之退伍军人及青年,参加该队,以维持治安为号召,并公然提出撤销警察大队之要求。(三)叛逆主张之暴露:三月七日"处理委员会"提出所谓处理大纲四十二条,分目前处理七条,根本处理军事方面三条,政治方面三十二条公然主张撤销台湾省警备总司令部,缴卸武器由该会保管,反对国军驻台,陆海空军应由台人充任,释放战犯汉奸等,其背叛国家,已全部暴露,大白于天下。

(2)并非政治改革:暴乱初期,合理之要求,政府多已应允,而且择要实行,但奸党叛徒不断提出无理之要求,足见居心不在政治改革,并可了然所谓"改革政治要求",纯为奸党对外宣传之烟幕,例如彼等传单宣言中所言"建立台湾民主自治政府"及"建立台湾民主自卫军"等,无异脱离祖国而妄图独立。盖奸党暴徒究属极少数之一群,即就彼等活动最剧之台北、嘉义、台中三地而言,其人数最多不过数千人,而此数千人所提之叛国主张,即不能视为政治改革之要求,更不能谓为六百三十万人民之意见。

(3)并非经济改革:此次事件,虽发生于专卖局缉私伤人,乱徒的所谓处理纲要中,虽有撤销专卖局贸易局条文,但此系少数乱徒之借口,台湾人民,并不反对专卖贸易制度。事变后,三月十七日省市参议员、国大代表,暨国民参政员等曾开会决议要求维持专卖及公营事业与贸易制度,可为明证。即乱徒的处理纲要,对于公营事业亦不主张改变,只说"一切公营事业之主管人由本省人担任",故此次事变,绝不能视为人民不满意于经济政策之要求。

至暴动经过情形,已详"台湾省二·二八暴动事件报告",兹不赘述。

〔监察院档案〕

2. 台湾省行政长官公署编台湾省二二八暴动事件报告
(1947年3月)

台湾省二二八暴动事件报告目次

一、总述

二、暴动起因

(一)远因

1. 潜伏奸党之死灰复燃
2. "御用绅士"及归台浪人之煽动
3. 日本奴化教育之遗毒
4. 战后经济问题之刺激

(二)近因

1. 经济风潮之刺激波动
2. 特殊阶级之阴怀怨恨
3. 不法份子之勾结蠢动

三、暴动经过

（一）暴动之开端及蔓延

（二）非法组织之产生及其发展

（三）叛乱阴谋之暴露及其目的

1. 初期之要求
2. 篡夺警卫之诡计
3. 所谓改革政治之要求
4. 叛逆阴谋之暴露

四、暴乱纪略

（一）占据机关僭夺地方政权

（二）抢夺军械围攻军警仓库

（三）殴杀奸淫污辱公教人员及眷属

（四）抽调壮丁擅自编立部队

（五）煽动台籍警察响应叛乱

（六）围攻要塞滋扰国防重地

（七）强行派款抽捐扰乱金融

（八）谬作主张妄倡国际托管

五、官民死伤人数及处理情形

六、协助省县政府处理事变之出力人员

七、结论

一、总述

台湾省台北市奸党暴徒于中华民国三十六年二月二十八日，因专卖局取缔私烟摊贩，乘机煽惑，造成暴动。并提出所谓改革政治之要求，政府念宪政实施，为期不远，重以中央爱护地方之殷切，由于人民正当合理之要求，自当接受，以期安定人心，共济时艰。讵意奸党叛徒，罔顾大局，竟利用机会，以扩大事态，制造恐怖为手段，企图实现其颠覆政府，夺取政权，背叛国家之目的，于是以台北一隅为开端，占据广播电台为反动宣传之总枢，成立非法组织，结集各种反动之力量,征召退伍军人,实行武装暴动,风声所播,全省骚然。致行政官吏,或被挟持,或被殴辱,政府机关或被占领,或被捣毁,外省公务人员,尤多惨遭奸淫杀害,虽经商来台之外省人民及孱弱妇孺,亦未幸免,惨毒之烈,史无前例。事态演变,势焰日炽,遂公然主张解除国军武装,撤销警备总部,并谬倡国际托管,其叛国阴谋,已表露无遗。各级公务人员,在此暴乱期间,均能仰体中央德意,虽备受劫持凌辱,尚能沉毅坚忍,固守岗位,或联络地方稳健人士,力维秩序,或分化暴动叛徒,以削弱奸党实力,从未有报复行为。而绝大多数之善良人民,亦均一致觉醒,拒绝参加,即高山同胞,亦深明大义,协助政府,维护公教人员及地方秩序之安全。他如民意机关之大部份贤达人士(少数败类除外),及正当商人,暨善良学生、工人,悉能维护正义,力持镇定,故农村及高山地区暨学校工厂方面,情形均极良好,用能以绝大多数之力量及正气,压服叛乱,恢复秩序,实属难能可贵。现中央对善后处理之方针,已有昭示,以后抚恤伤亡,绥靖地方,肃清奸暴,亟待积极推进,则盘据本省之奸党毒素,既可逐渐清除,而绝大多数之善良人民,庶可安居乐业,转祸为福,益见光明。兹就此次事变之起因经过,及处理情形,略述颠末如次:

二、暴动起因

此次暴动之起,虽属突然爆发,然证以发展之迅速,蔓延之普遍,可知奸党乱徒,于发动之前,早有相当准备。盖台省光复,仅及年余,台民经日本五十一年长期之统治,对国家政治文化之认识,当属不够,奸党乱徒,乘机煽惑,最易诱发其情感,加以战后社会经济等问题之烦扰,尤足资为鼓动之助。故遇机即发,演为巨波,非深溯原委,究察引导之因素,必无以了解此次事件之真相。爰于概述暴乱经过之前,先就远因近因,析论如次:

一、远因。日本统治台湾,达半世纪之久,一旦光复,遗留种种毒素,非旦夕所可涤除,胥为此次事变之远因。兹就其荦荦大端,可

得言者,分述如下:

1. 潜伏奸党之死灰复燃。日本统治台湾期间,由于其国内思想界之复杂纷乱,在台施行高压政策之结果,影响所及,遂使台湾产生各种党派,从事斗争,虽屡经镇压,迄未肃清。光复以后,此种党派又死灰复燃,乘机活跃,其最著者,即为共产党,台湾共产党远于民国十七年,已开始成立,初称为台湾民族支部,受东京日共中央指导监督,十九年复与上海共产国际东方局,及中国共产党首领瞿秋白发生关系,继续在岛内组织各种工会联盟,扩大活动,民国二十一年为日本警署检举,该党首要份子谢雪红、林日高、潘钦信、苏新、王万得、张道福等五十人,以证据确实被判徒刑,台共组织,至此陷于停顿状态。

光复后,奸党首要谢雪红等,跃然兴起,重振旗鼓,即在台中市组织人民协会。王万得、潘钦信等则与原台湾民众党首要蒋渭川及张邦杰等合组台湾民众协会,后改称为台湾政治建设协会。两会屹立南北,遥为呼应,一面收罗过去干部,强化组织,一面争取新的群众,扩充力量。同时国内来台奸伪,亦日见增加,经查有伪台湾工作指导委员会、伪台湾省工作团、伪中共东南区第七联络站、伪闽台政训组、伪台湾共产主义青年团等组织,潜伏活动。奸党势力,因渐滋大,遇事生端,伺机窃发,已非一日。其他同情奸党之团体,亦续有发现,如民主同盟等,设立报社,诋毁政府,尽情宣传,以为奸党张目。

2. "御用绅士"及归台浪人之煽动。本省在日本统治时代之"御用绅士"及倚靠日人而生存之爪牙,深受日人皇民化运动之熏陶,既改其名,复改其姓,一切惟日本是尊,绝无中华民族之观念。光复时虽曾一时销声敛迹,嗣以政府宽大为怀,彼等乃死灰复燃,四出活动,希冀再攫取以往之特殊地位与宠幸。政府对于彼辈,自不能事事满足其欲望,因此施展惯技,到处散布谰言,以资恐吓。政府以为细微云翳不足以障日月之明,仍处处宽大,彼辈以政府为可欺,遂益滋长其胆大妄为之观念。此外过去流落省外之台籍浪人,素受日人之支持及恶意宣传,彼等在汕头、厦门、福州等处,无恶不作,尽人皆知。光复后初返家乡,劣性未除,避难就易,既不愿从事正当职业,复以主人自居,高唱"民主",冀获"一官半职"。稍不如意,埋怨政府,抑以政府在接收期中,事实上需要一部份外省人员前来协助接收工作。彼等浪人及"御用绅士"名利熏心,气度狭窄,遂盛倡"打倒外省人"、"台人治台"及"高度自治"之口号,企图使台湾脱离祖国而独立。

3. 日本奴化教育之遗毒。日本统治时代因施行奴化教育,对于我国极尽蔑视破坏之宣传,台胞之年事较轻者(中等学校学生及小学教员为多)对于祖国历史、地理及一般情形,既茫然不知,而于日人长时期先入为主之恶意宣传,则中毒甚深,彼等大都怀有成见,认为中国一切文物制度,人才学术,均无足取,平时所言皆日本语言(一般青年说日语比台语为熟练),日常生活亦模拟日本方式,几已死心塌地希望永远为日本臣民。影响所及,遂使一般青年,殆不知有祖国文化与中华民族传统精神之伟大,更不知此一时代系何潮流。光复后,政府施政方针与日本时代自迥然相异,彼等对于祖国法令制度,既毫无认识,且事事存有"日本第一"之顽固浅狭观念,遂不免发生错觉及不正确之批评。对于生活工作,亦难免不甚习惯,而发生种种厌恶,于是奸党份子,利用彼等脑筋简单,乘隙渗入,推波助澜,鼓动风潮,企图使台湾自外于中国,而引起国际上之纠纷。

4. 战后经济问题之刺激。台湾在日本统治末期,因战事节节败北,经济方面,竭泽而渔,千孔百疮,如工业原料之匮罄,生产事业之衰退,交通器材之缺乏等等,虽于日人屈膝时,尚未至全部表面化,但经济崩溃之因素,已日积月累,积重难返。台人不知底蕴,且怀有过高希望,以为一旦归返祖国,一切问题,即可迎刃而解,不知政府接收之后,承残破凋敝之余,重以财力与交通之困难,技术人员补充之不易,战时被毁之极少数工厂,限于人力财力,短期中事实上无法恢复。又因战后各地物价继续上涨,台湾一般物价虽较平稳,但亦不能幸免,因之人民生活,不无稍感痛苦。于是奸党乱徒,故作挑拨离间之宣传,事事与日本时代比较,曲解事实,批评政府,使极少数之无知浅视者发生欲望。关于专卖及贸易制度,于日本治台时,已实施无碍。光复后政府继续办理,并改善其制度,而一部份自私台商,以为政府夺取彼等之利益,时时利用舆论力量,鼓吹撤销,且复从中多方阻碍破坏,以为专卖及贸易政策撤销后,即可福国利民,殊不知绝大多数之人民,对于专卖及贸易政策,向表竭诚拥护,证之此次事变中"二·二八事件处理委员会"首先要求撤销专卖贸易两局,翌日又宣称此非人民之要求,自动撤销其主张,即可概见。

二、近因。上述为光复年余以来,承日本统治之遗毒,奸党浪人之串合暗中酝酿,进而秘密组织,彼等为达夺取政权之野心,无时不在制造事件,以企图借口罢工罢课,造成暴动。矧台湾自国军离省之后,彼辈以为国防空虚,益增其伺机蠢动之野心,下列各点可即窥出彼等阴谋,实为此次事变之近因。

1. 经济风潮之刺激波动:二月间上海美钞及黄金风潮发生后,各地物价飞涨,台湾自不能例外。政府为平抑物价,安定民生,除禁止黄金买卖外,对于平抑粮价,亦采取紧急措施:一面拨发公粮实行平粜,一面清查大户囤粮,严加取缔。一般大地主及粮商,遂怨谤丛生,惟恐天下不乱,以图幸免处分。专卖局查缉员警误伤人命时,彼等即中奸党及阴谋份子之煽惑,随声附和,认为良机不再,暗中嗾使流氓扩大事态,以乱政府取缔囤粮之步骤。同时就奸党自身言,自拒绝中央和谈以后,先后于鲁中、东北对我发动总攻势,彼等拟以台湾为策应起见,曾预定于北平美军强奸女生及黄金风潮波及本省之两时期中开始暴动,嗣因力量不足,由其嗾使,发动小规模之反美示威游行外,即又在嘉义等处发动学生罢课风潮,另一方面发动铁路汽车员工以要求改善待遇为借词,进行同时间罢工□假而演进为此次有计划暴动阴谋之起点。

2. 特殊阶级之阴怀怨恨:本省日产房屋,在接受初期多为台人占住,此次政府为统筹处理日产,拟予标卖,以杜流弊。讵占住之台人,不明政府意旨,以为有碍彼等之权利。奸党分子又从而煽动秘密组织所谓房屋委员会,企图阻碍政府标售房屋之进行。当时虽经政府解释止息,但人民心理简单,稍有机会,即启发其骄纵之心理。此外尚有日治时代日人农、工、商业之中间剥削分子,所谓"仲卖人"者,光复后,情势变迁,失所凭藉,不免佗傺失意,抑以政府接收日人之公私土地,过去均由日人利用彼等为爪牙,转租佃农,任其居间剥削,此次政府决定将此大量之日人公私土地,收回直接放租自耕农户,组织合作农场,取消中间者之剥削,以改善绝大多数之农民生活。彼等自知已攫取之利益,势将丧失,怨望因之益深,亦为此暴动导引原因之一。

3. 不法份子之勾结蠢动:上月政府大赦,台湾赦释人犯数达千人,其中各地流氓地痞为数不少,彼等恶性未除,寻衅滋事,习以为常,亦最易为奸党所利用。尚有过去被日人征召出省服役之青年,自政府接运归台,多不安于农耕生活,且久受日人训练,残忍成性。当日本投降时,南洋及海南岛之国人,以彼辈过去为虎作伥,甘为日人爪牙,辄加鄙视,彼等怀恨在心,遇有机会,即发泄其仇恨报复积愤。加以奸党之鼓动利用,其势益张,实为此次暴动发生之重要引力。

三、暴动经过

一、暴动之发端及蔓延

台湾人民积五十一年日本统治时代种种之遗毒,奸党秘密活跃之积极,地方恶势力潜伏蕴藏之普遍,既如上述,故反抗政府,叛背国家之阴谋,实蓄之已久,遇有事端,即可随时暴发。此次暴乱启始,原属细故。先是专卖局据报,有载运大批私烟之船只一艘,自省外驶台，拟在淡水起货，即派员往查，则仅见空船停溜，货已卸运。至一月二十七日下午七时半左右，在延平路一带摊贩上发现私烟堆积累累，当由该局缉私人员叶德根等六人，会同警察大队警员四人，乘卡车一辆，前往取缔。于天马茶房附近与女烟贩林江迈发生争执，当地流氓遂乘机煽动，以乱石围击，伤及该女头部，由随行警员护送附近医院治疗，另二警员正在维护秩序，亦被乱石击伤，时群众愈聚愈多，奸党流氓煽惑亦愈激烈，欲将专卖局查缉人员，加以围殴，查缉人员见势不佳，乃且行且奔，冀免毒手。讵暴徒群众仍起追赶，至永乐町永乐戏园时，查缉人员以情势危急，其中一人迫于自卫，鸣枪示威，原意吓止追赶群众，不料误伤行人陈文溪，寻即毙命。暴徒遂乘机焚毁缉私人员所乘之卡车，其时宪警已出动维持治安，并将躲逸之查缉人员押送宪兵队。奸党暴徒又拥至市警局及宪兵队，要求交出凶手，当街枪毙。虽经宪警负责人，百般劝慰，并允将肇事人员，应依法由司法讯办，无如奸党暴徒等视为暴动时机已至，遂借口要求目的未达，沿街打锣召号，尽情鼓噪，彻夜纷扰，迄未稍息。

二月廿八日上午九时，奸党暴徒借题寻衅，竟又沿街打锣，煽动市民罢工罢市，延平路警察派出所员警上前劝阻，竟加抗拒，并加殴打，且捣毁该所窗户器具杂物。十时许奸党暴徒率领流氓千余人，拥至专卖局台北分局，当场殴毙外省职员两人，伤四人，劫掠所有烟酒等专卖物品及汽车、脚踏车等物，纵火焚烧，火光烛天，至翌日尚未全熄，宪警无法制止。十一时左右复至南门包围专卖局，幸宪警闻讯，事先戒备未被捣毁，惟该局俱乐部及一部份宿舍之器具，劫毁一空。同时在荣町一带之新台公司、正华旅社等机关商店，亦被捣乱焚毁，至此暴徒如中疯狂，恣情肆虐，竟高呼"打死中国人"（即指外省籍人）之口号，于是无论通街僻巷，公私场所，瞥见外省人，即行狙击凌辱，台籍妇孺亦盲从附和，见有外省人，即以击掌为暗号，预伏室内之暴徒，即闻声出打。新竹县长朱文柏是日适由县来省,途中被架殴打,且失踪数日,其最残忍者,有将妇女裸体殴打,摔死小孩之事。台北市外省人之惨遭伤亡者,详数待查,但当在千人左右。迄至下午二时奸党暴徒,自台北专卖分局趋至广播电台,以暴力占领,向全省广播煽动人心。另分一队以锣鼓为前导,持枪乘车,冲袭长官公署,声势汹涌,于长官正觅译人员,准备出见前一二分钟,暴徒竟冲袭公署大门,卫士加以阻挡,彼等即围劫其枪,并开枪击伤卫士一名,卫士乃被迫亦开枪示威弹压,始将暴民驱散。暴徒分散后,仍到处殴杀捣乱,以造成恐怖紊乱之局面。省警备总司令部,见暴徒范围迅速扩大,为维持治安,乃宣布临时戒严。

三月一日,奸党暴徒捣毁机关及外省人经营之商店,冲入外省公务员之住宅,殴杀劫掠,及集众暴动之事,仍不断发生。此时奸党及阴谋分子,见恶计已遂,提出所谓政治改革之要求,以煽惑民众,一般野心份子,从而附和,事态益见扩大。是日到处发现"民主联盟"、"台湾青年团"等名义之宣言传单,攻击政府,挑拨官民感情。政府虽容忍宽大,宣布解除临时戒严,禁止军警开枪,抚恤死伤家属,而奸党阴谋野心份子之企图,固不在此,故暴动事件仍未稍戢。彼等乘政府解除戒严之际,即派遣暴徒,分别乘车南下,潜赴各县市煽惑民众,并领导当地流氓发动暴动。新竹县密迩省会,首遭波及,即于三月一日晚,暴动开始。二日台中县及台南、台中、嘉义等市亦开始暴动。三日高雄、彰化两市暴动。四、六两日南部奸党数十人又赴台东、花莲煽动暴动。其他如台北、台南等县亦均有暴徒劫掠仓库,及殴打外省人之事。其间以台中、嘉义两地情形最为严重,台北市为省会所在地,尤为危急。

三月七日奸党暴徒提出叛乱主张后,复继之以暴力行动。八日下午十时二十五分,暴徒百余,乘卡车数辆分向警备总部、长官公署、警务处、台北市警察局、警察大队、南区宪兵队等处袭扰,经军宪击退,彻夜枪声,全市形同战时前线。九日上午十一时暴徒四百余,围攻水道町电台,与我驻在该处之守军一班发生战斗,情势危急,经派队驰援,于后四时将其击退,计毙暴徒三名,俘十三名。下午六时辎汽廿一团于圆山附近擒暴徒二十余,同时据报暴徒企图毁坏台北市自来水总设备,以绝水源,并唆使高山人民由新店方面进袭市区,企图攻陷公署,俘质全部公教人员,此种大举暴动,其步步进迫,严重已达极点,警备总部为维护治安,不得不实施紧急措施,乃于九日六时起再度宣布戒严。严密军事部署,强力继续搜索匪类,镇压乱党,全市人心乃告安定。

二、非法组织之产生及其发展

此次暴动实际上纯属少数奸党暴徒之阴谋叛逆,故暴动开始以后,阳则要求政治改革,阴则唆使暴徒抢劫军械,袭击军警行政机关及国防要塞,并公然接收机关,以暴力胁迫交通员工罢工,冀达其叛逆之目的。其资为号召之机关,即为"二·二八事件处理委员会",彼等利用此组织,发号施令,俨然为另一政府。同时又联络其他份子复杂及思想向不健全之团体,以助长其声势,而又互相勾结,争逐争雄,于是事态益见扩大,阴谋亦随之暴露。

台湾过去社会复杂情形,于上述远因近因中,已概略分析。此辈奸恶份子,当此暴动事件,既已发端,遂获得各献身手之机会。兹就处理委员会酝酿时期各种非法团体及阴谋分子之活动情形,分述如左:

就非法团体言,大别之约分为四:一、为"台湾共产党",首领为谢雪红、林日高、杨克培、杨克煌、张道福、潘钦信、苏新、王万得、林兑等,分为A、B、C三集团,A集团在台中,B集团在台南、嘉义,C集团在台北,外围组织,为"人民协会"及"民主同盟"等。二、为"民众党",该党早于日本治台时代即已成立,以前首领为蒋渭水,蒋死后,其弟蒋渭川继之,重要首领为吕伯雄、骆水源、张晴川等。渠等思想怪诞,行动卑污,其所吸收份子,多系地痞流氓,日以图谋不轨为宗旨。三、为"民主同盟",此系"共产党"之外围组织,情形与"共产党"同。四、为"台湾政治建设协会"系成立于本省光复之后,初为"台湾民众协会"后改今名,以张邦杰、蒋渭川等为首领,其中重要份子,多为民众党首要。活动地区,以台北为中心,各地均有分会组织。就各派活动情形言,当以共产党及其外围组织"民主同盟"份子,为此次事件策动之要角,而阴谋份子及附从奸党分子如台湾政治建设协会首要蒋渭川、吕伯雄等,日本时代"御用绅士"现任省参议员颜钦贤、王添灯等,亦为此次暴动之要角。其他附从者,则有失意之政客文氓,少数之奸商地主,过去曾为中间剥削之"仲卖人",现在强占日产之恶霸者。至盲目附从,而直接参加暴乱行为者,则有一部份自海南岛及东北、南洋一带归来之退伍军人,以白成枝为首领,自闽、粤一带归来之浪民及潜伏境内各地地痞流氓,及大赦释放之罪犯。

以上各种非法组织及活动份子,或原属隐伏潜藏,秘密活动,或以各种假面具,借资掩饰。自事变起后,为号召及活动便利,遂均以处理委员会为护符,该会因愈趋愈下,而日有非法乱纪之行动。

先是暴动初起,台北市参议会曾邀请国大代表、国民参议员及省参议员等,组织缉烟血案调查委员会,于三月一日向长官建议组织"二·二八事件官长处理委员会",商讨善后事宜之处置。长官为谋秩序早定,当经允许,并派民政处长周一鹗、警务处长胡福相、农林处长赵连芳、工矿处长包可永、交通处长任显群等五人,代表公署参加。三月三日该会首次开会,公署五代表前往参加,商定军队于是日下午六时撤回军营,地方治安由宪警学生组织治安服务队维持,交通于六时起全部恢复,拨出军粮,供应民食等项,同时该会提出无理要求,主张解散警察大队,已越常轨。一面设置治安组,成立忠义服务队,维持市内治安,但打人劫物,仍未停止。

处理委员会之性质,原为容纳民意,商讨"二·二八事件"发生后有关恤死救伤等善后事宜,讵该会成立以后,对此毫不商议,反进行种种越轨行为。其后,该会即摈弃政府所派五代表,而自演变为一非法团体,从事叛乱行动,继续开会(政府代表已无法参加),

决议加强机构,通告全省各县、市成立分会,并推派代表,参加该会,借资扩大范围。决议凡政府发布新闻,采购粮食,须经该会证明,并提取商工银行二千万元,以为购米资金。对台中等地暴徒之占领各机关,公然宣称接收完竣,叛乱阴谋,已极昭彰。是日该会又在省垣威胁、煽惑青年,举行大会,征求参加维持治安工作。而台湾省政治建设协会总务组长蒋渭川更在广播电台煽动全岛青年,成立所谓"台湾省自治青年同盟",反动形势,益见发展。

三月五日处理委员会之活动,益见扩展,各县、市分会已相继成立,该会更订定组织大纲,标榜团结全省人民,改革政治为宗旨,下设处理政务两局,及治安、调查、交通、粮食、财务、计划、交涉等组,并请公署拨款五千万元为该会经费,拟派委员四名,向中央请愿。准备于三月十五日以前,由该会政务局负责改组长官公署。

处理委员会逾越常轨,演变而为非法反动之集团,至为明显。于是在该会卵翼下之另一组织所谓"台湾省自治青年同盟"于三月五日公然非法成立,以"高度自治"为号召,即于是日开始登记台籍陆海军人员编组区队中队,以维治安为借口,到处搜索枪枝,骚扰里间,其准备以武力叛国之阴谋,已昭然若揭。各县、市暴徒流氓,纷起响应,劫夺仓库,收缴枪械,接收机关之事,日有所闻,奸党阴谋狡计,竟获大逞。

三月六日处理委员会,正式选出常务委员,发表告全国同胞书,准备派员监理台湾银行业务,强迫商民捐款,借克经费,如大有物产公司,被勒捐五十万元。自治青年同盟亦召开干部会议,审议章程,推选部长,市内商店虽多复市,学校亦有开课者,一般情形,表面似较安定,而实际则日渐紧张,谣诼纷传,人心惶惑。

以外各党派在各地活动组织之团体,尚有所谓"学生自治同盟"、"海南岛归台者同盟"、"学生联盟"、"兴台同志会"、"警政改革新同盟"、"台湾省青年复兴同志会"类皆为奸党扯线之外围组织,用助声势,而更诱惑浅识青年,供其利用,而武装部队,则有所谓

"台中市作战本部"、"嘉义市作战本部"、"台湾自治联军"等。事态至此,暴乱阴谋,愈见露骨,有不可收拾之慨。但是项组织,既为奸党野心家视为政治活动之武器,徒具虚名,内容空洞,从无真正学生青年及农工群众参加,故毫无实际。

三、叛乱阴谋之暴露及其目的

此次暴动既由奸党。暴徒主谋指使,故利用机会,以要求改革政治为烟幕,进而逐步发表其叛乱之言论,由所谓"高度自治"而变为叛背国家脱离祖国之独立主张,其阴谋毒计,至是真相毕露,就其发展之步骤,可析述如下:

1. 初期之要求

自二月二十八日暴动起后,台北市参议会曾于三月一日邀同国大代表等向公署要求解除戒严,释放被捕暴徒,禁止军警开枪,官民共同组织处理委员会,及请长官对民众广播等五点,政府以上项要求,旨在迅谋恢复秩序,安定人心,尚属合理,当即全部接受,并对查缉私烟误伤之人民,予以医治抚恤,开枪之查缉人员,移送法院讯办,参加暴动之市民,准由邻里长及家长保释,并由长官剀切广播,晓谕人民,此不幸事件,经此处理,自可告一段落。讵奸党乘机煽惑,少数野心份子,从而附和操纵,各种非法悖理之要求遂步步紧逼,相继而求。

2. 篡夺警卫之诡计

政府于三月一日宣布解除戒严,原期恢复秩序,静候善后处理,而暴徒莠民在此期间,仍到处滋扰,政府为维持治安,不能不分派警察巡逻,但若辈又以此为借口,一面在处理委员会下成立治安组,组织所谓忠义服务队,到处搜索枪械,征召海南岛及南洋、东北一带返台之退伍军人及青年,参加该队,以维持治安为号召,实则进行夺取警卫,加强武装之诡谋,以增加其对政府威胁之力量,一面公然提出撤销警察大队之要求,希冀解除政府警卫之武装。故戒严解除后,处理委员会又要求警察巡逻车武器只能放于车内,枪口不能对外,显系妄加干涉,无理要求。关于参加暴动之市民,政府已允释放,又要求不必经由邻里长担保。长官为求人心早定,秩序早复,因作更宽大之措置,于二日下午再度广播,宣示下列四点:一、参加暴动者不加追究。二、参加暴动被捕者,准予释放,不必具保。三、伤亡者不分省籍,均予治疗抚恤。四、处理善后之委员会可参加各界人民代表。

3. 所谓改革政治之要求

处理委员会扩大改组后,份子复杂,主张纷歧,越轨非法,益见明显。自三月一日以来,各地暴动,陆续发生,非法团体,相继成立,到处散发传单,张贴标语,纷纷提出非法悖理之口号及主张,如"打倒国民党十八年一党专政"、"建立台湾民主自治政府"、"建立台湾民主自卫军"等,公然以台湾独立,自外祖国为宣传目标,叛逆迹象逐渐暴露。处理委员会在此期间,又推派代表向长官提出所谓政治政策之要求,而所谓自治青年同盟,亦宣布纲领,要求"建设高度自治",提早实施省长及县、市长民选,民主联盟等不法团体,亦宣传取销长官公署制度,反对专卖贸易政策,怪诞悖谬,不一而足。长官认为改善政治,原为人民合理要求,在合法范围以内,自可商酌,因于六日下午,又对民众作第三次广播,宣示下列三点:(1)行政机关已考虑将行政长官公署改为省政府,向中央请示,一经中央核准,即可实行改组,改组时省政府之委员各厅、处长,尽量登用本省人。(2)县、市行政机关预定在预备手续完成的条件之下,县、市长定期民选,未民选前,不称职之县、市长,政府可免职,由当地民意机关选候选人三人,报请长官圈定一人充任县、市长。(3)行政改革,在省一方面俟省政府改组以后,由其决定,县、市方面,俟县、市长调整后,由其负责,同时又致电各县、市参议会,对于现任县、市长,认为不称职者,迅于文到三日内,推荐人选三人,报请圈定。政府对于人民凡属合理合法之要求,可谓已尽最大限量之容纳,而人民对于改善政治之期望,亦可谓已全部达到,此次暴动事件,如谓改革政治之要求,为连带发生原因之一,至此应感满意,而获得解放之途径,使事态平复,秩序安定。讵知奸党及阴谋份子之企图尚不止此,所谓改革政治之要求。仅为骗取善良人民之一种幌子而已,故政府虽一再宽大容忍,而暴动发生,仍未停止。

4. 叛逆主张之暴露

奸党及阴谋份子既以政府一再容忍,表示接纳民意,深恐事态从此平静,不能达其目的,乃于三月七日提出所谓处理纲要,分目前处理及根本处理两部份,共四十二条(对于目前的处理七条,根本处理军事方面三条,政治方面三十二条)。公然主张撤销台湾省警备总司令部,反对国军驻台,陆海空军应由台人充任,释放战犯汉奸等,其叛背国家,反抗中央之阴谋。至此大白天下,使人了然。此次暴动之真正原因,乃实为奸党及阴谋份子所一手造成。故不惜用种种手段,驱使无辜良民陷入恐怖惨痛之局面,其恶毒罪行,实堪发指,兹附录该处理纲要如次:

1. 对于目前的处理

一、政府在各地之武装部队,应自动下令暂时解除武装,武器交由各地处理委员会及宪兵队共同保管,以免继续发生流血冲突事件。

二、政府武装部队解除后,地方之治安,由宪兵与武装之警察及民众组织共同负担。

三、各地若无武装部队威胁之时,绝对不应有武装械斗行动,对贪污吏不论其为本省人或外省人,亦只应检举转请处理委员会协同宪警拘拿,依法严办,不应加害而惹出是非。

四、对于政治改革意见可条举要求条件,向省处理委员会提出,以候全盘解决。

五、政府切勿再移动兵力或向中央请遣兵力,企图以武力解决事件,致发生更惨重之流血,而受国际干涉。

六、在政治问题未根本解决之前。政府之一切施策(不论军事、政治)须先与处理委员会接洽。以免人民怀疑政府诚意,发生种种误会。

七、对于此次事件不应向民间追究责任者,将来亦不得假借任何口实拘捕此次事件之关系者,对因此次事件而死伤之人民应从优抚恤。

2. 根本处理

甲、军事方面

一、缺乏教育和训练之军队,绝对不可使驻台湾。

二、中央可派员在台征兵守台。

三、在内陆之内战未终息以前,除以守卫台湾为目的之外,绝对反对在台湾征兵,以免台湾陷入内战旋涡。

乙、政治方面

一、制定省自治法为本省政治最高规范,以便实现国父建国大纲之理想。

二、县、市长于本年六月以前实施民选,县、市参议会同时改选。

三、省各处长人选应经省参议会(改选后之省议会)之同意,省参议会应于本年六月以前改选,目前其人选由长官提出交由省处理委员会审议。

四、省各处长三分之二以上,须由在本省居住十年以上者担任之(最好秘书长、民政、财政、工矿、农林、教育、警务等处长应该如是)。

五、警务处长及各县、市警察局长,应由本省人担任,省警察大队及铁道工矿等警察即刻废止。

六、法制委员会委员,须半数以上,由本省人充任,主任委员由委员互选。

七、除警察机关之外,不得逮捕人犯。

八、宪兵除军队之犯人外,不得逮捕人犯。

九、禁止带有政治性之逮捕拘禁。

十、非武装之集会结社绝对自由。

十一、言论出版罢工绝对自由,废止新闻纸发行申请登记制度。

十二、即废止人民团体组织条例。

十三、废止民意机关候选人检核办法。

十四、改正各级民意机关选举办法。

十五、实行所得统一累进税,除奢侈品税、相续税外,不得征收任何杂税。

十六、一切公营事业之主管人,由本省人担任。

十七、设置民选之公营事业监察委员会,日产处理应委任省政府全权处理,各接收工厂矿应置经营委员会,委员须过半数由本省人充任之。

十八、撤销专卖局,生活必需品,实施配给制度。

十九、撤销贸易局。

二十、撤销宣传委员会。

二十一、各地方法院院长,各地方法院首席检察官,全部以本省人充任。

二十二、各法院推事,检察官以下司法人员各半数以上省民充任。

二十三、本省陆海空军应尽量采用本省人。

二十四、台湾行政长官公署应改为省政府制度,但未得中央核准前,皆由二·二八处理委员会之政务局负责改组,用普选公正贤达人士充任。

二十五、处理委员会政务局,应于三月十五日以前成立,其产生方法,由各乡镇区代表选举候选人一名,然后再由该县、市辖参议会选举之,其名额如下:台北市二名,台北县三名,基隆市一名,新竹市一名,新竹县三名,台中市一名,台中县四名,彰化市一名,嘉义市一名,台南市一名,台南县四名,高雄市一名,高雄县三名,屏东市一名,澎湖县一名,花莲县一名,台东县一名,计三十名。

二十六、劳动营及其他不必要之机构废止或合并,应由处理委员会政务局检讨决定之。

二十七、日产处理事宜,应请准中央划归省政府自行清理。

二十八、警备司令部应撤销,以免军权滥用。

二十九、高山同胞之政治经济地位及应享之利益,应切实保障。

三十、本年六月一日起,实施劳动保护法。

三十一、本省人之战犯及汉奸被拘禁者,要求无条件即时释放。

三十二、送与中央食糖一十五万吨,要求中央依时估价,拨归台省。

四、暴乱纪略

此次暴乱发生,既为奸党及少数野心份子所主谋,则事态演变,实极错综复杂,如就其暴乱行为中加以调查分析,实不难窥出奸党叛国之毒辣阴谋。盖彼等系以有计划有组织之方式,以从事此次之暴动,初期要求改革政治,不过为欺骗人民及政府之烟幕。其处心积虑,满望于发动之后,先分化省内外国人之情感,使官民尖锐对立,继则胁迫交通员工罢工断绝交通,利用报纸广播,散布荒谬主张,摇动人心,淆乱国内外视听。并扩大事态,见之于行动。于是袭占机关,殴杀淫掠,抢夺军械,焚毁仓库,抽调壮丁,擅编部队,围攻要塞,强勒派款,堵击中央大员,谬倡托管,使增加国际上之纠纷,而遂其整个阴谋。故其暴乱经过,殆无一非共产党一向武装暴动颠覆政府篡夺政权之惯技,其叛国野心,实昭然若揭,固毋庸讳言。惟此次暴乱之地域,既遍布全省,时间又逾旬余,虽各地报告,纷至沓来,顾全面调查资料,一时尚难完整,其详确情形,自有待精密之调查。兹爰就已知部份,撮述一二,借以证明叛乱之真相,庶可举一反三,用概其余焉。

一、占据机关僭夺地方政权,奸党领导下之此次暴乱,其目的既在夺取政权,故对于各地方公共官舍、机关之袭占,实为其最主要之目标。以省垣而论,虽主要机关,如长官公署、警备总部,尚未被占领,但如广播电台、铁路管理委员会、警察派出所、电力公司、专卖局台北分局、新台公司、各报社、各学校以及邮电机关,均于二月二十八日起先后被强占接管。其中以台北专卖分局及新台公司全部被毁,损失尤为惨重。其他如新竹、台中两县政府,嘉义、台南、新竹、台中等市政府,均于二日被袭占。台北、高雄、台南三县政府及彰化、高雄两市政府,于三月三日陆续被占。屏东市政府于四月午被占领,而东部之花莲、台东两县政府,亦在奸匪煽惑下于三月四日六日先后被据。即孤立之澎湖岛,亦同时因奸党之煽惑,一度发生蠢动。此外如台北各县属之宜蓝、淡水、苏澳、海山、板桥,台南县属之斗六、虎尾、东石、嘉义、曾文、北港、新化,台中县属之南投等区署及警察所,均被占领或焚毁。各地广播电台,邮电机关暨学校、报社被强占者,更不胜枚举。凡此种种,证之"二·二八处理委员会"负责人王添灯公然广播称:"台中一切机关业已接管完竣"云云,足证彼等目的,系企图一举而占领全省各机关,夺取地方政府,直无可疑义。

二、抢夺军械围攻军警仓库

奸党在各地开始动乱,其第一步动作,系注意军械之抢夺。台北方面:奸党暴徒,迭次进袭军械供应站仓库,焚烧台北板桥仓库,板桥镇林宗贤佯称保护林家花园,公开收容流氓、地痞六十余人,麇集林本源花园,竟于三日盗取陆军仓库物资达台币三亿元,同时抢去长短枪三十余杆,机枪三架。又新竹市宪兵之被枪伤,新竹县警察人员枪枝之被缴卸,台南市警察机关枪枝百余杆及自动步枪之被抢,台中市、县员警之悉数被俘缴械,台南县区警察所枪枝、车辆之被夺,高雄火车站宪兵之被包围,屏东市警局区署及制糖厂之武器暨该市农业学校学生训练用之轻机关枪等,扫数被缴,至三月三日驻嘉义、屏东国军之被奸党连续攻击,六日台中第三机厂之被占领,皆为确证。三月八日晚台北奸匪又分两路攻击供应局仓库、警备总司令部、陆军医院、长官公署、警务处、圆山据点、台湾银行等处，叛乱行动，至此已彰彰明甚。此外各地被攻袭抢劫之仓库，更为普遍重大，如新店被服仓库、海军之士林新店仓库、屏东五十九粮库、桃园八块子机场仓库、高雄五十九号仓库、高雄前镇仓库、台中军械库六处、白川军需仓库、嘉义机场仓库及红毛牌等仓库五处，均被抢劫……。其中尤以空军嘉义油弹库损失最巨（初步统计，机枪约三十四挺，步枪约二千七百余枝，手枪约九百八十枝，步枪弹药五十三万零七百四十发）。

三、殴杀奸淫污辱公教人员及眷属

奸党在暴乱期中，不但挑拨离间分化本省人与外省人之感情，且复进行仇视殴杀。仅就台北市而论，外省公教人员被奸党暴徒殴打死伤失踪者，计九百余人。他如在轮船、火车、汽车途中被殴死、伤人数更不胜枚举。如中央大员杨监察使亮功于由基到北途经五堵，突被奸党暴徒拦击，伤随员卫士各一人，幸获宪兵护卫得力，方得脱险，其目无中央可以概见。至在各县、市服务之外省公教人员，除被殴死伤外，尚有遭受强迫集中者。据各方报告：如台中外省军公教人员及家属均一律被拘，分羁于民众旅社、第八部队仓库、师范学校、市参议会、法院监狱等处，视同俘囚。又嘉义市外省公教人员被繁者一千四百余人，高雄市亦有七百余人，屏东制糖全体外省籍员工，及屏东之中山旅舍外省人二十五人，亦均遭拘押，且衣服财物多被洗劫一空。进而奸淫侮辱，穷凶极恶，无以复加。如据新竹县报告：该县警局官舍有一公务员眷属，受奸党暴徒之胁迫，自缢身死，其旁有小孩两口尚哀啼不去。忠烈祠后山缢死外省公务员女眷四人，大溪镇国民学校女教员被暴徒轮奸，经高山族女参议员李月娇救护脱险，并闻此人已羞愤自杀。台北市南门市场，亦有一外省女性，被强奸惨杀，类此惨痛情形，不一而足。

四、抽调壮丁擅自编立部队

此次暴动中，以日本时代退役之军人，受奸党利用为甚，彼等于暴动开始,由奸党煽动陆续组织武装部队,名称繁多,有所谓:"台湾省青年复兴同志会"、"警政改革新同盟"、"台湾自治青年同盟"、"海南岛归台者同盟"、"若樱敢死队"(系曾受日本自杀潜艇训练决死队员)、"暗杀团"、"忠义队"、"台中自治军司令部"、"嘉义作战指挥部"、"屏东突击部队"、"高雄指挥部"、"台湾自治联军"、"台东义勇队"……等等,彼等即借此种名义,以为号召,进行其台湾全面之总叛乱。台北方面于暴动初期,所谓处委会之负责人,迭次于广播中发号施令,征召日本时代退役军人、军属、技工人员,分别集合,图谋大举,并于三月五日起在老松国民学校及太平国民学校等处,登记原在日本服役之海陆军人员,计一千九百余人,以白成枝为首领,每日集中训练,摩拳擦掌,准备与国军作殊死战。台中方面:共党首领谢雪红,煽动流氓地痞及少数青年学生,计有千余人,自称"自治军",并组织有台湾青年复兴同志会台中分会,互相策应,声势颇为浩大。彼等并私造关防印信,发表命令,无恶不作。高雄方面:设伪总指挥部于第一中学,总指挥涂光明,及主犯范沧榕、曾丰明等,曾率暴徒万余人,围攻高雄要塞及一○五后勤医院。花莲方面:由奸党主使海外退役军人及流氓地痞,组织"暗杀团"。台南方面:奸党组织"台湾自治联军"计辖三支队,第一、三两支队,在北营新港一带,第二支队在朴子青年旅社及青年食堂,两股匪徒,约三百余人,机枪六挺,步枪三百余枝,手枪四十余枝,卡车六辆。屏东市之"突击队部",设于屏东市中央旅社,曾向农业职业学校劫去学生练习用之轻机关枪六挺,持有"海外""海军""陆军"等旗帜。使用旗语指挥伪军,连续向屏东之空军及宪兵进击,并要胁如不缴械,寸草不留。又台北及台中方面之奸党学生强迫每户派出一丁,参加训练,暨所谓"处理大纲"中所列之"解除军权"要胁政府,至此叛国变乱,更为显著暴露。

五、煽动台籍警察响应叛乱

奸党祸乱阴谋,既如是蔓延扩大,于武力方面,又利用一部份意识不坚定之本省籍警察,以响应其叛乱,除对各地警察所围攻,予以缴械外,又多方压迫本省籍警察之家属,要胁警察离开岗位,参加奸党暴动。故事变中有若干警察竟被迫不敢抵抗,甚有携械而逃。于是奸党每冒穿警服,乘虚袭击零星之军宪警,以逞其化整为零狙击之伎俩。至于高山同胞方面:奸党原亦多方煽诱下山参加暴乱。如桃园方面:当事态严重时,即有少数高山同胞出现,又台中、台南、屏东亦均有同样情形,但彼辈甫行参加,已发觉被奸党利用,于是憬然觉悟,退返高山,其中富有正义感者,且热烈以群力保护地方政府,然后率众回山。例如台东方面:县区政府人员,即受高山同胞之保护,进而压服奸党之蠢动。台南方面,原有高山同胞八十余人下山,因受该县县长之感召,即表示诚恳接受政府意旨,拒绝参加暴乱,其深明大义,实堪嘉尚。

六、围攻要塞滋扰国防重地

奸党暴徒之蓄谋叛国,其另一最显著之事实,厥为围攻要塞,滋扰国防重地,如基隆要塞司令部于二月二十八日三月九日两次被袭,官兵伤者廿员,失踪者二名,被劫去枪七支。三月五日高雄要塞司令部被伪军涂光明等率众万余剧烈围攻,幸防卫严密,卒予击退。他如二月二十八日汐止公路运兵车之被拦击,死上尉连副一员,伤士兵二名,三月一日桃园八块子机场仓库被劫,三月三日嘉义飞机场被奸党"自治军"围攻,激战极烈。三月四日南方澳一〇五后方医院及海军船艇器材库之被劫,三月六日台北北投汽车兵团之被抢去汽车及轮胎等件,接踵而来。而三月七、八、九数日间,台北陆军医院、供应局、警备总部、长官公署、圆山据点、总部电台……等机要地带,均有奸党暴徒大队来袭,但迭被击溃,凡兹种种,皆为暴徒以武力遂行其夺取国防要地之实证。

七、强行派款抽捐扰乱金融

所谓"二·二八处理委员会"既为一般奸党及少数野心家所操纵,故其所议,乃不在抚生恤死,处理地方善后,反假借名义,滥向商户强行派款,勒抽税捐,借充叛乱费用。一般商民有被谬词所惑,有则迫于威胁,莫敢谁何,善良人民,对于强派捐税,稍不如意,即惨受杀戮。故台北一隅,在一日间,人民被勒索者竟达数千万元,同时并向政府要求拨给该会经费五千万元。又以处理委员会名义,监理台湾银行业务,其后并企图以强力接收台湾银行,以达其控制财政,扰乱金融之目的,以致全省人心,陷于极度不安之状态。

八、谬作主张妄倡国际托管

奸党既泯灭国家民族观念,其对于国族利害,直置之罔顾,不仅高唱所谓"高度自治",且谬作主张,希望台湾付之国际托管,其彰明例证,如在传单上竟诋毁称"中国人在人类上之毫无价值,是世界周知的事实,说谎、贪污、利己等成为中国五千年来历史的污点……"而称马歇尔调解失败,断定中国为无可救药,竟然主张"台湾毅然成为联合国管理之下",是其希望脱离中国而由国际托管之阴谋,昭然若揭。不宁唯是,彼等于荒谬主张之后,更继之以行动,迭向驻台美领馆请求将以上荒谬主张,电告世界,此种自甘出卖国家民族利益之行为,其贻羞国际,腾笑万邦,丧心病狂,实与汉奸卖国,毫无二致。

五、官民死伤人数及处理情形

此次暴乱,骚动全省,殴杀残害,惨烈逾恒,在暴乱期间,官民死伤损失情形,已如上述,其详细数字,正分别调查,兹就台北市各机关公私损失调查,截至三月二十二日之统计,公教人员共死亡者三十三人,受伤者八百六十六人,失踪者七人,公物损失价值,约台币一亿二千零二十六万一千二百九十七元,私人损失约台币一亿五千一百六十二万八千六百十六元,(详见附表甲)人民之伤亡损失,调查资料,尚未汇齐,兹就截至三月二十二日台北市之统计,共死亡者七人,受伤者四十四人,失踪者一人,财产损失约台币五千六百零二万三千八百零六元(详见附表乙)。

其他各县、市死伤官吏及人民数字,因事变初平,各县、市政府赶办善后,抚辑流亡,工作至为繁剧,现在正饬查之中,容俟汇案呈报。

至人民死伤数字,因散处各地与各公务员之能以各机关为调查对象者,情形不同,为求详确起见,已由主管机关逐户调查,俟有结果,另行呈报。

关于死伤官吏及人民之处理,经于三月一日拨给死者市民陈文溪家属抚恤台币二十万元,伤者市民林江迈台币五万元,以示救济。公务员部份已订定"台湾行政长官公署所属各机关公教人员因二·二八事变损害救济抚恤办法"公布施行,其他民众之损害救济,亦已配合调查工作,拟订划一办法。

六、协助省市县政府处理事变之出力人员

此次奸暴煽动变乱,波及全省,捣毁机关,冲入住宅,殴打外省籍人,不论路上车上,到处打人劫物,其尤甚者,围攻军事机关,淫杀外省籍妇女,仿效过去日寇在我沦陷区之残忍方式,盲目辱害外省籍人员,言之固可痛心,惟板荡之中,亦不乏风义之士,台民之间,救护藏匿外省籍人员者,在在皆是。尤以台中林献堂(国民参政员)台北市谢娥,花莲县南志信,台东郑品聪(均国大代表),台南市韩石泉,彰化市李崇礼(均省参议员)等,救护外省人员,保全公物,宣抚台民,协助处理事变,均能威武不屈,洵属可贵。

七、结论

此次奸党指使下之暴乱原因及经过,既如上述,吾人如就奸党整个阴谋加以分析,深悉此种有计划之叛乱行动,尚幸提早发生,及时遏止,不然此种毒素如任其暗中蔓延滋长,不加剖治,势将贻害国家地方,更不知伊于胡底。盖奸党深知台湾驻军较少,在此奸党进行全国总叛乱之时,自以此为其企图进行暴力占领之重要目标,希冀于东南国防之据点,开辟其新领域,此证之二十年来奸党之避重就轻,声东击西之阴谋,实无容疑义。幸"二·二八"暴乱发生后,赖军警之屹立不动,军政人员之沉着应付,国军之及时赴援,极大多数善良人民之一致醒觉,用能化险为夷,平定叛乱,实属不

幸中大幸。

顾自暴乱发生,外间谣传不一,重以国际间之幸灾乐祸者,每为奸党宣传所欺蒙,以为此次行动,系全台湾人民要求政治经济改革之表现,不知此纯为奸党及少数野心家之烟幕。盖暴乱期中奸党及野心份子,利用流氓地痞为工具,以暴力叛乱为手段,企图实现"建立台湾民主自治政府"及"建立台湾民主自卫军"之叛逆目的,其名称固有不一,而意义则与奸党建立之"延安边区政府"及名目繁杂之"解放军"实无二致。彼等以为利用少数之流氓地痞,可以控制并强奸极大多数善良人民之意志,而遂其叛国殃民之野心,殊不知被胁从之无知者,固曾一时盲动,及窥知彼少数奸党之行动,为叛国乱纪,莫不憬然觉悟其自身正为他人所利用,稍有良知者,无不翻然而返,似与事态之迅速戡平,大有助益。即在暴乱期中,实际发纵指使及参加行动者,除共产党及其勾结伙伴如日本时代之御用绅士、海外归来之退伍军人、无聊政客及文氓、流氓地痞及奸商地主外,实为数不多,且彼等早为省民所共弃,虽有一部份无知浅识乱徒,盲目附从,然亦仅居全省人口中之极大少数。至绝大多数之善良人民,对于政府一年来施政方针,咸表竭诚拥护,彼等对于奸党及少数野心家之煽动阴谋,知之甚详,而痛恨亦最深,即高山同胞,亦深明大义,虽有少数奸匪窜入山地,图谋再举,唯黔驴技穷,未为所动,绝大多数善良人民之不可能受其煽惑欺骗,自属显而易见。故暴乱期中各城市虽有骚动,而大多数乡村,仍安谧如常,工厂学校商店,虽遭受骚扰而不能照常进行,但大多数工厂学生及商民,绝少参加暴行。由是益足证明此次暴动,确为少数奸党乱徒阴谋份子之主使煽动。吾人惩前毖后,对奸党阴谋,既不可轻视,但亦毋庸过分恐怖其严重性,以自乱步骤。求其清本除源之道,自以掌握此绝大多数之善良人民,而在三民主义旗帜下,精诚团结,重新负荷建设新台湾之重任,前途光明乐观,亦意中事也。

至于过去政府因过分宽大,而予奸党以可乘之机会,又以社会恶势力之普遍,正义沦胥,是非不明,绝大多数善良人民之真正意见,尚被遮蔽于若干土豪劣绅之手,以及日本五十年奴化教育之遗毒,直接间接,所予新台湾建设之种种障碍,自当力求肃清,逐步改正,以奠定社会安全之基础,重谋人民光明幸福之生活,此则缕述此次不幸事件后,所应共有之惕励也。

兹编所述,因仓卒搜集资料,挂一漏万,在所难免,至各地详细情形及一般数字,容俟各县、市报告齐全之后,再当汇编详报。

〔监察院档案〕

3. 陈仪对台湾省二二八运动广播词及文告
(1947年3月1—26日)

(1)第一次广播词(3月1日)

陈长官第一次广播词

三十六年三月一日下午五时

台湾同胞:台北市在前天晚上廿七夜里,因查缉私烟误伤了人命。这件事我已经处置了,缉私烟误伤人命的人,已交法院严格讯办,处以适当的罪刑。一个被打伤的女人,伤势并不重,但我已经为她治疗,并给以安慰的钱。一个因伤死亡的人,我已经很厚的抚恤他了。这件事的处理,我想你们应可满意的。

昨天发生暴动的情形,人员有被打死的,房屋和物件有被烧毁的,损失很大。这实是一件很不幸的事情,政府为保护人民,维护秩序,不得不施行戒严。

今天省参议员、市参议员、国大代表、参政员等,请求我解除戒严。你们要晓得,戒严是结果,不是原因,因为有了暴动的原因,才有戒严的结果,如果暴动不再发生,戒严自无必要。参议员们的要求非常恳切,我已答应了他们,自今晚十二时起,解除戒严。不过解除戒严以后,必须维持地方秩序,社会安宁。集会游行,暂时停止。

罢工、罢课、罢市、殴人及其他妨碍公安的举动,不准发生。

至于昨天参加暴动而被逮捕的人,我晓得其中亦有胁从的,随声附和的。参议员们请求释放,我亦答应他们,但这批人里面,难免其中没有很坏的人,释放时,邻里长须负责具保。

还有一件事情,即是参议员们愿派代表与政府合组委员会,来处理这次暴动的事情,我也答应了。你们有什么意见可告诉委员会转达给我。

我知道大多数的台湾同胞,是守法而安分的,希望你们今后要信赖政府,与政府合作,自动自发的维持治安,严守秩序,恢复二十七日以前的情形。这是属于本省同胞的名誉,希望你们特别注意,切实实行。

(2) 第二次广播词(3月2日)

陈长官第二次广播词

三十六年三月二日下午三时

台湾同胞:关于这次事件的处置,我昨日已经广播过,你们都应该听到,明白我的意思了。我现在为了安定人心,迅速恢复秩序,作更宽大的措施,特再宣布几点处置办法:

(一)凡是参加此次事件之人民,政府念其冲动,缺乏理智,准予从宽,一律不加追究。

(二)因参与此事件,已被宪警拘捕之人民,准予释放,均送集宪兵团部,由其父兄或家族领回,不必由邻里长保释,以免手续麻烦。

(三)此次伤亡的人,不论公教人员与人民,不分本省人与外省人,伤者给以治疗,死者优予抚恤。

(四)此次事件如何善后,特设一处理委员会,这个委员会,除政府人员及参政员,参议员等外,并参加各界人民代表,俾可容纳多数人民的意见。

台湾同胞们：政府这样宽大的处置，大家应该可以放心了。我爱护台湾，我爱护台湾同胞，我希望我这次广播以后，大家立刻安下心来，赶快恢复二月二十七日以前的秩序，照常工作，经过这次事件，人民与政府，想更能和衷合作。达到精神团结的目的。

（3）第三次广播词（3月6日）
陈长官第三次广播词
三十六年三月六日下午八时三十分

台湾同胞：自从二月二十八日台北事件发生以后，我曾两次广播，宣布和平的解决办法。台北方面，这几天，经宪警及地方人士的共同努力，秩序已安定。曾经有过问题的各县、市，亦趋好转，想不久可恢复原状。不过各位所关心的，还有一个问题，就是如何改善政治的问题。但要改善政治，须先调整人事。关于这一点，我也考虑到。此刻特将我的意思，和你们开诚布公的说一说。

第一、省级行政机关，我已考虑将行政长官公署改为省政府，向中央请示。一经中央核准，即可实行改组，改组时，省政府的委员、各厅长或各处长要尽量任用本省人士。希望省参议会及其他可以代表民意的合法团体推举人格高尚，思想正确，能力卓越的本省适当人选，以便向中央推荐。

第二、县、市级行政机关，我已预定在预备手续能完成的条件之下，县、市长于七月一日民选。在本年六月三十日以前，须拟定选举法请中央核准。七月一日开始举行普遍直接的选举，选出各县、市长。至于县、市长未民选以前，现在县、市长之中，当地人民认为有不称职的，我可以将其免职。另由当地县、市会参议会（各合法团体要参加亦可以，可由当地人士协商决定。总之，希望能代表多数民意。）共同推举三名人选，由我圈定一人，充任县长、市长并负责办理民选县、市长的准备工作。人民认为称职的现任县、市长，则继续执行任务。

至于各种行政如何改革,在省一方面,俟政府改组以后,由其决定。在县、市方面,俟县、市长调整后,由他们负责。

政治问题,我已决定如此解决。但是目前最重要的,还是赶快恢复秩序。否则,奸党乘机捣乱,极易糜烂地方。今日下午还有坐着卡车在路上抢夺士兵枪枝的不法之徒。就是粮食问题,现亦日趋严重。现在因为秩序未定,米价黑市,听说已激涨至六十多元,一般人民大受影响,生活痛苦极了。又听说台湾大学学生已经吃了几天稀饭,我都非常关怀。你们要知道,目前的粮荒,完全是秩序不定造成的。要赶快解决粮荒,须赶快恢复秩序。

我听说因为奸党造谣惑众,致有同胞迁避的。我希望你们信赖政府,千万勿轻信谣言。中华民族最大的德性,就是宽大,不以怨报怨,我们对于本省自己的同胞,难道还会不发挥宽大的美德吗?我今天下午已经召集本市公教人员讲过话,要他们发挥我们中华民族宽大的德性,忘记这次悲痛的事件,与本省同胞,相亲相爱,精诚团结。

同胞们:政治问题解决的原则,我已经告诉你们,只要办法决定,即可实行。从今后,大家赶快镇定下来,协助政府,恢复秩序,解决粮食问题,准备改组省级政府,及民选各县、市长。言而有信,我的话完全负责。在这次沉痛的经历以后,希望政府人民,共同争取安定繁荣,愉快和平的生活!

(4) 第四次广播词(3月10日)

陈长官第四次广播词

三十六年三月十日上午十时

台湾同胞:今天我再宣布临时戒严。我此刻以十二分的诚意告诉最大多数的善良同胞,我的宣布戒严,完全为了保护你们,你们千万勿听奸人的谣言,有点疑惑,有点恐慌,对于守法的同胞,决不稍加伤害,你们千万放心。

我的再宣布戒严,完全为了对付绝少数的乱党叛徒。他们一天不消灭,善良的同胞,一天不得安宁。

"二·二八"事件发生后,我曾经广播过三次。关于缉私事件,伤人的查缉员,依法严办,伤亡人员,分别医疗抚恤,殴打人者不予追究,关于改善政治事项,长官公署可改组,尽量容纳本省人士,县、市长可民选,改善行政事项,将来可依法商定,这样多数同胞所希望的,所要求的,只要在合法的范围内,我几乎完全答应。无论如何,我以为从此即可完全恢复秩序平静无事了。

可是自从三月一日解除戒严以后,台北方面,抢夺军械,搜劫财物,以至袭击机关仓库的事,仍然不断发生,而且公然发表叛国言论。在各县、市亦发生劫夺枪械,拘捕公务员,包围行政机关事情。诸位同胞想一想,这一类行动,是不是合法?是不是应该?我想凡是善良的同胞,无论哪一位,都会知道这种行为是不法的叛乱行为了!

诸位同胞:"二·二八"事件发生后,你们所希望解决的是缉私伤人问题,是改善政治问题。可是绝少乱党叛徒,都假借这机会,乱造谣言,用挑拨离间欺骗恐吓的方法,以实行其叛乱的阴谋。八天以来,善良的人民,生活都很感痛苦。诸位,这种痛苦,都是乱党叛徒所造成的。政府为解除诸位的痛苦,不得不宣布戒严,以肃清为害同胞的乱党叛徒。这一点,希望诸位彻底了解。至于国军移驻台湾,完全为保护全省人民,消灭乱党叛徒,绝无其他用意。我台湾同胞当中,虽然有绝少数叛逆之徒,但大多数人民都是非常善良的,对这次被殴打的外省人,多方救护,这种义气,完全是一种同胞爱,我很为感动。我对善良的台湾同胞表示衷心的感谢。更希望善良的台胞们能鼓起勇气,发挥正义感,大家相亲相爱,建设新台湾。

以下各项为恢复秩序,维持治安的紧要措施,我在这里特地与你们说明,你们必须明白立刻实行。

(一)各交通机关,不论铁路公路,所有一切从业人员必须照常工作,不得规避。如有叛徒来加威胁,我必予以严厉制裁,你们不要害怕。

(二)工人须复工,商店须开门,一切人民必须回复生业。

(三)集会游行,严厉制止。

(四)不准用任何名义向人民捐款。

(五)一切物价,不准抬高。

(六)其他一切不法行为,我必严予制止。

最后,希望大家守法,重秩序!

(5)告民众书(3月10日)

陈兼总司令告民众书

三十六年三月十日

全省台湾同胞:此次"二·二八"事件发生,政府当时除将专卖局肇事人员解送法院,依法严惩,并分别抚恤伤亡外,对于因"二·二八"事件而引起之政治问题,政府亦由从民意,接收所提条件,意谓事变从此可告一段落。乃竟有少数阴谋份子,企图利用机会,夺取政权,背叛国家,从台北一隅开端,占据广播电台,歪曲事实,尽情喧染,鼓动民众暴动,风声所播,全省骚然。以致全省行政官吏或被挟持,或被殴辱,政府机关或被占领,或被捣毁,外省公务人员及经商来台者或被劫杀,或被伤残,惨毒所加,虽妇孺不能幸免,死伤之巨,既难数计,事变演成,史无前例。日来则变本加厉,愈变愈烈,言论行动,均置国纪民□于不顾,造成无政府状态以为快,更进而主张解除国军武装,撤销警备总部,势焰弥天,殆非使台湾自外中国而生存不可,报纸宣传,事实表现,均可按验。殊不知军队系整个国家武力,民族生存所托命,军权为宪法所赋予元首(即最高统帅),绝非任何人所能任意侵犯,今既公然主张解除国军武装,撤废军事机构,其为反叛中央,背叛国家,昭然若揭。

本部受命统帅驻台三军,警备台湾,社会之安宁秩序,人民之生命财产,敢亏职责。凡我全台同胞,应即深切了解斯意,自今起各安生业,各守本分,信赖政府,协助政府,遵照政府政治解决途径,共向建设三民主义新台湾之途迈进。倘或轻信谣言,徒逞意气,毁法坏纪,行动越轨,甘为二三野心份子所利用。本部为求安定地方,保护人民,以后遇有事变,只有行使职权,依法处理,不稍游移。希望全体台胞,父戒其子,兄勉其弟,以自治自爱,表现民主精神,以守法守身,寻求自由真谛。至于参加此次暴动份子,或被胁从,或系盲动,于法虽不可恕,论情自有可原,如不自外生成,再蹈法网,当予从宽免究,给予自新,特此宣告,其各知之。

(6)告全省民众书(3月26日)
陈兼总司令为实施清乡告全省民众书
三十六年三月二十六日

亲爱的台湾全省同胞们:这次由乱党叛徒所造成的暴动,使社会秩序一时陷于混乱,善良人民都蒙受有形无形的损失,回想起来,实在痛心。现幸国军抵达以后,乱党叛徒闻风匿散,社会秩序已经恢复。但政府为了保护善良人民,维持全省治安,彻底肃清恶人起见,决定施实清乡,使少数的乱党叛徒,无法匿避,再在暗中继续作扰乱治安,危害国家的阴谋。我们必须把这少数的乱党叛徒肃清了以后,善良的人民才能重过真正和平幸福的生活。

清乡的目的,是在确保治安。清乡的主要对象,是"武器"和"恶人"。凡是武器和恶人,都应该交给政府,由政府作合法的处理。

第一、交出武器:在这次暴动之中,乱党叛徒抢劫军械,致枪枝散失民间不少。大家要知道,武器乃是国家的力量,人民是绝对不能私藏的,如果私藏武器,就是犯法的行为,所以因这次暴动而散失在民间的武器,不论长短枪枝、弹药、机炮及倭刀等等,都应该自动的交给政府。过去日本占据时代,民众交枪献枪,是有危险的,要受处罚的。现在是我们自己的政府,只要人民自动的交枪,绝对没有任何危险。政府对自动交出武器的人,非但不予处罚,而且还要奖赏。希望善良的同胞,如果知道或发现暴徒劫夺隐藏的武器弹药,或者原来私人所有的,千万不要埋藏,不要送人,不要毁弃,应该交给政府。最好直接交给驻军宪警机关,或者交给乡镇区公所,或者交给县、市政府。交出武器的,是善良的人民,政府自然奖赏保护。倘若私藏武器,匿而不交的,自然是乱党叛徒,一经政府搜查出来,即将予以最严厉的制裁。

第二、交出恶人:这次暴动平息以后,少数乱党叛徒畏罪隐匿各地,实是本省未来的祸根。大家要知道,凶暴不除,善良的人无法安居乐业,我们要求得到和平幸福的生活,必须先把这少数的乱党叛徒彻底肃清。所以和你们的乡村邻里,匿藏着乱党叛徒,你们应该立刻检举密报当地乡镇区公所,县、市政府,或驻军宪警机关。由政府来查明他们的罪行,按其情节轻重,或予惩罚,或予感化,这样,恶人无所隐匿,治安自然良好。如果有人竟敢窝藏乱党叛徒,匿而不报,一经政府查出,即与乱党叛徒同罪。

以上两点,是清乡时期中最重要的工作,希望全省善良的同胞,发挥爱乡爱国的精神,鼓起勇力协助政府,交出散匿武器,肃清乱党叛徒,重度幸福生活。

尤其是全省各县的乡长、镇长、村长、里长、邻长以及各市的区长、里长、邻长和各级自治人员们,都是地方的基层干部,你们一方面代表民众,推行地方自治,一方面受着政府委托,执行国家法令,任务特别重要。只要你们鼓起爱国热情,为人民服务,为国家尽忠,则乱党叛徒的一切行动,绝对逃不过你们的耳目,为了家乡,为了国家,你们都应该负起责任,协助政府,收缴民间枪械,剪除本地恶民。

清乡工作自三月廿一日开始,希望获得善良同胞协助,在最短期间内完成清乡的任务,使治安确保,人民安居,继续努力建设三民主义的新台湾。

(7) 告驻台官兵书(3月16日)

陈兼总司令告驻台全体官兵书

三十六年三月十六日

亲爱的全体官兵同志：

这次本省发生不幸事件,由于少数奸伪及有政治阴谋的人,借专卖局查缉私烟案件,乘本省同胞不明真相的时候,煽惑鼓动,以反抗政府。复利用流氓莠民,破坏治安,袭击机关及驻军,到处暴动,因此政府和人民都遭受很大的损失,这真是一桩很不幸和悲惨的事件,实令人有无限的痛心。现在我们为着安定地方,保护善良,所以我们要迅速将这些奸匪和少数的暴徒肃清。保国为民,原是我们国民革命军人的天职,我们一举一动,不可片刻忽略了这个神圣的使命。这次奸匪和叛徒,曾用"本省人""外省人"的分别,来煽惑人心,离间情感,但是我们不要上他们的当,本省人和外省人都是黄帝子孙,都是中华民国的同胞,我们都应该互相爱护,精诚团结,我们驻台各官兵,无论何时,不许有任意侮辱本省同胞,或稍怀报复的意图,我已经命令你们的长官和你们详细说明,告诫你们了,你们要切实做到。同时我希望你们遇着不明白这次发生不幸事件原因的同胞要很亲切诚恳的和他们解说,不要因为他们不明白,而责备他们。此外,我再将绥靖期间大家应该遵守的事项列举于后,使你们都知道：

一、肃奸及逮捕人犯,着由宪兵负完全责任。

二、战斗部队只负警备及作战任务。

三、绝对禁止官兵借端抢掠,以及枪杀良民,违则讯明枪决。

四、严禁哨兵,借口检查,污辱良民,一经查出,决以军法从事。

五、各部队机关派出车辆,押运官兵,不必取射击姿势,以安民心。

六、严禁官兵任意放枪,恫吓人民。

七、宪兵部队对军纪应加强巡查。

以上各项是为避免扰民而规定的,我们所有的官兵,应切实遵守,以期于爱护人民中完成肃清奸伪的使命,使社会早复安定,全省同胞得安居乐业。

〔监察院档案〕

4. 善后救济总署台湾分署署长钱宗起为台北血案经过情形致善后救济总署电
(1947年3月3日)

电南京总署郑副署长赐鉴:上海总署调查处向处长景云兄勋鉴:丑(二月)感(廿七日)省专卖局员警查缉私烟,开枪误毙路人,激动公愤。俭(廿八)日罢市游行,民众捣毁官营事业机关不少,路见外籍及著中山装者到处围殴。是日,省当局下戒严令,军警出动镇压,枪声四起,民众颇有死伤,经各界士绅、国大代表及省参议员组织委员会处理本案。寅(三月)东(一日)晚解严,陈长官东(一日)冬(二日)两次广播,接纳民众要求,本日形势渐和缓,惟商店未复业,铁路亦未通,本署粗安职员宿舍略有纷扰。寅(三月)冬(二日)下午,本署派员分送医疗药品及营养品等,通过警戒线慰问受伤民众及警察等,本日起内部照常办事,除分电京署沪署并请转陈署长副署长外,敬闻。台湾分署署长钱宗起寅(三月)江(三日)。申印。

〔善后救济总署档案〕

5. 钱宗起关于军警弹压情形电
(1947年3月9日)

署长霍钧鉴:○密。此间情况仍紧张,昨晚暴徒四出扰乱,军警出动奋力弹压,枪声迄未稍止。本日戒严,交通断绝。杨监察使昨晚抵基隆,冒险来此正与各方商讨恢复秩序办法。台湾分署署长钱宗起寅(三月)佳(九日)。印。

〔善后救济总署档案〕

6. 蒋介石关于台湾惨案报告词

(1947年3月10日)

蒋主席在中枢国父纪念周关于台湾事件报告词
中华民国卅六年三月十日

此次台湾不幸事件之起因,各报都已刊载,不必详述。缘自去年收复台湾以后,中央以台湾地方秩序良好,故未多派正规军队驻扎,地方治安,悉由宪警维持。一年来台湾农工商学各界同胞,原有守法精神与拥护中央精诚之表示,其爱国自爱之精神,实不亚于任何省份之同胞。惟最近竟有昔被日本征兵,调往南洋一带作战之台人,其中一部份为共产党员,乃借此次专卖局取缔摊贩,乘机煽惑造成暴动,并提出改革政治之要求,中央以宪政即将实施,而且台湾行政本应早复常轨,故凡宪法规定地方政府应有之权限,中央尽可授予地方提前实施。陈长官秉承中央指示,已公开宣布定期改设省政府,取销长官公署,并允于一定期限内,实施县长民选,全台同胞,对此皆表示欢欣,极愿接受。故此次不幸事件,本已可告一段落。不料上星期五(七日),该省所谓"二·二八事件处理委员会"突提出无理要求,有取销台湾警备司令部,缴卸武器,由该会保管,并要求台湾陆海空皆由台湾人充任。此种要求,已逾越地方政治之范围,中央自不能承认。而且日昨又有袭击机关等不法行动,相继发生,故中央已决派军队赴台维持当地治安。据报所派部队,昨日又在基隆安全登陆,秩序亦佳,深信不久当可恢复常态。同时并将派遣大员赴台,协助陈长官处理事件。本人并已严电留台军政人员,静候中央处理，不得采取报复行动，以期全台同胞亲爱团结，互助合作。务希台省同胞深明大义，严守纪律。勿为奸党所利用，勿为日人所窃笑，寅行盲动，害国自害。切望明顺逆辨利害，彻底觉悟，自动的取销非法组织，恢复地方秩序，俾全台省同胞皆得早日安居乐业，以完成新台湾之建设，始能无负于全国同胞五十年来为光复台湾而忍痛牺牲，艰苦奋斗也。

〔监察院档案〕

7. 杨亮功对台湾二二八惨案广播词

(1947年3月11日)

杨监察使对全省广播词
三十六年三月十一日下午七时

各位同胞：台北此次不幸事件发生后，中央闻讯，极为关怀，特派本人来台查办。这次事件发生的原因、经过以及演变到目前如此严重的局面，这是本人所亟欲明了而加以检讨的。中央对台湾同胞之宽大关爱极为深挚，这可以由上次蒋主席来台时的言论中得到证明。但是本省目前最迫切的事就是要恢复秩序，安定人心，以减少一般人民的痛苦。我希望现在各机关员工，尤其是交通电信、各公用事业机构的人员，应不分省内外同胞，即速回到自身工作岗位，照常服务。各学校应当立即复课，以免荒□特别加以注意。我想目前情形，一定会一天一天的好转。对于这次不幸事件，中央当有合法合理之解决。至于有关本省政治、经济上应兴应革之事，各界人士已多有陈述，闻陈长官最近屡次广播，对于各项建议，多有采纳；其外如仍有未尽意见，尽可向本人陈述，以便转达中央采择施行。对于违法失职、贪污舞弊之公务员，地方人士亦可尽量检举，政府为了国家纪纲，为了人民利益，对于此等公务员自当依法惩处，以慰民望。本人认为一切问题，必须依法解决，法津就是轨道，如果火车行驶，不依轨道，必有严重不幸的后果。人之行为，不能例外。我们要求民治，首先要有法治，法治与民治不可分离，无法治即无民治。我们是三民主义民主国家的公民，必须有守法的精神。昨天本人邀同救济分署署长钱宗起先生、中央社台湾分社主任叶明勋先生，同往市区各医院抚视每一受伤者，我们除了给与慰问并嘱医生注意诊治外，很感觉痛心，同为黄帝子孙，同属中华民国同胞，实不应有此不幸事件发生的，这是奸党挑拨离间的毒计。我们爱护祖国的同胞，切勿被其利用。台湾为中华民国之一省，与祖国有不可分割之关系，我们应当以整个国家民族福利为前题〔提〕，放大眼光，无分省界，不分彼此，协力同心，共济时艰，努力建设，完成中华民国复兴之大业，这是本人恳切的愿望。

〔监察院档案〕

8. 善后救济总署台湾分署关于国军镇压台胞情形电
（1947年3月12日）

总署调查处向处长景云兄勋鉴：济密。台省旬日来骚动之演变，初只请恤缉烟误毙之路人，进而要求改革省政，至阳（七日）晚提出三十二条件，有撤销警备总部，解除政府武装，海陆空军用本省人，在内战未了前，不得在台征兵。寅删（三月十五日）成立政务局，接收政权各项，至是离心运动，全面揭开。庚（八日）晚，暴徒围攻总部，陆军仓库，监狱及警务处，枪声彻夜，终不得逞。青（九日）晨，台北基隆戒严，国军陆续到。蒸（十日）真（十一日）两日搜捕暴徒，尚未解严，外县市只嘉义、台中尚混乱，余渐平息。台中暴徒，缚客籍公教人员，置麻袋中，作沙包御弹，集中营只日给薄粥两碗。此次骚动，中心人物，有共产党；暴动时小学生居前，次妇女，次壮丁；台湾独立派、留用日人、海南岛遣回之台籍日军以及学生地痞等会串一大喜剧；其残酷、幼稚、凌乱出人意表，外籍人士（包括联总）素不满当局,且不知骚动内幕,故尚寄以同情。分署公款、仓库、车辆、汽油大体保存,外考察各工作队幸二月底撤销,人员全回台北,一无损伤。杨监察使庚(八日)晚于基隆台北途中,遭大批暴徒袭击,伤其随员,杨无恙,祈转陈、霍、李、刘诸公,再此项消息请勿对外发表。台。寅文(三月十二日)。

〔善后救济总署档案〕

9. 台湾省行政长官公署民政处赖庆荣关于军警制造台北血案经过情形致内政部包惠僧函

(1947年3月15日)

惠公局长钧鉴:本省于二月二十七日,因专卖局在台北查缉私烟,击伤女贩江氏,并毙陈文溪一名,二十八日歹徒、浪人掀动事变,煽起排外风潮。围攻公署,劫烧专卖局门市部及新台公司,殴打外省籍人,抢劫公务员宿舍,交通停顿,工厂罢工,学校学生之善良分子自动散学,激暴分子参加事变,秩序紊乱,步入恐怖时期。事后调查,台北市死三十三人,伤八六六人,失踪七人,以上人数系外省来台公教人员伤亡统计,公私财物损失约台币二万万八千余万元,其余十六县、市公教人员之死伤及损失尚在调查中。自二·二八变起后,当局鉴于事出非常,即晚宣布戒严。三月一日,省参议会邀求解严,公署循其请求,并组织调查委员会,邀请地方士绅参加。而在台兵力之单薄几难令人置信,遂为奸暴所乘,着着进迫,擅行改组处理委员会,纠集前随日人在华作战回台之歹徒、浪人,图谋不轨,情势日紧。假改革政治之名,公然提出三十二条件,要求国军缴械,取销警备总部,省县重要行政司法人员均以台人充任等等。风潮波及全省,除台南、高雄两县及彰化市外,其余县市行政先后概被接管,未被接管之县市,亦受县市处理分会之劫持,政务停顿,在台军用仓库间被劫盗,而本省籍警士武装多被解除,于是一般暴徒、奸匪分别武装动员，假维持治安之名，行搜劫排外之实。公务员及外省籍商旅，岌岌不可终日，迄八日晚十时，暴徒大举分攻警备司令部、供应局、长官公署、警务处，全市均在炮火笼罩之中，战斗激烈。幸驻守各该处之军警多系外省籍，均抱必死之心，率能以寡御众，先后击退。乃于九日早，复宣布戒严，翌日，国军到达，事态始急转直下，治安渐次恢复，迄本日止，各县市亦先后恢复秩序。惟军火被盗劫颇多，恐未能全数缴回，隐患仍堪杞忧。闽台监察使杨亮功八日抵台，当时基隆码头被暴徒占领，经要塞司令部派兵与暴徒激战后夺回，杨登陆后，于来台北途中中伏，经护送之宪兵保卫脱险，伤随员一人。夷考此次事变，论者多认为对沦陷五十余年甫经收复之台湾，施以宽仁之政，在技术上殊有检讨之必要，职以此次事变实有内在与外来之原因。盖日人过去在台之教育与宣传对我国破坏无遗，如政治腐败，官吏贪污，士无斗志，兵器窳旧等等，并施以偏狭自私之教育。收复以后，此种遗毒一时无法根除，兼受物价影响，民生不安，"奸党"煽惑谣言繁兴，其由海南等地返台台人，在未回台前受当地人民之报复，回台后仇外之心迫切，而驻省军力有限，不足以维持治安，致有此变。职科同事仰赖钧庇均获平安，亦无损失，惟精神打击至深，纷纷求去（外省籍人），至县市户籍方面之损失，容后报陈。目前行政长官公署正待中央改组令到后，实施改组，各处局会均办理移交手续，各县市长前经长官宣布：定七月一日起施行民选，现在县市长不孚民望者，由县市参议会选举三人，呈由长官公署圈定。谨此敬请钧安。

职　赖庆荣谨上
三月十五日

〔内政部档案〕

10. 白崇禧对台湾省二二八惨案广播词及训词

（1947年3月17—28日）

（1）对全省广播词（3月17日）

白部长莅台后对全省广播词

三十六年三月十七日下午六时卅分

台湾此次的事变，实在是我们台湾光复后一件极不幸的事。国民政府蒋主席对于此次事变，已决定采取和平宽大的方针，订定处理原则。本席奉蒋主席的命令，宣慰台湾，除对此次遇难同胞，代表宣慰外，并对二·二八事件权宜处理，切望全台同胞尊重法纪，迅速恢复社会秩序。

台湾过去受日本五十一年的残酷统治，光复后投归祖国旗帜之下，蕲求政治制度之进度，经济政策之改良，社会秩序之安宁，至为殷切。在不违背宪法范围及民族利益的前提下，中央无不尽量采纳台胞意见，况且现在宪政即将实施，凡在宪法中所规定之人民权利义务，莫不绝对尊重，切实赋与。关于此后台湾行政的措施，自必采纳真正民意，加以改善。在政治制度上，决将现在台湾行政长官公署改组为台湾省政府，各县、市长可以定期民选，各级政府人员以先选用台省贤能为原则。在人事上不分畛域，一律平等待遇。在经济上极力奖励民营企业，发展国民经济，至于此次与事变有关之人民，除共党份子煽惑暴动，图谋不轨者，决予惩办外，其余一律从宽免究。

台湾为我海防重镇，台胞为我黄帝子孙，在二百八十年前，随着中华民族英雄郑成功抵抗异族，表现了我们中华民族的革命精神。光绪甲午年间，台湾督抚唐景崧，抵抗日本割据台湾，而称东亚第一任大总统，更表现可歌可泣、惊天动地的事迹，充分证明台湾不但为中华民族抗拒异族的根据地，更足见全台湾同胞倾向祖国的精神。自抗战胜利，台湾光复，我全台同胞已从日本压迫之下获得解放,希望我全台同胞,发扬团结精神,确保守法的美德,一致奋发淬励,在中央政府及贤明领袖领导之下,向建设新台湾,建设新中国的光明大道,勇往迈进。

(2) 对台北市各机关人员训词(3月20日)
白部长对台北市各机关人员训词
三十六年三月二十日下午三时

白部长对台北市机关会训话大要如下:(一)本省接收事项之办理大体均称满意。(二)本省建设基础较好,生产工作之恢复亦很有成绩。(三)二·二八事变,系受共党及少数本省暴徒乘国军他调煽动暴发,幸经陈长官敏捷及镇静处理,社会秩序即告恢复。关于此次事件主动之共党及暴徒决从严惩办。(四)被殴辱或丧失财产生命之外省籍与本省籍奉公守法人员,中央至为关心,长官公署亦在设法补助,厚予抚恤。(五)明大义之本省人士,如林献堂先生、谢娥女士等,政府至为嘉许。(六)潜匿本省之共党及受日本教育遗毒之本省暴徒,彼等阴谋将台湾与内地划一鸿沟,造成有利局势,但吾等应从教育与宣传两项工作入手,设法消弭此种阴谋。并希望本省一部份人士,应一改浮燥、狭隘、冲动、轻率等不良习气,要发扬我国仁爱、宽大等固有道德。(七)公教人员要安心工作、继续努力,使理想之新台湾建设得能实现。(八)我希望本省今后不再发生不幸事件,亦保证决不容许再有此等事件。(九)台湾为我国国防重镇,中国不能分离台湾,台湾更不能离开中国。

(3) 对全省同胞广播词(3月22日)
白部长在台中向全省同胞广播词
三十六年三月二十二日晚八时三十分

台湾各位父老同胞:今天崇禧自高雄来到台中,沿途经过台南、新营、嘉义等县、市,除接见各地方机关首长、民意机关参议员、各界代表，分别听取报告，并代表国府蒋主席，面达宣慰外，因为时间所限，未能和台省其他各地父老同胞见面，现在特在广播中表达几点恳挚的意思。

此次崇禧奉令来台宣慰，关于中央处理此次事变基本原则，我在前两次广播和书告中，已经说明，不再重加申述。此次事变的远因，即是台胞青年过去受日本狭隘偏激的教育，由于日本对殖民地所施奴化教育的遗毒，不正确的思想，不了解国情，以致轻视祖国政府人民和军队。近因即是受少数共党份子的恶意宣传，误中了他们的阴谋，因此由于少数共产党份子暴徒浪人的煽惑胁迫，台胞青年群起盲从，造成叛变，使社会不安，人心惶惶。这反动派的野心，是要想颠覆政府，夺取政权。所以借专卖局缉私人员取缔烟贩作导火线，扩大暴动，而少数台胞青年，一时盲从，误入歧途，实在是极大错误，是痛心的事。我们知道中国有五千年的文化，有忠孝仁爱信义和平固有的道德，我们国家能够独立存在到今天，绝非偶然的。所有共党的污蔑诋毁，我们全台同胞绝不要轻于凭信其蠱惑。须知中国国民党自辛亥起义推翻满清，民国五年推翻洪宪帝制，民国十七年完成北伐，领导抗战，协同盟军争取最光荣的胜利，凡此都是中国国民党、国民政府、国民革命军对国家民族伟大无比的功绩，早应为中外所共知，绝非少数反动派颠倒是非诋谤所可诬蔑的。现在事变已经大致平定，对于此次图谋叛乱的主犯，必须从严惩办，以振纪纲，惩罚恶暴，也就是为保护善良。至目前逃窜各地共党暴徒，和盲从的青年学生，应从速觉悟，凡被胁迫的青年学生，只要觉悟来归，政府决本宽大为怀，不追既往。共党暴徒如缴械投诚，亦准悔过自新，从宽处置。现台湾警备总司令部经已决定分区绥靖。如共党暴徒仍执迷不悟、将劫夺警察枪枝及仓库武器弹药被服，不予缴还，国军为绥靖地方，必定痛剿，彻底肃清。更不许民间隐存枪械，贻害地方。希望地方父老和机关首长，一致协同军队来贯彻执行，这是善后治标办法。至于治本的办法，应从教育着手来纠正台胞青年狭隘偏激的错误思想。过去台湾青年在日本统治下受了五十余年狭隘偏激的教育，积重难返，尚待积极力谋矫正。最主要的是要增强台胞青年对国家观念、民族意识、革除轻视祖国的错误思想、激发宽大仁爱的精神，然后中华民族四万万五千万同胞才能亲爱精诚，团结一致。自此次变乱澄清后，政府当尽力防止，决不容再有此类事变发生。更希望全台父老同胞，一致协助政府及驻军，共同努力安定台湾，共同完成建国的使命。

（4）对高山同胞广播词（3月26日）

白部长对本省高山同胞广播词

三十六年三月二十六日下午七时

台山高山族同胞们：此次台湾发生不幸的事变，国民政府蒋主席至为关怀，特命崇禧前来宣慰。此次事变乃由少数共产党份子暴徒及野心者所造成，播大暴动，扰乱地方，各高山族同胞不但未被其煽惑参加叛乱，反能协助居在地的县、市政府，来保卫地方，如南代表志信、马代表智礼，以及其他许多高山族同胞，功绩最著。这种爱护国家，遵守法纪的精神，至足欣慰，尤堪嘉许。

现在事变已经大致平定，对于此次的图谋叛乱主犯，为明顺逆邪正，必须从严，盲从的青年学生，仍希望他们悬崖勒马，从速觉悟。凡被胁迫的青年学生，只要能够觉悟归来，政府本宽大为怀，不究既往。共党暴徒如缴械投诚，悔过自新，亦当准予从宽处置。现台湾警备总司令部已经决定分区绥靖，如共党暴徒仍执迷不悟，将劫取各地警察枪械及仓库武器、弹药、被服等，不肯缴还，国军为绥靖地方，必定痛剿，以安地方。据报一部共产党暴徒，已向高山族地区逃窜，希望各高山族同胞，应一致在县、市政府领导之下，协助国军清剿。如能擒斩共党暴徒，或缴获其武器弹药，送交政府者，当予重赏。如有隐蔽叛乱份子及枪械弹药者，一经查出，必予重罚。这是高山族同胞应该深切注意的。高山族是台胞的一部份，和全体台胞同为黄帝子孙,同是中华民族,过去在日本五十多年统治下,受尽压迫苦痛,自抗战胜利,台湾光复,才算重见天日,回到祖国旗帜之下。中央政府对于台胞,尤其是高山族同胞,实在异常顾念。但是高山族同胞,因为语言、风俗、习惯特殊,和祖国不能沟通,以致陷于孤立,仍在过着贫苦的生活。为谋补救起见,政府当尽可能提倡教育,使高山族同胞,有机会读书识字,一致来接受祖国的教育,先求明悉祖国的历史、文字、语言,然后才能加强整个中华民族间的团结互助,而达到生活的改善。希望全体高山族同胞,自立自强,来作现代的国民,共同努力建设新中国。

(5)对中等以上学校学生训词(3月27日)

白部长对台北中等以上学校学生训词

三十六年三月二十七日上午九时

今天得与诸学生暨全体青年学生在曾为日人压制五十一年之台湾见面,极为兴奋。台湾乃我国防重镇,同时亦为海军根据地,历代以来,均以此为是。由此次太平洋战争中,更可看出台湾之重要,而历史上又遗留许多革命历史遗迹,明朝郑成功据台湾反抗满清,虽因去世未得成功,但其精神实堪为吾人模范。满清甲午战役后,唐景崧、邱逢甲等组织民军反抗日本,亦足见台湾民主政治最早便有表现。日人统治时代,闻台湾发生革命运动,时时怀念祖国,此实受祖国革命精神影响之所致。本人抵台宣慰,北由基隆,南至高雄,时近十日,沿途所得报告,深知此次不幸事件之远因,为过去日人毒化教育,使台胞轻视祖国,及祖国来台之军政人员,与祖国造成敌对形势。近因系自抗战胜利后,中央开放言论自由,各阴谋家乱党乘机四起,恶意造谣,企图推翻政府,此次浪潮亦侵入台湾,台胞尚未全部明了真相。

此次事件起于查缉私烟,查缉员即有不对,亦应送法院法办,而少数乱党阴谋野心家及暴徒,却借题发挥,企图争夺政府,煽动排外心理,殴打公教人员及眷属,种种残忍行为,惨不忍闻,此实有过于满清义和团盲目打外国人不智行为,结果引起八国联军,清朝首遭亡国,此种错误狭小思想及行为,今后应予改正。来台之公教人员统系为建设台湾而来,彼等在台待遇较国内低,暴徒殴打彼等,实系以怨报德,与中国之以德报怨之精神相反。彼等绝未将台湾看作私产,台湾因日人占领五十一年,一切法令制度、风俗、习惯均早变为日本化,致光复后不能马上全部交给本省同胞自己治理,但亦未似日人时代连一小学校长都是日本人,各军政要职中本省人并不在少数,今后更将逐渐由本省同胞全部办理自己的事情,此点全体台胞应该明了目前实因人才缺乏,即如"二·二八"处委会中均系无政治眼光无知无能力的一群,其中实无一人可以办领导政治工作的,即中央要派来台之公务人员,全部离开,以短期间之处委会一切表现及行为,实不能成功。关于中央对台处理方针已经广播数次,当依大家意见改革政治。至此次盲目或被胁迫参加之青年学生,政府亦不究既往,惟各家长今后应严加管束,各青年学生希望迅速复课读书,各宪兵当不再逮捕学生。本人代表中央来台宣慰,当可负责保证,此点希望全省青年及民众今后应大彻大悟,政府当局亦当改变治理方针,不得容许有此项不幸事件发生,并望各学生安心向学,努力学习,遵守校规。

(6) 对全国广播词(3月27日)

白部长对全国广播词

三十六年三月二十七日下午八时

全国同胞:台湾此次发生不幸事变,崇禧奉命到台湾来宣慰,从多方观察,探取真相,均已获得充分的了解。此次事变是由台湾同胞受了日本五十一年的统治,日人对台胞偏狭的恶性教育,一方面是把统治殖民地为基本的来驯服和分化他们。另一方面是歪曲宣传中国政府、人民、军队的不良,使台胞轻视祖国和祖国人民军队,发生深刻恶感,所以台湾同胞先入为主,深深种下了不良的印象,这是暴动的远因。光复以来,中国共产党在国内恶意宣传,诋毁中国国民党、国民政府、国民革命军,并且称兵造乱,破坏统一,希图颠覆政府,夺取政权,台湾少数共产党及野心家,亦同时在台颠倒是非,造谣惑众,利用缉私案件,掀起二·二八事变的暴动大风潮。我们从看到所谓处理委员会所提的"三十二条件"和各地捡获暴民所发的命令、宣言和标语,不仅是要求改革政治,曾经使用暴力围攻台湾行政长官公署、警备总部及基隆、高雄两要塞,以及空军基地、军需仓库等处。其企图欲推翻政府,夺取政权,其行动极为偏狭残忍。内地来台帮助建设教育台湾子弟的公教人员及其眷属,被暴徒击毙、击伤者,在千人以上。这是暴动的经过概要,这确是一件可痛心的事情。

崇禧于三月十七日到达台北,曾与当地政府及民意机关交换意见,询明经过情形,即于本月二十日出发视察曾被暴徒袭击之基隆、高雄两要塞,并经过屏东、凤山、台南、台中、彰化、新竹、桃园各县、市,这些地方,在事变当中,都被暴徒占领,陷于极度混乱。现在秩序均已恢复,人民复业,照常工作。台东秩序恢复更早,看了十分欣慰。现除少数共党及暴动份子,畏罪窜匿山中外,其余绝大多数的台湾同胞,均能深明大义,拥护祖国,不为乱党所煽惑。

至于中央政府今后治台方针,正在拟定合于台湾民众的要求的妥善方案。大致在政治方面,拟将行政长官公署制度改为省政府制度,惟为配合实际需要起见,将增设若干厅处。省政府各厅处人员,并将尽先选用当地合格优秀之人士。在经济方面,拟积极整顿公营事业扶助民营事业。在教育方面,当加强国语、国文,积极传播祖国传统的道德和文化,一面更彻底铲除日本教育之余毒,务使台湾与祖国密切连结,增进台胞与全国同胞的情感,中央关于具体的施政方针,虽然有了上述原则的指示,至实施方策,想不久可颁行。

台湾与祖国虽然一水之隔,但因沦陷达半世纪之久,内地人士或国外侨胞对于台湾事变,深恐未能十分明了。难免以讹传讹,有失真相,故将台湾事变真相作一公正明确的报告,关心台湾同胞得以安心。

台湾是中国的国防重镇,台湾的人民多数是闽粤各省迁过来的。他们与国内的同胞血统相关,利害与共,深望全国同胞,多多扶助台湾,更深望台湾同胞本国家至上的精神,爱护祖国,并与全国同胞相亲相爱,协同一致,建设三民主义之新台湾,建设团结统一强大的中华民国。

(7) 对台湾省参议员等训词(3月28日)

白部长对台湾省参议员等训词

三十六年三月二十八日上午十时

台湾省县、市各级行政机关首长,民意机关参议员诸先生、各位地方父老,今天在此和各位见面,借此机会贡献几点意见。

崇禧此次奉国府蒋主席命到台湾宣慰,经过十多天分赴台南、台中各地视察与各民意代表,地方父老、各地方行政首长接谈,对于此次事变真相,已获相当了解。关于中央处理此次事变善后基本原则,崇禧在前几次广播中已经说明,并由报纸发表,不再重述,现事变已大致平定,秩序逐渐恢复,对于目前善后工作提出报告几点:

一、对于一般被胁迫盲从的青年学生,希望从速觉悟。回校上课,由家长保证悔过自新,当不究既往。我可负责转饬军警不许擅自逮捕,并绝对保证各学生的安全。同时我更对各校教职员深切说明,此次事变中一部青年学生因受共党份子煽动作用,一时的情感冲动丧失理智,致有侮辱师长的行动,应该要求家长对子弟的精神,子弟有过犯,父母要以宽规劝来感化,促其改正。同时台湾青年,过去受日本五十多年狭隘偏激教育的影响,光复不久,在宣传和教育方面,更须特别注意,严加管教,使这般青年的思想彻底转变过来。希望地方父老一致宣导,来唤醒他们。

二、此次事变中,共党暴徒及盲从的青年学生,围攻袭击台湾行政长官公署、警备总司令部、基隆、高雄要塞,所有在暴动时当场捕获人犯,按照军法对此暴动内乱份子,本当处以极刑。但中央为宽大处理,即予严正审讯,除首要主犯予以惩办,以振纲纪外,其情节较轻者,即准具保开释。

三、共党暴徒现有一部挟持武器,逃窜山林地带,国军为绥靖地方,即将清剿,各县、市长及地方乡镇长,应协助军队来肃清反动势力。如共党暴徒或被威胁民众,只要能知觉悟,将武器弹药,缴送地方政府,悔过自新,出具保证,当予从宽处理。此次事变中所表现的一切行为,不但是野蛮,而且幼稚。如二·二八事变处理委员会所提第三十二条,要军队要塞缴械,更要接收政府机关,等于我们战胜后对日本受降一样,毫无理由,充分表现幼稚无常识,不度德,不量力。我相信台湾大多数父老同胞都是深明大义的,此次事变决不是民变,不过善良人不愿说话,不敢说话,以致少数共党暴徒扩大叛乱,所以这种罪恶,绝不能加在整个六百多万台胞身上。

台湾过去有极光荣的历史。在明朝,中华民族英雄郑成功曾以台湾作根据地,反抗满清。嗣后光绪甲午年间,台湾巡抚唐景崧和刘永福、丘逢甲诸先贤,领导台胞反抗日本割据台湾,台湾是我们民族革命的根据地,乃是大家所共知。台湾过去在日本统治下五十多年,抗战以前和抗战期中,也曾发生不少次的革命运动。光复后,中央派遣公教人员和军队来台湾接收,台湾父老民众欢喜若狂,足证爱护祖国的热忱。这次事变。完全是少数反动派野心家所造成。经过此次事变,如果能接受教训,相信历史是不会重演。于此我特别要加说明的,即此次事变,有人说是不满意现状而发生,殊不知此次事变,就是少数共党野心家妄想夺取政权,绝不是单纯的不满现状,而采取暴动。我们更要明白,不满意现状是进步的。祖国在八年抗战之后,牺牲了无数军民的生命财产,才得到最后胜利。战后一切社会、经济组织,都需相当时间,才可恢复。目前的困难,内地比台湾更甚。我们不满意现状,可以尽量向政府提出建议,以求改善,绝不可采取暴动,这是任何民主法治国家所不容许的。尤其要知道祖国在过去八年血战中,前方将士牺牲达二百万人以上,内地同胞的生命财产损失更不可以数计。抗战胜利后,共党扰乱,民众仍在水深火热之中,八年血战后的武装将士还在继续剿匪任务。台湾同胞光复后,对祖国并没有内地同胞的负担和受共党扰乱以致流离失所的痛苦,纵然因政府接收后,一切由日本的制度改变为本国的制度,不免有若干困难,但只要台胞与政府互谅互助,是一定能设法克服的。

今后治理台湾措施,我再说明几点:

一、尽量培植登用台省人才:台湾在过去日本统治五十多年中,台湾高等教育的学校(专科学校、大学校)之学生,差不多都是日本人,台湾青年只占十分之一。并只准学习农科、医科、不准学政治,更不准养成高级统治人才。大家知道台湾以往在日本高压下,无论大中小学校长都由日人充任,凡是有一个"长"字的单位首长,绝无台湾人充任的。光复后中央和台湾行政当局,无不选贤任能,尽量扶植台湾人才,进一步希望由台湾人自己来治理台湾的事。

二、经济政策:自日本投降后,中央接收日本在台湾一切重工业,规定应归国营,其他轻工业当尽量由台胞接办,但应顾及多数台胞利益,不许少数资本家所操纵为原则。

三、贸易局、专卖局存废问题,台省行政经费预算总数为四十亿,专卖及贸易局收入约占二分之一。如废除此两项制度后,势必另须增税,当广泛征集台胞意见,顾及台胞利益及事实原则下,审慎决定办理。

四、台湾土地问题：台省公有土地（山林、河川均在内）约占全省土地总面积的百分之七十，公有土地中可耕种者，约占全省可耕种地（水田、旱田）总面积的五分之一。按台湾行政长官公署公有土地放租办法，尽量分配有耕种能力者耕种，以救济失业台胞，而增加自耕农利益，减轻地主剥削。

五、教育问题：台胞过去受日本五十多年狭隘偏激教育，积重难返，现在要改组为祖国的教育，必须积极推行国民教育，发展中等与高等教育，至少必须五年始得可转变。当向中央建议，多选派内地师资来台担任教育，同时选送台胞学生赴国内求学，促进文化交流。不过此次事变中内地来台教职员，有受暴徒横加侮辱，饱受威胁，因此多不能安心，希望台省父老应予以安慰及保障。

总之，现在台湾事变已总算大致平定，经过此次事变所得教训，政府对于治理台湾，必更能求合理方案。事变已成过去，应本以前种种譬如昨天死，以后种种譬如今日生，旧事不再重提，应有远大的眼光和胸襟。尤其要认识一个少数民族和少数领土，在现在的世界是不易独立生存的，此次世界大战中欧洲十几个小国家，在极短时期中便遭覆亡，可为鉴戒，我国有四万万五千万众多人口、一千一百余万方公里广大土地，五千年悠久的文化，实具有立国的优越条件，希望大家协力同心，来共同建设新台湾，新中国。最后并祝各位健康努力。

〔监察院档案〕

11. 台湾省政府各级机关被捣毁情况表
（1947年3月22日）

（甲）"二·二八"事件台北市各级机关公私损失概况表

台湾省行政长官公署民政处查编民国三十六年三月二十二日查报

(价值单位：台币元)

机关名称	公物损失 价值	人口伤亡 死亡(内日人) 受伤 失踪			私人损失 价值	其他
总计(一五七单位)	一二〇,二六一,二九七	三三(内日人一)	八六六	七	一五一,六二八,六一六	二,三七八,九四九(及帐册,户口簿卷宗等)
秘书处	二〇,〇〇〇	二	一		四六二,五八〇	
宣传委员会	六〇〇,〇〇〇				一,二一八,八八〇	
公署统计室	二五,六〇〇	二	二		八三三,七〇〇	
人事室		二	一		六九九,六〇〇	
法制委员会		二	二		七三六,九七〇	
机要室					三〇,三〇〇	
设计考核委员会		一	一		一八,二四八	
民政处	一三,三五〇	三	三		七〇三,一〇〇	
地政局	三九,〇〇〇	二	二		二六四,一六〇	
卫生局	一二,〇〇〇	二	二		六六六,五〇三〇	
营建局	一七〇,八〇〇	四	四		七一三,〇〇〇	

续上表

机关名称	公物损失价值	人口伤亡 死亡	人口伤亡 受伤失踪	私人损失价值	其他
合作事业管理委员会	四二,〇〇〇		五	一八八,二二〇	
医疗物品公司筹备处	六八,六一〇		三	四五二,三五〇	
营建公司筹备处	三,〇九〇,〇九五			八九,九一七	
省教济院	二,一〇〇,〇〇〇		七	三五,二六〇	
省育幼院	三〇〇,〇〇〇				
乐生疗养院		一	一		
松山疗养院				一一九,八七〇	
卫生试验所			一	一七,〇〇〇	
检疫总所				七八,〇〇〇	
省立台北保健馆	一,六〇〇				
省立台北医院				二九,〇〇〇	
省立共济医院	二一,五〇〇		十	一,四四九,九三三	
教育处					

续上表

机关名称	公物损失价值	人口伤亡 死亡	人口伤亡 受伤	人口伤亡 失踪	私人损失价值	其他
国语推行委员会					四三四,〇〇〇	
台湾书店					一〇〇,〇〇〇	
甄选委员会					一三一,八〇〇	
交通处	七三,七九〇		五		一,〇四三,九〇〇	
铁路管理委员会	八八七,三九二	四	二〇		一一,二四三,七〇二	
通运股份有限公司	五〇八二,〇〇〇		四		七三六,二〇八	
公路局	三〇〇,〇〇〇	一	三九		三,四二三,六九二	
航业公司			七		二九六,〇〇〇	
财政处	二一四,四〇〇		七		二,六九八,九八〇	
工矿处	一〇,〇〇〇		七		四,三一八,六六三〇	
纸业股份有限公司	一四〇七,〇〇〇		二〇	二	三三七,五〇〇	
电工业公司	一〇,五〇〇		一		六三,六五〇	
窑业有限公司	六八九,八二〇〇	三	七		一六一,六五〇	
电力公司	三,〇〇〇,〇〇〇	四	二〇		三,〇〇〇,〇〇〇	

续上表

机关名称	公物损失 价值	人口伤亡 死亡	人口伤亡 受伤	人口伤亡 失踪	私人损失 价值	其他
工矿器材股份有限公司	五,一0二,二三七		一0		三七五,四八五	
肥料有限公司	一0,000		一0	一	二,000,000	
公共工程局	一,九六八,七八九		六	一	二,六二四,九五0	
工矿股份有限公司			三		三七八,五00	
化学制品工业有限公司	四三八,000		六		一,七五八,一四0	
碱业有限公司台北办事处	四,000				三七,五00	案卷二件
橡胶公司	三00,四五0		二		二三四,三五0	
钢铁机械有限公司	六,000,000	四	七		三,000,000	帐册簿据一部
印刷纸业公司	九二0,一00	一	二0		一,一九三,七一0	又内间接损失二,一七八,九四九
台湾玻璃工业股份有限公司	一七,八四0		二		二七八,四00	
台湾油脂工业股份有限公司			五		一九0,八00	
肥料运销委员会	五,000				三0,三二0	

续上表

机关名称	公物损失 价值	死亡	受伤	失踪	私人损失 价值	其他
台湾工程公司	二,五〇〇,〇〇〇		一		二〇〇,〇〇〇	
铁路货物搬运公司	八一,七〇〇		二		六,〇〇〇	
农产处	八七,〇〇〇		二四		一,九六四,九四〇	
农业推广委员会	一四,二五〇		三		九四四,二一〇	
林务局			五		一,一八五,〇〇〇	
林业试验所	五四,一二八		二		二二,三三〇	
台湾水产有限公司	一六八,七〇〇		五		一四六,二〇〇	
瑠公农田水利协会	六,六八五				二七,五〇〇	
台湾畜产公司	四五二,〇〇〇	一	一七		四八六,七九九	
农业试验所	一一五,六〇〇		六		四三六,八八六	
台湾茶业公司	二〇三,六〇〇		三		五四三,八八〇	
农林处茶业传习所	四二,二〇〇		四		七八,五〇〇	
农林处兽疫血清制造所	一五,〇〇〇				二五六,一〇〇	

续上表

机关名称	公物损失值 公价	人口伤亡 死亡	受伤	失踪	私人损失值 价	其他
林务局台北山林管理所			三		一五,一五〇	
凤梨公司		一	七		八九七,六七〇	
林务局第四模范农场					一五,〇〇〇	
林产管理委员会			一		一二八,〇〇〇	
农产公司筹备处			一四		三八八,七五〇	
农林处检验局	八三,五八〇		二	二	二八一,九〇〇	
农田水利局	一八,七〇六		三	二	三五四,五〇〇	
蚕业改良场			三		一三,八六〇	
警务处	一,一三四,三二五		一三		一〇,三五八,八六七	
警察训练所	一,二五三,一六〇				三,五〇五,八九九	
警察大队	六七〇,二六一		一三		六二三,九二五	
铁路警察署	一,七〇五,一四四		三五		二,五三四,七八一	
警务处警察电讯管理所	一七五,〇〇〇		一		一,五七八,五三〇	

续上表

机关名称	公物损失价值	人口死亡	受伤	失踪	私人损失价值	其他
台北市警察局	六,五〇〇,〇〇〇	一	五		一,五〇〇,〇〇〇	户口簿册散失一五〇本
台北市警察局第三分局	二七〇,〇〇〇		五		六五〇,〇〇〇	一五〇,〇〇〇
会计处			七		二六九,七〇〇	
粮食局	八,八〇〇		四		六四〇一,〇三五	
专卖局暨台北分局	八,五三八,六〇〇		四二		一五,六二九,六六〇	台北分局文卷印信帐册全毁
樟脑有限公司	四〇,〇六二	一	一一		三,三五四,七〇九	
酒业有限公司	一二六,九八〇		三六		六,五三八,一二七	
烟草有限公司	三二六,九六五		一		一,三三二,一八九〇	
烟叶有限公司			一		一七一,一〇〇	
酒业有限公司第四工厂						
酒业有限公司第二工厂	四一,八三八		四		九一六,八五一	
火柴有限公司	一八八,〇〇〇		二一		一四六,〇〇〇	

续上表

机关名称	公物损失 价值	死亡	受伤	失踪	私人损失 价值	其他
酒业有限公司第三工厂	四二九,五〇八				九一七,七〇〇	
贸易局及所属新台公司	五一,六七七,二二〇		一〇		五,六八一,四七六	
省图书馆	四六,〇〇〇		三		三一,一〇〇	
省编译馆	七一一,〇〇〇		三		八一,三〇〇	
台湾省人寿保险股份有限公司筹备处	一九五,三〇〇				三〇五,四六〇	
工业研究所	一七,五〇〇	一(日人)			五九,九〇〇	
日侨管理委员会		一			六九,六六〇	
交通部台湾邮电管理局	四九四,六〇五	一	五〇		三,〇〇〇,〇〇〇	
省训练团	九〇〇		五		二七五,九〇〇	
省气象局	四七一,九七六	一	四七		四,二二七三,九八五	
台湾银行总行			一		四二九,〇〇〇	
交响乐团			一		三六二,七〇〇	

续上表

机关名称	公物损失价值	人口伤亡 死亡	人口伤亡 受伤	人口伤亡 失踪	私人损失价值	其他
日产处理委员会	二五,〇九三		二六		五,三一四,七四〇	
省立台北高级医事职业学校			一			
省立台北商业职业学校	三〇一,二〇〇				六四,八〇〇	
国立台湾大学			八		二八二,四五〇	
国立台湾大学法学院			二		一三七,五〇〇	
省立师范学院	二六七,六九五		三		九七〇,〇〇〇	
省立台北高级中学	六三,二〇〇		一		一九〇,〇〇〇	五〇,〇〇〇
省立台北成功中学	一五〇,〇〇〇		三		二〇,〇〇〇	
省立台北第一女子中学			一六		六〇八,八〇〇	
省立台北第二女子中学			一			
省立台北师范学校	五三,四八〇				三八,五〇〇	

762

续上表

机关名称	公物损失价值	人口伤亡 死亡	人口伤亡 受伤	人口伤亡 失踪	私人损失价值	其他
省立台北女子师范学校	四〇,〇〇〇		四		四四三,〇〇〇	
省立台北工业职业学校	一二九,一〇〇				四三〇,八〇〇	
省立汽车修理驾驶补习学校			三		六三,〇〇〇	
省立台北女子师范附属小学					八五,〇〇〇	
国立台湾大学医学院附属医院		一	一		一九二,四二〇	
省立建国学校			三		一九,八〇〇	
台湾大学农学院			三			
台北市政府	七六,七〇〇	三	八		五六七,七〇〇	
台北市政府公用事业管理处			一			
台北市税捐稽征处			三		七一,〇〇〇	
台北县税捐稽征处	九四八,六〇五		五		一,五九五,〇四五	

续上表

机关名称	公物损失价值	人口伤亡 死亡	人口伤亡 受伤	人口伤亡 失踪	私人损失价值	其他
台湾高等法院	六〇〇,〇〇〇		一		一六六,七六〇	
台湾第一监狱	六〇〇,〇〇〇		二		三五三,一二八	
励志社台湾分社	七,〇〇〇		二			
中央通讯社台湾分社	七,〇〇〇		二		二八,〇〇〇	
台湾日报	三二〇,〇〇〇		二		七二,〇〇〇	
正中书局台湾分局	二五五,〇〇〇		一			
三民主义青年团台湾支团部	二〇,〇〇〇		三			文卷若干
中国旅行社台湾分社	一五〇,〇〇〇				一八,〇〇〇	
台湾旅行社	三二一,一三七		七		一四五,五〇〇	
外交部驻台特派员公署	一八,〇〇〇				七七,〇〇〇	
社会部劳动局台闽区劳动调查登记处					八,〇〇〇	

续上表

机关名称	公物损失价值	人口伤亡 死亡	人口伤亡 受伤	人口伤亡 失踪	私人损失价值	其他
台北县党部					三九,〇〇〇	
公路特别党部筹备委员会	三〇,〇〇〇				一四一,〇〇〇	
国营招商局台北分局	一,〇一〇,〇〇〇		一		九,〇〇〇	
铝业公司筹备处台北办事处			五		三五,〇〇〇	
台湾盐务管理局台北首仓办事处	二,八四四,四一七		二		二,一六九,八八〇	新旧卷宗均被毁
台湾信托公司筹备处(纺织公司)	二八七,七〇〇		七	一	三,五八四,四〇〇	
资源委员会材料供应事务所台北分所	一五一,二五〇		四		二九〇,一〇〇	
资源委员会石油公司台湾营业所			一			
资源委员会台湾办事处			二			
台湾煤矿有限公司	一,二九四,二二八	一	二		一,一八〇,〇三〇	
台湾无尽业有限公司筹备处			一		一三〇,〇〇〇	

续上表

机关名称	公物损失 价/值	人口伤亡 死亡	受伤	失踪	私人损失 价/值	其他
台北市煤气有限公司	三二〇,〇三四				一〇〇,〇〇〇	
中华日报社					三六二,五〇〇	
台湾产物保险股份有限公司筹备处	一九五,〇〇〇				四二三,六〇〇	
新生报社	六,二〇〇		四		二〇三,九〇〇	
救济总署台湾分署	七三七,二〇〇	一	一		一一九,四五〇	
台湾省调整委员会						
台湾银行总行及员工消费合作社	二〇六,五五五		三		一〇四,〇〇〇	
台湾樟业股份有限公司	五七七,九一七	一	二		三,〇九六,七一〇	
水泥公司	损失待查		八		五,四五〇,〇〇〇	
经济部台湾区特派员办公处			三		五,一四〇,七九〇	
和平日报			二		二八五,〇〇〇	
度量衡检定所			三		三三,〇〇〇	
新中国剧社	一,八〇四,八〇〇					

(乙)"二·二八"事件台北市人民损失概况表

台湾省行政长官公署民政处查编

民国三十六年三月二十二日查报

价值(单位:台币元)

人口伤亡			财产损失价值
死亡	受伤	失踪	五六、〇二三、八〇六
七	四四	一	

说明:台北市民间损失尚未报齐,本表根据现有报告材料(截至三月二十二日止)汇计。

〔监察院档案〕

12. 台湾省行政长官公署陈仪关于台湾二二八起义情形致张群陈布雷电

(1947年3月24日)

南京国府文官处吴文官长达铨兄,并转张岳军兄、陈布雷兄:×密。台省骚动,今已告一段落。公路、铁路畅通,各县、市秩序恢复,正办理善后中。此事"元首"蒸(十)日在纪念周中,已有定评。其原因,实有台人受日本奴化太深,思想中毒,平时御用绅士未受惩治,报纸恶性诋毁未予严格取缔。弟失之甚宽,致启狡谋。至于绯伤人一案,惩凶,抚恤,政府事事做到,民间反不提及,唯要求解严,要求军警不带枪枝出外;占据广播电台,昼夜叫喊,煽动反抗。台北市俭(廿八)东(一)两日客籍公教人员,初步调查被毒打受伤者八百六十六人,立毙命者三十三人,失踪者七人,殴打时,宣称"杀尽中国人"。所谓二·二八事件处理委员会者,普设分会于各县、市,胁迫县、市长交出政权,集中客籍公教人员,饥饿毒殴,逼唱日本国歌,逼令妇女裸行。基隆、高雄两市聚众包围要塞,令其解除武装。微(五)日,该会广播召集曾充日本海陆空军者,赴中山堂开会,成立"特攻队"。各地暴徒不断劫夺军警枪枝,公然以卡车搬劫机关财物及公教人员宿舍。胁迫铁路罢工,阻碍军运。除该会外,省府有"台湾省政治建设协会"、"政治改革委员会"、"自治青年同盟总部"、"忠义服务队"、"工业制度调整委员会"、"警察改革同盟"等组织。其传单标语有"打倒国民党一党专制政府"、"组织联合政府"、"建立台湾民主自治政府"、"建立台湾民主自卫军"、"建立各界人民代表会议"、"停止斗争等于自杀"等语。又有所谓独立运动者,国号"新华",择十日举事,全岛成功后,渡海入中国本土(改革国体以日本精神重建新秩序)。其国旗于太阳旗上加一黄星,年号用"台湾自治邦纪元年"。嘉义市暴徒向政府发最后通牒,有云:"台中方面之治安已不由中国政府担任,现由临时政府担任,施政方针:一如日本政府情形良好"。台中市有"民众作战本部"。屏东市有"治安本部"、"参谋本部"、"作战部",野心占据,七次向英、美领馆运动托治。事变中,弟派员赴美领馆接洽,据报若干台湾野心份子适在内开会。综观上列事实,可知与所谓改革政治无关,更与缉私伤人参政脱节,完全系"奸党"日本御用绅士,海南岛、南洋、东北各地遣回之台籍日兵热中之野心家勾结流氓地痞及少数私立学校之学生合串之叛乱行为;而青年团团员多参加暴动(屏东嘉义两市),则主张中央恳迅速派兵。溯自丑(二月)俭(廿八日)至寅(三月)鱼(十八日)一周中,弟无事不宽,有求必允,追阳(七日)晚处理委员会广播提出卅二条件,撤销警备总部,解除在台湾海陆空军武装,由政务局改组政府。庚(八日)晚长官公署警备总部、台湾银行、陆军监狱、陆军仓库,彻宵受"暴徒"袭击,及杨亮功兄自基隆入台途中两山夹击,伤其随从。似此情形,任何人不能再忍,自须戒严搜捕。外间人士,或不悉台情,随声附和,或歪曲事实,遥为声援,其实暴动只在城市,并未波及农村与工厂。"暴徒"除当场格毙外,余均审讯后法办,不久汇报院层,不究胁从,力戒株连,期符中枢宽大之旨。总之,此次事变,完全由于少数"乱徒"希图谋叛,决不是民众要求改良政治与改变专卖贸易等经济制度的运动,事实俱在,不容歪曲,知注特闻。弟陈仪寅(三月)敬(廿四日)亲印。

〔国民政府档案〕

13. 台中市党部关于台中暴动情形综合报告呈

(1947年3月28日)

极机密

一、台中区暴动经过详情

台北"二·二八"事件发生后,本市参议会,暗中会同县参议会及彰化市参议会,于三月一日召开紧急会议,讨论响应办法。即席议决增提"改组长官公署"及"即刻实施省、县、市长民选"两条件,推国大代表林连宗晋省交涉,并决定必要时发动全省总罢工,罢市、罢课时,反动份子以有机可乘,当由奸党谢雪红等与台北派来学生廿名,在市举行秘密会议。适市参会于下午发出"三·二"催开"市民大会"通知,经本部预得各项阴谋情报,急联络市府警局设法防止。乃因奸党计划周详,议长黄朝清等早被利用,虽在即晚散发延期开会传单,终于"三·二"上午九时如期举行市民大会。首魁谢雪红亲率暴徒二百余名出席参加,自任主席。由谢与张风谟(律师、政治建设协会台中分会理事)、高雨贵(青年团台中分团股长)、巫永昌(台中政建协会主持人)、张深(牙科医生、政建协会委员)等纷起讲演,词多煽动,故会后遂发生暴动。以谢雪红、何銮旗(流氓头目之一、原为警察局干部)、林克绳(消防队副队长,队长林连城之弟)居首,集结群众数千,沿途殴打外省人,并利用消防队救火车警号,号召暴徒,一时呼声动地。途经本部,将本部衔牌打破后,即群往包围警察局,由局长洪学民,自动解除武装,标封所有军器,警局遂被暴徒占领。

午后，包围专卖局台中分局，局长赵诚以下外省职员，均为拘送刑务所监禁，私物半为焚毁，继攻前台中县长刘存忠宿舍，刘部下为自卫开枪，死伤学生各一。暴徒情绪益复愤激，乃由何銮旗、谢雪红冲入警局取出全部武器，并由消防队载到汽油，将实行火攻。结果刘存忠屈服，被捕往警局门口殴打后，与眷属同受押禁，被打死部下一人，耳鼻均被削去。

初本部得悉市民大会召开时，即派员前往旁听，指导员与秘书留部候讯，以暴动发生过骤，且不愿擅离职守，因急通知一二忠实党员，布置地下工作，一面与眷属计四名自动集中部内职员宿舍（原仓库），派省籍干事郭天锡、陈朝木，分往打听消息，按时入内报告。

当晚八时，暴徒再集结围攻七五供应站第四支库及第三飞机厂仓库（往前教化会馆），计划夺取军火，整夜枪声大作，驻内部队竭立抵抗，暴徒遂不得逞。翌（三）日台中区以政治建设协会会员为主体，出组"时局处理委员会"本部忠实干部施金涂、魏贤坤等数名，混入参加工作，故会中行动，本部得以终始瞭澈。

是日，暴徒继续围攻供应站、支库及飞机厂，供应支库载走军火数车（被夺去三车），支库当日即被占领。惟教化会馆内部队，则犹抵抗不屈。至晚，为消防队开到救火车，携带喷水管将装入汽油喷射，掷入手榴弹轰炸，该部队视势不利，不得已屈服。被缴收步枪三百余杆，军火无数，外省籍公教人员三百余名避居在内，均为集中羁禁。

时暴徒以武器足用，凶气更炽，各派暴徒首领如谢雪红、何銮旗、林连城（弟林克绳）等分率部下，四出搜捕外省人，并加抢劫财物。

四日，时局处理委员会，占本领办事处为会所，本部指导员林金藻、秘书施云骧犹偕眷在内，幸为参加该会三同志所掩护，未受发觉。而外间一切消息,亦尚能继续通达,遂密示地下工作人员,相机分化奸徒力量,晓谕学生,勿为利用。是日适发现用学生名义张贴反动标语,即由本党同志徐成等联络学生于大会时提出反对。谢雪红等自足与其他目标仅在抢劫之流氓及学生队开始分化,另集干部组伪"二十七部队",自任总指挥,以钟逸人(海外归台青年)、蔡铁城(和平报记者)分任队长与参谋,重要干部林西陆(和平报副经理)、杨克煌(自由报记者)、张深切(台中师范教务主任)、杨逵(文化人,无固定职业)、叶陶(杨逵妻,市妇女会理事)、林兑(无固定职业)、李乔松(建设协会会员)等同参机密。学生队另由时局处理委员会推吴振武负责(台中师范体育教员,曾任日本海军大尉)。流氓大部仍由何銮旗统率,消防队仍归林连城领带,而抢劫案发现频频,经证实皆为何、林之部下所为。

同日飞机厂派员接洽共同管理军火物资,由处委会派吴振武等前往接收,至是,本市各机关已全为占领。

五日,处理委员会继续开会讨论维持治安等事宜,下午张深切发现本部指导员及秘书留部未退,入内令准备集中,六日晨,谢雪红亲访林指导员,通知将准备汽车载往他处"保护"——意图加害。为处委会得讯阻止。乃于下午三时由会派人监往本部直管之"社会公寓"与其他公教人员集中看守,前后失却自由又一周,而中间对控制奸党,破坏暴徒阴谋,得诸忠实同志,诚挚不渝,接受指导,工作幸未间断。

十日起,廿一师部队及宪兵团进驻本省,消息渐已传遍,局势于以变化。一般危险不良份子,已群谋退步。除谢雪红等集结决死党,搬运军火,准备流窜外,余如林连城、何銮旗等则以巴结市长警察局长借事定时后援,企图幸逃法网。

初本市市长黄克立,于"三·二"暴动发生时,驾车逃入雾峰林献堂家,为群众包围,跳墙脱走,化装乞丐,步行山间□□昼夜,至五日入市,为学生巡逻队查获,押入社会公寓集中,市民群以市长应变无方擅离职守,使事态扩大,责难诿卸,而暴徒由是更渺视政府。又警察局长洪学民自交出该局武器后,个人由消防队队员随同行走自由,兹次台中暴动中,外省人行动自由,仅彼一人而已。

十二日下午,时局处理委员会结束,善后事移交参议会另设处理部办理。同时开释各集中所外省人,十三日下午五时,廿一师四三六团开抵本市,本部于十四日起照常办公,此非常事变始告结束。

二、参加暴动人数及其首要份子与其背景

查台中区暴动推原祸始肇端于市参议会三月一日紧急会议,该议长黄朝清在日政府时代任皇民奉公会参与兼生活部长,光复后得市长黄克立撑腰以最少票数强荐出任议长,副议长林金标以下参议员亦半为日政府御用绅士,黄市长为把握地方势力巩固权位一年来始终为之支持,互相利用。而黄朝清等,则素以愚弄政府讨好流氓欺骗民众为惯技,兹次"二·二八"事件发生,因而集国大代表与政治建设协会分会份子讨论响应。除即席增提两条件,派林连生晋省交涉外并决定发动全省罢市罢工罢课,与订"三·二"举行市民大会,结果虽受市长劝告,再发延期开会通知,终予奸党谢雪红等以可乘之机,仍如期集会,暴动由是发生。当时暴动参加份子计分数派:(一)奸党以谢雪红为首魁,带同干部杨克煌、张深切、高两贵、林兑、李乔松、杨逵、叶陶(亦政建会委员)、林西陆、钟逸人、蔡铁城,部下约四百人,份子组织为海外归台青年、地方流氓及少数学生;(二)流氓以何銮旗为首,干部为陈甲木、陈茂中、董再添、吴天赏,部下约三百人;(三)消防队以林连城为队长(事前往台北联络参加"三·二"暴动由其弟林克绳率领,二日晚□赶回参加围攻国军),部下约二百五十人;(四)政治建设协会以巫永昌、张风模为首,重要干部为童炳辉、张深镭、邱钦洲、林糊、张聘三等约五十名;(五)其他民众学生约千余人,随上述四派队伍出发。兹谨具一览表一份请核转警备司令部予以究办。

附暴动首要份子一览表

台中暴动首要份子一览表

姓　名	年龄	出　　身	罪　　证	背景	备　考
谢雪红	46	莫斯科东方大学毕业，日本共产党中央执行委员，中共台湾主持人。	主持"三·二"市民大会，领导暴动指挥殴打外省人，围攻国军，夺取军火，组二十七部队。	共产党首领谢雪红	部下四百余名
钟逸人	28	日人时代志愿兵，曾随日军出征荷印，回台后，加入青年团。	自任总指挥，流窜埔里顽抗国军，任谢雪红二十七部队长，受谢指挥，参加一切叛国行为。	同右	
蔡铁城	26	和平日报记者。	任谢雪红参谋，与谢形影不离，参加并计划暴动，指挥围攻国军。	同右	
林西陆	56	和平日报副经理，台中县参议会参议员，农会理事。	协助谢雪红煽动暴民，主张打倒政府，组织人民政府，参加暴动计划，领导农民实行阶级斗争。	同右	
杨克煌	35	和平日报记者，自由日报记者，私立建国职校教员，台共党员。	"三·二"市民大会司仪，演讲荒谬，煽动市民排外，协助谢雪红策动暴动。	同右	
张深切	40	台中师范学校教务主任。	协助谢雪红煽动学生，强调排外，推翻国民政府，打倒国民党，参与暴动抵抗国军。	同右	

续上表

姓　名	年龄	出　　身	罪　　证	背景	备　考
林兑	40	前日政府时参加农民运动,现无固定职业。	协助谢雪红,主张采取直接行动推翻政府,负责煽动县辖青年。	同右	
杨逵	45	前农民组合干部,精通日文、国文,台共党员。	发表荒谬言论、主张组织下乡工作队,煽动农民青年反对政府,组舆论调查所,协助反动宣传。	同右	
叶陶	42	杨逵妻,农民组合干部,台共党员,妇女会理事。	煽动农民及妇女,反对政府,协助谢雪红宣传。	同右	
高贵	45	前皇民奉公会干部,组织流氓团,协助日政府,现青年团台中分团股长。	市民大会演讲,激烈煽动反对政府,肃清外省人,协助暴动指挥行动。	同右	
李乔松	51	前日人时代农民组合干部,现政治建设协会委员。	参加市民大会演讲,煽动殴打外省人,拥护谢雪红主张,代表后方对外接洽。	同右	
巫永昌	42	政治建设协会台中分会主持人,医师公会理事。	主持政建协会台中分会,领导会员攻击政府,参加市民大会演讲,煽动市民。	政治建设协会	部下六十名左右

续上表

姓名	年龄	出身	罪证	背景	备考
张风谟	40	律师,政治建设协会委员。	台中政建协会最激烈分子,事变中参加历次大会演讲,煽动推翻政府,与谢雪红交往甚密。	同右	
张深镭	40	牙科医生,政建协会委员。	同右	同右	
童炳辉	38	律师,政建协会委员。	同右	同右	
林糊	55	台中县参议员、医生。	同右	同右	
张文环	40	前皇民奉公会雾峰分会主事,现任台中县参议员、政建协会委员。	同右	同右	
何銮旗	34	大明报记者,台中流氓首领,曾任日军小队长、壮丁团副、团长。	统率流氓殴打外省人,指挥围攻国军,抢劫公私财物,受谢雪红利用,助长反动宣传。	流氓派	部下二百余名(洪学民曾利用为干部)。
陈甲木	35	协政新报编辑。	受何銮旗指挥,参加暴动,带张德丰前往接台中县党部殴打吴干事。	同右	
陈茂中	40	大明报台中分社主任。	受何銮旗利用、参加暴动。	同右	
陈清标	28	自由日报记者。	受谢雪红利用,广播谣言,煽动民心。		

续上表

姓　名	年龄	出　　身	罪　　证	背景	备　　考
林连城	40	台中市参议员，消防队队长，前日政府壮丁团长，为日人训练壮丁。	事变前晋省接洽派人参加台中暴动，指挥围攻国军，用救火车号召群众，部下参加殴打外省人，抢劫财物。	消防队	台中市政府武力干部。
林克绳	29	林连城弟，消防队副队长。	指挥消防队参加暴动。		

三、事变中忠实有功同志工作概述

"三·二"暴动发生时本部外省人员林指导员金藻、施秘书云瓖，惟明知处境危险然以职责所在，留部不退，并秘密指挥忠实同志居中活动，中以施同志金涂、魏同志贤坤、徐同志成最为努力，施同志混入"台中区时局处理委员会"总务部工作，负责搜集材料，报导会中机密，举凡会中动态，危险份子言行，以及各项计划，均由彼一手调查随时报告。魏同志、徐同志任调查及联络部委员，负责调查奸党暴徒行动，设法联络学生及忠实份子控制奸党等，中间以分化暴徒力量纠正处委会目标两事为最著。其他如范来福同志掩护外省籍人员，蔡志昌同志纠集干部控制异党，协助肃奸工作，本部干事陈朝木、郭天锡，保护机密公文，社会服务处旅社部经理杨水沟掩护外省籍军公人员九名，其妻因以被消防队拘禁数小时，皆为事变中较有功劳者。至地方人士其能明大义守正不阿者有林献堂、黄栋、王金海、曾茂己、吴颠位、林汤盘、廖学镛、江文章等，且均为本党党员谨附名单二份请准分别予以嘉奖。

附忠实有功同志一览表

台中区"三·二"事变忠实有功同志一览表

姓 名	略 历	有 功 事 迹	备 考
施金涂	灵化图书公会理事,本市第五一党部执行委员。	搜集事变材料,破坏奸党阴谋,侦察暴徒行动,呈献肃奸地。	掩护本部指导员秘书。
魏贤坤	国民□报社社长,台湾日报、台中市□事处主任,本市第九区分部宣传委员。	分化暴徒力量,纠正处委会目标,检举奸党罪行。	同 右
徐 成	民生报社社长,本市第四区分部书记。	同 右	
范来福	医师公会理事,台中市参议员。	检举暴徒罪行,掩护外省籍人员。	
蔡志昌	调统室专员,第九区分部执行委员。	控制异党,协助肃奸。	
杨水沟	前本部干事,现任本部直管社会公□经理。	掩护外省籍人员,招待被集中各机关人员,调查与汇集事变中情报。	
陈朝木	本部干事。	保护本部机密公文,联络忠实同志,协助地下工作。	
郭天锡	同 右	保护本部机密公文。	
林献堂	参政员。	深明大义,守正不屈,拥护本党,分化奸党力量。	
黄 栋	台中市商会常务理事。	同 右	
王金海	台中市商会理事长。	同 右	
林汤盘	市农会理事长。	深明大义,守正不屈,拥护本党,分化奸徒力量。	
曾茂己	医药同业公会理事长,市参议员。	同 右	

续上表

姓　名	略　　　历	有　功　事　迹	备　考
吴颠位	牙科医师同业公会理事长。	同　右	
廖学镛	市农会理事、市参议员。	同　右	
江文章	商业职业校校长。	同右 掩护外籍人员。	

四、本部公私财产损失情形

本部外省籍人员指导员、秘书各乙员，住宿部内职员宿舍，自"三·二"事变发生后，留守未退，各项公私财物亦未及移藏。本部部址于四日被占利用为"时局处理委员会"会所，所有公用厅室房间器具，均为该会利用。指导员林金藻、秘书施云骧于六日下午被移往社会公寓集中，离部时仅各携带棉被随身，余仍留置职员宿舍，至十二日下午恢复自由，十三日回部。查点公私财产计公物方面损失桌椅电灯等及破坏玻璃门窗，估值七万余元，林指导员私物损失折旧估价三万九千余元，施秘书私物损失折旧估价三万三千余元。又本部经营旅社（社会服务处社会公寓）自四日起即被利用监禁各机关外籍人员计一百三十六人，当被迫交出全部寝具器物应用，社中原用执事人员十五人，均须自备膳食受"警备队"（均台中市义勇消防队队员）指挥，负责招待该队及监禁人员，供应茶水薪炭，该"警备队"出入无定，自由移动器物，稍加阻止，即受斥责。至十二日下午宣布开释监禁人员，经理杨水沟同志，曾请求代为检查行李，该"警备队"拒不负责，并曾□同搬运，时社内尚留市外人员廿四名，即晚又将其他集中所带来卅一名迫再继续留宿，十四日起即停止发给留宿人员膳食，至十九日止，即改由社内供应膳食，十九日所有留置人员全部离社。事后经详细点查计损失冬夏棉被二十三条(初查点误为卅三条),瓷器一百六十七件,中间一应费用支出五万余元。上述公私损失情形,谨分别具造损失查报表各乙份,请准分别备查并恳设法救济。

附公私物损失查报表

中国国民党台湾省台中市党部公物损失查报表

民国三十六年三月二十四日查报

指导员林金藻

损失地点	品名	单位	数量	价值元		备考
本部办事处	党国旗	面	大三中二	三四〇〇	〇〇	
本部办事处	办公桌	只	一	八〇〇	〇〇	
本部办事处	沙发椅	只	二	二四〇〇	〇〇	
本部办事处	礼堂椅	只	四〇	八〇〇〇	〇〇	
本部办事处	课桌	只	二〇	八〇〇〇	〇〇	
本部办事处	黑板	架	一	一五〇〇	〇〇	
本部办事处	图表镜框	个	六	一八〇〇	〇〇	
本部办事处	衔牌	面	一	三〇〇	〇〇	
本部办事处	折叠椅	只	五〇	一五〇〇〇	〇〇	向第三信用合作社(原信用组合)借用
本部办事处	电灯罩	盏	一	五〇〇	〇〇	同右
本部办事处	电灯泡	颗	二〇	六〇〇〇	〇〇	
本部办事处	电灯头	个	一四	一四〇〇	〇〇	

台中市党部直营社会服务处旅社部(社会公寓)损失查报表

损失地点	品　名	单位	数量	价　值 元		备　考
市府路自由街本公寓	冬用棉被（被单）	套	七	一四、〇〇〇	〇〇	
市府路自由街本公寓	夏用棉被单	套	十六	一六、〇〇〇	〇〇	
市府路自由街本公寓	瓷器	件	一六七	一〇、八〇〇	〇〇	内经理杨水沟个人购置卅五件价四、二〇〇元以列包括碗、盘、杯、瓶等瓷制器物
市府路自由街本公寓	费用消耗	元		五六、七六七	二〇	自三月二日至十九日本公寓支出膳食费用及供应茶水薪俸合支如上数
合　计				九七、五六七	二〇	

中国国民党台湾省台中市党部私物损失查报表
民国三十六年三月二十四日
指导员林金藻

损失地点	损失人职别及姓名	品　名	单位	数量	价　值 元		备　考
本部办事处内职员宿舍	指导员林金藻	草绿呢中山装	套	乙	八、〇〇〇	〇〇	价值以折旧计算（以下同）
本部办事处内职员宿舍	指导员林金藻	哔吱西装	套	乙	一二、〇〇〇	〇〇	
本部办事处内职员宿舍	指导员林金藻	衬衣	件	二	一、〇〇〇	〇〇	

续上表

损失地点	损失人职别及姓名	品　名	单位	数量	价　　值 元		备　考
本部办事处内职员宿舍	指导员林金藻	毛　毡	条	一	五、〇〇〇	〇〇	
本部办事处内职员宿舍	指导员林金藻	呢　帽	顶	一	二、〇〇〇	〇〇	
本部办事处内职员宿舍	指导员林金藻	女外衣	件	一	二、五〇〇	〇〇	
本部办事处内职员宿舍	指导员林金藻	女旗袍	件	二	二、〇〇〇	〇〇	
本部办事处内职员宿舍	指导员林金藻	白皮鞋	双	一	一、二〇〇	〇〇	
本部办事处内职员宿舍	指导员林金藻	个人大甲席子	领	一	八〇〇	〇〇	
本部办事处内职员宿舍	指导员林金藻	手　巾	条	二	一〇〇	〇〇	
本部办事处内职员宿舍	指导员林金藻	袜	双	三	四〇〇	〇〇	
本部办事处内职员宿舍	指导员林金藻	小时辰钟	座	一	二、〇〇〇	〇〇	
本部办事处内职员宿舍	指导员林金藻	脸　盆	个	一	五〇〇	〇〇	
本部办事处内职员宿舍	指导员林金藻	牙　杯	只	一	二〇〇	〇〇	
本部办事处内职员宿舍	指导员林金藻	蚊　帐	条	一	二、〇〇〇	〇〇	
	小　计				三九、七〇〇	〇〇	
	秘书施云骧	夏布中山装	套	一	三、〇〇〇	〇〇	

续上表

损失地点	损失人职别及姓名	品名	单位	数量	价 值 元		备考
本部办事处内职员宿舍	秘书施云骧	白仿哔吱西装	套	一	四、〇〇〇	〇〇	
	秘书施云骧	灰色秋绒西装	套	一	一〇、〇〇〇	〇〇	
	秘书施云骧	跑裤	件	二	一、六〇〇	〇〇	
	秘书施云骧	衬衣	件	三	一、三〇〇	〇〇	
	秘书施云骧	白线毯	条	一	二、五〇〇	〇〇	
	秘书施云骧	大甲草笠	顶	一	四〇〇	〇〇	
	秘书施云骧	女呢外套	件	一	四、五〇〇	〇〇	
	秘书施云骧	女布长衫	件	二	一、六〇〇	〇〇	
	秘书施云骧	女哔吱长衫	件	一	三、〇〇〇	〇〇	
	秘书施云骧	纱衫背心	件	四	一、二〇〇	〇〇	
	秘书施云骧	热水壶	只	一	一、八〇〇	〇〇	
	小 计				三三、九〇〇	〇〇	
总 计					七三、六〇〇	〇〇	

五、地方损失情形

查本市自"三·二"发生暴动,以警局首先屈服,驻军实力欠厚,五日起各机关即受暴徒全部控制成无政府状态,前后达半月。

中间以奸党流氓纷起活动，劫夺军火，搜抢财物，举凡机关部队及学校公物均有散失，外省籍各界人员私人财产亦均被抢劫殆尽，虽确数尚难统计而损失之惨重实冠于其他县市。自廿一师部队及宪兵第三营进驻以后，已会同市府警局出示追缴军火及损失财物，迄今仅收回一部军火，其他公私财物则未见交缴。对肃奸事宜，本部经协助各该部队工作负责调查情报送供参考，惟已逮捕人犯，系宪兵营主办，因其中有待侦查，该营严守秘密，故本部未尽明了，经密电该营调查，候得复时续报。

台中市党部指导员林金藻

中华民国三十六年三月二十八日

〔监察院档案〕

14、台南市长卓高煊关于二二八事变波及台南市情形报告书

（1947年3月29日）

台湾省"二·二八"事变波及本市情形报告书

一、事变经过情形

台北"二·二八"事变发生后，骚动情形，逐渐扩大，有蔓延各地之势，本市为先事防范计，于三月二日清晨六时由宪兵营廖营长召集军、警、宪联席会议，共商妥善应付办法。出席者计有高雄要塞司令部第三总台长项克恭，宪兵营长廖骏业，营附郎大光，高雄团管区司令部参谋主任李蕴石，空军第二十五地勤中队长陈金水，台南市警察局长陈怀让，二十一师张连长等。决议：（一）公推项总台长克恭为指挥官；（二）死守第三总台（国民道场）及大林飞机场；（三）密切联络，尽量交换情报；（四）严切注意各部队风纪；（五）分访地方有力人士请劝阻民众切勿盲从附和等要案。下午情势渐形紧张，市面到处麇集三五学生游民，似

在酝酿发动之中。下午七时得悉，新竹、台中、嘉义等市纷起暴动，并风传台北暴徒将于本晚十二时左右，由嘉义到达本市。职即时召集王主任秘书、陈警察局长，并请第三总台项总台长、宪兵营廖营长及本市各重要机关、学校首长在市长官舍继续商讨应付对策，并指定内地公教人员临时避难处所（宪兵营及第三总台部），一面请市党部指导员韩石泉先生负责联络本市公正人士协力宣导镇压。是夜二时，警察局陈局长亲来报告：本市参议会亦召集各参议员及党团人民自由保障委员会等团体在参议会，讨论台北事件及本市治安问题。职即同警察局陈局长、宪兵营廖营长前往参加，会场言论激烈，情况至为紧张。初欲组织治安维持会，职以此种名义欠妥，坚决反对。并请廖营长面告黄议长请其注意，嗣经讨论始改为台南市治安协助委员会，推参议会议长黄百禄为主任委员，内分总务、联络、治安、水道、救护、粮食、消防七组。深夜二时五十分会议未终，忽得警察局报告：暴徒在市区开始骚动，侵入本市永乐町等派出所，劫夺枪枝十四枝、子弹数百发。职即饬陈局长亲往设法制止，并追回枪弹。职与廖营长同返营部商讨对策。翌日（三月三日）上午六时，即往市府指示各单位将重要文卷、票据、凭证、册簿等加以整理，妥为包扎，以便紧急时移置安全处所。八时照常举行国父纪念周，指示各同仁沉着应变及注意事项。九时复请项总台长、廖营长、陈警察局长在市府继续商讨应付办法，决定于事态恶劣时应变准备及内地来台人员集中保护等。十时，市面谣言纷纷，往来人群，间多不良份子。至十时半左右，府前路暴徒三五成群，情势至为紧张，有一内地来台人员在市府门口被殴，满脸流血，逃入市府为状极惨，职亲出抚慰，并饬送医院救治。同时市区已普遍发生暴动，内地来台人员被殴，伤害惨重，秩序纷乱，无法维持，并闻暴徒将包围市府。治安协助会，名实不符，毫无协助。该时职即令国内来台人员向国民道场、高雄要塞司令部第三总台部集中，重要文卷等派员送往宪兵营,市府所有公有财物指定本省籍人员保管,并令警察局陈局长派督察长及武装警察三十名守卫市府(仅到十名)。职为便利工作起见,乃率主任秘书王维梁及重要人员数人携同印信、密电本等前往宪兵营,俾在该处随时与参议会及党团人士保持接触,冀挽危局。职在宪兵营时,叛徒曾派代表前来,提出各项不合理要求,如军、宪武装不得巡行市区,以免刺激市民,并要求发给枪械,市区治安由学生维持等,经予拒绝,嗣于下午五时左右参议会代表市民向警察局陈局长转达提出七项要求:(一)军宪警不开枪,不出动,不示威;(二)专卖局、贸易局取消;(三)能力薄弱公务员即时撤职;(四)粮食问题切实负责办理;(五)立即实行县市长民选;(六)省署各处长及各级主管人员须起用本省人;(七)各工厂应由本省人负责办理等。截至下午六时止,各派出所及第三监狱枪械悉数被劫。海关仓库物品亦被劫夺。警察局陈局长被汤德章等率领学生约二百余人围困办公室,电话亦行监视,同时要求发给武器,供给伙食,蛮横无理,彼等交谈概用日语,陈局长知机,托故离开。该批学生及暴徒将警察保安队武器弹药悉数劫夺,仓库所有械弹被服布匹亦被洗劫(警局枪弹除于三晨五时,运轻重机枪各一挺,步枪二十四枝,子弹一箱送宪兵营保藏外及国内来台警察人员二十余人携有枪弹,余均悉数被劫),市区竟日时生枪声。职为便利与指挥官项总台长商洽应变要公起见,于下午七时由宪兵营前往国民道场第三总台部。四日早晨职对陈局长转陈参议会所提七项条件分别予以答复,除(二)、(五)、(六)、(七)各项因有关长官公署及中央职权允予转陈外,其余各项答复如下:第一项:除暴徒侵犯军宪防区得取正当防卫外,余照办;第三项:本府及所属机关能力薄弱职员经查实后准予撤换;第四项:粮食问题市府负责全力办理。职同时亦提出安定地方维护政权办法数项:(一)行政权不受侵犯;(二)保全原有行政机构及公有财物;(三)警局被劫武器全部交还；（四）调查公私损失；（五）军宪警行动不受干涉；（六）抚恤伤亡；（七）警察复员；（八）学校一律复课等。并请宪兵营廖营长、警察局陈局长负责交涉。五日上午十时，在国民道场以电话请市党部指导员韩石泉、市议长黄百禄、三民主义青年团干事庄孟侯、宪兵营廖营长、警察局陈局长到第三总台部商谈，由项总台长与职主持，晓以大义，动以利害，剀切劝告，并以全市十六万市民生命财产不可作无谓牺牲。几度商讨，决定处理事变四大原则：（一）不扩大；（二）不流血；（三）不否认现有行政机构；（四）政治问题用政治方法解决。职为安定人心并免事态扩大起见，并于下午二时冒险同韩指导员、黄议长、庄干事长及主任秘书王维梁前往广播电台（是时该台系在暴徒控制中）播讲处理此次变乱四个基本原则，并附带代表长官抚慰善良民众，市区秩序希即恢复，同时希望市民勿受少数不良份子利用危害社会国家，并报告陈长官训示对于事件处理本宽大意旨，既往不究。最后通知下午三时全市警察人员一律到警察局报到，继续服务，不到者永不录用，并由王主任秘书用闽南语翻译一遍，继由韩指导员、黄议长、庄干事长等相继解释。三时职亲到市府巡视并指示省籍人员轮值保管公有财物办法后，再返国民道场，是日下午秩序稍见好转。惟奸党暴徒从中煽动情况仍极动荡。当日下午五时五十分参议会通告全市各团体定八时在参议会讨论取销台南市治安协助委员会，成立"二·二八"事件处理委员会台南分会，结果选出韩石泉为主任委员，黄百禄、庄孟侯为副主任委员，下设七组：总务组长沈荣，副组长杨清；治安组长汤德章，副组长许丙丁；宣传组长侯全成，副组长吴昌；粮食组长陈天顺，副组长叶禾田；救济组长翁金护，副组长陈心意；联络组长李愿能，副组长许炎昆；学生组长及副组长未定，内中份子大部份仍为参议员。六日职派王主任秘书前往市府处理重要公务并与各方联络，市区情况表面稍趋安定。七日上午韩石泉、黄百禄、侯全成、廖营长、陈局长前来国民道场报告市区粮食恐慌,每斗售价达八百元,希职返府解决粮食问题。职为安定民生,早日恢复秩序,并免刺激民众起见,不带武装士兵于下午二时,亲同王主任秘书、陈局长及韩石泉、黄百禄、侯全成等冒险返府,召集本市各金融机关、粮食事务所、合作社联合社、参议会等会商并决定以"二·二八"处理分会名义立约向本市金融界借款二千万元,由市府担保交粮商购运米粮发售,本日市区情况略见平静。八日,本府及所属机关恢复照常办公,市区秩序,渐复常态。十一日,高雄要塞司令部派杨指挥俊,率国军抵达本市,分驻市区要点及车站,市府广播电台,邮电局等处并实行戒严,宪警亦同时出动拘捕首要及嫌疑份子百余人,收缴被劫及私藏武器弹药。职于是日下午一时往广播台广播,说明国军进驻本市之意义并宣布:(一)市区临时戒严,希望各安生业;(二)学生民众所有枪械、军刀、手榴弹、炸药及其他一切武器限是日下午四时以前自动缴送参议会黄议长汇转台南区指挥部,逾期不缴,一经查觉,就地正法;(三)严惩奸党暴徒,保护善良同胞,借以安定地方秩序,并希望秘密检举奸匪暴徒。是晚各区公所会同宪警抽查户口,搜缴藏匿枪械。职与王主任秘书及韩指导员石泉、黄议长百禄分往各区督导,深夜始返。以上系本市三月三日至十一日事变经过概略。此次本市变乱警察局本省籍警员临变不听调遣,武器被劫,警力瓦解,言之痛心。幸赖宪兵营廖营长,苦心应付,挥泪劝诫。高雄要塞司令部第三总台项总台长意志坚定,指挥有方。军宪全体官兵,均能戮力同心,忠勇奋发。职恪遵长官电示意旨,配合军宪,沉着应变,军民迄未发生冲突,幸免流血,同时地方公正人士韩石泉尚明大义,协助亦力,得免扩大,本府人员于变乱时趋避指定处所,均获安全,公物损失为数轻微。惟内地来台人员住宅大半被劫,私人损失较重,亟待救济。

二、事变起因及主动者

本市于三月三日发生变乱,其原因完全受台北"二·二八"事件波及,国内来台之人,不分性别、职业、地域,如被发现,即遭殴

打。其主要煽动操纵者,约可分为四种:

(一)野心政治家及流氓:台湾光复,立即树立民意机构及各人民团体,因时间匆促,份子庞杂,良莠不齐,间有日本时代政府之爪牙及地方土劣、流氓首领等。光复以来政府为发扬民主精神,凡百措施,咸本宽大,但均被认为无能表现,更兼受日人五十一年奴化教育,养成轻视祖国、轻视国军、仇视外省人偏狭误谬心理,冀图夺取政权。

(二)奸党份子:台胞心情燥急偏狭,极易冲动,向受日本奴化教育与恶意宣传,继以各地参议会对于政府过份恶意诋毁,在信仰动摇,不满政府,不满现实气氛中,奸党认为良好机会,从中煽动挑拨,以遂攫夺政权目的。

(三)日本潜伏地下工作份子及留用日人:日本民族虚伪狡诈,阴险狠毒,台湾被我光复,于心自属不甘,遗留地下工作人员及留用日人,故亦乘机煽动。

(四)海外归来台胞:海外台胞,完全受日本军事教育,派往海南岛及南洋等地作战,以充爪牙,间多无恶不作分子,根本毫无祖国观念,返台之后,怙恶不悛,故一被煽动,即起叛乱。

三、善后措施与意见

国军于三月十一日由杨指挥官俊,率领进驻本市后,于上午十时左右宣布临时戒严,并分别拘捕奸党暴徒首要及嫌疑份子,限期清缴武器弹药,并举行户口清查,继续由银行贷款,合作社采购粮食配售市民,调查此次死伤人数及公私财物损失等。兹将办理情形分陈如左:

一、拘捕奸党暴徒及嫌疑份子:奸党暴徒计拘捕汤德章、庄孟侯、柯贤湖、庄茂林、蔡丁赞、李国泽、张旭升、林宗栋、黄小林、翁金护等一百六十七名,除汤德章一名业于十三日由本省南部防卫司令部予以正法外,余由指挥部移送台南地方法院检察处组织军法会审,现正严讯中。

二、武器收缴情形：本市变乱期间，所有被劫武器，业经大部缴回。兹将收缴情形列表如左：

台南市收缴武器弹药数量表

品　　名	单位	数量	备　　考
三八式轻机枪	挺	一	
三八式步枪	枝	九八	
九九式步枪	枝	一	
汉造步枪	枝	四	
步　　枪	枝	一二	内坏一枝制造厂不明
一四式手枪	枝	二五	内南部式一枝不明式坏二枝
九四式手枪	枝	一	
左　　轮	枝	二	
白郎林手枪	枝	二	
毛瑟手枪	枝	一	
刺　　刀	把	二六	
手榴弹	个	一〇	
步枪弹	粒	三、四二五	
手枪弹	粒	三五	
钢　　盔	顶	一、四二四	
防毒面具	具	四五四	
装配零件箱	个	二	

续上表

品　名	单位	数量	备　考
长柄刀矛	把	二二	
匕首刀	把	二	
军　刀	把	三四	
警察刀	把	二〇	
指挥刀	把	三七	
马　枪	枝	一四	内十枝系马气枪
破军服	袋	五	
破绑腿	篓	一	内夹其他零物品
土铁刀	把	二五九	

三、举行户口清查：本府于三月十六日下午二时，在市政府会议室召集市参议员、区长、宪兵营廖营长、警察局陈局长等开会，商讨清缴民间武器及肃清奸匪暴徒座谈会，并请项总台长参加。决定办法如下：（一）清缴匿藏武器及肃清奸匪暴徒，应以三分军事七分政治之精神积极办理；（二）各区清查户口，凡有奸匪暴徒及来历不明，或有嫌疑者，应即拘送警局，分别讯明核办，决定于十七日上午六时起，本市临时宣布戒严，举行户口总清查，本府民政科人员亦全体出动；（三）民间所有匿藏枪弹武器，均应自动缴交区公所，转缴市政府，汇转指挥部。各区里邻户实行连坐办法如下：1.某户如有窝藏奸匪暴徒或匿藏武器而不报者，一经查觉，该户长应受军法严惩，左右邻居户长应受连带处分；2.每邻有两户以上发现有窝藏奸匪暴徒或匿藏武器情事者，邻长受连带处分；3.每里有两邻以上发生上项情事者，里长受连带处分；4.每区有十分之

一里(未满十里者以十里计)发生以上情事者,区长受连带处分;5.知某户有奸匪暴徒或匿藏武器,自动报告市府或警察局、宪兵营者,除负责代为保守秘密外,并酌予奖励。调查结果,计拘捕嫌疑份子二十三名,长枪七枝,短枪(坏)二枝,各种子弹数百发,各式刀十八把,及其他军用品。

台湾沦陷五十一年,日本从事奴化教育、不遗余力,更以台胞系岛民性格,既有传统之冒险精神,复导以日本奴化教育,养成暴躁偏狭心情。翻阅台湾近史,足以证明现善后措施,除积极收缴武器,肃清匪徒,安定民心,平抑物价外,其根本办法,必须从教育着手。如地方土劣之铲除,政府威信之树立,奖励国内与台省人民互相移居,借以打破偏狭地域观念,亦属刻不容缓。至本省籍军宪警一律调往国内服务,亦杜渐防微之一法。谨陈意见如左:

(一)加强灌输祖国文化:台湾沦陷五十一年,台胞所受教育系奴化教育与殖民地教育,对祖国国情,诸多隔阂,致养成轻视祖国与仇视外省人之偏狭错误观念,此乃受日本毒化教育长期浸润所生之恶果,故亟应灌输祖国文化与固有之德性,今后各级学校均应普遍加强国语文、历史、地理等科,借以发扬祖国悠久伟大之文化,增强其对国家观念民族意识,一面由内地遴聘优良师资及文化工作者来台服务,共同努力台胞再教育的工作,又本省籍公教人员,亦应设班训练,侧重精神,思想之改造,并使明了国情,增进智能,借以坚定信心,加强工作效率。

(二)树立政府威信:本省光复以来,政府为发扬民主精神,凡百措施采取宽大,平时虽有少数台胞言行过激,以台胞初归祖国,诸多未谙,均予宽容,少数台胞罔明斯旨,以为政府无能,由此错觉,益肆无忌,风气嚣张,间难理喻,尤以各县市参议会为甚。故年来政府威信,被其破坏,凡诸政令推行,多受阻碍,今变乱敉平,各级工作人员尤应优勤惕励,扶植正气,公诚廉洁,威德兼施,庶可改变人民之观感，树立政府之威信。

（三）省籍与内地军宪警互调服务：此次事变省籍警察人员，不但未能尽忠职守，甚至将军械交与暴徒，间或参加变乱，言之痛心，尚幸军宪官兵间少台籍，否则事态演变不堪设想。为杜渐防微计，此后本省籍与内地军宪警，似应互调服务，俾能彼此了解，增进感情，打破省内外之偏狭地域观念。

四、事变中伤亡情形

本市在事变前，曾经会商决定公教人员临变趋避处所，更以宪兵营廖营长派兵不断巡回市区，护送公教人员至指定地点，故被殴打轻重伤仅四十余人，尚无死亡及其他残酷事件发生。兹将死伤人数列表如左：

台南市死伤人数统计表

伤亡别＼省别职别	外省							本省			总计	备考
	军警	政	教	公营事业	商	其他	计	警	商	计		
轻伤	二二	—	—	一	—	—	二三	二	—	二	二五	此表截至三月二十一日各界所报死伤数量
重伤	四	五	一	二	四	三	一九	一	—	一	二〇	
死亡	—	—	—	—	—	—	—	一	二	三	三	违反戒严令被哨兵击毙
总计	二六	五	一	三	四	三	四二	四	二	六	四八	

五、公私损失调查

本市变乱武器弹药及公私财产物资损失，据各机关查报，经统计如左表：

1. 台南市警察局损失武器弹药统计表

品　　名	单位	数　量	备　　考
轻　机　枪	挺	一	1. 国军进驻本市后，该局本省籍警员自动携回武器业已除外。 2. 指挥部所缴武器弹药一部份系警局被劫武器。
各 式 手 枪	枝	一八	
十四年式手枪	枝	一四	
三 八 式 步 枪	枝	六〇	
猎　　　枪	枝	二六	
杖　　　枪	枝	二	
十四年式手枪弹	发	一九七〇	
各 式 手 枪 弹	发	一〇〇〇	
三八式步枪弹	发	六五四二	
重 机 枪 弹	发	七三八	
刀	把		
十四年式皮壳	个	三二	

2. 台南市第三监狱损失武器弹药统计表

品　　名	单位	数　量	备　　考
步　　枪	枝	八	
短　　枪	枝	一	
军　　刀	把	二	
子　　弹	发	四〇〇	

3. 台南市公有财物损失总值统计表

机关名称	损失总值	备考
台南市政府建设局	一二五、七一〇.〇〇	台币：元 自来水水源地、电动机、皮带等等零件肆拾余件
地政科	三、五〇〇.〇〇	值宿被帐
教育科	一、七六〇.〇〇	书籍、图册等
总务科	二六八、六四一.〇〇	各职员宿舍电话机、收音机、电扇、被褥、脚踏车等等百余件
台南市参议会	五二、三九五.〇〇	
台南市日产处理分会	九〇〇.〇〇	
安南区公所	一〇、〇〇〇.〇〇	
市立初级中学	八、六〇〇.〇〇	
南区进学国民学校	三、六五〇.〇〇	
中山堂	七、一二〇.〇〇	
东区合作社	五、〇〇〇.〇〇	
合作社联合社农会	三、一八五.〇〇	
渔业生产合作社	一二、五二六.〇〇	
台南地方法院检察处	一五、四〇〇.〇〇	
台南支关	一一二、六〇〇.〇〇	
三民主义青年团台南分团	三〇、四八〇.〇〇	
台湾银行台南分行	三六、四〇〇.〇〇	
台南盐业公司	一〇四、八〇〇.〇〇	
总　　计	八〇二、六六七.〇〇	

4. 台南市各机关员工私有财物损失总值统计表

机 关 名 称	损 失 总 值	备　　考
台　南　市　政　府	一、二四七、七九七〇〇	
台南市税捐稽征处	五四七、九五〇〇〇	
台南市日产处理分会	二五、三九〇〇〇	
安　南　区　公　所	一三、九〇〇〇〇	
市　渔　船　修　造　厂	一三、八五〇〇〇	
省立台南民教馆	七五、五五〇〇〇	
市立初级商业职业学校	八、九四〇〇〇	
市　东　区　合　作　社	二〇、一〇〇〇〇	
台　南　市　参　议　会	九、七四六〇〇	
市中区成功国校	二一、六〇〇〇〇	
市　石　门　国　校	一〇、三五〇〇〇	
市　胜　利　国　校	九、三三〇〇〇	
市　立　人　国　校	一、三〇〇〇〇	
台　南　地　方　法　院	二二四、三〇〇〇〇	
台　　南　　支	五七七、〇三五〇〇	
台　南　盐　业　公　司	一、八五八、九四四八〇	
碱　业　公　司　安　平　厂	三五一、〇二〇〇〇	
彰　　化　　银　　行	三、三〇〇〇〇	
台湾银行台南分行	四四〇、九三〇〇〇	
合作社联合社农会	七六、二六五〇〇	
中　　华　　日　　报	八三、一〇〇〇〇	
国　　是　　日　　报	二三、五〇〇〇〇	
省　立　盲　哑　学　校	一四、四四〇〇〇	
中　区　区　公　所	一五五、二七〇〇〇	
福州十邑旅南同乡会	二〇一、九〇〇〇〇	

续上表

机关名称	损失总值	备考
省立台南第一女中	一〇六、一〇〇 〇〇	
盐务管理局	二、三五七、五九〇 〇〇	
总计	八、四七九、四九七 八〇	

台南市长卓高煊
中华民国三十六年三月二十九日

〔监察院档案〕

15. 台东县长谢兵关于台东事变经过报告

（1947年3月）

（甲）台东县事变经过情形提要

（一）事变的潜在原因：

1. 封建意识；

2. 日本军国主义教育之遗毒。

（二）事变动机：

1. 全省性秘密组织驻台东之阴谋份子策动起事；

2. 被日人征台海外作战回来之退伍青年，受毒化教育甚深，为此次变乱主力；

3. 奸党乘机煽动。

（三）经过概况：

1. 三月三日夜间阴谋份子煽动暴徒包围粮食仓库，并进迫县长官舍，开始制造扰乱事件。

2. 三月四日阴谋份子策动组织"台东时局处理委员会"，复煽动暴徒劫夺宪警及飞机场武器，变乱事态遂形严重。

3. 参议会议长陈振宗在"处理委员会"力主和平解决好，奸党遂于三月五日企图加以杀害,造成混乱局面未果。

4. 正副议长、参议员及乡镇长多数尚明大义,高山族对政府原甚信服,复经主要头目马智礼等分别宣导,严密联络,各部落皆甚稳定,且完全接受政府指挥,基于上述原因,故此次事件不致扩大。

5. 因:(一)奸党阴谋完全显露;(二)国军登陆消息证实;(三)高山族在暴徒占据之台东市区外围各村落严密戒备,加以压力,故台东市区之武装暴徒自十日起即迅速缴还武器。

6. 变乱时间,自三月三日起至十三日恢复常态。

(四)政府对策:

1. 原驻国军一排于三月四日晨奉令开赴花莲,所余宪警及飞机场炮台兵力量薄弱,事实上无法控制变乱局面,为避免流血,故未开枪。

2. 高山族占全县人口半数,个性率直,勇敢好战,如被暴徒利用,则情势之惨重当不堪设想,故以全力争取高山同胞,使其坚决信服政府,协助维持治安,此举之成功,影响全局至为重大。

3. 对参议员、乡镇长、地方人士及盲从参加之青年分别晓以大义,并揭〔下原缺〕

(五)二·二八处理委员会概况:

1. 委员及各部首要人员名单:

  主任委员:陈振宗(县参议会会长,因主张和平,暴徒欲加杀害,后逃入山地,与政府合作)

  主任委员:南志信(高山族国大代表,事变发生时,不在台东,仅被列名参加)

  副主任委员邱 英

  副主任委员林全福

  副主任委员吴金玉

  副主任委员赖金木

副主任委员王登科（卑南乡县参议员，始终与政府合作）
副主任委员马得里（即马智礼高山族总头目，始终与政府合作）
副主任委员蒋源盛（事变发生时不在台东）
指挥部主任刘春源　　　副主任杨陆垲
宣导部主任蔡鸿祺　　　副主任李有生
联络部主任陈琼林　　　副主任张万祥
总务部主任蔡维楫　　　副主任卢　远
治安部主任周　森　　　副主任萧振国
报导部主任游章光　　　副主任蔡永堂
经济部主任张世漳　　　副主任赖再承
输送部主任蔡　福　　　副主任杨子喧
救护部主任李　泉　　　副主任颜秋山
消防部主任赖爵承　　　副主任卢尊贤
通讯部主任张登云　　　副主任陈耀星
学徒队队长戴明福　　　副队长林进生
临时保安队队长杨天数　副队长李玉金
　　　　　　　　　　　　　　　高墀泉
　　　　　　　　　　　　　　　林源能
青年革新队队长杨光生　指挥班：张钦玉
　　　　　　　　　　　　　　　范金兴
　　　　　　　　　　　　　　　谢鸿祺
　　　　　　　　　　　　　　　陈满良

"陆海队"退伍军人主要份子：郑重义、苏灿宝（九日以后表示不为奸党利用）

2. 实际主持人姓名：
　　一、吴金玉、邱英（地方人士、态度不甚明朗、间亦曾与政府合作）

二、杨陆垲、颜秋山、陈琼林（与全省性反动组织有关
　　　系之阴谋份子）
　　三、刘春源、蔡鸿祺、周森（流氓首领、青年暴徒之实
　　　际指挥者）
3. 重要议决案：
　　一、台湾驻军要由本省民编成之。
　　二、对本事件人员不追究其责。
　　三、要求本省省长十二月一日实施民选。
　　四、要求本省日产全部归本省所有。
4. 占据机关：
　　县政府、警察所、飞机场、供应站、台东糖厂、专卖局……
　　等机关，自三月四日至三月十日均被变乱份子占据。
（六）一般民众的影响

本省事变消息传播到县后，有一部份从海外归来之青年及流氓确有勃勃欲动之势，但多数人士即多方劝阻，设法诱导使其从和平方式提出政治改革之要求。延至三月四日有外来之阴谋者及暴徒从中煽动与生事即在台东镇，始有接收警察枪械及殴侮外省籍之公教人员，但各乡村亦因有公正人士力持镇静，晓以大义，规劝静观大局，不可妄动，故各乡村均未发生变化。在高山族住居地区，各部落头目尽力戒备，禁止外人入境，并劝阻高山同胞出境，是以未受波及，而山地秩序赖以安定。

（七）前皇民奉公会份子行动

本县人民前曾参加皇民奉公会之份子多非担任重要职务，且人数亦少，于此次事变时并未参加暴动，虽有一二参加处理会之组织，但言行并不激烈。（附皇民奉公会名单）

（八）暴民残酷事实：
1. 见外省人即用石头木棒毒打。
2. 企图诱回县长，然后将外省人一并集中杀害。

（九）事变中公务人员死伤数：

1. 死亡者一人（金山国民校教员）。

2. 重伤者十三人。

3. 轻伤者五人。

以上为公务员十七人，军士一人，民众一人，均外省籍。

（十）国军到达后情形：

1. 惩办祸首：三月十三日，本府正式照常办公，民情稍定，乃着手调查此次事变祸首，即行分电台东新港，同时逮捕测候所所长以下全部职员及广播台台长徐风攀等二名，经分别审讯，承认此次利用测候所播音机由广播台转播恶意宣传煽动民众暴动，现均解宪兵队法办。查本县前曾屡在新港测候所发现共党宣传册子"解放区三个月战况"及"时事漫谈二则"，前者系宣传共党虚伪战况，后者系诋毁台湾政治实有奸党之嫌疑。

2. 解除非法团体：此次事变非法组织团体甚多，如二·二八事变处理委员分会、青年同盟、青年革新队、海陆队、海南队……均严令限即解散，另组义务警察队，协助警察维持治安。国军开抵后，义务警察队人数亦逐暂减少，除必需外均予裁减。

（十一）恢复地方秩序：此次事变治安方面始终仍由警察操纵，故秩序仍属良好。台北各地情形好转时，本县亦即随之好转。召集高山族青年为义务警察队集中使用。由非法组织团体解散后，地方秩序即是恢复常态。清查户口，本县环境较为单纯，并高山居区尚未举办。劝缴武器，本县警察武器除一二枝猎枪及飞机场要塞枪枝少数及一部份军刀物品等尚未收回外，余皆收回。详细数目另表。

（十二）公私财产物资损失数：

1. 公私财产物资，除枪械弹药外，房屋毁坏被服家具等损失达台币一、七二五、八二六元。详细数字如附表。

（十三）善后措施：

1. 限期收武器，逾期即挨户清查。

2. 调查公私损失及人员伤亡,办理赔偿抚恤。

3. 本府于三月十五日国军未到达以前,即将奸伪份子逮捕,交由宪兵队究办。

4. 奖励协助政府维持治安得力人员。

5. 恢复事变前的一般情绪,打破省内外人的隔阂。

6. 宣慰政府德意,加强本地,尤其是高山同胞对政府之信心。

(十四)建议:

1. 撤查各级学校教师机关职员于事变中之背叛思想行动并肃清之。

2. 加强各级学校员生及机关员工之国语文及史地教学。

3. 彻底禁止诋毁政府及外省人之言行,以纠正社会风气。

4. 台湾驻重兵至少五年。

5. 县市长既经政府明令提早民选,但省长民选应尽量延迟。

6. 各级民意机关之质询及建议仍应予尊重,藉以督促政府,增进行政效能。

台东县皇民奉公会名单

职　别	姓　名	备　考
台东支部运营委员	吴金玉	光复后任台东镇长,改选时落选,二·二八事变该员曾协助政府,但态度不甚明朗。
台东支部运营委员	南志信	系国大代表,事变时不在本县(赴西部宣慰高山族)。
总务部部员	王进兴	
训练部参事	林薰	
国民动员部参事	林伯可	前本府建设科长,因案免职,事变时不在本县。
战时生活部参事	陈振宗	县参议会议长,事变时力主和平,将被杀害,逃入山地与政府合作。
台东街分会运营委员	李泉	

续上表

职　　别	姓　名	备　　考
总务部佣	孟玉贵	
总务部佣	徐氏德妹	
总务部佣	李氏桂枝	
国民动员部副班长	吴德安	
贮蓄班长	林顺居	

(乙)台东县事变经过情形纪略

三月二日

一、二·二八事件传至本县,一部份阴谋份子开始歪曲事实,散播谣言。

二、夜间十一时秘密电台以日语播送煽动性新闻,民情渐见不稳。

三、据报一部份阴谋份子在夜间秘密开会、主动者为广播电台台长徐风攀及测候所职员数人。

三月三日

一、晨九时,县长谢真邀集地方人士谈话,恳切表示:(一)二二八事件毋使扩大,煽动谣言不可轻信;(二)奸党活动应加防止;(三)政治问题尽可提出讨论,以政治方式解决。

二、本日谣言更炽,民情浮动,当晚秘密电台复播送种种谣言,煽动人心。

三、夜间九时许,突有退伍军人与流氓数十人及一部份台籍警察包围粮食仓库,继即借口粮食问题,进迫县长官舍,县长谢真为避免阴谋分子乘机实行暴动,乃暂避台东镇外十华里之卑南乡。

四、本日已有外地奸党潜入台东活动,地方阴谋份子晚间于中央旅社复开秘密会议。

三月四日

一、驻台东国军一排(三十余人)晨五时奉令开赴花莲。

二、外地奸党潜入活动者为数颇多,社会上人心惶惶,情势恶劣。

三、上午九时在台东镇公所讨论响应"二·二八"事件,组织"时局处理委员会",主动者为地方上之阴谋份子,参加之地方人士以盲从为多数,一部份系被挟持无法置身事外。

四、十二时起,台东广播电台及测候所肆意播送谣言,摇动民心,暴徒开始殴打外省人员,民情形嚣张,秩序渐趋纷乱,宪警力薄,无法控制。

五、一时半暴徒冲入警察仓库抢夺武器,下午二时驻台东宪兵八名被胁迫缴出枪械,飞机场及炮台武器旋亦被其劫夺,下午三时突谣言花莲国军开至初鹿,暴徒遂敲打消防队警钟紧急集合,情形极为混乱,宪警及飞机场炮台守卫官兵人数甚少,力量薄弱,为避免流血,均未开枪。

六、暴徒有"海南队"、"陆海队"、"青年革新队"等组织,均受广播指示煽动。

七、暴徒劫夺武器后成群结队四出搜查。

八、县政府高级人员陆续到卑南,协助县长计划应付方法。

九、阅山、新港两警察所亦被暴徒侵占,惟无发生流血事件。

三月五日

一、县长谢真在卑南乡劝导高山头目勿受暴徒煽惑,应协助政府维持秩序,效果甚佳。卑南乡高山族占多数,距变乱中心台东镇仅个□里,且处于对圈包围形势,该乡忠实协助政府对台东镇暴徒压力甚大。

二、发生暴徒殴打宪兵及外省人员事件多起。

三、奸党企图制造恐怖事件谋杀害参议会议长陈振宗,派武装暴徒包围其住宅,陈议长越墙逃脱,得免于难。

四、陈议长逃至卑南乡晤县长共同策划联络全县高山同胞协助政府维持治安。

五、本省人占多数之各乡镇虽亦稍受波动,惟不严重,火烧岛乡完全安定。

六、派员至花莲与张县长联络。

三月六日

一、县长、陈议长率同县政府高级人员三十余人深入山地宣慰高山同胞,并托一部份高山族头目分赴山地各部落严密联络切实协助政府勿受煽动。

二、变乱暴徒因缺乏领导,内部复杂,有分化可能。

三、由县长分函各乡镇长维持秩序,保存地方元气,防止奸党活动。

四、一部份认识清楚之参议员及地方人士,一方面仍与暴徒周旋应付纷乱局面,一方与县长互通消息,商讨对策。

五、"台东县时局处理委员会"议决改称为"二·二八事件处理委员会台东县分会"。

三月七日

一、县长、陈议长仍驻在山地进行联络高山族工作,效果甚佳,各部落头目多赶到县长驻在地表示绝对服从政府并愿受政府指挥,负戡乱责任。

二、盲从之地方人士渐觉悟被人利用不但无益而且贻害地方,多数表现倾向政府。

三、台东镇变乱青年,因高山同胞不愿被其利用,且在外围各村落严密联络服从政府指挥,因此多感危惧,并开始怨恨煽动份子。

四、"处理委员会"派代表至台东广播电台多次呼请陈议长、谢县长回县府主持一切。

五、"处理委员会"推派吴金玉、杨陆垲、赖爵承、郑问宗等四人赴台北联络。

三月八日

一、"处理委员会"通过议案,请县长留任并派代表到山地迎请县长及陈议长回县府。

二、县长及陈议长等以暴徒武器未缴仍驻在山地进行联络高山同胞,准备率领一部份民众进入市区。

三月九日

一、下午一时"处理委员会"派代表八人到县长及陈议长等驻在地(山地延平上里),请求县长及陈议长回县安定民心,并呈送各部代表赖金木、邱英等十四人签名盖章请求县长、陈议长回县,代表等力陈"县长如不允许回府,我等以后不知如何办法"有泣下者,县长当即答复各代表下列四点:(一)武器应即全部收缴;(二)认识奸党野心勿使青年受其利用;(三)陈议长等仍驻山地安抚高山同胞;(四)县长及县府一部份高级人员明日(三月十日)先回卑南乡,指导办理善后事宜。

二、晚间山地同胞探悉县长明日允许回县派代表坚请县长仍留山地,不可轻率回县,免受暴徒欺骗,县长当告以"明日并非直接回台东市区,系先回到卑南乡,住在高山同胞村落,以待收缴武器",彼等始安心回去。

三月十日

一、晨九时许县长率同民政科长、财政科长、警务科长等离开山地,十二时许抵卑南乡,各界地方人士来晤者甚多,意颇恳切。

二、下午四时民政科长、财政科长、警务科长与各界人士先回县府办理目前急务,县长暂住卑南乡设立临时办公处,指挥高山青年严密警戒,监视台东镇暴徒,防止再事活动,并令其缴出武器。

三、接获国军在基隆登陆确息。

四、"陆海队"、"海南队"代表到卑南乡向县长表示愿接受政府指挥,设法监视奸党份子。

三月十一日

一、由县政府通告所有散失在民间武器限三月十三日下午五时以前全数缴回。

二、参议会副议长马荣通等到卑南乡与县长讨论地方情形。

三、上午拘获奸党嫌疑犯一名,并搜出手榴弹二颗。

四、下午国大代表郑品聪等到卑南乡晤县长,讨论台东善后事宜。

三月十二日

一、各机关被劫夺武器陆续缴还,"海南队"、"陆海队"均自动解除武装。

二、下午四时,县长由卑南乡驱车到县府广场,向民众大会发表演说:(一)此次事件台东虽被波及,幸而不至扩大;(二)高山同胞深明大义;(三)大家切实反省,共同为地方努力;(四)国军进驻台东是为保护善良民众,大家勿怕。

三月十三日

一、民政科长陈国喜代表县长、参议员王登科代表县参议会晋省向陈长官报告本县事变经过。

二、收回各机关被劫夺武器接近完成阶段,仅余步枪十余枝,刀百余把,尚未收回,严限自动缴还。

三、警务科长暨各部份有关人士到卑南乡向县长报告台东情况,经□□逐渐恢复常态。

四、由县长通知驻在山地陈议长等准备回县办理善后事宜。

三月十四日

一、下午二时陈议长等由山地回卑南乡与县长集合。

二、下午三时陈议长县长率同县府高级人员由卑南乡返台东市区,山地同胞扶老携幼送至县府。

三、下午五时三十分县长在台东广播电台向全县民众广播宣布本县已恢复常态,希望大家各安生业。

三月十五日

一、"二·二八"事件"处理委员会台东县分会"正式宣布取消。

二、县政府本省及外省人员本日起均照常办公。

台东县事变损失调查表

(一) 公家财物之损失　本表数字系三月廿八日到报告为止

机关别	共计		器具		燃料		衣着类		其他		附注
	件数	金额	件数	估价	件数	估价	件数	估价	件数	估价	
总计	448	元 138,766	175	元 34,650	2	元	1662	元 10,000	109	元 94,116	
台东县政府	163	41,585	67	19,000			2	10,000	94	12,585	器具栏玻璃54块,其他栏是电池、砚台等
台湾省专卖局台东分局	1								1		其他栏是查辑股私货拍卖证券一件
台湾省粮食局台东事务所	2	78,000							2	78,000	其他栏是床袋2级品150套、3级品1,350套
台东县合作社联合社	50	4,000	50	4,000							器具栏玻璃50块
台东山标管理所	60	11,650	58	11,650					2		器具栏是玻璃35块,纸门及雨门23块,其他栏是大地口白开水田菜地等估价不明

续上表

机关别	共计		器具		燃料		衣着类		其他		附注
	件数	金额	件数	估价	件数	估价	件数	估价	件数	估价	
台湾省立台东民众教育馆	3	371							3	371	其他栏是书籍3本
联合勤务总司令部第七供应分站台东驻办所	163				2		160		1		燃料栏是汽油50加仑,机油10加仑,其他栏是米3,928公斤,估价不明
台湾省农林处东部作物繁殖场	6	3,160							6	3,160	其他栏是腊纸、毛笔、信封、画钉等

(二) 私人财产之损失 台东县事变损失调查表 本表数字系三月廿八日到报告为止

乡镇别	共计		房具		衣具		日用品类		其他		现金		附注
	件数	金额	件数	估价	件数	估价	件数	估价	件数	估价	件数	估价	
总计	669	1,520,760	16	76,500	588	1,391,886	129	18,445	35	59,430	2	32,800	

续上表

乡镇别	共计		房具		衣料		日用品类		其他		现金		附注
	件数	金额	件数	估价	件数	估价	件数	估价	件数	估价	件数	估价	
台东镇	665	1,520,420	16	76,500	586	1,333,785	27	17,905	35	57,430	2	32,800	其他栏是:收音机、变压器、电熨斗、脚踏车等
里垅镇	4	540			2		2	540					

台东事变损失调查表

(三)武器损失部门(1)

机关别 项别	合计			警察局			台东空军办事处			高雄要塞总司令部第一总台东要塞分部		
	被劫数	缴回数	损失数	被劫数	缴回数	损失数	被劫数	缴回数	损失数	被劫数	缴回数	损失数
弹炮数计	28999	19237	9762	11586	7309	5277	17354	12929	4426	59		59
38式子弹	13264	7035	6229	6260	2033	4227	7004	5002	2002			
38式空炮	195	90	105	195	90	105						
18年式村田弹	150	150		150	150							
白郎林手枪弹	384	250	134	384	250	134						

续上表

项别 \ 机别	合计 缴获数	合计 缴回数	合计 损失数	警察局 缴获数	警察局 缴回数	警察局 损失数	台东宪兵办事处 缴获数	台东宪兵办事处 缴回数	台东宪兵办事处 损失数	高雄要塞总司令部第一台东要塞分部 缴获数	高雄要塞总司令部第一台东要塞分部 缴回数	高雄要塞总司令部第一台东要塞分部 损失数
14年式手榴弹	278	32	246	278	32	246						
手枪弹	419	11	408	419	11	408						
机关枪弹	1995	1988	7	1995	1988	7						
99式子弹	10409	7926	2483				10359	7926	2424			
村田式子弹	1870	1870		1870	1870					59	59	
手枪子弹	35	35		35	35							
机关数计	304	282	22	99	84	15	205	198	7			
村田修正枪	3	1	2	3	1	2						
猎枪	9	3	6	9	3	6						
战枪	11	4	7	11	4	7						
99式步枪	172	166	6				172	166	6			
38式步枪	74	73	1	50	50		24	23	1			
38式骑兵枪	1	1					1	1				
14式手枪	4	4					4	4				
轻机枪	4	4					4	4				
村田步兵枪	25	25		25	25							

续上表

机关类别	合计			警察局			台东空军办事处			高雄要塞总司令部第一总台东要塞分部		
	被劫数	缴回数	损失数	被劫数	缴回数	损失数	被劫数	缴回数	损失数	被劫数	缴回数	损失数
重机关枪												
皮带计	1114	446	649	344	154	190	762	311	454	5		5
皮带	732	293	439	167	122	45	560	171	389	5		5
步枪背带	111	12	99	111	12	99						

台东县事变损失调查表
（三）武器损失部门（2）

机关类别	合计			警察局			台东空军办事处			高雄要塞总司令部第一总台东要塞分部		
	被劫数	缴回数	损失数	被劫数	缴回数	损失数	被劫数	缴回数	损失数	被劫数	缴回数	损失数
18年式皮带	51	20	31	51	20	31						
18年式枪背带	15		15	15		15						
军刀带	45	3	42				45	3	42			
刺刀带	160	137	23				160	137	23			
刀数计	914	652	262	364	172	182	547	470	77	3		3
〇式刺刀	434	394	40	32	12	19	400	382	18	2		2

续上表

项 \ 机关别 别	合计 被劫数	合计 缴回数	合计 损失数	警察局 被劫数	警察局 缴回数	警察局 损失数	台东空军办事处 被劫数	台东空军办事处 缴回数	台东空军办事处 损失数	高雄要塞总司令部第一总台东要塞分部 被劫数	高雄要塞总司令部第一总台东要塞分部 缴回数	高雄要塞总司令部第一总台东要塞分部 损失数
日本刀	463	242	221	316	154	162	147	88	59			1
验 刀	1		1							1		
刺 刀	16	16		16	16							
其他数计	4584	3151	433	2841	2548	293	743	603	140			
17年式空包施	1		1	1		1						
洗 矢	12	3	9	12	3	9						
38式撞针	1		1	1		1						
38式前弹子盒	200	50	150	200	50	150						
38式后弹子盒	8	4	4	8	4	4						
枪口盖	97		97	97		97						
18年式枪口盖	7		7	7		7						
预备囊	19	7	12	19	7	12						
弹仓发条	17	12	5	17	12	5						
前弹盒	137	103	34				137	103	34			
后弹盒	1	1					1	1				
重机关炮	3079	2967	112	2479	2472	7	600	495	105			

续上表

机关别 项目	合计		警察局		台东空军办事处		高雄要塞总司令部第一总台东要塞分部	
	被劫数	缴回数	损失数	被劫数	缴回数	损失数	被劫数	缴回数	损失数
枪筒	1	1			1	1			
弹盘	3	3			3	3			
刺车器	1		1		1		1		

(四) 人事伤害部门　台东县事变损失调查表

本表数字系截至三月二十八日报告为止

乡镇别	被害程度				性别			职业别				籍贯					年龄别				
	计	死亡	重伤	轻伤	男	女	小儿	计	民众	公教人员	军士不详	计	福建	浙江	四川	江苏	计	15–20	21–25	26–30	31–35	36–40
总计	19	1	13	5	19			19	1	16	1 1	19	16	1	1	1	19	1	9	6	1	1
台东镇	18		13	5	18			18	1	15	1 1	18	15	1	1	1	18		9	6	1	1
金山乡	1	1			1			1		1		1	1				1	1				

台东县长 谢真

中华民国三十六年三月

〔监察院档案〕

16. 台湾二二八惨案台中变乱报告书

(1947年3月)

二·二八事件台中变乱报告书

(一)暴动经过

台北所谓二·二八事件发生,本市于接获消息后,即饬令警局派员深入民间,试探反应,一面加强戒备。因时值夜深,民众得息尚少,状亦平静。惟据报是日由台北南下客车,人数较多,初料以为系民众视事件严重,相率南归者。翌晨民众知者较多,惟尚无反应。旋市参议会于三月一日上午十一时,假该会召开紧急会议,据探息到会者十四人。其议决案重要者:(1)一致响应台北事件,要求严惩凶首,抚恤受难。(2)要求县市长民选。(3)派林连宗北上调查事件真相,并联络各界,决于翌日上午九时召开民选大会。其后即进入秘密协议,未能窥得全貌。斯时本府已接奉长官公署民政处正式电令,通知台北真相,着勿惊扰,并予联络各机关,沉着应付,随即遵电施行。此时因报章及广播之宣传,知者渐多,乃派人员利用时机,宣释事件真相,以沉着镇静之姿态,宣慰民众,务望宁静息事,观察一般情况,尚未见有愤激情绪。迨至午后,市内突发现声援传单及标语等,并闻有台北莠民来市煽动,一时谣言四起,以种种煽惑言辞,漫布市内,因见民众情绪逐渐增高。乃商请林献堂先生利用广播,宣释事件真相(时省财政处严处长静波亦在座),及长官是日五时半广播处理方针,力劝民众冷静镇定,各安生业,勿轻信谣言,勿轻率生事。但歹徒煽动力量,仍在增强,并利用"宪政促进会"、"政治建设协会"等名义,号召于次日九时开市民大会。本府因见事态严重,一面通知各机关妥予防备,一面并邀请市参议员中较稳妥份子,晓以大义,请为力劝民众镇定宁静,勿生事端。另于深夜印制"台北事件已经解决,市民大会暂缓召开"之小传票单,散布市面,冀阻成会。并一面密派可靠员役,先后准备,如遇开会,即行前往设法镇压及刺探消息,同时加派警力,四出监视。及至深夜,虽未获得最佳情况,但治安方面,尚属良好,民众亦无集体行动或越轨行动。迨至三月二日上午九时,歹徒果尔集合台中戏院,利用宪政促进会名义,吸引过路民众参加,同时由某报记者在门口散发所谓民意测验传单,于是过路市民为之聚集,数约千人。九时十分左右,歹徒宣布开会,由谢雪红主席,大放厥词,所云所举,无不攻击政府,煽动作乱,离间省内外感情等,听众似为所惑。继由政治建设协会台中分会代表巫永昌,及律师代表张风谟,及学生代表一人,相继发言。张、巫所讲与谢同出一辙,而学生代表则系日语演讲,各该发言人演讲时,声色俱厉,拍案高呼,而听众则报以掌声或叫好。但全场听众共约千人左右,而掌声则仅在二百人至三百人之间,此可证明声援之掌声,或系尽出歹徒预先安排布置者,尔后无知民众及学生,始渐受诱惑,会场演变至无法以少数人员所能镇压。迨至十时左右,由谢倡导游行,于是浩浩荡荡,向市府前进。出台中戏院时,遇路上外省人即当场殴毙。至警局派出所时,警员适出公务,亦被殴打,一时打"阿山"之声,溢于四野。一般无知民众,亦为好奇心所驱使,多往围观,愈集愈多,凡遇外省人不分男女老幼,多被殴打。而出手行凶者,多为流氓及学生,同时以日语高呼"万岁",杀声腾野,状至暴戾惨绝。行至本府门前,因值星期日公休,故群众转围市警局,因见门警身携武器,民众曾一度散开,但谢逆则高呼"要获得自由解放,不可怕流血",并指挥上前包围,民众于是一哄而上,为数至多。不料谢逆等又高呼本省警员应放下武器,一致团结对外,勿为阿山利用,致使该局本省籍员警,纷将制服脱下,武器抛弃,所余外省籍警员,为数无几。且本省员警囿于排外思想,立场显见不稳,洪局长乃亲自挺身向民众规劝,当场宣称要求政治改革,须合理合法,民众如有正当要求,当遵照长官指示办理,望群众先行解散,勿以包围形势,迹同胁迫,民众如无越轨行动,本人绝对保证不妄杀伤。民众闻悉之后,似颇有同感,情绪亦见好转。但奸徒阴谋至大,见蓄计未逞,乃煽动学生代表要求封存武器,而布置于群众中之奸徒又高呼非封存武器,不能保证不杀伤等语。但群众未为所动,奸徒乃转移目标,呼啸众徒包围专卖局。闻当时专卖局长适在前台中县长刘存忠家中,群众随往刘宅,要求缴出武器,而一部暴徒则扬言欲将刘宅放火,并焚烧其本人及家属。刘宅家人见来势凶猛,先放出猎狗二只,以示抵抗。但为群众所抢获,群情益形激怒,冲击而进。刘宅护兵乃出枪喝令停止前进,暴徒不从,因而开枪示威,立毙一人,伤一人。刘见肇祸,乃喝令停止射击,并愿自动缴出武器。暴徒候其枪械缴出后,将刘痛殴,衣物用品全部搬出焚毁。斯时警局乃即出动弹压,但以警力薄弱,暴徒众多,无济于事。后暴徒将刘传往警局,由谢向民众宣布:(1)将其枪决;(2)命其向民众跪地再予殴打。请民众择一而行。结果刘第二次再被殴打,刘之卫兵由警局楼上跃下,随被殴毙。事后乃利用广播,□称国军即将来市,至时将如何放火,如何杀戮,以为刺激民心,并占领市党部,且于市参议会内设置总部(后移青年团)。是日全市搜捕外省人士殴打杀戮,洗劫焚毁,惨暴嚣张,殆无以复加。及至深夜再由彰化、员林、大甲、埔里等地运来携有武器之暴徒,攻入警局,并将一部份武器抢出,并集中市区公私车辆,穿梭运送布置。迨至次日(三月三日)暴徒复分散抢夺公务员家属财物,搜索散居各处之外省籍军公人员及家属,拘禁于民众旅社,第八部队仓库、师范学校、市参议会、法院监狱等地,一面利用广播召集市县参议员、各报社本省籍记者以及海南岛归侨开会,并四出张贴标语漫画,散发传单,捏布谣言,谓国军于水源地放毒等等,极尽煽动破坏之能事。当晚并利用由埔里开来之高山族暴徒,以手榴弹、机枪分别进攻空军被服厂及后勤部供应分站等,于是地方陷入纷乱状态。并行政治进攻,响应台北,组织时局处理委员会,发表委员名单,提出政治要求,成立保安、政务、总务、宣传以及执行等委员会,隶于处理会之下,开放军公仓库食米,配售人民,冀得市民拥护。但治安方面因暴徒众多，抢夺情事到处发生，以致全市陷于极度混乱状态。而阴谋份子亦明目张胆，利用报纸标语正式宣传，对军事方面主张采取编组乡镇里邻，筹设里邻壮丁队，以为持久抗拒之计，对政治方面主张容纳各党各派，所作所为，已至叛国逆行之境。市长此时虽被拘于民众旅社，仍利用机会，亲向各主要人士披沥心胆，尽情规劝说明，望彼等须以台湾为重，以桑梓为念，勿为奸徒利用。幸赖彼辈之协力，从中起分化作用，于是处理委员会乃时见裂痕，故该会乃有四次改组，学生亦有否认叛国背党标语传单之声明。同时市警察局长洪学民亦在一部份公正人士协助之下，深入民间，运用时机离间分化，于是奸徒势力日就薄弱，阴谋份子，愈形孤立，而学生民众在是非辩明之后，乃由中立态度转而同情政府，奸徒集团，随之崩溃。迨至国军自基隆登陆，省会再度戒严，以及主席蒋指示处理本省事件方针传入本市后，阴谋者所存实力不过百余人，见大势已去，遂于本月十二日率同暴徒及一部份学生，逃亡埔里。而所有拘禁集中之外省籍人员，亦于是午五时许解禁。越日国军正式进驻台中。此本市事变之概况也。

（二）暴动原因及其主要力量

暴动经过情形经如前述。然以区区一台北缉烟事件，竟成全省轩然大波，自不能谓为无因。举其要者有五，兹分析如后：

（1）奸党鼓动：我国自胜利后，政府即着力准备实施宪政。台省光复之初，不均享有高度自由，共党于是相机潜入，大肆活动，政府非不了然，但碍于国家政策，仅于防范未加逮捕。台北缉烟事件发生，共党份子即推波助澜，鼓舞煽动，造成紊乱局面，以遂其政治阴谋，以杀戮外省人称为"民众制裁"，殴打公务员谓为"政治清算"。本市之主要暴动份子，如谢雪红乃台省共党主要人物。凡此种种，均足以证明此次暴动，乃共党一手造成，殆无疑矣。

（2）流氓蠢动：政府治台，素主宽大，平日流氓莠民正于管训自新，未加铲除。孰料匪性难改，乘机蠢动，抢劫勒索，行其惯技。彼辈虽无政治目的,但均为直接暴动之匪徒,如何銮棋等,均为其显著人物。

(3)海外归台出征军人思想歪曲:本省前被日军征往南洋、海南岛、东北一带作战军人为数颇多,日本投降后遣送还台。此辈素受日本军事教育,尾随日军残杀我国同胞,尤见惨酷,绝无爱国观念。且归台以后,均游手好闲,不务正业,其中份子复杂,作奸犯科,视为寻常,亦为此次事件主要策动份子。

(4)野心份子谋乘机满足政治欲望:台省一部分日本时代御用绅士,深染日本帝国主义遗毒,毫无爱国观念,甚至妄想独立。一部份知识份子,以服官为发财之机,常识浅薄,行动幼稚,妄想制造事端,胁迫政府藉获官职,如政治建设协会份子即其代表。

(5)日人教育毒素未除:日本民族狭隘偏激狡诈虚伪为世上所共认,其施于台人身上之奴化教育者,尤为变本加厉。且因台胞原为我国民族,故日人诬造事实教唆轻视我国,灌输仇视国人思想,以遂其皇民化之目的,进行甚见积极,光复甫经年余,毒素未除,台胞言行之间,时露排外心理,因之随声附和,轻举妄动,变乱以成。

(三)台中市三·二事变伤亡调查表(公教人员)

姓名	性别	年龄	籍贯	伤亡原因	伤亡程度	伤亡日期	服务机关或职业	备考
刘青山	男	三五	安徽	打扑外伤脑出血	重	三六、三、二	三民路一〇七公务员	三、七、下午四点四五分死
黄腾蛟	男	二七	福建	胴体打扑	轻	三六、三、二	若松町五之六公务员	
张克仁	男	二五	广东	脑部打扑头顶挫创	轻	三六、三、二	台中铁路警察	

续上表

姓　名	性别	年龄	籍贯	伤亡原因	伤亡程度	伤亡日期	服务机关或职业	备　考
陈金华	男	二五	福建	颜面胸部打扑	轻	三六、三、二	台中铁路警察	
王之反	男	二六	上海	空气铳盲贯创	轻	三六、三、二	台北县政府	
潘先洪	男	二一	安徽	腰部打扑	轻	三六、三、二	台中市民众教育馆公务	
邹际良	男	二一	江西	外伤关节部	轻	三六、三、三	市内军人	
陈老唐	男	二〇	福建	外伤手膝	轻	三六、三、三	市内军人	
朱家茂	男	二七	福建	外伤通弹片创	轻	三六、三、三	市内军人	
傅水生	男	三四	福建	外伤右腹壁弹片创	轻	三六、三、三	市内军人	
李培清	男	三三	河南	外伤弹片创	轻	三六、三、三	市内军人	
吴师孔	男	三六	福建	打扑	轻	三六、三、三	省粮食局督导员	
徐凤鸣	男	三四	广东	颜面打扑	轻	三六、三、二	国民党指导员	
童文明	男	二七	福建	打扑	轻	三六、三、二	地政科公务员	
陈金水	男	二四	福建	打扑败血	重	三六、三、二	永祥ろ八卜公务员	三月九日死亡

续上表

姓　名	性别	年龄	籍贯	伤亡原因	伤亡程度	伤亡日期	服务机关或职业	备考
洪　演	男	二八	浙江	胸部打扑	轻	三六、三、二	市民馆公务员	
徐则余	男	三五	江苏	打扑外伤	轻	三六、三、二	三民路十二党部员	
廖见非	男	三三	外省	打扑外伤	轻	三六、三、二	台湾供应局公务员	
叶在泉	男	三四	福建	打扑外伤	轻	三六、三、二	太平路一七公务员	
张振兴	男	二五	台中	外伤腿腰部	轻	三六、三、三	警察局警员	
郑擎一	男	二五	外省	外伤打扑	轻	三六、三、三	第三飞机制造厂军人	
黄世明	男	三〇	外省	外伤打扑	轻	三六、三、三	台中市工业职业学校教员	
曾连侯	男	二四	福建	打扑	轻	三六、三、三	火柴工厂职员	
陈泽钦	男	二四	福建	打扑	轻	三六、三、三	火柴工厂工友	
杨光柴	男	二七	福建	打扑	轻	三六、三、三	火柴工厂工友	
孙美成	男	二一	福建	打扑	轻	三六、三、三	火柴工厂工友	

续上表

姓　名	性别	年龄	籍贯	伤亡原因	伤亡程度	伤亡日期	服务机关或职业	备　考
邰关甲	男	二三	江苏	头部挫创	轻	三六、三、二	丰原警察公务员	
吴塗舜	男	二二	广东	右胸部打扑	轻	三六、三、二	丰原铁路警察	
程柴乔	男	二六	四川	外伤	轻	三六、三、二	丰原空军军人	
杨龙溪	男	二二	外省	打扑症	轻	三六、三、二	台中市警察局	
陈可霖	男	三七	外省	左胸部打扑症	轻	三六、三、二	地方法院检察处	
邵桂金	男	三六	外省	打扑症	轻	三六、三、三	火车站警察	
池　滤	男	四二	外省	打扑症	轻	三六、三、二	台中地方法院长官舍	
李定国	男	三二	外省	外伤贯通铳创	轻	三六、三、二	市政府地政科公务员	
刘存忠	男	四二	辽宁	打扑症	轻	三六、三、二	警察总司令部高级参谋	
杨忠民	男	三六	安徽	右肱中手枪创	中	三六、三、二	刘存忠副官	
刘述丰	男	三六	外省	打扑症	重	三六、三、二	专卖局厂长	
尤汪洋	男	四二	外省	打扑症	轻	三六、三、二	台中县税捐公务员	

821

续上表

姓　名	性别	年龄	籍贯	伤亡原因	伤亡程度	伤亡日期	服务机关或职业	备　考
胡文斌	男	二八	浙江	打扑症	中	三六、三、二	台中地方法院	
戴练本	男	三三	外省	打扑症	轻	三六、三、二	台中地方法院	
温杨祖	男	三三	外省	腰部打扑症	轻	三六、三、二	市府地政科	
黄条明	男	三九	广东	打扑	轻	三六、三、二	农学院公教员	三月二三日死亡
吴靖	男	二五	福建	打扑	轻	三六、三、三	火柴工厂职员	
张孝荣	男	三二	福建	打扑	轻	三六、三、三	火柴工厂职员	
阿荣	男		台中市	击	重	三六、三、三	交通局工务员	死亡
余丽华	女	三九	福建	打扑	轻	三六、三、二	省立女中学校长	
陈春桂	男	三二	福建	打扑	轻	三六、三、二	地政科	
农学院	男		外省	打扑	轻	三六、三、二	教员	三人
省立一中	男		外省	打扑	轻	三六、三、二	教员	外省二人
省市一中	男		本省	打扑	轻	三六、三、二	教员	本省二人
省立工业学校	男		外省	打扑	轻	三六、三、二	教员	外省二人

合计五六人　伤五二人　死亡四人

(四)台中市三·二事变伤亡调查表(民众)

姓 名	性别	年龄	籍贯	伤亡原因	伤亡程度	伤亡日期	服务机关或职业	备 考
林嘉元	男	二三	福建	打扑外伤	轻	三六、三、二	商业	
黄其明	男	二九	福州	打扑外伤	轻	三六、三、二	新闻记者	
陈建源	男	一九	福州	打扑外伤	轻	三六、三、二	中正路八三商业	
陈建兴	男	一八	福州	打扑外伤	轻	三六、三、二	中正路八三商业	
陈建香	男	一七	福州	打扑外伤	轻	三六、三、二	中正路八三商业	
陈周俤	女	二六	福州	打扑外伤	轻	三六、三、二	中正路八三商业	
方举通	男	四五	福州	打扑外伤	轻	三六、三、二	什货商	
李永财	男	三〇	福州	打扑外伤	轻	三六、三、二	理发业	
赖秀照	男	一九	台中	被卡车辗死	重	三六、三、三	行商	三六、三、三即死
郑文同	男	二五	福建	颜面打扑	轻	三六、三、二	农学院学生	
赖金泉	男	二五	外省	外 伤	轻	三六、三、三	商业	
卢继周	男	二八	外省	打扑伤	轻	三六、三、三	商业	
杨增金	男	二一	外省	打扑伤	轻	三六、三、二		
蒋逸芳	女	四三	浙江	打扑伤	中	三六、三、二	地方法院长家属	

续上表

姓　名	性别	年龄	籍贯	伤亡原因	伤亡程度	伤亡日期	服务机关或职业	备　考
张邱双	女	五一	台中	脾脏损伤	轻	三六、三、二	后童子一○六	
纪女	女	二一	台中	弹片创	轻	三六、三、二	梅枝町	

合计一六人　伤一五人　死一人

姓　名	性别	年龄	籍贯	伤亡程度	伤亡日期	服务机关地址或职业	备　考
吕　福	男	二一	台中	右大腿部贯通铳创	三六、三、三	西区福民路七学生	三日以及受伤者攻击嘉义机场地病院虎尾路
郑鹤松	男	三七	台中	右大腿部贯通铳创	三六、三、三	中山路六一商业	
邱传宗	男	一七	台中	左耳后部贯通铳创	三六、三、三	天主教会	
赖火明	男	二七	台中	盲贯铳创	三六、三、三	乾沟里九七公务员	
陈自致	男	二八	台中	左膝关节部挫	三六、三、三	荣町五之三五商业	
王天赐	男	三五	台中	左下腿弹片创左环指弹片创	三六、三、三	荣町五之三五商业	
林金标	男	一八	台中	右大腿贯通铳创	三六、三、三	梅枝町九一商业	
谢　池	男	三六	台中县	贯通铳创	三六、三、三	彰化市南门四六七	

续上表

姓 名	性别	年龄	籍贯	伤亡程度	伤亡日期	服务机关地址或职业	备 考
廖如山	男	二六	台中县	盲贯铳创	三六、三、三	北斗区竹塘乡二四七商业	
黄文章	男	二六	台中县	盲贯铳创	三六、三、三	彰化市西门九商业	
余万顺	男	二六	台中县	右前额部挫创	三六、三、五	大甲乡二三一农业	
李春安	男	二五	台中县	北部铳创	三六、三、五	埔里队第三小队	
张国基	男	三七	台中县	盲贯铳创	三六、三、五	丰原四九九商业	
陈吟朝	男	二六	台中县	右肩肝部机铳创	三六、三、九	竹山区山一六二木材局	
林益强	男	一八	台中	外伤	三六、三、二	商业学校学生	
张明辉	男	一九	台中	右下腿破片创	三六、三、七	师范学校学生	
姚清照	男	一七	台中	肺贯通铳创	三六、三、三	商业学校学生	
陈清国	男	一八	台中	腹腔贯通铳创	三六、三、三	商业学校学生	
李金龙	男	二四	台中	外伤肘骨指伤	三六、三、三	商业	
张明辉	男	一九	台中	下腿盲贯铳创	三六、三、七		
谢文志	男	三九	台中	左下腿弹片创	三六、三、三		
陈 柳	男	五〇	台中	贯通铳创	三六、三、四		

续上表

姓　名	性别	年龄	籍贯	伤亡程度	伤亡日期	服务机关地址或职业	备　考
张雅钦	男	一八	台中	玻铳创	三六、三、四	录川町六之一	
黄再强	男	二一	台中	胸部挫创	三六、三、四	建国工业学生	
赖奇凤	男	二五	台中	擦过创	三六、三、四	南门里一一八	
林　万	男	二八	台中	化脓挫创	三六、三、四	末方町六	
卢天赐	男	二六	台中县	弹片创	三六、三、七		
林　澄	男	一六	台中县	下腿贯通铳创	三六、三、一二	学生	
吴振武	男	三〇	广东	贯通铳创	三六、三、九	师范学校	受奸党枪伤
郭良根	男	三七	台中	破皮创	三六、三、三	司机	
姓氏未详	男			当场击毙	三六、三、二	农学院学生	围攻刘存忠住宅者
姓氏未详				当场击毙	三六、三、四	省立商业职业学校学生	决死队员围虎尾机场者
合　计					三四人	伤三二人 死一一人	

(五) 三·二事变台中市公有财产损失调查表

机关名称	损失价值	备　　考
台中市政府	八一四、七〇〇	

续上表

机关名称	损失价值	备考
青年团台中分团	四二、八〇〇	
火柴工厂	四九、五四〇	
烟叶公司	一九、四〇〇	
洋线工厂	三、〇〇〇	
日产会	五〇、〇〇〇	
空军第六被服库	三四一、九一八	
合　计	一、三二一、三五八	上列统数系就调查表已送到者计算，其余未送到者容另表报。

台中市私有财产损失统计表

机关名称	损失价值	备考
市政府	三、八三四、二三二	
警察局	一、三〇三、五一二	
市立中学	三〇五、八〇〇	
成功国民学校	四九、四〇〇	
信义国民学校	四六、五〇〇	
忠孝国民学校	三五、六〇〇	
和平国民学校	一二、〇〇〇	
玉山国民学校	七二、五〇〇	
东区公所	一七、七八〇	
中区公所	二〇、三五〇	
洋线厂	四一、二〇〇	
纸　厂	九五、三三〇	
台中专卖局	一、三三三、九三二	

续上表

机关名称	损失价值	备考
台湾通运公司	五五、〇〇〇	
台中邮电局	二一五、〇〇〇	
人　民	一、一〇四、四六九	
计	八、五四〇、六〇五	上列统数系就调查表已送到者计算,其余未送到者,容另查报。

(六)已经逮捕人犯姓名及其背景

逮捕人犯事宜,奉令由宪兵专职办理,已代电查询,尚未准抄示,容另查报。

(七)事变处理经过及善后情形

本府于接奉公署正式电告后,乃即一面饬令警局加强防务,一面分知各机关协商,如遇紧急事态发生时,共谋应付方法,但以防务范围过广,武力薄弱,无法充分展布。迨至事件发生后,又见所有警力百分之九十皆属本省籍,以其当时行动而言,卸去制服抛弃枪械在在皆足表现其内心惊惶,地域界限分明,意志薄弱,如强制执行弹压既不足言扫平暴乱,恐将贻害大局。惟一办法,乃以正义唤醒暴徒自觉,当事件发生之初,市长一面饬令警察局长洪学民以镇定权宜应付,一面以电话通知有关机关,但因电线障碍无法联络。及至被监视期中深得公正人士之拥护,故得与地方人士接谈,由是利用机会晓谕彼等明是非,辨利害,申大义,勿以一时意气用事而贻害国家地方,倾吐心胆,声泪俱下,听者有感至流涕者,故乃积极劝慰,运用并托请转嘱其他平时认为较安实之份子来见。而洪局长因平时对人民感情尚洽,亦得地方人士之拥护,在暗中监视之下获得较自由之行动,乃嘱运用地下工作人员拉拢一部人士,在诱导与辅助之下,分头积极进行分化所谓二·二八处理委员会内部之工作。迨至三月四日,由播音获悉,学生队声明无政治目地,旨在维持治安，兼得知该会一再改组，由是足见所进行之分化工作已渐生效，故再接再厉予以游离分化。及至长官数次广播及我主席指示处理本省方针发表后，吾人更作进一步之指导工作，故暴徒势力日渐薄弱，终至陷于孤立。迫至三月十一日，该会已无形解散。市长因恐治安发生问题，乃促使一部地方人士及学生极力维持。异党见大势已去，遂于三月十二日率领暴徒逃亡埔里。是此次事件能得迅速解决者：一因平时市政措施尚得好评，公正人士始终拥护；二因危急之际未见动火杀人，收拾较易；三因在监视之中能充分运用地下工作人员起分化作用。至事变后之善后紧急处理情形如左：

一、恢复治安：本市治安于暴徒逃亡后乃即由消防队出面维持，并调集分散及一度失去自由之警员从事维持，并积极协助国军进驻。迄至本月十四日，乃正式调集所有员警从事整理，现全市治安，恢复常态。

二、收缴枪械：本事件发生后，各机关散落于民间之武器弹药为数颇多，除饬警局及消防队出动收缴外，并联合四三六团宪兵营、台中县及彰化市等公告县市民众，务于本月十四日十五日二日间自动报缴，在此期内交缴者不予追究，倘逾期不缴一经查觉，即以匪徒论处，若有集体使用或隐匿者则必派兵进剿。现市民自动报缴者颇不乏人。迄至本月十五日止，已缴还枪枝：轻机关枪七挺、步枪三二二枝、弹药、手榴弹大小二七五箱，又三七三一粒，步枪子弹四一九三发，但财物尚未见缴还统计。至本月廿九日止计收回武器：

台中市警察局收回武器弹药刀矛清册

名　　称	单位	数　量	备　　考
三八式步枪	枝	三三	
九九式步枪	枝	三二八	第三飞机制造厂领去一九三枝，二十一师团部领去二十六枝，监护六连领去十三枝，团管区十枝，内损坏四十二枝

续上表

名　　　称	单位	数　量	备　　　考
九六式机关枪	挺	二	
九八式机关枪	挺	三	第三飞机场领去 东势区警所领去一挺
十一年式机枪	挺	二	
短　　　枪	枝	六	内四枝损坏,一枝台中县政府领去
三八式步枪弹	发	一七五〇	
九九式步枪弹	发	二五三三	
机　枪　弹	发	二六〇〇	
卜壳枪弹	发	三三	
手　榴　弹	箱	二七五	已交二十一师通讯营另三〇四八粒未交通讯营点收又七三二粒存本局
日　本　刀	把	一四二	
指　挥　刀	把	二一〇	
文　官　刀	把	一五四	
番　　　刀	把	六五	
刺　　　刀	把	一六九	
短　　　刀	把	一〇	
杂　　　刀	把	四七	均破坏

三、安抚民心:本事件发生后,因暴徒造谣,国军如何横暴,故于国军进驻之初,一般市民均呈恐惧心理,迁避乡里者颇不乏人,因乃一面出示安民,一面利用广播宣慰民众,勿得轻信谣言,自相惊扰。军宪进驻后,纪律严明,谣言不攻自破,市况更趋安定。

四、抚恤受害:本事件发生后,一般外省旅台同胞及外省公务人员被殴打杀伤者颇多,尤以私有财物多被抢夺一空,以至目下衣食住行俱感万分困难,故勉以大义,切实遵照主席电令,发扬容忍宽大德性,不得稍有报复观念外,并在积极筹措救济中。

五、肃奸:此事件主使奸徒绝无姑息之余地,现由宪兵营分别良莠严密检举肃清中,惟主犯未获,另当协助办理。

六、协助追剿:共匪奸党谢雪红率带百余人逃亡,已协同驻军进剿。

(八)意见及感想

台省光复,在长官领导之下所有来台工作人员,虽内中不无绝少数害群之马,但绝大多数均属奉公守法刻苦耐劳之士,平时薄俸低薪,安之如素,且服务精神亦至为热诚,大部外省工作人员实可无愧于国家民族。至全省一般政治情况,无不以台胞福利是图,凡属措施亦极开明稳实,不背民主原则,乃台胞不察于深受日本奴化教育而不自觉之中,咸均隐藏有排外心理以及无理智之攻击政府。此次事变直接暴动者,因属奸党恶徒,但大部份台胞不能扶持正气,以国家民族意识予暴徒以严厉制裁,作中流之砥柱;乃省事者,袖手旁观,静窥成败;好事者,随声附和,助长声势。吾人于痛定思痛之中,不免深致遗憾。今后治台方案,上峰料能有所更改。克立谨就管见所及,略陈固陋如左:

一、加强党团工作:此次暴动事件发生乃共党一手造成,治标方法当先肃清奸党,以竭乱源,但为长治久安计,应即加强本党团工作,宣传三民主义,吸收优秀同志,深植党的基础,主动的争取台胞对党国之认识与拥护,以免后日再为人所乘。

二、彻底肃清恶势力:日人时代之御用绅士、日人遗留鹰犬势力集团以及流氓莠民等均为事变主谋及直接行凶者,罪大恶极,法无可逭,如不予彻底铲除,则姑息养奸,贻害匪浅也。

三、加强生产,安定民生,解决失业:日人之所以得台胞恋念者,除教育备收宏效外,其施以小惠之怀柔政策亦奏肤功,台胞因之忘其榨取而歌功颂德。今后克复经济困难,解决民生问题,以收民心,实为当务之急。

四、加强教育:台胞受日人教育毒素之深已于此次事变中暴露无遗,必须以十年工夫,重新彻底再教育,俾台胞于心理上亦为一完整无瑕之国民,庶毋后患。

〔监察院档案〕

17. 台湾二二八运动经过情形日志
(1947年3月)

台湾省"二·二八"暴乱事件日志

二月廿七日 下午七时半,专卖局查缉员叶德根等,在台北市延平路,查缉私烟,与女烟贩林江迈发生争执,当地流氓乘机煽动,以乱石围击,伤及该女头部,遂起骚动,暴徒群众向查缉员包围殴辱。查缉员警见势不佳,乃且行且奔,暴徒复穷追紧逼,查缉员警以势危急,迫于自卫开枪示威,误毙行人陈文溪一名,暴徒遂乘机扩大事态,将专卖局查缉员自卫所乘之卡车焚毁,并包围警局及宪兵队,要求交出凶手,立地枪决。经宪警负责人婉词劝解,并允将肇事人犯,送移法院讯办,奸党地下人员,以暴动时机已至,乃借词要求目的未达到,彻夜煽动,哗闹达旦。

二月廿八日 拂晓,奸党暴徒继昨夜之疯狂,结队鸣锣,演说呐喊,鼓动罢市,并冲陷延平路警察所,抢夺警枪,捣毁专卖局台北分局等,毒殴该局职员,死伤多人,并沿街殴杀外省人及聚众劫抢公务人员宿舍,不分男女妇孺,受害至为惨酷普遍。

新竹县长朱文伯,因公来省,途被暴徒劫持。

下午二时,奸党暴徒一面强占广播电台,煽动全省人心,一面鼓噪包围长官公署抢夺卫士枪械,伤一名,卫士迫于自卫,开枪弹压,驱散暴徒,获引火及锣鼓等甚多。

一外省籍之五岁小孩,随母出街,为暴徒瞥见,遂以刀割其母之口,裂至耳际,复强去其衣,痛殴垂毙,抛入水沟。此小孩亦被暴徒用力扭转面部,倒置背后,即时气绝毙命。

下午警备司令部宣布临时戒严。

汐止公路运兵车被袭击,死上尉连副一员,士兵二名。

基隆要塞司令部被袭,官兵有死伤。

三月一日　市面纷扰更甚,暴徒焚毁,仍在进行。基隆奸党暴徒,亦继起响应暴动。

彰化市暴徒在车站殴打士兵。

"民主同盟"到处散发"打倒国民党十八年专政"等荒谬传单。

国大女代表谢娥,因昨晚广播劝导民众要理智冷静,勿残害外省人,致被暴民迁怒群拥其家,所有家具衣物尽毁。

上午十时台北市奸党暴徒首要策动组织"缉烟血案调查委员会",派出代表黄朝琴、周延寿、王添灯、林忠等,谒见陈长官,提出五项要求,陈长官为遏止事态扩大,乃于下午五时向全省人民广播四点:(1)立即解除戒严令;(2)开释被捕市民;(3)禁止军警开枪;(4)官民共同组织处理委员会。并以二十万元恤死者,五万元抚伤者,肇事之缉查员警,移送法院讯办。

下午二时暴徒袭击铁路警察署,员工被殴伤亡者甚多,各线火车被迫停驶。

孕妇刘氏被暴徒用日本之武士刀对准腹部插入,立时毙命。又一小孩被暴徒将双足提起倒吊,头部猛向地上猛击毙命。

暴徒乘坐消防车一辆,以儿童为掩护,中装武器,企图向长官公署进击,嗣被宪警发觉,予以驱回。

台北县治板桥,亦续有骚动,台北市暴徒分别乘车南下,赴各县市,煽动民心,并领导当地流氓发动暴动。

新竹县开始暴动,桃园八块子机场仓库被劫,晚十一时奸党暴徒围攻新竹县政府、警察局及职员宿舍。

警备司令部宣布晚间十二时起,解除临时戒严。

三月二日，台北各公私医院，所收容之殴伤者，间有一部份复被暴徒逐出医院，再加殴打，惨绝人寰。

上午十二时陈长官接见全体调查委员，并且决定四项办法：(1)对参加者不追究；(2)被捕人民可免保领回；(3)死伤者不分省籍，一律抚恤；(4)"处委会"准增加各界人民代表。

下午三时，陈长官再度广播，宣布上列四项办法，冀事态早日平息。

奸党首领谢雪红等在台中市积极煽惑暴动，死伤多人，市政府被占。前县长刘存忠被暴徒两次毒殴，外省籍公教人员均被集中。

台中县暴徒数十人，殴打外省人员，抢劫县政府枪械，释放监犯，捣毁警局。

三月三日　上午十时"处委会"于台北市中山堂召开首次会议。公署派处长周一鹗、胡福相、赵连芳、包可永、任显群等为代表出席参加，商定军队于下午六时撤回军营，由宪警学生组织治安服务队维持治安。

"处委会"要求解散警察大队，下午四时，"治安组"在台北市警察局召开"台北市临时治安委员会"，委员黄朝生等九人，决组"忠义服务队"，以许德辉任队长。

武装暴动蔓延，台北、高雄、台南三县府，彰化、高雄两市府续被奸党暴徒攻占。

台北市仍到处发现荒谬传单标语，其中名目繁多，均属怪诞悖谬。

驻嘉义飞机场国军被奸党"自治联军"攻击，激战甚烈。

台东县府被武装奸党暴徒占领，县府职员被迫撤出县城，奸党控制电台，捏造谣言。

各地交通断绝，台北米价暴涨至六十一元一斤，且无处购买。

三月四日　台北市昨夜枪声又起，据报奸党暴徒在东门企图越墙抢劫仓库，被警备总部卫士发觉击退。

台北市"处委会"摈弃公署所派五代表，上午十时□自继续开会,决议加强机构,通知各县市同时成立分会,并向工商银行以强力提出二千万元。

"铁路制度调整委员会"成立,国代简文发为负责人。

台北情形表面似趋安静,但市面极为萧条,暴徒仍到处殴打外省人。

蒋渭川盘据电台,煽惑号召全省青年成立"台湾自治青年同盟",颁布纲领六项,以蒋时钦、张武曲等为主要负责人,并以蒋所设之三民书局为活动处所。

花莲奸党暴徒,下午集会花岗山,声势汹涌。

东屏市府被奸党暴徒攻占,宪兵队被攻甚危。

花莲暴徒召开"民众大会"提出无理要求。

高雄南方澳后方医院及海军器材库被奸党围劫。

内政部张部长电台北市参议会,劝告晓谕民众,迅速恢复秩序。

台东奸党暴徒,昨曾煽动少数高山同胞下山,嗣因高山同胞公开表示拥护政府,扶持正义,县城奸党因之不敢出面活动。

三月五日 台北市"处委会"下午开会,由陈逸松主席,决定该会组织大纲,通过所谓"政治改革案"。其要点:一、公署秘书长、民政、财政、工矿、农林、教育、警务等处长,及法制委员会委员过半数,以本省人充任。二、公营事业归由本省人负责经营。三、立刻实施县市长民选。四、专卖制度撤销(烟草酒公司依然存在)。五、贸易局、宣传委员会废除。六、人民之言论出版集会自由。七、保障人民生命身体财产之安全。又举行小组讨论会,由各组负责人发表工作内容意见。林宗贤广播称:"现电力公司已接收竣事,所有工作人员,均由本省人担任。"王添灯广播称:"据台中来电,一切机关,业已接管完竣。"

"台湾自治青年同盟"上午十时假台北中山堂举行成立大会,由陈学远报告筹备经过,蒋时钦主读纲领,蒋渭川、白成枝演说。决议成立市区大队中队。下午在广播台号召全省曾服务于日本海陆空军之退役人员军械技工,及海南岛、东北、南洋各地归台者,即日登记集中,由白成枝领导训练。

陈长官轸念无辜伤者,特派民政处长周一鹗等亲诣各医院慰问。

"民主同盟"连日散发宣言传单,希望"台湾国际共管"。

花莲奸党暴徒策动成立"二·二八事件花莲县处理委员会"提出无理条件十二条,当地流氓地痞,短扎佩刀,散布全市。

高雄要塞司令部被奸党伪军涂光明等率众万余围攻,卒予击退。

伪"台湾青年团"份子乘坐卡车散发传单,内有"人民军已占领台中市政府"及"嘉义自治联军正向机场进攻"等。

"台湾青年团"贴出标语:(1)一户出一丁。(2)组织强有力的"政治经济改革委员会"。

三月六日　台北市今昨两日,老松及太平国民学校登记集中之海外归来退伍军人有三千人,白成枝为首领,主张:(1)有钱出钱。(2)有力出力。(3)坚持抵抗国军。

台北市新台公司附近贴有标语,"凡在各机关服务的本省人和各宿舍的工友,应全体退出,否则要严处"。

台北市"处委会"设二局十组,上午十一时,在中山堂召开正副组长会议,下午二时补开正式成立大会,主席王添灯,选举参议员王添灯等十七人为该会常务委员,吴国信等为候补常委,最后由王添灯提议,就昨日通过所谓"政治改革案"扩充为二十二项要求,除昨日所提各点以外,又主张各级法院院长、首席检查官及各级学校校长,均由台人担任,其余各点,均属幼稚荒谬,不值列举。又通过派员监理台湾银行。

"处委会"发表告全国同胞书,悉为自欺欺人之语,并谓此次暴动并非排除外省人。王添灯广播诿称"二·二八事件",有发生殴打外省同胞情事,系出误会,今后愿与外省同胞共谋改革台政。

台北市奸党暴徒盗窃本省参政员联谊会名义,致电中央,阐明事件演变真相,建议九项改革政治方案:(1)重用台省人才,行政长官公署之秘书长、处长等,由台人担任。(2)各级法院院长、首席检察官及各级校长,尽量录用台人。(3)专卖局废止,改为普通公营事业。(4)贸易局改为商政机构,废除营利行为。(5)日产处理考虑人民正常利益。(6)根据建国大纲即行县市长民选。(7)保障人民言论、出版、结社、集会之自由。(8)保障人民生命财产安全。(9)速派大员来台处理本案,勿用武力弹压,以免事态扩大。

昨今两日在老松及太平国民学校登记集中之海外返台退役军人,有三四千,由奸党操纵控制,进行编组训练。

"台湾自治青年同盟"发出传单标语,主张"台湾要高度自治"。

下午八时卅分,陈长官第三次广播,宣布尽可能采纳民意要求:(1)对改组政府事向中央请准后即可实行。(2)各厅处长尽量任用本省人。(3)各县市长定期实施民选。

中兴轮由沪抵基,闻变折返上海,而登记购票者逾五千人。

北投汽车兵团被劫去汽车及轮胎多件。

花莲外籍公务员,迁驻米仑山营房准备固守。奸党暴徒组织"白虎队"陆续强占各机关,唯宪兵队仍与奸党暴徒对峙,屹立不动。

三月七日 "处理委员会"宣传组长王添灯,上午六时廿分,向中外广播"处理大纲",分目前处理、根本处理两部份,根本处理又分军事方面及政治方面,共四十二条。公然主张撤销台湾省警备总司令部,反对国军驻台,缴卸武装交该会保管,陆海空军及各级法官,应由台人充任,释放战犯汉奸等,不但越出所谓"改革政治"之范围,叛国阴谋,遂昭然若揭。

花莲奸党暴徒,组织"青年大同盟",以许锡谦为"海陆空军总司令"并接收粮食所,自推卫生院长、邮电局长等。

台北市继续发现"建立台湾民主自治政府"及"台湾民主自卫军"等荒谬宣言传单。

台中嘉义伪"自治联军"进攻国军，极为剧烈，两方互有死伤。

闽台监察使杨亮功，奉派兼程来台处理此次事件，于由基来北途中，经五堵被奸党袭击，伤随员卫士各一人。

三月八日　各党派小组组织，一时活跃，纷纷树立党羽，到处"接管""接收"地方政权，攻占军公仓库，劫夺军械物资，情势日益骚动。

晚十时二十五分，奸党暴徒自北投、松山，分两路袭台北市区，攻圆山据点、警备总部、陆军供应局、长官公署、警务处、台湾银行及其他各大商店等，经军警痛击包剿溃窜，彻夜枪声不绝。

三月九日　昨夜奸党暴徒进袭省垣后，情势已极紧张，警备总部乃于上午六时起，重布戒严令，军警开始彻底搜索奸匪，整日枪声不绝。

上午十一时，暴徒四百余，围攻水道町电台，午后四时方击退，毙匪三名，俘十三名。

下午六时辎汽廿一团，于圆山附近俘暴徒廿余人。

国军二十一师，陆续开到，人心大定。

"处委会"发表声明，完全自动推翻前提四十二项要求。

三月十日　蒋主席于上午九时在中枢国父纪念周，对台湾事件有所报告，希望本省善良人民，一致觉醒，勿为奸党利用。

陈长官以"处委会"连日行为及所提要求，纯系背叛国家，下令将该会及各地分会一律解散，人民如有意见可由各级民意机关转达或径呈。

国军由北南开，分区推进搜索奸党暴徒，省垣已恢复二月廿七日以前状态。

上午十时，陈长官对全省同胞作第四次广播，说明国军莅台，系肃清乱党暴徒，保护绝大多数善良人民之安全。

〔监察院档案〕

18. 旅沪台湾六团体二二八惨案联合后援会印发关于台湾二二八起义真相告全国同胞书等资料

(1947年3月)

(1) 为台湾二二八惨案告全国同胞书

全国各报馆转全国同胞公鉴：我台湾六百万民众，呻吟匍匐于日本帝国主义铁蹄之下，备尝亡国苦痛者五十一年。抗战胜利，重归祖国怀抱，方庆从此复我自由，能以台湾之人力物力，与我亲爱同胞携手共进。力谋新中国之复兴与缔造。不料祖国政府所施于台湾者依然为种种之束缚与层层之剥削，对于台湾接管，完全抄袭旧日日本治台方法，颁布所谓台湾省行政长官公署组织大纲，以行政、财政、立法、军事之大权，集中于长官一人之身，形成新殖民地总督之变相。而陈仪长官到任以来，首先留用日籍警察官吏，继续统治台湾人民，引起普遍失望。进复滥用权力，凭借特殊地位，(一)干涉司法，台湾法院非得长官同意，不得检举贪污。(二)紊乱金融，拒绝国家银行在台开业。滥发台币，妄定汇率，包办汇兑，造成严重之通货膨胀与金融恐慌。(三)厉行日用必需品如烟、酒、火柴等之专卖，使台胞于正常税收之外，增加不合理之负担。(四)任用党羽，包办贸易局及二十二个贸易公司，统制台湾全部进出口贸易，剥夺人民生计。(五)颁布特殊法令，限制人民经商旅行之自由，滥拘人民数千，监禁于火烧岛红头屿各处。(六)统制印刷纸张，借以摧残台胞之言论与文化。(七)包庇部属利用台银专卖局贸易公司等机关，营私舞弊，造成贪污盛行穷奢极欲之风气。致接管十六个月以来，生产停顿，商业破产，物价暴腾，以台湾产米之区，米价之高，竟居全国第一。人民走头〔投〕无路，怨声载道，迭经推派代表分向中央各机关呼吁请愿，毫无结果。二月二十八日台北专卖局武装军警，因在市内检查"非专卖"香烟，非法拘捕小贩，并开枪击杀平民二人，激起群众向长官公署请愿，复被卫队用机枪扫射,民众逃散之余,更遭无情追杀,演成普遍之官民冲突,流血惨剧延续数十小时,风潮蔓延全岛,死伤人数达三、四千人之多,不仅为过去日本帝国主义军阀所未见,即三十年前号称最野蛮之"打吧呢"屠杀事件,亦不能与之相提并论。呜呼!台胞何罪,遭此杀戮!我六百万台胞何料于重归祖国十六个月之余,尚未能获得祖国政府平等公平之待遇!尚未能脱离殖民地时代之生活!尚须遭遇如此无情惨酷之剥削欺凌与屠杀!我台胞之鲜血不流于日帝国主义者铁蹄之下,而竟流于祖国军警枪尖之上!事之可痛,孰逾于此!同人等认为此次惨案之起因,虽由于专卖局军警非法捕人杀人,而根本原因,实在于台湾行政制度之特殊化,及行政长官陈仪不顾民意,厉行专卖统制政策所一手造成。挽救之道,唯有(一)立刻允许台湾实行自治,省长县长一律民选。(二)废除特殊化之行政长官制度及其一切特殊法令设施。(三)惩办陈仪及开枪凶手。(四)取消台湾特有之专卖及省营贸易。(五)抚恤伤亡,立即释放被拘民众,并担保不再发生同样事件。借此平息众愤,安定人心,否则星星之火足以燎原。六百万台胞为求本身之生存,为争取可贵之自由,势必再接再厉,反对一切无理压迫,非达驱逐陈仪完成自治之目的,誓不休止。深望全国同胞同情我台胞处境之苦痛,及求治之迫切,伸手援助,俾台湾人民最低限度之生存权得以实现,台湾幸甚,中国幸甚。

台湾省政治建设协会上海分会
闽台建设协进会上海分会
台湾重建协会上海分会
旅沪台湾同乡会
上海台湾同学会
台湾革新协会
三十六年三月五日

（2）旅沪台湾六团体二二八惨案联合后援会声明

此次台湾民变,完全是政府颁布歧视台胞之行政长官制度及行政长官陈仪不顾民意,厉行统制专卖等暴政,使大多数人民无法生存,又值专卖局缉私警察开枪杀人,长官公署卫队用机关枪扫射请愿民众,激起台胞普遍之愤怒与反抗,蜂起云涌,两日之间,蔓延全岛,所谓"官迫民变",实为最确切之说明。陈仪、柯远芬等为减轻其应负责任,及争取中央政府之同情起见,妄指此次民变为背景复杂,谓有共产党及日本地下组织从中策动,非痛加清剿不可,本会等兹敢代表六百余万台胞,郑重声明：

一、台胞之政治希望,极为简单,即要求中央政府能以平等待遇台省人民,凡今日中国各省所无的行政长官制度及统制专卖,台湾不能独有。至对于国内之党争及内战问题,台胞初归祖国,无从表示其立场,吾等固不敢断言台湾绝无共产党之活动,即有为数亦必甚有限,不足以发动如此广大之民变。

二、日人指挥之流氓暴徒,乘机活动,制造恐怖暴行,盲目攻击外省人,以挑拨离间台胞与祖国同胞间之感情,此为此次民变中最可痛心之现象。光复以来,我台胞对日人地下细胞及埋藏武器,曾一再检举告发,无如主持台政之陈仪,优待日俘,存心偏袒,置若罔闻,其责任当由亲日首领陈仪完全负责之。

三、香港有人用台湾民主同盟名义,请联合国定台湾为托治地,此种少数投机分子假借名义,荒谬绝伦之举动,绝不足代表六百万台胞之公意。现在台变尚未解决,祸首陈仪,正使用武力厉行报复性之恐怖政策,大批捕杀地方公正士绅、民众领袖、教授、学生。台南、台东战事尚在蔓延,台胞苦痛,有增无已。吾人谨再向国内同胞,作紧急之呼吁如次：

甲、台变发生已半月,蒋主席在本月十日纪念周中报告,在宪法允许范围内,准废行政长官公署,改设省政府;白部长亦表示,长官公署可以撤废,专卖及统制,可以取销,此项政府诺言,我们要立刻实施,不再拖延。

乙、陈仪为惨案祸首,全台人民所痛心疾首之人,即就国家纲纪言,厉行暴政,激起民变,政治权变更,政令不行,事前疏于防范,事后措置不周,亦难逃国法应有之处分,应请明令撤职严办。

丙、政府对于台湾善后,首须避免使用武力,整饬军纪,停止恐怖行动,释放无辜被捕人民,保证对参加事变人民不再追究,并号召地方公正人士,出而劝导人民,归农复业,地方秩序,庶可收复,台湾元气,得以保存,此为吾人所恳切希望者也。

(3)关于台湾事变意见书

台湾事变原因之分析

(一)基本原因　政治不良,引起民众普遍之不满与反抗。

1、由于制度者　特殊化之行政长官制度,等于日本台湾总督之变相,使人民误认中央政府仍视台湾为殖民地。

2、由于人事者　(甲)外省人占据要津,本省人均居不重要地位,如长官公署各处处长,无一系本省人,副处长系本省人者仅一名。各县、市长本省人亦仅一二人。专卖局、贸易局及重要业务机关等组织,均无本省人主持。(乙)外省人与本省人之待遇不一律,使本省人与外省人在感情上发生隔阂。

3、由于军队者　(甲)军纪之败坏,时常掠取人民财物及殴打平民。

4、由于金融经济统制者　(甲)专卖制度,全国各省市均无专卖制度,惟台湾之烟酒火柴等日用消耗品,实行专卖,使台胞增加例外负担。(乙)省营贸易,除贸易局统制全省进出口贸易外,尚有茶叶、航业、油脂、纺织、玻璃、纸业等二十二个官营公司,重要工商业全归官方掌握,人民正当工商业无法生存。(丙)台湾银行,独占内外汇兑,普通人民无法与国内通汇,致使商业停顿。

5、由于政治作风者　(甲)贪污横行。(乙)效率不举。(丙)外省人轻视本省人之习惯。(丁)内地公务员之生活,远较本省人为奢侈。

(二)外来原因

1、海南岛及南洋各地送回之壮丁数万人,事前政府不速为设法,听其流离失所,年余不能回家,甚至有饥饿而死者,致引起此辈巨大之怨恨。回台以后,长官公署对其生活痛苦不加注意,亦不能事前予以防范,致成为暴动主力。

2、共党阴谋,台湾共党组织,战前被日人清除殆尽,毫无活动能力,胜利后虽有一部份自内地潜入,但为数甚微,绝无力发动此遍及全省之民变。地方当局为减轻责任计,自不得不加重共党之报告。

3、日本残留浪人组织之乘机活动,制造许多暴行,借以破坏台胞与国人之感情,以遂其挑拨离间之阴谋,而长官公署于接收年余之后,对日本残留势力未加肃清,实有重大责任。

事实发生前后长官公署处置之失当

(一)疏于防范 台民不满政治之情绪,日在高涨,年余以来,请愿要求,毫无反响。海南岛壮丁送还以后,各地已酝酿暴动,政治协会于二星期前,尚有报告,而当地军政当局,事先竟毫无所闻,致变起仓卒。

(二)扩充警察大队代替国军驻防 陈长官为树植私人武力,竭力扩展军队变相之警察大队,同时向中央表示台湾警察力量足以维持治安,无需国军驻防,请将七十军调回国内,以遂其军政统一之企图,致全台兵力空虚,两日之间,全岛十之七八,入于民众之手。

(三)对民众开枪屠杀 专卖局没收人民香烟,未会同当地警察,已属违法,且竟当场开枪杀人,激起群众公愤,长官公署卫队对请愿民众,用机枪扫射,当场杀死数十人,造成巨大惨案,遂使民变激发至不可收拾。

(四)损失政府威信 事变发生以后,陈长官感于无力维持,未能坚持立场,顾全政府威信,甚至不惜自坏体制,派遣民政处长

843

周一鹗、工矿处长包可永、农林处长赵连芬三人,会同民众团体,组织处理委员会,以维持治安,此种组织,本属于法无据,且有类于无政府状态时治安维持会之组织,对于政府威信,自有极大损失,而陈长官竟贸然承认,且派员参加,殊属措置失当。

(五)采用报复手段　待国军到达,则又推翻诺事,解散各种民众团体,施行戒严;任意枪杀无辜民众,捕杀地方公正士绅及教授、学生,全台陷于恐怖状态,徒足增加民众仇恨心理;而真正行凶暴徒,多已逃匿乡间,无从捕获,地方秩序之恢复,依然遥遥无期。

紧急建议

目前海南、南洋各地遣送回台之退役壮丁,至少有四、五万名,长官公署拘获者,仅于数百名,大多数均匿迹乡间。且接收时,日人枪枝,流落民间或埋藏山间者,为数不少。台省民气素称顽强,抗清抗日,颇具历史。如施用武力高压政策,则被迫之余,难免不铤而走险,使战事旷日持久,徒事牺牲。而一师兵力,至多仅能维持各重要城市之治安,对交通线之维持,尚感困难,对乡村秩序之全面恢复,绝非短时间所能办到,故目前之计惟有:

(一)立将事变祸首陈仪撤职解京法办,以惩其祸国殃民之罪。

(二)对弊端百出之行政长官制度,明令废止,改设省政府。

(三)撤销各种不合理之经济统制。

(四)释放被拘无辜民众,停止恐怖政策。

(五)整饬军纪,严禁军队非法开枪杀人,抢掠人民财物。

(六)敦请地方公正人士出而协同政府,劝导各地民众自动交出武器,恢复秩序。

(4)舆论专载

台湾官民要停止冲突

台湾事件的发展,尚难推测。我们不能不提出呼吁:政府不要用武力弹压。台胞也该冷静一点,让纷争得以和平解决。

闻中央已派遣军队赴台。平时,部队调防不要紧,惟独此时,人民最易刺激与冲动。据台北电台广播,流言孔多,人心惶惶。如果用兵,甚易关闭官民协议之门。此举将使台湾问题治丝益棼。

无可否认,今日台湾人民火气甚旺,激越而缺乏慎思远虑。一般群众行动,类皆如此。惟其如此,故解决之道,必须釜底抽薪,而不可火上加油。台北纠纷重起,原委不详,但有一点似可判断,偶然的惨案已变成有组织的民变了。这个变化十分重要,事件已由简单趋向复杂。在变化的过程中,难保无不纯人物在起作用。但复杂问题要用简单原则去解决,就是说,大多数人民是纯洁的,绝不致携贰。假使不这样截然区别,而以六百五十万人民为"背叛",那问题就太大也太危险了。倘安抚无方,而冲突蔓延与长期化,事实不能不忧虑下列两点:(一)台湾有三十万青年受军事训练,彼等多有作战经验。(二)国际环境颇为复杂,可能演出台湾对祖国的离心倾向。

须知所谓"三十二条要求",是情绪激昂时片面的要价,是二二八事件处理委员会把各方芜杂意见汇集起来的。按目下情形,各地人民也还没有统一组织,尚不能以一个交涉体正式提出的条件视之。事实上,台中、嘉义至今混沌,除台北及台南外,我们不知其他人民有什么条件。

中枢处置台湾问题,此刻尚不失良好时机。当然,用兵不妥,派大员调查也有点迂远。为今之计,应在事实上证明宽大,可允许者迅速宣布,不可延宕招致疑虑。例如撤销长官制度,罢免负责官吏,废止专卖及贸易统制等,皆可当机立断,借平民情。实际闹事十余日,台胞在观望中枢态度,中枢不要举棋不定,要赶快妥善处理。

是的,台胞这次剧烈举动,也不是绝对无可疵议的。我们洞明治理台湾一切毛病,人心向背是现实的,不平则鸣。我们尤深悉台胞忠尽爱国。光复之初,丹心与热泪,感动神明。再说,台湾人民也本是汉族子孙,他们是反清抗日的孤臣孽子,曾以鲜血头颅题过诗篇。此次激发民变,责在政府。故在基本观点上,我们寄予同情,问题只是,感情的野马,应该勒回一点。看在同胞面上,也为了不使台湾地方糜烂,最好能回复正常理智,停止冲突,谋取和平解决的途径。相信许多台胞已见及此,我们在台北、台南的电台中,曾屡闻台胞代表呼吁和平。

总而言之,政府切勿用兵,台胞也应停止行动,一场吵架,可在言谈中了之。反是,事态扩大,愈来愈不可收拾,其结果,我们实在不敢也不忍去想像呀!

(三月十一日大公报社论)

合理解决台湾事件

台湾的不幸事件,自发生以来,本报曾两度加以评论,而迁延多日,犹未有合理解决,且道路流言,谣诼蜂起,人心惶惑,杌陧不安。我们愿意再胪陈几点具体意见:

第一、蒋主席曾经剀切昭示,凡在宪法范围以内,台胞的一切要求,政府无不可以接受者。此为一极端贤明的表示。而受命处理台湾事件的国防部长白崇禧氏,亦已面允台湾请愿团,立即改革政制,取销经济上特殊的专卖制度。政府方面,亟应本着蒋主席的贤明指示,迅作有效措施,切实改革台湾政治。必须言出必行,才能够树立威信。

第二、目前台湾秩序尚未完全恢复,维持治安应有的宪警,固然必不可少,然而,过此以往,大量派兵,则徒足以激刺感情,亦未必能收实效,此点望能慎重考虑。对于驻台的军警,尤应严整军风纪,万不可有任何报复行为,任何恐怖手段,以加重局势的不安。只有因势利导,使情感融洽,治安才有办法维持。

第三、此次台湾事件之造成,行政当局事前不察民情,有乖职守,事后处理失当,致事态扩大,均应负重大责任。此点各方已有公论,无可置疑。要使台湾事件顺利解决,国家纲纪维持不坠,对于失职官吏,均宜予以应得处分。"君子以直道爱人,细人则以姑息"。中国今日政治腐败至此,多半由于姑息养奸,纲纪废弛。再不能赏罚严明,如何能够挽回颓势。

第四、至于所谓"台湾民主同盟"之建议,要把台湾交与联合国托管,我们认为是绝对无稽的谣言,应该严加辨正:台湾,在日人侵占以前,素为中国领土,名正言顺,由来已久,抗战胜利以后,失地重光,回到祖国怀抱,国际间亦无任何微词。无论有任何纠纷,均系中国内政问题,"托管"云云,从何说起,此不仅内地同胞,将深恶而痛绝之,即大部份台胞,亦必予以驳斥。我们希望内地同胞与台湾同胞,化除畛域,和衷共济,内地同胞不存任何歧视之见,台湾同胞亦不生厌离之心,内外一家,无分彼此,精诚相感,任何问题都可以迎刃而解。

由这一次台湾事件,我们更可知道,求政治安定,一定要勤求民隐,化除怨毒,所谓"履霜坚冰至",见微知著,杜渐防微,譬之治河,平时不因势利导,疏通沟渠,一旦泛滥为灾,自然不可收拾。今日中国不安定的地方,事实上不只台湾一处,举一反三,不难概见。我们热望政治安定,民生改善,明达治理,动不违时,使政治局面,能够得到安定。

(三月十四日新民报社论)

国家、人民、政客孰重?
论台湾民变的因果及解决方针

孟子说:"民为贵,社稷次之,君为轻",译为现代名词,应是"人民为贵,国家次之,政客为轻",假使我们承认这原则,我们马上可以发觉此次台湾民变的前因后果,我们也马上可以得出如何解决此次台湾民变的方针!

台湾在日本帝国主义的高压统治下达五十余年，六百余万台胞过着奴隶的生活，呼吸不到自由的空气！当他们欣闻抗战胜利，国土重光的时候，正有如一个无辜罪犯从牢狱中获得大赦，他们需要滋补，需要自由，需要温暖，需要爱！不幸政府所给予台湾的是一个长官公署，而长官公署所给予台胞的是一个统制、专卖、贪污、高压的旧制度，使他们感到祖国政府与日本政府无异，长官公署较总督府更凶，"以暴易暴"的印象深印在台胞的脑中，以致民变如火山一般爆发！我们比较台湾的今昔，在政治、经济、交通、教育的任何一方面，有那一点能对得起台胞，更有那一点能不对日本帝国主义者抱愧！造成这一无可讳言的罪恶，政府应负用人失当的过失，而长官公署实应负政策错误的全责，台胞是没有责任呀！

此次民变经过时间的短暂，波及地区的广泛，骚动程度的严重，是台湾有史以来所未有的！不料政府不知釜底抽薪，反在加强国防名义下增兵台湾，长官公署也不知引咎辞职，反利用国家武力作为屠毒人民以巩固黑暗统治的武器，语云："民不畏死，如何以死畏之！"台胞处此求生不得的情势下，难道武力镇压足以解决问题吗？

台湾民变是野心政客的错误统治所一手造成的，到了今天，我们不得不问一声政府，究竟是政府的威信要紧？是政客的地位要紧？是国家的利益为先？还是人民生存为重？假使政府只是顾全政府的威信、政客的地位，而丝毫不计台湾人民的生存，一旦失去了台胞对祖国的信心，试问国家利益又何在呢？老实说，台湾的回到祖国，正有如一个被难兄弟的回到家庭，全家上下应给予更多的安慰，以弥补既经创伤的心灵，若必欲使先经过一奴隶的阶段而后能成为平等的兄弟，在人情法理上说都是不应该，在事实上说尤其行不通。所以今日解决民变的最大前提，是一面撤办行政负责人员，一面给予台胞以平等的待遇，在保障人民生存原则下以赢得国家利益，决不能为保障政客地位而失去人民信心。我们希望政府以人民生存为重,期望台胞以国家利益为先,协力促进新台湾的复兴!

(三月十四日南京新中华日报社评)

赶快解决台湾事件

由上月廿八日到今天,台湾的骚动已进行了十二天之久,局面之日趋严重,有目共睹,无待赘言。然而迄今为止,我们除看到蒋主席所作"台湾事件已超出行政经济范围以外,含有其他政治作用,今后处理首须维持秩序"的表示,以及中枢拟派白崇禧、吴铁城、朱绍良三位大员前往宣抚,并相机处理的消息外,就不曾听到政府对于台湾事件还有什么根本的打算。固然,政府已添调了两个整师的兵力前往台湾,执行最高当局所说的"首须维持秩序"的方针,可是诚如台湾旅沪同乡会李伟光氏所说:"军队在台登陆,不论是何动机,都很容易引起台民反感",所以如何适当地运用这批增援军队去"维持秩序",是值得当局慎重地考虑的。

我们必须郑重指出,当人民表示对一个政权不满和愤恨厌弃的时候,武力镇压似乎从来不能有效地解决问题,恰恰相反,越是用武力镇压,越是容易引起人民更深刻更普遍的仇恨。关于这一点,历史上给我们的教训实在太多了。今天来处理台湾问题,除掉必须接受这个历史教训之外,政府还应当注意,高压恐怖政策不仅不能平复台湾的人心,反而将使台湾的动乱更趋混乱化、严重化。因为这个孤悬海外的岛屿,外有日人的挑拨离间,内有复杂的民族问题,稍一不慎,便将无法收拾。而况政府现在可调之兵有限,而台湾民众的愤怒如火燎原,以有限之兵力来扑灭四处蔓延的火焰,充其量也不过只能勉强保持住少数城市表面的安定而已;倘若因此而形成人民与政府的长期武装对立,那就太危险了,那就太可怕了。

所以,单只增加援军是不行的,今天政府要赶紧拿出根本解决的办法来。我们说赶紧,是因为这局面千万再拖不得。时间越拖长,问题就越出得多,人民的愤怒就越会深刻下去,我们还记得,早在半年之前,台湾人民对祖国带去的"官僚政治作风",就已有了厌恶的表示,一家台北报纸甚至公开把台胞所下"中国人比日本人坏"的结论表现在纸面上。在那个时候,国内以及国际友人的舆论也都不断发出警告,提醒政府注意并设法改革台湾政治。然而不幸得很,台胞这些不满的表示,以及各方面率直的忠告,都被当作耳边风,不予理会,问题拖下去了。拖到今天,毕竟爆发了这么严重的事件。如果政府能够懔于这次事件的可怕教训,立即改弦更张,赶紧设法作根本上的改革,台胞的局面也未尝不可以挽救过来。反之,倘若政府仍然拖延下去,仅用武力镇压来做"头痛医头,脚痛医脚"的应付,那即令暂时可以把动乱平静下来(事实上,我们很怀疑这是否可能),谁知道再经几个月之后,又会演变成一个什么样的局面!

那么,怎样才算是根本解决呢?这首先就要政府在作风上有所改变。政府一贯的作风是"维持威信第一,人民利益第二"。这实在是不妥当的。因为任何一个政府的威信,应该建基于人民的拥护之上,没有人民的拥护,威信是无法真正树立起来的,用刺刀尖支持着的威信绝难维持于永久。以台湾而论,陈仪的治绩久已成了问题,然而政府却始终为了威信、面子的缘故,不愿予以撤换,甚至去年十月蒋主席巡视台省归来,还特别公开加以赞扬。今天台湾闹了这么大这么严重的事件,政府对陈氏并无只字处分,陈氏本人也依旧我行我素,其所发表的广播还是充满了一种独裁专制的气息,毫无开明民主的气度。像这样的情形,怎么会不使台湾同胞气愤填膺,宛如火上加油呢?我们希望政府把面子威信等空空洞洞的东西摆在旁边,而正视台湾同胞的利益,使台湾同胞的要求能够获得相当的满足,只有这样,才能便利问题解决。

事实上,今天举国都正为所谓"官僚政治作风"所笼罩,所以无论派什么人到台湾去代替陈仪，恐怕都免不了要把这台胞所深恶痛绝的作风带过海去的，从而也就都难以使台胞满意。唯一避免或至少是逐渐革除"官僚政治作风"的有效办法，只有实行民主，让台湾同胞多多自己治理自己。在这一点上，我们认为台胞所提出的三十二条要求中，除掉蒋主席所指出的少数几条外，大部分应该是都可以接受的。我们主张政府应该立刻有一个正式的申明，一面提出给予同胞以民主的自治的具体保证，一面恳切地要求台胞约束行动，相忍谋国。也许只有这样，才能求得台湾问题的根本解决。

总之，台湾事件的解决，我们希望，要赶快，要和平，要从根本上想办法，千万不能拖，不能用武力高压，不能枝枝节节怀柔应付。

（三月十一日文汇报社论）

再论台局

上月二十八日台北骚动发生后，本报于翌日即著论唤起全国的注意，论中要旨，一为呼吁台省同胞努力恢复秩序，静候中央处理，一为对治台政策速谋检讨。今时隔十日，台省动乱示已，台北复于前日再度戒严，中央社连日电讯，连续报导台省青年暴徒攻击军政各机关情形，"忠义服务队"队员，对外省居民住宅不分昼夜，借口检查，施行劫掠，同时台省"二二八处理委员会"复以改革台省政治建议案三十二条，送请陈长官采择施行。

台湾的动乱，台湾在今天发生动乱，使每一个爱国的中国人感到伤痛。台湾沦陷了五十年，经过八年的抗战，台湾方始收复，收复后不到两年，国家正值内外多故，台湾竟发生这样的动乱，研究十八□□动乱的经过与性质，如果中央的处理不慎，台湾的乱事，正是方兴未艾。照目前的国际形势，我们不能让台湾出问题，照目前的国内形势，无论在政治或经济、财政方面看，我们更不能让台湾出问题，台湾收复不到两年，如果动乱不已，而成为中国政治上一个问题，国际上对我们是怎样一个看法。国内的政治与经济、财政，都将发生怎样严重的后果。

根据这个立场，我们首先吁请台湾全省人民，在国家民族的大义下，要立刻停止一切行动。台湾全省同胞要知道祖国在近五十年所遭的灾难，尤其在近十年所遇的困苦，中国在抗战结束后，名为胜利，而其实是起死回生，我们的政治、经济、社会以及思想、道德各方面，都需要重新建立起来，而这种重新建国的责任，全国人民都有其责任与义务。做了中国的人民，谁也怨不得谁？我们的历史地理，造成我们今天各种现象，今天中国的同胞，还是在生死存亡的关头，全国同胞能够互信互谅与互助，再能够忍耐努力，我们就能够渡过当前的难关。各种政治财政经济方面的紊乱与畸形，都是当前难关中应有的现象，难关渡过去，那各种现象自然消灭，难关渡不过，各种不合理不满意的现象还要增强。中国版图以内东西南北各地区的人与地，不能脱离了中国而自立生存，犹之今日的台湾，不能脱离了中国而独立。台湾归到祖国仅仅只一年又半，今天当前的急务，在台湾同胞赶快起来镇压动乱，一切政治经济的改良，必需在正常秩序恢复，方能研讨与实施。

在中央方面，对治台的政策与人事，应该有一个彻底的检讨，而立刻付诸实行，这是台乱初起后我们的建议。现在我们对台局的观察，还是如此，但是当前的要着，我们更建议对台湾不要用兵，非到万万不得已，不要用兵。此次台湾动乱有什么其他的背景，我们不清楚，当然政府不能不对此有提防，但不能过份在这种角度下观察。在今动乱方兴，处理的方法，最好不要用兵，非到万不得已不轻易从军事解决，军事解决极可能增加台事的纠纷。其次，台湾动乱已逾十日，中央应该立刻派遣大员去安抚并加调查，我们更建议中央要派文人去，不要派军人去，中央尤应派资望深著思想前进的文人去。这一个建议与上述不用兵的原则是连贯的，军人去调查，不一定会归纳到用兵,而极容易到军事的结论,今天的台湾,到现在为止,似尚未到非军事不能解决,如果各方面去造成这个形势,台局要真造成未来几十年一个国内大问题。在中央派遣文职大员去台而外,国民参政会中推选德望隆重的人去,从旁襄赞,对台事的解决,也有绝大的帮助。

"台省二二八事件处理委员会",究竟是怎么一个性质与组织,我们至今还不甚明白。然研究其向陈仪长官所提的三十二条要求,除开关于军事部分的是逾越了地方政治范围之外。就其他大部分的要求看,我们至少可以明了今天台湾问题的大概。台湾今天的问题,除了特殊的背景以外,我们无法否认是一个政治与经济的问题,也就是今天中国一般的地方政治问题。国父遗教中讲中央与地方的权限,提出"均权"的理论,此次新宪法,对地方政治也有相当的规定,今天我们检讨台湾问题,症结所在,或由于多少年来忽视了地方政治,地方上的政治与经济,同样被忽视,因为忽视而使地方政府日子不好过,地方人民的日子更不好过,此在全国政治百孔千疮的今日,固然不能深责中央,但是在地方上,却造成怨恨,如台湾新归祖国,不明了这种情势,其怨毒更深,自为当然之现象。因为台湾的问题,我们建议中央要彻底检讨地方政治问题,中央要活,地方也要活,地方离开中央不能自立,中央离开地方又岂能幸存。

陈长官仪今日为各方所指摘,治台一年有半,得此结果,自有其应负的责任。但是我们持平之论,今日的台湾问题乃至整个地方政治问题,政策的影响远超过于人事。地方政治的政策,并不是地方长官所能完全决定,地方长官应有廓大的心胸与进步的眼光,自是基本的条件。台湾问题是今日地方政治问题的一面,我们忧虑台局,并忧虑全国整个地方政治,全国各地地方政治,果能因台事而得一更新,此诚国家前途之大幸。

(三月十一日新闻报社论)

(5)陈仪应明正典刑

台湾本来是一片干净土。以物资言,战前每年产米达一千二百万石,除自用外可输出七百万石。糖产占世界第四位,樟脑占第一位,煤产年三百万吨。此外如木材、茶叶、石油、食盐、海味、香蕉、凤梨等等。每年贸易出超自五千万到八千万美金。以工业的程度言,日月潭水力发电工程的伟大,居东亚第一。高雄、基隆筑港工事已告完成。铁路干支线全长三千余公里,电讯、电话无远不达,乡村僻野都有电灯。此外如制糖、酒精、制纸、锯木、制酸、炼钢等工业设备,国内非埋头建设二十年,恐达不到台湾的规模。以人民言,六百五十万居民中,除二十万左右的高山族外,全部是汉民族。热爱祖国,拥护政府。当国军初到基隆时,台胞扶老携幼,欢声震天,前来欢迎,全台餐馆、旅馆自动免费招待国军一星期。这种热烈动人的景象,在平津京沪一带是看不到的。以政治环境言,台湾既不像东北有外交的牵连,亦不像新疆有民族的纠纷,更不像今日收复区各省有党争和内战。而且治安良好,盗匪绝迹,夜不闭户,道不拾遗,人民教育普及,自治水准甚高。这种种良好的条件,都是国内各省所梦寐求之而不得的。

国内各省搞不好,还可推到共产党头上,台湾搞不好,谁应该负这责任呢?

陈仪未到台湾,向政府要已办一切的大权,政府毫不吝惜地答应了。所谓特殊化的行政长官制度,事实上就是陈仪自己提出来的。到了台湾以后,要办银行,要发钞票,要颁布单行法令,要干涉司法行政,种种破坏政令统一的要求,政府都没有不答应的。这一年半以来,他一个人掌握了台湾全省军事、行政、财政、金融、立法、司法的大权,事实上等于台湾的土皇帝。全国官吏中能够得到中枢宠信,独揽大权,我行我素,不受一些外来环境的牵制者,恐怕也只有陈仪一人。然而仅仅一年半的时间,就把台湾搞得乱七八糟。把台湾人民迫得走投无路，引起空前未有的大民变。单就这一点说，即在最腐败的满清末年，也非把陈仪马上撤职解京，明正典刑不可的。

陈仪在台湾做土皇帝，做了头昏脑花，居然想长治久安下去，定了一套三年施政计划，想把台湾宪政的实施延长到民国三十八年。又居然想扩充自己的实力，编练所谓警察大队和特务团来代替国军，同时请中央把七十军调走。结果民变一发，束手无策，除了长官公署一隅之外，全台的行政机关、车站、仓库、电台，于一日之间都被民众占领。幸亏此次台湾没有外国背景支持，否则台湾已经不是中华民国的了。就这一点说，陈仪犯了一个"失土"的大罪，也非明正典刑不可的。

陈仪在三月八日，国军未到以前，在民众面前，几乎等于无条件投降，甚么条件都可以答应，都可以接受。甚至暂时停止了长官公署治权的行使，派遣民政处周一鹗、工矿处包可永、农林处赵连芳等，会同民众团体，组织处理委员会，来维持治安。如果政府还有威信的话，所有的威信早已被陈仪一手丧尽了。以一个受国家重任的封疆大吏，如此软弱无能，虎头蛇尾，实在是有亏职责的。

陈仪现在为了减轻责任，不得不把民变的策动者推在共产党头上。姑无论台湾是否有这么多的共产党，台湾的共产党是否有这么大的力量，来发动全省的民变，即会有的话，试问陈仪所干何事？何以事先一点都不知道？一点防备都没有呢？

陈仪又说这次民变有日本人地下组织从中活动，不论这话是否属实，即令属实，试问陈仪所干何事？何以台湾光复了一年半，尚有日人地下组织的活动。大家知道陈仪是有名的亲日派，他在民国二十四年曾经跑到台北参加庆祝日本人召集的台湾始政四十周年纪念会(即我国台湾沦亡四十周年纪念会)，因此被认为"台湾通"而出任首任台湾行政长官。他到台以后，曾留用日本警察、宪兵继续统治台湾人民，达半年之久，而引起台人最大的愤怒。日本俘虏，在台湾是受到特别优待的。亲日是他政治的资本。他对于日本人在台的地下组织,难免无庇护的嫌疑。

陈仪现在还想用蒙混手段欺骗中央,说台湾不久即可恢复秩序。我们千万不要信他这一种谎话。他如果有办法,根本便不会发生这么大的民变。台湾受过日本军事训练的壮丁有一百二十万人,海南岛、南洋各地遣送回台的也有四、五万人,日本武器流落在民间的有几十万枝,陈仪现在对台湾人采取报复政策,一味屠杀,结果只有促成台湾人更激烈的抵抗。政府的力量恐怕只够维持几个重要城市和交通线,广大的乡村和险峻的山地在语言隔阂情况特殊的条件下,是很难有办法的。如果让陈仪乱搞下去,非把台湾造成海南岛第二不可。

陈仪是军阀余孽,孙传芳的走狗,国民革命的敌人,法西斯的迷信者,典型的亲日派,无耻的官僚。他虽有不要钱的好处,但他却袒护要钱的部属,结果比自己要钱还糟。他有一些见解,但都是半生不熟的。他很有胆力,但每用以厉行暴政杀害人民。他个性很强,一错错到底,结果便不可收拾。然而对于强有力者却很容易屈膝,而且不识大体,每易牺牲自己的立场,像参加日本人的台湾始政纪念会和此次台变承认处理委员会都是明例。他在福建八年,弄得天怒人怨,个个恨他骂他。连素称好好先生的林子超、萨镇冰、陈嘉庚,都恨他入骨。此人如继续留在台湾,只有制造台人的仇恨,增加不必要的牺牲,只有把台湾断送完事。此人如不明正典刑,以后任何地方官吏都可以任意鱼肉人民,都可以随便损失国土而不负任何责任。那么国家的纲纪,政府的威信,社会的是非,亦将荡然无存了。

(三月十六日陈怀台)

〔国史馆档案〕

19. 台湾省各县市支持和响应台北市人民起义情形简报

(1947年3月)

各县市暴乱情形简表

地名	主动及附从者	暴乱情形	受害情形	善后情形	备考
台北市	蒋渭川 王添灯 吕伯雄 骆水源 颜钦贤 陈逸松 林诗党 刘明朝 潘渠源 吴国信 陈春金 黄朝琴 周百练 许德辉 吴春霖 陈学远 蒋时钦 黄纯青 苏维梁 林为恭 郭国基 颜德胜 徐春乡 陈旺成 黄国书 连震东 林连宗 廖进平 黄苏炎 赵清华 林　忠 李万居 周延寿 林宗贤 杜聪明 黄朝生 许振绪 李仁贵 陈　屋 黄火定	1、二月廿七日晚,专卖局查缉员警于延平路查缉私烟,当地流氓围集阻挠,并以乱石围击,误伤烟贩林江迈头部,嗣查缉员警被迫开枪自卫,误伤行人陈文溪,奸党暴徒乘机焚毁查缉卡车,彻夜煽动捣乱。 2、二十八日晨,暴徒围劫延平路警察所枪枝,包围警察局,焚毁台北专卖分局,并结队游行,鼓动罢市,同时到处殴杀外省人士。 3、二十八日下午二时,暴徒占领广播电台,造谣广播,煽动人心,并围攻长官公署,抢夺卫士枪械,并伤卫士一名,警备司令部乃宣布临时戒严。 4、三月一日上午,国大女代表谢娥因昨晚广播劝导人民守法,其家被暴徒焚毁。 5、三月一日下	1、各机关人员伤八百六十六人,死三十三人,失踪七人,公物损失价值约台币一亿二千零二十六万一千二百九十七元,私人损失价值约台币一亿五千一百六十二万八千六百一十六元。 2、人民方面据初步调查,死七人,伤四十四人,失踪一人,私人损失价值约台币五千六百零二万三千八百零六元。	1、三月一日下午陈长官因二·二八事件第一次对全省人民广播,并以二十万恤死者,五万元恤伤者,肇事之查缉员警依法讯办。 2、三月二日下午三时,陈长官第二次广播四点:(1)对盲从者不追究。(2)被捕人民可免保领回。(3)死伤者不分省籍一律抚恤。(4)"处委会"容纳各界人民代表。 3、三月三日下午六时,军队撤回军营。 4、三月五日上午公署派民政处周处长等,赴各医院慰问被殴伤者。 5、三月六日晚八时三十分陈长官第三次广播,对长官公署改组省政府事,正请示中央,各厅处长尽量任用本省人,各县市长定期实施民选。 6、三月十日上午十时陈长官第四次广播,说明	上列主动及附从人名,系"二·二八处委会"委员,及各组正副组长,暨各非法团体之负责人。

续上表

地名	主动及附从者	暴乱情形	受害情形	善后情形	备考
	陈海河 林水田 简柽育 林潮明 陈振火 吴有容 陈比南 王名贵 林章思 许庆丰	午二时,奸党暴徒袭击铁路警察署,该署职员被殴打死伤者甚多。 6、三月一日,奸党暴徒代表所组织之"血案调查委员会",提出解除戒严令,开释被捕市民,下令不准军宪警开枪,官民共组处理委员会等条件。 7、三月六日台省政治建设协会提出改组长官公署,秘书长及各处长任用本省人,县市长限三月底民选,撤废宣传委员会等九条件。 8、三月七日"二·二八事件处理委员会"王添灯提出公署各处长半数以上由本省人充任,撤销专卖局贸易局,公营事业归本省人经营,警务处长及各县市警察局长由本省人担任等无理要求廿二条件。 9、三月七日"二·二八事件处理委员会"提出撤销警备总司令部,解除国军武装,在台湾海陆空军人员由台人担任,无条件释放战犯汉奸等叛		国军莅台,系肃清奸党,保护绝大多数善良人民之安全。 7、关于官兵伤亡救恤事宜,已组织二·二八事变临时救恤委员会统筹办理,现正积极调查办理中。	

续上表

地名	主动及附从者	暴乱情形	受害情形	善后情形	备考
		国要求四十二条件。 10、三月八日晚间十时二十五分,奸党自北松山,分两路向供应局仓库、警备总部、长官公署、警务处、台湾银行等处进攻。 11、三月九日奸党围攻水道町电台。			
屏东市	1、主动： 叶秋木 庄　迎 郑元宵 林晋卿 2、附从： 黄联登 颜石吉 陈春萍 陈昆仑 邱家康 施文进 江今彰 陈根深 许肯惠 吴　罔 林朝宗 郑煋蕊 颜沼放	1、三月四日十时,暴徒庄迎携枪胁迫市长,将警察局武器封存,并胁迫劝告宪兵驻军缴械。 2、中华日报记者林晋卿及郑元宵,冲至警局捏称市长已允缴械,威迫员警,交出枪弹。 3、十二时半暴徒殴打警察,抢劫枪弹,占领市府警局,并持有"海外""海军""陆军"等旗帜,使用旗语,指挥队伍。 4、警局及屏东区署警所,全部武器均被劫去。而制糖公司内不良份子,亦乘机劫夺厂警武器,掳禁外省员工,其他省属机关均同遭扰乱。 5、四日下午,组织"处理委员会"并于青年团成立	1、外省籍员工被拘禁者廿五人。 2、宪警及暴徒被毙者三人。 3、被奸党暴徒殴伤者计三人。	1、恢复秩序。 2、收缴被劫武器弹药。 3、清查户口。 4、惩办祸首主犯庄迎、叶秋木,奉令枪决。 5、抚恤死亡。 6、调查损失。 7、收回枪枝一百。	

续上表

地名	主动及附从者	暴乱情形	受害情形	善后情形	备考
		"治安本部"。 6、叶秋木至机场胁空军及驻军缴械。 7、五日上午九时数度猛烈袭击突兵队。 8、五日奸党暴徒于中央旅社,省女子中学正式成立"参谋本部""作战部""经理部"。 9、劫夺第六工程处汽车。 10、劫去屏东中学校及农业学校练习用轻机枪六挺。 11、鼓动少数高山族准备用消防器冲汽油毁灭突兵队。			
高雄市	涂光明 范沧榕 曾丰明	1、三月三日,暴徒驾卡车三辆,窜入市区,晚八时,将警察局小汽车焚毁,伤害外省人民,捣毁警二分局,及盐埕呵派出所财物,并劫去武器。 2、五日组织"处理委员会"。 3、奸党向寿山国军袭击。 4、奸党暴徒万余人围攻要塞司令部及一〇五后勤医院。 5、奸党于第一中学设"伪总指挥部"。 6、外省人士被拘七百余人,并强充作沙包,以御枪弹。	外省人士死伤甚众,财产被劫惨重。	1、清查户口。 2、抚恤伤亡。 3、查办祸首。 4、收回轻机枪三十五挺,重机枪七挺,步枪四百八十余枝,弹药十二万发,伪印一颗。	

续上表

地名	主动及附从者	暴乱情形	受害情形	善后情形	备考
台中市	1、主动： 谢雪红 巫永昌 张风谟 黄光卫 2、附从： 李碧镛 庄春风 许可哲 叶荣钟 "台中区时局处理委员会"执行委员林连宗、林献堂。（未参加）林糊、洪元煌、黄朝清、赖通尧、林月镜、谢雪红、吴振武、童炳辉、黄栋、林兑、张焕珪、庄遂性、巫永昌。	1、三月二日上午九时，奸党暴徒首领，利用宪政促进会名义，集合暴徒民众，在台中戏院开会。 2、某报记者，在门口散发所谓民意测验传单。 3、十时左右，由谢雪红倡导游行，路遇外省人，即当场殴毙，并殴打派出所警员。 4、黄市长及公署财政处严处长，适在林献堂家，商讨应变办法，亦被暴徒包围。 5、暴徒将前台中县长刘存忠住宅捣毁，并将刘存忠痛殴。 6、殴打外省籍公务员，并抢夺财物。 7、拘禁外籍公务员及家属于民众旅社、第八部队仓库、师范学校、市参议会、监狱等地。 8、占领市政府及市党部。 9、奸党首领谢雪红等于参议会内成立伪"台中指挥部"。 10、奸党占领广播电台捏造谣言，煽动人心。 11、奸党暴徒占领空军第三机	1、台中县前县长刘存忠被殴打重伤，衣物用品全部被毁，刘之卫兵被殴毙命。 2、南投区草屯警察派出所警员两名被暴徒殴伤。 3、南投警察所长蒲崇昭被暴徒押送法院。 4、台中市党部指导员徐凤鸣被殴负伤。 5、外省公务员，均受毒殴侮辱集中，财物均被抢掠。（损失数字未调查完毕）	1、协助国军维持治安。 2、收缴散失枪械弹药。 3、抚恤伤害。 4、追肃奸匪。	

续上表

地名	主动及附从者	暴乱情形	受害情形	善后情形	备考
		厂,第六被服厂,后勤部供应分站,国军第二营第六连等。 12、奸党暴徒分乘三卡车,驰赴嘉义会合嘉义奸党,围攻国军。 13、奸党在军事方面,组设邻里壮丁队,以为持久抗拒。 14、奸党在政治方面主张容纳各党各派,并利用报纸标语诋毁国民党。 15、三月七日,在奸党策动下,成立"中部自治青年同盟"以黄光卫为组织部长。 16、三月八日在奸党策动之下,组织"台中区时局处理委员会"洪元煌为主席,并选举林连宗等十五人为执行委员。 17、三月十三日,奸党首领谢雪红,闻国军开到,乃率暴徒向埔里逃逸。			
新竹市	张式毂 何乾钦 李克承 郑作衡 郭福寿 杨 良 李延年 郑荡去 陈福全 李有通	1、三月一日,暴徒在本市城隍庙附近,殴打军人,及外省公务员。 2、焚劫市政府职员宿舍,及地方法院检察官宿舍。 3、抢劫外省人经营之"中华兴"	1、新竹地方法院推事林汝灿,及主任书记官楼存堂,市政府民政科长汪仲,财政科长吕承儒,地政科长朱鸿翔、科员李斐然,郭市长太太等,均被殴伤。	1、协助国军安定社会秩序。 2、清查户口收缴枪械弹药。 3、抚恤伤亡查办祸首。	

续上表

地名	主动及附从者	暴乱情形	受害情形	善后情形	备考
	庄　福 陈添登 何汉律 陈福生 陈炎基 苏长情 黄上林 陈宇轩 詹　安 曾圭角 刘金源 郑雅轩 吴朝伦 黄金水 黄金良 郑启忠 黄若树 郭传芳 李子贤 许振乾 林江树 黄　英 叶　麟 张秋波 周常霖 苏维铭 吴海耀 魏经龙 李世鼎 曾清水 庄　田 魏　传 李继高 郑建灼 徐尧辉 刘礼乐 黄继图 周宜培 康河礼 刘建源 蔡英杰 郑世蒲 郑执礼 黄林火	"复兴营造公司"财物。 4、组织"二二八事件处理委员会"提出无理要求。	2、外省职员衣物器具损失甚多。		

续上表

地名	主动及附从者	暴乱情形	受害情形	善后情形	备考
彰化市	李君耀 吴石麟 谢德金	1、三月一日下午三时，暴徒在车站殴打士兵（传令兵）。 2、三月二日下午一时，暴徒数百人至警察局，殴打值日官，并至督察长沈宝通寓，捣毁其衣服器具。 3、要求将警局武器交其保管。 4、三日上午八时，由台中方面驶来卡车一辆，内载奸党暴徒卅余人，均持有枪械，将警局所存枪枝手榴弹，及原台中县彰化区署存库枪枝三十余，扫数劫去。	1、外省人受伤七八，眷属受伤一人。	1、抚恤伤亡。 2、收缴被劫武器。 3、清查户口。 4、查办祸首。	
基隆市		1、二月二十八日夜暴动。 2、奸党暴徒连续袭击要塞司令部。 3、殴打外省公教人员。	死伤甚多，详情待查。	经基隆要塞司令部召集各机关开绥靖会议，当经决定处理两大原则：一为劝告住民自动枪弹交政府，否则一经查出，即予严办。一为今后不准采取报复行动，否则依连坐法究办，并拟订绥靖办法十九条积极办理下列事项。 1、清查户口。 2、抚恤伤亡。 3、查办祸首。 4、举办清乡连坐。 5、平抑物价。	

续上表

地名	主动及附从者	暴乱情形	受害情形	善后情形	备考
				6、收缴枪械。 7、平售粮米。 并由市政府召集各区长会议,决定今后应加强地方基层组织,及政令宣传教育等工作,培养正义等。此外市警局于福征町金蕉店内搜出炸药二十三箱,又于东明町搜出炸药一百零三箱。	
台南市	黄伯禄 沈　荣 汤德章 侯全成 陈天顺 翁金护 李源能 汤德音 庄孟侯 庄茂林 柯贤湖 蔡丁赞 李国泽 张旭昇 林宗栋 黄小林	1、三月二日夜,暴徒冲占派出所三处,占夺枪械。 2、三月四日上午,暴徒到处殴打外省人士,下午,各派出所、第三监狱及警察保安队枪械、弹药、被服布匹,悉数被劫,海关仓库亦被劫,警局长被监视。 3、三月四日下午五时,提出无理要求,胁迫市长接受。 4、围攻各机关。	1、盐警李长兴,海关主任王保柞,职员周定祥,警局职员林如山、姜渭英,军官王赐瑞,盐管局人员郑大宝、郭公祥、王健,公务员潘哲、曾超,林民藩及商人曾燕德、李狮、李及、陈大廷等四十六人被殴重伤,死三人。 2、各机关公物损失价值,约台币八十万二千六百六十七元,各机关员工私人损失价值,约台币八百四十七万九千四百九十七元。 3、警局损失轻机关枪一挺,手枪步枪等一百一十枝,子弹万余发,刺刀七十六把,皮壳三十二	由南防保卫司令部,会同市政府积极办理下列各项: 1、查究奸党首要汤德章等。 2、清查户口。 3、救济伤亡。 4、收缴枪枝,计轻机关枪一挺,步枪一百十五枝,手枪十一枝,子弹三千余发,以及刺刀等多件。	

续上表

地名	主动及附从者	暴乱情形	受害情形	善后情形	备考
			个,第三监狱损失长短枪九杆,子弹四百发,军刀二把。		
嘉义市	陈复志 林麟 潘木枝 陈澄波 林文树	1、三月二日上午九时,奸党流氓百余人,揭劫市长宿舍,攻陷警局。 2、殴打各机关首长及外省公务员。 3、抢劫十九军械库。 4、强迫宪兵队缴械。 5、围攻罗营。 6、包围飞机场。 7、控制水电及电讯交通。 8、"处理委员会"提出无理要求。 9、焚毁仓库。 10、设立伪"作战指挥部"。 11、外省公务人员一千四百余人,被集中拘押于参议会、中山堂、市党部等处。 12、占领各机关。 13、组织"自治青年同盟"。	外省公务员死伤及财物损失甚重(详细数字正在调查中)。	1、清查户口。 2、举办邻里连坐。 3、抚恤伤亡。 4、查办祸首。 5、配给食米。 6、收缴枪械。	
台北县	1、主动: 林日高 2、附从: 郭章恒(宜兰市人)	1、二月二十八日奸党暴徒,群聚车站,殴打车内及站上外省人士。	1、台湾日报职员一人被殴伤。 2、县府地政科长及警员二人被殴伤。	1、清查户口。 2、收缴被劫枪枝弹药。 3、查办暴徒。	

续上表

地名	主动及附从者	暴乱情形	受害情形	善后情形	备考
		2、暴徒捣毁公务员宿舍，并抢劫财物。 3、抢劫供应局板桥仓库，并放火焚烧仓库。 4、抢劫空军站宜兰仓库武器。 5、抢劫宜兰市公所警察课枪枝。 6、奸党设伪"司令部"于宜兰市招待所内。 7、基隆流氓侵入瑞芳，殴打区署及镇公所人员。 8、罗东警察所枪枝被奸党劫去。 9、苏澳军事机关仓库，被宜兰市奸党暴徒抢劫。	3、供应局板桥仓库卫兵一人被殴伤。		
新竹县	刘润才 简长赛 "二二八处理分会"主委： 黄运金 副主委： 朱盛淇 刘梓胜	1、奸党暴徒于三月一日晚，围攻县政府、警察局，及职员宿舍。 2、三月一日暴徒拦殴台中北上火车客，殴打外省人士。 3、包围制糖厂及区署。 4、捣毁外省人住宅衣物器具。 5、三月四日，少数奸党暴徒在苗栗区酝酿暴动。 6、三月七日，奸党暴徒成立"二二八处理委员会新竹分会"。	1、外省人被殴伤者甚众，衣物器具损失亦多。 2、大溪女教员林兆熙，被吕青松抢去衣服，并被强奸。	1、清查户口。 2、抚慰伤害。 3、查办祸首。	

续上表

地名	主动及附从者	暴乱情形	受害情形	善后情形	备考
		7、"台湾省自治青年同盟会桃园支部"于三月七日在桃园戏院成立,由台北本部派暴徒前来参加。 8、暴徒穿着日本军装到处搜查。			
台中县	王金海 黄栋 纪金 杨清泉 黄服 林西陆 张湖 谢如松 陈南山 巫永胜 张水苍	1、三月二日上午暴徒数十人殴打外省人士,并冲至县政府殴打外省职员。 2、抢劫县政府枪械。 3、擅自释放监狱囚犯。 4、捣毁警察局。 5、强迫接管各机关。	1、外省公务员被殴重伤者数十人(详情在调查中)。 2、公务员衣物财产损失甚多(详细数字尚未调查完竣)。	1、协助国军维持治安,查办祸首。 2、清查户口。 3、收缴散失枪械。	
高雄县		1、三月三日夜,暴徒狙击外省人捣劫外省人财物。 2、包围冈山区警察所,夺去步枪廿余杆。 3、非法监视恒春区长。	1、县府总务科长胡荟初被殴伤。 2、东港警察所长被殴伤。 3、旗山仓库士兵一名被击毙。	1、清查户口。 2、查办祸匪。 3、收缴枪弹。	
花莲县	马有岳 陈耀星 叶东杞	1、三月四日,暴徒开民众大会,并聚集于花岗山。 2、五日下午成立"二二八事件花莲处理分会"提出十二条件,并推马有岳为主任委员。	外省人被殴伤者颇多,已知姓名者,计有黄苏青、莫根瑞二人。	1、清查户口。 2、抚慰伤害。 3、查办祸首。 4、限令借暴力释放人犯如期还押。	

续上表

地名	主动及附从者	暴乱情形	受害情形	善后情形	备考
		3、奸党暴徒短扎佩刀,散布全市,并组织陪杀团。 4、奸党流氓组织"白虎队",收缴宪警武装。 5、三月七日,奸党组织"青年大同盟"以许锡谦为"陆空军总司令"并接收粮食所,自推卫生院长、邮电局长等。 6、奸匪四十余人,闻国军开到,乃携带枪械弹药,由陈姓匪首,率领向新武邑附近逃逸。			
台南县		1、三月二日夜斗六虎尾东石三区暴徒,围攻区署。 2、奸党暴徒五十余人分乘卡车三辆,持有武器,到处抢劫枪枝。 3、殴打外省公教人员。 4、暴徒持机枪三架,迫击炮二架,至新营及其他各区流窜,劫夺枪械财物。 5、嘉义区长及警察所被胁迫。	1、北门区署枪二十枝,新营区署枪四枝,县政府布百余尺,盐水糖厂现金十一万元,枪六枝,及麻豆糖厂现金八万元,统被劫去。 2、新化区署枪卅余枝被劫。 3、公务员被殴伤者八人。 4、公家被劫现款十九万元。	县政府组织宣慰团,分赴区乡宣慰,安抚善良,清查散失枪枝。	

续上表

地名	主动及附从者	暴乱情形	受害情形	善后情形	备考
台东县		1、三月二日夜,奸党流氓数十人,包围田粮处仓库抢劫粮食,包围县长宿舍。 2、三月四日抢劫宪警及机场驻军武器。 3、控置电台,播送日本军歌及效忠天皇歌曲。 4、占领县政府。 5、测候所电台及邮电机关均被控制。	1、外省公务员狙伤者四人,失踪一人。	1、安抚善良。 2、收缴被劫武器弹药。 3、清肃奸党。	
澎湖县	许整景 萧有泉 高顺贤	1、暴徒发动组织"二二八事件处理委员会澎湖分会"参加份子多系退伍军人,及地痞流氓等。 2、奸党策动之下组织"青年自治同盟"。 3、奸党迭开秘密会议,企图暴动未遂。		1、县长与要塞史司令防范未然,处理得当。 2、机关学校照常办公上课,故秩序良佳,相安无事。	

〔监察院档案〕

20. 台湾省国大代表等政团为处理二二八运动拟定建议电

(1947年3月)

(1) 台湾国大代表等呈电

南京国民政府主席蒋钧鉴:此次台北缉私事件,原可早日解决,讵料少数奸党乘机煽惑,致暴徒越轨,范围扩大,全省善良同胞,莫不引为遗憾。同人等身为人民代表,领导无方,抱愧尤深。幸蒙钧座垂念台湾初复,民心未定,简派白部长莅台宣慰,昭示处理此次事件之基本原则,仰见德威昭著,全省台胞同深感激,除已将详情面呈白部长外,特代表六百五十万台胞,谨电致谢,敬请察照为祷。台湾省参议员黄朝琴、殷占魁、李崇礼、黄纯青、李友三、刘润才、林为恭,国民参政员林献堂、罗万俥、林忠、吴鸿森,国大代表黄国书、连震东、李万居、纪秋水、洪火炼、吴国信等十七人同叩。寅。

(2)台湾国大代表等致白崇禧等电

国防部部长白、(行政长官陈)钧鉴:查本省此次因台北专卖分局查缉私烟,引起不幸事件,省民所有希望之政治改革,亦经陈长官钧座采纳,以冀事态即可消除。讵料少数奸徒,乘机煽惑,以致事态扩大,全台善良同胞,莫不深表遗憾。幸蒙主席俯念本省初复,民心未定,宽大处理,并特派钧座莅台宣慰,仰望德威,惭感无既。除代表六百五十万台胞,深表敬意,并致谢悃外,际兹省政行见改革,特于本(三)月十七日召集本省参议员、国民参政员、国大代表等,举行联席座谈会,共同拟定建议四项,胪陈如下:(一)为安定台湾金融经济起见,仍请暂时维持台币政策,一俟中央改革币制,以相当比率收回台币时,通用中央货币;(二)专卖制度,系台湾省经费收入之重要财源,在未有新财源以前,仍暂存在,但人事及经营方法,似宜改善;(三)公营贸易制度,如能运用得宜,必能有益国家及人民,拟请照调整专卖制度办法,加以改善;(四)铁路公路及航业,因地理环境,拟请仍由省营。以上四项,除电请陈长官、白部长转呈主席俯念本省实情,赐予采择施行外,特电鉴核,并请亮察,为荷。台湾省省参议员黄朝琴、殷占魁、李崇礼、黄纯青、李友三、刘□才、林为恭,国民参政员林献堂、罗万俥、林忠、吴鸿森,国民大会代表黄国书、连震东、李万居、纪秋水、洪火炼、吴国信等十七人同叩寅。

(3) 全省人民团体致全国各机关学校社团电

中央社并转全国各级政府机关、各学校社团暨各界同胞公鉴：本省此次因仅小事件，被少数野心家及奸党乘机煽惑鼓动，遂使若干外省同胞，无端受辱，甚至造成越轨行动。省民反躬自省，歉愧曷极。幸蒙政府宽大为怀，各地同胞高察底蕴，体念有加，益使省民深自感奋，誓图报效于未来。今各地秩序，已次第恢复，行见化戾气为祥和，弥敦同胞之爱。乃近闻旅居各地台省同乡，因爱乡心切，纷作主张，其中固正义之论，然以关海阻隔，传闻失实，亦不乏主观偏激之见，殊不足以代表台民公意；除电请各地同乡正视事实，慎重发言外，谨电奉闻，尚希亮察。台湾省宪政协进会、省文化协进会、省教育会、省妇女会、省农会、省商会联合会、省记者公会、省革命先烈遗族救援会、省煤业同业公会、台北市参议会同敬。

(4) 全省人民团体致驻台国军将士电

柯参谋长并转驻台国军全体将士公鉴：此次本省事变，系少数野心家及奸党，伪借机会，强奸民意，企图达成其背叛政府阴谋，幸赖我忠勇将士，迅速戡乱，恢复秩序，安定民心；不独造福省民，抑且功在国家，至堪铭感。此次倡乱奸徒，原亦为省民所共弃，自应绳之以法，惟绝大多数民众，均属良善爱国。至祈仰体国民政府主席蒋公宽大爱民之德意，力护善良，毋使省民有池鱼受殃之惧，则恩德无穷矣，临电不胜迫切之至。台湾省宪政协进会、省文化协进会、教育会、记者公会、省农会、省商会联合会、省妇女会、省煤业同业公会、革命先烈遗族救援会、台北市参议会同叩。

(5) 全省人民团体致外省同胞电

亲爱外省同胞：此次台北发生不幸事件，系少数不良份子，因受奸匪煽惑，致演成空前血案，无知暴徒，盲目行动，对我远离家乡来台之外省兄弟姊妹,加以侮辱,乃死亡有之,伤者有之,财物损失者有之,店铺住宅捣毁者亦有之,创痕满眼,感痛良深!忆此无意识之行为,自非本省六百五十万善良人民所能容,反之,每个人当极忿懑与不平,盖亦公道自在人心耳。一周来,幸经贤明长官及英勇国军妥善处理,予奸暴者以惩究,善良者以保障,被害者以抚恤,损失者以补助,使一场风波,自此始告平息,满天阴影,乃获廓清,唯吾诸兄弟姊妹来台,或助经济发展,或助社会繁荣,或使教育新化,或使商业超隆,其协助建设新台湾之热肠,吾人早表欢迎与钦佩。此番事生不测,歉仄奚如。同人等代表全体市民向各位敬致慰问,至于死亡同胞方面,另备微□,分赠其家族,以示慰悼之意。

(6) 全省人民团体致旅居省外同乡电

中央社转旅居各省市台湾同乡公鉴:此次本省因查缉私烟,误伤人命,引起改革省政要求,当局俯顺舆情,虚心接纳,原可早告平息。不料少数野心家及奸党份子,乘机鼓动,酿成殴打残杀外省同胞之不幸事件,进而假造民意,企图造成越轨之局,使我台民蒙受空前耻辱,政府洞察底蕴,宽大为怀,现经迅速处理,各地秩序,先后恢复,当不难转祸为福。各位同乡,旅居异地,关海阻隔,声气欠灵,传闻或有即所以爱桑梓爱同乡也。临电不胜切祷之至。台湾省宪政协进会、教育会、记者公会、省农会、省商会联合会、省妇女会、省煤业同业公会、革命先烈遗族救援会、台北市参议会同叩。

〔监察院档案〕

21. 台湾旅宁沪七团体控诉陈仪在二二八后不顾中央威信大举屠杀五万以上无辜民众恳制止呈

(1947年4月1日)

窃台湾二·二八事变,蒋主席于三月十日出席纪念周时,曾恳切表示以宽大处理为原则,并由台湾省行政长官公署印成文告,用飞机普遍散发民间。白部长于莅台之日,亦公告四项原则,除共产党外,所有事变有关人员,一律从宽免究。台胞闻讯之余,莫不表示感戴,相率回家安居复业。不意陈仪长官竟违反中枢之意旨,使用武力,以清为名,对无辜民众滥施搜捕屠杀,造成严重恐怖。迄至目前,被杀之社会知名人士,除中国国民党基隆市党部书记长张振声、台南市参议会副议长叶青木、台湾茶业公会董事长王添灯、台北第一剧场兼蓬莱阁大酒楼主人张晴川、人民导报社长前长官公署教育处副处长宋斐如等外,尚有基隆市参会副议长杨元丁、政治建设协会常务理事吕伯雄、台北华美医院院长郑聪等。被捕者更多,即国大代表及参政员亦有指为叛徒而被捕。总之,自国军大批开到后,台省各城市被捕或失踪之人,不知几几?或为党部负责人员,或为报馆主持人,或为金融工商领袖,或为大中学教授、学生,均属社会知名之士,或大资本家,向与共党无关。其余无辜民众横被枪杀,将尸首抛入海中,或放弃田野者,为数在五万人以上。现报馆大都被封,青年学生多数遁入山林,城市治安表面虽稍恢复,然恐怖之空气笼罩全台,仇恨之情绪有增而无已,惟有日人在南京大屠杀后之情景,差堪比拟。过去台胞热烈欢迎政府人员及国军之情绪,即消失无存,但怨愤尚集于陈仪一人之身。今时已逾月,政府对失职官吏,不仅丝毫未有处分之表示,且复助以兵力,任其屠杀我六百万台胞,诚有莫测高深之感。呜呼!我台胞被祖国遗弃五十一年,无时无地不以复归祖国为念,何料今日尚须遭此惨酷无情之杀戮。我台胞之鲜血不流于日帝国主义者刺刀之上,而竟流于祖国军警枪尖之下,台胞自问,初无负于祖国,而今陈仪长官之对待同胞者,其残酷无情,则远过日敌。语云,民不畏死,奈何以死惧之。台胞夙具革命精神,抗日、抗清之壮烈史迹,斑斑可考。长此以往,不仅政府威信扫地无余,而台湾与祖国之间裂痕,则将愈陷愈深,驯至不可收拾。同人等谨此再度代表六百万台胞作最诚恳之呼吁,伏望政府速为采取下列各紧急措施：

一、将激起民变残杀人民之祸首陈仪、柯远芬，依照三中大会议决案予以撤职，解京审讯，科以应得之罪。

二、将纪律败弛，肆行劫杀之军队，予以管束或调防。

三、停止一切恐怖行为，并释放无辜人民。

四、组织调查团，调查此次惨案死伤人数，及地方官吏应负之责任。

五、迅派大员负责办理善后工作，恢复地方治安秩序。

查台湾一年余来之政治窳劣情形，早为国内外所公认。事变之远因、近因，责不在无辜被杀之民众，事实俱在，欲盖弥彰，欲以一手掩天下耳目，将遗后患于无穷。同仁等心所谓□，骨鲠在喉，不敢不吐。仰祈鉴核，俯赐补救，国家幸甚，民族幸甚。谨呈
监察院院长于

台湾旅京沪七团体请愿代表

张邦杰　张维贤　陈碧笙

王丽明　杨肇嘉　李子奇

通讯处　上海中正东路五步二楼台湾重建协会上海分会

中华民国三十六年四月一日

〔监察院档案〕

22. 丘念台对台湾二二八惨案因果观察及防止复发提出报告建议书及意见书三种致于佑任呈

(1947年4月11日)

本月五日,因接本院将开一〇五次院会通知,限期提案,赶将对此次台湾惨案,治标治本浅见,综合汇成建议书,提院在案。兹再细将事变因果之观察,及防止复发之治标策略与永久安缉之治本大计,分别缮为报告、建议书及意见书三种；祈与前案并案办理,或

将前案撤销,以此三案为主体,均无不可!理合具呈察核饬遵。谨呈
院长于

本院委员丘念台

报告　卅六年四月九日于南京　台湾惨案因果之分析

台湾省光复后之十六月,民国卅六年二月廿八日,台北市专卖局缉私击毙小贩,遂惹起全省民变,蔓延八县九市,官民死伤无数;不独震动全国,且贻讥欧美,其损国威、失民望,实至重大。是其前因后果,自不可不有正确分析,以资善后考鉴。念台职责所在,桑梓所隶,谨摅陈浅见,冀补邦国!回忆三年前在漳,二年前在渝,所陈复台、治台两大计中,固已有曲突徙薪之谋矣。

甲、前因

一、远因:惨案远因,由于上下内外隔膜:第一、五十年间倭人之奴化同化教育,及离间挑拨政策,不独使台胞离祖国,轻祖国,亦使国人忘台胞,恶台胞;第二、祖国政府自割台后,固自顾不暇,对台胞毫无联系,即在抗战中或开罗会议后,亦轻忽放任,未加亲近运用;第三、敌遗毒素,互积日重,战前有台湾浪人横行,战时有台湾译探作恶,战后有台籍奸犯之拘押,有台籍商民之虐待。于是,外省歧视、仇视台人,而台人亦嫉视、恶视外省;此三者,殆为酿成惨案远因。

二、近因:惨案近因,则由于台人不满现政:第一、官吏非良。接收后,赴台官吏仓卒而行,未经慎选,其能力操守,多不及日人,不独不能保日之长,用国之长,反守日之短,而传国之短,遂贻侮台人;第二、政治未当。如拒用台人,待遇不平,如把持产业,摧残工商,统制专卖,遗弃失业;如治安摇动,司法混乱,税收苛杂;如包庇腐劣,营私图利,在在均贻恨台人。此殆为酿成惨案近因。

三、动机:有如此严重远因、近因,惨案固随时可一触即发。于

是，以二月廿八日，台北专卖局警察伤杀小贩，开惨案之端，以公署卫兵扫射请愿民众，成惨案之局，是为惨案动机。

乙、后果

一、发展：由台北枪杀小贩，扫射群众，进而捣毁专卖局，殴杀外省人，再进而官民合组二二八事变处理委员会，涉及改革政治。由是，骚动发展于台北以外各县市。三月二日以后，暴民接收机关，强夺武装之事，各地蜂起。三月八日以后，军警扩大屠杀，以高雄、嘉义、基隆等地为惨重。三月十一以后，虽大军镇压平息而官民仇视实益深；传闻官方特夸张奸党阴谋，欲以武力、恐怖、掩饰民变，保持地位。由三月十一日，国防部何司长赴台，至三月十七日，白部长临台，其□仍不止。然省公署嫉视省党部，行政仇视司法，警察离去警所，团员游离三青团，在在多畸形矛盾，固不独官民间也。

二、前途：三月廿九日，据官方称：外省公务员死三十，失踪七，死伤共八百；而台省人民死伤，则无确数。据台北市长估计，全台约在二千以上；而近，夜有军警戒严，日有军警清乡，秘密捕杀士绅不知数；人民表虽战栗，而心实怨愤；共党潜煽于内，美国讥评于外；苟不善处，一旦防务稍松，有隙可乘，必再暴动；届时，共党武装组织之势可成，而美国政治干涉之势亦必至，台省前途殊可虑也。

丙、综观

综观此次祸变，虽源于官民阴中倭人积毒，互相轻嫉，而政治不满，实其主因；并非共党、日侨、流氓、散兵有所预谋，彼辈参加，乃祸变之果，而非因。观于各地党部之不受害，卅二条件提出之杂乱，台中武装团体之入山骤散，可知此次共党尚未占主动地位。然台政以较各省亦未见为最劣，不过未适台民耳。台民之法治修养已高，产业亦经新进，内省之政、自难适应；乃酿成此次三段互杀，以血止血，伤哉！台民岂忘五十年奴役苦痛！今台省官吏，已以私鄙疏昧祸台，幸勿再任令以武力失台，国族万幸！

以上，为台湾惨案之因果分析。是否有当？冒昧谨闻。敬祈察核。　谨呈
监察院长于

监察院监察委员丘念台

建议书　卅六、四、十、于南京　　台湾惨案治标要策

台湾二二八惨案，乃国族生存之大不幸，此后不应再发生，亦不应再株蔓，实为内外所共望。然倭人五十年之治化，积毒甚深，吾国政治，本身尚未整肃，欲以之为根据，一旦扩清台祸，自非易易。然削其枝，始及其干，隔其流，始塞其源，治标之策，亦有应急图者。如何令在下，毋寻仇报复，令在上，毋夸饰自固？如何令共无隙可乘，令美无口可藉？是皆目前治标之要图。请敷陈管见于次：

一曰：慎武力以安民：军警特务为台省惹祸根源。鸣枪拔械为台民之所最恨。是故，秘密捕杀宜止；惟依法明惩，始足服人也。民望士绅宜释，彼执笔持筹者，固难领导劫杀，如陈炘、宋斐如、林连宗、林茂生等久拘、妄杀，徒失民心也。戒严宜除，盖兵力充，暴动熄，晨昏截路止行，徒妨商旅，害民业也。清乡宜缓，盖收缴枪械，乡保长之力量优为；侦查祸首，法院之威令能达；军警搜捕，徒扰民害政也。

二曰：肃清官纪以服民：鼎折足，公覆𫗧。全省民变，责有攸归。君子有过，不讳。何人主动开枪，戒严；何人允组会，又忽捕杀；乱命宜究，职责宜明，方足以彰党国纲纪。且乘纷乱而掠运物资、报复私憾之官吏，亦应禁阻惩肃。

三曰：惩残虐以集民。此次事变，传闻因夸饰、贪功、仇视、架祸，有种种残虐杀戮阴谋毒计。如传闻省署指挥扫射，自提卅二条件、防止中央宣慰、阻滞官厅文电、谋刺白杨两大员、诱杀法院吴推事、制造新华共和国，等等风说，均事出有因。应撤查真相，依法惩办，始足以坚内向之民心。

四曰：赦胁从以定民：民变后，各地捣毁机关、商店，殴杀外省人员，及武装攻击军警要地，此中重要首脑主谋，固应侦查拘办一二；惟胁从无知，则概应宽释不究，以定民心。

以上四项，为治标要策，足使台变之遗毒减轻，萌蘖潜除。盖均以防止民有离心，防止民再恶化为原则者。论语曰："不教而杀谓之虐，不戒视成谓之暴"；又曰："上失其道，民散久矣，如得其情，则哀矜而勿喜"；又曰："子为政，焉用杀？子欲善，而民善矣"；大学曰："道得众则得国，失众则失国"，是故，君子先慎乎德；是皆台变治标要策之本旨。是否有当？敬乞鉴核施行。谨呈
监察院院长于

监察院监察委员丘念台

意见书　卅六、四、十、于南京　　安台根本大计

台湾省收复仅十六月，不幸乃有二二八惨案！如何防止其遗祸蔓延，已有治标要策之建议；惟安台之根本大计，必另有深筹。不独当令台民勿因此变而分离，尤当令台民自此变而日团结。近日美国托治共管之论，正在嚣陈，而共党亦乘机潜煽，台为我国防东南要区，民族发展生命线，断不容美国间入，异党纷歧；自应速超乎系派私己之外，为国族筹百年大计。此当以把握民众为唯一要策。把握之道，武力镇压无益，惟攻心为上焉。请详攻心之根本大计：

一、阐明本体：第一、台民什九皆闽粤遗裔，番族不过百之二，并非尽未开□民族；台民受日治久，已入近代法治工商社会，并非无自治能力。割台以来，台人实经过五十年反抗，受过五十年剥削，其痛苦不亚八年抗战，并非懵然安享之民。此认识宜清者一。第二、台事乃国家百年大计，非私人地位、派系利益问题。凡在台图独占、营私、压民、弄权者，均属害国。此意识宜正者二。第三，民主，自治，非自天生，施之自能，世无全善，习自日知；苟因未知民主，自治，而不与之，则民永顽，国永弱。此着眼宜大者三。知此三

者，则台事之本体可明；应先力予宣传，以释误解者也。

二、实现民权：安台，以提前施宪为至要。陈仪长官七月民选县市长之诺言，切宜实现，勿再失民信。窃意台省宪治，当军事、外交、教育、党务归中央，而政治、产业归人民；即现定国省营产业，若民力能办，如其停工，不如暂由民营。至白部长所提目前经济改善办法，亦多藏富于民之意，尚属可行。

三、适应过渡：台已施宪，省县市长民选，必均为台人。为调整计，二年内各机关主任秘书，宜规定曾在国内中学毕业，或国内任职五年以上者任之；所选出之主管人员，未受国内教育或未国内任职者，宜施予一二月之国内见习及训练；如省长亦提前民选，则可设行辕主任，以党国元老之文员任之，并设行政区督察专员，以能员督导行政，均由中央任命，二年后裁撤之。

四、消泯畛域：五十年之隔阂离间，宜设法积极消除，台始可治；故宜即日选台人任中央及外省实职及名誉职，以作人事之交流；并在京专设台省短期训练机关，为人才之储备；又各省因战事所拘押之台籍汉奸战犯，最引台人畛域仇嫉之念，宜早予判决、保释。

五、培植远大：教育后进，为培养国族根本要图。为适应目前环境，台省中小学校长暂时务宜任曾受本国中学以上教育或原任校长教员曾受本国师资训练半年以上者为原则；文史教员，宜郑重由内省聘任，旧日教员均宜作短期文史训练；学生宜多内外交流；党团宜合一，而领导民众教育、民众训练；学校及民众教育宜文史重于国语。至军事方面，陆海空均宜招训台省军官，征收台省壮丁，并应以调训、调防，内省与各省一律待遇为原则。

以上五项，为收拾台湾民心、团结台湾民心之要策，亦即安台之根本大计。盖政治民主，产业民营，即所以永掌民力，永固国防。大学曰："德者本也，财者末也，外本内末，争民施夺，是故财聚则民散，财散则民聚。"论语曰："百姓足，君孰与不足。"又曰："因民之所利而利之，此不亦惠而不费乎？"大学又曰："民之所好，好之；民之所恶,恶之。此之谓民之父母。好人之所恶,恶人之所好,是谓拂人之性,菑必逮乎身。"安台根本大计之本旨,如此而已!是否有当敬祈鉴核施行。谨呈
监察院院长于

监察院监察委员丘念台

〔监察院档案〕

23. 监察院关于派杨亮功等调查台湾二二八运动经过及国民政府官吏在台情形报告致蒋介石呈

(1947年4月24日)

呈文

本院前以台湾发生纷扰事件,当即以寅支电派福建、台湾监察区监察使杨亮功及令派监察委员何汉文等,驰往详细调查具报在案。兹据该监察使等呈后到院,并建议善后办法前来。理合抄同原件,呈请鉴核。谨呈
国民政府主席蒋
　　抄附原呈及建议各一份

监察院　院长于〇〇

案奉钧座寅支电开:"报载台北人民发生纷扰,死伤三四千人,事态严重,盼迅速赴台查办,并希随时具报。"等由。亮功当遵于三月七日偕调查员鲍劲安、刘启塾驰赴台北。复奉钧座调字第五二四号训令内开:"查最近台湾人民发生纷扰情事,除电令杨监察使亮功驰往查办外,兹加派该委员并往台湾查办,仰即知照。"等因。汉文当遵于三月二十一日偕同秘书蓝天照驰赴台北,经会同先后视察台北市、新竹市、台中县、台中市、彰化市、嘉义市、台南县、台南市、高雄市、高雄县、屏东市、基隆市等地,详询各方意见,综析全

部情形。除建议事项已于三月廿四日、廿六日先后电陈,并另呈台湾省善后办法建议案,请鉴核外,兹谨将本案全部情形,分别报告如下:

第一、事变之经过

本年二月廿七日,台湾省专卖局业务委员会派遣专员叶德根,率领职员钟延洲、傅学通、刘超群、盛铁夫、赵子健等五人,会同警察大队警员四人,赴淡水查缉私烟。下午六时左右转向台北,在台北太平町小春园晚餐,以当日查缉结果,所获私烟无多,后往万里红酒店附近查缉,遇妇人林江迈携带私烟五十余条,当被叶德根、钟延洲二人扣留,该妇人哀求放还,正争执之际。群众围集,情势汹涌,该妇人被击受伤。市民睹状,乃进而围殴查缉员警,查缉员赵子健、警员张启梓,当被殴伤,另一查缉员傅学通逃至永乐町,以前有拦阻,后有追逐,遂鸣枪,弹中路人陈文溪,当即毙命。于是群情益愤,即涌至台北警察局要求交出肇事员警,予以惩办。结果,将叶德根等六人送宪兵队看管,旋即转解台北地方法院讯办。翌日上午,群众鸣锣击鼓,涌至太平町警察派出所,将所长围殴,后捣毁门窗。又至台北分局,殴毙职员二人,伤四人,并将局内存货搬出门外,连同停放门外之汽车一辆,脚踏车数辆,纵火焚毁。旋后涌至台湾省专卖总局,以该局闻讯早为戒备,未被冲入。正午十二时许,市民以锣鼓为前导,欲冲入行政长官公署,公署门首临时布置之卫兵乃开枪,当场死一人,伤十数人,始行退走。是日,台北全市骚动,群情如狂,商店辍市,工厂停工,学校罢课,流氓三五成群,手执刀棍,途遇外省人不能通台语、日语者,辄被凶殴。同时,正华旅馆,新台公司(长官公署贸易局所办之百货商店)及虎标永安堂等处,亦先后被毁。事态益见扩大,情势紊乱已极(详附件一)〔略〕,省警总司令部乃宣布临时戒严。

三月一日,暴民捣毁机关及外省人经营之商店,冲入外省公务人员住宅,殴杀劫掠等事,实仍不断发生。台省在台北之国大代表、参政员、省参议员、台北市参议员,乃举行会议,组织缉烟血案调查委员会。议决向长官公署提出要求四项:(一)立即解除戒严。(二)释放被捕民众。(三)饬令军、宪、警不得开枪,不得滥捕、滥打老百姓。(四)官民合组处理委员会,处理善后。推黄朝琴、王添灯等八人为代表,赴长官公署向陈长官提出要求,陈长官均予接受,并以广播宣布:自一日晚十二时,解除临时戒严,对死者由政府发给恤金二十万元,受伤妇人林江迈发医药费五万元。关于官民合组善后处理机构问题,当经与陈长官商决:组织二二八事件官民处理委员会。长官公署并派民政处处长周一鹗、警务处处长胡福相、农林处处长赵连芳、工矿处处长包可永、交通处处长任显群等五人,代表参加。

三月二日,台北方面之暴民依然四出骚动,对于各公私医院所收容之殴伤者,多有被暴徒逐出医院,再加殴打。下午二时,陈长官后接见全体调查委员、并决定四项办法:(一)对参加事变者不加追究。(二)被捕人民可免保领回。(三)死伤者不分省籍一律抚恤。(四)处理委员会准增加各界人民代表。下午三时,陈长官再广播公布四项办法,冀事态早日平定。

三月三日,处理委员会于台北中山堂召集首次会议(长官公署所派之五处长均出席,以后即未参加),商定军队于下午六时撤回军营,由宪、警、学生组织治安服务队,维持治安、交通,并拨出军粮供给民食等项。同时该会要求解散警察大队,一面设置治安组,成立忠义服务队,维持治安。然市内殴打外省公务人员及搜索抢劫之事实,仍未停止。

三月四日,处理委员会通知各县、市成立分会,并向工商银行强提二千万元以充该会经费。同时,蒋渭川等更利用广播电台,号召全省青年成立台湾自治青年大同盟,并颁布纲领。

三月五日,处委会开会,决定该会组织大纲,通过政治改革案,其要点为:(一)公署秘书长及民政、财政、工矿、农村、教育、警务等处处长及法制委员会过半数之委员,应以本省人充任。(二)公营事业,归本省负责经营。(三)立刻实行县、市长民选。(四)撤销专卖局。(五)撤销贸易局及宣传委员会。(六)保障人民之言论、出版、集会自由。(七)保障人民生命、身体、财产之安全。同日,台湾自治青年同盟举行成立大会,决议成立市区大队、中队,并以广播召集全省曾服务于日本海陆空军之退役人员、军械技士,及海南岛、东北、南洋各地归者,即日登记,集中训练。

三月六日,处理委员会改设二局十组,选举参议员王天灯等十七人为常务委员,同时以台省参议员名义致电中央、正式提出改革政治方案九项:(一)重用台省人材,行政长官公署之秘书长、处长等由台人担任。(二)各级法院院长、首席检查官及各级学校校长,尽量录用台人。(三)废止专卖局,改为普通公营事业。(四)贸易局改为商政机构,废除营利行为。(五)日产处理,应考虑人民正常利益。(六)根据建国大纲,即行县、市长民选。(七)保障人民言论、出版、结社、集会自由。(八)保障人民生命、财产安全。(九)速派大员来台处理本案,勿用武力弹压,以免事态扩大。是日,陈长官更作第三次广播,宣布尽可能采纳民意要求:(一)改组行政长官公署为省政府。(二)各厅、处长尽量任用本省人,并希望民意机关推选适当人员。(三)各县、市长定七月一日实行民选。在选举前,现任县、市长不称职者可免职,另由县市参议会及公法团推举三人,由长官圈定。依上述情形。行政长官公署至六日止,兑已全部接受处委会之要求,事变至此,本可告一段落。乃其时处委会已为暴徒所裹胁,无法控制群众,至七日,后提出处理大纲,共计四十二条,其内容如下:

1、对于目前的处理

一、政府在各地之武装部队,应自动下令暂时解除武装,武器交由各地处理委员会及宪兵队共同保管,以免继续发生流血冲突事件。

二、政府武装部队武装解除后,地方之治安由宪兵与非武装之警察及民众组织,共同负担。

三、各地若无政府武装部队威胁之时,绝对不应有武装械斗行动。对贪官污吏,不论其为本省人或外省人,亦只应检举,转请处理委员会协同宪警拘拿,依法严办,不应加害,而惹出是非。

四、对于政治改革之意见,可条举要求条件,向省处理委员会提出,以候全盘解决。

五、政府切勿再移动兵力,或向中央请遣兵力,企图以武力解决事件,致发生更惨重之流血,而受国际干涉。

六、在政治问题未根本解决之前,政府之一切施策(不论军事、政治),须先与处理委员会接洽,以免人民怀疑政府诚意,发生种种误会。

七、对于此次事件,不应向民间追究责任者,将来亦不得假借任何口实,拘捕此次事件之关系者。对因此次事件而死伤之人民,应从优抚恤。

2、根本处理(略)

总计,台北市在此次事变中,据长官公署之统计报告,各机关公务员死亡者三十三人,受伤者八百六十六人,失踪者七人。公物损失,价值计台币一二〇、二六一、二九七元,私人损失价值,台币一五一、六二八、六一六元。其他簿籍、卷宗之损失,值台币二、三七八、九四九元。合计损失价值约国币九十六亿元以上。至人民之损失,据查仅死伤五十二人,财产损失,值台币五六、〇二三、八〇六元。然实际上,或因参加暴动,或为误殴杀而死伤者,当远在统计数字之上也(详附件二)〔略〕。

当台北二·二八事件发生后,全省各县、市均先后发生纷扰,兹据调查所悉,分述如下:

一、基隆市

自台北市二·二八事件发生后,基隆以距离甚近(二十九公里),交通极便,故首先波及。二月二十八日晚,当地流氓首于戏院殴打官兵及外省人士,中□兵舰水兵一名,当被殴毙,并伤士兵及外省人十数名。继即进攻警察局等机关,经宪、警及要塞司令部派出部伍,开枪弹压,始行驱散。当晚宣布临时戒严,以后情形,略见平靖,三月四日乃宣布解严。惟以其时台北日趋紧张,暴徒又蠢然后动,组织二·二八事件处理委员会基隆分会及青年同盟。同时,强迫市民按户征集壮丁,准备暴动。八日下午二时,暴徒五、六十人欲冲入基隆要塞司令部,经守兵开枪迎击,死十余人,始行溃退,是晚后宣布戒严。同时,宪、警搜查户口,逮捕嫌疑犯九十余人,搜获拟炸毁码头,阻止国军登陆之炸药二百余箱,于是事后始告平定。据基隆市政府及要塞司令部之报告,共计死伤军、警及公务人员一百五十三人,公私损失,值台币六、六八四、七三〇元,民众及暴徒死伤一百零三人(详附件三)〔略〕。

二、新竹市

新竹市亦距离台北甚近,故台北二·二八事件发生后,该市即行波及。三月二日下午开始集众暴动,首先包围地方法院,继包围市政府,捣毁公务员宿舍,焚掠什物,经宪兵及驻军出动弹压,暴徒竟群起围攻及开枪射击,当死八人,伤二十余人,始行溃散。是晚,由县参议会出面调停,暴徒提出不追究暴动,市长民选,军队撤离市区,警察、宪兵不得携带枪枝出外等六项要求。当局以全部警察一百八十余名,除六名外,均为本地人,事变发生后,所有警察或自行逃逸,或参加暴动,已无形瓦解,而宪兵及驻军力量极为薄弱,乃允其所请。于是处理委员会分会即告成立。十二日,选举市长,原拟以本地人出任,以其时国军开抵新竹,乃选原任市政府主任秘书陈贞彬为市长,原任市长郭绍宗辞职,长官公署乃正式以陈贞彬充市长。总计全市损失,据该市政府报告,计损失公私财产约值台币一千万元以上。公务员死伤者十四人,人民及暴徒死伤者约三十人(详附件四)〔略〕。

三、台中市

台中市为台湾中部之最大城市,共党谢雪红等自光复时出狱后,即以青年团妇女队长名义,以此为活动中心。二·二八事件发生后,谢雪红即乘机煽动,纠集群众于三月二日发动游行示威,殴打外人,抢夺军警枪枝。同时,青年团之负责人,警察局之本籍员警及地方流氓,亦相率参加,于是全市情形入于紊乱。三日,七五供应站第四支库,第三飞机场仓库及第六被服厂,均被占领,全部储存武器,□为掠取。同时将全市外籍公务员及眷属三百余名,分别集中拘禁。市府以下各机关乃全部被其占领。市长黄克立于三月二日即行逃逸,旋于五日为暴徒缉获,押于社会公寓外省人集中营。共党以暴动得手,乃组织时局处理委员会,提出政治要求,组织台中指挥部,发展其军事力量,派遣暴徒驰赴嘉义,会合嘉义暴徒围攻国军。及三月十三日国军开到,谢雪红等率领暴徒向埔里一带逃逸。其损失以枪械、弹药为最巨,死伤人数,据市政府报告,计死伤公务员五十六人,民众十六人,暴民三十四人,损失公私财产值台币九、八六一、九六三元(详附件五)〔略〕。

四、彰化市

三月一日下午,暴徒开始于车站殴打士兵。二日,暴徒数百人至警察局殴打警官,捣毁什物,并向市长要求将警局武器交其保管,市长王一□竟允其请,将全部武器集中保管。三月三日,暴民遂将存枪全部劫去,于是全市自市政府以下各机关,均为劫持。十一日国军开入,暴徒三十余人持械避登城郊八卦山,经县参议员吕世明等往返劝导,始将枪械自动缴还,事变始告平息。其损失情形,据该市政府报告,共伤公务员七人,其他损失颇为轻微(详附件六)〔略〕。

五、嘉义市

嘉义市自台北二·二八事件发生后,二日下午,暴徒即开始煽动群众,殴打外省公务人员,市长宿舍当被捣毁,警局亦被包围,全部缴械,加以青年团分团部筹备主任陈复志及县参议员□炳钦等均参加暴动,陈复志组织嘉义市三二事件处理委员会兼作战司令,分暴徒为高山队、海外队、学生队、社会总队等名目,围攻宪兵队及驻军营。五日,围攻飞机场,暴徒死伤约三百余人。七日,暴徒攻陷红毛碑空军第十九军械库,除一部份军械经焚毁外,其所储大量武器,均入暴徒之手。时,全市外省公务人员,除被其囚于城内者八、九百人外,其余二百余人均困守机场,水、粮、弹药均告断绝,形势险恶。幸九日以后,国军自台北以飞机装运粮食、弹药及部队来嘉接应,始告解围。综观台省各地此次事变,除台北以外,嘉义为最激烈。军械损失极巨,公、教人员之财物,无不被掠一空。其死伤人数,除战斗死伤之暴徒不计外,据市政府报告,计死伤人民一百八十八人,公务员六十九名。正式枪决之暴动人犯,计有陈复志等二十名(详附件七)〔略〕。

六、台南市

台南市暴徒于三月二日晚响应台北,开始骚动,冲占警察派出所,各处夺取枪械,四日上午暴徒到处殴打外省人士。下午,各警察派出所、第三监狱及保安警察队枪械、弹药、被服、布匹悉数被劫,海关仓库亦遭劫掠。警察局长被其监视。乃于下午五时提出七项要求,并成立处理委员会。九日市参议会四百余人开联席会议,表决不信任现任市长,另选市长候补人黄百禄(市参议长)、侯全成、汤德章(市参议员)等三人,报请省长官公署圈定。十一日又举行联席会议,适国军开到,乃围捕首要百余人。全市损失,据市政府报告,计死伤公务员四十八人,公私财物损失值台币九、二八三、〇六四元(详附件八)〔略〕。

七、高雄市

三月三日,暴徒百余人驾卡车三辆窜入市区,开始骚动。晚八时,即于北野、盐埕一带,集合三、四千人,围攻警察局,掠劫外省人商店,殴辱外省人士,市内顿形紊乱。翌日,警察局本省籍员警青年团干事长王清佐等,及一部份学生,均参加事变,事态益形扩大。高雄为一重要工业区,有重要工厂六、七家,工人六、七千人,事变发生后,工人中之不稳份子亦蠢然欲动。全市所有外省籍公务员逃入高雄要塞司令部避难者七、八百人。而暴徒于得手之余,于五日成立处理委员会,组织高雄联合军本部,释放高雄地方法院监狱人犯二百八十六名,并胁持市长黄仲图及市参议会议长等,向要塞司令部提出缴械要求,要塞司彭孟缉乃将暴徒涂光明等扣留枪决,以武力攻入市区及暴徒大本营(第一中学),毙暴徒二百余人,捕获一千二百人(包括凤山屏东),余众窜散,乱事始告平息。其死伤及损失,据市政府报告,计死、伤公务员三十九人,民众死、伤一百四十七人,公私财产损失约值台币七千万元左右(详附件九)〔略〕。

八、屏东市

三月四日上午开始暴动,胁迫市长将警察局武器封存,并胁迫宪兵、驻军缴械,同时,开始殴打外省人,抢劫枪枝,占领市府及警局,警局之全部武器均被劫取。同时,制糖公司内部之不良份子,亦乘机劫夺厂警武器,掳掠外籍员工之财物,其他省属机关均同遭扰害。四日下午,组织处理委员会,并于青年团成立治安本部。五日,暴徒成立参谋本部、作战本部、经理部,猛击宪兵队,并继续胁迫空军驻军缴械。八日,国军达到,始告平定。计事变中死、伤公务员及人民三十三人,至暴徒死伤,则尚未查悉(详附件十)〔略〕。

九、台北县

二月二十八日,暴徒群集车站,殴打外省人士,捣毁公务员宿舍,并抢劫财物。首要林日高等于宜兰组织司令部,指挥暴徒抢劫供应局板桥仓库,并放火焚烧后,抢劫空军站宜兰仓库武器及苏澳军需仓库武器,境内军械损失,甚为重大。及九日国军开到,始形平静。计公务员受伤者五人,其他损失尚未查悉(参阅附件二)〔略〕。

十、新竹县

三月一日晚,暴徒开始围攻县政府、警察局及职员宿舍,殴打外省人士,强奸女教员,劫取桃园八块子机场仓库枪械。先后组织台湾省自治青年同盟桃园支部及处理委员会。事变中,公务员被殴伤者甚多,财政损失甚重,惟尚无详确报告(参阅附件二)〔略〕。

一一、台中县

三月二日下午台中县员林镇,发现外来流氓多人,鼓动响应台中、彰化两市暴动,警员劝阻,即被围殴,民众因之附和者甚众。乃进扰警察局及县长宿舍,胁迫县政府将警察枪械交地方士绅保管。县长宋振槊及外省籍职员均率逃避瓦窑厝。暴徒乃组织保安队、警备队、青年队、自卫队,并劫取政府枪械,擅自释放监狱囚犯,并选举县长候补人三名,报请圈定。七日以后,以流氓渐他去,宋县长始返员林办公。事变中,计外籍公务员被殴伤者二十六人,公私财产损失约值台币三千五百万元(详附件一一)〔略〕。

一二、台南县

三月二日夜,斗六、虎尾、东石、嘉义、北港等区,暴徒围捣区署及警所。同时,新营(该县县治)亦发生暴动,县长袁国钦逃避乡间。于是新化、曾文、北门、新丰等区均先后发生暴动。十二日以后,以嘉义等处之暴徒窜入县境之大小梅一带,形势益为严重。十三日国军至小梅围剿,毙暴民六十余人,捕获十二人,始略告平靖。惟以地近山区,窜藏"奸匪"颇多,一时不易根绝。事变中,公务员被伤八人,公家被劫现款十九万元,其他公私财物均颇有损失,枪枝散失五十余支(详附件一二)〔略〕。

一三、高雄县

三月三日,暴徒开始入县境策动骚扰。四日,暴徒于凤山召开青年大会,到群众三、四千人,胁持县长要求驻军撤退,同时包围冈山警察所,夺去步枪二十余枝,继后进攻该处要塞驻军,经痛击始退去。六日以后,以高雄市之驻军开始入县镇压,乃告平靖。事变中,计死伤公务人员十一人,损失枪枝二百六十余枝,公私财产亦损失颇巨(详附件一三)〔略〕。

一四、花莲县

三月四日,暴徒召开民众大会,开始暴动,成立处理分会,并收缴宪警武器,先后组织白虎队、暗杀团、青年大同盟,以许锡谦为陆空军总司令,接收粮食厅、邮电局等机关。及国军开到,"奸匪"四十余人,始携带枪械、弹药向新武邑附近逃逸。事变中,据该县县府报告,公务人员被殴伤者四人,公私财物损失,值台币七百四十万元,枪枝十六枝,子弹二三二发(详附件一四)〔略〕。

一五、台东县

三月三日,流氓暴徒数十人,包围田粮处仓库,抢劫粮食。同时,包围县长宿舍。四日,劫掠宪警及机场驻军武器,乃占据县政府及邮电机关。县长及县参议院议长均逃入高山族卑南乡总团部,十二日以后,国军来省,暴徒敛迹,始陆续回县。事变中,据该县县政府报告,公务员伤者十九人,财物损失值台币一百六十五万余元,枪械、弹药亦损失颇多(详附件一五)〔略〕。

一六、澎湖县

澎湖原系岛屿,与其他各县市不同。二·二八事件发生后,虽有处理委员会澎湖分会及青年自治同盟之组织,但以上述关系,且经县长与要塞司令防患未然,处理得宜,故无若何乱事发生。

以上为台湾此次事变各地之经过概况。综观各地事变情形,下列情事,甚为重要。

一、事变之初期,由专卖局缉私伤毙人命而起。被击毙之陈文溪系一流氓头之弟,故流氓首先参加,利用一般民众之排外与不满政府现况两种心理,鼓吹扩大,为事变初期之主动者。

二、事变发动以后,各地之有政治野心者,乃乘机而起,以各地处理委员会为中心,提出种种政治改革之要求,实为第二阶段之主动者。

三、事变蔓及全省后,共党乃乘机渗入,实行暴动,以图颠覆政府。然其时参加份子复杂,各地情形甚为紊乱,步骤不齐,意志不一,共党人数甚少,亦无控制全局之力量。故事变第三阶段,已无指挥全局之主动。

四、省、县、市参议会议长、议员几普遍参加二·二八事件处理委员会。其中固不少能顾全大体,愿使事变消弭者,然亦不免有若干议员推波助澜,别具心肠,以求事态扩大者。

五、各地暴徒发动,多以警局为进攻之目标。而各地警局员警百分之九十以上均为本地人,事变后,或自动封存武器,任其劫取;或弃械潜逃,不予弹压抵抗;或公然参加暴动。以致地方当局不惟无一可用之保安警力,且反受其累,实为束手无策,坐视暴动扩大之一重要原因。

六、全省各地宪兵虽数量不大,均能克尽职责,且深获民众之敬畏,此实堪嘉许者。

七、在台各机关工作之外省籍公教人员数万人,在事变中或丧失生命,或身受殴辱,或财物损失净尽,物质上、精神上所受之痛苦与刺激过甚。而目前尚无若何安全保障及损失赔偿,死伤抚恤,以故纷纷求去。即勉强工作,亦精神沮丧,工作效率大为减低,实为目前最大损失。且台省今后建设,经纬万端,正需向各省大量征聘人才,事变后不惟现有任事者纷纷求去,将应征者亦为之裹足不前,人才益形缺乏,实为一大隐忧。

八、自国军开入台湾,秩序恢复后,长官公署已着手清乡工作。拘捕暴徒,剿除残匪,收缴散失枪械,预定四月底完成全省清乡工作,此一措施,关系台湾今后之安宁,至为深巨,能否以迅速适宜之方法完成,全在省当局之运用如何而定。

九、事变虽告平息,而各地本省人与外省人间,在精神上依然有一极大之隔阂存在,此一隔阂,一时似不易消弭,且为随时能发生误会之因子,应如何化除,殊为一不容忽视之重大问题。

第二、事变原因之分析

台湾自二月二十八日因台北取缔私烟贩卖,发生纠纷,酿成命案，不旬日全省十七县、市几无地不发生纷扰事件，已如上述。其肇事原因似甚简单，然综晰其构成此次全省纷扰之远因与近因，实属甚为复杂，且亦由来已久。兹述其重大者如下：

一、台湾人民对于祖国观念之错误

台湾沦陷日人之手逾五十年。台省同胞年在五十岁以上者，固不乏国家观念浓厚之人士；然中年以下之同胞，在此五十年中，一切文化，教育均受日人之统制、麻醉；多数台胞不惟对祖国之政治、经济之情况无从了解，即对世界情势与中国之历史、地理、文化等情形，亦深受日人曲解宣传之影响。及至先后之初，台胞初谓祖国为五强之一，必远胜日本，是以对于初莅台湾之政府接收人员，均报以热烈欢迎，寄以无穷希望。年余以来，渐觉国内状况不能如其所想望，反观日人统治台湾时，一切政治、经济设施及人事制度均较有条理，较有规划。尽以其不了解祖国对十余年军阀内乱，九年对日抗战及共党不断纷扰之艰苦奋斗情形，仅以目前现象与日本当日统治下情形斤斤计较，遂于热烈希望之余，而渐为怀疑，渐为失望，终至轻视国人，以为日人之不若，而发生离心倾向。

二、日人之遗毒

日人统治台湾五十年之结果，在台湾同胞之生活上，观念上及客观情势上，已深深种下下列之余毒：（甲）因受日人皇民化运动之薰陶，对于日人崇拜、服从，存有日本第一之顽固、浅狭观念。（乙）日人有计划造成台湾人政治人才之贫乏。（丙）大多数民众及已习于殖民地政治、经济之绝对统治生活，而养成政治、经济眼光之浅视及日人小惠之难忘。（丁）日人之御用绅士与流氓，已形成各阶层中牢不可破之恶势力。（戊）日人强迫教育，不惟语言文字已使全台人民完全日本化，且其生活习惯、精神意识，亦已深受其影响。（己）日本投降后留台之日人，及冒名以用台人籍贯之日人为数甚多，更不断暗中予台人以煽动、挑剔。以此种种日人余毒之遗留未尽,其恶劣影响自不难想见矣。

三、物价高涨与失业增加之影响

台胞在日本统治时代,虽受政治上极端压迫与经济上绝对统制,然其生活颇为安定。在日本投降之前,经济方面已为百孔千疮,为工业原料之匮罄,生产事业之衰退,交通器材之缺乏等,虽尚未至表面化,但内在之经济危机,已极严重。台胞不知底蕴,且怀有过高之希望,以为一旦归返祖国,一切问题即可迎刃而解。不知政府接收之后,承其凋敝之余,重以财力交通之困难,技术人员补充之不易,战时被毁之工厂企业,限于人力、财力,短期中无法恢复。加以光复之初,台湾物价仅较战前涨十余倍。一年以来,台湾物价步步上涨,尤以最近国内黄金风潮发生以后,其物价更形飞涨,若干日用品价格,甚有超乎国内者。台湾原为产米之区,在日本时,以绝对管制粮食,人民不能私自储蓄,光复之初,以日人搜括殆尽,已形成去年粮荒之危机。益以接收后,政府不采用过去绝对统制政策,而致大户囤粮极富,平民粮食发生恐慌,粮价日趋高涨。以此种种经济困难,台湾人民生活不免日趋困苦(参阅附件十六)〔略〕。加以一方面以上述情形,原有之工厂、矿山停闭或减工者甚多,而他方面各地原在日军服役者,均纷纷回省,数逾十五万以上。以此失业人数日多,均受生活上之痛苦威胁。此种困苦,地方当局又未能积极求取救济善法,其结果,一有奸人煽诱,自必随之异动矣。

四、政府统治政策之失当

台湾自接收以来,以情形特殊,故于省级行政设行政长官公署,台胞对长官公署呼之为新总督府,与国内各省不同,此形式上使台胞不愉快者也。按其实际,长官公署之权力、法令,亦几与日人之台湾总督府相差无几,此又事实上使台胞不愉快者也。且一年以来,在经济上之种种措施:以工商企业之统制,使台湾拥有巨资之工商企业家,不能获取发展余地;因贸易局之统制,使台湾一般商人,均受极端之约束;因专卖局之统制,且使一般小本商人无法生存。而中央方面对此新收复之国土，不惟不能多予以资本与原料之补给，以助长其产业之恢复发展，乃以种种征取，造成其经济之贫血与产业之凋敝，此又在经济统制上使台胞深感不愉快之事实也。加以日人统治台湾时，以其为南进根据地，故在各种企业设施上，均集中其国内第一流人才来台工作，一切规划，均见经纬，一切兴办，均有成绩。我国此类人才素感不敷，益以资本之缺乏，交通之困难，一旦承乏，更不免使台胞有相形见绌之感矣。

五、一部份公务员贪污失职及能力薄弱之反响

日人统治台湾时，其公务员之操守能力及军队之纪律，均为台人所称道。光复以后，我国最初开入台湾之国军，其服装配备，精神体魄，已予台胞以一不如日军之印象，而在一年中，我各地驻军，间有少数军纪欠佳，士兵欺扰百姓之不良情事发生，在政治方面之公务人员，其出入餐馆等等应酬娱乐，台胞视之，已为过去日本公务员不应有之怪事。至贪污渎职，更为旧日所不容之现象，而我来台工作人员，亦不幸以少数害群之马，或行为不检，能力薄弱，或贪污渎职，尤以经建及公营事业，更不乏借权渔利之不良现象，予台胞以深切之反感。致渐以往日日人指中国官吏无一不贪污，无一不饭桶之詈语为正确，循至对于政府官吏有"中山袋"、"阿山"等等轻视之称呼。信仰既失，一旦有事，自易发生反动矣。

六、舆论不当之影响

在日人统治时代，舆论上亦受绝对之统制。光复以后，陈长官在经济上采取统治政策，在政治上已较为放松，在舆论上则采取放任主义。一年以来，行政当局未能注意应付环境各方面，开罪过多，是以全台十余家报纸之舆论，几无日不有批评政府，诽谤政府，甚至不依事实，任意谩骂，恶意丑诋。长官公署以言论自由，均置之不理。台胞初级教育甚为普及，能阅报者占绝大多数，此等攻击政府之舆论，为其从来所未见，初则引为怪事，继则信为正确，而渐启轻视政府，不信任政府之心理矣。

七、有政治野心者之鼓吹

台湾在日人统治时期,本地人士能参加政府工作者极少,尤以简任以上之主管官员更无台人参加之机会。光复以后,一般有政治野心者,均纷纷亟欲攫取政治地位,如过去之独立派,此时仍继续主张高度自治,甚至不惜拟假借外力,要求托治。原在日人卵翼下之御用绅士,此时亦改头换面,渗入各地民意机关及政府机构,仍在社会上,经济上拥有重大势力。原为反对日人,主张归依祖国,或亡命内地,或为地下工作之爱国人士,光复后亦纷纷回省,崭露头角。其中一部份有政治野心,遇机而尚未获得相当地位者,为满足其欲望计,乃不惜破坏政府纪纲,损失政府威信,利用时机,利用群众,以争取政治地位。

八、共党之乘机煽动

日本统治期间,由其国内思想复杂之影响,台湾方面虽在高压之下,亦有各种党派活动。共产党于民国十七年成立台湾民族支部,受东京日共中央指导监督。十九年后,与上海共产国际东方局发生关系,继续在台湾组织各种工会、联盟,扩大活动。民国二十一年为日本警署检举,该党首要份子谢雪红、潘钦信、苏新、王万得、张道福等五十人,以证据确实,被判徒刑,台共至此乃陷于停顿状态。光复后,共党首要谢雪红等出狱,乃重整旗鼓,收罗干部,扩充力量。同时,国内共党亦有来台活动者,以台湾省工作指导委员会、台湾省工作指导团、中共东南区第七联络站、闽台政治组、台湾共产主义青年团等等非法组织,在台北、台中、嘉义、台南等地潜伏活动,伺机窃发。二·二八事件波及各地后,谢雪红等乃乘机煽动,实行武装暴动,以谋攫取政权。

九、治安防卫武力之薄弱

台湾自光复以后,原由国军第七十师及六十二师来台驻防。去年五月以后,两师先后调往他处,地方当局对于客观情势未能作正确之估计,致事变发生时,全台仅有宪兵两营,特务营一营,工兵一营。此外仅有各地警察。而全台除各重要地区之驻守外,尚有军需仓库四百五十余处,飞机场六十四处,均须分派武力看守,故台北及各县市之保安武力极为薄弱。事变兴起后,各地之本籍警察或弃械逃匿,或相率参加,几全部瓦解,而长官公署更无可以运用弹压之武力,以致坐视蔓延扩大,劫取仓库,集众日多,无法收拾。在各地始终能与暴民周旋者,仅宪兵与极少数部队,迄三月八日以后国军先后赶到,各地暴动始渐告平息。假如平日驻守武力不似此空虚,当局能事先注意防范,当不致有此次暴动发生,即令发生,亦不至若是之一,广播无线电台为暴徒控制之影响。

台北二·二八事变发生,处理委员会成立后,所有各地重要无线电广播电台,大都为暴徒所占领。于是对各地不断虚构事实,谓政府及在台外省籍公务人员如何虐待台胞,国军如何屠杀台胞,飞机如何轰炸平民,以激动台民感情,提高台胞之排外怒潮。而台湾平日之无线电广播甚为普及,民间收音机达十余万架之多,受此煽动,以讹传讹,遂致各地均纷纷起而暴动,殴打外人,缴取军警枪械,俘囚所有外省籍公务人员,此又事变扩大之又一重大原因也。

第三、参加事变份子之分析

台湾此次事变之经过及其酿成之原因,既如上述。参加事变之份子亦甚为复杂,其参加之动机及其行动,亦各有不同。兹分述如下:

一、流氓 台省流氓之含义与形成,较之国内其他各地所包括者为广,几于上自豪绅、巨贾,下至贩夫走卒,均有其份子之存在。当日人统治时,对于台省流氓,故意任其存在,或任其为地方之爪牙,或纵入中国沿海各地以为浪人间谍,战时更将其编练入伍。全台无正当职业为流氓生活者,据估计不下十万人,故其势力平日已及于全省。二月二十八日晚,被警员击毙之陈文溪,为一大流氓之弟,故首先于台北发动大规模之骚动。凡捣毁台北专卖分局,冲击专卖总局与长官公署,殴打外省人员之主动者,均为流氓。台省当局,曾以各地流氓有碍地方安宁秩序,于去年夏命各县、市政府加以逮捕,解送台北,予以集中训练,名曰劳动训练营,于六个月中予以各种职业与知识之训练,期满后发给证书,放回原籍,希望以此化为良民。先后共二千余人。不料回籍后,其组织更为严密,各地更有联系,事变中各县、市均普遍参加,至其参加事变之目的,并无政治意义,纯粹为报复行动与狭隘之排外运动而已。

二、海外归侨 所谓海外归侨,包含之份子亦甚复杂。一为原在日军服役之台籍青年军人,以自海南岛及南洋各地遣送回台者最多,人数约十万人。此等人因受日人之熏陶甚久,为日本军阀之鹰犬(在海南岛时无恶不作,故投降时,海南岛同胞不免有乘机加以惩诫者)。渠等返台以后,大都无正当职业,流浪各地,恢复其流氓生活。对于国人,深怀仇视,一旦有事,乃首先参加,在事变中殴打外省人,抢劫或捣毁外人财物,亦最为积极。其次,为日本统治期中流放于火烧岛(在台湾东南)之流氓、匪盗,光复前,日人均已任其回入台省各地。又次,为过去日人利用在厦门、汕头、福州等地方作恶之台籍浪人,光复后或自动回台,或被遣回台。此三种台人,均为品性最坏之莠民,今均集中台湾,又无正当职业,一旦有此变乱,自必竞起参加,其目的在杀人越货,乘机图利,且已深受日人豢养,对于国人反存敌视,乘机仇杀,亦为泄忿。

三、政治野心者 台省政治野心家之构成份子,已如前述。此次自台北发生纠纷,捣毁专局以后,一般有政治野心者,以为攫取政治地位之良好时机,故一方起而投入漩涡,一方拟以相当条件,要求政府承认。然以共党及流氓继起鼓动,事态扩大,原拟利用群众,反为群众狂潮所胁持而无法控制,故其结局颇为失望,为政府与暴民双方所不满。

四、共党 共党在台活动之情形,已如前述。此次暴动发生后,谢雪红等拟以台中、嘉义一带,为其暴动之中心地带,以乘机鼓动群众,夺取政权。然一般青年及市民,及认识共党之真面目后,均纷纷反对,不与合流。迨胁持少数暴徒退入阿里山一带,拟煽动高山族,亦为所拒。故此次共党之阴谋,已告失败,其残存之势力,亦已甚微,惟为防其死灰复燃,当局宜予以彻底之根绝也。

五、青年学生　当事变发动之初,各地学生均纷纷参加,学校无形停课。其参加之动机,多为受日人宣传,轻视祖国,不满意政府及狭隘之排外与暴徒之虚诳谣传而起,迄后体察实际情形,乃憬然觉悟,逐渐退出漩涡。各学校自上月二十日以后,均已逐渐复课矣。

六、三民主义青年团　台湾自光复后,即开始组织三民主义青年团,各县、市先后成立分团部,以事先毫无基础,临时网罗团员,份子极为复杂。故此次事变发生后,各县、市青年团负责人参加者甚多,如台湾省青年团妇女队队长谢雪红,率众暴动,现尚在逃。嘉义青年团筹备主任陈复志,台南青年团干事张慕侯,以充当暴动首要,而遭枪决。其他各县、市之青年团负责人,或经逮捕,或已逃逸,故全省青年团之组织已形解体,非彻底改组予团员以严格训练,难有恢复活动之余地也。

七、高山族　台省高山族,其性质甚为强悍。日人统治时,屡起变乱,屠杀极多。此次事变发生之初,因受无线电广播之宣传及共党暴民之引诱,颇有参加之趋势。迨后经政府之开导及其族内深明大义酋长之阻止,乃告平息,且阻止共党胁持之残余暴徒退入境内。事后,政府更予种种嘉奖,目前情况已甚为安静。惟高山族受日人之教育,均通日语,不解国语,今后高山族之教育问题,实为亟应积极注意之事也。

八、皇民奉公会会员　日本统治台湾时,各地均有皇民奉公会之组织。其目的在罗致爪牙,加强皇民化运动,以巩固其统治势力。其会员分子,自绅士、公务员、商民、技工以及农民,各阶层人民均有参加。全台共有皇民会会员二万余人,为虎作伥,压迫民众(均为对日效忠之分子)。光复后,当局对于此等分子,未能切实监视其活动,惩办其首要,以铲除此恶势力之存在(甚至对之反予反感,任其活动)。于是旧日皇民会之首要分子,一如日人时代之活跃,充任省、县、市参议员者有之,充任区乡镇长者有之,任公、教员职者有之。事变发生以后,乃大部参加。今后仍不予分别取缔清除,将来恐仍不免为台湾之重大毒素也(附件一七)〔略〕。

九、留台日人 光复后,全台日人共有三十三万余人。年余以来,陆续遣送,目前留台之技术人员及教授,尚有九百十八人,连同眷属,计三千八百四十三人。此外,尚有匿居民间改冒台籍者,无法统计。此次事变,或正式参加,或暗中煽动、挑拨,以逞其诡计。而台湾目前实已无留用日人之必要,为防患计,亟宜彻底清查,迅予全部遣送。

除上述九种分子,为构成此次全台暴动之主力外,此外工厂及交通、电信机关之工人,各机关之本籍公务员,亦有少数参加者。惟全省农民,则均持安静之旁观态度。总观全台当事变高潮时,各地盲从附和者,当不下五六万人。然直接与国军对垒,公然暴动者,则又仅数千人而已。

第四、结论

台湾此次事变之初,其中心口号为:对于现政不满,要求政治改革。细察台省自接收迄今,一年余来之各种措施,大体尚能力求振作,然可议之点亦多。此次事变虽告平靖,而今后能否使台湾长治久安,实应于现政加以切实检讨,积极求取适当之善后办法。除于善后办法,由职等另行拟具台湾省善后办法建议案,谨呈鉴核外,兹于现政措施,逐加检讨,谨择要分陈意见如下:

一、台湾行政长官公署特殊制度之成立,原为便利当时接收,应付当时特殊情况,一年余来,一切已趋常轨,且在名义上,体制上,予台湾同胞以不愉快之观感,实无继续保持此种特殊制度之必要。中央既已允许撤销长官公署,成立省政府,自属明允。至于中央对于台湾之治理方针,既决无因袭日人治台方法,施以高压、恐怖及统治榨取,以殖民地视之之理,尤更无任其高度自治,或独立之可言。故惟有一方使其趋于民主坦途，一方使其绝对与祖国一元化，俾完全消弭台湾对中央之离心力。今后中央对台湾施政，自宜以此为最高之原则。

二、我国内地各省，自国民政府北伐统一以来，经军政时期者约十年，训政时期者十余年，刻将开始宪政。台湾省在日人之手沦为殖民地者五十一年，自光复后，即准备实施宪政。行政长官公署依照中央限期，筹设各级民意机构，自三十五年二月至四月，由公民宣誓登记以至各级参议会之成立，仅历时八十日。乡镇长民选，亦于三十五年十二月办竣。如此仓卒从事，不免近于草率，以致民意代表及乡、镇长，多为旧日皇民奉公会负责人员，或流氓头目，真正民意，无由表现。此次事变，各级民意机关之负责人，几大部转入漩涡，且彼此排击，攫取权利，意志不一，派别纷争，全部民众机关，经此事变，已呈破产。今后，应如何以适当方法训练人民行使政权，汰除不良份子，使各级民意机关能代表真正民意，县、市长以下各级选举能真正得人，台省实施宪政前途，不致遭遇意外困难，实又以此次经历而应予慎重考虑者也。

三、长官公署以下之行政措施，过去有下列缺点之表现：（甲）各处、局及县、市政府之组织，过于庞大。（乙）县、市行政区划，未尽适当。（丙）县、市政府之组织，均别立规程，不依中央颁布之县、市政府组织法。（丁）县、市以下之自治机构，仍沿用日本时代之组织。（戊）废除日本统治时代之警察制度，而未能确实完成保甲组织。（己）自内地调来台省工作人员之水准不齐，工作能力与操守，又无严格之考核，以汰除不能称职之分子，致予台人以不良印象。（庚）对于台省人之任用，据长官公署之统计：全省公务员五四、六一七人，本省人占三九、七三八人（七二.七一％），外省人一三、九七二人（二五.五八％），外国人九三四人（一.七一％）。而简任官之二一四人中，外省人占二〇二人（九四.三九％），本省人仅十二人（五.六一％）。简任待遇者二二八人，外省人占二〇四人（八九.四七％），本省人仅三十四人（一〇.五三％）。荐任者一、七〇四人，外省人占一、三八五人（八一.二八％），本省人占三一九人（一八.七二％），荐任待遇者，一、四三八人，外省人占九五一人（六六.一三％），本省人占四八七人（三三.八七％），以下委任及雇员，则以本省人为多。由此可知，高级公务员，本省人所占者过少（详附件一八）〔略〕，此固由于其人材之缺乏，较之日本统治时代十一万公务中，仅有台胞简任者一名，荐任者六名，已显有进步。然此后台省既重归我国国土，台省人民为我国同胞，自应设法培植其本省高级干部人才，以求纠正过去之偏颇现象也。

　　四、在经济方面，日人统治时有两大政策：第一、台省一切经济建设，以日本为母体，而以台湾为子体。台湾之一切经济设施，非以台湾之民生改进为着眼点，而以使如何供日本经济发展为着眼点。第二、自南进政策决定后，日人更进一步决定日本本土人民逐渐进据台湾，驱使台湾本土人民移入南洋各地。故不惟台湾一切工商企业、交通、电信均操日人之手，且土地百分之七十以上，均为公有。对于农村经济，五十年来毫无改善，农民处于极度榨取之穷困地位。今后，在台省经济建设之方策，中央与省政府应注意：第一、如何消除失去其原有母体之危机，使与国内整个经济建设之方策能作适当配合。第二、一切经济建设，应改变日人原有之榨取方法，以大量资本助长其繁荣。第三、以全力改善农民生活，发展农村经济。

　　五、台湾行政长官公署之经济措施，下列数事，宜予改革：（甲）专卖政策，其制度已与中央统税政策有不合之处，而其人事之配置有欠健全，发生种种使人民不能满意之现象。在缉私方面，未能从大处着眼，而与小贩为难，以致私货依然横流，小民怨恨。且其专卖货物，品质既劣，价格奇昂，又无充分出品以应市面之需求。以此种本身缺点，自难求其继续存在。（乙）贸易局仅以消极垄断政策，使本地大多数商人均受其束缚，而本身既无充分之资金与交通工具，使货畅其流，外地商人，更因其种种苛限而无法在台活动。此在其发展国家资本，限制私人资本，实行民生主义之理想上，固属要图。然其方法未臻完善，本身有欠健全，反引起实际需求上之若干不良结果。且贸易局所设之新台公司等企业机构，徒为贩售洋货与民争利，非为民生所需，有失政府本意，引起商民反感，宜其为人所诟病也。（丙）日人统治台湾时，全部大小工矿企业，均为所统制。我国接收以后，亦全部控制，而资本、原料、技术配合均感不齐，重以在战时大部破坏停顿，故一时无法恢复，不惟予民众不良印象，且增加政府之困难。此后，除对于国防需要及重要大规模之企业，应由国营或省营外，其他中小以下之工矿企业，应尽量拨归民营。（丁）台省现有铁道四千六百余公里，其中三分之一由官营，三分之二属于糖业、林业等专用。其官营者，今后应为各省办理，由中央统筹经营。此外，港务、电信，亦应由中央统筹办理。（戊）台湾农村大地主之土地过于集中，及仲介人之居间剥削，为台湾农民历来之两大痛苦。光复后，政府当局似尚无善法解决。而日人原有占全土地百分之七十以上之公地，应如何以适当方法发放，使佃农、雇农能获实惠，达到耕者有其田之目的，自亦应在此处理之初，作精密适当之筹画也。（己）台湾为产米丰富之区，而一年以来米荒严重，米价步涨。今后固不能为日人绝对统制，然如何以有效方法，取缔大地主、大商家之囤积，如何使粮食分配均匀，如何使粮价平定，自宜有严密之检讨与筹画也。总之，今后台湾问题，系以经济问题为中心，而问题之困难，亦以经济为最。此后，台湾经济之建设与问题之解决，中央与省政府均应有远大之眼光，不能斤斤于目前利益，以现有规模，善为运用，数年以后，不惟台湾本身可恢复其合理之工业化，且将为全国之楷模也。

　　六、文化教育为关系台湾之根本问题。目前对于台省同胞之国语推行，与祖国历史、地理、文化、常识等科之灌输，台湾与内地各省之文化交流及日本在文化上、教育上遗毒之涤除，尚未能尽其最大努力,此次事变促成,此亦为其原因之一。今后,亟宜研求积极办法,以最大之努力,集中于此,则其他问题自均能迎刃而解矣。抑尤有进者,今后台湾经济问题之重要,已如上述,而台湾实亦可作我国将来经济建设之实验、研究区。查过去日人统治台湾最有力者,推后藤新平,后藤为儿玉太郎总督时代之民政长官,为实际负责台省行政之人。渠以科学的政治家自豪,尝谓渠系医生出身,治国如治病,应先以科学方法究明病源,然后处方治疗。故台湾之地籍、户籍及其他关于资源等各方面之调查、统计资料、最为正确充实。调查工作,乃择要研究,设计并切实执行,台湾注重应用科学研究(如大学及各研究所),而台湾之学术研究又与台湾各种企业打成一片。此种方法,大可供我国经济建设之参考。又台湾经日人五十一年间之惨淡经营开发已至相当限度,欲再图大量发展,似已甚难。惟农、林、工矿等经济开发之方法,在台湾行之有效,似大都可适用于华中及华南全部(尤其是海南岛)。此又在接收台湾以后,吾人不可不特加注意者也。

七、在军事上,吾人应认定台湾为全国今后之国防重镇,台湾固绝无离中国独立之可能,中国舍台湾则永无富强康乐之希望。今后如何以国防武力保障台湾之安宁,更应以如何方法建设此一国防重镇,亦今后所应予以深切注意者也。右报告谨呈
院长于

福建台湾监察使杨亮功
监察院监察委员何汉文谨呈
三十六年四月十六日

台湾善后办法建议案

一、政治方面

(1)改台湾行政长官公署制度为省政府制度,以不兼警备总司令为原则。为适应台湾目前特殊环境起见,在设置省政府时,并

宜仿照重庆、西康、西北、东北、新疆、北平、武汉先例,增设国民政府主席东南行辕或台湾行辕。高雄、基隆、马公三要塞司令部及海军办事处,归行辕指挥。并设政务经济委员会,借收军政统一指挥督导之效。

(2)增加省政府厅委人数,并于各厅、处、室、科设正副首长,慎选省内外人士掺杂任用,或此正彼副,或此副彼正,借收互相辅助之效。

(3)台湾光复时,为减少纷扰起见,仍依日人遗留之州厅制度,改为县、市。市嫌太多,而县所辖区域过大,管理难期周密,故县、市区域划分,宜加调整。

(4)县、市设正副县、市长,省内外人士掺杂任用。

(5)县、市长民选,应与各省同时施行。

(6)县以下地方自治组织,悉依中央法令改组。

二、军事方面

(1)台湾为东南沿海各省屏障,实为我国国防要区,平时应有相当军力驻守,以资控制。

(2)关于台湾平时地方治安秩序之维持,应由宪兵、警察分别负责。现驻台宪兵仅一团一营,殊感不敷分配,应加扩充。又此次事变,本省警察不但未能维持治安,且助长祸乱。今后各县、市宜设保安警察队,调用内地干练员警充任,并充实其装备,隶属于省警保处。其余各县市普通警察,不妨多用本省人。

(3)台湾目前军械、被服、粮秣及其他物资仓库,有四百六十七处之多,分散各县、市,防护困难,应分别合并,或迁移至内地,以策安全。

(4)自海南岛及南洋遣送回台之青年台胞,在日军营中思想受毒甚深,对祖国观念极为薄弱,宜调查、登记,分别安置职业,或调入内地入伍。

(5)迅速完成保甲组织。

(6）以迅速妥慎方法,于最短期中,完成清□工作。

三、文化教育方面

（1）为适应本省特殊环境起见,在最近三年内,台湾中、小学课程标准,宜斟酌实际需要,另行规定,切实推行国语、国文,并加重本国历史、地理及公民教学。

（2）为适应本省特殊环境起见,在最近三年内,各科教材课本,由本省自行编印或选定,经教育部审定采用。

（3）日籍教师,应予遣送回国。师范学校教师,暂以聘用内地人为原则。中学及中等职业学校校长、教务主任、训育主任及公民、国语、国文、历史、地理教师,暂以聘用内地人为原则。国民学校,每校至少须聘用通晓国语、国文、思想纯正之内地教师二人。

（4）为鼓励内地优良教师来台服务,应提高待遇,给予旅费,规定任期,实行年功加俸,并使其有休假进修之机会。

（5）实行内地与台湾学生大量交流,如继续选送本省学生至内地各专科以上学校肄业,分别由公家予以公费或补助。并招收内地学生来台入本省专科以上学校,予以交通及宿舍之便利（现台湾大学一千三百余人,内地学生仅占十分之一,应多招收内地学生）。

（6）加强电化教育,灌输祖国文化。

（7）中央及地方应于台北、台南等地,设立大规模报馆,并取消目前新闻检查办法。

（8）充实各校中文图书设备,并由中央大量供给文化刊物。

（9）加强高山族国语、国文教学。

（10）设立公教人员子弟学校。

（11）举行各种讲习会,聘用内地学者来台讲学。组织内地考察团,设立国文国语函授学校。

四、经济方面

（1）撤销专卖局,改为烟酒公卖局。撤销贸易局,改为物资供应处,仅限于省营工业成品之外销,机器原料之采购。

(2）中央应以大量资本维持并补助台省产业之发展。

(3）接收日人企业中属于重工业部分，悉照中央规定，由国营或国省合营。其规模较小或适于人民直接经营之企业，可招标出售。其规模较大之企业，人民无巨额财富可以购买者，或组织公司，发售股票，招募民股，鼓励人民投资，并设法防止少数资本家之操纵。

(4）救济失业，为目前台湾最迫切问题。据民政处估计，现有失业人数约七万一千人，实际上恐在十万人以上。如何发展企业，配给土地，以及发展大规模工矿业，恢复渔业，借以安置失业者，地方当局应按照实际调查，详密计划，以解决目前最严重之问题。

五、土地与粮食方面

(1）注意农村经济之发展与农民生活之改善。

(2）政府接收日人在台公有土地之处理，应注意下列各点：

(甲）将全部土地确实分与佃农及半□甲以下之贫农，其分配公地之租率，应低于二五减租率，借以一方实行民生主义耕者有其田之主张，一方打击地方重租盘剥。

(乙）绝对取消仲介人制度。

(丙）机关工厂，应限制占用公地之数量。

(3）对于地主，应注意下列诸事：

(甲）切实实行二五减租，逐渐达到政府公地出租之最低租率。

(乙）严格取缔粮食囤积。

(4）实行积谷制度。

(5）发展农村合作，并大量发放农贷。

六、人事方面

(1）裁汰冗员，紧缩各机关组织。

(2）实行本地与外省技术人员及技工（如铁道、汽车、邮电、工厂技术人员及技工）之内外互调。

（3）选择内地优秀干练人员来台工作，提高其待遇，并加强其工作保障。

（4）台湾所留用之日人，现尚有九百十八人，合眷属三千余人，此次事变，不无诱惑鼓动之嫌，宜悉数遣回，以绝后患。

（5）内地与本省人员薪俸，按其资历，一律平等。

（6）赔偿并优恤此次事变公教人员之损失与死伤。

七、民意机关方面

（1）改组省、县、市参议会。

（2）防止皇民奉公会会员流氓掺入民意机关。

八、其他方面

（1）严防共党活动。

（2）迅速审理并结束此次参加暴动人犯之惩处。

（3）彻底改组台湾三民主义青年团。

谨呈

院长于

职　杨亮功

何汉文

三十六年四月十六日

〔监察院档案〕

24. 台湾省国大代表陈绍平等请速行妥处二二八惨案善后意见书呈

（1948年4月）

意见书

请速行妥处去春台湾惨案善后由

去春，二月二十八日，台湾全省民变惨案，其因果功罪姑不具论。但事变前台民喜争论政治，事变后均唯唯诺诺，沉默无言，此实厉王之民道路以目之态。此中显有症结，鸿沟存在，殊堪虞虑。盖民变时之官吏失职，军警残暴者，未闻有一惩办，而被杀台民，除蒙昧无闻者，不可胜数外，即大绅通儒民意代表，捕杀灭尸，不布罪不缉凶又无抚恤者，亦不止拾数。更加以事后通缉拘捕，株连胁吓，虽叠经中央指令，不得不渐示宽大，经陆续准自新保释，而现全台涉此案系狱者，恐尚不止百数。台人虽历世磨折，民族国家意识坚强，而沉沦新复，对此焉能不增加隔膜怨憾？故美人乘机夸大造谣，共党乘机挑拨鼓煽，各有所图。窃意台省为吾国国防门户，方今国际风云紧急，我政府自应速行妥处此案，而把握新复民心，巩固永久国防。办法：（一）事变时负责军政人员已不追究失职，则当时被捕杀灭尸之台籍名士官绅，其家属经来请查释者，不论有罪无罪，政府均应公布。其因纷乱误杀，久难查究，统予家属抚恤安慰，不必掩饰弥缝。（二）凡因事变通缉拘捕人犯，不论已决未决，除劫夺杀伤之亲告刑事罪外，均一律速准保释，勿予深究，不可再以叛国或共匪名义，故予久押。以上各情，事关精神国防，敬恳察核施行。此致司法行政部部长

具意见书人台湾省国民大会代表

陈绍平　吴鸿森　林忠　李清波　谢挣强

　　陈振宗　陈天顺　黄及时　蔡石勇

谢文程　连震东　陈民　李季谷　林珠如

　　游弥坚　林吴帖　郑玉丽　杨郭杏

　　吕世明　洪火炼　张吉甫　王民宁

　　金登发　吴三连　刘传来　杨金强

〔司法行政部档案〕

25. 监察使杨亮功为台湾省贸易局专员兼新台公司经理程毅借二二八运动进行贪污舞弊情形致台湾高等法院检察处纠举书

(1947年7月8日)

为纠举事：案据密报：台湾省贸易局专员兼新台公司经理程毅舞弊贪污等情到署。经派本署荐任调查员许世璋前往调查。兹据该员查后并检送有关附件前来，详核查后各节，认为该经理程毅实有贪污舞弊重大罪嫌及违法行贿等情事。兹分别说明于后：

（一）关于物资舞弊部份：据查后："该公司于本年二·二八事变时，遭暴徒侵入，捣毁所有仓库暨一、二、三、四楼、缝纫、批发、委托寄售各部物资均受损失。经该公司分别所报贸易局转报台湾省行政长官公署核销。其委托部份，有福海公司寄售之珊瑚、珍珠等物品，当时值台币六百二十八万四千九百五十元，册报全部损失。嗣经台北警察局将该公司员工余福财等五人拘押，并追出真〔珍〕珠、珊瑚等饰物一部分，发交福海公司具领后，该新台公司亦于移交清册内列报店员缴回珊瑚首饰六件、珊瑚三十三件、真〔珍〕珠二件。据福海公司董事长吕梓嘉称：是项寄售物品，当事变时完全未经暴徒抢去，有新台公司五楼食堂经理杨飞勇可证。此项物品系公司中多数职员搬回家中，后经缴给经理程毅。询据杨飞勇称：于事变翌日，亲见珊瑚很多，散在地下，相信亚非全部损失各等语。又查该公司于事变后，曾组织整理委员会，由该经理派公司中各部负责人为委员，虽据各该委员等称述：缴回物品，均缴会中，未缴给经理。但该公司工人陈连水则称："职员中实有向经理程毅交出真〔珍〕珠、首饰、珊瑚等物，而程毅并不返还于所有权者。"等情。查福海公司委托公司寄售价值台币六百余万元之珊瑚、珍珠等物品，既经该公司食堂经理杨飞勇证明于二·二八事变之翌日，亲见珊瑚甚多散在地下，并未全部损失，该经理程毅乃竟全部报损，已属不合。迨警察局向该公司员工余福财等追出一部份物品以后，该程毅始亦具报缴回少数物品，显系因事被发觉，希图塞责，避免彻查之举动。所谓整理委员会，其委员完全系程毅所委派，所称缴回物品不交程毅，本难凭信，况陈连水称职员中确有将珊瑚、真〔珍〕珠等物交与程毅者，尤足证明该经理程毅实有从中舞弊之罪嫌。

（二）关于虚报现款损失部分：据查后：该经理程毅签呈贸易局，具报于事变时共计损失台币二千零四十九万四千四百四十六元零八分，内会计室库存现金六十六万五千零二十四元四角一分，但据该公司出纳课长余声海称：当时库存实只有三十九万五千元。经查明有程毅批准借给友人张佩秋台币十五万一款并未归还，而命帐务课长陈月娥于事变后伪作二月二十八日收回之传票，报入损失以内。又有杨飞勇所借之台币十万元一款，经杨飞勇以现款交还程毅，而程毅并不将此款归公，亦命报损。以上均有余声海供词及陈月娥谓事后补做收回传票，杨飞勇谓款已交还程毅之证明。询据缮写报告损失签呈之陈永玄谓：原稿实系程毅经理所草拟，等情。查该经理程毅对于该公司借给张佩秋台币十五万元一款，并不归还出纳员，而伪作收回传票，又对于该公司借给杨飞勇台币十万元一款，私自收去而不归帐，既有余声海之供词可据，后有陈月娥、杨飞勇等证明之，且当二·二八事变纷扰之中，该公司既无营业，乃忽有张佩秋交还欠款十五万元之帐，事不尽情，尤见虚伪。至于该公司当事变时库存现款实只有三十九万五千元，则为该出纳员余声海所指证，其在警察局、法院检察处所供，均属矢口不移，乃该经理程毅竟报库存现款损失六十六万五千余元之多，则其借二·二八事变浮报现款损失，违法贪污罪证，实属确凿。

（三）关于行贿及畏罪潜逃部份：据查后：该经理程毅于本署派员调查台北市警察局局长林士贤被诉一案时，承认因警察局查追该公司于二·二八事变时员工乘乱偷窃物品一案，于六月三日偕同该公司批发部长薛永顺，携带台币五□元，交付林局长友人邢武收下，邢武允于翌日晨转送林局长等语，不讳，薛永顺亦证明确有此事，但程毅忽而潜逃，其交待手续尚未清楚，已由贸易局电请上海警察局将其扣留。等情。查该经理程毅，对于行求贿赂，既经自行承认，自应负其罪责。且设非舞弊多端，惧人查究，何必行求贿赂。又其交代未清，忽而潜逃上海，其为情虚畏罪，情节至明。

基上论结，该经理程毅，实触犯惩治贪污条例第三条第三款之罪嫌，及构成刑法第一百二十二条第三项之罪，并应按照公务员交代条例第十条之规定予以惩处。爰特依照非常时期监察权行使暂行办法第二条第一项之规定，提案纠举。

除呈报监察院外，相应抄捡有关附件，送请贵处查照，迅予指定法院检察处传集全案，依法侦办，并盼见复为荷。此致
台湾高等法院检察处
计抄送本署荐任调查员许世璋报告一件（略）
检送附件一册计十六件新台公司帐簿一本，传票三本（略）

监察使杨亮功

〔监察院档案〕

26. 台籍监察委员丘念台请勿滥杀无辜并惩治失职违法官吏军警条陈

（1947年）

据本院监察委员丘念台呈称："窃台湾省三百年来为我国国防要冲，自受日占夺，生产建设颇见发展，光复后遂又成为我国民生经济之重要一环。乃光复二年来，内外隔膜未除，政治设施未能尽善，尤其办理二·二八事变善后及处理台籍战犯等事大失向内之民心，如使不图改弦更张，深恐二二八事变不难再见。窃以为今之计，惟有特赦二二八事变人犯及战时台籍汉奸战犯，以为挽回人心，消弭隐患之计。细按今春二二八台变，事实乃官警滥杀于先，迫民众骚动、殴打虐杀之后，军宪复不顾法纪加以残杀于后，计著名

士绅被杀灭尸并无宣罪者十三人,被杀灭尸事后通缉者七人,无罪被杀尸首仍存者二十三人,至其他调查未明之被杀民众全台殆不下二三千人,捕系者虽释放逾千,然目前捕禁有关二二八已决未决人犯尚不下二三百人,而仍搜索不已或假以共党流氓名义拘捕,不肖军警、特务且借端勒扰。至有关事变违法失职之上级官吏军警,则党政上下虽多请惩治,而从未闻惩治一人,如此宽严未当,措置失平,自不如一律宽赦之为愈。至所谓台籍汉奸战犯,乃遗忘民族斗争史之错觉。盖签约割台,弃民予日,力抗而亡,籍已臣奴,在法无汉奸可言;台民文不能为县长,武不能为连长,无指挥作战,策划侵略之权,在势无战犯可言。有之或受虐杀者,亲告之刑事罪耳。自去春中央宣布台民不适用汉奸条例,万家感戴,然今省内、省外由汉奸改以战犯罪名系狱者,仍不下二三百人。夫倭寇之战犯且可渐予优待,何独严于不幸之台湾同胞,且随倭作恶道义上之台籍大奸,大都富裕、狡猾,逍遥法外,现省内外所捕禁者,似多卑微琐细,无足轻重者,言汉奸则于法无据,言战犯则处理失平,亦不如一律宽赦之为愈。至赦令施行范围:(一)凡涉及二二八事变人犯以及台籍汉奸战犯,不论已决未决,省内省外一律赦免。(二)除受害者亲告及本年三月十七日以后之行动外,不得另以流氓共党扰乱治安等罪名加诸此等人犯,目前内外情势台省政治难期骤佳,惟特赦稍可挽民心之偏激,而且地方政府难使人民满足。惟职等间居调停,完成特赦,或可把握内外有变时之民心。盖今日台事表虽平谧,阴实危虞,不乘此机会运用特赦,将来有事恐益虽为力,骨梗在喉,不得不吐。是否有当,谨恳察核。并请转陈国民政府,实为公便。等情。据此。理合呈请鉴核施行。

〔司法行政部档案〕

27. 鲍良傅等调查台湾二二八惨案报告及笔录

（1947年）

奉谕："派查台湾省专卖局职员叶德根等查缉私烟肇事一案具复"等因。遵查台湾省专卖局依照台湾省烟草专卖规则第二十四条及台湾省输入及专卖法令物品处置办法第三条、第五条之规定，得派员查缉省外未经许可未完统税而输入之烟草。故于本年二月廿七日，据密报人秦朝斌报告，淡水街福泰山商行私贩香烟火柴，即由该局业务委员会常务委员李炯支、第四组组长杨子才，派专员叶德根率领职员钟延洲、傅学通、刘超群、盛铁夫、赵子健等五人，会同警察大队警员蔡厚勋、何惠民、张国杰、张启梓等四人，于是日下午二时前往淡水查缉，结果于福泰山商行查获一字牌香烟九条。六时左右转回台北，在太平町小春圆晚饭后，专员叶德根以奉派缉私所获无多，命员警随往万里红酒店附近查缉。到达该处时，卖私烟者哄然四散，有妇人林江迈携带五十多条私烟，当被叶德根、钟延洲二人扣留。该妇人哀求放还，正在争执之时，群众围集，情势纷乱。该妇人即于其时被击受伤，额角破裂出血，由叶德根嘱咐钟延洲送往林清安外科医院医治。围众见该妇人被伤，即进前将查缉员警围殴，查缉员赵子健、警员张启梓被殴伤，卡车一辆亦被焚毁。另一查缉员逃至永乐町，见前有拦截，后有追逐，遂鸣枪一发，弹中路人陈文溪致死。群众因而更加愤激，即涌至台北警察局，要求将肇事员警交出惩办。其时专卖局业务委员会常务委员李炯支、组长杨子才已赶至警局，向大众恳切劝慰无效，乃将叶德根等六人送宪兵队看管，现已由宪兵队转警备司令部移送台北地方法院讯办。翌日上午，群众敲鼓鸣锣涌至太平町警察派出所，将所长围殴，后捣毁门窗，又至台北专卖分局殴毙职员一人，伤四人，并将局内存货搬出门外，连同停放门外汽车一辆，脚踏车数辆，纵火焚毁。南门专卖总局幸已准备，门户紧闭，未被冲入。下午一时许，群众以锣鼓为前导，欲冲入长官公署，势甚汹涌，卫兵无法阻止，乃以实弹射击，当场击毙一人，伤数人，始行退去。是日台北全市骚动，群情如狂，商肆辍市，工厂停工，学校罢课，台氓三五成群，手执刀棍，途遇外省人，不能说台湾方言与日语者，辄被凶殴。同时正华旅社、新台公司及虎标永安堂亦先后被毁，事态益见扩大，情势紊乱已极矣。

查专卖局职员叶德根等当日所派之任务，在于查缉淡水福泰山商行所私运之香烟火柴（附件十四），既至淡水仅获一字牌香烟九条，自应回局复命。讵该叶德根等竟复向未奉指派查缉之地区施行查缉，据警察大队调查笔录，警员蔡厚勋、张启梓供称："叶德根自淡水回台北，在太平町小春园晚饭后，对同往之员警说：'我们这次出发未有成绩，钱已花了不少，现在我们到万里红酒店附近去看看有否贩卖私烟。'我们就步行至□地址"云云（附件七、十）。万里红酒店附近，虽系烟贩经常聚集处所，但该员并未□派前往，竟擅行查缉，苛扰市民，激成公愤，演为惨烈之事变，该叶德根实不能辞其咎也。

查女私贩林江迈受伤之原因，据该女贩先后在宪兵队、地方法院侦查庭时，均称被石子所伤（附件五）。按当时情形，女贩之烟系叶德根拿着，女贩哀求放还，彼此争执时，群众已围集，有人乱投石子（附件四），则该叶德根自抓获女贩私烟至女贩受伤时均在群众包围之中，并未离开女贩，倘女贩确被石子所伤，自可目睹，何以对检察官之讯问，作游移而不肯定之供述（附件四）。又钟延洲当女贩就获时亦在叶德根身旁，对于女贩之受伤，则谓据医生说是石头打伤（附件五）。经向医生林清安调查，谓女贩为何物所伤，就医学上无法视察，但又谓石块是钝的，必成肿瘤，创口必成O形的（附件十三）等语。是该女贩必非被石子所中伤，钟延洲故作掩饰之语，适足为事实之反证。又女贩林江迈对检察官称："现在有得机关慰问，损失价值折抵得过，想不要告他"（附件六），该女贩既无报复之心，自无诬攀之意，所谓被专卖局的人用手枪柄打伤一语，颇属可信。

据叶德根称，当时在场有钟延洲及警员二人，钟延洲未带枪，又未看见警员打人（附件四），是则以手枪打人之人，叶德根显有其重大嫌疑矣。

查陈文溪之死，据死者同伴徐禄在警察大队供称："那个穿国防色的人从前面跑来，手拿短枪，后面很多人追来，前面也有人阻挡，所以那个穿国防色的人开枪。"（附件十二）又据专卖局致台湾省警备总司令部代电称："查缉员傅学通逃至永乐社被众包围，并被人抱住，在万分紧急之中，取枪向后示威，以期抱者释手，追者停步，不料流弹误中路人"云云（附件十七）。是则陈文溪之死，系死于傅学通在情势紧迫中放枪误杀，至为明显也。

以上调查情形，理合缮具报告，速同调查笔录及抄件等，报请察核。谨呈

监察使杨

附呈调查笔录暨抄件一册计十八件

职　鲍良傅

鲍劲安报告

签呈　卅六年三月十八日
干业四组

窃职奉派调查烟贩林江迈受伤一案。遵于本月十七日下午、十八日上午两度前往太平町该民诊所林外科处查询。据医师称：该民头顶部，略受微伤，于二月二十八日晚来院诊治，已于三月五日痊愈出院了。惟是否石头或手枪击伤，因当时未目睹，无法得知等语。职又赴该民住宅日新町二丁目九番地询问本人，据称：前月二十七日午后七时，有专卖局数人来查私烟，将民烟五十多条拿去，民将伊拉着不放手，伊以手枪打伤民头部，后由专卖局将民送往林外科诊治，因伤小，已于三月五日痊愈。公署发给医药费伍万元亦早已收到。惟民究被谁人击伤，因当时情形紊乱，无法记清等语。理合

将调查情形连同笔录,签请钧座鉴核。谨呈
组长杨　转呈
委员李
局长陈
副局长周

职　张家珣

附呈口供二纸
兹将林外科医院医师林清安供词录后:
问:你是林外科吗?
答:是的。此医院就是本人开设的。
问:林江迈的头部打伤,是你医好的否?
答:是我治好的。
问:你看她的伤口是什么东西打伤的?
答:因当时我未看见,不知道。已看不出是用什么打伤的。
问:她是什么时候出院的?
答:三月五日出院的。

台北市延平路二段一号
医师林清安

中华民国卅六年二月十八日

林江迈,年四十岁,本省新竹县人,现住台北市日新町二段九号
问:你的伤好了吗?
答:早已好了,不过因当时出血过多,虽好,头还晕眩。
问:住的哪个医院?
答:林外科医院。本年二月二十七夜受伤后,由专卖局送林外科医院诊治,于三月五日出院,三月八日已完全好了。
问:是甚么人打伤你的?

答：是专卖局的人打伤的。

问：是用什么东西打的？

答：是手枪柄打的。

问：打的人你认得清楚否？

答：因当时人多，认不出来。

问：打你的人的面容和穿的衣服你记得吗？

答：都记不清楚。

问：那你怎样知道是专卖局的人打伤的？

答：因为我有五十多条香烟，被专卖局的人拿去我的烟，我拉着他不放手，故知是他打的。

问：长官公署发给你的医药费伍万元，你收到否？

答：完全收到了。

问：总共去了多少医药费？

答：共付药费捌百元。

问：你现在还在卖香烟否？

答：因头时晕眩，没有卖。

问：你说的话都是实话吗？

答：全是实话。

问：你现在还有话没有？

答：因为我的五十多条香烟不见了，希望能还给我就好了。别没有甚话说了。

问：你所说的话都可以负责任吗？

答：都可以负责任的，无半句虚言。

调查询问人　张家珣

被询人　林江迈

翻译人　陈石舜

证明人　林清江

中华民国卅六年三月十八日

抄台湾省警备总司令部军法处讯问笔录

被告

告发人

被害人

证人

右开被告人等因民国　年法字第　号一案于民国卅六年二月廿八日下午三时在本处第　法庭讯问，出席职员为左

　　　　　　　　　　　审判长
　　　　　　　　　　　审判官
　　　　　　　　　　　审判官
　　　　　　　　　　　军法官
　　　　　　　　　　　军法官　陈广铮
　　　　　　　　　　　书记官　罗　传

点呼：叶德根入庭。

问：姓名等项。

答：叶德根，卅二岁，福建福州市人。任台湾省专卖局专员。

问：你家里有几个人？

答：只有老婆一人。

问：以前有无犯过罪？

答：没有。

问：你在专卖局任专员好久，管甚么事？

答：是去年五月二十四日任专员的，负责查缉工作。

问：你昨天何时到台北市太平町去查私烟的？

答：是昨天下午六、七点钟。

问：你们几个人去的？

答：一共是六个人，就是今天送到这里来的。是会同警务处警察大队直属分队警员四人同去的。是由我率领去的。

问:这四个警员是甚么名字?

答:不晓的。

问:你们六人带有几根枪,警察大队的警员有无带枪?

答:我们六个人有三个人带枪,我带的是法国的白郎林,傅学通带的是甚么枪,我不知道,盛铁夫带的法国的小四寸,警员四人带的,我看好像是十四年式的日造手枪。

问:你们四个人带了三枝枪,为甚么送案的只二根枪?

答:没有送来的是我带的,放在家里,所以没有送来。

问:你们十人去时是否坐卡车去的?

答:是的。

问:你把昨天开始查缉的情形及肇事经过,详实的说来。

答:昨天下午二点,我奉专卖局业务委员会第四组杨组长子才的命令,他派我到淡水去。据报有五十五箱香烟,一方面叫我带一公函到警察大队派警员四名会同前往。在二点多钟时,我们坐一部专卖局的汽车,车子坏了,我们派一人回去交涉换一部卡车,我们就在茶馆里等他。以后我们到淡水去,通知淡水派出所,就开始查缉,结果查到九条香烟,并没有五十五箱。当回到台北市时差不多是下午六时左右,便到小春园晚饭。前几天杨组长告诉我说:"长官说:'街上香烟这么多,你们为什么不去查缉?'"因为过去私烟白天是在台北后车站发卖,晚上是在天马茶房附近,所以饭后约六点多钟,我们便到天马茶房附近查缉私烟。当时因卡车上有台湾省专卖局的字,只开到拐弯地下,我们是徒步到那边去的。当时发现私烟一二千包,但缉到的只有一二百包。按查缉手续,我们查到烟后,叫他们放在那里,我们经点后,打收据给他。可是我叫他们放在那里时,他们就来抢了,并将石头乱丢。那时我看情形,就想不抓了。看见有乙妇人头上有血,我就同警察大队的一个人说,其他的事务以后再办,我们把这头上出血的妇人送到医院去。可是我们送到查缉地点附近的一个医院,他们说,他是不看病的,我们把他带到我们车上,送他到别个医院去就医。当那时候老百姓已动手打了,把卡车也打翻,我便到蓬莱对面巷子里出来到延平路二段派出所,请他打电话给警察局、宪兵团,请他们派宪警到场弹压。那时,警察队的一个队员和我们里面的刘超祥也到派出所来了,我就对刘超祥说:你赶快去报告我们的组长。同时,因为警察大队的电话不通,便同警员到太平町借汽车到大队去报告警察大队的大队长。据大队长说,他已派有十四名警员到场弹压去了。我于是回到小南门官舍去报告我们的李业务委员(名字忘记),并借车到杨组长那里去报告。杨组长不在,又折返李委员处,再去杨组长处时,半路碰上杨组长、傅学通,我请他们上汽车,预备同到李委员那里去。在车上傅学通对我说,在我走以后,老百姓把他追到永乐町将他抱着,没有办法,他打了一枪。于是同到专卖局副局长公馆去报告副局长后,再同杨组长、李委员、傅学通四人同乘汽车往太平町打听,看见汽车正在烧,我们也没有停留直驶过去,打听到赵子健受伤在医院,我们去看他时,警察局刚来传他转送宪兵队。我也就回去了。今天杨组长到我家里来叫我到宪兵队去,转送到这里来。

问:你看见的一个妇人头上有血,是谁打她的?

答:不是人打她的,不知是当时石头丢到的,还是她自己碰上的。

问:这妇人是否卖香烟的小贩?

答:是的。

问:她是甚么名字?

答:不知道。

问:你看见她有多大年纪?

答:大概是卅几岁。

问:以后这受伤的妇人怎么样?

答:是由钟延洲送她去的,送到哪里,我也不晓得。

问:这个妇人头上出血,当然是你们打伤她后,才会把她送医院,究竟是谁动手打的,你应老实的说。

答:我没有看见,当时石头已乱丢来了。

问:你又为甚么把她送医院呢?

答:因为我看见她流血。

问:阅报载,当时那女贩林江迈被你们抓到,她就跪在地上哀求,你们却拿起枪筒猛打她头顶致晕倒,是谁打的呢?

答:我没有看见。

问:你不讲,就是你自己动手打的了。

答:我没有打她。

问:被打死的陈文溪,是否被傅学通开枪打死的?

答:我当时不在场,不知道。

问:还有甚么人开过枪?

答:没有了。

问:警察有无开枪?

答:我在场是没有的。

问:你有听到几声枪声?

答:我在场没有听见。

问:傅学通对你说开了一枪,有对你说他打死一个老百姓没有?

答:他没有说。

问:陈文溪到底是谁打死的?

答:他既然是在永乐町被打死的,应该是傅学通开枪打死的了。

问:你们一到天马茶店时,他们卖烟的小贩看见了,就开始跑了,是吗?

答:是的。

问:是不是你们看见他们逃了,就把林江迈抓到的?

答:并没有抓人。

问：那女贩为什么要跪在地下哀求你们？

答：并没有跪在地下，当时有一报社的记者对我说，把烟拿还女贩，我说等一下。

问：当时抓到女贩的私烟有多少？

答：大概有二十几条（每条十包）。

问：该女贩是否就是你说流血的女人？

答：是的。

问：你抓到她的烟时，她流血了没有？

答：没有。

问：记者对你说把烟还她，有无还她？

答：还没有，我说等一下。

问：那记者是哪一报馆的记者？

答：不晓得。他说他是记者。

问：这记者用甚么理由请求发还私烟？

答：他是说他们没有钱，还是发还她。我说等一下再说。

问：始终这烟都没有还她吧？

答：没有，都被抢走了。

问：记者请求发还烟，你没有还她，被抢走了，那女贩怎么样？

答：她坐在地下哭。

问：她那时头上有血没有？

答：没有。

问：甚么时候才有血？

答：大概过了十分钟。

问：那么，你既是看见她坐在地下，又看见她头上流血，怎么你不知是谁打的呢？

答：当时我有离开几步，看别的同事查缉的情形。

问：记者是对你说的吗？

答：是的。

问:你们六个人都在那里吗?

答:当时大概有二三人在那里。

问:警察都在那里吗?

答:有二个人跟着我。

问:你当时也带有枪,而且就是这女贩向你要求,可见是你打她的了?

答:不是我打她的。

问:警察有无用枪柄打女贩?

答:我没有看见。

问:当时站在你身边的是甚么人?

答:有一个警员,我记得。

问:那女贩是谁送去的(指医院)?

答:以前是我和警察送去的,以后是钟延洲送去的。

点呼:钟延洲入庭。

问:姓名等项。

答:钟延洲,廿七岁,江西瑞金县人。专卖局业务委员会第四组第一股科员。

问:你家里有甚么人?

答:有父母等。

问:你以前有无犯过罪?

答:没有。

问:你们昨天几人去缉私烟的?

答:我们六人,警察四人,密报人一人,司机一人,小孩一人。

问:密告人是谁?住何处?

答:是陈〔秦〕朝滨〔斌〕,不知住何处。

问:昨天肇事情形如何?

答:昨天我们到天马附近缉烟时,抓到一二百条烟,那时人很多,有人趁火打劫,石子已经丢来了,那时有一女人有血,大家叫她倒在地下装死,于是大家就闹起来,打起来。

问:你说女人受伤是甚么伤?

答:是石头打伤的。

问:你怎么知道是石头打伤的?你有无看见?

答:没有看见,是医生说石头打伤。

问:那女贩的烟有无被你们拿去?

答:有缉到她的烟约三十条。

问:是哪一个人向那女贩拿来的?

答:我没有看清楚,因为不是我拿的。

问:她不是有跪在地下求你们吗?

答:没有跪下,她就是哭。

问:后来是你把她送医院去吗?

答:是的。

问:一定是你们把她打伤,所以才把他送医院的。究竟是谁打伤她的?

答:实在不是我,大家打她的。

问:还有一老百姓是谁开枪打死的?

答:不清楚。

问:为甚么不清楚呢?

答:我那时已经送那女人到医院去了。

问:哪一个人开过枪呢?

答:我不知道。

问:叶德根,那女贩的烟是你拿的吗?

答:是的,当时钟延洲也在旁边。

问:钟延洲,女贩的烟是叶德根拿去的吗?

答:我是站在旁边,但并无看见。

问:你当时有看见那女贩跪在地下吗?

答:她没有跪下,她只是哭。

右笔录经讯人亲览后始各签名于下：

受讯人　钟延洲
　　　　叶德根
军法官　陈广铮
书记官　罗　传

中华民国三十六年二月二十八日

抄侦查笔录

　　证人　林江迈

右证人因民国三十六年侦字第四九一号杀人一案，于中华民国三十六年三月八日在台湾高等法院第　侦查庭出席职员为左：

检查官　陈庆华
书记官　江
通译

检查官命引林江迈入庭

问：姓名，年龄，籍贯，住，业等项。

答：林江迈，女，四十岁，台北县人，住市内日新町二丁目九号，业卖摊烟。

问：今天叫你到庭是要问你那一天情形，要老实说。

答：好的。

问：你卖烟是从什么时候卖起呢？

答：是从台湾光复以后，我就做这个生意。

问：你家庭还有什么人？

答：我没有丈夫，只有一男十三岁，一女十一岁，连我三个人。

问：你香烟从哪里买来的呢？

答：向基隆市火车站附近路摊买来的，买来香烟种类不一。

问：究竟这个香烟是不是经海关打税过呢？

答：我听说有经过打税。

问:你向来出卖的香烟有专卖局出品的烟,例如香蕉牌?
答:我向来都是卖国内来的香烟,没出卖专卖局出品的香烟。
问:你每天卖香烟收益有多少?
答:每天差不多有收益六百元。
问:你每天买来的香烟有多少?
答:每天大约有五万元。
问:你本钱有多少?
答:有五万元,内一万元是自己的,其余四万元是向人家借本的。
问:你每天在什么地方出卖的呢?
答:昼间在后火车站前面停仔脚,夜内在天马茶房停仔脚卖的。
问:你们夜间有多少人在那边卖的呢?
答:普通大约有十几个人卖的。
问:肇事那一天晚上,你携带有多少香烟?在什么地方出卖的呢?
答:我是二月二十七日下午六时左右在天马茶房卖的,携带模利司十二枝,红三星牌二十枝,青津五十枝,入五十缶,三猫牌二十枝,其他香烟约有五枝。
问:那一天晚上有几个人在那边出卖的呢?
答:约有十几个人。
问:肇事那一天晚上,你身上有没有卖得现款?
答:约下午七点钟,专卖局查缉员来的时候,我身上已带卖掉香烟钱六千元被专卖局查缉员抢走,有二包袱巾香烟及排在板上香烟,一切都被拿去,因当时卖烟客颇多,不清楚查缉员来查烟有多少人数。
问:你那个时候怎么没有逃避?
答:因时间切迫,来不及,所以没有逃避。
问:你是否知道来查缉香烟的专卖人员有多少?
答:我只知道三人来拿我的香烟。
问:其中二人先下手的人穿什么衣服呢?

答：因那个时候外界暗黑，只见穿黑暗色。

问：你男孩子叫什么名字？

答：男孩叫做林文山。

问：来拿你的香烟的人手有带什么东西呢？

答：我只看见其中一人手持短枪。

问：他们拿你的香烟有说什么话呢？

答：他们先把我的香烟拿着手以后，才讲是来查缉私烟。

问：他们拿你的香烟以后向什么方向跑开呢？

答：他们向月环方面跑去，因为从我的香烟要带去载离我的出卖处三十步距离的卡车。

问：他们查缉你香烟用什么话同你说的呢？

答：他们用本地话向我说的。

问：他们拿你的香烟走开以后，你是否有跟他们跑呢？

答：因为我家口三个人只靠香烟生活，向他们求情说：我的子弟要念书，请他可怜还我一部份。

问：你是被什么东西打的呢？

答：是带枪一个人把枪向我头上打下以后，流血，退出四、五步向大路走的时候，不忍疼痛，一时晕倒在地下。那个时候大约下午七点左右光景。

问：你醒起来处所及时间是怎么样呢？

答：经他们送到林外科医院治疗以后，大约是下午十一时左右。

问：你醒起来有谁在你的身边呢？

答：只有我二个孩子。

问：你是否知道你被拿香烟下落吗？

答：后来听说是他们拿去的。

问：你当时卖得来的钱，究竟被什么人拿走呢？

答：因为翌廿八日，我的小孩向我讨钱买东西，那个时候才晓得卖上六千元纷失，大约是我前晚被打晕地下的时纷失的。

问：你系什么时候退院回家去的呢？

答：我在林外科医院住至三月五日才回家。

问：你是否听到医师说你的伤痕怎么样呢？

答：我并没有听到。

问：你退院以后头部会再觉疼痛吗？

答：不觉的头晕。自退院以后，再往该病院换涂药二次，现在还觉的长久站着有头晕。

问：现你头部伤口怎么样呢？

答：现还有伤迹，但伤口已经收口。

问：你入院医药费是什么人负担？

答：三月一日有一个人拿一封信筒来说：里面有五万元支票，可充医药费。

问：你住院中一切医药费花多少？

答：花八百拾元。

问：你那天被打，经他们送医院，精神醒觉时，你知否那一天晚上肇事，有人被打死吗？

答：我不知道。后来听人家说有一个人被打死的。

问：那一天晚上肇事的时候，你有没有看见警察参加查缉私烟吗？

答：我只有看见穿警察服的人，但他们没有到我的出卖所来查我的香烟。

问：究竟打你头部的人是不是穿警察服的人呢？

答：我到现在还记不清楚，只记得是穿黑暗色的衣服的人打我。

问：你以前有无受过被查缉？

答：前一共有二次，头一次损失价值约有二千元，第二次是价值约有一千七八百元左右，连这一次共计有三次，最后这一次损失顶多。

问：你是不是有向查缉员跪在地上哀求还你的香烟吗？

答:有。因我诚心恳求他们放我们一家三口活路,计跪在地上哀求那个时候,持枪那一个查缉员就把枪向我头上打下来。

问:你知道香烟是专卖品,应要政府许可才能出售的规矩吗?

答:我不知道。因看见好多人家做这种生意,我就做。

问:你家还有财产吗?

答:没有。只有前说过一万可买烟本钱。

问:你现在还要继续做这种生意吗?

答:有。自昨天起改换零售出卖。

问:那一天肇事卖烟的人并买烟客,你有认识的人吗?

答:我并无认识一个人。

问:你现在回想他们查缉员有无对你不住的?

答:因至现在有得机关慰问,损失价值折抵过的去,想不要告他们。

问:对本事件,你还有话说吗?

答:我没有其他话可讲。

问:这二本查缉员身份簿里面相片的人,你记得吗?

答:因外界黑暗不清楚。

检察官谕证人后日补呈林外科医院诊断书及机关慰问一封信筒。证人饬回。

右笔录经朗读后,证人承认无讹,始签押。

证人　林江迈
书记官　汪
检察官　陈庆华

中华民国三十六年三月八日

　　调查蔡原勋笔录

答:蔡原勋

问:你们出发淡水协助专卖局,为什么会在台北发生事情,你把出发的情形说来。

答：我们今天下午约三点多钟，随专卖局的专员在大队部一同出发，至园山的时候，因汽车发生故障，我们和专卖局的职员就在园山的茶店吃茶，司机后返专卖总局来换汽车，约四时左右，始由园山出发，至淡水后即开始检查：福泰山行查获私烟（一字牌）九条，又于茂华行台北分行内检查，未获违禁品，后即取道返台北来。在太平町小春园饭后，已约七时左右，当时专卖局的专员对我说："我们这次出发未有成绩，钱已花了不少，现在我们到万里红酒店附近去看看有否贩卖私烟。"当时我们步行至上开地址。专卖局的人员开始捉私烟时，卖私烟的约二三十人，随即一面将私烟乱丢，一面逃走。老百姓都跑来抢香烟，大约有二三百人，内有一中年妇人手持一大包香烟，专卖局的职员把她抓来。当时该中年妇人及该妇人之丈夫□泣告专卖局的职员说："我卖香烟的本钱系向人借贷，假如你要捉我的香烟，不如开枪打死我还好。"当时还在那边争执，我跑过去看的时候，该妇人眼角上已受伤，在那边哭（未知何人打伤）。那时该妇人的儿子把她带到对面的一间药店门口。店门已关，我就上前敲门，老□出来时，他说："我没有办法医，要送到外科医院去。"当时我就叫人把她送上车去（准备送到外科医院），该妇人不肯上车，同时倒到地上，要死的样子。我看见以后，即和专卖局的职员去叫壹把黄包车来，同时派警员张国杰随专卖局的职员一人把该妇人护送到林外科医院去。他们去了以后，我又和专卖局的职员一人到下□府町派出所去打电话，那时现场的民众在那边叫"打人"。所以专卖局的人和我打了电话以后，均不敢出去。又约过十五分钟的样子，警员张启梓回到派出所来说：他被民众在背部殴伤。又过约廿分钟的样子，派出所警员说：警察局已派人到了现场，所以我就出去。在路上听见民众在那边说："打死人。"我到了现场，专卖局的人已走光，看见汽车被打翻，再走十多步，看见有警员两人背了步枪，同时又看见有本大队的汽车，随即看见汪分队长等在店内，我即将经过情形报告汪分队长以后，我又回到派出所去看张启梓的时候，在汽车旁边看见有人在敲汽车轮，我又返回来报告汪分队长一同去看汽车，看了以后，我才到派出所去和专卖局的职员说，叫他出来将经过情形报告汪分队长。出来的时候，大队部汽车已经开回去了。当时我和专卖局的职员准备坐人力车回来，因人力车不肯拉，民众又在后面叫"打"，所以我就跑路到港町派出所打电话，回来没有好久，大队部的车子来了，我就坐了车子回来。以上是我随专卖局的职员去出发的情形。

被调查人　蔡原勋
调查人　陈　琼
卅六年二月廿七日

调查何惠民笔录

问：你把昨天随专卖局的职员出发缉私，到吃了晚饭以后至回队以前的情形说来。

答：在七点多钟由太平町小春园吃了晚饭以后，随专卖局的职员到天马茶房的时候，那边卖私烟很多，看见专卖局的人来，都乱跑。专卖局的人，看见一个中年妇人拿了一大包香烟，他就下手去抓。正在争执的时候，外面的老百姓涌〔拥〕上来很多，要打专卖局的人，那时我和张国杰等四人就上前排解，一面叫老百姓走开。当时老百姓把石头乱打进来，未几，那中年妇人额部受伤。警长蔡原勋就叫我和张国杰及专卖局的职员一人护送该受伤妇人到医院去疗治。还没有到医院时，专卖局的职员对我说：那边还有两个警员和专卖局的职员几个人还没有出来，恐怕会被民众打倒，叫我回去看看。我又倒回去，走有十多步，碰见一个专卖局的职员姓秦的，被人打了跑出来的。以后，我又送他到二丁目派出所去打电话，又打不通。未几，专卖局的专员叶德根来派出所，以后我又打电话回队来，又打不通。所以我叫派出所的警员去雇壹辆汽车，准备回队报告。以后找到一部卡车,里面没有车夫,恰好有壹辆小包车停在消防队下去一点,我们就和他商量,结果和专卖局的专员叶德根、另一个姓秦的(名字不详)坐了那辆小包车回队来报告大队长。以后,专卖局的人就回去了。我又跟着大队长、大队副复到现场来,以后又跟着大队长、大队副回来,那时已快到九点钟了。

问:你还没有回队来以前,有听见打死人吗?有听见枪声没有?

答:没有听见打死人,也没有听见枪声。

被调查人　何惠民
调查人　陈　琼
卅六年二月二十八日

调查张国杰笔录

问:你把昨天随专卖局的职员出发缉私和在太平町吃了晚饭以后至回队以前的经过情形说来。

答:在太平町小春园吃了饭以后,随专卖局的职员到天马茶房(那时大约是七时多钟),卖私烟的人看见专卖局的职员来的时候,他们都乱跑,外面的老百姓都围上来。我看见这种情形,即上前排解,一面叫他们走开。约过半个钟头,有一中年妇人额角被打伤,警长蔡原勋叫我和何惠民及专卖局的职员一人护送受伤妇人到医院去。还没有到医院的时候,何惠民去派出所打电话,我和专卖局的职员送那妇人到医院。检验以后,我随即也到二丁目派出所打电话回大队部来,打了好久,都打不通。大约又过了十多分钟,我又从二丁目派出所出来,就碰见林代分队长,以后就随林代分队长跟着大队的卡车回队来。

问:你有带手枪没有?

答:没有。

问:你有听到打死人吗?

答:回队的时候,车子开到二丁目派出所时,才听见派出所里面的人说,打死了人。打死的人在什么地方,我也不知道。

被调查人　张国杰
调查人　陈　琼
卅六年二月廿八日

调查张启梓笔录

问:你随专卖局职员出发缉私,你把吃了晚饭以后至回队以前的情形说来。

答:我们吃了晚饭准备回来时,专卖局的职员说:"我们这次出发未有成绩,现在再到万里红酒家附近去捉私烟。"我当时因为肚子痛走得慢。卖私烟的看见专卖局的人来,即着慌乱跑。当时有一个中年妇人手里拿了一大包香烟,被专卖局的职员抓来。那妇人说:"我的本钱是向人借来,要是你把我的香烟捉去后,我回去要上吊了。"专卖局的职员说:"没有办法,我是奉命来的,我会打收据给你。"他们还在那里争执,很多老百姓围上来。那时我听见老百姓说:"打人了。"后来我看见那中年妇人额部已受了伤。老百姓很多要打专卖局的人,那一位和妇人争执的专卖局职员就跑回卡车上去。老百姓又赶到车子旁边。我看见这种情形,即上前劝解,结果我被老百姓打伤,发晕。后来我就到派出所,没有好久,大队部的车子来接我回去。以后的情形怎么样,我就不知道了。

问:你备用的手枪是什么时候领来?子弹几发?

答:枪是前三四天领来的,是十四年式手枪,子弹八发,现在已经缴到大队部去了。

问:蔡原勋、何惠民、张国杰等用的是什么手枪?子弹几发?

答:张国杰没有带枪,蔡原勋、何惠民用的手枪都是十四年式的,子弹每人八发。

问:被打死的老百姓在什么地方?受伤的你知道吗?

答:我被打晕以后就跑到派出所去了。以后的情形我就不知道了。听是有听到打死人的消息,是听派出所里面的人说的。

被调查人　张启梓
调查人　陈　琼
卅六年二月廿八日

讯问笔录

问:姓名,年龄,籍贯,住址,职业。

答:徐禄,十八岁,台湾,台北大正街二丁目廿七番地,店员。

问:你为什么被大队部传来问话?

答:是为陈臭耳被枪杀的事,因为我和死者(臭耳)同行。

问:你为什么事和陈臭耳同行呢?

答:我们是朋友,没有什么事,随便走走。

问:事情是发生在什么时候?什么地点?

答:今晚七时许,在永乐座三民加工店门口。

问:经过情形怎样?你详细地说来?

答:今晚我的朋友蔡幼约我到死者家去玩耍,恰遇死者吃好晚饭。于是三个人出来散步,走到永乐座三民加工店附近,忽然从市场那边一大群人追一个人过来,我们三个人不知道什么事,就让开一边。那时死者(陈臭耳)因为要看详细一点,把身子探过去看,不料那个被追的人竟放出一枪。臭耳叫了一声:"哎呀!我中枪了。"我们一看不对,就和蔡幼,还有另外二三个人拿了一块门板把臭耳扛到港町洪外科医院去医,注射两次,不治身死。前后约半点钟。

问:凶手穿什么衣服?身材怎样?

答:穿国防色衣服,留长发,身材普通。

问:凶手拿的是什么样的枪?

答:看不清楚,据医生说是很小的枪,因为子弹还在死者体内没有取出。

问:你既然没有看清楚,那怎么知道是穿国防色的人打的呢?

答：当时我看他把手一扬，枪声就出。
问：你们当时为什么不当场抓住凶手呢？
答：凶手和我们中间的距离各有十余尺，枪声响，人很乱，他乘机从侧路逃走。
问：你晓得那一群人为什么要追那一个人呢？
答：事后，我问追赶的那些人，有几个告诉我原因：被追那个穿国防色衣服的人是专卖局的职员，因为抓私烟打杀〔伤〕壹个卖烟的妇人的头部，引起大家发火，所以要抓他。
问：抓私烟的地点是哪里？
答：听他们讲是在天马茶房。
问：陈臭耳住址在哪里？
答：在永乐座对面，是永乐町二丁目，番地不明。
问：还有那位姓蔡的住哪里？
答：在太平町三丁目，番地不明。他的家我知道。
问：你讲的话都实在吗？
答：实在，没有假的。
问：你有什么意思？
答：好好的人给冤枉打死，谁都不□□愿。要把凶手查出来，请官厅严办。

被讯人： 徐禄
讯问人： 程玉章
地点： 警察大队部
时间：二月廿七日晚十时正

中华民国卅六年二月廿七日
右录口供经被讯人阅后认为无讹持捺左拇指印作证

问：姓名，年龄，籍贯，住址，职业。
答：徐禄，十八岁，台湾，台北大正街二丁目廿七番地，店员。

问：被害人的姓名是什么？住在什么地方？你知道吗？
答：姓陈名臭耳（偏名），住在永乐座戏院对面。
问：事故发生是几时？在什么地方发生？
答：今晚七时许，在永乐町三民加工店门口。
问：凶手的姓名，住址，你知道吗？
答：听人家说是专卖局的人员。
问：凶手的身材，穿的衣服是怎样的？
答：身材普通，稍瘦。穿国防色的中山服，穿黑皮鞋，留长发。
问：事情发生后，凶手跑往哪里？
答：从永乐座左边小巷逃跑。
问：陈臭耳是做什么职业，与专卖局本来有什么交结吗？
答：陈臭耳是在永乐市场管理清洁，与专卖局从来没有什么交结。
问：怎样臭耳会被杀害？
答：我今晚正与臭耳同走，看见那个穿国防色的人从前面跑来，手拿短枪，后面很多人追来，前面也有人阻挡，所以那个穿国防色的人开枪打死了臭耳的。然后从永乐座左边的小巷逃走。这个穿国防色衣服的人是专卖局里的人，是从太平町给老百姓追跑来的。

问：臭耳是不是要去抓那个穿国防色中山服的人，才被打死的？
答：不是。我们是在水门町下走的，没有去抓他。
问：臭耳伤在什么地方？
答：在左胸部。
问：你怎么知道那个穿国防色中山装的人是从太平町跑来的？为什么老百姓要追他？
答：据追来的人说：这个穿国防色中山装的人在太平町抓烟，打伤了一个卖烟的妇女，所以给他们追跑到永乐座来。
问：你的话实在吗？

答:实在的。

受讯人:徐禄(左拇指)
讯问人:丁零
讯问地点:直属分队部
讯问时间:二月廿七日晚九时十分

中华民国卅六年二月廿七日

报告

本年二月二十七日

于淡水街福泰山船头行私贩香烟、火柴伍拾伍箱,放在行对面怡红酒家邻家杂货店内头,是实。

报告谨呈

专卖局业委会第四组长杨

报告人:秦朝斌

派员会警前往查缉　二、廿七

李炯支、杨子才印

调查笔录

一、姓名,年龄,籍贯,职业等项。

答:蔡厚勋,二十三岁,福建长汀人。台湾省警察大队直属分队警长。

二、跟专卖局职员到淡水查缉私烟时,你带几位警士同去,专卖局职员几人?

答:我带警士三人,专卖局职员人数记不清楚。

三、当时去淡水时,有无密报人同行?

答:从台北出发时,有一报水人同行,其人姓名,回来时才知道他是叫秦朝斌。

四、专卖局职员将林江迈的烟拿到时候,你是否站在旁边?

答:当拿到正在争执的时候,我是站在旁边。后来因为流氓要抢烟,我就离开到抢烟的地方去制止。

五、拿林江迈烟的时候,专卖局的职员是有几人在一起,手中有无手枪?

答:拿烟的时候,看见叶专员德根在那里。后来听到打伤人的时候,我是离开后又回来,看见叶专员和报水人在一起。没有看见叶专员手中有枪,只看见报水人手中拿着好像是椎形的东西。

六、林江迈打伤的创口是多大?

答:创口没有看到,只看她面上有血。

七、从林江迈打伤时起,到得你听到有人被打死的时候,有没有听到枪声?

答:没有听到。

八、在打死的地方,距离你所到打电话的派出所有多少远,能否听到枪声?

答:距离是很远,打死人是在永乐町,派出所在下奎府町,在平时或可听到枪声,那时候人声嘈杂,所以没有听见。

九、叶专员和报水人穿什么衣服?

答:叶专员和报水人衣服颜色记不清楚。

十、到淡水时查过几家,查到多少香烟?

答:在淡水,我是到过两家,一家是福泰山商行,查到一字牌香烟九条,另一家没有查到香烟。

被调查人　蔡厚勋
三六.三.二十

谈话记录

一、此次台北查缉私烟肇事之经过始末情形如何?

答:当时系据密报人秦朝斌报告,淡水方面到有大批私烟与火柴,即派叶德根、盛铁夫、钟延洲、赵子健、傅学通、刘超祥等六人,会同警员四人前往查缉。至淡水时，后据密报，所有私烟已移至天马市场（即天马茶房），即转至天马查缉，发现大批私货，经缉获三百余条。其时，附近民众聚集叫嚣，因而肇事。所有经过始末情形，详于本局呈报警备司令部文中（抄附呈报原文）。

二、当时密报人秦朝斌有无书面报告？

答：有书面报告，现在查缉专员叶德根身上。

三、当时叶德根等前往淡水查缉，是何人指派？有无指派命令？

答：当时即就原密报上，由本人会同李委员炯支批明指派人员前往查缉。

四、密报人秦朝斌系何处人，现住何处？

答：秦朝斌台湾人，现已迁居，地点不明。当时亦曾被打。

五、当时被打伤之老妇人林江迈居住何处？

答：俟派员查明再行报告。

六、查缉员出勤时，依照规定是否可携带枪支？

答：依照本局查缉人员服务规则第三条规定，得携带枪支。

七、当时何人携带何种枪支？

答：叶德根、盛铁夫、傅学通三人携有手枪，盛铁夫之枪系本局发给，叶德根与傅学通二人均系其自备。此外随同前往查缉之警员四名均带有卜壳枪。

八、专卖总局查缉组有查缉员若干人？出勤时指派手续如何？与台北分局查缉股之职权如何划分？

答：总局业务委员会之下设有第四组，有组长一人；分设调查、运输二股，调查股有股长一人，查缉员六人。出勤时，由业务委员会常务委员会同第四组组长指派之。与台北分局查缉股并无划分职权，得到报告时均可指派查缉。

问话人

答话人：常务委员李炯支

第四组组长杨子才

台湾省警备总司令部兼总司令陈钧鉴：查本局查缉人员叶德根等六名于上月感日晚在本市天马茶房地方查缉私烟一案，已于上月俭日，于将该查缉人员等向台北宪兵队提回，送请钧部验收核办，嗣由钧部转送法院依法讯办，各在案。兹谨将各查缉人员暨本局业务会常务委员李炯支、业务会第四组组长杨子才报告转陈如次：（一）专员叶德根、查缉员盛铁夫、赵子健、刘超群、钟延洲、傅学通先后报称：本（二）月廿七日上午十一时许，据密报人秦朝斌报告，淡水区船上有私运火柴、卷烟五十余箱等情。警察大队派警前往查缉，至淡水时，仅获私烟五条。询据密报人再度探悉，该项私货已移转台北市天马茶店地方出售。该地为私货麇集之夜市场，该员等为争取时效，即时与警士在天马附近（太平町）小春园晚餐，就近查明实在，径往执行。到时私货一哄而散，仅获到私烟三百余条，正填发收据间，发现交头接耳，情形紧张，当时即向该私贩等宣布：此后如能转业，即予还发，冀以和平手腕，借求平息，不意话犹未毕，群石横飞，傍伤私贩林氏江迈头部，破皮流血。查缉员刘超群拟即会警护送附近医院诊治，奈其时情形大乱，喊打之声，连入云霄，查缉员赵子健已被打倒地，伤势奇重。查缉员盛铁夫、钟延洲及警员二名，均受轻伤，乃各自逃命。查缉员傅学通逃至永乐社（距天马约五百余米）被众包围，并被人抱住，在万分紧急之中，取枪向后示威，以期抱者释手，追者停步，不料流弹误中路人（事后查明其人名陈文溪）。（二）本局业务委员会常务委员李炯支、业务会第四组组长杨子才报称：当夜九时许，闻警即起，到出事地点查察，车行近天马茶店时，见有百余人围烧卡车，并有进前围打之势，当即转至台北警察局，是时警局门前已有六七百群众麇集，见车□前，由该局陈局长力为维持，幸告无事。即经向众恳切表示：此次发生不幸事件，自当切实依法严办，百方抚慰，无法平息，立要将在事之查缉员警交出。乃会同警察局长陈松坚赴台北医院，将已受重伤之查缉员赵子健转送宪兵队，并先后将专员叶德根、查缉员盛铁夫、钟延洲、刘超群、傅学通等一并送宪兵队看管。当各查缉员未到齐之时，该群众胁迫签认将已送到之查缉员准于二十八日先行枪决。当以刑以罚恶，律有明文，未予□便答复。一再声明，不获原谅。迨至天色曙光，武装警察到达，众始分散。各等语。查本省继续维持专卖制度，办理尚称顺利。迩来一班流氓，蓄意破坏，勾结奸商，包庇私制、私运，以致私烟、私酒充斥市场。职局责任所在，未敢偷安，多方设法消缉私货，而流氓竟敢拒捕围殴，转致开枪自卫，误伤路人，因而扩大事态，显有奸徒从中播弄，借此造成扰乱局面，诚属不幸之至。据报前情，理合电陈察核示遵。台湾省专卖局局长陈鹤声公出，副局长周敬瑜代行行寅（　）专业。

代电发文：雨寅删专业二〇三一号

窃叶德根、钟延洲、傅学通、刘超群、盛铁夫、赵子健等，充当台湾省专卖局职员，负责查缉工作，勤苦从公，向无过失。二月二十七日据密报，淡水有大批私烟及火柴输入，□派同警察大队警员四名前往查缉，仅获私烟五条。查据原密报人称，该批私货已偷运台北南京西路天马茶房一带发售。为争取时效，当即就该处附近晚餐后，会警着手，到场，眼见私烟千余条，张胆明目，毫无顾忌，缉到三百余条，其余始哄然散走。正在点收给据间，讵有□人暗里鼓动，声言香烟不准提去。其时即有砖石横飞，有一私贩妇人中石出血，众即捏称枪柄所伤，叫喊围殴，一唱百和，并将查获私烟一并抢劫，声势汹涌，无可理喻。知难应付，急欲逃避，是时已木棒交加，车上玻璃击碎，同事间已有被打倒。铁夫同一警员奔赴下奎府町派出所，电警察大队及第一分局求救，正通话中，另一警员被殴逃回。旋据报警察大队已赶到。铁夫又赴该处拟寻觅其他同事，不料到达该处，并无警队，四围人众益增，正在拆卸汽车。方转弯他避，众已追赶，当即飞奔港町派出所，又被包围，由该所电告警局及宪兵队，得护送至宪兵队。超祥于纷乱开始时，即偷出向杨组长报告，并同杨组长赴警察大队，请队弹压。德根于被围时逃避延平路第二段派出所，电告警察大队救护。子健当时被打倒地，遍体鳞伤，无法脱逃，后由宪警救送医院。学通先被殴伤，挣命奔逃，群众跟追不已，急不择路，转入隘巷，被一人抱住，势穷路尽，不得已取枪示威，意在使追者止步，抱者释手，抱住之人极力夺枪，正互相争夺间，无意间触动扳机，嗣后闻当时伤及路人。众人突受枪声震惊，情势稍松，学通即□机冲出，并将经过报告杨组长。以上各节，为万死一生经过之详情。当晚由李委员同杨组长先后通知至宪兵队转送警备部，于三月一日移送法院，静待依法侦查。伏思叶德根等□令查缉，实属执行公务，身被殴伤，后受羁押囹圄。家庭被洗劫，德根家受害尤深，如不获体恤申白，谁复敢任公务。且星星之火，蔓及全省，显见叛徒倡乱，早有诚心，对于所谓缉烟肇事，不过仅为口实。且幸旗筛莅台，黑白不难立辨，用谨将本案经过之真实，呈陈梗概，万恳早赐明判，俾得获克日恢复自由，俾免瘐死狱中，则感祷无极。谨呈

  监察使杨

叶德根

傅学通

盛铁夫

钟延洲

赵子健

刘超群

卅六年三月十九日

于台北第一监狱 呈

〔监察院档案〕